全国电力职业教育系列教材
职业教育电力技术类专业培训用书

U0643336

输电线路施工

（第二版）

编　著　王清葵
主　审　赵全林

中国电力出版社
CHINA ELECTRIC POWER PRESS

内 容 提 要

本书共分三篇十三章。第一篇输电线路，主要阐述测量、基础、架线、接地装置、500kV线路、大跨越等施工全过程和施工质量的检查与验收。第二篇配电线路，主要阐述架空、电缆配电线路和配电变压器台、开关台的施工技术。第三篇室内线路和施工现场临时用电，主要阐述室内低压线路和施工现场临时用电选择、安装要点。

全书采用现行的设计规程、验收规范、工艺标准和新图例，可操作性强。本书既有培训教材全面、系统、侧重实际的特点，又反映了我国近期500kV以上线路和大跨越施工中的新材料、新工艺、新技术。

本书对第一版全书进行了修订、校核，去除冗杂，并按新颁发的国电电源[2002]786号《电力建设工程施工技术管理导则》和GB 46—2005《施工现场临时用电安全技术规范》重写了"施工质量的检查与验收"、"施工现场临时用电"一部分的内容，以适应现行的施工管理的要求。

本书可作电力学校、培训中心输配电线路运行和检修专业、输配电线路施工专业教材，也可作线路工人自学和培训教训，另外还可供从事输电线路工作的技术人员学习参考。

图书在版编目（CIP）数据

输电线路施工/王清葵编著．—2 版．—北京：中国电力出版社，2007.1 （2024.2重印）

全国电力职业教育规划教材

ISBN 978 - 7 - 5083 - 4852 - 0

Ⅰ．输…　Ⅱ．王…　Ⅲ．输电线路—工程施工—专业学校—教材　Ⅳ．TM726

中国版本图书馆 CIP 数据核字（2006）第 120262 号

中国电力出版社出版、发行

（北京市东城区北京站西街 19 号　100005　http://www.cepp.sgcc.com.cn）

三河市百盛印装有限公司印刷

各地新华书店经售

*

2007年1月第二版　2024年2月北京第二十八次印刷

787毫米×1092毫米　16开本　27印张　659千字

定价 52.00元

前 言

本书为全国电力职业教育系列教材，可作为输电线路专业的专业教材，也可作为在职输电线路工人的培训教材。

本书的第一版是全国电力技校统一教材，1997 年出版后几乎年年重印，现今又在中国电力出版社的关心下，由作者修订后作第二版出版。

输电线路施工共分三篇十三章，主要阐述输电线路、配电线路和室内线路的施工技术。全书采用现行的设计规程、验收规范、工艺标准和新图例，可操作性强。本书既有技工教材全面、系统、实用的特点，又反映了我国在特高压、超高压输电线路和大跨越施工中采用的新材料、新工艺、新技术。

本书已在 1989 年立项，原拟和录像教材同时出版，所以调查研究较为深入。编者和拍摄人员二次深入天广线 500kV 多个施工段工地，拍摄现场施工情况。还较长时间在安徽繁昌到无锡斗山的 500kV 繁斗线施工工地调研拍摄；另外，也曾实地考察了长江、珠江、西江、黄浦江上许多大跨越工程，±500kV 葛上线直流输电工程，上海人民广场两个地下变电所，全部电缆线路供电的苏州工业园区、佛山工业开发区；走访请教了超高压公司，北京、江苏、华东、广西、福建、陕西等送变电公司及电力建设研究所的许多总工、副总、工地技术负责人、技术人员、工人，交换对施工中关键工艺的看法；翻阅了"电力技术"、"电力建设"、"超高压送变电动态报道"从创刊以来全部有关线路施工经验文章。本书从完稿到出版前，又经历了验收规范更新、混凝土配置实行新标准，故经长期酝酿、反复修改、几易其稿，才编写成本书。

本书修订后的第二版作为"全国电力职业教育规划教材"出版。在出版社的指导和鼓励下，对全书进行修订、校核，缩减表格、附录。考虑到送变电工地"施工现场临时用电"日益要求规范，仍保留并精简了室内线路安装部分内容，并增加了第十三章"施工现场临时用电"，使之适应 GB 46—2005《施工现场临时用电安全技术规范》的要求；第八章"施工质量的检查和验收"也重写成符合现行的国电电源〔2002〕786 号《建设工程监理制》和《电力建设工程施工技术管理导则》的要求。

输电线路施工（第二版）全书由王清葵编著，主审是苏州供电公司赵全林。遗憾的是，特高压输电线路还只刚刚开始施工，施工经验正在积累，本版吸收不多，有待今后补充。

在这本教材出版之际，特别怀念、感激原中电联职教处处长杨富生、原全国电力中等职业教学研究会会长罗慰擎、原江苏省电力局教育处长冯文秀等同志。在我从事输配电教育40 多年中，当遇到困难、不被人理解时，他们总是给予我肯定、鼓励和支持，并给我创造条件，因此我才能将多年的心得编写成书出版。同时，也感谢许多送变电公司、供电局的总工、技术人员的支持帮助。在此再一次一并表示谢意。

本书尚有许多不妥和错误之处，恳请读者指正。

王清葵

2006.6.12

目 录

第二篇 配电线路

第三篇 室内低压配电线路和施工现场临时用电

第一篇 输 电 线 路

第一章 绪 论

第一节 电力建设发展概述

一、输电线路在电力系统中的地位和作用

电力系统包括发电厂、电力网和用电设备。电力网（或称电网）包括变电所和各种不同电压等级的输电线路。

水力发电厂和抽水蓄能电站都建在沿江河的高山峡谷地带；火力发电厂则尽量建立在蕴煤区，以就地消化劣质煤，也可建在沿江、沿海的港湾等煤炭运输方便的地方；而核电站不能建在人口稠密地区。现代化大型电厂距负荷中心很远，这就需要高压、超高压输电线路和特高压输电线路把电厂（站）和负荷中心连接起来。

多个孤立地区电力网用高压输电线连接成区域电力网；多个区域电力网还要连成跨省的大电网，全国各个大电网之间还应尽可能连接起来，这样可使供电更加经济、安全、可靠。

随着工业的发展，国民经济实力的增强，大容量机组大量投产，西南、西北、中南地区水电资源的大量开发，输电线路越来越长；输送容量越来越大，所以输电电压越来越高。我国各大电网一般采用 330kV 或 500kV 超高压输电线路为主干线路电压等级，甚至还选用没有电抗、电容，只有电阻的直流输电方式，葛洲坝到上海的 ±500kV 直流输电线路已实现了华中电网和华东电网的非周期并列运行。

工业的发展、开发区的建设、高压输电线路引入城市中心给环保带来的影响等，都提出了城市电力网中较多采用电缆线路的要求，现在已开始采用 220kV 及以上电缆线路直接进入城区无人值班变电所或地下变电所，把高压电直接引入城市中心。电缆线路组成的配电线路网将 110kV 直接降压为 10kV（也有采用 20kV 等级的）配电线路用 10kV 电缆环网供电到各配电变压器，各配电变压器出线用低压电缆送到各负荷中心。

总之，特高压和超高压交直流输电线路、高压输电线路、低压输电线路和各电压等级的电缆线路，就像人体中血管输送血液一样将电能输送到用户。

二、腾飞的新中国电力建设

我国电力建设已有 113 年历史，早在 1882 年英商在上海创办了一个容量为 12kW 的电灯厂，这是中国的第一座发电厂，也是中国电力建设史的开始。但在旧中国的近 70 年中，电力发展极其缓慢，我国自己不能制造发电设备，依靠进口，加上连年战乱，民不聊生，电力建设可谓历尽沧桑、几度消亡。到 1949 年全国解放时，我国发电设备装机总容量只有 184.86 万 kW，不及现在一个电厂的容量，当年发电量仅有 43.1 亿 kWh，装机容量和发电量分别列世界第 21 位和 25 位。

新中国建立后，大力发展电力工业，特别是改革开放以来，电力建设迅猛发展，取得了举世瞩目的巨大成就。到 2005 年，全国发电装机容量已达到 5.08 亿 kW，220kV 及以上输电线路总长度达到 25.19 万 km，其中 330kV 线路 11061km、500kV 线路 50705km。国家电网公司已建成并运行的大容量、超高压直流输电线路长度达到 3826.6km、输送容量达到 656 万 kW，±500kV 直流输电线路 5 条、长度达 5000km，线路总长度和输送容量均居世界第二位。

2006年，预计投产220kV及以上线路2万km左右、变电容量1亿kVA左右。而到2010年，国家电网公司交流特高压输电线路建设规模将达到4200km，跨区输送能力达到7000万kW。

三、电网建设任重道远

1. 电网建设现状

虽经多年突飞猛进的发展，但目前我国供电网架仍相对薄弱。特别是农网线路陈旧、供电设施严重老化，遇上刮风下雨就会发生停电事故，虽然每年都想方设法筹措少量资金，但只是杯水车薪，无法解决电网建设滞后的问题。

我国电力体制在发电、输电、配电一体化经营体制下，长期存在着"重发轻供不管用"的倾向，造成我国电网比较薄弱。电网方面欠账较多，特别是城市电网改造，取消贴费后实际上无资金来源；另外，电网设备折旧年限一刀切，难以适应各地电网建设的需要。随着电源建设的突飞猛进，如不尽快弥补电网建设欠账，今后不堪重负的电网将成为我国电力供应的最大瓶颈。因此，加大力度进行电网建设和改造优化，势在必行。

2. 电网改造优化并举

在电网改造中，既要重视电网改造，也要注意优化，把电网建设成布局结构合理、供电能力强、调度灵活，运行安全可靠、电能质量好、自动化水平高、网损低的优化电网。

加快跨省输电，完善电网管理，提高跨区电网运行的可靠性。发挥区域调度中心在跨省电网错峰、水火互剂、跨流域补偿、优化备用和事故应急预案等方面的组织协调作用。以三峡电能消纳为契机，建立跨区、跨省电力交易新机制。

3. 适度超前建设电网

国家电网"十一五"规划要进一步加大电网投入，基本消除电网瓶颈，提升技术装备水平，提高资源配置能力，强化市场载体功能。到2010年，基本形成结构合理、安全可靠、灵活高效的坚强国家电网，从根本上扭转电网发展滞后的局面。到2020年前后，国家电网公司将建成以华北、华中、华东为核心覆盖各大电源基地和主要负荷中心的特高压骨干网架，有效引导大煤电、大水电和大核电的集约化开发，充分利用全国范围内的资源优化配置。同时，推动各电压等级电网协调发展，提高电网运行的安全性、可靠性和经济性，各项技术经济指标和装备质量达到国际先进水平。

国家电网公司"十一五"电网发展重点是：一要加快建设1000kV交流试验示范工程，不失时机地开工建设±800kV直流输电工程；二要加快跨区电网建设，进一步强化全国联网结构；三要继续区域电网、省级电网500kV（330kV）主网架建设，加快形成西北750kV网架；四要加强重点城市电网建设，抓好其他地、市和县城电网建设改造，完善农村电网，提高农村电气化水平；五要大力推进先进适用的输配电技术应用。

可见电网建设工作者确实任重道远。

四、我国输电线路施工技术发展概况

建国以来，我国在输电线路施工技术方面、在完成生产建设任务的同时，创造和积累了一套适合我国国情的施工工艺，培养造就了一支具有专业施工能力的技术队伍。

20世纪80年代以来，线路基础、组塔、架线施工技术进展显著，大幅度地变革了施工面貌。较重要的技术进展表现在原状土基础施工工艺、液压提升装置在高塔吊装中的应用、张力架线工艺深入发展和直升飞机应用于施工四个方面。

（一）基础施工

长期以来我国输电线路铁塔都采用大开挖、回填土的大块混凝土基础，混凝土杆都用预制的底盘、卡盘基础。挖填大量土方，耗费很多劳力，破坏了原状土强度。我国在 500kV 平武线上开始采用人工按基础外形掏挖成土胎，然后在土胎内置钢筋骨架浇灌混凝土的掏挖式基础。1985 年，甘肃送变电公司研制了适用于黄土高原的人推钻扩机，东北电管局研制的 YZK-100 型液压钻扩机开创了我国钻扩机研究的先河。

岩石基础也是原状土基础的特殊形式。对风化岩石采用逐层松动爆破或延期雷管控制时差的多孔控制爆破技术都是成功的，轻型组合式凿岩机的试制成功为风化岩石锚杆基础的应用创造了很好的条件，这些都标志着我国对风化岩石嵌固基础施工有了突破性的发展。

大直径灌注桩施工质量的无损探伤检测已取得成功，由广东电力设计院应用水电效应法取得清晰的数据；超声检测法和超声脉冲检测法对桩基探测亦均取得成功。

螺旋桩施工，可利用原状土压力；并且不会破坏地面环境，在城区电网改造中有很大使用潜力，正在推广使用之中。

（二）杆塔施工

建国以来杆塔吊装工艺不断革新，20 世纪的 50 年代创始了倒落式抱杆整体组立法和外拉线抱杆分解组塔法，60 年代推广了悬浮抱杆（内拉线抱杆）分解组塔法，70 年代又提出了倒装组高塔法，到 80 年代又诞生了液压提升装置，使杆塔吊装工艺推进到一个新水平。

液压提升装置代替了由大量钢丝绳和滑轮组成的提升系统、平衡系统和牵引系统，使倒装组高塔工艺更趋完善。液压提升装置还能应用在高塔上吊装整个塔头，一次就位成功。

20 世纪 80 年代初，甘肃送变电公司发明的内摇臂抱杆组塔法，四付摇臂，一侧摇臂起吊，另三侧摇臂平衡起外拉线作用，随塔身组装高度增高，倒提接长抱杆。这种吊装方法对塔型、地形的适应性好，在加装落地拉线后，吊装 150m 以下自立式高塔是极为适宜的。

江苏送变电公司施工、2004 年 11 月 19 日送电的 500kV 江阴大跨越，跨江部分 2303m、跨越塔高 346.5m，单个塔基质量近 4000t，是世界上最高的输电铁塔，跨越宽度为世界第三。说明我国在特高、特重塔的施工技术上已经成熟。

（三）架线施工

张力架线施工技术已接近国外水平，并已形成一套具有我国特点的张力架线工艺，河南送变电公司在耐张塔平衡挂线方面开创挂铝合金工作台、高空临锚、高空挂线新工艺，使工效和质量大为提高。在 220kV 线路上开始使用张力架线技术，相应建立了完整工艺和相适应的轻型牵张设备。

在不停电、不停航架线方面也取得了很大进展。电力建设研究所研制的带电跨越架，可在不停电条件下搭设并实行张力放线，有巨大的经济效益和社会效益。北京送变电公司应用 $\phi6m$ 氢气球升力，在江中锚船上系留氢气球作为空中三个支点，使导引绳通过滑车悬挂于空中，以牵引船牵引过江，实现不停航放导引绳的任务。它简单易行、经济实用、安全可靠，符合国情。

（四）应用直升飞机、热气飞艇施工

1985～1987 年 3 年中，在葛（洲坝）上（海）线吉阳大跨越段、宜昌长江大跨越段、葛（洲坝）常（德）株（洲）线大山区段、宜昌换流站接地极引出段和沙江线河网段5个施工现场应用直升飞机直接放牵引绳、放导引绳、整体吊运、分段吊装、拉线杆吊装、吊运塔材和混凝土均得到成功。蜜蜂六号是装有30.87kW推进发动机的热气飞艇，它质量轻用一辆卡车可装完，采用尼龙线轴放在热气飞艇上展放 $\phi6$ 尼龙绳，在山区深谷最困难地段展放尼龙绳近6km也得到成功。

2004年5月14日，500kV江阴大跨越采用直升飞机进行了过江牵引绳索的架设，电缆的敷设工作随后开展。过江电缆共有24根，导线截面为726mm²，是国内最粗的导线。

第二节　输电线路的分类、组成

一、输电线路的分类

输电线路按输电电压分类，可分为低压配电线路、高压配电线路、高压输电线路、超高压输电线路和特高压输电线路。

低压配电线路是指线对地电压在1kV以下的线路；1~10kV输电线路称高压配电线路；35kV线路以前归属高压输电线路，但随着我国电力工业发展，35kV线路工程一般都在城市与农村，或在本城市内的联络工程，已不再是电网之间的联络线路，在很多城市中已经成为城市配电电网的一部分（有较大城市甚至110kV线路也成为城市供配电工程），所以在GBJ233—90《架空线路施工验收规范》中已不再将它列入；110（包括66）~220kV线路称为高压架空线路；一般将330kV和500kV线路称为超高压输电线路；而将750kV以上线路称为特高压输电线路。

输电线路的输电电压决定于输电容量和输电距离。电压越高，在一定输送容量下，输电距离可越远；在一定的输电距离下，可输送的容量就越大。但输电电压越高，线路及两端电气设备绝缘强度要求越高，从而使线路和设备的投资增大。因此应通过技术经济比较，确定输电电压与输电容量、距离的合理关系。各级输电电压的合理输电容量和距离如表1-1所列。

表1-1　　　　　　　　　　各级输电电压的合理输电容量和距离

输电电压 (kV)	输电容量 (万 kW)	输电距离 (km)	输电电压 (kV)	输电容量 (万 kW)	输电距离 (km)
10	0.02~0.2	20~6	220	12~25	300~200
35	0.2~1	50~20	330	30~60	500~250
110	3~7	150~100	500	80~120	1000~600
			750 以上	500	2500 以上

按线路架设方法可分为架空输电线路和电缆线路。

架空输电线路是将输电导线用绝缘子和金具架设在杆塔上，使导线对地面和建筑物保持一定距离。架空输电线路具有投资少、维护检修方便等优点，因而得到广泛应用。其缺点是易遭受风雪、雷击等自然灾害影响，因而发生事故的机会多。

电缆输电线路就是利用埋在地下或敷设在电缆沟中的电力电缆来输送电力。电缆是包有绝缘层和内外护层的导线。这种输电线路优点是占地少、不受外界干扰，因而比较安全可靠，不影响地面绿化和整洁；缺点是工程造价高，而且事故检查和处理比较困难。电缆输电线路主要用于一些城市配电线路，以及跨江过海的输电线路。

按输送电流的种类分，可分为交流输电和直流输电两种。

发电厂发出的交流电电压不可能很高，必须升压后再输送，而用户用电设备一般都是低压的，所以输电线路必须经过数次降压才能使用，因此目前国内外广泛采用交流输电。直流输电是将交流电整流为直流电，输送到受电地区后再将直流电逆变为交流电的一种输电方式。直流输电只需要两根导线，且其中一根可利用大地，所以金属和绝缘材料消耗、功率损失均相应减少，具有线路造价低、运行费用少以及运行稳定性好等优点。但是直流输电线路两端的换流设备比较复杂、造价高，同时目前尚无适用的直流高压断路器，在直流输电线路上无法引出分支线，因此使用范围受到限制。目前，直流输电主要运用于远距离、大功率的输电，海底电缆输电，以及不同频率电力系统之间的联络，我国 1987 年已建成的从葛洲坝到上海的 ±500kV 直流输电线路，全长 1080km，输送功率 120 万 kW。云南至广东的 ±800kV 直流输电线路将于 2006 年开工，2009 年单极投产。

二、架空输电线路的组成

架空输电线路主要由基础、杆塔、导线、避雷线、绝缘子、金具及接地装置等部件组成，如图 1-1 所示。

导线的作用是传导电能。为保持导线对地面或其他建筑物的安全距离，必须将导线架设在支撑的杆塔上。杆塔和导线之间用绝缘子串连接，使导线与杆塔绝缘。杆塔要稳定耸立于地面之上，必须借助基础。为了避免直接雷击导线，在杆塔顶部设有避雷线（架空地线）以作保护，同时在杆塔处之地下设有接地装置，用接地引下线或杆塔本身将雷电流导入大地。

下面仅将架空输电线路主要部件作一般介绍，其他架空线结构特点，将在各章中介绍。

（一）杆塔

2005 年 11 月底国家电网公司 110~500kV 各电压等级设计模块共计 36 个，新设计各类杆塔 486 种通过了输电线路典型设计评审，是今后设计工作的主要依据。

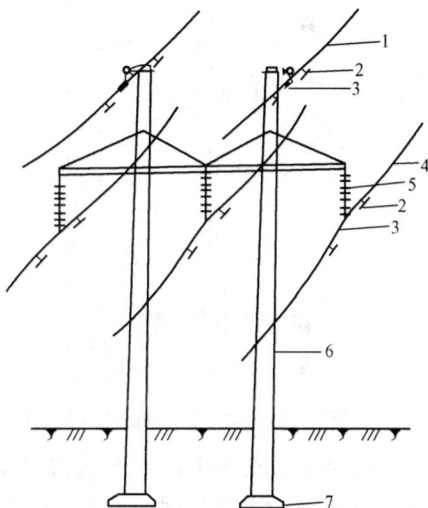

图 1-1　输电线路的主要部件示意图
1—避雷线；2—防振锤；3—线夹；4—导线；
5—绝缘子；6—杆塔；7—基础

杆塔是钢筋混凝土电杆（或木杆）与铁塔的总称。木杆在输电线路中已不采用。

1. **杆塔的分类**

杆塔按其作用及受力分为承力杆塔和直线杆塔两种。

承力杆塔又可分为耐张杆塔、转角杆塔、终端杆塔、分歧杆塔及耐张换位杆塔 5 种。它们在正常情况下均承受具有各自特点的力的作用，在断线时都能承受断线拉力。

直线杆塔也有普通直线杆塔、换位直线杆塔和跨越直线杆塔等，它们都用于线路直线段上，支持导线垂直和水平荷载，有的直线杆塔也能兼小转角。

杆塔又可分为有拉线与无拉线两种类型。拉线可以承受较大风载荷及断线载荷，这样可以减轻杆塔的结构，节省原材料。

2. 钢筋混凝土电杆

钢筋混凝土电杆是 220kV 以下输配电线路最广泛使用的杆塔。它坚实耐久、维护工作量少、结构简单、分段组装，可满足各种跨越高度要求。其缺点是易产生裂纹、笨重，给运输、施工带来不便。防止裂缝的最好办法就是在电杆浇注时将钢筋预拉，使混凝土在承载前就受到一个预压应力。当电杆承载时，受拉区混凝土所受拉应力与预压应力部分抵消不致产生裂纹，这种电杆叫预应力钢筋混凝土电杆。使用预应力钢筋混凝土电杆，可以节省大量钢材，壁厚也相应减少，故杆重减轻、价格下降是今后的发展方向。

单柱钢筋混凝土电杆广泛使用在 110kV 以下的输电线路上，可分为拔梢杆、等径杆两类。拔梢杆一般不带拉线，其主杆梢径为 $\phi190\sim\phi270\text{mm}$，圆锥度为 1/75。等径带拉线的单杆可用于 220kV 电压等级以下线路，拉线一般对称布置，为了减少断导线时杆柱所受的扭矩作用，一般采用转动横担或压屈横担。钢筋混凝土电杆杆型如图 1-2 和图 1-3 所示。

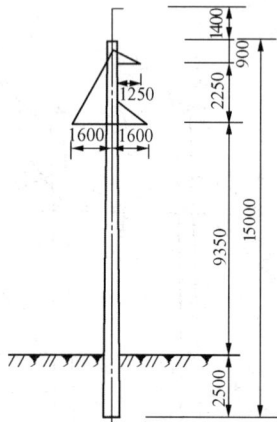

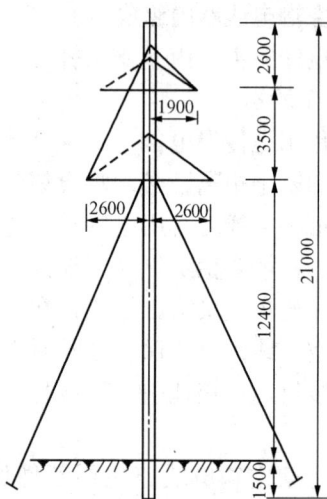

图 1-2　35kVϕ190mm 拔梢单杆　　　　图 1-3　110kVϕ300mm 等径拉线单杆

门形钢筋混凝土电杆不但是 330kV 以下线路直线杆的主要杆型，也是 35~220kV 线路耐张、转角杆的主要杆型，后者拉线类型和数量比前者复杂，其直线杆型如图 1-4 所示。

3. 铁塔

铁塔是用角钢焊接或螺栓连接的钢架。它坚固、可靠，使用年限长，但钢材消耗大、造价高、施工工艺复杂、维护工作量大。故 220kV 以下线路中，铁塔多用于交通不便和地形复杂的山区，或一般地区的大荷载的终端、耐张、大转角、大跨越等处。拉线铁塔可节省大量钢材，较多用作直线铁塔。常用铁塔塔型图如图 1-5 所示。

（二）基础

杆塔的地下部分的总体统称基础，它是输电线路的重要组成部分，一般基础投资占本体投资的 15%~30%，工期占施工总工期的 30%~50%。

钢筋混凝土杆基础通常由地下部分电杆和三盘（底盘、卡盘和拉线盘）组成。三盘一般由钢筋混凝土预制而成，也有的用天然石材做成，如图 1-6 所示。

铁塔基础根据铁塔类型、地形地质及施工条件的不同，采用不同类型。图 1-7 是常用的铁塔基础类型图。

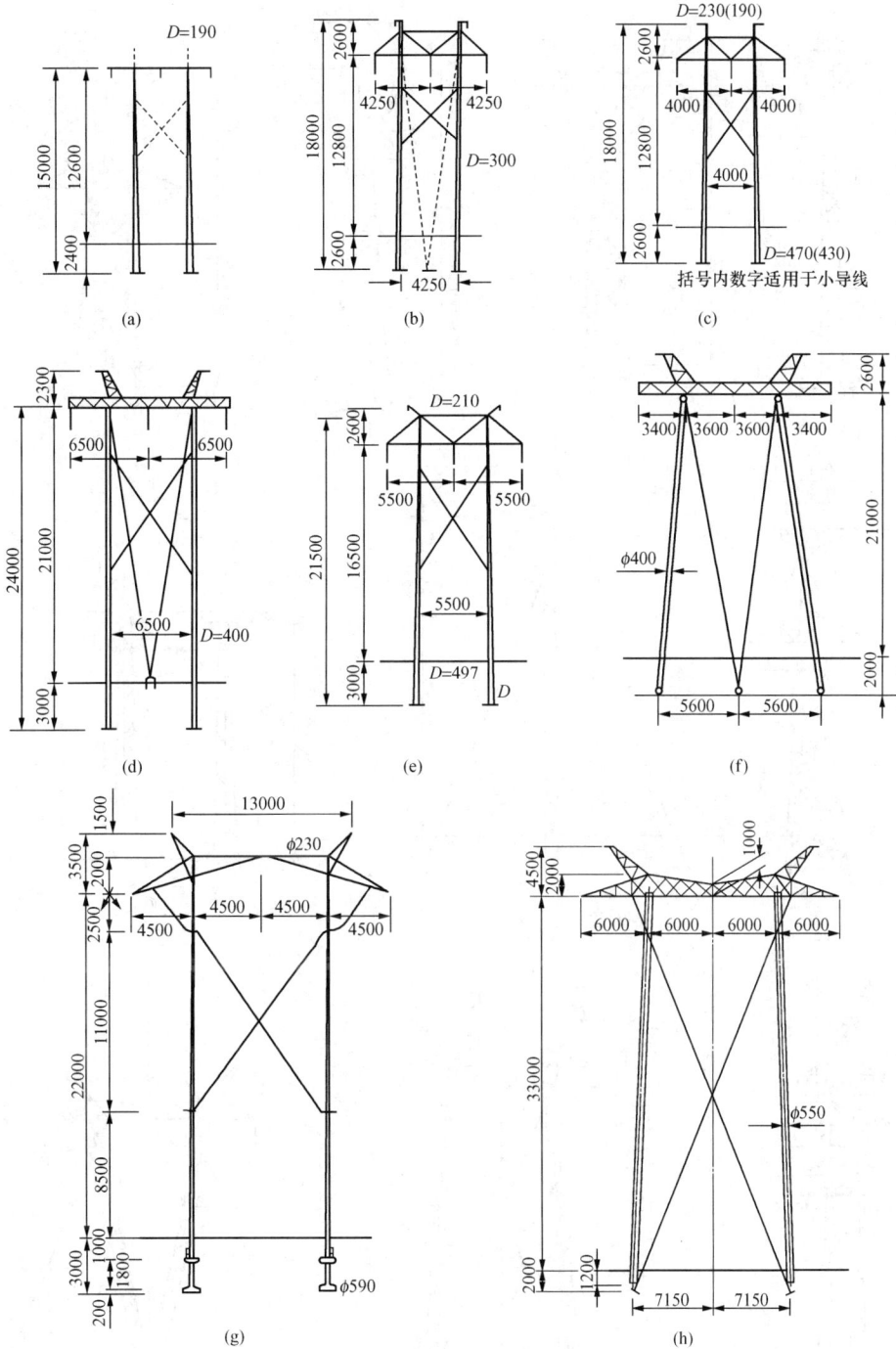

图 1-4　门形直线杆常用杆型

（a）35kV 直线杆型（拔梢杆柱，有时带叉梁、地线）；（b）110kV 直线型杆型之一（等径杆柱，带叉梁，有时兼带 V 形拉线）；（c）110kV 直线杆型之一（拔梢杆柱，带叉梁）；（d）220kV 直线杆型之一（等径杆柱，带叉梁和 V 形拉线，立体桁架方横担）；（e）220kV 直线杆型之一（拔梢杆柱、带叉梁，平面桁架式横担）；（f）220kV 撇腿门形直线杆（带 V 形拉线和立体桁架式横担）；（g）330kV 直线杆（拔梢杆柱，带叉梁）；（h）500kV 直线杆型（等径杆柱，有撇腿带 X 形拉线）

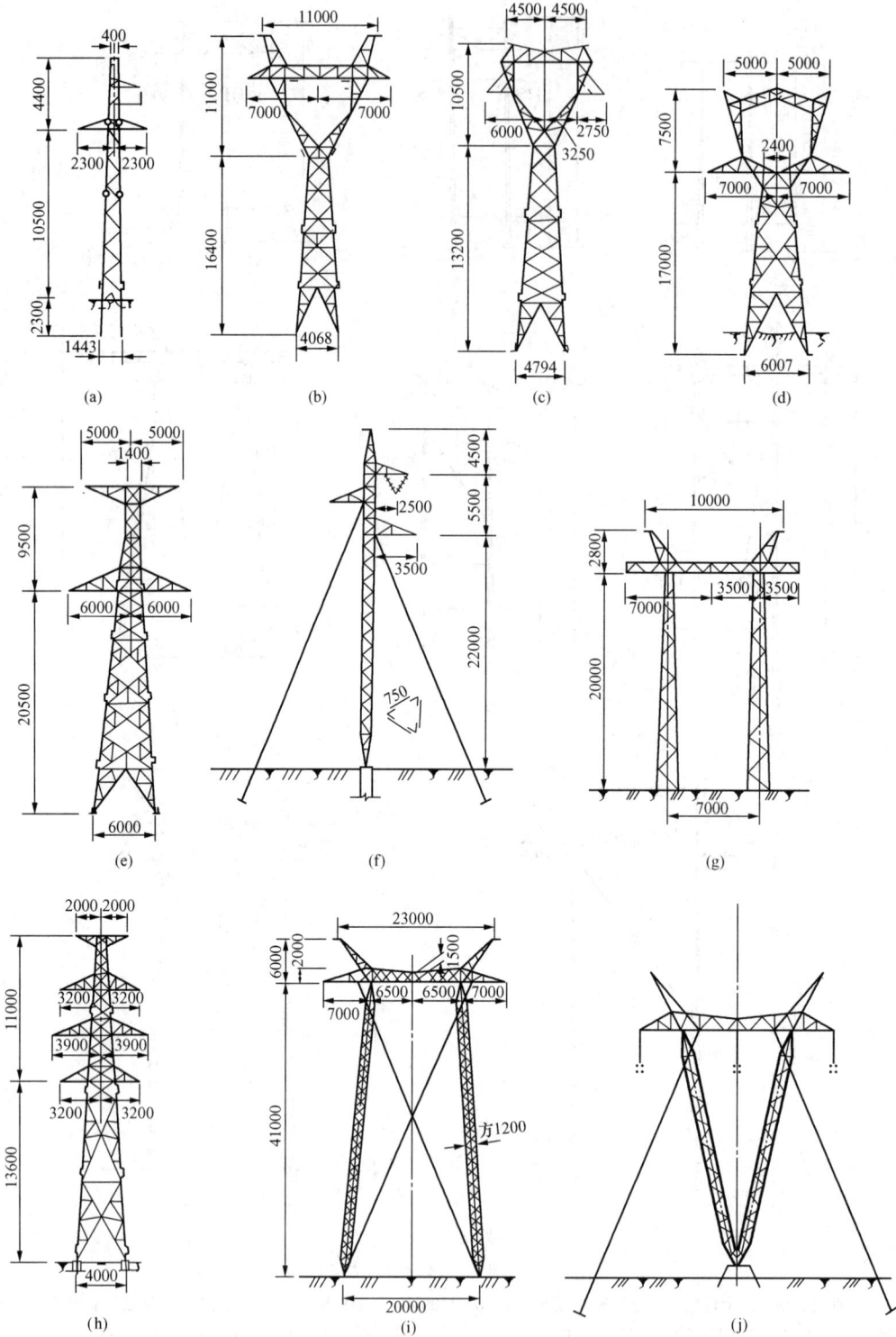

图 1-5　常用铁塔塔型图

(a) 上字形塔；(b) 酒杯形塔；(c) 中国猫头形塔；(d) 桥形耐张塔；(e) 干字形耐张塔；(f) 拉线三角形
排列跨越塔；(g) 门形塔；(h) 六角形双回路塔；(i) 500kV 交叉拉线门形塔；(j) 500kV 拉线 V 形塔

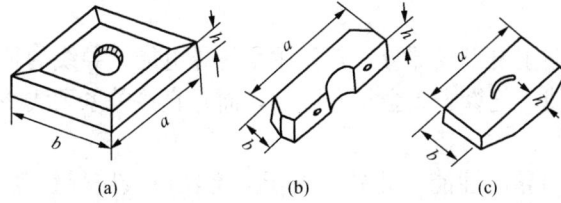

图 1-6 常用三盘外形图

(a) 底盘；(b) 卡盘；(c) 拉线盘

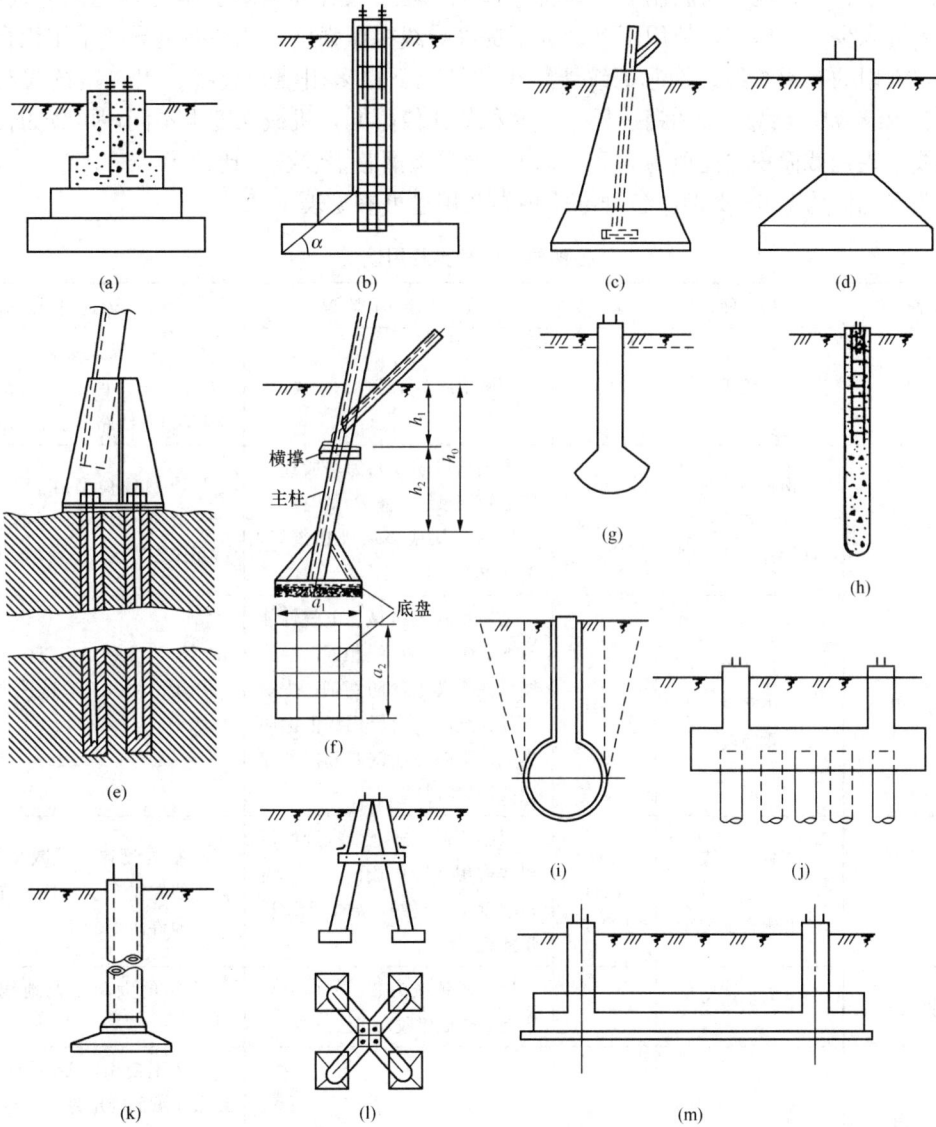

图 1-7 常用铁塔基础图

(a) 大块混凝土基础；(b) 钢筋混凝土基础；(c) 主角钢插入式基础；(d) 掏挖式基础；(e) 岩石基础；

(f) 金属基础；(g) 机扩基础；(h) 灌注桩基础；(i) 爆扩桩基础；(j) 联合桩基础；

(k) 圆柱固结式基础；(l) 人字形基础；(m) 联合基础

（三）导线

导线是架空输电线路主要组成部分，其作用是传导电能。导线的种类、性能和截面的大小，不仅对杆塔、避雷线、绝缘子、金具有影响，而且直接关系到线路的输电能力、运行的可靠性和建设费用的大小。

导线必须具有良好的导电性能。此外，由于架空输电线路导线架设在空中，要承受自重、风压、冰雪荷载等机械力的作用和空气中有害气体的侵蚀，故要求导线有较高的机械强度和较好的抗腐蚀性能。

导线由铝、钢、铜等材料制成，在特殊情况下也可使用铝合金。铜是理想的导线材料，但由于铜资源少、价格高，使用不多。为了提高导线机械强度，架空线路导线采用绞合的多股导线，常用的有铝绞线、钢芯铝绞线，少数情况下也采用铝合金线、铝包钢绞线及硬铜线。钢芯铝绞线中铝线部分和钢线部分截面积的比值不同，机械强度也不同，可分为普通钢芯铝绞线（铝钢截面积之比值为 5.2~6.1）、加强型钢芯铝绞线（比值为 4~4.5）和轻型钢芯铝绞线（比值为 7.6~8.3）。各种导线种类及用途可参见表 1-2。

表 1-2　　　　　　　　　　　　各种导线的种类及用途

导线种类	品　种	型　号	导线结构概况	用途及选用原则
硬铝线	铝绞线	LJ	用圆铝线多股绞制的绞线	对 35kV 架空线路，铝绞线截面一般小于 35mm²；对 35kV 以下线路不小于 25mm²
钢芯铝绞线	钢芯铝绞线 轻型钢芯铝绞线 加强型钢芯铝绞线	LGJ LGJQ LGJJ	内层（或芯线）为单股或多股镀锌钢绞线，主要承担张力；外层为单层或多层硬铝绞线，为导电部分	LGJ、LGJQ 型钢芯铝绞线用于一般地区，LGJJ 型钢芯铝绞线用于重冰区或大跨越地段
防腐型钢芯铝绞线	轻防腐 中防腐 重防腐	LGJF	结构型式及机械、电气性能与普通钢芯铝绞线相同。轻防腐仅在钢芯上涂防腐剂；中防腐仅在钢芯及内层铝线上涂防腐剂；重防腐在钢芯和内外层铝线均涂防腐剂	用于沿海及有腐蚀性气体的地区
铝合金线	铝合金单线 铝合金绞线 钢芯铝合金绞线	LH LHJ LHGJ	以铝、镁、硅合金拉制的圆单线或用多股作成的绞线，抗拉强度接近铜线，导电率及质量接近铝线	抗拉强度高，可减少弧垂，降低线路造价。单股线在线路上不允许使用
铝包钢绞线	铝包钢绞线	GLJ	以单股钢线为芯，外面包以铝层，作成单股及多股绞线	线路的大跨越及地线通信使用
硬铜线	硬圆铜单线 硬铜绞线	TY TJ	用硬铜拉制成的单股线或用多股制成的绞线	一般不使用。必须使用时导线最小截面规定为：35kV 以上线路不允许使用单股线，多股绞线导线截面不小于 25mm²；10kV 及以下线路单股线不小于 16mm²，绞线不小于 16mm²

在高压输电线路中还经常采用分裂导线。一般线路每相采用一根导线，所谓分裂导线系指每相采用相同截面、相同型号的两根或两根以上的导线。相分裂导线多用于电压为 330kV 以上的线路。目前，由于输电容量不断增加，为了减少线路的回路数和线路走廊面积，有时 220kV 线路也采用分裂导线。采用分裂导线可提高线路的输电容量、减少电晕损耗和对无线电等的干扰，架空线路导线、避雷线断面图如图 1-8 所示。

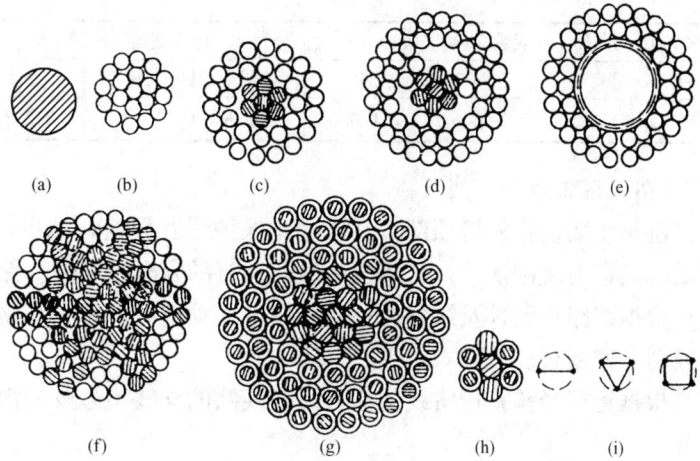

图 1-8 架空线路各种导线、避雷线断面图
（a）单股导线；（b）单金属多股绞线；（c）钢芯铝绞线；（d）扩径钢芯铝绞线；
（e）空心导线（腔中为蛇形管）；（f）钢铝混绞线；（g）钢芯铝包钢绞线；
（h）铝包钢绞线避雷线；（i）分裂导线

导线型号由导线的材料、结构和载流面积两部分组成。前一部分 T 表示铜；L 表示铝；J 表示多股绞线或加强型；Q 表示轻型；H 表示合金；G 表示钢；F 表示防腐。第二部分数字表示载流部分的标称截面积（mm^2）。常用的钢芯铝绞线的规格参见表 1-3。

表 1-3　　　　　　　　　　　　钢 芯 铝 绞 线 规 格

标称截面（mm^2）		股数/直径（股/mm）		计算截面（mm^2）			外径	计算质量	交货长度
铝	钢	铝	钢	铝	钢	总计	(mm)	(kg/km)	不小于（m）
95	20	7/4.16	7/1.85	95.14	18.82	113.96	13.87	408.9	2000
95	55	12/3.20	7/3.20	96.51	56.30	152.81	16.00	707.7	2000
120	7	18/2.90	1/2.90	118.89	6.61	125.50	14.50	379.0	2000
120	20	26/2.385	7/1.85	115.67	18.82	134.49	15.07	466.8	2000
120	25	7/4.72	7/2.10	122.48	24.25	146.73	15.71	526.6	2000
120	70	12/3.60	7/3.60	122.15	71.25	193.40	18.00	895.6	2000
150	8	18/3.20	1/3.20	144.76	8.04	152.80	16.00	461.4	2000
150	20	24/2.78	7/1.85	145.68	18.82	164.50	16.67	549.4	2000
150	25	26/2.70	7/2.10	148.86	24.25	173.11	17.10	601.0	2000
150	35	30/2.50	7/2.50	147.26	34.36	181.62	17.50	676.2	2000
185	10	18/3.60	1/3.60	183.22	10.18	193.40	18.00	584.0	2000
185	25	24/3.15	7/2.10	187.04	24.25	211.29	18.90	706.1	2000
185	30	26/2.98	7/2.32	181.84	29.59	210.93	18.88	732.6	2000
185	45	30/2.80	7/2.80	184.73	43.10	227.83	19.60	848.2	2000
210	10	18/3.80	1/3.80	204.14	11.34	215.48	19.00	650.7	2000
210	25	24/3.33	7/2.22	209.02	27.10	236.12	19.98	789.1	2000
210	35	26/3.22	7/2.50	211.73	34.36	246.09	20.38	853.9	2000
210	50	30/2.98	7/2.98	209.24	48.82	258.06	20.86	960.8	2000
240	30	24/3.60	7/2.40	244.29	31.67	275.96	21.60	922.2	2000
240	40	26/3.42	7/2.66	238.85	38.90	277.75	26.66	964.3	2000
240	55	30/3.20	7/3.20	241.27	56.30	297.57	22.40	1108	2000

续表

标称截面（mm²）		股数/直径（股/mm）		计算截面（mm²）			外径	计算质量	交货长度
铝	钢	铝	钢	铝	钢	总计	（mm）	（kg/km）	不小于（m）
300	15	42/3.00	7/1.67	296.88	15.33	312.21	23.01	939.8	2000

（四）避雷线和拉线

避雷线架设在杆塔顶部，其作用是保护线路导线，减少雷击机会，提高线路耐雷水平，降低线路雷击跳闸次数，从而提高线路运行的安全可靠性，保证连续供电。

根据线路重要性及线路通过地区雷电活动情况，每条线路按规程要求可在杆塔上架设一条或两条避雷线。

根据运行经验，避雷线的型号可按线路的导线型号及避雷线与导线的配合选用，参考表1-4。

表 1-4   避雷线与导线配合表

导线型号	LGJ-35 LGJ-50 LGJ-70	LGJ-95 LGJ-120 LGJ-150 LGJ-185 LGJQ-150 LGJQ-185	LGJ-240 LGJ-300 LGJQ-240 LGJQ-300 LGJQ-400	LGJ-400 LGJQ-500 及以上
避雷线型号	GJ-25	GJ-35	GJ-50	GJ-70

近年来，为满足开设地线载波、减少对通信设施的干扰、降低能耗等要求，在220kV及以上线路中，也有采用良导体作避雷线的。

杆塔上拉线，用来抵消杆塔上荷载不平衡，以减少杆塔材料消耗量、降低造价。拉线由上部、下部和拉线盘三部分组成。

拉线上部和避雷线的材料，通常都采用镀锌钢绞线，其规格如表1-5所示。

表 1-5   镀 锌 钢 绞 线 规 格

标称截面 （mm²）	计算截面 （mm²）	计算直径 （mm）	股数/每股直径 （股/mm）	单位质量 （kg/km）
25	26.6	6.6	7/2.2	227.7
25	25.21	6.5	19/1.3	214.7
35	37.15	7.8	7/2.6	318.2
50	49.46	9.0	7/3.0	423.7
50	48.32	9.0	19/1.8	411.1
70	72.19	11.0	19/2.2	615
100	100.83	13.0	19/2.6	859.4
120	116.93	14.0	19/2.8	995.0
120	116.18	14.0	37/2.0	981.0

（五）绝缘子

绝缘子是输电线路绝缘的主体，其用途是悬挂导线并使导线与杆塔、大地保持绝缘，它具有机械强度高、绝缘性能良好、不受强度急剧变化的影响、耐自然侵蚀及抗老化等特点。绝缘子一般采用瓷和钢化玻璃，也有合成材料的。

架空输电线路常用的绝缘子有针式绝缘子、悬式绝缘子、蝶式绝缘子、瓷横担绝缘子等（见图 1-9）。用硅像胶做裙边的轻质合成绝缘子也正逐步使用。

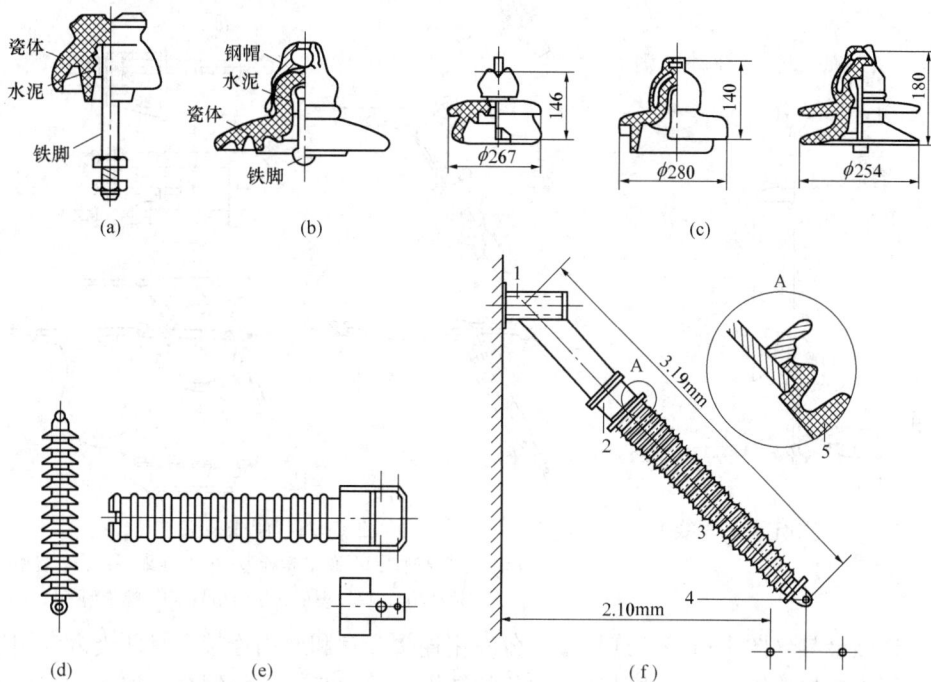

图 1-9　绝缘子

（a）针式绝缘子；（b）悬式绝缘子；（c）防污型悬式绝缘子；（d）瓷质棒式绝缘子；
（e）瓷横担；（f）玻璃钢摆动式绝缘横担
1—轴；2—金属套节；3—环氧树脂玻璃钢绝缘子；4—金属帽；5—外壁

针式绝缘子用在电压不超过 35kV 线路上，根据绝缘子爬距（绝缘子上的导体沿绝缘子表面到绝缘子铁脚的最短距离）的不同，分为普通型和加强型两种。绝缘子根据其铁脚型式不同，分为短脚、长脚和弯脚三种。

（六）金具

架空输电线路的金具是用于导线、避雷线、拉线、绝缘子串，并与杆塔连接的零件。线路金具按性能和用途大致可划分为悬垂线夹、耐张线夹、连接金具、接续金具、保护金具和拉线金具 6 大类。

1. 金具种类

（1）悬垂金具：用于将导线固定在直线杆塔及悬垂绝缘子串上，或将避雷线悬挂在直线杆塔的避雷线支架上。悬垂式线夹常用定型产品，目前只保留了 U 形螺丝式固定悬垂一种，如图 1-10 所示。

（2）耐张线夹（图 1-11）：导线用耐张线夹一般分为两类。第一类用螺丝将导线压紧固定，线夹只承受导线全部张力，而不导通电流，这类称螺栓型耐张线夹。第二类称为压缩型耐张线夹，采用液压机或爆炸压接方法将导线的铝股、钢芯与线夹锚压在一起。线夹本身除承受导线的全部拉力外，还是导电体，这类线夹适用于安装大截面导线。

避雷线用耐张线夹，按其结构可分为楔型和压缩型两种。楔型耐张线夹可用于避雷线的终端，也可以用于固定杆塔的拉线。

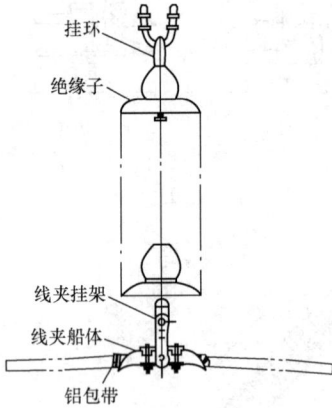

图 1-10 固定型悬垂线夹

挂环
绝缘子
线夹挂架
线夹船体
铝包带

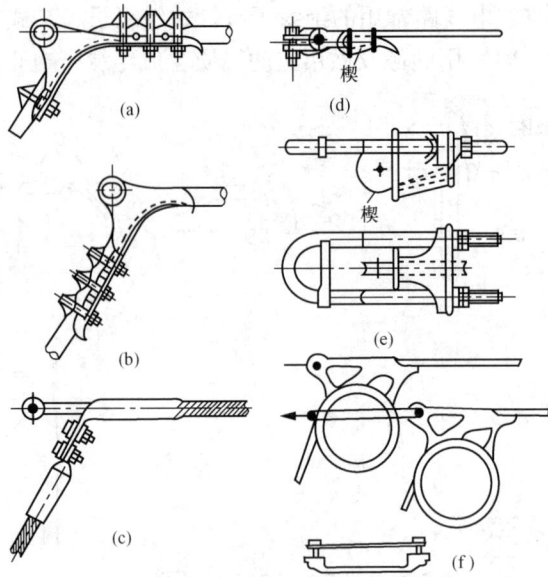

楔
楔

图 1-11 耐张线夹

（a）正装螺栓型；（b）倒装螺栓型；（c）压缩型；（d）楔型（地线用）；（e）楔型（拉线用）；（f）螺旋型

（3）连接金具（图 1-12）：连接金具分专用连接金具和通用连接金具两类。专用连接金具是直接用来连接绝缘子的，故其连接部位的结构尺寸和绝缘子相配合，如球头挂环、碗头挂板、球头环和碗头双联等。

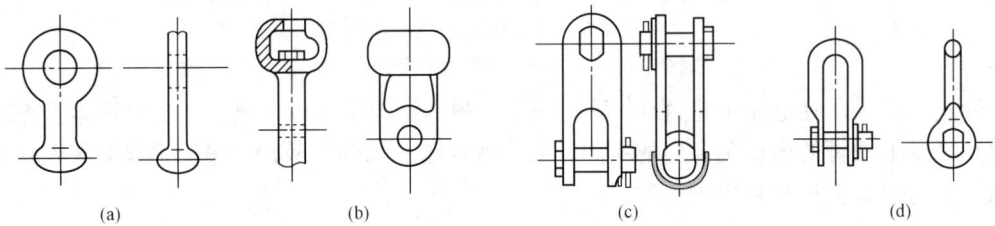

图 1-12 连接金具

（a）球头挂环；（b）碗头挂板；（c）挂板；（d）U 形挂环

通用连接金具将绝缘子组成两串、三串或更多串，并将绝缘子与杆塔横担或与线夹之间连接，也用来将避雷线紧固或悬挂在杆塔上，或将拉线固定在杆塔上等。根据用途不同，连接金具有 U 形挂环、U 形螺丝、U 形挂板、U 形拉板、直角挂板、平行挂板、延长环、环板、调整板和联板等。

（4）接续金具：接续金具用于接续导线及避雷线，接续非直线杆塔的跳线及修补损伤的导线及避雷线。

常用的线路接续金具有接续管、补修管及并沟线夹等。其中圆形接续管用于大截面导线接续及避雷线的接续，椭圆形接续管用于中、小截面导线的接续，补修管用于导线、避雷线的补修，并沟线夹用于导线及避雷线作为跳线时的接续。

（5）保护金具：保护金具用于保护导线、避雷线、绝缘子，使之不受损伤和正常运行。常用的保护金具有防振锤、预绞丝护线条、预绞丝补修条、重锤和间隔棒等。其中：防振锤起抑制导线、避雷线振动作用；预绞丝护线条用于保护导线；预绞丝补修条用于导线损伤的修补；重锤起抑制悬垂绝缘子串及跳线绝缘子串摇摆度过大及直线杆塔上导线、避雷线上拔的作用；间隔棒用于固定分裂导线排列的几何形状。

(6) 拉线金具：拉线金具主要用于固定拉线杆塔，包括从杆塔顶端引至地面拉线棒之间的所有零件。根据使用条件，拉线金具可分为紧张、调节及连接三类。紧线零件用于紧固拉线端部，与拉线直接接触，必须有足够的握紧力；调节零件用于调节拉线的松紧；连接零件用于拉线的组装。常用的拉线金具有 UT 形线夹、楔型线夹、拉线二联板等。

2. 绝缘子串的组装形式

(1) 单串悬垂绝缘子串（图 1-13）。其中：图 1-13（a）方式有最好的适应性，在导线摆动时 U 形挂板产生的弯曲应力最小，而在断线时又没有弯曲力矩。横担上的承力点结构也简单，所以是最合理的方式。图 1-13（b）方式导线摆动时力臂较长，U 形环将产生较大的弯曲应力，所以不好。图 1-13（c）方式受力条件不是很好，但在横担设计是光头时，应用它较合适。图 1-13（d）方式受力条件是好的，但横担承力点复杂，只在导线摇摆角太大使导线及绝缘子对横担的距离不够时才采用。

(2) 单串耐张绝缘子串（图 1-14）。显而易见图 1-14（b）、（c）的连接方式最为灵活，可避免产生较大弯矩。图 1-14（b）对各种下倾适应性差，但能适合各种转角的变化。图 1-14（a）缺点是没有灵活性，由于导线下倾角变化无常，会使 U 形环和拉板产生弯矩。但这种方式能将巨大张力不集中在一根螺栓上，而是通过拉线尾板传到主材和斜材，并且结构简单。所以，在我国一般采用这种方式。

(3) 四分裂导线单联悬垂绝缘子串。其组装图，详见第七章中图 7-21。

(4) 四分裂导线单联耐张绝缘子串。其组装图，详见第七章中图 7-22。

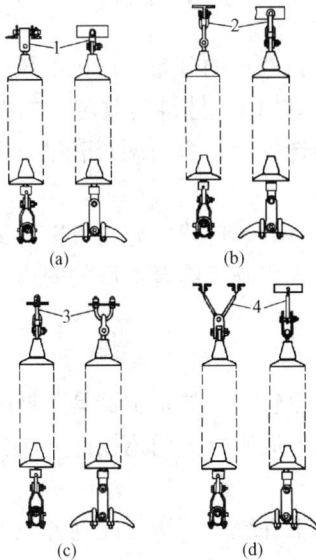

图 1-13 悬垂串与横担连接方式
(a) U 形挂板连接；(b) U 形环连接；(c) U 形
螺丝连接；(d) V 形延长杆连接
1—U 形挂板；2—U 形环；3—U 形
螺丝；4—V 形延长杆

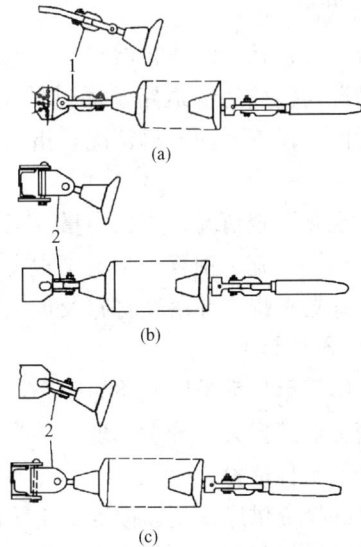

图 1-14 耐张串与横担连接方式
(a) U 形环连接；(b) U 形拉板横转连接；
(c) U 形拉板竖转连接
1—U 形环；2—U 形拉板

（七）接地装置

35kV 以上线路，当避雷线遭受雷击时，必须用金属导体将雷电流导入大地。接地装置包括接地引下线和接地极，接地引下线可利用水泥杆内钢筋或金属杆塔本身，也可另用钢绞线从避雷线上引下接地。接地极一般是用一根或几根导体组成辐射状的伸长扁钢组成。

第三节　架空输电线路施工的工艺流程

随着输电线路电压等级的提高，线路长度越来越长，杆塔结构、导线都愈加复杂而庞大，大跨越常常出现。现在 35kV 以下线路基本上是地方供电公司甚至乡村用电所施工。送变电公司施工线路几乎都在 110kV 以上，500kV 线路往往跨省，分成好多个标段，由几个省的送变电公司同时施工，一般均远离公司所在地，甚至跨省、出国施工，工期要求急、质量要求高、加工部件多而大、通信交通不便，如果没有周密的计划、切合实际的施工组织和施工方案、科学的工艺流程、严格的质量管理和安全监督，根本不可能多快好省地完成施工任务。

输电线路施工可分为准备工作、施工安装和启动验收三大部分。工艺流程可分为现场调查、备料加工、复测分坑、基础施工、材料运输、杆塔组立、导地线架设、接地装置装设、线路防盗、分项工程检查、竣工检验和资料移交等 12 个环节。

一、准备工作

准备工作包括现场调查、备料加工和复测分坑三个环节。

（一）现场调查

工程公司（处）在接受输电线路施工任务后，应了解有关设计的图纸资料及工程概算并进行现场调查。

调查内容包括：沿线自然状况、地形、地貌、地物、自然村的分布、居民的风俗习惯及劳动力情况；沿线运输道路及通过的桥梁结构；交叉跨越结构；材料集散转运的地点及仓库；生活医疗设施及地方病情况；指挥中心及施工驻地的选择等；填写调查表格，编写调查报告。

根据现场调查情况、施工力量及工程实际状况，公司（处）应确定施工方案，编制工程施工组织设计和施工预算；制定工程主要经济技术指标；提出施工综合进度的安排；制定劳动力供应计划；提出并落实材料及加工订货计划。

（二）备料加工

现在施工单位都是以效益为中心，人工费用所占比例也较大，如果工器具、材料跟不上而造成窝工，其损失十分大。现在基本上从价格、质量及售后服务上用招投标办法实行器材采购，降低工程造价。

制订好物资供应计划，按各施工阶段及时将材料和加工件统一平衡分配到各施工队，应规定出物资、材料和加工件供应时间表。

（三）复测分坑

输电线路的设计工作，由设计单位承担，设计中的现场选线定位工作，通常邀请施工单位及运行单位共同参加，以便对线路走向等重要问题，共同研究，选择合理的线路方案，施工人员应从施工角度提出具体意见。

1. 交接桩

设计单位在线路设计完毕交付施工时，除交给设计图纸资料外，还应将选定线路的桩位及走向，向施工单位人员逐桩交待清楚。施工人员在"交接桩"工作中应认真负责，详细了解桩位情况。

交接桩中应注意：核对各桩位地质资料，检查塔位有无外力破坏的可能；沿线有无与终勘时不一样的地方，有无新开挖的渠道、房屋建筑等；当线路通过特殊地形（如山顶、深沟、河岸、堤坝、悬崖等）时，是否尽量避开使杆塔及线路位置处于不利状态的因素；了解杆塔位置的地质、地形，是否有使基础施工困难的因素，是否避开地下管道、洼地、泥塘、冲沟、断层等不良地段，塔位处有无组立杆塔的施工条件；杆（塔）位桩及方向桩应埋好，桩位附近有否明显标志；接桩时，对某桩位提出移位或其他意见，应与设计单位协商，取得一致意见；现场决定的杆塔位置，如与图纸不符，应及时与设计单位联系及做书面确认，并要求设计单位补发正式通知。

2. 线路复测

为了防止原设计勘测所钉的桩位受外力影响发生位移、偏差或丢失而造成的施工错误，应经确认无误后方可进行施工工作。

3. 分坑

定位时用木桩钉出主桩与副桩。分坑是根据施工要求或施工图纸所示尺寸，依照主、副桩所表示的位置，在地面上标出挖坑的范围，交给挖坑人员开挖。

这三道工序虽不属于直接施工安装，但准备工作做得好与坏对进度、质量却起着关键性的作用。

二、施工安装

施工安装包括基础施工、材料运输、杆塔组立、架线、接地、线路防盗 6 道工序。除了材料运输外，其他工序是一环扣一环，相互影响，直接关系到施工成本、安全、质量。

（一）基础施工

基础施工包括挖坑和埋放底盘、拉盘或现场浇制混凝土基础等。它属于隐蔽工程，如有偏差或不符合要求，将影响杆塔质量，甚至发生倒杆事故。基础施工土方量大，往往外包，但建设单位却要做专项现场验收，施工单位所做工作属于前期工程，人员不齐。基础施工常遇到地质情况和设计不一或流沙等意外情况，要会同设计部门做紧急处理，所以如何落实责任制十分重要。

（二）材料运输

材料运输是指将杆塔、线材、金具、绝缘子等材料从仓库运到施工杆位的中、小运输。此项任务工作量大，运输条件差，使用人力多。运输的及早顺利完成，对整个工程施工进展有很大关系。如运输调度不当，不是急用先运，甚至错发、遗漏，就会发生停工待料等情况。

（三）杆塔组立

本工序根据杆塔是钢筋混凝土杆还是铁塔，施工方法有较大区别，一般可分组立杆塔和调整两部分。钢筋混凝土杆还应先进行排杆焊接。

1. 排杆焊接

如采用整根钢筋混凝土杆时，不需要焊接。一般使用 $\phi300\text{mm}$ 或 $\phi400\text{mm}$ 等径杆，均分段制成不同长度，施工时需排齐数段电杆，在现场焊接成所要求的长度。

2. 立杆或立塔

它是线路施工中主要的一道工序，有整体起立和分解组立两种。分解组立可先进行部分组装，也可边组装边起吊；整体起立的杆塔均在起立前进行地面组装。故在立杆或立塔施工时，可分为组装和立杆塔两个小组。

3. 调整杆塔

杆塔组立后，可能由于组立时误差、拉线地锚走动、埋土未夯实、基础下沉等原因，导致杆身倾斜或横担扭歪等，必须在架线前纠正。同时调整杆塔上装置，包括紧螺丝部件等，以确保施工质量。

（四）架线

架线包括导线和地线的放线、紧线及附件安装。放线前，应先做好准备工作，如搁线盘、每基杆塔挂放滑轮、调整耐张杆的拉线和加补强拉线、搭设交叉跨越的越线架、导线紧线工具、导线和地线连接工具等。

（五）接地

接地装置的施工，包括埋设接地钢带或其他接地设施，测量接地电阻值，将架空地线引下线与接地体接通。

（六）线路防盗

少数犯罪分子把偷盗线路器材作为生财之道，引起很多人为倒杆塔、断线路、偷接地线等重大事故或隐患。所以在铁塔下部都要装防盗措施，拉线也要采用防盗措施。

三、启动验收

启动验收包括分项工程检查、竣工检验和资料移交三项工作。

根据电力建设工程施工技术管理制度中质量管理制度的规定，分项工程质量检查验收分为班、工地、公司三级验收制度。项目验收和隐蔽工程检查由公司（处）会同建设单位一次进行，经验收合格后才能进行其他电气试验，最后送电、升压、经24h试运行（或72h）交付建设单位。根据施工技术档案管理制度的规定，施工技术档案由各主管部门汇集整理，应移交技术档案部门一份，长期保管使用；有关资料份数不足时，应优先满足工程移交资料的需要。

以上过程，基本上是循序施工的连续作业。工程开工前，应有全面的施工进度、材料运输和劳动力的安排计划，各工序必须紧密衔接、互相配合，施工班组应充分发挥群众的积极性和创造性，努力提高工效。

输电线路的施工过程，基本上是依照上述过程。但由于杆塔结构比较简单、档距小和施工路程短，不需要分得过细，可以根据具体情况合理组织安排。

第 二 章

测　　量

第一节　测量仪器及工具

一、水准仪

水准仪用途是测量地形、高程。线路测量中常用水准仪测量杆塔施工基面标高及基础标高。

DS3 型微倾水准仪上望远镜只能在水平方向旋转，竖直方向仅能作微小活动，所以叫微倾水准仪。"D"和"S"分别为"大地测量"和"水准仪"的汉语拼音第一个字母；"3"为用该类仪器进行水准测量时，在正确操作的条件下，仪器保证平均 1km 长的往返测高差偶然中误差不超过±3mm。

图 2-1 所示为国产 DS3 型微倾水准仪，它由望远镜、水准器和基座三个主要部分组成。

（一）望远镜

图 2-2 是内调焦望远镜的构造图。物镜（凸透镜）和十字丝分划板固定在一个镜筒上，调焦的凹透镜固定在同一水准轴的另一个镜筒上，借助对光螺旋调节凹透镜在镜筒内前后移动而进行物镜调焦，以使不同远近的目标的像都能落在十字丝分划板上。再旋转目镜调焦螺旋进行目镜调焦，可使不同视力的人，经过目镜清晰看清十字丝及物像放大后的虚像，放大倍数一般为 18~32 倍。

图 2-1　DS3 型微倾水准仪

1—望远镜；2—水准管；3—微倾连接片；4—托板；
5—基座；6—连接板；7—微倾螺旋；8—顶尖；
9—圆水准器；10—圆水准器轴；11—竖直轴；
12—轴套；13—脚螺旋

十字丝分划板中刻有垂直相交的竖线和横线，竖线上、下刻两根短丝称为视距线，用十字线瞄准目标，用视距线作视距测量。

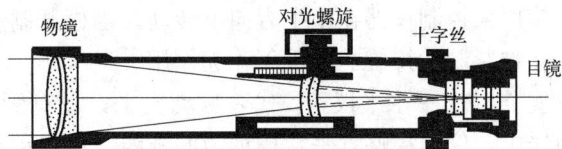

图 2-2　内调焦望远镜的构造

（二）水准器

水准器是测量仪器上操平设备。水准器分管水准器和圆水准器两种。

水准管是内装酒精或乙醚、留有汽泡两端封闭的玻璃管。其纵向内壁成弧形，圆弧中点

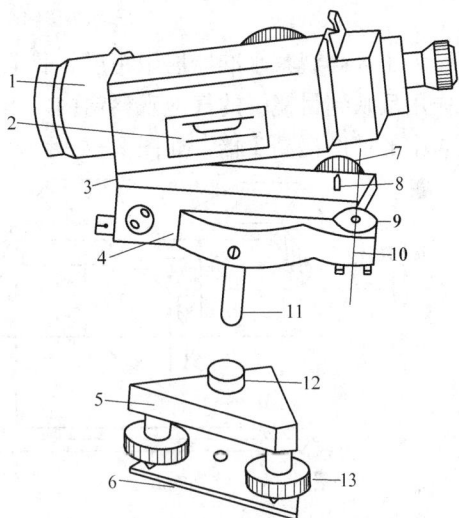

上切线称为水准管轴，切线处于水平位置时，汽泡居中，如图 2-3（a）所示。水准管圆弧半径愈大，灵敏度愈高。安装在 DS3 型水准仪上的水准管，汽泡移动一个分划间隔（2mm）所对圆心角，要求其角值不大于 20″。

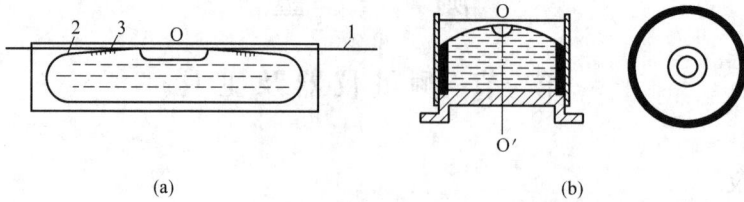

图 2-3　水准器

（a）管水准器；（b）圆水准器

1—水准管轴；2—水准管圆弧；3—刻划线

为了提高观察水准器居中精度，目前大多采用符合水准器，使气泡两端通过一组棱镜折光作用反映到目镜旁的气泡观察窗内。当气泡两端吻合时，表明气泡居中，这种方法可使气泡居中的精度提高 1 倍，如图 2-4 所示。

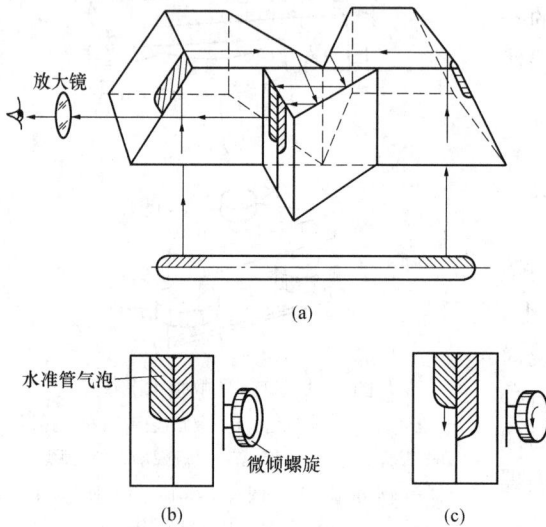

图 2-4　符合水准管

（a）棱镜的折光；（b）气泡居中；（c）气泡未居中

圆水准器如图 2-3（b）所示，顶面中央刻有小圆圈，圆圈中心称为圆水准器零点，当气泡居中时圆水准器所在平面处于水平状态。它精度较低，故其只能用于粗略操平。

（三）基座

基座是支撑仪器的底座，基座中心的轴套中插仪器旋转轴。轴套下有三只脚螺旋，用来调节水平盘水准管气泡居中。基座下部和三角架用螺旋相连。

DS3 型微倾水准仪中，望远镜和水准管固连在一起，转动微倾螺旋，顶尖随之作上、下运动，望远镜与水准管一起以微倾连接片为支点作微小仰俯转动，使水准管气泡居中，表示视准轴处于水平位置，由于微倾装置中顶尖上下运动范围有限，所以只有先调整圆水准器气泡居中，才能调整微倾螺旋。

水平制动和微动螺旋用来控制仪器在水平方向上转动。当松开制动螺旋时，仪器可以左右转动。微动螺旋只有在拧紧制动螺旋的条件下才起作用。

现在生产的 DSZ-3 型自动安平水平仪，Z 代表自动安平，设有管形水准器及微倾螺旋，只要调节圆水准器气泡居中，仪器粗略置平，望远镜的视线经过自动补偿器的自动调整，即可读得视线水平时应得的读数，从而提高了观测速度。同时若因仪器整置不当，地面微小震动或三脚架不规则下沉等原因使视线不水平时，可由补偿器迅速调整而得到正确读数，这样也提高了测量精度。

二、经纬仪

经纬仪是线路主要测量仪器，应用最广，它可以测量水平角度、垂直角度、距离、高程、确定方向等。

普通经纬仪分为游标经纬仪和光学经纬仪两种，目前游标经纬仪已趋淘汰。

国产光学经纬仪最常用的是 DJ2 和 DJ6 两种类型，"D"和"J"分别为"大地测量"和"经纬仪"的汉语拼音第一字母，"6"、"2"分别表示用该类仪器测量水平角一测回水平方向标准偏差为 $\pm6''$、$\pm2''$。

（一）DJ6-1 型光学经纬仪

1. 仪器的结构与作用

光学经纬仪的构造基本相同，都是由照准部、水平度盘和基座三部分组成，如图 2-5 所示。

（1）照准部。它是指水平度盘之上部分。它由竖轴支撑，插入水平度盘轴中的孔内，照准部可以绕竖轴在水平范围内旋转。照准部主要由望远镜、竖直度盘、水准器等组成。

1) 望远镜。它采用内对光式望远镜，其结构和水准器上内对光望远镜相同。望远镜与支架上横轴（水平轴）固连在一起，可绕横轴上下转动，扫出竖直平面。望远镜位置由望远镜制动和微动螺旋控制。

2) 竖直度盘。竖直度盘用光学玻璃制成，整个圆周分为 360°，每隔 1° 有一分划，并作注记，用来量度竖直角。竖直度盘上相邻两分划间所含的圆心角值，称为竖盘分划值。

3) 水准器。测量时，为了使竖轴处于垂直位置，及水平度盘处于水平位置，照准部上一般都装有圆水准器和照准部水准管，用以整平仪器。另外，为了能按固定的指标位置进行竖盘读数，还装有竖盘指标水准管。

（2）水平度盘。它也用光学玻璃

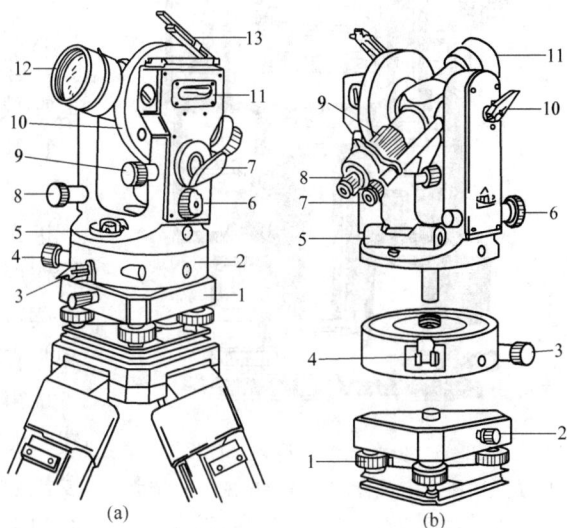

图 2-5　DJ6-1 型光学经纬仪

（a）外形图

1—基座；2—水平度盘；3—水平制动扳钮；4—水平微螺旋；
5—圆水准器；6—测微轮；7—反光镜；8—望远镜微动螺旋；
9—竖盘指标水准管微动螺旋；10—竖直度盘；11—竖盘
指标水准管；12—物镜；13—反光镜

（b）组装图

1—脚螺旋；2—轴座固定螺旋；3—水平微螺旋；4—度盘
离合器；5—照准部水准管；6—望远镜微动螺旋；7—读数
显微镜；8—目镜；9—对光螺旋；10—望远镜制动扳钮；
11—物镜

制成，按顺时针方向分划，分划值也是 1°。水平度盘的制动和微动螺旋控制仪器在水平方向定位。

水平度盘上有搭扣式复测机构，称之为复测扳手（度盘离合器），控制照准部和水平度盘的离合。打开复测扳手，照准部转动时，水平度盘不动，这样可将一个水平角值的若干倍在水平度盘上积累反映出来，而后取其平均值，这样可减少仪器读数误差的影响，这装置在

DJ2 型经纬仪中是没有的。

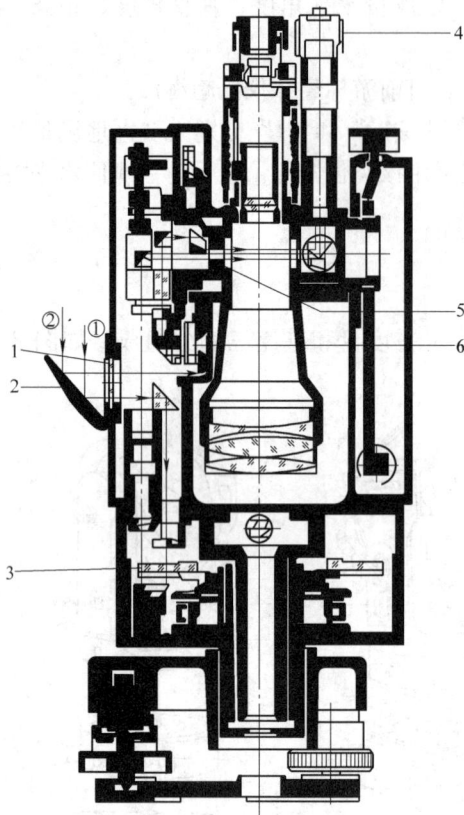

图 2-6　分微尺读数设备光路图

1—进光窗；2—反光镜；3—水平度盘；4—读数
显微镜；5—读数窗场镜；6—竖直度盘

（3）基座。经纬仪基座和水准仪相似，为使竖轴轴线与测站点标志中心的铅垂线重合，在三角架与基座连接螺旋的正中装有挂垂球的挂钩，观测时使所挂垂球对准测站点的标志中心。有的经纬仪还在照准部内装有光学对中器代替垂球。

仪器的照准部连同水平度盘一起，通过轴座固定螺旋固定在基座上，因此在使用仪器过程中，切勿松动该螺旋，以免仪器上部脱离基座而坠地。

2. 读数设备与读数方法

度盘分划值为 $1°$，过于粗略与密集，必须把它放大且设测微装置，可以直读 $1'$，估读 $0.1'$（即 $6''$）。

（1）分微尺读数方法。DJ6 型经纬仪从同一进光窗中二路光线分别通过一系列棱镜和透镜作用，将度盘分划影像和分微尺的影像，转入读数显微镜，可以同时读取水平度盘（H）和竖直度盘（V）的读数，如图 2-6 所示。

窗口中长线和大号数字为度盘上度数，短线和小号数字为分微尺上的分

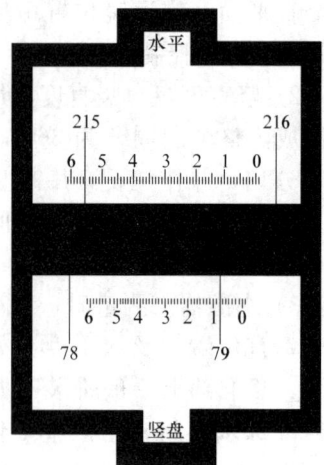

图 2-7　度盘分划和分微尺

值，分微尺将 $1°$ 分为 $60'$。图 2-7 水平度盘读数为 $215°+55.4'=215°55'24''$，竖盘读数为 $79°+08.3'=79°08'18''$。

（2）单平板玻璃测微式读数方法。图 2-8 为单平板玻璃测微器读数设备的光路图。

外界光线经过一系列棱镜和透镜的作用，带着水平度盘和竖盘的分划影像，通过平板玻璃和测微尺，使水平度盘分划、竖盘分划、测微尺三者同时成像在刻有单、双两种指标线的读数场镜上，最后进入读数窗。平板玻璃测微器原理如图 2-9 所示。平板玻璃水平时测微尺指示为零，光线垂直通过平板玻璃，不发生位移。此时度盘双分划线指示为 $93°+a$。转动测微轮，使平板玻璃倾斜一个角度时，光线经过平板玻璃后发生平移，使 $93°$ 分划影像正好移到双指标线中央，移动量就是 a 值，该值由测微尺显示。

图 2-10 表示从测微轮式经纬仪读数显微镜中看到的影像，下面窗口是水平度盘分划和双指标线，中间窗口为竖直度盘分划和双指标线，上面窗口为测微尺和单指标线。度盘一个分划为 $30'$。测微尺全长 $30'$，每 $5'$ 注有分值，每分又分成 3 小格，每小格 $20''$，所以这种方

法直读 1′，估读 20″。此分微尺法精度高些。

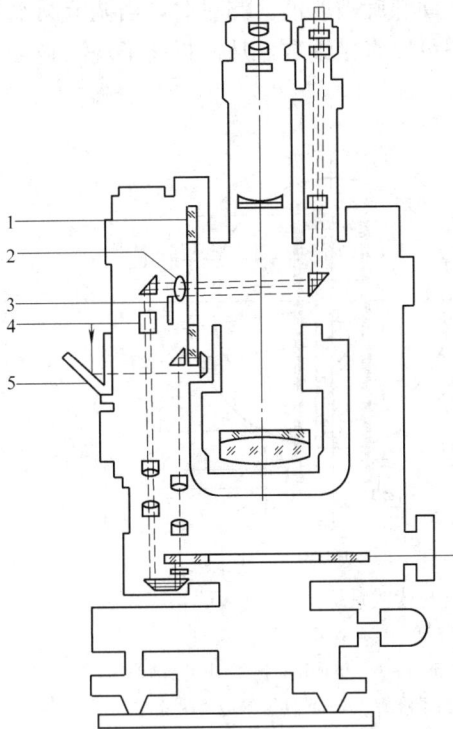

图 2-8　单平板玻璃测微器读数设备光路图

1—竖直度盘；2—读数窗场镜；3—测微尺；

4—单平板玻璃；5—反光镜

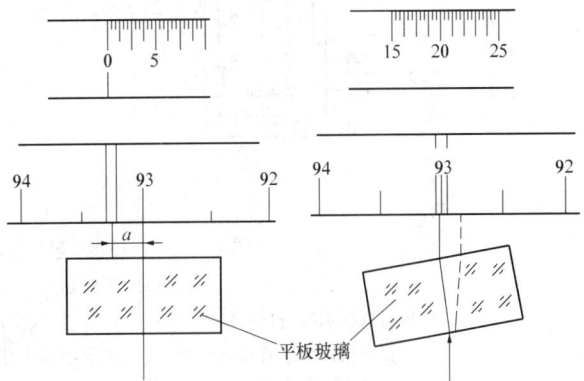

图 2-9　平板玻璃测微器原理

其读数方法是用望远镜照准目标后，转动测微轮，使水平度盘双分划线在 40°30′线的中间，这时测微尺读数为 2′，故水平度盘读数为 40°30′+2′=40°32′00″；再转动测微轮使双分划线对准竖直度盘（以下简称竖盘）93°线，这时测微尺读数为 93°00′+21′20″=93°21′20″。

（3）DJ6 型经纬仪竖盘及读数系统（图 2-11）是 DJ6 型经纬仪竖盘及读数系统，光线透过竖盘分划值沿光具组（由一系列棱镜和透镜所组成）光轴和分微尺一起成像于读数显微镜的读数窗内，光具组光轴方向是与指标水准管轴垂直的。转动望远镜时传递竖盘分划的光路位置并不改变，所以只有竖盘指标水准管气泡居中时，才可以读数。

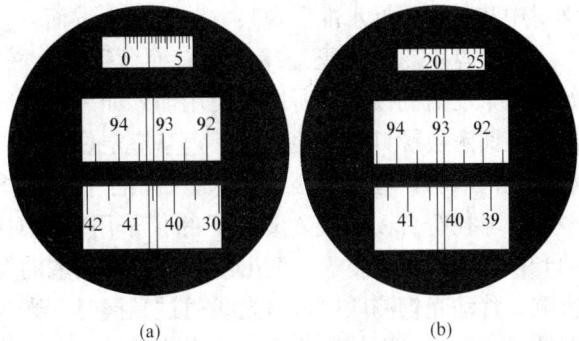

图 2-10　度盘分划和测微尺

（a）水平度盘；（b）竖直度盘

这种仪器每次读取竖盘读数之前，都必须调节竖盘指标水准管微动螺旋，将指标水准管气泡调到居中，才能读数，这样操作既费事，又影响工效，当忘了调整气泡居中时将发生读数错误，故近年生产的光学经纬仪采用竖盘指标自动归零装置，如图 2-11（b）所示。其读数棱镜系统悬挂在一个弹性摆上，依靠摆的重力与空气阻尼器的共同作用，使弹性摆自动处于铅垂位置，这时光具组光轴也处于铅垂线上。有自动归零装置经纬仪，指标水准管及其微动螺旋被取消。测量时，当调节圆水准器和管水准器气泡居中后，竖盘指标就自动归零，即可以直接读数，从而提高了观测竖直角的速度和精度。

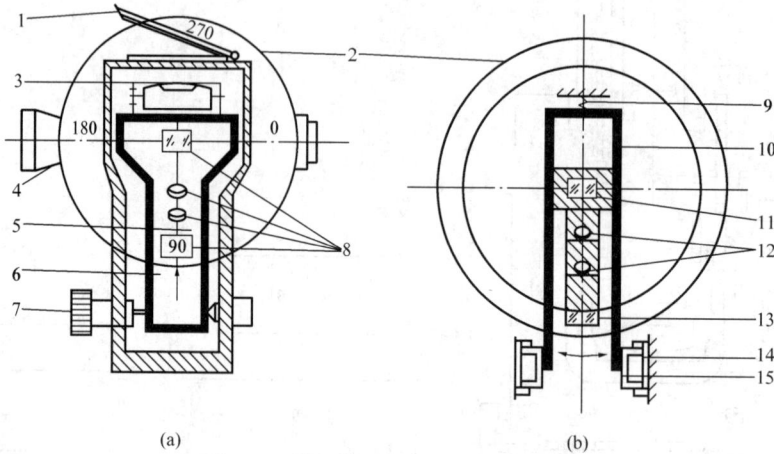

图 2-11 DJ6 型经纬仪竖盘与读数系统

(a) 读数系统；(b) 竖盘

1—竖盘指标水准管反光镜；2—竖盘；3—竖盘指标水准管；4—望远镜；5—光具组光轴；
6—竖盘指标水准管微动框架；7—竖盘指标水准管微动螺旋；8—光具组的透镜棱镜；
9—弹簧片；10—垂直吊架；11—转向棱镜；12—透镜组；13—竖盘棱镜；
14—阻尼盒；15—阻尼器

（二）J2（DJ2）型光学经纬仪

J2 型光学经纬仪是苏州第一光学仪器厂生产的 $2''$ 级光学经纬仪。望远镜有倒像和正像的区别，J2-1 型经纬仪是正像望远镜，有磁阻尼式自动归零补偿器，垂直度盘指标自动归零，使得垂直角的测量精确简便，而且它采用数字显示读数窗，读数更为方便。

J2 型系列经纬仪和 J6 型系列相比，主要不同是没有复测扳手，用换盘手轮、读数方法、光学对中和竖盘指标水准器观察方法这 4 个方面。其正、倒镜时外观图如图 2-12 所示。

（1）换盘手轮。J2 型经纬仪装有换盘手轮，嵌在轴座内，转动换盘手轮可得到所需之起始时水平度盘的读数。所以在使用前，如果仪器照准部和三角基座未连接在一起时，应使照准部下面定位螺钉仔细地插入三角基座定位孔内，才能使换盘手轮正确嵌装在轴座内。仪器从基座内取出，应先放松三角基座制动手轮，如图 2-13 所示。

（2）对径符合读数法。J2 型经纬仪采用双像对径符合法读数，选用透射式度盘，并用移动光楔测微器。从度盘上读出读数是直径两端的像格线，因此在读数中能消除度盘偏心差的影响。移动光楔测微原理是光线通过光楔时，光线会产生偏转，而在光楔移动后，由于光线偏转点改变了，而偏转角不变，因此通过光楔光线就产生了平行位移，从而实现测微的目的，这和平板玻璃测微略有不同。

本仪器水平度盘和竖盘读数是分开进行的。打开水平度盘照明反光镜，且换像手轮盖面白线处在水平位置，从读数显微窗中可得到水平度盘读数，如图 2-14 所示。这时大窗上正像为水平度盘一侧的分划，倒像为水平度盘另一侧的分划，上下分划线并不重合，小窗上测微读数为零。转动测微手轮，可见到大窗内上下两部分影像相对移动，到上下分划线精确符

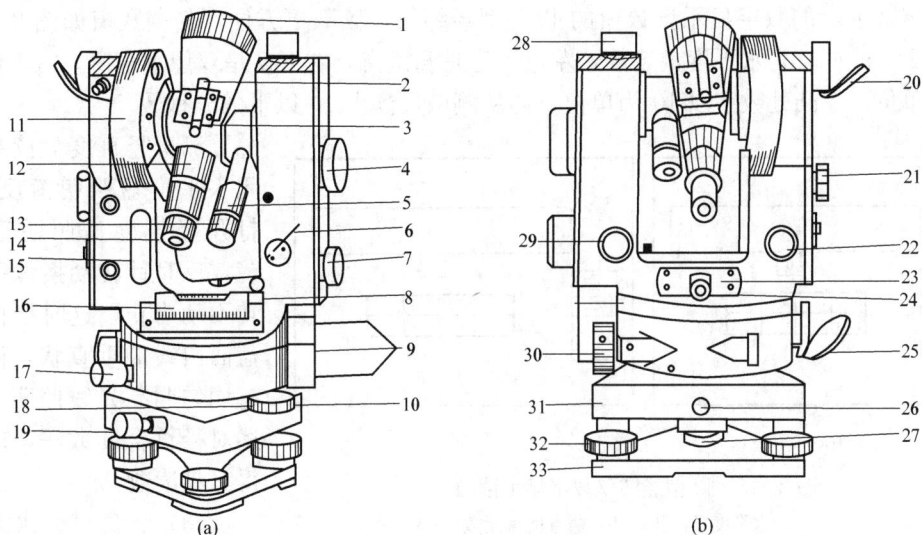

图 2-12 J2 型经纬仪正、倒镜时外观图

（a）仪器正镜（盘左 L）观测时外观；（b）仪器倒镜（盘右 R）观测时外观

1—望远镜物镜；2—光学瞄准器；3—望远镜反光板手轮；4—测微手轮；5—读数显微镜镜管；6—望远镜微动
弹簧套；7—换像手轮；8—水准器校正螺丝；9—水平度盘物镜组盖；10—换盘手轮护盖；11—竖盘转像组
盖板；12—望远镜调焦手轮；13—读数显微镜目镜；14—望远镜目镜；15—竖盘物镜组盖板；16—竖盘指
标水准器护盖；17—水准器板；18—换盘手轮；19—照准部制动手轮；20—竖盘照明反光镜；21—竖盘
指标水准器观察棱镜；22—竖盘指标水准器微动手轮；23—水平度盘转像透镜组盖板；24—光学对点
器；25—水平度盘照明反光镜；26—三角基座制动手轮；27—固紧螺母；28—望远镜制动手轮；
29—望远镜微动手轮；30—照准部微动手轮；31—轴座；32—脚螺旋；33—三角基座底板

合为止，这时读取大窗上正像偏左侧数字得整数度数，再数它和相差 180°的倒像数字之间格
数，每格 10′，格数×10′即得到整数分值，余下零数从左侧测微窗中读得。测微尺每小格
1″，共刻 600 格，共计 10′，故左边的数字为分，右边的数字乘 10，再数到指标线的格数即
为秒数，故直读 1″，估读至 0.1″比 J6 型精确度高。度盘上读得数字，加上测微窗读得的数
字之和，即为完整的正确读数。

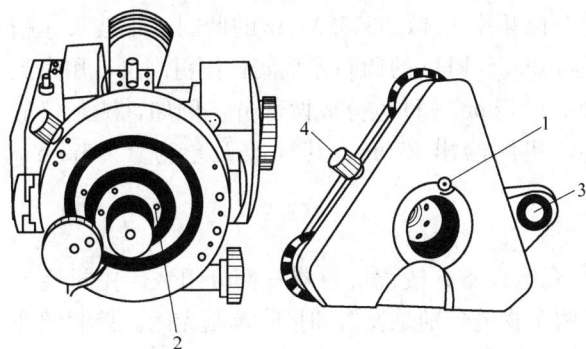

图 2-13 三角基座和照准部

1—定位孔；2—定位螺钉；3—圆水准器；4—制动手轮

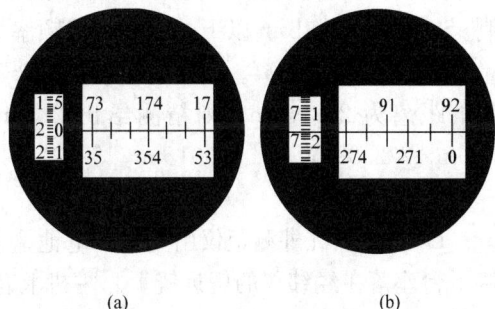

图 2-14 J2 型经纬仪度盘读数

（a）水平度盘读数；（b）垂直度盘读数

大窗读数 174°0′   大窗读数 91°10′

小窗读数 2′0.″0   小窗读数 0°7′16.″0

174°2′0.″0   91°17′16.″0

近年来生产的数字显示读数窗的 J2-1 型经纬仪，读数更方便，其读数窗如图 2-15 所示。图 2-15（a）是水平度盘读数，左边小窗是测微窗，右下窗是双像重合窗，右上窗数字以度为单位，下凸处数字以 10′ 为单位，再从测微尺读出 10′ 以下的分秒数。

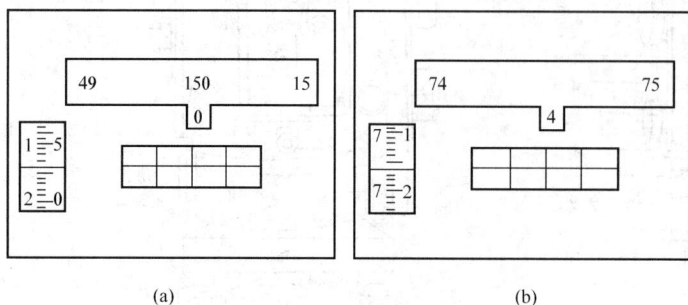

图 2-15　J2 型经纬仪数字显示读数

（a）水平度盘读数；（b）竖直度盘读数

上窗读数 150°00′　　上窗读数 74°40′

小窗读数 01′54″　　小窗读数 07′16″

　　　150°01′54″　　　　74°47′16″

测量竖直度盘读数应关闭水平度盘照明窗反光镜，打开竖直度盘照明窗反光镜，反时针转动换像手轮到转不动为止，这时换像手轮盖面白线成垂直状，使竖盘有均匀明亮光线照明，按上述对径符合读数法，即可读得竖盘读数。

（3）竖盘符合水准管精平。J2 型经纬仪竖盘指标水准器观察不是从反光镜中观察，而是和 DS3 型微倾水准仪上相似的符合水准管，用棱镜观察。每次读数前应旋转竖盘指标微动旋钮，使得在观察棱镜内得到竖盘水准器气泡半圆精确符合。J2-1 型有竖盘磁阻尼自动归零装置，不需要每次竖盘测量前调平竖盘指标水准管，所以它没有竖盘指标水准管及其微动旋钮和观察棱镜装置。

（4）对中。J2 型经纬仪可以用垂球对中。精确对中，可以用光学对点器。

三、红外测距仪

光电测距是最先进的测距方法，以光波为载波的光电测距和用微波为载波的微波测距仪，统称为电磁波测距仪。测程为几公里的短程、测距仪一般以红外光作载波的，称为短程红外光电测距仪。

图 2-16 是国产 DCH-1 型红外测距仪，用单块棱镜在一般气象条件下测程为 1000m。它采用自动数学测相法，直接显示所测距离；以频率为 14.98552MHz 的调制光半波长作精制尺，用来测出 10m 以下的距离；以频率为 149.855kHz 的调制光半波长作粗制尺，用来测量 1000m 以内的距离。所以它标准偏差 $\pm 5mm + 5ppm \cdot D$ 也分成两部分。例如，测距仪显示的距离为 272.38m，则精测给出 2.38m，粗测给出 270m，其标准误差为（$\pm 5mm + 5ppm \times 272.38$），即 $\pm 5.001mm$。

（一）结构

DCH-1 型红外测距仪由主机、电池盒及充电设备、棱镜反射器三部分组成。主机经连接平台座落在经纬仪的望远镜上。主机上有两个物镜分别是发射和接收调制光的。控制键在测距仪主机后面板上。电池盒和充电设备是测距仪的电源，用可充电的 8.4V 直流镍镉电池。棱镜反射器的作用是使测距仪发射系统发射出来的调制光通过反射镜后又回到测距仪的接收系统，按测程的远近可分别采用单棱镜、三棱镜。

（二）操作

（1）自检。使用测距仪时，接通电池盒上电源开关，仪器进行自检，按下列顺序显示：

先显示 8 个 "8"。接着是以 mm 为单位预置的加常数值。再下来显示的是气象改正值，最后显示一个数字 "9"。表示自检结束，可以开始测量。

（2）测量。主机的后面板上控制键有 4 个。C 是复位键。按此键使仪器回到工作的初始化程序处。D1 是平均测量键，按此键时，先显示 "11" 值，然后自动显示 4 次测量的平均值，并保持此值。D2 是重复测量键，按此键时，先显示 "12" 值，然后自动重复测量，并显示每次的结果，此方式一直显示到电源关断或 "C" 键被按下为止。标有太阳光线四射状符号的是单次光强测量键。按此键时，先显示 "13" 值，然后自动显示一个四位的数字，最高位 "2" 表示此值是光强测量值，第三位表示减光的级，最低的二位表示未经减光的光强值，此值越大，光强越强。如果回光信号经内部减光片衰减后仍旧太强无法测量，就要在接收物镜上罩上减光片罩，以取得合适的光强，一般在 50m 以内使用此罩。

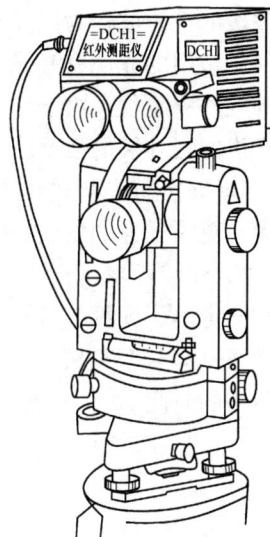

图 2-16 DCH-1 型红外测距仪

（三）使用测距仪的注意事项

测距仪必须用合格证所指定号码的经纬仪，这样两者才能协调。望远镜的现场内必须只看到一个反光镜。如果红外光的范围内有多个反射物，就会有多个反射信号混合，造成错误的测距；交通标志、车辆的猫眼等反射物，如果在红外光的范围内，也会造成错误。测距仪不能直接对准太阳，天气很热时，注意给测距仪遮阴，并建议给反光镜遮阴。测距仪也不要在剧烈震动的地方存放或使用。

四、全站仪

全站型电子速测仪简称全站仪，它是一种可以同时进行角度（水平角、竖直角）测量、距离（斜距、平距、高差）测量和数据处理，由机械、光学、电子元件组合而成的测量仪器。由于只需一次安置，仪器便可以完成测站上所有的测量工作，故被称为全站仪。

（一）全站仪的结构原理

全站仪上半部分包含有测量的四大光电系统，即水平角测量系统、竖直角测量系统、水平补偿系统和测距系统。通过键盘可以输入操作指令、数据和设置参数。以上各系统通过 I/O 接口接入总线与微处理机联系起来。

微处理机（CPU）是全站仪的核心部件，主要有寄存器系列（缓冲寄存器、数据寄存器、指令寄存器）、运算器和控制器组成。微处理机的主要功能是根据键盘指令启动仪器进行测量工作，执行测量过程中的检核和数据传输、处理、显示、储存等工作，保证整个光电测量工作有条不紊地进行。输入输出设备是与外部设备连接的装置（接口），输入输出设备使全站仪能与磁卡和微机等设备交互通信、传输数据。

目前，世界上许多著名的测绘仪器生产厂商均生产有各种型号的全站仪。

（二）全站仪的测量功能与原理

电磁波测距按测程来分，有短程（<3km）、中程（3～15km）和远程（>15km）之分。按测距精度来分，有Ⅰ级（5mm）、Ⅱ级（5～10mm）和Ⅲ级（>10mm）。按载波来分，采用微波段的电磁波作为载波的称为微波测距仪，采用光波作为载波的称为光电测距仪。光电测距仪所使用的光源有激光光源和红外光源（普通光源已淘汰），采用红外线波段作为载波的称为红外测距仪。由于红外测距仪是以砷化稼（GaAs）发光二极管所发的荧光作为载波源，发出的红外线的强度能随注入电信号的强度而变化，因此它兼有载波源和调制器的双重功能。GaAs 发光二极管体积小、亮度高、功耗小、寿命长、且能连续发光，所以红外测距仪获得了更为迅速的发展。本节讨论的就是红外光电测距仪。

（二）测距原理

欲测定 A、B 两点间的距离 D，安置仪器于 A 点，安置反射镜于 B 点。仪器发射的光束由 A 至 B，经反射镜反射后又返回到仪器。设光速 c 为已知，如果光束在待测距离 D 上往返传播的时间 t_{2D}。已知，距离 D 的计算式为

$$D = \frac{1}{2} c t_{2D} \qquad\qquad (2\text{-}0)$$

其中

$$c = c_0 n_0 / n$$

式中 c_0——真空中的光速值，其值为 299792458 m/s；

n——大气折射率，它与测距仪所用光源的波长，测线上的气温、气压和湿度有关。

测定距离的精度，主要取决于测定时间 t_{2D} 的精度，例如要求保证 ±1cm 的测距精度，时间测定要求准确到 $6.7 \times 10{-}11s$，这是难以做到的。因此，大多采用间接测定法来测定 t_{2D}。间接测定 t_{2D} 的方法有下列两种。

1. 脉冲式测距

由测距仪的发射系统发出光脉冲，经被测目标反射后，再由测距仪的接收系统接收，测出这一光脉冲往返所需时间间隔（ ）的钟脉冲的个数以求得距离 D。由于计数器的频率一般为 300MHz（300×106Hz），测距精度为 0.5m，精度较低。

2. 相位式测距

由测距仪的发射系统发出一种连续的调制光波，测出该调制光波在测线上往返传播所产生的相位移，以测定距离 D。红外光电测距仪一般都采用相位测距法。

在砷化镓（GaAs）发光二极管上加了频率为 f 的交变电压（即注入交变电流）后，它发出的光强就随注入的交变电流呈正弦变化，这种光称为调制光。测距仪在 A 点发出的调制光在待测距离上传播，经反射镜反射后被接收器所接收，然后用相位计将发射信号与接受信号进行相位比较，由显示器显出调制光在待测距离往、返传播所引起的相位移 φ。

（三）全站仪的操作与使用

不同型号的全站仪，其具体操作方法会有较大的差异。下面简要介绍全站仪的基本操作与使用方法。

1. 全站仪的基本操作与使用方法

（1）水平角测量：

1）按角度测量键，使全站仪处于角度测量模式，照准第一个目标 A。

2）设置 A 方向的水平度盘读数为 $0°00'00''$。

3）照准第二个目标 B，此时显示的水平度盘读数即为两方向间的水平夹角。

（2）距离测量：

1）设置棱镜常数。测距前须将棱镜常数输入仪器中，仪器会自动对所测距离进行改正。

2）设置大气改正值或气温、气压值。光在大气中的传播速度会随大气的温度和气压而变化，15℃和760mmHg是仪器设置的一个标准值，此时的大气改正为0ppm。实测时，可输入温度和气压值，全站仪会自动计算大气改正值（也可直接输入大气改正值），并对测距结果进行改正。

3）量仪器高、棱镜高，并输入全站仪。

4）距离测量。照准目标棱镜中心，按测距键，距离测量开始，测距完成时显示斜距、平距、高差。

全站仪的测距模式有精测模式、跟踪模式、粗测模式三种。精测模式是最常用的测距模式，测量时间约2.5s，最小显示单位1mm；跟踪模式，常用于跟踪移动目标或放样时连续测距，最小显示一般为1cm，每次测距时间约0.3s；粗测模式，测量时间约0.7s，最小显示单位1cm或1mm。在距离测量或坐标测量时，可按测距模式（MODE）键选择不同的测距模式。

应注意，有些型号的全站仪在距离测量时不能设定仪器高和棱镜高，显示的高差值是全站仪横轴中心与棱镜中心的高差。

（3）坐标测量：

1）设定测站点的三维坐标。

2）设定后视点的坐标或设定后视方向的水平度盘读数为其方位角。当设定后视点的坐标时，全站仪会自动计算后视方向的方位角，并设定后视方向的水平度盘读数为其方位角。

3）设置棱镜常数。

4）设置大气改正值或气温、气压值。

5）量仪器高、棱镜高，并输入全站仪。

6）照准目标棱镜，按坐标测量键，全站仪开始测距并计算显示测点的三维坐标。

五、测量工具

（一）绳尺、皮尺和钢尺

绳尺又叫测绳，它在线路测量和施工中用于距离很长，但精度要求不高的场合。绳尺有50m和100m两种，每隔1m处嵌一小铜皮，上面刻有距离数。

钢尺、皮尺计数比较精确，线路测量常用的有30m、50m两种。

（二）花杆和测钎

花杆和测钎都是供测量仪器观测方向用的，为了容易辨认，杆身上均涂以红白油漆，如图2-17所示。

花杆或测钎都应挺直，测量时尖端立在标桩小钉上，双手扶直。

（三）塔尺

塔尺由三节组合而成，全部拉出有5m，因拉出时下粗上细呈塔形而得名。塔尺每1cm有一刻度，每10cm用数字表示。数字上面有一圆点表示个位数为1m。有一面数字倒号，但大多数经纬仪是倒像的，这样镜内成像是正像，读数方便。塔尺可以读视距，故又称为视距尺，其外形如图2-18所示。

（四）水准尺、尺垫和尺桩

水准尺长3m，和塔尺相似刻度，一面涂黑、白两色称为黑尺，另一面涂红、白两色称为红尺。测量时水准尺放在生铁做成的尺垫上，在松软地方用尺桩代替。没有水准尺时也可用塔尺代替。它们的外形如图 2-19 所示。

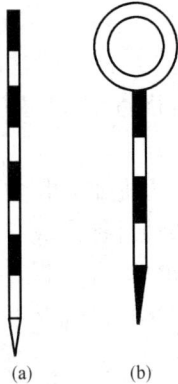

图 2-17　花杆和测钎
（a）花杆；（b）测钎

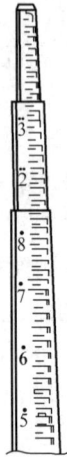

图 2-18　塔尺

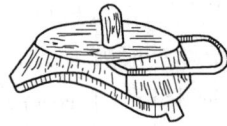

图 2-19　水准尺、尺垫和尺桩
（a）水准尺；（b）尺垫；（c）尺桩

第 二 节　基 本 测 量 方 法

一、经纬仪的使用

经纬仪使用时基本操作环节有对中、整平、对光、瞄准、精平和读数。

（一）对中

用垂球对中时，将三脚架架于测点之上，悬挂垂球于三脚架三角基座下面的中心固定螺旋的弦线上，使之对准测点，把脚架之脚尖压入土中，使三脚架稳固。将仪器从箱中取出，一手握扶照准部，一手握住三角基座，小心放在三脚架头上。转动中心固定螺旋，将仪器轻轻地固定于脚架上。再转动脚螺旋，使圆水准器水泡居中，将仪器在三脚架上精细地移动，使垂球中心对准测点，然后拧紧中心固定螺旋。

使用光学经纬仪的光学对中时，先旋转对点器目镜使分划板清晰，再拉伸对点器镜管，使对中标志清晰，然后张开三脚架使仪器竖轴大致安放在地面的对点上，让一脚尖不动，两手握起另两只脚腿，使脚尖稍微离开地面，使脚架的平台大致保持水平，同时窥视对中器，适当调节脚架张距和转动两脚架，使地面点中心进入对中器圆圈中心，即轻轻放下所握的两脚着地。在窥视对中器中地面对点位置的同时，依次徐徐踏牢三脚架尖并使仪器大致水平（圆水泡居中即可），再用脚螺旋精密调平仪器。若地面点稍有偏离，可用脚螺旋调节使地面点回到对中器圆圈中心，这时仪器肯定不太水平，可适当升降脚架高度（勿动脚尖位置），使仪器初步水平（圆水泡居中），然后再整平仪器，即可达到迅速对中的目的。

（二）整平

光旋转脚螺旋，利用圆水准器粗略整平。松开水平制动手轮，转动仪器照准部，使长水准器与任意两个脚螺旋①和②的连接基本平行。用两手以相反方向等量转动两脚螺旋，使气泡居中，如图 2-20 所示，顺时针转动照准部 90°，旋转脚螺旋③，使气泡居中。再顺时针转动照准部90°，注意气泡的位置，以相反方向等量旋转脚螺旋①和②，使气泡处于转动脚螺旋前的位置和居中的一半处，以相同方向再次转动照准部90°，旋转脚螺旋③，使气泡处于上一步骤位置处。现在不管照准部停于何处，气泡都应在上述位置，否则重复上述步骤。

应注意照准部处于任意位置而气泡不动，仪器就整平了，不必非要气泡居中。如果所有位置上长水准器中气泡都偏离中间位置一格以上，应按说明书调节长水准器校正螺丝，使偏差在一格之内。

按照三角测量细则规定，观测过程中允许偏离1～1.5格。为了便于记住脚螺旋调节方向，可用左手大拇指调节方向和气泡移动方向相同。

水准管必须避免阳光之直晒，否则旋转仪器后气泡位置会发生变动。

图 2-20　整平
(a) 调节平行水准管侧；(b) 调节第 3 脚

（三）对光

1. 调节目镜屈光度

将望远镜向着光亮均匀的背景（天空），转动目镜使分划板十字丝清晰，以后同一观测者只需对准此屈光度即可。

2. 调节视差

调节望远镜上对光螺旋消除视差。所谓有视差，是指物像和十字丝不在同一平面上，观测时眼睛在目镜上下和左右移动，十字丝和物像相对位置不固定，即如图 2-21 (a) 所示，调节到无视差后，观测过程中一般不允许再进行调节对光螺旋。

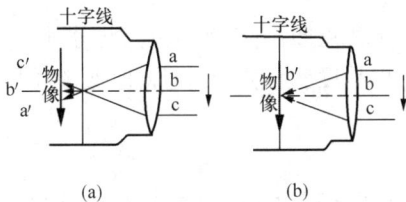

图 2-21　视差示意图
(a) 有视差；(b) 无视差

（四）瞄准

先放松水平度盘及望远镜的制动螺旋，用望远镜上缺口及准星粗略地对准目标，然后用望远镜寻找目标，并使目标处于十字线交点附近，旋紧水平度盘和望远镜的制动螺旋，再旋转它们的微动螺旋，使十字线交点准确地瞄准目标。J2 型经纬仪粗略对准目标是用在望远镜上下两面均装设的光学瞄准器，在正倒镜时均可方便使用。

测量时，将花杆直立于观察点之上做瞄准目标。为了减小目标竖立不直的影响，瞄准时最好使十字线交点对准标杆下部铁尖。如看不见铁尖，应使目标轴线落在双竖丝中间或与单丝相重合。

（五）精平及读数

读数前必须保证仪器处于精平状态，即保证水平度盘水准管气泡在观测各个方向都居中，这时才能读得正确的水平度盘。竖直度盘读数时，竖盘指标水准管气泡也需居中。

二、水平角测量

（一）线路水平角概念及测量原理

线路地形高低不平，水平角是地面上两条连线（AB、BC）投影到同一水平面上的两条投影线（ab、bc）的夹角β叫水平角，如图 2-22 所示。

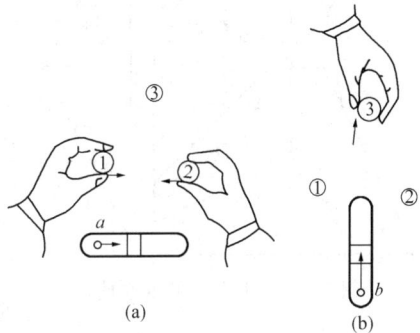

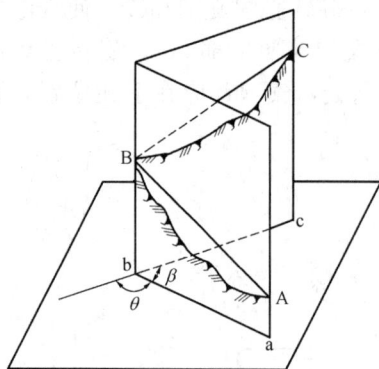

图 2-22　水平角测量原理

输电线路的转角是指内侧角的补角 θ，而测量的输电线路水平角，都是测量线路前进方向右侧的角度 β。

如测得的 $\beta > 180°$ 时，线路转角 $\theta = \beta - 180°$，线路方向为左转；$\beta < 180°$ 时，线路转角 $\theta = 180° - \beta$，这时线路方向是右转。在记录转角度数，一定要同时注明右转或左转。

仪器的误差将影响水平角误差，为了消除仪器游标盘偏心的影响，可在测角时读取相差 $180°$ 的两端游标上的读数，取其平均值。一般的光学经纬仪只显示一个游标读数，不能消除游标盘偏心影响，而 J2 型光学经纬仪采用对径符合读数法，上下盘刻度就是游标盘两端数值，故所得读数已消除游标盘偏心影响。

（二）水平角观测方法

线路水平角测量主要用测回法，有度盘离合器的经纬仪也可采用复测法。

1. 测回法

如表 2-1 测回法水平角观测记录所示，欲测出水平角 β，先将经纬仪安置于测站点 O 上，进行对中、整平，并在 A、B 两点上竖立标杆。其观测方法和步骤如下：

（1）正镜（竖盘在望远镜左边）观测。用正镜照准 A 点标杆，读得水平度盘读数 a_Z，作好记录，然后顺时针旋转照准部，照准 B 点标杆，读、记水平度盘读数 b_Z，以上观测为上半测回，所测角值为

$$\beta_Z = b_Z - a_Z \qquad (2-1)$$

（2）倒镜（竖盘在望远镜右边）观测。旋转望远镜以倒镜照准 B 点，读、记水平度盘读数 b_D，然后逆时针转动照准部，再照准 A 点，读、记水平度盘读数 a_D，以上观测为下半测回，所测角值为

$$\beta_D = b_D - a_D \qquad (2-2)$$

上下两半测回合在一起称为一测回。若两半测回角值之差不大于仪器游标最小读数 1.5 倍（J2 型经纬仪为 $1.5 \times 20'' = 30''$），则取其平均值为一测回的角值，即

$$\beta = \frac{1}{2}(\beta_Z + \beta_D) \qquad (2-3)$$

用盘左和盘右两个位置观测可以消除视准轴误差和横轴倾斜误差对测角的影响。在观测后半测回时，最好将度盘约转 $90°$ 后再行观测，这样不但可减少度盘刻划不均匀的影响，同时还容易发现错误。

结路测角一般均一测回就能满足要求。要求更高测角精度，可对同一角度观测几个测回，各个测回水平度盘起始读数应按 $180°/n$ 递增，n 为测回数。

表 2-1 为观测两个测回的记录、计算格式。观测时应当场记录和计算，必须待算出的结果符合规定之后，才能搬站移走仪器。表中计算半测回角值时，均用右边目标读数减去左边目标读数，当不够减时，则应先加 $360°$，然后进行计算。如只作一测回则角值为 $79°17'09''$。

表 2 - 1 测回法水平角观测记录

测回数	测站	测点	正倒镜	水平度盘读数	半测回角值	一测回平均角值	各测回平均角值	备 注
I	O	A	正	0°00′02″	79°17′06″	79°17′09″	79°17′12″	
		B		79°17′08″				
		A	倒	180°00′12″	79°17′12″			
		B		259°17′24″				
		A	正	90°00′01″	79°17′18″	79°17′15″		
		B		169°17′19″				
		A	倒	270°00′12″	79°17′15″			
		B		349°17′24″				

2. 复测法

复测法的要点系将一个角值的若干倍在度盘上累积反映出来，而后取其平均值，这样可以减少仪器读数误差的影响，从而提高测角精度。它必须在有度盘离合器（复测扳手）的仪器上使用。

测角时和测回法一样，先用盘左测得角的概值 $\beta' = b_Z - a_Z$，此角也称校核角，用于检查观测中有无错误产生。然后松开水平度盘逆时针转动使望远镜第二次照准 A 点，并拧紧水平度盘，不必读数。再顺时针转动使望远镜第二次照准 B，这时盘左已将该角复测了两次，度盘中读数已增加了 β 值。重复松度盘照准 A、紧度盘后不读数，再照准 B，直到所需要的复测次数 n，读出最后一次瞄准 B 时读数 b_n，则盘左复测后的平均角值为

$$\beta_Z = \frac{b_n - a_Z}{n} \tag{2 - 4}$$

复测过程中，可能累计角值已超过 360° 若干倍，可从校核角中推算出来，这样计算盘左平均角值 β_Z 时，就要加上一个或数个 360°。

同测回法一样，为了清除视准轴误差和横轴倾斜误差的影响，须再用倒镜测后半测回。用相似办法，盘右复测后的平均角值为

$$\beta_D = \frac{b'_n - a'_D}{n} \tag{2 - 5}$$

盘左和盘右复测后平均角值为

$$\beta = \frac{1}{2}(\beta_Z + \beta_D) = \frac{1}{2n}(b_n - a_Z + b'_n - a'_D) \tag{2 - 6}$$

三、竖直角测量

（一）竖直角的概念及测量原理

同一竖直面内，目标视线与水平线之间的夹角 θ，称为竖直角。如图 2 - 23 所示，视线上倾所构成的仰角为正，视线下倾所构成的俯角为负，角值的大小均为从 0°～90°。竖直角也可以在该竖直平面里从天顶方向至该视线的夹角 θ_t 表示，这样竖角称为天顶距，其角值大小从 0°～180°，没有负值。

竖直角的测量原理，就是利用目标视线和水平线分别在竖盘上读取读数，两读数之差即为竖直角。

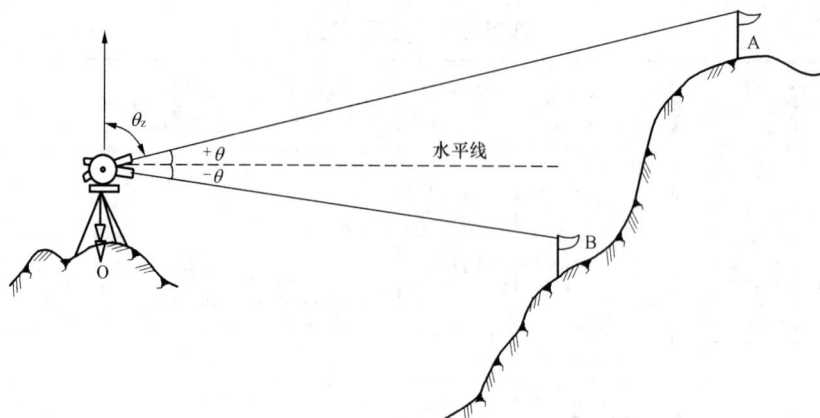

图 2-23 竖直角——测角原理

（二）竖直角的计算

竖盘分划按 $0°\sim360°$ 全圆注记，注记方向又分顺时针和逆时针两类，且指标为可动式（竖盘读数时指标水准管必须居中），如图 2-24 所示。

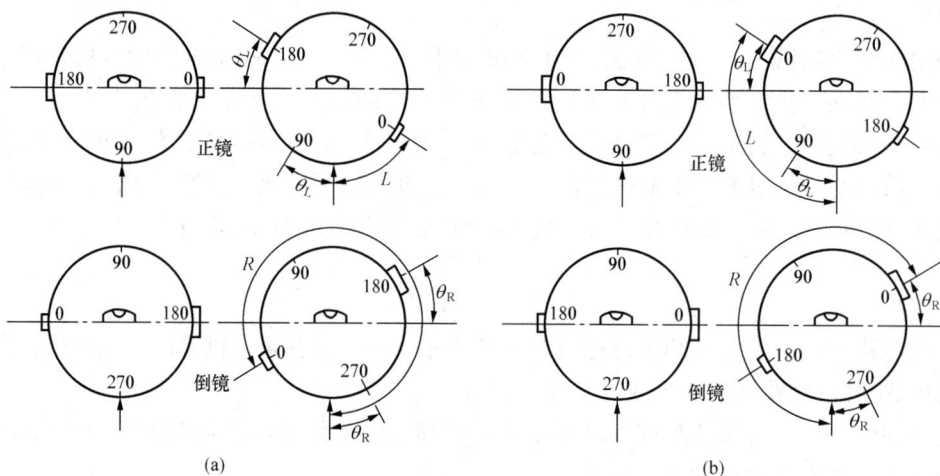

图 2-24 竖盘注记

（a）顺时针注记；（b）逆时针注记

各种光学经纬仪竖盘注记方式不同，因而由竖盘读数计算竖直角的公式也不同，在测量竖直角之前，应根据所用仪器的竖盘注记形式写出相应的竖直角计算公式。

任何注记形式的竖盘，当视准轴水平，指标水准管气泡居中时，无论正镜还是倒镜，指标线所指竖盘读数，均应为 $90°$ 或 $90°$ 的整倍数。所以确定竖直角计算公式的方法是：先将望远镜放置水平，观察好竖盘读数，上仰望远镜观察竖盘读数是增加还是减少，若读数增加，则竖直角计算公式为

$$\theta = 视线倾斜时读数 - 视线水平时读数$$

若读数减少，则竖直角计算公式为

$$\theta = 视线水平时读数 - 视线倾斜时读数$$

如图 2-24（a）所示顺时针注记的竖盘，当望远镜视线水平时，正镜和倒镜读数分别为 $90°$ 和 $270°$。望远镜上仰时，正镜读数 L 比 $90°$ 减少，而倒镜读数 R 比 $270°$ 增加，故得竖直

角计算公式为

正镜 $$\theta_Z = 90° - L$$

倒镜 $$\theta_D = R - 270°$$

一测回平均值 $$\theta = \frac{1}{2}(\theta_Z + \theta_D) = \frac{1}{2}[(R-L) - 180°] \qquad (2-7)$$

苏州第一光学仪器厂的 J2 型经纬仪就是采用这种方式。

如图 1-24（b）所示逆时针注记的竖盘，当望远镜视线水平时，正镜和倒镜读数分别为 90°和 270°。望远镜上仰时，正镜读数 L 比 90°增加，而倒镜读数比 270°减少，故竖直角计算公式为

正镜 $$\theta_Z = L - 90°$$

倒镜 $$\theta_D = 270° - R$$

一测回平均值 $$\theta = \frac{1}{2}[(L-R) + 180°] \qquad (2-8)$$

一般的 J6 型经纬仪就是采用这种方式。

式（2-7）和式（2-8）同样适用于俯角，所不同算出的平均值为负。

（三）竖直角观测方法

（1）如图 2-23 所示，在测站 O 安置经纬仪，对中、整平后，以正镜照准目标 A。调节竖盘指标水准管微动螺旋，使指标水准管气泡居中；若仪器有竖盘指标自动归零装置，应将其旋到工作位置，然后读竖盘读数 L，记入竖直角观察手簿（见表 2-2）。

（2）为了校核并提高测量精度，依上法倒镜照准 A 点再测一次，读、记竖盘读数 R。

（3）根据所用经纬仪竖盘注记方式，用相应公式计算竖直角及平均竖直角。

表 2-2   **竖直角观测手簿**

测站	目标	正倒镜	竖盘读数	竖直角	平均竖直角	备 注
O	A	正	49°19′35″	+40°40′25″	+40°40′05″	竖盘注记形式见图 2-24（a）用其相应竖直角计算公式计算
		倒	310°40′05″	+40°40′05″		
	B	正	113°18′30″	−23°18′30″	−23°18′47.5″	
		倒	246°40′55″	−23°19′05″		

四、定线测量

定线测量是根据选线所确定的路径，把线路中心线的起点、转角点、直线点及终点用标桩固定在地面上。用经纬仪定线有下列几种方法。

（一）直接定线

1. 两点间定线

两点间定线一般采用前视法，如图 2-25 所示，在已知点 A、B 之间定线，以确定 C、D、E 点的位置。可在 A 点安平经纬仪，B 点竖立标杆。用望远镜照准前视点 B，固定照准部。观测者通过望远镜利用竖直的视准面，指挥持尺者在 C 点附近移动标杆，当标杆移到与十字丝竖丝重合时，即在标杆所在位置钉桩，再将标杆立于桩顶上，如标杆仍与十字丝竖丝重合，则用标杆尖端在桩上钻一小孔，在孔中钉一小钉作为标志。小钉钉好后，再重复照准一次，以防失误。

2. 延长直线

延长直线常用正倒镜分中法，简称分中法或重转法。如图 2-26 所示，延长 AB 直线，以测定 C 点。将经纬仪安平于 B 点，对中、整平后，用正镜后视 A 点标杆，固定照准部，绕横轴纵向转动望远镜 180°测出 C1 点；然后再用倒镜后视 A 点，固定照准部，再绕横轴纵向转动望远镜 180°测出 C2 点，若 C1 和 C2 两点不重合，应取 C1 和 C2 连线的中点 C 做为最后的测定点，BC 即为 AB 的延长线。

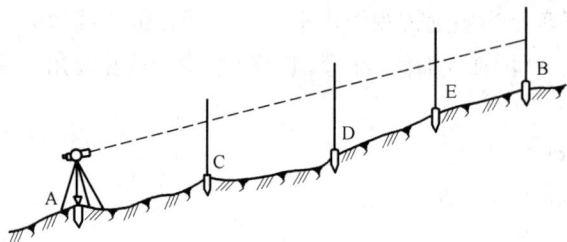

图 2-25　两点间定线

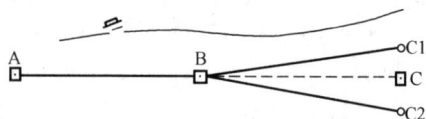

图 2-26　延长直线

（二）间接定线

在定线过程中，若视线被前方障碍物挡住而不能通视时，可用等腰三角形或矩形法传递直线，在线路施工测量中还用一种与角度无关的测量方法——"三、五、六扣一"测量法。

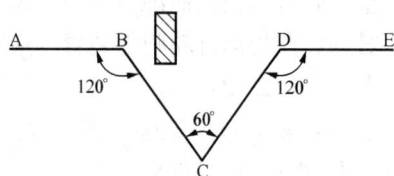

(a)

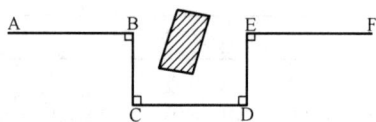

(b)

1. 等腰三角形法

如图 2-27（a）所示，先后在 B、C、D 点安平经纬仪，分别测得∠B＝∠D＝120°，∠C＝60°，CD＝BC，则 DE 线即为 AB 线的延长线。

2. 矩形法

如图 2-27（b）所示，先后在 B、C、D、E 点安平仪器分别测得∠B＝∠C＝∠D＝∠E＝90°，BC＝DE，则 EF 即为 AB 的延长线。

3. "三、五、六扣一"法

如图 2-27（c）所示，为避开障碍物，可将仪器置于 C 地，如测得 CB＝300m，"三扣一"即取 CB 的 1/3，得 CE＝100m；回转仪器测得 CA＝500m，"五扣一"即取 CA 的 1/5，得 CD＝100m；再将仪器转移置于 D 地，测得 DE 若为 100m，则按"六扣一"，即使 DX＝6DE，可知 D 和 X 两地推距 600m，这样 X 点就一定是在 AB 延长线上。当然，测量时不一定正好允许 300、500、600，上面例子只是为介绍得清楚而定。可以证明只要满足"三、五、六扣一"，A、B、X 必然共线。

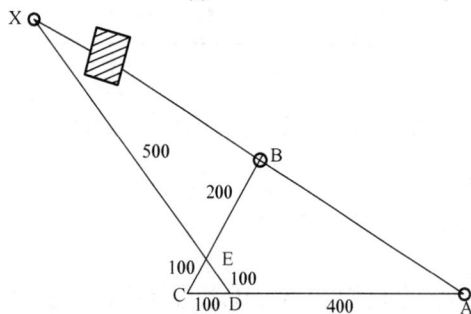

图 2-27　间接定线

（a）等腰三角形定线；（b）矩形法定线；
（c）"三、五、六扣一"法定线

这种只测距，不测角的方法既简便，又可避免前两种方法所造成的封闭角误差。

五、视距、高差及高程的测量

视距测量主要特点是距离不用尺直接丈量，而是利用仪器光学原理和视距尺测得两点间视距和竖直角，经过简单计算即可求得水平距离和高程，这种测量不如钢尺丈量精确，但能保证一定精度，距离和高程可以同时测量，受地形复杂影响较小，测量简便。在输电线路施工测量中经常使用。

（一）视准轴水平时视距、高差及高程的测量

1. 视距测量

如图 2-28 所示，在桩位中心 O1 安平仪器，当望远镜视线水平时，视线 OM 和视距尺垂直相交于 M 点，从望远镜内上下视距线 a、b 出发的平行光线，经物镜折射后，经过物镜主焦点 F 与视距尺相遇于 A、B 两点，两点间距离 R 叫做视距。尺离仪器越远，R 值就越大，反之就越小。根据 R 值和几何关系即可算出仪器中心 O 到尺间的水平距离 D 为

$$D=E+f+e=\frac{f}{J}R+(f+e)$$

$$(2-9)$$

设 $K=\frac{f}{J}$、$c=f+e$，并代入式（2-9），则

$$D=KR+c \qquad (2-10)$$

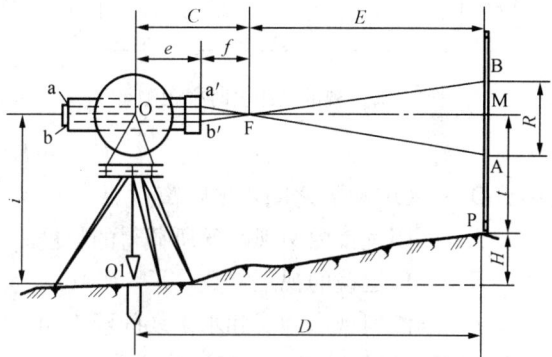

图 2-28 视准轴水平时视距测量

式中　J——视距线间隔；

　　　f——物镜焦点距离；

　　　e——仪器中心到物镜的距离；

　　　R——视距；

　　　E——物镜焦点 F 到尺间水平距离；

　　　D——仪器中心 O 到尺间水平距离；

　　　K——视距常数；

　　　c——视距附加常数。

一般仪器 $K=100$，各类经纬仪 c 值不同，现在生产的内对光望远镜 c 值近于零，可略去不计。故水平视距公式为

$$D=KR \qquad (2-11)$$

2. 高差及高程的测量

从图 2-28 可见，桩位中心 O1 和 P 点间高差及高程为

$$H=i-t \qquad (2-12)$$

$$H_P=H_{O1}+H \qquad (2-13)$$

式中　H——P 点相对于桩位中心 O1 点高差；

　　　i——仪器高度；

　　　t——P 点的视线高；

　　　H_{O1}——O1 点的高程；

　　　H_P——P 点的高程。

（二）视准轴倾斜时的视距、高差及高程的测量

1. 视准轴倾斜时视距测量

如图 2-29 所示，在倾斜地面上进行视距测量，视线 OM 不能垂直尺面，而和水平线 OG 形成垂直角 θ，不能使用视准轴水平时计算公式。要求水平距离 D，就必须进行以下两步推导：

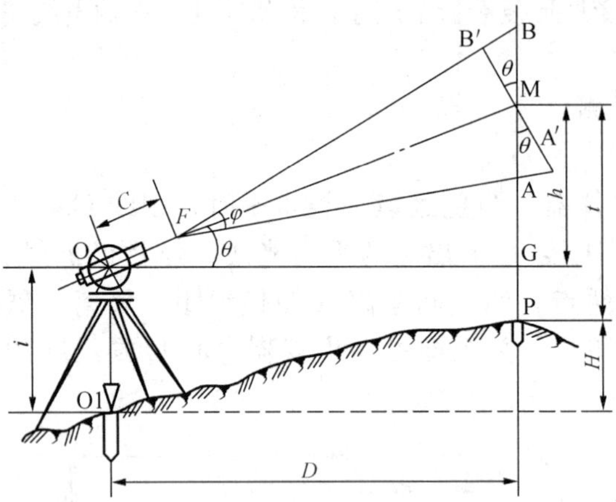

图 2-29　视准轴倾斜时视距测量

（1）从不垂直于尺面的视距 AB 求出垂直于尺面的 A'B'，从而求出斜距离 OM，有

$$A'B' = AB\cos\theta$$

$$OM = KL\cos\theta + C \qquad (2-14)$$

（2）从斜距离 OM 求出水平距离 D

$$D = OM\cos\theta = (KL\cos\theta + C)\cos\theta$$
$$= KL\cos^2\theta + C\cos\theta \qquad (2-15)$$

对于内对光望远镜，式中 $C\cos\theta$ 可以省略，水平距离计算公式为

$$D = KL\cos^2\theta \qquad (2-16)$$

式中　D——O1 和 P 之间水平距离；

　　　L——望远镜内两视距丝所截得的长度；

　　　K——望远镜的视距常数，$K=100$；

　　　θ——倾斜视准轴线和水平线间竖直角。

2. 视准轴倾斜时高差及高程的测量

由图 2-29 可看出，O1 和 P 点间高差及高程为

$$H = h + i - t \qquad (2-17)$$

$$h = KL\cos\theta\sin\theta = \frac{1}{2}KL\sin2\theta \qquad (2-18)$$

$$H_P = H_O + H \qquad (2-19)$$

式中　h——仪器旋转中心至尺上照准点的垂直距离，称初算高差，仰角时为正，俯角时为负。

为简化计算，在观测时，常使 $t=i$，则

$$H = h$$

进行视距、高差及高程测量时记录表格如表 2-3 所示。

表 2-3　　　　　　　　　**视　距　测　量　记　录**

测站名称 A　仪器高 1.42m　测站高程 46.54m

测点名称	上丝读数 下丝读数 尺间隔（m）	中丝读数 t（m）	竖盘读数		垂直角	初算高差 h（m）	$i-t$ （m）	高差 H（m）	水平距离 D（m）	测点高程 H_P（m）
			盘左	盘右						
P	2.530 1.470 1.060	2.00	6°48′	6°50′	+6°49′	+12.49	−0.58	+11.91	104.5	58.45
1	1.437 1.250 0.187	1.340	4°26′	4°27′	+4°27′	+1.45	+0.08	+1.53	18.59	48.07

续表

测点名称	上丝读数 下丝读数 尺间隔（m）	中丝读数 t（m）	竖盘读数 盘左	竖盘读数 盘右	垂直角	初算高差 h（m）	i－t（m）	高差 H（m）	水平距离 D（m）	测点高程 H_P（m）
2	1.473 1.200 0.273	1.340	3°00′	3°02′	＋3°01′	＋1.43	＋0.08	＋1.52	27.22	48.06

（三）视距表、视距计算盘和视距计算尺

用视距表测量水平距离和高差公式并不复杂，但实际工作中逐个数据计算，很繁琐，所以实际测量工作时，都是根据倾斜角 θ 和视距常数 L，制成能直接查出高差和水平距离的视距计算表、视距计算盘、视距计算尺等工具，这样可以较快求得高差和水平距离。

视距表有多种，原理大同小异。表 2-4 取自较常用的一种视距计算表中的一个表，即在 $KL=100\text{m}$ 时相应的水平距离和高差表。全表视距在 $10\sim300\text{m}$ 之间，每 1m 列载一页，视距值 KL 写在每一页顶部。竖直角 $0°\sim35°$，每 $6'$ 载一高差主值。在高差主值左侧载有 $1'\sim5'$ 的高差修正值，其右侧每 $30'$ 载一水平距离。

应用本表时，先根据测得视距找出该视距页数，然后选择接近竖直角 $6'$ 倍数的近似角 α_O，在表中查出相应 α_O 的高差主值 h_O。再以竖直角与近似倾角之差 $\Delta\alpha=\alpha-\alpha_O$ 为引数，在表中查出相应的高差修正值 Δh_O。当 α_O 小于 α 时，$\Delta\alpha$ 为正，应从 h_O 中加入修正值。当所选 α_O 小于 α 时，$\Delta\alpha$ 为负，应从 h_O 中减去修正值。

例：已知视距 $KL=100\text{m}$ 竖直角 $\alpha=8°20'$，求高差和水平距离。

在视距为 100m 的那页表上查得：

高差主值表　　　　取 $\alpha_O=8°18'$　　　查得 $h_O=14.28$

由修正值表　　　　$\Delta\alpha=+2'$　　　　查得 $\Delta h=+0.05$

相加得　　　　　　$\alpha=8°20'$　　　　　$h=14.33$

在同页右侧表中以竖直角 $8°20'$ 为引数，按比例内插查得水平距离 $D=98.0\text{m}$。

表 2-4　　　　　　　　　　　　　　视距表 $KL=100\text{m}$ 的一页

修正值		α	0′	6′	12′	18′	24′	30′	36′	42′	48′	54′	α	水平距离 $100\cos^2\alpha$ 0	30′
		0°	0.00	0.17	0.35	0.52	0.70	0.87	1.05	1.22	1.40	1.57	0°	100.0	100.0
		1°	1.74	1.92	2.09	2.27	2.44	2.62	2.79	2.97	3.14	3.31	1°	100.0	100.0
	Δh	2°	3.49	3.66	3.84	4.01	4.18	4.36	4.53	4.71	4.88	5.05	2°	99.9	99.8
		3°	5.23	5.40	5.57	5.75	5.92	6.09	6.27	6.44	6.61	6.79	3°	69.7	99.6
		4°	6.96	7.13	7.30	7.48	7.65	7.82	7.99	8.17	8.34	8.51	4°	99.5	99.4
1′	0.03	5°	8.68	8.85	9.03	9.20	9.37	9.54	9.71	9.88	10.05	10.22	5°	99.2	99.0
2′	0.05	6°	10.40	10.57	10.74	10.91	11.08	11.25	11.42	11.59	11.76	11.93	6°	98.9	98.7
3′	0.08	7°	12.10	12.27	12.45	12.60	12.77	12.94	13.11	13.28	13.45	12.61	7°	98.5	98.3
4′	0.11	8°	13.78	13.95	14.12	14.28	14.45	14.62	14.79	14.95	15.12	15.28	8°	98.1	97.8
5′	0.14	9°	15.45	15.62	15.78	15.95	16.11	16.28	16.44	16.61	16.77	16.94	9°	97.6	97.3
		10°	17.10	17.26	17.43	17.59	17.76	17.92	18.08	18.24	18.41	18.57	10°	97.0	96.7
		11°	18.73	18.89	19.05	19.21	19.38	19.54	19.70	19.86	20.02	20.18	11°	96.4	96.0
		12°	20.34	20.50	20.66	20.81	20.97	21.13	21.29	21.45	21.60	21.76	12°	95.7	95.3
		13°	21.92	22.08	22.23	22.39	22.54	22.70	22.85	23.01	23.16	23.32	13°	94.9	94.6
		14°	23.47	23.63	23.78	23.93	24.09	24.24	24.39	24.55	24.70	24.85	14°	94.1	93.7

六、平断面测量概念

平断面测量属于输电线路设计测量时的工作，以作线路设计时排定杆塔位置的依据。但交叉跨越也是线路竣工验收时，以及线路运行中常常需要补测的项目，现介绍一些基本知识。

现场绘制的平断面图如图 2-30 所示。图中从上到下是断面图、平面图、表示断面上各控制点间距离和断面高程、被测线路档距和所在耐张段规律档距。

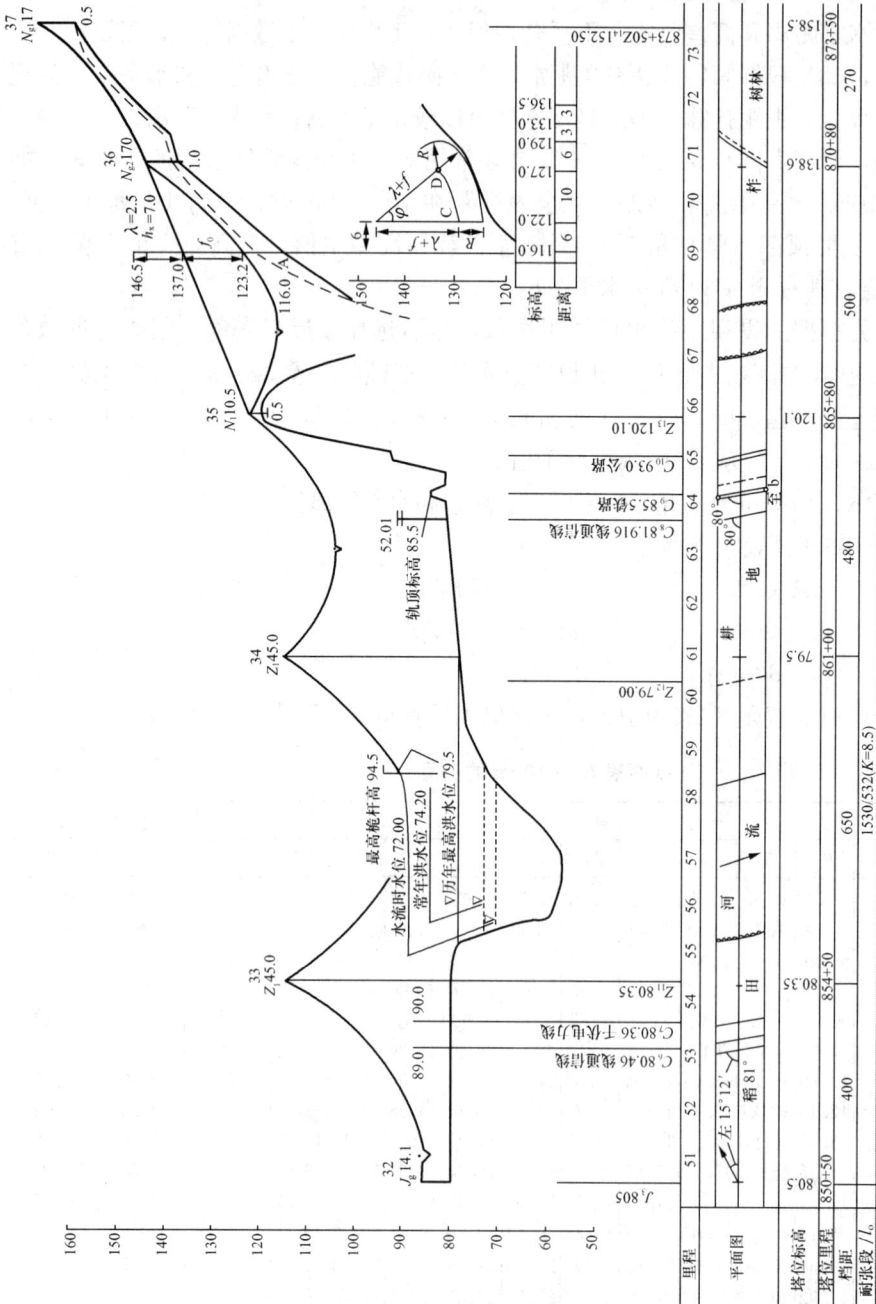

图 2-30　输电线路平断面图示例

线路带状平面图是对线路两侧房屋、水田或旱田、果园、树木、墓地、公路、铁路、河流、电力线路、通信线路的相对位置进行平面观测。

断面图应主要反映沿线纵断面情况。纵断面图上表示线路直线（Z）、转角（J）、测站 C 和交叉跨越（JC）等桩的桩间距离和断面高程。断面测量点要能控制主要地形变化。图中还标有杆塔位置、档距和每档两条曲线，上方曲线是导线驰度曲线，下方曲线是导线对地的安全地面线。有的没有下方曲线。纵断面注出比例尺，横向 1：5000，纵向 1：500，对电压较低线路或要求较高大跨越处比例尺可放大到横向 1：20000，纵向 1：200。

线路在 1：5 斜坡通过或边线地面高出中线 0.5m 时，应测出与线路垂直的横断面，横断面施测长度 20～30m，用 1：500 纵横相同比例绘制在纵断面上与危险点相对应的部位，否则应注明横断面处线路中心线里程、高程。

交叉跨越物与线路交叉角度、交叉跨越的距离也应在图上注明。

测量较高的交叉跨越或带电线路的跨越，需用经纬仪测高法，仪器应安置在被测线路垂直方向距视距尺 B 处，$B \geqslant 1.5H$，在交叉点下面放置视距尺，如图 2-31 所示。先读出望远镜水平时高度 A，然后读仰角 α，高度 H 可计算为

$$H = A + B\operatorname{tg}\alpha \qquad (2-20)$$

式中　H——被测物交叉点的高度，m；

　　　A——视高，m；

　　　B——仪器至被测物交叉点处的水平距离，m；

　　　α——被测物交叉点的仰角。

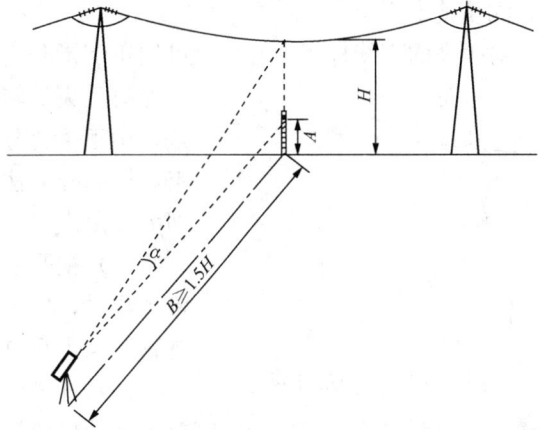

图 2-31　经纬仪测高法

测量被交叉跨越线路时，不论电力线路或通信线路，都应测量交叉处最上一根导线。若有架空地线，则应测量与架空地线交叉点的高度。若是测施工线路和被跨越物间距离，则应测施工线路最低一根导线。同时要记录测量日期、时间、当时气温、杆塔编号和交叉点至两端杆塔的距离，以便计算最高或最低气温时的交叉数据，才能说明交叉是否合格。

第三节　施 工 测 量

施工测量是实现设计目的、确保施工质量的重要部分。输电线路施工中线路复测、施工基面测量、杆塔分坑测量和拉线长度确定，这些是单纯的施工测量作业。在施工的各个环节中基础操平找正、杆塔检查、驰度测量、交叉跨越测量等工作，也都是离不开测量工作的。

施工测量所使用经纬仪最小读数应不大于 1″，DJ2 型和 DJ6 型经纬仪均能满足测量要求。

一、线路复测

输电线路杆塔基础位置是设计部门精心测定的杆塔中心桩确定的，一般不会有不允许的误差。但从勘测设计结束到开始施工这段时间里，常常受到因外界影响发生杆塔桩移位或丢桩情况，所以开工伊始，要会同原设计部门对线路各杆塔桩及杆塔间档距进行全面复测，发现和原数据不符，杆塔偏移或丢桩，应会同设计部门重测纠正，确认档距、桩位、补桩，然后开始施工。进行线路复测的方法要求如下。

（1）直线杆塔复测：以直线桩为基准用分中法或前视法检查杆塔中心桩，如发现有误

差，应以设计勘测钉立的两相邻直线桩为基准，其横线路方向偏移应不大于50mm。

（2）顺线路方向两相邻杆塔中心桩间距离，用经纬仪视距法复测，其误差应不大于设计档距1‰。

（3）转角杆塔桩用测回法测一个测回，如测得的角度值与原设计角度值之差应不大于1′30″。

（4）设计交桩后丢失杆塔中心桩，应按设计数据予以补钉，其测量精度应符合现行架空线路测量技术规定。

对丢失的直线杆塔中心桩，可用正倒镜分中法补测。

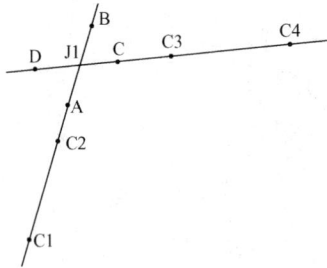

图2-32 转角桩补测

对丢失的转角桩可按图2-32所示，将经纬仪安平于C2点，用正倒镜分中法定出A、B两点，再将仪器安平在C3点，用同样方法定出C、D两点，AB、CD两线之交点J1，即为转角点。

（5）视距法复测标高，对地形变化较大和杆塔桩位间有跨越物时，应重点对杆塔位中心桩处，地形凸起点以及被跨越物标高进行复核，与设计值的误差不应超过0.5m。

（6）杆塔中心桩与其他辅助桩、直线桩的桩号、标记如有模糊、遗漏，应重新标记。废置无用的桩应拔除，以防误认。市镇、交通频繁地区，杆塔桩周围应钉保护桩，以防碰动或丢失。

二、施工基面测量

施工基面是计算基础埋深（坑深）和定塔高的起始基准面。杆塔桩位地面到施工基准面间差值，叫基础施工基面值。

在地形起伏较大地区，往往设计部门要求先降低基面才能进行分坑及挖坑工作，故应将设计勘测所钉原桩位先移出高坡，待基面按设计数据降平后再恢复原桩位。施工基面测量具体操作如下：

（1）如图2-33所示，在原杆塔中心桩2#处安平经纬仪，经纬仪前视和后视相邻杆塔中心桩。用定线测量方法，在基面外前视、后视方向各钉一轴助桩A、B，量出辅助桩和杆塔中心桩间距离，做好记录。

（2）根据基础大小和设计给定的降低基面数据，钉出基面降低位置桩和开挖范围桩。

（3）降低基面工作结束后，用经纬仪前视法或分中法，恢复原桩位，并作档距复查，如是转角杆，尚应复查桩位转角。

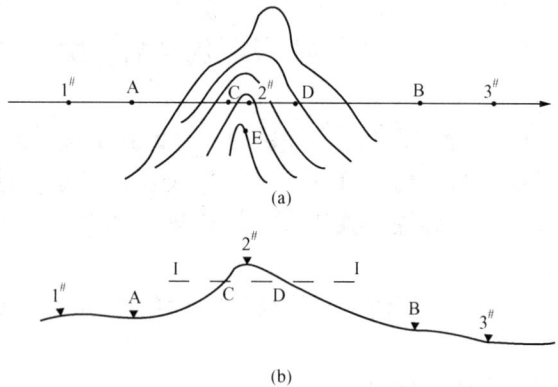

图2-33 施工基面测量
（a）平面图；（b）断面图

三、杆塔基础分坑测量

（一）单杆分坑操作步骤

（1）如图2-34所示，在中心桩2#安平经纬仪，前后视1#和3#桩位，钉出辅助桩A、

B、C，以供电杆底盘找正之用。A、C 两辅助桩之距离 2～3m，辅助桩距杆位中心距离以不被挖坑之堆土埋没为准，并记录好 B、C 两点到 2# 桩的水平距离。

（2）从中心桩顺线路向两侧各量出 $a/2$ 得 D、E 两点，a 是方形坑口边长。

（3）在 D、E 两点把塔尺或皮尺放在垂直于线路方向的地上，应使经纬仪十字线横线和尺边重合。

（4）以 D、E 两点为原点，沿尺各自向两侧量出 $a/2$ 得 F、G、H、I 点，这 4 点所围之面积为本基坑位。

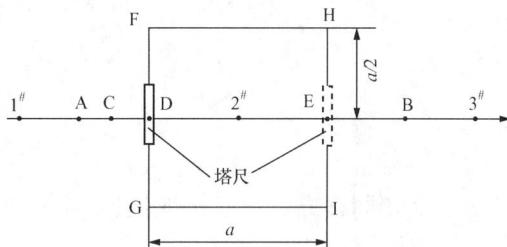

图 2-34 单杆分坑

也可量得 D、E 两点后用双杆分坑中叙述的"勾坑"办法，划得坑位。

（二）双杆分坑操作

（1）如图 2-35 所示，在中心桩处安平经纬仪，前视或后视相邻杆位中心桩，水平度盘对 0°，然后将经纬仪转动 90°，在线路两侧各钉一辅助桩 A、B。

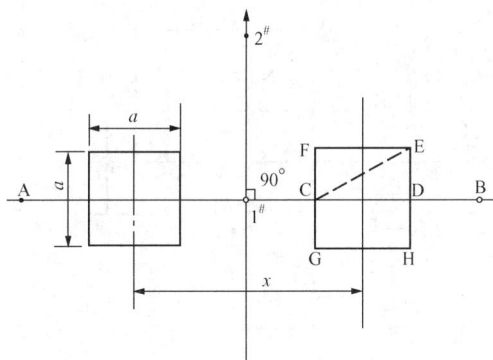

图 2-35 双杆分坑

（2）在 AB 连线上，自中心桩起，量取 $\frac{1}{2}(x+a)$ 与 $\frac{1}{2}(x-a)$ 分别得到 CD 两点，x 为两根电杆中心的水平距离，称为根开，a 为坑口边长。

（3）取皮尺长度为 $\frac{1}{2}(1+\sqrt{5})a$（CE 和 ED 长度之和），把皮尺之两端固定在 C 点和 D 点上，在距 D 点 $a/2$ 处拉紧皮尺向上得 E 点，向下得 H 点。同样距 C 点 $a/2$ 处拉紧皮尺向上得 F 点，向下得 G 点。这种划坑口方法叫勾坑，分坑中使用十分方便。同样方法可勾出另一坑口。

另一种分坑方法是量得 C、D 点后，在 C 点把塔尺顺线路方向放在地上，使经纬仪十字横线和尺之边缘重合，使塔尺和 AB 连线垂直，然后两侧量取 $a/2$ 得 F、G 点，相似边法可确定 E、H 点。另一侧坑口也按同样办法划出。

（三）四腿塔的基础分坑操作

1. 正方形基础分坑

（1）工程中常用对角线分坑法，如图 2-36 所示，在塔位中心 O 安平经纬仪，前视或后视相邻塔中心桩，水平度盘对 0°，转过 45°，在此方向线上钉出辅助桩 B、D。水平度盘回零后再转过 90°即转到 135°，在这方向线上钉出辅助桩 A、C。

（2）自 O 点沿 OA 量水平距离 l_1、l_2 得 1、2 两点。取皮尺 $2d$ 长（d 为坑口边长），两端分别与 1、2 两点重合，把尺中部 d 处拉紧在两侧即勾出 3、4 点，四点间连线所围处，即为所求的坑口位置

$$l_0 = \frac{1}{2}a/\sin 45° = \sqrt{2}/2a$$

$$l_1 = \frac{1}{2}(a+d)/\sin45°$$

$$= \sqrt{2}/2(a+d)$$

$$l_2 = \frac{1}{2}(a-d)/\sin45°$$

$$= \sqrt{2}/2(a-d)$$

式中 a 为基础根开。

（3）利用同样方法，可分别定出其余三个坑口位置。

2. 矩形基础

（1）如图 2-37 所示，在塔位中心桩 O 点安平经纬仪，在线路前视方向线上量取 $\frac{1}{2}(a+b)$，钉辅助桩 A；倒转镜头在 AO 延长线上量取 $OB=\frac{1}{2}(a+b)$ 钉辅助桩 B。

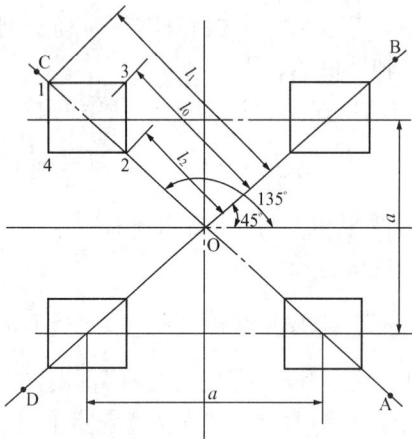

图 2-36 四方正方形基础　　　　图 2-37 四方矩形基础

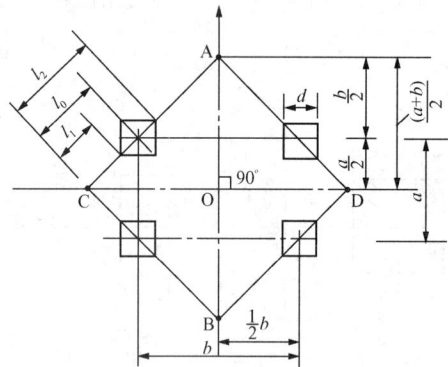

（2）经纬仪自线路前视方向转过 $90°$，在此横线路方向上量取 $OC=\frac{1}{2}(a+b)$ 钉辅助桩 C；倒转镜头在 CO 延长线上量取 $OD=\frac{1}{2}(a+b)$，钉辅助桩 D。A、B、C、D 四个辅助桩，既是控制坑位用的，也是进行基础找正时的水平桩位置。

（3）在 CA、CB 和 DA、DB 四个方向线上量取 l_0、l_1、l_2 值。按正方形基础同样勾坑办法，划出四个坑口位置。

$$l_0 = \frac{\sqrt{2}}{2}b \quad l_1 = \frac{\sqrt{2}}{2}(b+d) \quad l_2 = \frac{\sqrt{2}}{2}(b-d)$$

3. 不等高塔腿基础分坑特点

如图 2-38 所示，它的分坑办法和正方形分坑相似，但是它是两个腿在一个基面上，另两个腿在高度不等的另一个基面上，所以两个基面上的 l_0、l_1、l_2 和 H_0、H_1、H_2 要分别计算。

4. 四腿塔井字形分坑特点

各种四腿塔基础均可使用井字形分坑法分坑。它计算简单、容易掌握，但仪器架设次数多，故较费时。

如图 2-39 所示，以矩形基础为例，分坑时将仪器架设于塔位中心桩，前视或后视相邻杆塔位中心桩（若为转角塔时，则前视或后视内角平分线的方向），在此方向线上，按顺线路半根开距离钉出 10、12 两桩。然后仪器旋转 90°，在此方向线上按横线路半根开距离钉出 9、11 桩。再依次在 9、10、11、12 各点安置仪器，前视 O 点，旋转 90°，钉出 1～8 八个桩位。用细铁丝连线 1—4、5—8、2—7、3—6，其四线组成井字形，其交点 A、B、C、D 即为基础坑口中心。1～12 桩在施工时，为各基础位置和地脚螺栓的控制桩。

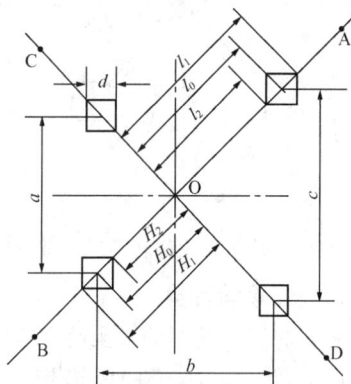

图 2-38 四腿不等高基础　　图 2-39 四腿塔井点法分坑

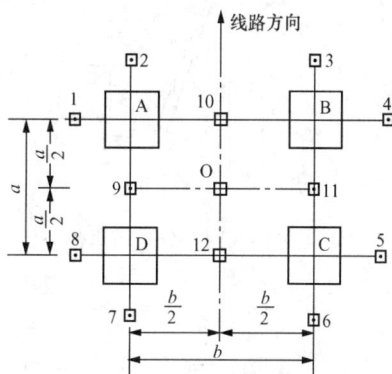

划坑时，分别自 A、B、C、D 四点起按照坑口边长的一半，在井字线方向各量得一点，即可划出坑口的位置。

（四）转角杆塔分坑测量操作

转角杆塔分坑是建立在力平衡的基础上，双杆的两根电杆应顺线路内角平分线布置，铁塔的中轴线应和内角平分线重合，如从双回路合杆，分歧为两单回路分别转角走向时，此分歧转角塔中轴线应和线路合力线重合，如两回路完全相同，塔腿布置如图 2-40 所示。

1. 无位移转角塔基础分坑

如图 2-41 所示的转角塔基础分坑布置，分坑时将经纬仪安平在转角塔中心桩 O 上，将线路内角平分为 $(180°-\alpha)/2$，α 是线路转角度数。在角平分线视线上钉出 A、B 两辅助桩，然后按前述四腿塔分坑方法，确定每个基础坑的坑口位置。

2. 有位移转角杆塔基础分坑

一般转角塔由于横担有宽度，并且转角塔常常是长短横担，所以杆塔中心桩须在内角平分线上位移一段距离，以改善相邻杆塔受力或减少相邻直线杆塔悬垂绝缘子串倾斜角和摇摆角。故有位移转角塔基础分坑时，必须先找出线路转角内角平分线方向，自原桩位起量，按位移距离，钉出位移桩 O′，然后以位移桩作为杆塔中心桩安平经纬仪，以内角平分线为基准线，如果是转角四腿塔，则以基准线为准，按直线塔分坑办法进行分坑，其布置如图 2-42 所示。图中 O′ 为位移桩，即塔位桩，S=OO′ 为位移距离。

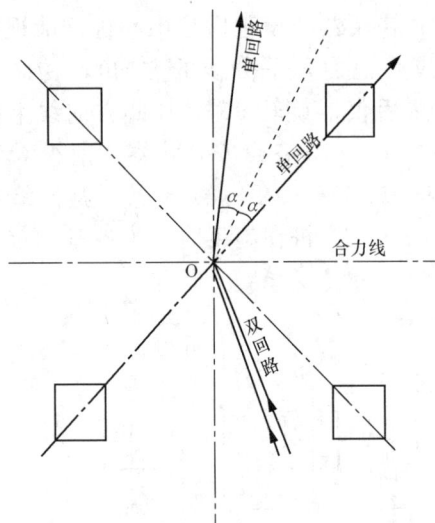

图 2-40 无位移双回路分歧塔塔位布置

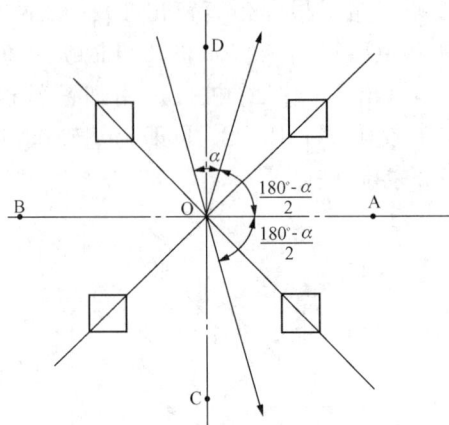

图 2-41 无位移转角塔基础分坑

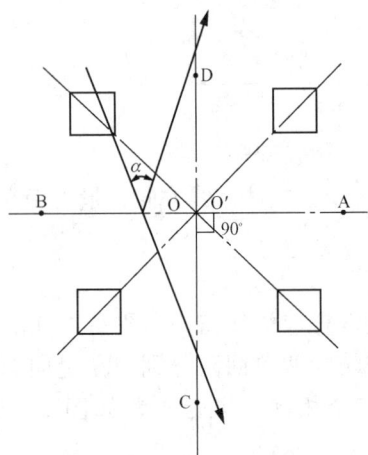

图 2-42 有位移转角塔分坑

四、杆塔中心桩位移量计算

（一）由于杆塔横担宽度的影响产生的位移距离的计算

如图 2-43（a）所示，由于杆塔横担宽度的影响，使转角杆塔位中心桩（位移桩），与线路转角桩产生的位移距离 s_1，其计算式为

$$s_1 = \frac{D}{2} \text{tg} \frac{\alpha}{2} \tag{2-21}$$

式中 α——线路转角；

D——横担两侧悬挂点之间距离。

（二）由于转角杆塔采用不等长横担时位移距离的计算

如图 2-43（b）所示，杆塔为不等长横担时，位移距离 s_2 计算式为

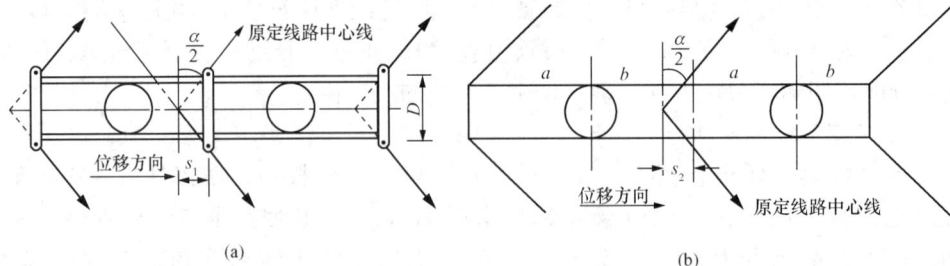

图 2-43 位移距离
（a）横担宽度引起；（b）不等长横担引起

$$s_2 = \frac{a-b}{2} \tag{2-22}$$

式中 a——长横担长度；

b——短横担长度。

（三）转角杆塔横担宽度与长短横担一并考虑时位移距离的计算

此情况下位移距离 s 的计算式为

$$s = s_1 + s_2 = \frac{D}{2} \operatorname{tg} \frac{\alpha}{2} + \frac{a-b}{2} \tag{2-23}$$

在实际施工中由于转角塔类型繁多，除单回路耐张杆塔外还有双回路耐张转角塔、三联耐张转角塔、分歧塔、兼角直线杆塔、直线换位杆塔等均有位移；就连双回路耐张转角塔还有两侧均是双回路和一侧为两条单回路的不同，另外中导线偏挂的转角塔与上字形直线杆塔相邻时也有线路桩位移计算，这些计算无法在这里一一例举。

五、拉线坑位测定及拉线长度的计算

在杆塔组立之前，要正确地测定拉线坑的位置，使拉线与杆塔夹角符合设计要求，以保证杆塔的稳定性。同时计算出拉线长度，以作为拉线下料的依据。

拉线有多种形式，单杆拉线比较直观。双杆拉线类型主要有 X 形和 V 形两大类。

每条输电线路杆塔结构设计不尽相同，杆塔上拉线实际悬挂点和计算悬挂点是不同的，如图 2-44 所示，A、B、C、D 为拉线在水泥杆上的实际悬挂点，O 点为计算悬挂点，O′点为 O 在地面的投影，测量时只要将仪器安置在 O′，但这时拉线高度应是计算悬挂点的高。这在实际测量中必须注意。

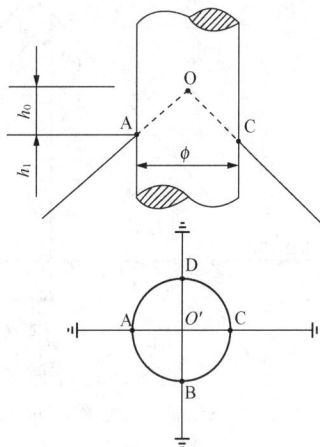

（一）平地 X 形拉线坑位测定及拉线长度计算

1. 拉线长度计算

图 2-44 计算悬挂点

图 2-45（b）是 X 形拉线顺着拉线方向 I—I 的断面图，K 是拉线捧出土点（与地面交点），KO 是埋设拉线盘的坑口中心点。根据设计提供的 H、h_0 及 β 值，K、KO 点位置及拉线长度计算式为

$$L = H/\cos\beta = D/\sin\beta \tag{2-24}$$

$$D = H \operatorname{tg}\beta \tag{2-25}$$

$$\Delta D = h_0 \operatorname{tg}\beta \tag{2-26}$$

式中　D——拉线出土点 K 与 O1 之间水平距离；

　　ΔD——KO 点与 K 点之间水平距离；

　　H——拉线悬挂点与施工基面的高度；

　　h_0——拉线坑设计深度；

　　β——拉线与杆轴线的夹角；

　　L——拉线地面部分长度。

2. 拉线坑位测定

测定拉线坑位的步骤如下：

（1）在杆位中心桩 O 点安平经纬仪，照准主杆坑外侧辅助桩 E，这时水平度盘对 0°。

（2）仪器向左、右各转过 θ 角，θ 是拉线在地面投影与横担方向夹角，由设计给定。

在 θ 角方向线上，自 O 点起量 OK′＝D 得 K′点。

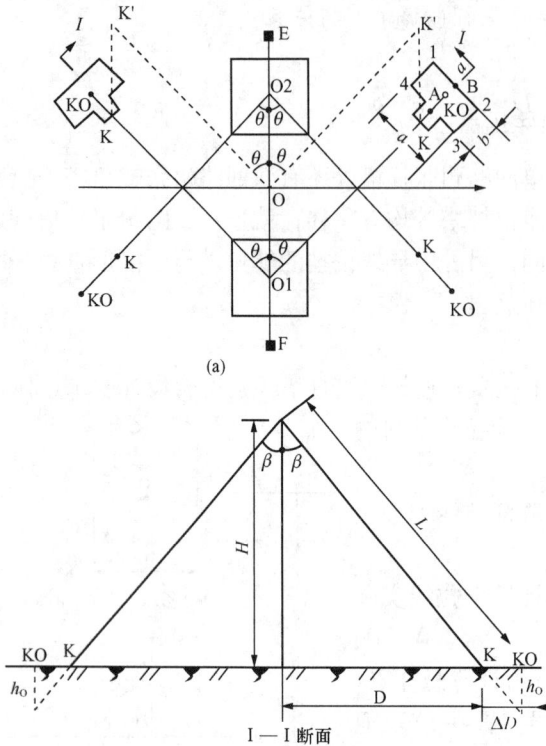

图 2-45 平地 X 形拉线

(a) 地面投影图；(b) I—I 断面图

（3）用平行四边形勾坑法确定 K 及 KO 点。可取 $D+OO1$ 尺长，两端分别对准 K'、O1 两点，在距 K' 点 $OO1$ 长度，拉紧皮尺勾得 K 点位置。在 O1K 的延长线上取 $KKO=\Delta D$，定出 KO 点。

（4）以 KO 为中心划出拉线坑，也可用平行四边形勾坑。坑口长、宽尺寸 a、b 的拉线坑，可在 KKO 和 KOO1 方向线上各量 $\dfrac{b}{2}$ 长度，得 A、B 两点。

在皮尺上取 $\left(a/2+\sqrt{(a/2)^2+b^2}\right)$，两端点置在 A、B 点上。离 A 点 $a/2$ 处拉紧皮尺，勾出点 1，折向 AB 另一侧勾得点 4；然后在离 B 点 $a/2$ 处拉紧皮尺勾得点 2，折向 AB 另一侧得点 3。1、2、3、4 点所围面积即为拉线坑位。其余坑位可按相似办法勾坑。

如需划出基础坑马道，也可按马道长和宽，用平行四边形勾坑法划得。

（5）仪器照准另一侧辅助桩 F，按

上面方法步骤可定出另外两条拉线坑位。

在第二步中 $OK'=D+\dfrac{b}{2}$ 是因为拉线盘基础的开挖，在可能条件下应使拉线盘受力侧为原状土。这样，在基本上不增加土方量情况下，可将开挖坑的中心线向外移半个坑宽，坑底近杆塔侧掏挖半个线盘宽度。拉线盘安装后其受力侧基本为原状土，可以大大改善上拔力，如图 2-46 所示。

（二）平地 V 形拉线坑位测定及拉线长度计算

如图 2-47 所示，V 形拉线坑

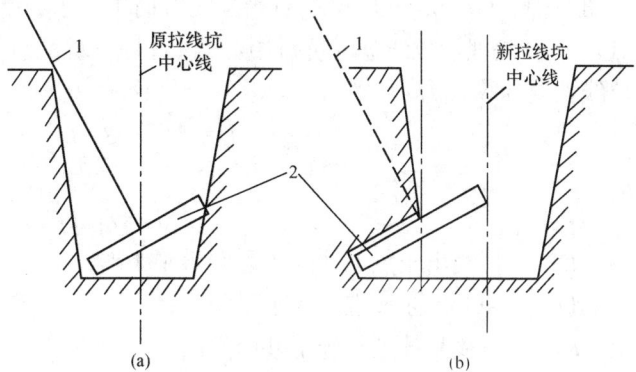

图 2-46 拉线盘新、老挖法

（a）老挖法；（b）新挖法

1—拉线；2—拉线盘

位测定时，首先按 X 形拉线 D、ΔD 及 L 值计算公式，计算出 D'、ΔD 及拉线长 L 值。

再按

$$D=\sqrt{(D')^2-O1O^2}$$

计算出 D 值。然后仪器安置在中心桩 O 点，前视、后视相邻杆塔位中心桩。在前后视方向上，按 X 形拉线坑位测定方法，测出 K 及 KO 点，划出坑位。

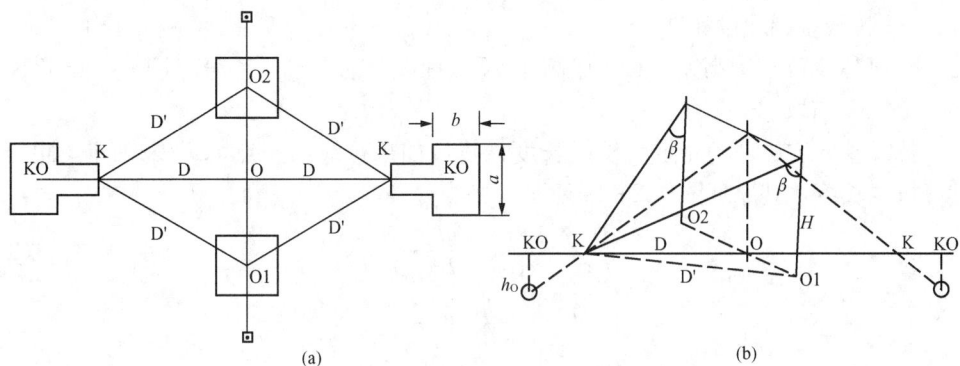

图 2 - 47 平地 V 形拉线

(a) 地面投影图；(b) 立体图

（三）倾斜地面拉线坑位测定及拉线长度计算

1. 拉线长度计算

如前所示，V 形和 X 形拉线只要取不同拉线平面适当折算，其计算方式是相似的，从倾斜地面拉线平面（图 2-48）可看出拉线与地面交点 K 和电杆入土点 O 之间，在放坡 K 点高于 O 点，在收坡 K 点低于 O 点。

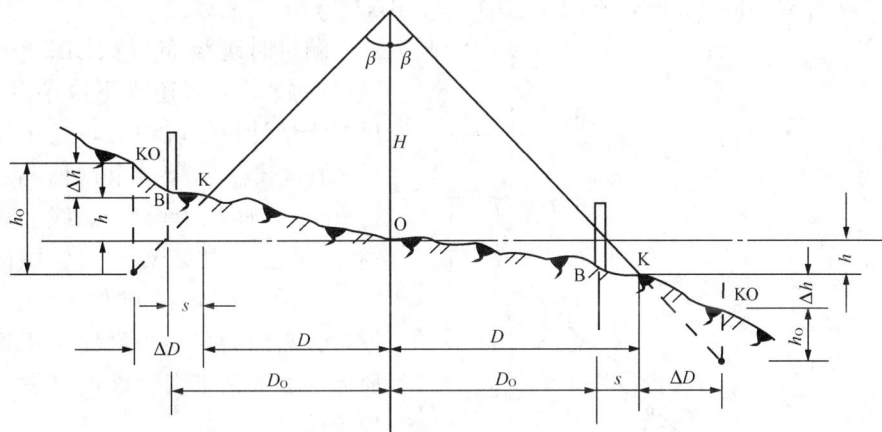

图 2 - 48 倾斜地面拉线

（1）K 点位置已确定时拉线长度计算：

因
$$D = D_O \mp s = H \text{tg}\beta - h\text{tg}\beta$$

故
$$D = (H - h)\,\text{tg}\beta \qquad (2 - 27)$$

$$\Delta D = (h_O \pm \Delta h)\,\text{tg}\beta \qquad (2 - 28)$$

$$L = D/\sin\beta \qquad (2 - 29)$$

式中 L——从 K 点起算的拉线长度；

D——出土点 K 和 O 点水平距离；

ΔD——出土点 K 和拉线坑中心 KO 之间水平距离；

β——拉线和电杆中心的夹角；

H——拉线计算悬挂点高度；

h——K、O 点间高差，收坡时以 $-h$ 代入，放坡时以 $+h$ 代入；

h_0——拉线基础埋设深度;

Δh——K、KO 点间高差,KO 点高于 K 点时 Δh 前取"-"号,KO 点低于 K 点时 Δh 前取"+"号。

(2) 拉线基础坑位现场测定和拉线长度计算:如果拉线出土点 K 尚未确定,也可现场测定计算拉线长度,其原理图如 2-49 所示,则

$$s = \frac{h\sin\theta}{\cos(-\theta \pm \alpha)} \tag{2-30}$$

$$l = \frac{h\cos\alpha}{\cos(-\theta \pm \alpha)} \tag{2-31}$$

$$h = H + h_0 + j_0$$

式中　s——地面坡度 α 角时 O′和拉线坑中心 KO′的斜距离;

　　　l——从拉线盘中心起算的拉线长度;

　　　H——拉线计算悬挂点到 O′垂直高度;

　　　h_0——拉线基础埋设深度;

　　　θ——拉线与杆塔中心线设计夹角;

　　　α——O′E 和水平线夹角,α 角为仰角时取"+"号,α 角为俯角时取"-"号。

可以事先作好不同 θ 角时,不同 h 值的 $s = f(\alpha)$,$l = f(\alpha)$ 的曲线。

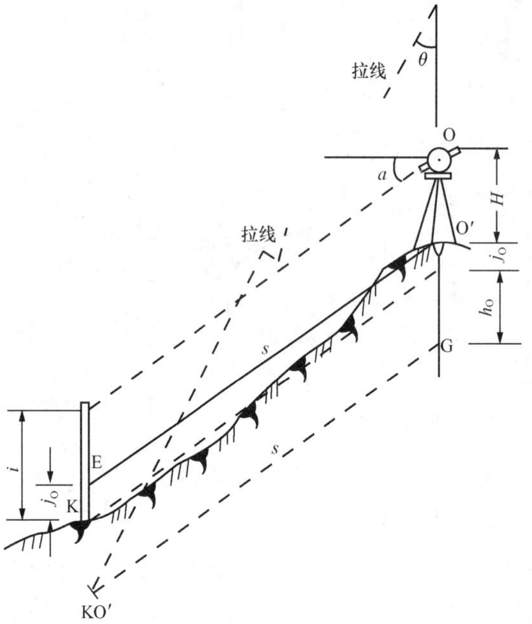

图 2-49　倾斜地面拉线长度,坑位现场测定

测量时现场布置如图 2-49 所示,测量时施工基面还要下降 j_0 值,将塔尺置于估计拉线坑中心,经纬仪照准塔尺 i 值(仪器高),测得 s 值和 α 值称为 $s_实$ 和 $\alpha_实$,而从 $s = f(\alpha)$ 曲线上查得计算的 $s_计$ 和 $\alpha_计$,如果 $s_实 = s_计$,则该点即为所寻找的拉线坑的坑位中心。如果不等,只需前后移动塔尺使之相等。无论地形多么复杂多变,该点总是可以很快找到的。

这种方法,不是通过确定出土点后,才确定拉线坑中心和计算拉线长度,而是测量一次就能准确计算拉线长度和拉线坑中心。事先通过计算并绘制好 $s = f(\alpha)$,$l = f(\alpha)$ 曲线,把复杂的现场计算转化为室内工作,而且一劳永逸,绘制一条曲线后只要施工杆塔结构不改变,可以在以后工程继续使用,这种方法用于现场测量是既准确而又简便的施工方法。

2. 拉线棒出土点确定

用式(2-29)计算拉线长度,必须先确定拉线棒出土点 K 的位置。K 点的确定一般可以用逐步逼近和试凑的方法,其原理如图 2-50 所示。

（1）逐次逼近法。图 2-50
中左侧为收坡，在塔位中心桩 O
上安平经纬仪，照准拉线方向，
自 O 点起量出水平距离 $D_{OA}=$
$Htg\theta$（H 为拉线点到 O 距离），
得地面点 A，可测得 A 点到水
平线深度为 h_{AO} 即 AA' 出土点 K
肯定在 A、O 两点之间。沿 AO
方向向坡下量出水平距离 $D_{AB}=$
$AB'=h_{AO}tg\theta$ 得 B 点，因为 B' 点

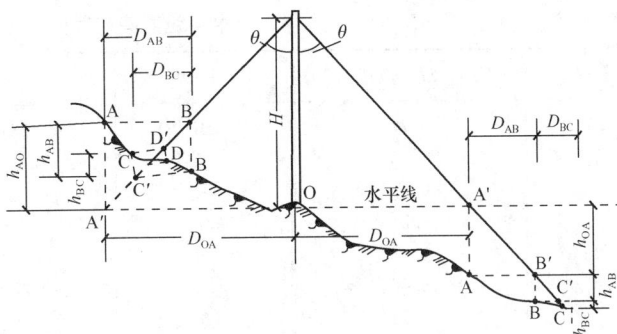

图 2-50 倾斜拉线出土点逐次逼近原理

肯定落在拉线上，故出土点 K 范围缩小到 AB 之间，可以测得 h_{AB} 以 B 为起点，沿 BA 方向
量出水平距离 $D_{BC}=BC'=h_{BB'}tg\theta$ 得 C 点，而 C' 点肯定落在拉线地下部分上，这样 K 点范围
又缩小到 BC 之间，可以测得 h_{BC}。重复上述步骤可以一次比一次更逼近 K 点，故称逐次
逼近。

杆的右侧是放坡，自 O 点量取水平距离 D_{OA}，一定交拉线于 A' 点，地面上投影为 A
点，测得高差 h_{OA}。再延 OA 延长线方向自 A 点向坡下量出 $D_{AB}=h_{OA'}tg\theta$，得 B 点，B' 点也
一定落在拉线上，如此继续向坡下逐渐逼近拉线棒出土点 K。显而易见，在不规则的坡地上
同样可遂次逼近接地点。

（2）按高差、水平距离对照表试凑法。根据式（2-27），可在一定拉线夹角时，制成高
差、水平距离对照表，坑位测定时，只要测得高差（$H-h$）和水平距离 D，与表内所对应
之数据符合，即测定了 K 点，然后根据 K 点测定坑位。

表 2-5 为水平距离、高差对照表，此表是在拉线和电杆夹角 β 在 30°时计算得到的。β
值不同则可另计算列表。表内（$H-h$）栏内高差从 10、20、30 等开始，要查 1、2、3 等高
差对应的水平距离，可从 10、20、30 等栏查得对应的水平距离除以 10（缩小 10 倍）。高差
数为三、四位数，应先查前两位数的 D 值，再查余位数的 D 值，再将两次查得的数值分别
增加或缩小倍数后相加。

例：平地拉线 $\beta=30°$、$H=16.5m$，求水平距离 D。

查 16 的 $D'=9.24$，0.5 的 $D''=0.289$

则水平距离 $D=D'+D''=9.53$（m）

试凑测坑位。经纬仪安平在 O 点，塔尺放在出土点 K 上，测得的（$H-h$）和 D 就能
符合表 2-5 的规定；反之就不能符合，所以只能用塔尺试凑来测量。

为了缩小试凑的范围，可按逐次逼近原理，如在图 2-46 上左侧，先测得 A 点位置和
h_{AO}，从 A 点向 AO 方向线上量取 $D_{AB}=h_{AO}tg\beta$，得 B 点。用塔尺从 B 点向 A 点方向试凑 3～
4 次就能得到符合水平距离、高差对照表的点，即拉线棒出土点 K。

也可在量取 D_{AB} 时，在 AA' 线垂直面下方放一直角三角板，直角三角板锐角为 θ 和
（$90°-\theta$），（$90°-\theta$）的角顶对准 A'，其底边和 $A'A$ 重合，则三角板斜边与地面之交点即为
拉线棒出土点 K。为避免错误，测得 K 点后，仍要将塔尺放在该点测量校核，是否符合水
平距离、高差对照表的规定。

表 2 - 5 水平距离高差对照表

$H-h$	$D=(H-h)\ \text{tg}30°$	$H-h$	$D=(H-h)\ \text{tg}30°$	$H-h$	$D=(H-h)\ \text{tg}30°$
10	5.77	.40	.231	.70	.404
1	6.35	.1	.237	.1	.410
2	6.93	.2	.242	.2	.416
3	7.51	.3	.248	.3	.421
4	8.08	.4	.254	.4	.427
5	8.66	.5	.260	.5	.433
6	9.24	.6	.266	.6	.439
7	9.81	.7	.271	.7	.445
8	10.39	.8	.277	.8	.450
9	10.97	.9	.283	.9	.456
20	11.55	.50	.289	.80	.462
1	12.12	.1	.294	.1	.468
2	12.70	.2	.300	.2	.473
3	13.28	.3	.306	.3	.479
4	13.86	.4	.312	.4	.485
5	14.43	.5	.318	.5	.491
6	15.01	.6	.323	.6	.497
7	15.59	.7	.329	.7	.503
8	16.17	.8	.339	.8	.508
9	16.74	.9	.341	.9	.514

第 三 章

杆 塔 基 础 施 工

杆塔埋入地下的部分称为杆塔基础。基础的作用是承受杆塔、导线和地线的质量，保证杆塔在运行中不发生下沉或在外力作用时不发生倾倒和变形。架空线路部件之间故障顺序，直线杆塔基础故障应后于直线杆塔故障，故要求基础的安全因数应是杆塔安全因数的 1.2 倍。因此，严格按设计要求进行基础施工，保证基础施工质量是非常重要的。位于山坡或河边的杆塔基础，当有冲刷可能时，还应按设计要求采取防护措施。

第一节 基 坑 开 挖

基坑开挖是在线路复测及按杆塔类型和基础型式分坑之后，根据测量所钉的坑位桩而进行挖掘。挖掘时，根据不同的土质采用不同的施工方法。

一、土壤的力学性质

土壤是一种多孔的散粒物体，由于散粒之间存在着空隙，所以土的颗粒总是和水、空气成为一体，有着明显的渗透性和压缩性。随其所含水的数值不同，土壤有干的、湿的和饱和的三种状态。土壤的物理性质有如下几种。

（1）土的容重：土壤在天然状态下单位体积的质量，随所含水分多少而变，一般在 $1.2 \sim 2.0 \text{t/m}^3$。

（2）土的比重：单位体积土壤颗粒与同体积水之比，一般在 $2.5 \sim 2.8$ 之间，未作实验时可取为 2.7。

（3）许可耐压力：单位面积土壤允许承受的压力，单位为 Pa。

（4）上拔角：基础埋在土壤中，当基础受到上拔力作用时，基础上的土壤成倒截锥台体拔出，它和柱体所成的夹角 α 称为上拔角，如图 3-1 所示。

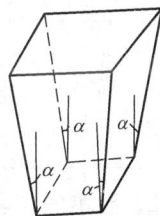

图 3-1 拔出的土体形状

（5）土的摩擦力：土体在剪力作用下，就产生一部分土对另一部分土相对滑动的趋向，这个滑动受到土粒与土粒之间的摩擦力所阻止，这个摩擦力称为土的内摩擦力。

（6）土的抗剪角：如图 3-2 所示，给土样施以垂直压力 N，再逐渐施以水平力 T，直到土样剪断为止。试验证明不同的垂直压力 N，使土样剪断的水平力 T 不同，它们之间的关系是

$$T = \text{tg}\beta N \tag{3-1}$$

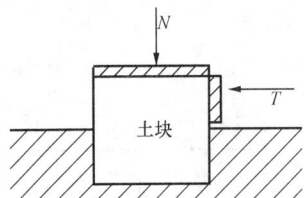

图 3-2 土的抗剪试验示意图

式中　T——土的剪切力或称土的抗剪力，kN；
　　　N——相应的土壤压力，kN；
　　　β——抗剪角。

对于砂性土，抗剪力等于土的内摩擦力，所以抗剪角等于内摩擦角；而对于黏性土，其抗剪力等于凝聚力与内摩擦力之和。如图 3-3 所示。在实际工程中，杆塔或拉线坑，都是

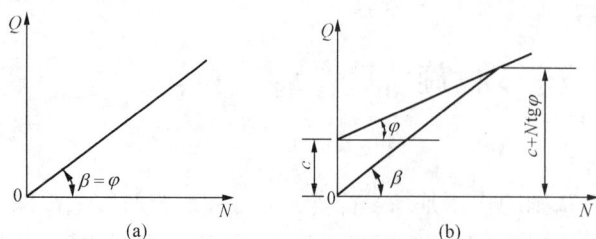

图 3-3　土的抗剪特性

（a）非黏性土；（b）黏性土

用回填土夯实，基本上破坏了原状土的状态。即使原土为黏土，在回填时已属松散状态。故亦视为非黏性土。所以，为安全计，宜将土壤的抗剪角按内摩擦角考虑。

（7）被动土压力（或称被动土抗力）：土体对基础侧面的压力称为主动土压力。当基础受到外力作用时，基础即对土壤施以推力，此时土体对基础产生反力，此反力称为被动土抗力。

各类土壤的物理特性参数如表 3-1 所示，可作计算时参考。

表 3-1　　　　　　　　　　　各类土壤物理特性参数表

土 壤 名 称	土 壤 状 态	计算密度 (t/m³)	计算上拔角 (°)	计算抗剪角 (°)	被动土抗力 (kN/m³)	许可耐压力 (kN/m²)
黏土及 亚黏土	坚硬	1.8	30°	45°	105.0	250~300
	硬塑	1.7	25°	35°	62.6	200~250
	可塑	1.6	20°	30°	48	150~200
	软塑	1.5	10°~15°	15°~20°	27.2~35.2	100~150
亚砂土	坚硬	1.8	27°	40°	82.8	250
	可塑	1.7	23°	35°	62.6	150~200
大块碎石类	不论夹砂 或黏土	2.0	32°	40°	92	300~500
砾砂　粗砂 中砂　细砂 微砂	不论湿度	1.8	30°	37°	72.0	350~450
		1.7	28°	35°	62.6	250~350
		1.6	26°	32°	52.2	150~300
		1.5	22°	25°	36.9	100~250

二、土壤的工程分类

土壤大致分成黏性土、砂石类土和岩石三大类。黏性土可分为黏土、亚黏土、亚砂土三种。砂石类土可分为砂土和碎石，砂土又可分为砾砂、粗砂、中砂、细砂、粉砂，碎石又可分为大块碎石、卵石及砾石。

岩石类有泥灰岩、页岩和花岗岩之分。

各类土壤的现场鉴别方法如表 3-2 所示，可供设计与施工时参考。

表 3-2　　　　　　　　　　　各类土壤现场鉴别方法

土 壤 名 称	现 场 鉴 别 方 法				
	在手掌中搓 捻时的感觉	用放大镜看和 用眼睛看的情况	土 的 情 况		搓条情况
			干的时候	湿的时候	
黏土	不感觉有砂粒	大多是很细的粉末，一般没有砂粒	土块很坚硬，用锤可打成碎块	塑性大，黏结性很大，土团压成饼时，边不起裂缝	能搓成直径为1mm的长条

续表

土壤名称	现场鉴别方法				
	在手掌中搓捻时的感觉	用放大镜看和用眼睛看的情况	土的情况		搓条情况
			干的时候	湿的时候	
亚黏土	感觉有砂粒，小土粒易用指捻碎	细土粉末中有砂粒	土块需用力压碎	塑性小，黏结力大	能搓成2～3mm条，但长度较小
亚砂土	感到有砂粒也有些黏性	砂粒比黏土多	土块用手捏或抛扔时易碎	无塑性	搓不成土条
砂土	感到是砂粒	看到绝大部分是砂粒	松散	无塑性	搓不成土条

三、一般土坑的开挖

在开挖前应将基面及基面附近的障碍物清除干净，挖掘土方应自上而下分层进行，不得采用掏洞法挖坑，如坑底超过 2m² 时，可由二人同时挖掘，但不得面对面或相互靠近工作。向坑外抛土时，应防止石块回落伤人，任何人不得在坑内休息。坑挖至一定深度要有便于上下的梯子。挖出的土壤应堆积在离坑边 1m 以外的地方，并应留出适当的位置便于基础施工。

坑壁应留有适当的坡度。坡度的大小与土壤性质、地下水位、挖掘深度等因素有关，可参考表 3-3。

表 3-3 一般基坑开挖的边坡度

土质分类	砂土、砾土、淤泥	砂质黏土	黏土、黄土	坚土
坡度（深：宽）	1：0.75	1：0.5	1：0.3	1：0.15

开挖前必须对土壤进行多方面的了解，边坡距离要根据实际情况适当加长或缩短。如在开挖过程中发现土壤湿度较大或者土质散松时，可将边坡加大，或将边坡挖成阶梯形，确保不发生坑壁坍塌现象。

开挖的坑底必须铲平，中间不得有凹凸不平现象，坑底平面要在一个水平面上。

基坑的深度要根据设计的施工基面为基准，拉线基础的坑深设计未提出施工基面时，应以拉线基础中心地面标高为基准。曾有提出位于山坡一侧坑深应以拉线棒出口处为基准，但新规范未规定，基坑示意图如图 3-4 所示。

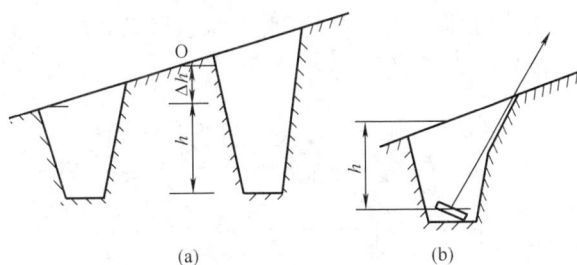

图 3-4 基坑示意图
（a）基坑；（b）拉线坑

如基础浇灌不能马上进行时，坑底应暂留 300mm（石坑除外），等到基础浇制前夕再挖掘整平。

四、水坑的开挖

水坑和带有泥土的泥水坑的开挖，要根据桩位渗水的实际情况决定开挖方法。

一般渗水速度比较慢的水坑，可用人工掏水的方法，如用水桶或俗称："皮老虎"的人力抽水泵将水掏出。边挖边掏水，挖到有效深度后即安置基础。

渗水速度较快的水坑，应配备抽水机。在坑底的一角挖一深于坑底的小坑，让积水流入坑内，以便抽水机把水抽出。这样边抽水边开挖，挖到有效深度后即安置基础。

水坑易坍塌，特别是坑深超过 1.5m 的深坑，需采用下板桩支挡坑壁的方法来挖坑。其具体方法是：用板桩或木桩支撑坑壁，板桩的尺寸一般厚为 50mm 宽度在 150～200mm。木桩可用 ϕ150mm 的圆木。横支撑木的距离不大于 1m。板桩在施工时，当坑深达到 0.5m 时，安装横支撑，然后沿横支撑和坑壁之间打入板桩或木桩，木桩之间垫以草袋，防止土壤塌入坑内，如图 3-5 所示。待板桩打入土中 0.2～0.3m 时继续开挖，边挖边打，直到设计深度。

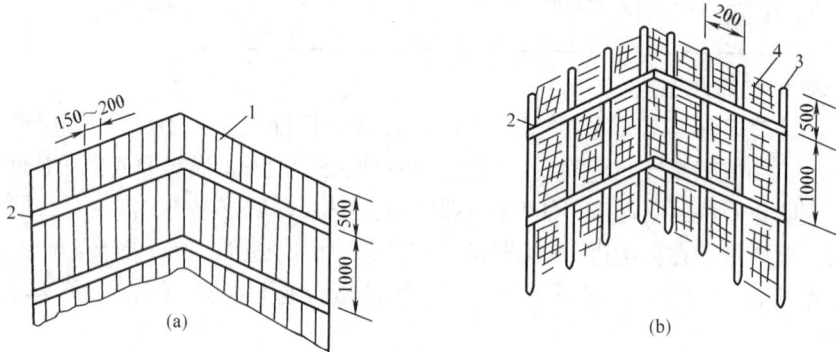

图 3-5 坑壁侧板桩或木桩示意图

（a）板桩；（b）木桩

1—板桩；2—横支撑；3—木桩；4—草袋

当用上述方法挖水坑有困难时，可采用人工降低地下水位法。人工降低地下水位方法很多，有井点法、电渗井法、管井井点法、喷射井点法等。可根据土层渗透情况，要求降低水位深度及设备等因素选用。输电线路工程中，井点法较合适，这里作简单介绍。

所谓井点法就是沿基坑的四周将许多直径较细的井点管沉入地下蓄水层，以总管（集水管）连续抽水，从而使塔基地下水位降低，便于基础施工，其原理图如图 3-6 所示，滤管的构造如图 3-7 所示。

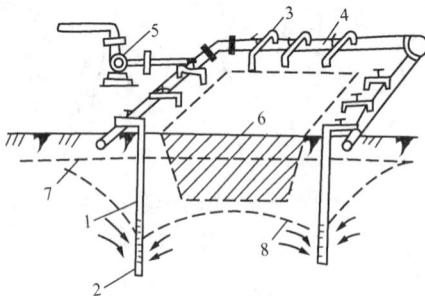

图 3-6 轻型井点法降低地下水位

1—井点管；2—滤管；3—弯连接管；

4—集水总管；5—水泵；6—基坑；

7—原有地下水位线；8—降低

后地下水位线

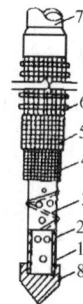

图 3-7 滤管构造

1—钢管；2—管壁上的小孔；3—缠绕的

粗铁丝；4—内层滤网；5—外层滤网；

6—粗铁丝网；7—上部钢管

（井点管）；8—铸铁头

井点管由直径 38～50mm 钢管做成，长约 2.5m（根据需要而定），下端间隔钻有 10mm

左右的小孔，并用滤网包扎做成滤管，上端通过透明软管与总管连接。

井点的布置一般根据基坑大小、土质和地下水的流向、降低地下水的深度要求而定，通常采用环形布置。沿基坑边每隔 0.8~1.6m 设一个井点，井点距坑边不应小于 0.8m。其入土深度应比基坑底深 0.9~1.2m。

井点管一般用冲水管冲孔后再将井点管沉放。冲孔须保持垂直，上下均须有适当的孔径，冲孔深度须比井点管底深 0.5m 左右。井点管与孔壁之间应及时用粗砂灌实，距地面下 0.5~1m 的深度内，应用黏土填严密，防止漏气。

井点管通过透明塑料管与集水总管连接起来，总管宜选用 100~127mm 的钢管，分节连接，每节长 4m 左右。集水总管与抽水设备连接，通过抽水设备把地下水抽出。

井点管系统各部件均应安装严密、防止漏气。在人工降低地下水位的过程中，应对整个井点管系统加强维护和检查，防止漏气及"死井"，保证不间断地进行抽水。

抽水设备可选用 QJD-60 轻型井点水喷射泵，该泵所需动力 7.5kW，排水量 60m³/h，抽水深度 9.6m，很适用于一般输电线路基础施工。

五、流砂坑的开挖

基坑开挖遇到流砂时，会出现流砂不断涌出的现象。当流砂不太严重时可采用大开挖的方法，加大边坡、倾斜度。施工前做好一切准备工作，一旦坑深挖至设计深度，即安置基础，使施工紧凑、衔接，避免间断。

如大开挖方法不行时，可采用前述板桩支挡的方法。

流砂比较严重时，可采用混凝土护管的方法，也称为沉井法。护管是内径 1.8m、高为 0.8m、壁厚为 0.1m、有上下企口的圆形管，沉井底部有 45°刃口，内壁应为麻面（也可根据基础形式不同，设计不同规格的护管）。混凝土护管应有足够的强度。混凝土护管的使用方法是：将混凝土护管置于坑位上，护管中心与基坑中心重合；在护管内挖土，使护管自然下沉；为避免护管倾斜、偏移，应沿护管内周均匀向下开挖，不能沿护管一侧下挖；使用两节以上护管时，必须等前一护管已下到与地面相平时再按企口对接第二节护管；混凝土护管不作回收，而做为基础的外围。

使用沉井技术有三种挖土方法：一种是用井点排水、沉井内挖土。沉井下沉时，分布在周围各抽水井应提前抽水，水泵连续运转直到沉井到位并已浇灌混凝土厚度达 0.3m 以上。当沉井到达预定深度后立即浇注垫层和混凝土。第二种方法是井内排水挖土法。它是在靠近沉井内面边缘处挖一比开挖面深 0.4m、直径为 0.4m 的小坑，专供水泵抽水。当沉井下沉到预定深度时，从沉井边缘开始投放一层毛石。此时水泵继续抽水，毛石垫好后，立即浇注垫层，最后浇注混凝土。第三种方法是不排水挖土施工法。它只适用于地下水十分丰富的流砂地质，而且沉井高度不超过 2m 的地段。当深井下沉到地下水位时，只用网锹将细砂由水中捞出而不排水，不排水挖土法可使地下水相对静止，流砂失去流动的条件，而成为静止的细砂面。沉井到达预定深度时，用一块稍大于沉井底面的塑料在水下铺满沉井底部，然后垫一层毛石，把沉井中水抽干。此时由于铺石塑料布已基本上阻止泥砂和水的涌入，可即浇注垫层和混凝土。

无论用何种方法，若挖掘时沉井倾斜，可在沉井较高一侧的地中沿外壁钻若干个孔，并向孔内灌汽水和泥浆等，以便使较高一侧沉井外壁与土壤摩擦阻力减少来矫正倾斜；也可用配重法来矫正沉井的倾斜。

上述三种方法也可互相并用，互相补充。如一基础用一眼沉井，水位降低 0.7m，又配合井内排水挖土法作补充。在地下水十分丰富时，完全采用不排水挖土法，由于地下水位高，挖土工人站在 2m 深水中无法挖土，可辅助采用井外排水法保持较低水位。

六、挖坑注意事项

（1）要注意熟悉被开挖基坑的桩位、杆塔型号、基础型式、土壤情况，根据设计要求的尺寸放样后再开挖。

（2）杆塔基础的坑深，应以设计规定的施工基面为准；拉线坑的坑深，以拉线坑中心的地面标高为基准。

（3）施工时，应严格按设计要求的位置与深度开挖，坑深允许误差为 +100mm、−50mm，坑底应平整，同基基坑在允许误差范围内按最深一坑操平。

（4）杆塔基础坑，其深度误差超过 +100mm 时可按下列规定处理：

1）铁塔基础坑，其超深部分以铺石灌浆处理；钢筋混凝土电杆基础坑，超深在 100～300mm 之间时，其超深部分以填土夯实处理；超深 300mm 以上时，其超深部分以铺石灌浆处理。

2）凡不能以填土夯实处理的水坑、流砂坑、淤泥坑及石坑等，其超深部分按设计要求处理，如设计无具体要求时，以铺石灌浆处理。

3）个别杆塔基础坑，深度虽已超过允许误差值 100mm 以上，但经验算无不良影响时，经设计同意，可不作处理，只做记录。

（5）杆塔基础超深而以填土夯实处理时，应用相同的土壤回填，每层填土厚度不宜超过100mm，并夯至原土相同的密度；若无法到达时，应将回填部分铲去，改以铺石灌浆处理。

第二节　混凝土及其配制

混凝土是指用水泥、沥青或合成材料（如树脂、合成纤维）等作胶凝材料固结而成的总称。这些材料分别称为水泥混凝土、沥青混凝土、聚合混凝土和纤维混凝土等。平常所说的一般混凝土，是指用水泥作胶凝材料，按一定比例加砂、石等骨料和水拌制后，经硬化而成的人造石，故又称水泥混凝土或普通混凝土，简称混凝土。输电线路上用的混凝土就是指这种水泥混凝土。

混凝土所以能得到广泛的应用，是因为它在技术特性、经济效果上都具有很多优点：它具有较高的抗压强度，外力作用下变形小，且可通过不同原材料和不同配合比配制不同强度混凝土；新拌制混凝土具有塑性和流动性，可以根据需要随模板而制成任何复杂形状和结构断面的结构物；对天然的风化作用、人为的机械作用及化学侵蚀作用均具有较强的抵抗力，耐久性好；混凝土建筑物可以连续浇筑为一个整体，比较稳固，能经受强烈的振动和冲击；普通混凝土所用的材料，除水泥外，砂、石系天然材料，便于就地取材；混凝土结构物建成后，与其他材料的结构比较，维修方便、费用较少。但是，混凝土也有自重大、抗拉强度低、质量不易控制、冬季施工还需采取保温措施等缺点。

一、混凝土的一般知识

（一）混凝土分类

混凝土按其用途可分为普通结构用混凝土和特种混凝土（如耐酸、耐碱、高强、快硬、防水、防辐射等混凝土）。

混凝土按其容重可分为特重混凝土（2700kg/m³）、重混凝土（2100～2600kg/m³），稍轻混凝土（1900～2000kg/m³）、轻混凝土（1000～1900kg/m³）及特轻混凝土（低于1000kg/m³）。

混凝土按其流动性分为塑性混凝土（坍落度为3～8cm）、低流动性混凝土（坍落度为1～3cm）、以及干硬性和特干硬性混凝土（坍落度为0）。

（二）混凝土的和易性与坍落度

混凝土的和易性是指混凝土搅拌后，在施工过程中干稀均匀的合适程度。和易性良好的混凝土，在运输过程中不易发生离析现象，施工中便于浇捣密实，分布均匀，易于充满模板各个部分，牢固地黏着钢筋，不产生蜂窝，麻面等不良现象。

混凝土的坍落度是评价混凝土和易性及混凝土稀稠程度的指标。

坍落度的测定方法：用白铁皮做成一个截头圆锥形筒，上口直径10cm，底口直径20cm，高度30cm，如图3-8所示。测定时把圆筒放在铁板上，将拌和好的混凝土分三次放入，每次放入筒高的三分之一，用直径15mm、长50cm铁棒捣固25次。如此连续操作三次，使混凝土与筒口相平，然后把筒轻轻提起，这时混凝土就自行坍落下来。用尺量量坍落下来多少，就得出混凝土的坍落度。为保证测定准确，必须试验三次，取其平均值。

（三）混凝土的抗压强度和混凝土标号

混凝土的标号就是混凝土的抗压强度。混凝土标号的确定方法是将拌和好的混凝土料，注入一个特制的边长为15cm立方体可拆卸的铁制模盒内，捣固严实，这就叫试块。试块在模内静放两昼夜后拆模。在标准条件下（温度为20±3℃，相对湿度不小于90%）养护28天后，对试块作抗压试验，测得的抗压强度总体分布中的一个值，强度低于该值的百分率不超过5%，得到立方体抗压强度标准值 $f_{cu \cdot k}$（以 N/mm² 计），混凝土强度等级用 C 与 $f_{cu \cdot k}$ 值表示。如混凝土强度等级 C20，即指立方体抗压强度标准值（$f_{cu \cdot k}$）为 20N/mm²，相当于原表示方法的 200 号混凝土。

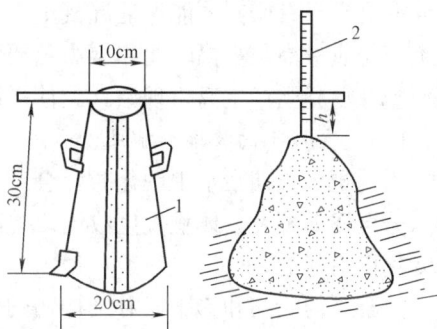

图 3-8 坍落度测定
1—圆锥筒；2—钢尺

混凝土的抗压强度主要决定于水泥标号与水灰比。而骨料的强度，砂石比率，混凝土硬化时温度、湿度，以及施工条件都对混凝土抗压强度有所影响。

1. 水泥标号、水灰比对混凝土强度的影响

混凝土的强度是水泥与水起水化作用，使水泥浆凝固硬化而产生的。水泥标号高、水灰比小，混凝土的强度就高；反之，混凝土强度就低。

单位体积混凝土中水的质量与水泥质量的比例叫混凝土水灰比，为了保持适宜的和易性，求得施工上方便，平时用水量总在水泥质量的50%～70%。而在混凝土中用来与水泥起化合作用的水，只需10%～20%。其余的水分都要慢慢地蒸发出来。如果加水过多，水被蒸发后，混凝土的内部就要留下许多小孔，这些小孔过多时，混凝土就不坚实了，降低了强度。但水过少，混凝土不易成型，易生麻面、蜂窝，甚至造成空洞。同样会有损混凝土的

强度。

2. 骨料对混凝土强度影响

骨料级配优良和骨料的质地坚硬能增加混凝土的强度与密实性，特别是在高标号混凝土中，骨料对强度影响更大。粗骨料表面粗糙有棱角时能增大骨料与水泥浆的黏结力，所以水灰比相同条件下，碎石混凝土比卵石混凝土的强度要高。

3. 养护条件对混凝土强度影响

混凝土硬化过程就是水泥和水化合作用的过程。混凝土的硬化并产生强度是随时间的增加而逐渐提高的。正常养护条件下，前 7 天强度增长较快，一般可达 28 天强度的 60%～65%，28 天后强度增长很慢，故工程上一般以 28 天混凝土强度作为混凝土的强度依据。在养护过程中要保持温度和湿度，温度在 15～20℃之间最佳，如养护湿度不够，混凝土内水分蒸发，满足不了混凝土内水泥水化作用的需要，在混凝土内出现较多气孔，将影响混凝土强度。

特别要注意的是混凝土浇灌后，不能受冻，受冻就停止了强度增长，受冻后再解冻硬化过程大为变坏，水结成冰使混凝土组织变得疏松，强度大为降低，成为废品。

4. 捣固对混凝土强度的影响

混凝土浇灌到模内后，应能充填密实，成型后表面光滑，不产生蜂窝、麻面和狗洞等缺陷。混凝土只有密实才能保证混凝土强度，所以充分捣固是重要工序。一般使用机械震捣比人工震捣质量高。震捣时间和震力只要混凝土能达到密实即可。震捣时间过长或震力过大反而使塑性混凝土产生离析现象，致使强度降低。

（四）混凝土的收缩和膨胀

当混凝土长期在水中硬化时，会产生微量的膨胀。当混凝土在空气中硬化时，混凝土中的水分会逐渐蒸发，体积发生收缩。混凝土的这种湿胀、干缩变形现象是由于混凝土中水分的变化而引起的。

混凝土的收缩和膨胀，对结构物的危害较大，它可使混凝土表面出现较大的拉应力，从而引起表面开裂，给混凝土产生不利的影响。

（五）耐久性

混凝土具有良好的耐磨、抗冻、抗风化、抗化学腐蚀等性能。在特殊条件下使用的混凝土，可以采取加入相应有效的抗腐蚀材料，增强其抗腐蚀性，达到较长久使用的目的。

二、混凝土的原料

（一）水泥

制造水泥的原料有石灰石、石英砂、黏土及赤铁矿砂等。将这些原料按一定比例混合，经过粉碎、磨细后在水泥窑中煅烧，再加入适量的石膏和高炉矿渣（或火山灰、粉煤灰）共同磨细后即成水泥。水泥的主要成分为硅酸钙及铁铝酸钙。

1. 水泥的性质

（1）比重和容重：水泥的比重约 3.1 左右，密度约为 1000～1600kg/m³。

（2）细度：即水泥颗粒的磨细程度。水泥颗粒愈细，单位重量内水泥表面积愈大，在搅拌时和水接触的表面积也就愈大，水化作用也就愈快，早期强度也愈高。但是细颗粒的水泥在空气中硬化时，有较大的收缩，在运输、贮存过程中容易受潮、降低强度。

（3）凝结时间：水泥必须具有在一定时间内凝结的能力。水泥和水搅拌后，成为可塑性的水泥浆。水泥浆具有充分的流动性而且表面光泽，胶结成固体状态的过程称为凝结，从加水开始算起到凝结过程所需时间称为凝结时间。水泥浆失去流动性、失去塑性变成稠浓现象，称为初凝。发生初凝现象所需的时间称为初凝时间。水泥浆完全失去流动性，变成凝块，具有强度时，称为终凝。从加水算起到发生终凝所需要的时间为终凝时间。因为在混凝土施工过程中，必须有足够的时间完成运输、浇灌等工作，所以凝结时间不得过早，但也不能过迟，混凝土浇筑完毕后就希望很快地凝结与得到强度，尤其在冬季施工时，凝结得愈迟，受冻损害的危害愈大。

国家标准规定：硅酸盐水泥的初凝时间，从加水时起不得早于 45min，终凝时间不得迟于 390min。

（4）体积安定性：水泥在硬化过程中，其体积变化是否均匀的性质，称为体积安定性。体积安定性不良的水泥，在硬化过程中会自行破裂，影响混凝土工程的质量，甚至引起严重事故。造成体积安定性不良的主要原因是水泥中含有过多的游离石灰与三氧化硫，遇水熟化极缓慢，当水泥浆已具有强度后，它能在其中继续熟化，且体积较原始体积增大 2 倍以上，致使硬化后的水泥浆体开裂。如果水泥中石膏等杂质过多，也会发生类似情况。体积安定性不合格的水泥禁止使用。

（5）水化热。在水泥凝结硬化过程中，会放出热量，称之为水化热。水化热大小及放热快慢，取决于水泥成分和细度。水泥颗粒愈细，早期放热量愈高。一般构件在低温施工时，水化热可以补充一部分热量损失，因而加快硬化速度。但对大体积的混凝土（如大块体基础、水坝等），由于水化热积聚在内部不易散发，内部温度上升过高，而表层部分却散热较快，内外温差所引起的应力，可使混凝土产生裂缝，影响质量。

2. 常用水泥的品种

（1）硅酸盐水泥：俗称熟料水泥，是以硅酸钙为主要成分的熟料，然后加入一定数量石膏磨细制成的水硬性胶凝材料。不渗混合材料的代号 P·Ⅰ；渗混合材料的代号 P·Ⅱ。此种水泥是我国水泥的主要品种之一，标号在 425 号以上，最高达 725R 号。其特点是早期强度比普通硅酸盐水泥高 5%～10%，在低温下强度增长比其他水泥快，抗冻、抗磨性都好，但水化热较高、抗腐蚀性差，适宜配制高标号混凝土。

（2）普通硅酸盐水泥：简称普通水泥，是由硅酸盐水泥熟料加入少量混合材料和适量石膏磨细制成的水硬性胶凝材料。它和硅酸盐水泥相比，除早期强度稍低外，其他性能相近，可广泛用于各种混凝土或钢筋混凝土基础。

（3）矿渣硅酸盐水泥：简称矿渣水泥，它是在硅酸盐水泥熟料中加入占水泥成品重 20%～70% 的粒化高炉矿渣和适量石膏共同磨细或分别磨细混匀而成，代号 P·S。它与普通水泥相比颜色淡、比重较小、水化热较低、抗硫酸盐侵蚀性和耐热性较好；但泌水性和干缩性较大，抗冻性和耐磨性较差，早期强度增长较慢，需较长的养护期。

（4）火山灰质硅酸盐水泥：简称火山灰水泥，是在硅酸盐水泥熟料中加入占水泥成品重 20%～50% 的火山灰质和适量石膏共同磨细或分别磨细混匀而成，代号 P·P。它也早期强度较低，需要较长养护期，在低温环境中强度增长较慢，在高温及潮湿环境中（如蒸汽养护）强度增加较快，搅拌混凝土所需水量较普通水泥多。

（5）粉煤灰硅酸盐水泥：简称粉煤灰水泥，是在硅酸盐水泥熟料中加入占水泥成品重 20%～40% 粉煤灰和适量石膏共同磨细而成，代号 P·F。其性能和火山灰水泥相似，但需水性及干缩性小，适用大体积混凝土基础。

除了上述 5 种主要水泥品种外，还有快硬硅酸盐水泥、矾土水泥（高铝水泥），它们早期强度增长很快，可用于紧急抢修工程、冬季施工及抗冻工程等；高强硅酸盐水泥，其标号在 625 号以上；膨胀水泥在硬化过程中体积膨胀，可用于加固结构，浇灌底脚螺栓，堵塞、修补漏水裂缝和孔洞等；不透水水泥具有快凝、早强特点，用于修补、接缝和作喷射防水层，可供特殊施工条件下选用。

3. 水泥的标号

水泥的强度大小是以水泥标号来说明的。水泥标号的确定，根据国家标准用软练法测定。硅酸盐水泥分为 425R、525、525R、625、625R、725R6 个标号；普通硅酸盐水泥分为 325、425、425R、525、525R、625、625R7 个标号；矿渣水泥、火山灰水泥和粉煤灰水泥分为 275、325、425、425R、525、525R、625R7 个标号。其标号值即为试块 28 天抗压强度折合成 kg/cm^2 的值，$1kg/cm^2 = 0.0981MPa$。水泥试块是将水泥和标准砂按 1：2.5 的比例混合，加入规定数量的水（水灰比 0.44～0.46），按规定方法制成 160mm×40mm×40mm 尺寸的试件。

我国过去曾采用硬练法来测定水泥标号的，由于硬性胶砂经锤击定型后测定，与塑性混凝土强度不易找得良好关系。老标号 400 号、500 号等和新标号 325 号、425 号相对应。

4. 水泥的贮存

水泥的贮存，有用不透水的多层纸袋包装及水泥罐贮存两种方法。输电线路施工多用袋装水泥，每袋水泥 50kg。

水泥贮存最重要的是防潮，仓库应干燥、尽量密闭；堆放时，下面要垫高，离地 30cm，水泥堆放高度不要超过 10 包，离墙距离亦应在 30cm 以上，以免吸潮。

水泥贮存时间不要超过规定的保管期，水泥保管期一般为 3 个月。根据实验，在条件良好仓库中存放 3 个月，强度将降低 10%～20%；存放 6 个月，强度将降低 15%～30%。水泥存放按出厂日期起算，超过规定的保管期，或虽未超过规定的保管期，但保管不善，使用时需重新检验确定标号。

水泥受潮通常表现为结块、凝结速度减慢、密度减小和强度降低。对受潮水泥也应经过鉴定试验，使用前应加以研碎，并将已结成硬块的水泥筛去。

各种水泥的质量应符合国家标准，其名称与标号应符合设计的要求。每批水泥除必须取得出厂质量合格证明外，尚应标明出厂日期。不同品种，不同标号、不同批号的水泥应分别堆放，不可混用。

（二）砂

砂是石质的细粒状材料，系由岩石风化而成。按其产源不同，分为河砂、江砂、海砂及山砂 4 种，以河砂、江砂质量为好。在混凝土作细骨料。

砂按颗粒大小分为：粗砂——平均粒径不小于 0.5mm；中砂——平均粒径为 0.35～0.5mm；细砂——平均粒径为 0.25～0.35mm；特细砂——平均粒径小于 0.25mm。

砂粒粗，表面积小，所需用胶合表面的水泥量也少。因此，拌制混凝土用砂宜用粗砂或中砂。但是如砂中仅有粗颗粒，而缺少细颗粒去填充粗颗粒的空隙，同样会增加水泥的用量。平均粒径小于 0.25mm 的砂不宜使用。砂必须颗粒坚硬、洁净。含泥量小于砂量 5%，云母等杂质不应超过砂重的 5%。砂的比重在 2.5～2.75 之间，砂的单位体积质量不得低于

$1400\sim1550kg/m^3$。

预制混凝土构件及现场浇制基础使用的砂必须符合现行 JGJ52—1992《普通混凝土用砂的质量标准及检验方法》的规定。

（三）石子

混凝土所用的石子一般有碎石和卵石，是粗骨料。碎石是岩石经人工或机械加工破碎而成，有棱角，表面粗糙，和水泥浆胶结比较好；在同样条件下，碎石混凝土比卵石混凝土强度高，但和易性较差。卵石由天然风化而成无棱角，按产地不同，可分为河卵石、海卵石和山卵石。河卵石比较洁净、少混有杂质。

石子按其粒径分为：细石——粒径 5~20mm；中石——粒径 20~40mm；粗石——粒径 40~100mm。

输电线路的钢筋混凝土基础，一般采用中石，无筋混凝土基础可采用粗石。为了便于浇灌，在钢筋混凝土中，石子最大粒径不得大于钢筋间最小净距的 3/4。碎石和卵石比重随着岩石种类不同而异，大多在 2.5~2.7 之间；它们的密度在 $1400\sim1800kg/m^3$ 之间。不论用何种石子，其强度必须大于混凝土的强度。

预制混凝土构件及现场浇制基础使用的碎石式卵石，必须符合现行 JGJ53—1992《普通混凝土用碎石或卵石的质量及检验方法》的规定。

（四）水

制作预制混凝土产品的水，应使用饮用水。而在现场浇筑混凝土最好使用饮用水，当无饮用水时，可采用河溪水或清洁的池塘水。水中不得含有油脂，其上游无有害化合物流入，有怀疑时应进行化验，必须符合 JGJ63—1989《混凝土拌合用水标准》的规定。

三、混凝土配合比的计算

混凝土的配合比是指混凝土的组成材料之间用量的比例关系（质量比），一般以水：水泥：砂：石表示，水泥的基数为 1。最新的 GB50204—2002《混凝土结构工程施工及验收规范》对混凝土配合比计算作了较大的改变，本书按新规范介绍。

（一）配合比计算的一般规定

（1）最少用水量。混凝土在满足施工和易性的条件下，当水泥用量维持不变时，用水量越少，水灰比越小，则混凝土密实性越好，收缩量越小；当水灰比维持不变时，在保证混凝土强度的前提下，用水量越少，水泥用量越省，同时混凝土体积变化也越少。因此，应力求最少的用水量。

（2）最大的石子粒径。石子最大粒径越大，则总表面积越小，表面上需要包裹的水泥浆就越少，混凝土密实性提高。但石子最大粒径要受到结构断面尺寸和钢筋最小间距等条件限制下选择确定。

（3）最多石子用量。混凝土是以石子为主体，砂子填充石子的空隙，水泥浆则使砂石胶成一体。石子用量越多，则需要用的水泥浆越少。但石子用量不可任意增多，否则不利于混凝土拌合物黏聚性和浇捣后的密实性。因此在原材料与混凝土和易性一定条件下，应选择一个最优石子用量。

（4）最密骨料级配。要使石子用量最多，砂石骨料混合物级配合适，密度最大，空隙率最小，且骨料级配应与混凝土和易性相适应。

（二）普通混凝土配合比计算

1. 计算步骤

配合比计算，目前都采用计算和试验相结合的方法，即先根据结构物的技术要求、材料情况及施工条件等，计算出理论配合比，再用施工所用的材料进行试配，并根据试压结果进行调整，最后定出施工用的配合比。

2. 混凝土拌合物的试配与调整

混凝土的理论配合比初步计算出来以后，还需进行试配调整，即用施工时所用的原材料拌合少量混凝土进行试验，以证明其和易性、坍落度、密度和强度是否符合要求。经过调整适当增减用水量、水泥用量、砂率和水灰比，以确定施工配合比。

（1）坍落度的调整。经试拌后，如坍落度小于要求时，可保持水灰比，适当增加水泥浆用量。一般增加 10mm 坍落度，约需增加水泥浆量 1%~2%。如坍落度大于要求时：若拌合物黏聚性不足，应适当增加砂子用量；若拌合物砂浆过多，应当适当减少砂子与水的用量。

配合比经调整后，应按调整后的配合比重新进行试拌，并作坍落度试验，如符合要求，则可作为提供检验混凝土强度用的基准配合比。

（2）试配混凝土的强度检验及水灰比调整。检验混凝土强度时至少应采用三个不同的配合比，其中一个为基准配合比，另外两个配合比的水灰比值，应较基准配合比分别增加及减少 0.05，其中用水量应该与基准配合比相同，但砂率值可作适当调整。

为检验混凝土强度，每种配合比应至少制作一组（三块）试块，标准养护 28 天试压。有条件的单位亦可同时制作多组试块，供快速检验或较早龄期时试压，以便提前提出混凝土配合比供施工用。但以后仍以标准养护 28d 的检验结果为准来调整配合比。

制作混凝土强度试块时，尚需检验混凝土的坍落度、黏聚性、保水性及拌合物密度，并以此结果作为代表这一配合比的混凝土拌合物的性能。

（3）配合比确定。由试验得出的各水灰比值时的混凝土强度，用作图法或计算求出所要求的混凝土强度相对应的水灰比值，这样，即初步定出混凝土所需的配合比。其值为：

用水量（m_w）——取基准配合比中的用水量值，并根据制作强度试块时测得的坍落度（或维勃稠度）值，加以适当调整。

水泥用量（m_{ce}）——取用水量乘以经验定出的、为达到混凝土强度所必须的水灰比值。

粗骨料（m_a）和细骨料（m_s）用量——取基准配合比中的粗、细骨料用量，并按定出的水灰比值作适当调整。

按上述各项定出的配合比算出混凝土的计算密度值，即

$$混凝土计算密度值 = (m_w) + (m_{ce}) + (m_s) + (m_a) \tag{3-2}$$

再将混凝土实测密度除以计算密度得出校正系数，即

$$\eta = \frac{混凝土实测密度值}{混凝土计算密度值} \tag{3-3}$$

将混凝土配合比中每项材料用量均乘以校正系数 η，即为最终确定的配合比设计值。

四、钢筋与混凝土

（一）钢筋

在工程中采用的钢筋，一般分为热轧钢筋、冷拉钢筋和钢丝三大类。在钢筋混凝土结构中，采用的是碳素钢或低合金钢轧制的热轧钢筋，以及热轧钢筋经过加工的冷拉钢筋，钢丝

一般是用在预应力混凝土结构中。对钢筋混凝土中钢筋主要要求是：有较高的强度，以减少用钢量；有较好的塑性，开裂前有较大伸长率，构件不会突然脆性断裂；和混凝土有良好黏结力，使钢筋充分发挥作用，减少构件裂缝；并有较好可焊性。工程中使用的钢材种类要符合设计图纸的规定，并经出厂检验证明其质量符合该类钢材国家标准有关规定。

热轧钢筋按其强度分Ⅰ、Ⅱ、Ⅲ、Ⅳ四级。Ⅰ级为热轧光面钢筋，钢种是3号低碳钢。Ⅱ级为热轧人字纹钢筋，钢种是20号锰硅低合金钢。Ⅲ级也为热轧人字纹钢筋，钢种为25号锰硅低合金钢。Ⅳ为热轧螺旋绞钢筋，钢种为40号或45号合金钢。

钢筋在常温情况下，按规定，预先拉长一定的数值，经过这样冷拉以后，可以提高钢筋的屈服极限，更充分地利用钢材的抗拉强度，同时还能收到钢筋调直与除锈的效果，并能节省钢材10%～20%。

（二）钢筋和混凝土的结合

钢筋混凝土是将混凝土和钢筋这两种力学性质不同的材料，按一定的方式结合起来而组成的。混凝土主要用来承受压力，钢筋主要用来承受拉力，因而充分利用两种材料的优点，使构件具有更高的承载能力。同时利用混凝土的黏着力将钢筋紧密地包住，可以防止钢筋的锈蚀，从而保证了钢筋混凝土具有良好的耐久性。

在钢筋混凝土中，钢筋和混凝土所以能共同工作，首先是混凝土凝结时和钢筋牢固地黏结成一个坚强的整体，因此承受荷载时，钢筋和混凝土具有同样的变形，没有相对滑移；其次是钢筋和混凝土的温度膨胀系数几乎相等（钢是0.000012，混凝土是0.00001～0.000014），因而温度变化不致破坏钢筋混凝土构件内的整体性。

黏结力是钢筋和混凝土共同工作的基础。对黏结力有影响的主要因素有：混凝土的强度愈高，黏结力愈大；钢筋表面粗糙程度大的黏结力大；同样钢筋截面积，如选用直径小，根数多的，因其表面积大，所以黏结力愈大；光面钢筋两端弯成半圆钩形，也可增加黏结力。

第三节 现浇混凝土施工

现场浇制混凝土基础有两种：钢筋混凝土基础和素混凝土基础。这两种基础，施工较复杂、工作量也大，但这两种基础适用性大，目前在输电线路工程中普遍采用。本节主要介绍钢筋混凝土基础的施工。

一、施工准备

现场浇制基础的施工一定要在塔位所在整个耐张段复测无误后方能进行。钢筋混凝土现浇基础须连续浇制，一般不易中途中断，所以施工前必须做好充分的准备工作。

1. 技术准备

（1）技术资料：

1）杆塔明细表；

2）基础型式配置表；

3）基础施工图；

4）基础施工手册。

（2）对施工人员进行技术交底：内容有基础的形式、尺寸、施工方法、安全措施、质量要求等。

（3）有条件时基础施工可采用三个施工段：一个负责开挖，包括负责修路、降基面、校正塔位、石料运输；第二个负责拆模、养护回填、接地装置埋设和砂石运输；第三个负责浇注、现场清理和水泥运输。改变开挖、成型、支模、浇制、养护、回填由一个作业班完成。可把经验丰富的骨干集中到支模、浇注两道关键工序。

2. 材料准备

（1）水泥的品种、标号符合施工设计要求。运到现场的水泥要保管好，放在干燥处，要防止水泥吸潮变硬而使强度降低。

（2）要准备合格的水，水量要充足。

（3）所选择的砂、石料应符合有关要求。

（4）基础使用的钢筋品种、规格、数量要符合施工图要求。凡弯曲变形的钢筋，在施工前要校正，浮锈要去除，表面应清洁。

3. 工器具准备

现浇基础有机械搅拌和人工搅拌两种。根据不同的施工条件准备好工具。

基础的浇制应力求使用机械搅拌和机械震捣，这不仅能加快施工速度、减轻工人劳动强度，而且搅拌的混凝土质量好，震捣密实、均匀，从而提高基础的质量。

采用机械搅拌时，要准备搅拌机、插入式震动器等，桩位附近要有可靠电源。

输电线路由于交通条件差、环境情况复杂，所以许多地方不具备机械搅拌的条件，而需采用人工搅拌。采用人工搅拌时，只要严格按施工工艺操作，也是能满足基础设计要求的。采用人工搅拌、人工捣固时要准备铁板、大方锹、小方锹、长短钢钎、水桶等。

二、钢筋加工

1. 钢筋弯钩

钢筋混凝土基础所用的钢筋长度加工误差为 ±1％，但最多不能超过 20mm。钢筋端部都要弯成弯钩状，如图 3-9 所示。钢筋末端弯钩净空直径不小于直径的 2.5 倍，作 180°圆弧弯曲。采用手工弯曲钢筋，为保证 180°弯曲，可带适当长度（3d）的平直部分，其弯钩长度为直径 6.25 倍。钢箍的弯钩应成 45°，其钩长如表 3-4 所列。

表 3-4　　钢箍末端弯钩长度

箍筋直径（mm）	受力钢筋直径（mm）	
	≤25	28~40
5~10	75	90
12	90	105

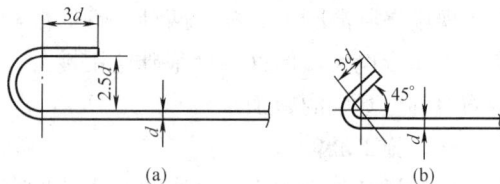

图 3-9　钢筋、钢箍弯钩形式
（a）钢筋弯钩；（b）钢箍弯钩

2. 钢筋连接

钢筋连接一般用绑扎法，也可采用焊接法。采用绑扎法连接钢筋，至少要绑扎三处。直径为 16mm 及以上的钢筋，其绑接长度为 45 倍直径（$l=45d$）；直径为 12mm 及以下的钢筋，其绑接长度为 30 倍直径（$l=30d$）。绑扎法搭接钢筋如图 3-10 所示。

采用焊接法连接钢筋，如图 3-11 所示。焊缝双面施焊时，焊接长度不小于 4 倍钢筋直径（$l \geq 4d$）；焊缝

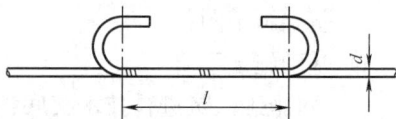

图 3-10　绑扎法搭接钢筋

单面施焊时，焊接长度不小于 8 倍钢筋直径（$l \geqslant 8d$）。焊缝高度为钢筋直径的 0.25 倍，但不小于 4mm，焊缝宽度为钢筋直径的 0.7 倍，但不小于 10mm。

3. 绑制钢筋骨架注意事项

（1）绑制钢筋骨架（钢筋笼）应按施工图的要求进行钢筋的配制、剪切、弯钩。

（2）钢筋绑扎前应按材料表核对基础钢筋的品种、规格、数量。同时检查钢筋加工质量是否符合要求；钢筋表面应清洁，如有污秽和浮锈应清除干净。

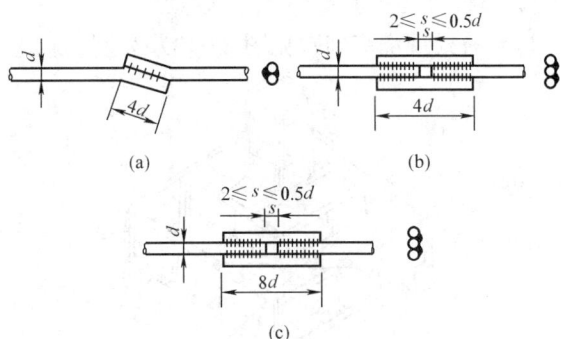

图 3-11 焊接法连接钢筋
(a) 搭接双面焊；(b) 加帮条双面焊；(c) 加帮条单面焊

（3）在基坑底部，按几何中心线画出底模支柱位置尺寸，并应有明显的标志，使立柱的配筋和立模有个基准位置。

（4）在构件受拉区，主筋接头应错开布置，同断面内钢筋接头的面积，应不大于总面积的 25%，错开布置时钢筋接头间的距离，应大于接头的搭接长度。

（5）箍筋末端回头应向基础内，其弯钩叠合处，应位于柱角主筋处，且沿主筋方向交错布置。

（6）钢筋结构在装配时主筋间距及每排主筋间距误差为 ±5mm；箍筋间距误差为 ±20mm；安装钢筋时配置的钢筋类别、根数、直径和间距应符合设计要求。

（7）钢筋交叉点处用 18 号铁丝绑扎，或用电焊点牢。

三、模板支立

混凝土的成型是用模板按基础设计图纸要求支立。模板既要保证混凝土基础的形状，又要承受混凝土的重量，混凝土成型后的质量外貌，主要是由模板支立时质量和工艺来保证。

输电线路基础模板有木模板和钢模板两种，施工中应尽量采用钢模板。

1. 木模板

制作基础木模板所用的板材厚度一般为 20~25mm。与混凝土接触的一面应刨光。模板合缝应严密，不得漏浆，宜采用企口缝。模板的并带一般采用 50mm×50mm 的方木，并带之间的距离一般为 500~700mm，并带和模板应钉牢固。

按基础尺寸做成的模板，再拼成模盒，模盒的尺寸应符合设计要求，以保证基础的规格。

2. 钢模板

浇筑混凝土模板要求尽量采用组合钢模板，组合钢模板包括平面模板、阴角模板、阳角模板和连接角模。配件的连接件包括 U 形卡、L 形插销、钩头螺栓和紧固螺栓等。

钢模板采用模数设计。宽度模数以 50mm 进级；长度模数以 150mm 进级。模板应有足够刚度、接缝严密、装拆灵活、搬运方便，并能重复使用。

在线路施工中，应根据基础设计规格选择好所需钢模板规格，作出模板配置图。钢模板基础安装外形的立体图如图 3-12 所示。

3. 模板的支立程序

以台阶式现浇基础（见图3-13）为例，叙述木模板组装支立程序：

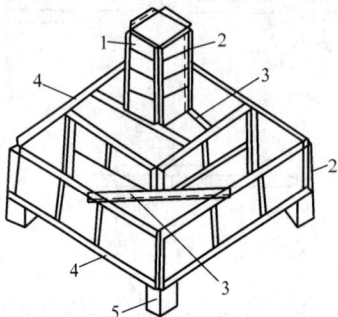

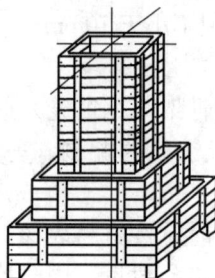

图 3-12　钢模板安装外形立体图　　　　图 3-13　木模板组装支立示意图

1—主模板；2—阳角模；3—角钢支架；

4—边模；5—混凝土垫块

（1）底模的支立。在基坑操平的基础上，在坑底定出底层基础的四角位置，将底层模板拼装成模盒放置坑底，使模盒四内角对准坑底四角并使底模水平。如确定以土代模，挖坑时不挖到坑底，预留深度同底台阶厚度，支模前再按底阶长、宽将坑全部挖好。

（2）二模支立。在底坑定出二层基础四角位置，放置预制混凝土块（预制混凝土块的标号同现浇混凝土标号，其高度同底层基础高度）。将拼装好的二层基础模盒放置在混凝土块上，对准并操平。

（3）立柱支立。将两根断面为150mm×200mm搁木平行放置在二层模盒上；将拼装好的立柱模盒放于搁木上，然后对准并操平。

（4）安置钢筋和基础底脚螺栓。支立好模板后，就安置钢筋和基础地脚螺栓。地脚螺栓一般固定在样板上，样板再固定在立柱上，样板是根据基础地脚螺栓根开及螺栓直径，用钢板或方木制成。

地脚螺栓的固定，一般按设计采用的是18号铁丝绑扎箍筋和地脚螺栓，但由于细铁丝、箍筋、地脚螺栓都是圆柱状的，摩擦力小，必须用样板固定才能保证四根地脚螺栓按设计的几何尺寸固定。可以用点焊代替绑扎，用一套定型模具将四根地脚螺栓固定好，检查四根地脚螺栓根开、对角线、相对高差是否符合设计和规程要求，确认无误后把箍筋点焊于地脚螺栓，使四根螺栓形成牢固整体，这样省去了样板，方便了浇注，可以一次浇注抹面基础平面。

500kV大型基础地脚螺栓一般应等混凝土浇捣到接近地脚螺栓根部时才用三角架吊入、就位并进行找正和固定。

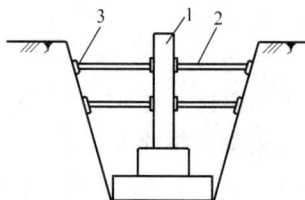

图 3-14　模板支撑示意图

1—立柱；2—支撑方木；3—垫板

（5）立柱支撑。立体模板支立后即用50mm×50mm的方木支撑，支撑间距1m左右，如果立柱较高，支模时应沿立柱支撑点设长垫板，如图3-14所示。

也有介绍为节省木材不用撑木而是用带双钩那样双头丝杆的顶撑，顶撑可作工具重复使用。也可用8号铁丝做板线，用花篮螺丝来调节长度的成功经验。

4. 模板安装注意事项

（1）模板组立后应符合规定尺寸，模板应垂直，立柱不倾斜。地脚螺栓的根开尺寸，一定要保证符合设计要求。

（2）模板安装后要找正，模盒对角线应与基础辅助对角线相重合。

（3）模板支撑要相对进行，支撑点要均匀合理，支撑要牢固，在浇灌混凝土时使模板不走动，不变形。

（4）钢筋笼与模板之间应有一定的保护层距离，底板的钢筋应垫起一定的高度。

（5）如立柱较长，震捣困难，可在适当位置留出检查孔及捣固孔。

（6）模板在浇灌混凝土前，应涂刷一层隔离剂（木模板的隔离剂一般用肥皂水即可。钢模板隔离剂用废机油加柴油混合料，但在组装模板时要防止隔离剂碰到钢筋上），拆除后应立即将模板表面残留的水泥砂浆等清除干净。

（7）土质较好的地方，下层基础可不立模，在施工时将基坑底面开挖得正好符合基础底层的尺寸，以四面的土墙作模板，防止泥土等杂物混入混凝土中。

（8）钢模板的支立也可采用悬吊法，即将槽钢和角钢作井字形担放在基坑口模板位置，再将钢模板悬吊于上，由上向下组装。

四、基础的浇灌

1. 混凝土的搅拌

混凝土浇灌前，按配合比将混凝土材料混合均匀，称为搅拌。输电线路工程混凝土搅拌有人工搅拌和机械搅拌两种方法，但应尽量采用机械搅拌。有条件的可用地方上混凝土搅拌站的机制混凝土。

人工搅拌：用 1m×2m、厚为 0.5~1mm 的钢板 4~5 块顺次搭成拌板（拌板下垫好木板、木档）拌料顺序是先把砂子倒在拌板上，再把水泥倒在砂子上。两位工作人员手拿小铁锹，从一端开始相对翻拌，直至拌板上砂、水泥全部翻拌均匀。在这同时，另一工作人员手持"四齿耙"在端部来回翻拌。如此重复翻拌三次，使砂、水泥拌和均匀，然后加上石子，再一边加水一边用前述方法翻拌三次，至混凝土调匀，稠度合适，即可浇灌。

机械搅拌是采用混凝土搅拌机，有电动及油动两种。

搅拌机转动正常后才能往里投料，投料顺序各地不一，一般是先放砂，再水泥、石子，最后加水。搅拌时间要适当，一般 0.25~0.4m³ 容积的搅拌机搅拌一次时间不小于 1min。搅拌时间过短，拌和不好会出夹生料，搅拌时间过长，会产生离析现象。搅拌机使用完毕，或中途停机时间较长，必须在旋转中用清水冲洗几遍，才能停转，以防剩余混凝土在机内结块。

2. 混凝土的浇灌

浇灌的混凝土要求内实外光、尺寸正确，而浇灌是混凝土成型的关键。

（1）搅拌好的混凝土应立即进行浇灌。浇灌应从一角开始，不能从四周同时浇灌。

（2）混凝土倒入模盒内，其自由倾落高度不应超过 2m。超过 2m 应沿溜管、斜槽或串筒中落下，以免混凝土发生离析现象。

（3）混凝土应分层浇灌和捣固。浇灌层厚度不宜超过 200mm。应采用捣固机械震捣。采用插入式震动器时应做到直上直下，快插慢拔，插点均匀，上下插动，层层扣搭。

（4）浇灌时要注意模板及支撑是否变形、下沉及移动，防止流浆。

（5）浇灌时应随时注意钢筋笼与四周模板保持一定的距离，严防露筋。

（6）浇灌混凝土，应连续进行，不得中断。如因故中断超过 2h，不得再继续浇灌，必须待混凝土的抗压强度达到 12kg/cm² 后，将连接面打毛，并用水清洗，然后浇一层厚 10~

15mm 与原混凝土同样成分的水泥砂浆，再继续浇灌。

（7）在立柱与台阶接头处，砂浆可能从没有模板的平面漏掉，可用"减半石混凝土"（增加了砂浆比例）及"稍定一些时间"（让混凝土初凝）浇灌的办法处理，以保证连接处的施工质量。

3. 注意事项

（1）浇灌前应复核基础的位置、形式、尺寸、根开、标高等。

（2）浇灌前应复核基础地脚螺栓、钢筋的规格、数量。并排除坑内积水。

（3）检查模板是否稳定，紧密，支撑可靠。木模板应加以湿润，但不允许留有积水。

（4）浇筑基础中地脚螺栓及预埋件应安装牢固。安装前应除去浮锈，并应将螺纹部分加以保护。

（5）主角钢插入式基础的主角钢，应连同铁塔最下段结构组装找正，并加以临时固定，在浇筑中应随时检查其位置。

（6）转角塔和终端塔及导线不均匀排列的直线塔，在基础操平和主角铁操平时，应尽量使受压侧略高于上拔侧，以保证承力塔有一定的预偏值。基础四个基腿面应按预偏值，抹成斜平面，并应在一个整体斜平面内。

（7）混凝土浇制时的质量检查，应遵照下列规定：①坍落度每班日或每个基础腿应检查两次以上。其数值不得大于配合比设计的规定值，并严格控制水灰比。②配比材料用量每班日或每基基础应至少检查两次，其偏差应控制在施工措施规定的范围内。③混凝土的强度检查，应以试块为依据。试块的制作应在浇筑现场制作，其养护条件应与基础相同。转角、耐张终端及悬垂转角塔的基础，每基应取一组；一般直线塔基础，同一施工班组每 5 基或不满 5 基应取一组，单基或连续浇筑混凝土量超过 100m³ 时亦应取一组，按大跨越设计的直线塔基础及拉线基础，每腿应取一组，但当混凝土量不超过同工程中大转角或终端塔基础时则应每基取一组；当原材料变化、配合比变更时应另外制作；当需要做其他强度鉴定时，外加试块的组数由各工程自定。

（8）在厚大无筋或稀疏配筋的基础中，允许在浇制混凝土时掺入大块毛石。但应遵守下列规定：①块石不得有裂缝、夹层，其强度不得小于混凝土用石的强度，尺寸不小于 150mm，不大于结构最小尺寸的 1/3，不得使用卵石；使用前清洗干净。②毛石应分层放入，底层和上部应有 100mm 的混凝土垫层和覆盖层。③毛石与模板距离不小于 150mm；毛石与毛石间距不少于 100mm，毛石与钢筋、地脚螺栓、主角铁不得接触；如用机械捣固时，石块间的距离应能允许使用震动器进行内部捣固。④填充石块的数量，不应超过混凝土结构体积的 25%。

（9）基础顶面尽量采用一次抹面操平新工艺，避免二次抹面造成两张皮现象，保证基础质量和外形几何尺寸。

（10）不同品种水泥不应在同一基础腿中混合使用，但可在同一基础不同腿中使用，出现此种情况时，应分别制作试块并作记录。

4. 混凝土试块的制作

（1）将混凝土试块的模盒擦拭干净，并在模内涂一层机油。

（2）将拌和好的混凝土分二层装入模盒内，用捣棒螺旋形地从外向内插捣，每层捣固 50 次左右。

（3）震捣完毕后，再用抹刀沿试模盒四壁插捣数下，以消除混凝土与试模盒接触面的气泡，并可避免蜂窝麻面现象，然后用抹刀刮去表面多余的混凝土，将表面抹光，使混凝土稍高于试模盒；

（4）静置 2～4h 待试件收浆后，对试件进行第二次抹面，将试件仔细抹光抹平。

试块做好后放在现浇混凝土基础边上，与混凝土基础同等条件下养护。

试块强度是混凝土基础强度的依据，务必认真做好。

五、现浇基础的养护、拆模

1. 养护

为使现浇混凝土有适宜的硬化条件，并防止其发生不正常的收缩，如为防止曝晒使混凝土表面产生裂纹，而对混凝土加以覆盖和浇水称为养护，也叫养生。

混凝土的养护应自混凝土浇完后 12h 内开始浇水养护（炎热和干燥有风天气为 3h）。养护时应在基础模板外加遮盖物，浇水次数以能保护混凝土表面湿润为度。日平均气温低于 5℃时不得浇水养护，养护用水应与拌制混凝土用的水相同。

混凝土的浇水养护日期：普通硅酸盐和矿渣硅酸盐水泥拌制的混凝土不得少于 5 昼夜，当使用其他品种水泥或大跨越塔基础，其养护日期应符合现行国家标准 GB 50204—2002《钢筋混凝土工程施工及验收规范》的规定，或经试验确定。

基础拆模经表面检查合格后应立即回填土，并对基础外露部分加遮盖物，按规定期限继续浇水养护，养护时应使遮盖物及基础周围的开始终保护湿润。

山区或用水困难的地方可用养护剂养护，如用偏氯乙烯养护剂和 RT-175 养生液。采用养护剂时，必须在拆模后立即涂刷，涂刷后可不再浇水养护。

2. 拆模

应严格把住基础拆模关，自上而下拆模，保证混凝土表面及棱角不受损坏，并要求强度不低于 2.5MPa。如果用养生液要及时喷刷（雨天不能喷刷）。

拆模时间随养护时的环境温度及所用水泥的品种而有不同。一般在常温下（15～25℃），硅酸盐水泥和普通水泥为 2～3 天，火山灰及矿渣水泥为 3～6 天；如气温低到＋10℃时，则要再延长 1～2 天。如果用钢模板浇制的混凝土，拆模时间可稍早些。

六、现浇基础质量检查及缺陷处理

（一）质量检查

拆模后对基础进行检查并做好记录。

1. 浇筑铁塔基础腿尺寸的允许偏差

浇筑铁塔基础尺寸的允许偏差应符合下列规定。

（1）保护层厚度：－5mm。

（2）立柱及各底座断面尺寸：－1%。

（3）同组底脚螺栓中心对立柱中心偏移：10mm。

2. 浇筑拉线基础的允许偏差

浇筑拉线基础的允许偏差应符合下列规定。

（1）基础尺寸偏差：断面尺寸为－1%；拉环中心与设计位置的偏移为 20mm。

（2）基础位置偏差：拉环中心在拉线方向前、后、左、右与设计位置偏差为 1% L。L 为拉环中心至杆塔拉线固定点的水平距离。X 形拉线盘基础位置应有前后方向移动，以保证拉线安装后交叉点不相互磨碰。前述的允许偏差未包含此位移值。

(3) 在填土夯实后，整基铁塔基础尺寸允许误差应不超过表3-5的规定。

表3-5 整基铁塔基础尺寸允许误差

误差项目		地脚螺栓式		主角钢插入式		高塔基础	拉线高塔基础
		直线	转角	直线	转角		
整基基础中心与中心桩之间的位移	横线路方向(mm)	30	30	30	30	30	30
	顺线路方向(mm)	—	30	—	30	—	—
基础根开及对角线尺寸		±2‰	±2‰	±1‰	±1‰	±0.7‰	—
基础顶面间或主角钢操平印记间的相对高差(mm)		5	5	5	5	5	—
整基基础的扭转角(′)		10	10	10	10	5	—

注 1. 转角塔基础的横线路方向，系指内角平分线方向；顺线路方向系指转角平分线方向。

2. 基础根开及对角线是指同组地脚螺栓中心之间或塔腿主角钢棱线之间的水平距离。

3. 转角或终端塔的基础顶面在操平时，应使受压侧较高或按照设计要求。

(4) 现场浇筑混凝土的最终强度应以同条件养护的试块强度为依据。试块强度的验收评定应符合现行国家标准GBJ204《钢筋混凝土工程施工及验收规范》有关条文的规定。当试块强度不足以代表混凝土本身强度时可采用以下两种方法之一进行补充鉴定：①从基础混凝土本体上钻取试块进行鉴定；②根据国家现行标准JGJ—23《回弹法评定混凝土抗压强度技术规程》，采用回弹仪进行鉴定。

(5) 对混凝土表面缺陷的修整和现场浇筑基础混凝土的冬季施工应符合现行国家标准《钢筋混凝土工程施工及验收规范》的规定。

(二) 缺陷处理

拆模后，混凝土基础表面应光滑、无蜂窝、麻面、露筋等明显的缺陷。

混凝土表面缺陷修正按下列规定进行：

(1) 数量不多的小蜂窝或露石的混凝土表面，可用1：2～1：2.5的水泥砂浆抹平。在抹砂浆之前，须用钢丝刷或加压力的水清洗。

(2) 蜂窝和露筋应按其全部深度，凿去薄弱的混凝土层和个别突出的骨料颗粒，然后用钢丝刷或加压力的水清洗混凝土表面，再用细骨料拌制的混凝土（比原标号提高一级的混凝土）填塞，并仔细捣实。

(3) 影响结构性能的缺陷，必须会同有关单位研究处理。

七、混凝土的冬季施工

在严寒冬季不易作混凝土工程施工。因温度低混凝土硬结迟缓，如遇水分冻结，能促使水泥与砂和石子之间失掉凝聚力，使混凝土强度大为降低。因此应尽量避免混凝土冬季施工。

凡在昼夜间的室外平均气温低于+5℃和最低温度低于−3℃时，进行混凝土工程施工称为冬季施工。

混凝土冬季施工要采取的保温措施主要有两条：

(1) 增强混凝土的早期强度。其具体方法有：①使用早强水泥；②减少水灰比，加强捣固；③增加混凝土搅拌时间；④用热材料拌制混凝土，如火烧铁板炒砂子、热水洗石子和热水拌制混凝土，以提高混凝土的温度；⑤使用早强剂，现行验收规范中规定基础混凝土中严禁掺入氯盐，以使混凝土的硬化加速，冻结温度降低，使用早强剂对混凝土的最终强度及钢筋锈蚀将有一定影响。

（2）增温和保温养护。其具体方法有：①蓄热法。浇制完混凝土后，用适当的保温材料如稻草、木屑、生石灰等做外套，包在基础外面，保持一定温度不致使混凝土冻坏。目前，一些施工单位用油布、塑料薄膜覆盖基础，对保温养护均有好处，效果不差。②暖棚法。在基础上搭棚，内生火炉，使基础周围保持正常温度。这方法简单易行，效果较好。采用这种方法要特别注意安全。

第四节　装配式基础施工

杆塔的装配式基础，是将基础分解成若干构件，在工厂制造、运至杆塔位置、就地组装的基础。装配式基础分为混凝土构件装配式基础和金属构件装配式基础。目前我国高压输电线路基础型式主要采用现浇混凝土和装配式两大类型，装配式基础又以混凝土预制基础为主。

装配式基础的优点：①构件的生产工厂化，特别是混凝土构件生产工厂化，保证了混凝土质量；②施工工期短，施工作业简单；③减少材料运输与浪费。

装配式基础的缺点：①用钢量大；②对回填土的质量要求高；③混凝土构件单件质量还较重，有的达 500～600kg，在高山地区搬运有一定的困难；④由于土壤地质条件的不同，特别是金属装配式基础的使用范围有一定的限制。

装配式基础在高山地区，交通困难的地方使用，优越性特别明显。

一、钢筋混凝土电杆预制基础安装

钢筋混凝土电杆的基础是指：底盘、拉线盘、卡盘，即所谓"三盘"。

1. 底盘的安装

（1）吊盘法。在基坑口设置 $\phi120 \times 6000mm$ 的三脚木抱杆，抱杆上绑好滑车组，吊起底盘，慢慢放入坑中如图 3-15 所示。此法较安全，适用于吊装较重的底盘。500kV 线路预制基础几何尺寸大、数量多，均为组合式基础，单件重量大。甘肃送变电制成图 3-16 所示吊装架，滑动挂管能在横杆上左右水平地滑动，前后水平位移可用系在构件上的大棕绳控制。

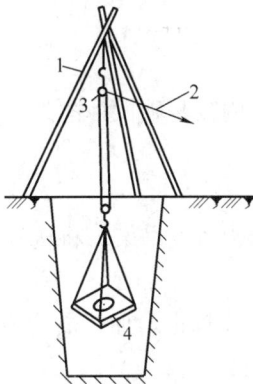

图 3-15　安装底盘的吊盘法
1—三脚架；2—牵引钢绳；
3—滑轮；4—底盘

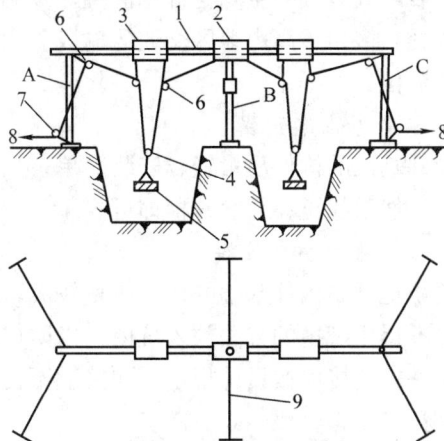

图 3-16　500kV 线路预制基础吊装架工作过程示意图
1—横杆；2—连接管；3—滑动挂管；4—起吊滑车；5—预制构件；
6、7—导向滑车；8—机动绞磨，A、B、C—支柱；9—拉线

（2）滑盘法。用两根木杠，搁于坑底和坑壁之间，用撬棒将底盘前移（或用绳索拉底盘），底盘后端带上反向拉绳，将底盘沿木杠滑到坑底，再抽出木杠，使底盘置于坑底，如图 3-17 所示。滑盘法多用于边坡较大的基础。

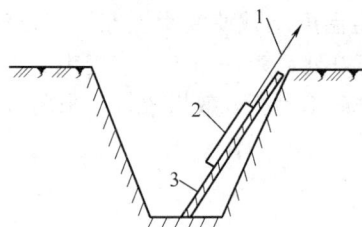

图 3-17　滑盘法
1—牵引绳；2—底盘；3—木板

（3）底盘简便安放法。300kg 以下的底盘，可在坑两边打两木桩，用棕绳在两木桩上带紧，底盘用短钢绳千斤穿在两木桩间棕绳中，用撬棒将底盘撬入坑内，同时两侧木桩上棕绳应配合逐步放松。

在坑深 1m 以内的较小底盘，也可在距坑边 $\frac{1}{2}$ 底盘宽处，将底盘竖起，有圆槽的面对坑口，然后猛推底盘上端，使底盘在惯性作用下翻转 270° 坐落坑底。

2. 拉线盘的安装

下拉线盘前先检查拉线盘的质量、拉线坑的位置、有效深度等。然后将拉线棒和拉线盘组装成套，用撬棒将拉线盘撬入坑内，同时用绳索一端连在拉线盘上，另一端绕在临时锚桩上，逐渐放松绳索，使拉线盘平稳落入坑底。若地面土质松软，可在地面铺次木板或两根平行的木棍。

拉线盘在坑底应斜放，盘面和拉线方向垂直。为了使拉线盘的抗拔力增加，在不增加土方量情况下，可将开挖坑的中心线向外移半个坑宽，坑底近杆塔侧掏挖半个拉线盘宽。拉线盘安装后其受力侧基本为原状土，可以大大改善上拔力（如图 2-46 所示）。

拉线盘上倒锥体原状土应尽量不要破坏，以保证拉盘的抗拉能力。拉线坑的回填土应该认真，并符合要求。

3. 卡盘的安装

电杆卡盘的安装，是在电杆已起立找正、卡盘下部回填土夯实的基础上进行。其安装高度及卡盘的安装方向应符合设计要求。卡盘安装后应呈水平状态且与主杆连接牢固。

二、预制铁塔基础的安装

铁塔的装配式基础有金属构件和混凝土预制构件两种。金属装置式基础的构件用型钢制造，重量较轻，多用于高山地区交通运输极为困难的塔位。混凝土装配式基础构件较重，一般用于平地塔位。

1. 金属构件基础的安装

金属构件基础的构件质量轻、安装简单，只须在操平的基坑内按基础设计图先拼装底板后拼装立柱，然后找正、复紧螺栓即可。

2. 混凝土预制构件的安装

（1）混凝土预制构件基础的构件质量较大，所以安装时在坑边搭设吊架，将构件吊入坑内并组装，不得用掷抛的方法放入坑内，以防构件受损伤。

（2）构件的连接应按设计规定，如接触不良时，应用斜形垫片找正，加垫后应灌以 1：3 的水泥砂浆。

（3）安装时应用垂球找正，使 4 个螺栓中心满足根开要求，如果上部 4 个地脚螺栓因焊接等原因其位置与下部法兰盘不对应时，可稍转动底盘，使地脚螺栓的位置满足铁塔基础根开及方向的要求。

（4）各种预制基础底座枕条安装应平整，并四周填土夯实，予以嵌固。主柱应紧密接触，在组装时不得敲打、强行组装，如主柱倾斜超过 1/100 时，可在立柱底部一面或二面垫铁片找正，但每处不超过两片，总厚度不超过 5mm。垫铁片后应灌以 1∶3 水泥砂浆。

（5）装配式预制基础整基找正完毕后，底盘与主柱连接处的铁件应以水泥砂浆浇制保护层。浇制后的养护与拆模要求与现浇基础相同。

（6）装配式基础的外露铁件，均应经过热镀锌，如未镀锌则另作防腐处理。

（7）装配式基础安装后的各部尺寸，在填土夯实后检查应符合设计要求。回填土要符合要求，保证质量。

三、基础防腐

装配式基础的许多构件，特别是连接构件都是铁件，埋于土壤中，要受到腐蚀，减少使用年限，因此需要采取防腐措施。其方法有：

（1）热镀锌：埋置于土壤中的构件和连接铁件，均应在工厂经热镀锌。热镀锌是一种比较好的防腐方法。

（2）浇制混凝土保护层：基础构件的连接铁件，可以浇灌混凝土或水泥砂浆，制成保护层，又称保护帽。铁件在混凝土内不易受到腐蚀。这个方法简单易行。

（3）涂刷沥青：沥青在常温下是固体，加温即溶成液体，有较好的塑性。能抵抗酸、碱、盐的侵蚀。在工程上，常用沥青液体涂刷铁件表面或缠以麻丝等物，再在麻丝上涂刷沥青。

（4）环氧沥青漆：环氧树脂未固化前是液体，加入固化剂后即固化为固体。固化后的环氧树脂具有良好的物理机械性能、电绝缘性能，耐化学腐蚀，并对金属和非金属材料有优异的黏结力。环氧沥青漆多用于具有碱性或酸性土壤及地下水位较高的基础防腐上。使用方法是在基础铁件上先涂刷锌黄底漆一遍，再刷 2～3 遍环氧沥青漆，必须注意清底干净、涂刷严密。

四、回填土施工

埋置于土壤内的基础，是依靠土壤支持承受上拔下压或倾覆力的。施工时，基础下部都是密实的原状土，而基础底层以上的土是回填土。设计一般要求上部回填要达到一定的密实度，要把回填土能夯实到与原状土一样，事实上回填土的密实度普遍达不到要求，这就使基础抗上拔及抗倾覆能力大为降低，所以回填土是一项很重要的工作，对于装配式基础的回填土尤为重要。

基坑回填土应符合下列规定：

（1）土坑：每填入 300mm 厚夯实一次，夯实过程中应不使基础移动或倾斜。土中可掺石块，但树根杂草必须清除。

（2）水坑：应排除坑内积水。

（3）石坑：应按设计要求比例掺土，若设计无规定时，可按石与土的比例为 3∶1 均匀掺土夯实。

（4）冻土坑：应清除坑内冰雪，并将大冻土块打碎掺以碎土，冻土块最大允许尺寸为直径 150mm，且不许夹杂冰雪块。

（5）大孔性土：流砂、淤泥等难以夯实的基础坑，应按设计要求或特殊施工措施进行。

（6）重力式及不受倾覆控制的杆塔，拉线基础坑回填时可适当增大分层夯实的厚度。

（7）回填土在平地上应筑起有自然坡度的防沉层，并要求上部面积和周边不少于坑口。回填一般土壤时，防沉层高为 300mm。接地构的防沉层为 100mm。回填冻土及不易夯实的土壤时，防沉层厚度为 500mm。接地沟的防沉层厚度为 200mm。

五、装配式预制基础的质量要求

（1）装配式预制基础的底座与立柱连接的螺栓、铁件及找正用的铁片，必须采用防锈措施。若采用浇筑水泥砂浆防腐者，应与现场浇制基础同样养护。回填土前应将接缝处以沥青或其他有效的防水涂料涂刷。

（2）立柱顶部与塔脚板连接部分需用砂浆抹面垫平时，其砂浆或细骨料混凝土强度不应低于立柱混凝土强度，厚度不应小于20mm，并按规定进行养护，现场浇筑基础二次抹面厚度也应符合该要求。

（3）钢筋混凝土枕条、框架底座、薄壳基础及底盘、底座等与柱式框架的安装应符合下列规定：①底座、枕条应安装平正，四周应填土或砂、石夯实；②钢筋混凝土底座，枕条、立柱等在组装时不得敲打和强行组装；⑧立柱倾斜时宜用热镀锌铁片垫平，每处不得超过两块，总厚度不应超过5mm，调平后立柱倾斜不应超过立柱高的1%。主柱设计本身有倾斜者，其立柱倾斜是指与原倾斜值相比。

（4）整基基础安装尺寸的允许偏差在填土夯实后应按现浇基础整基基础尺寸施工允许偏差的要求（即表3-9）检查。

（5）混凝土电杆底盘安装，圆槽面应与电杆轴线垂直，找正后应填土夯实至底盘表面，以防止立杆时移动。其安装允许偏差应保证电杆组立允许偏差。

（6）卡盘安装前应将其下部回填土夯实，安装位置与方向应符合图纸规定，其深度允许偏差不应超过±50mm。

（7）拉线盘的埋设方向应符合设计规定。其安装位置的允许偏差，沿拉线方向，其左、右偏差值不应超过拉线盘中心至相对电杆中心水平距离的1%；其前后允许位移值，当拉线安装后其对地夹角值与设计值之比不应超过1°（特殊地形由设计确定）。对X形拉线前后方向位移，以保证拉线安装后交叉点不相互磨碰，前述的允许偏差未包含此位移值。

（8）装配式基础中使用的预应力钢筋混凝土和普通钢筋混凝土预制构件加工尺寸允许偏差应符合表3-6的规定，并应保证构件之间，或构件与铁件、螺栓之间的安装方便。其外观检查应符合下列规定：①预应力钢筋混凝土预制构件不得有纵向及横向裂缝；②普通钢筋混凝土预制构件，放置地面检查时不得有纵向裂缝，横向裂缝宽度不得超过0.05mm；③表面应平整，不得有明显的缺陷。

表3-6　　　　预应力和普通钢筋混凝土预制构件加工尺寸允许偏差表

项　目		底盘、拉线盘、卡盘	其他装配式预制构件
长　度（mm）		−10	±10
断面尺寸（mm）	宽	−10	±5
	厚	−5	±5
弯　曲			1/750
预埋铁件（预留孔）对设计位置的偏差（mm）	中心线位移	10	5
	安装孔距	±5	±5
	螺栓露出长度	+10，−5	+10，−5

注　1. 本表不包括环形混凝土电杆；
　　2. 用肉眼不能直接明显看出的网状纹、龟纹与水纹不算裂缝；
　　3. 底盘、拉线盘、卡盘的中心线位移是指拉线盘的U形环，拉线盘、卡盘的安装孔及底盘圆槽的实际加工位置与图纸位置的偏差。

第五节 桩式基础施工

桩式基础分深桩基础和浅桩基础两种。

深桩基础用于跨越河流，建立在河滩或河床内，要求基础顶面高山最高洪水位，有一定的抗冲刷能力。桩柱的嵌固深度一般大于15m。浅桩基础的桩长一般为4～10m，用于地质条件较差的流砂、沼泽、泥水地带的塔位。浅桩基础又有打桩基础和扩底桩基础之分。扩底桩基础是一项新技术，又分为爆扩桩和机扩桩基础。

一、深桩基础施工

深桩基础分灌注桩基础和打桩基础。目前在输电线路工程上打桩基础有一定困难，所以灌注桩基础用得比较广泛。

所谓灌注桩，是按设计确定的桩径和埋深挖一个竖直的井孔，井孔内注满压力水，放入钢筋笼后，通过导管进行混凝土水下浇灌，使之成为完整的混凝土桩体。

灌注桩基础施工时，两个关键工序是成孔和成桩。

（一）成孔

灌注桩成孔的方法较多。有螺旋钻成孔、潜水钻成孔，机动洛阳铲挖孔、冲击钻冲孔等。目前在工程上潜水钻成孔方法用得较多，但不论用何种方法成孔，均要解决保持孔壁不坍塌的问题。

灌注桩一般用于黏性土、砂性土、土下水位较高的地方。钻孔较深时，孔壁极易坍塌。造成坍塌的原因是地下水在其渗透压力作用下，向孔坑中涌去，孔壁附近土壤颗粒在地下水的带动下，逐渐流入孔坑内。渗透压力随孔深而增加，底部流失土壤较多，如图3-18（a）所示。到一定时期就发展到上部出现土壤大量坍塌现象。给成孔工作带来极大困难。解决的办法是在成孔过程中，在孔内注满水，且

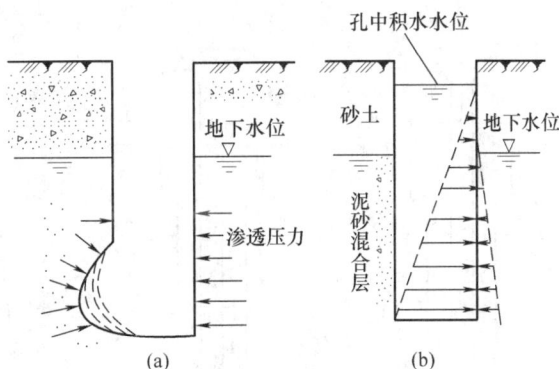

图3-18 地下水与基础孔内水的压力
（a）地下水对基坑的渗透压力，（b）基坑孔内水对地下的压力

孔内水位高于地下水位，依靠孔内水的压力，使孔内的水压超过地下水的渗透压力，这样孔中积水不仅可以阻止地下水涌入孔中，还能使孔中水向四周扩散，增加孔壁抗塌能力，如图3-18（b）所示。

如果以泥浆代替清水，其效果更加显著，因为泥浆的比重较大，同样的水位差，可以产生较高的压力。当泥浆向孔壁四周扩散时，泥浆被砂过滤，附着在砂粒上，形成一层比较密实的泥砂层，不但减少了孔中积水流失速度，而且增加了孔壁抗塌能力。

国内钻孔一般采用称为大锅锥的人力推钻或1250B潜水电钻。钻机组合井架布置如图3-19所示，设备轻便灵活、易拆、易装、单件质量轻，可作钻孔、吊钢筋笼、灌注混凝土

作业。

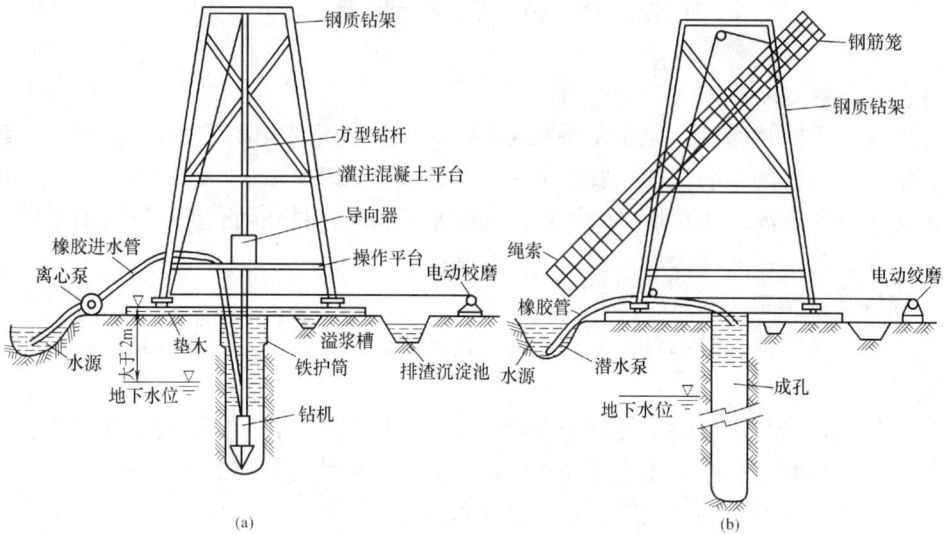

图 3-19 钻机组合井架布置图
(a) 钻孔;(b) 吊钢筋笼

成孔后,要将钻机适当提起,注入清水,运转清孔 1h 左右,进出水颜色基本上一致时清孔完成。

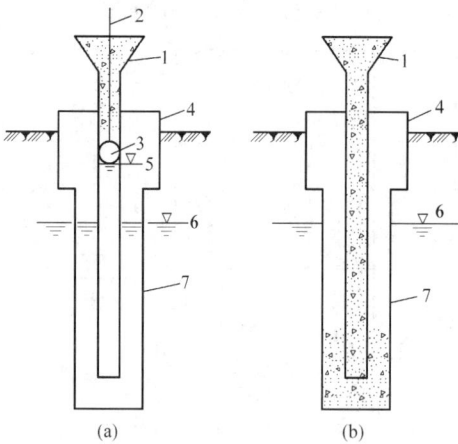

图 3-20 水中灌注混凝土
(a) 开始灌注;(b) 继续灌注
1—导管;2—铁丝;3—隔水球;4—护筒;
5—进入导管水面;6—地下水;7—钻孔

(二) 成桩

成桩实际上是在挖好的孔中放入钢筋笼,水中灌注混凝土而成钢筋混凝土桩。

水中灌注混凝土是用铁制薄壁导管插入有水深孔中,管底距坑底约 400mm,在管内一定深度用铁丝系一隔水球,从漏斗灌入的混凝土被隔水球阻拦不能下掉,当导管上部混凝土积累到足够数量时,剪断铁丝,混凝土及隔水球依靠本身的质量,顺着导管猛冲下去,在重力作用下,隔水球及混凝土将导管内的积水从导管压下去,经孔底向管外反冲上来,如图 3-20 (a) 所示,逐渐从孔口排出孔外。混凝土经过较长的冲程,达到孔底时的冲量足以使混凝土本身经孔底反冲上去将导管底部埋上,如图 3-20 (b) 所示。以后继续不断地向导管内灌注混凝土,同时逐渐提升导管,保持导管埋入混凝土之深度约 1m 及相应的混凝土高低差,这样孔中混凝土即可随导管的提升逐渐升高,孔中积水也被混凝土从底面逐渐排挤出孔外,直至混凝土填满桩基孔。

（三）灌注桩施工主要工序及注意事项

1. 施工主要工序

（1）复测桩位。保证基础中心桩、辅助桩位置正确且牢固。

（2）护筒的埋设。护筒（也称护口筒）是根据桩径大小用钢板制成。其作用是保护孔口不坍，提高孔内压力水的水位压力，使造孔锥具不偏。护筒埋深 1~2m，高出地面约 0.5m。护筒四周回填黄土，并分层夯实，以防漏水。

（3）成孔设备就位。成孔设备种类较多，选用成孔设备应根据地质条件和现有设备情况而定。但无论采用什么挖掘设备，要根据设备要求安装和操作，并保证井孔中心、护筒中心与钻头中心重合，以保证井位正确。

（4）设立泥浆池与搅拌泥浆。要在距孔井适当的位置设置泥浆池及泥浆的输送设备。泥浆可用人工或机械搅拌。泥浆的比重应不小于 1.1，施工中应经常测定泥浆比重。

（5）挖掘井孔。在挖掘井孔时，井孔内要始终保持规定的泥浆水位。当挖掘机械在井孔内旋转或冲击时，给泥浆水以力量打向井壁，将井壁糊上一层泥浆，同时泥浆壁内侧的压力又大于外侧的压力，从而保证了井壁的稳定。成孔后应随即清孔检查。

（6）放置钢筋笼。井孔成型后，应向井内放钢筋笼。钢筋笼的绑扎点应用点焊固定，吊点处应补强。钢筋笼上要放置防止钢筋与孔壁接触的混凝土垫圈。

（7）水下灌注混凝土。灌注过程如前所述。混凝土导管的长度应大于井深，分若干节，上加漏斗，导管在钢筋笼内要有一定间隙，其直径大小要能使混凝土畅流。各节接头处要加橡胶垫防止跑气进水。灌注到最后阶段时，为保证混凝土灌注时有一定的冲力，要保证混凝土导管高出井孔中水位 3m 以上。混凝土应浇灌到高出规定的高度，以备在浇灌承台时去掉与泥浆水相混合的混凝土。

（8）承台浇制。承台一般都高出施工基面。混凝土是由井孔最下面逐渐浇灌到地面的，其最上部直接接触压力水，所以最上部混凝土中要夹杂一些泥砂，从而降低桩体上部的强度，所以应将桩顶疏松的混凝土凿去，并将埋入承台的桩顶部分凿毛，冲洗干净，同时将主筋调正、调直，将箍筋安置好，最后置模板，固定地脚螺栓，浇灌混凝土。

2. 施工注意事项

（1）灌注混凝土前先灌注 1：2 的水泥砂浆 2~3 盘板。

（2）灌注桩用的混凝土标号大多为 200 号，坍落度 16~20cm，水泥标号不得低于 325 号。

（3）浇灌混凝土的石子宜用卵石，粒径最大不超过导管内径的 1/4。

（4）浇灌过程中导管必须经常上、下活动和震动，以防堵管。

（5）灌注工作要一次完成，中途不能中断。

（四）灌注桩的检测

灌注桩成桩后埋在地下，桩的质量和承载能力检测很困难。以往常用静载压桩法、钻取混凝土芯法等破坏性、半破坏性方法检测，不但费时、费力、费用也大，而且不能普查验收。

为了能普遍地检测每根桩的质量和承载能力，并且能最大限度地节省时间和费用，比较理想的是采用无损检测，它能做到大面积快速检验，并且在现场使用时，很少干扰正常施工。

　　无损检测的常用方法是水电效应法，它是波动理论、检测声学、大电流脉冲放电和信号
处理技术的相互渗透。水电效应法是利用桩顶水室中释放大电流所产生的一个脉冲荷载作用
于桩顶面，产生的振波传到桩底和不均匀结构面上，并反射回桩顶，这种反射波将会反映桩
身质量和桩基动力特性的信息。预先安放在桩顶的水听器、检波器接收到这些信息后，经处
理分析后能反映桩的质量和承载能力，其原理图如图3-21所示。

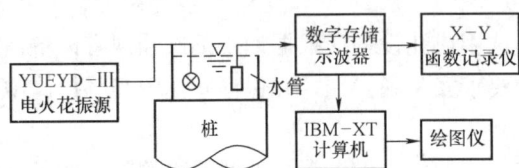

图3-21　水电效应原理图

　　水电效应法特点是激励力采用水中放电脉冲，荷载能量大、操作简便、重复性好，有利于识别桩系统的频率响应特性；用水声法接受信号，以滤去横波、表面波干扰，提高了信噪比；响应信号采用磁带记录进行数据处理，应用波形、频谱、波速、传递函数多种信息相互对照提高了准确度。

　　现在用水电效应法检测，可取得清晰数据，使桩质量得到明确判断。该法具有检测成本
低、使用方便；速度快、准确度高的优点，比较适合输电线路工程中使用。此外，超声检测
法，超声脉冲检测法对桩的探测也是成功的。

二、浅桩基础施工

（一）打桩基础

　　浅桩的打桩基础就是把一定数量的桩打入地基，桩的入土深度一般在4~10m，一般用
桩锤打入地基，以增强基础的承载能力，解决流砂坑等不好施工的问题。

　　打入地下的桩多采用钢筋混凝土桩，具有耐腐蚀，穿透性好等优点。在输电线路中多用
特制的钢筋混凝土杆做桩柱。

　　打桩的方法有自由落锤打桩法（见图3-22）和打桩机械打桩法。一般短桩都不用
打桩机械打桩，因其设备复杂。自由落锤打桩是把一定质量的锤提高到一定高度，再
猛然释放，重锤自由落下，把桩打入地下。桩用双层四方拉线控制位置。桩的上部有
桩帽，桩帽和桩用法兰连接，桩帽上用硬本做桩垫，伸入桩帽。桩垫上插有桩扦，可
约束锤下落时不偏。

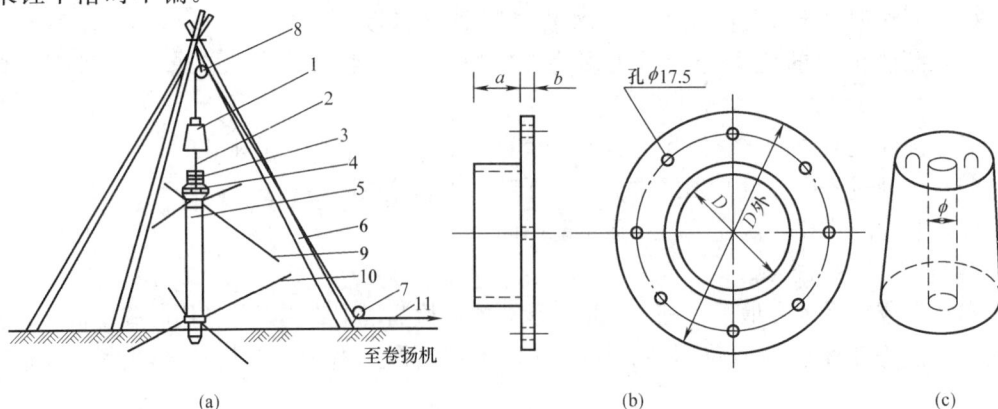

图3-22　自由落锤打桩

(a) 布置图；(b) 桩帽；(c) 桩锤

1—桩锤；2—桩杆；3—桩垫；4—桩帽；5—桩身；6—木杆；7、8—滑车；9、10—控制拉线；11—牵引

自由落锤法所用锤的质量为 1~1.5 倍桩质量较为合适。锤上部有吊环制成圆环体，锤稍呈锥体状，锤中央有穿心孔，便于穿桩杆。重锤的下落高度（落距），应根据计算决定，最高不宜高于 1m。每根桩应一气打成，不能中间停止，否则桩与四壁将产生吸附作用，增加阻力，减少贯入深度。

打桩时要用经纬仪监视桩身的垂直度，切不可把桩打歪。

打桩时，遇到下列情况时应暂停，经分析研究后，方可再行施打：①贯入深度剧变；②桩身突然发生倾斜、移位；③锤击时有严重回弹现象；④桩顶过分破碎，或桩身产生严重裂缝。

（二）扩底桩基础

扩底桩基础根据施工方法的不同，分为爆扩桩和机扩桩两种。扩底桩的优点是，在桩体四周都是未扰动的原状土，桩底有一个扩大头。另外施工时土方量减少，节约材料，施工进度快，改善了劳动条件。但是扩底桩地下隐蔽部分，出现异常情况难以处理。

扩底桩基础是由承台和桩体构成，桩体分为桩柱和扩大头两部分。桩的受力是桩柱体受摩擦力，摩擦力的大小与桩长和桩侧土质以及成孔方法有关。扩大头受压力，其大小与扩大头的埋置深度、直径和地基土质有关。

爆扩桩和机扩桩相比较，爆扩桩扩大头尺寸大于 1.4m 时，爆扩成孔困难，爆扩桩受工程地质条件所限，成孔质量不够稳定，施工工艺不易掌握。机扩桩具有安全可靠，成孔质量稳定，钻孔深度、扩孔尺寸可以保证，机扩成孔回落土少等优点。但机扩桩的设备比较复杂。

（1）爆扩桩的施工。先用洛阳铲等工具，挖成导孔后，用炸药爆炸成桩柱，扩大头再次用炸药爆炸成型。桩柱成孔也可采用机械方法。爆扩大头的方法是，先将炸药包放到底部，孔内浇灌适当的混凝土，然后通电或点火引爆，孔底便形成一个像大蒜头形状的空腔。随着爆炸，桩体内的混凝土也落入孔底，接着放置钢筋骨架，灌注混凝土，就成为一个完整的爆扩桩体。

（2）人力机扩桩的施工。甘肃送变电公司研制的人推钻扩机，在西北黄土高原上应用十分成功。该机构示意图如图 3-23 所示。该装置由三角机架、内外钻杆、取土筒、扩孔刀装置四部分组成。机架用于定位和提土；外钻杆传递拧转力矩，驱动取土筒转动；内钻杆用于控制扩孔刀张合；取土筒下端有刀片，可削土入桶；扩孔刀装在取土桶内与内钻杆相连；取土桶与外钻杆相连，以便提升、降低时导向，削土时传递转矩。取土桶下侧有活门，以便卸土。该机可用于施工深 4m、$D/d=3$ 的钻扩基础，但在黏土地带不能适用。

（3）液压钻扩机。东北电管局设计的钻扩机装在拖拉机上，利用拖拉机发动机作动力，其钻杆的结构如图 3-24 所示。安装在钻杆顶端的油马达经行星减速机构驱动钻杆回转。钻杆由两根输土管并列组成，分为上下两部分。输土管内有绞龙。每根输土管上端设两个吐土窗口，下输土管外侧为细长进土口，进土口附近装扩孔刀，下输土管下端装直孔钻孔刀。钻杆上部装有两个扩孔油缸，控制两个下输土管张开。钻扩机工作时，先直孔钻进，两个下输土管并拢，绕钻杆轴公转，输土管内绞龙自转。当直孔钻到预定深度后，启动扩孔油缸，使两个下输土管逐渐张开，钻机扩孔。钻机钻孔最大深度可达 5m，孔身直径 0.55m，扩孔最大直径 1.80m。这种钻机还在继续改进之中。

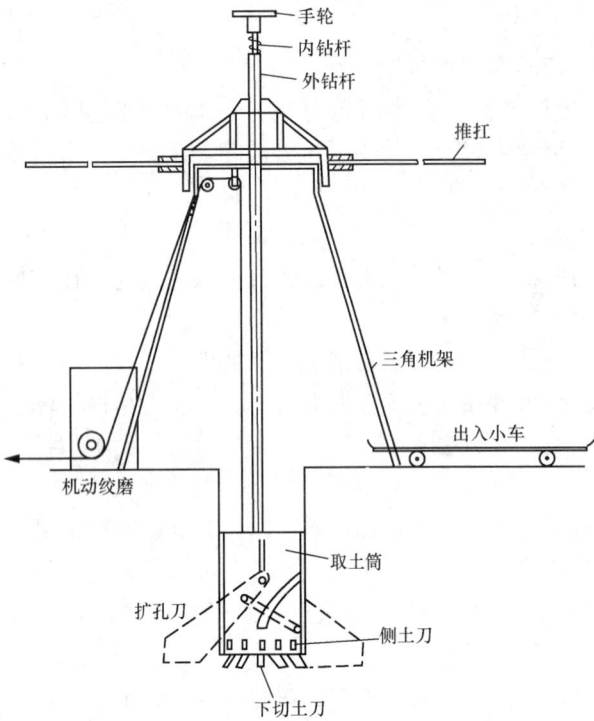

图 3-23　人力钻扩机

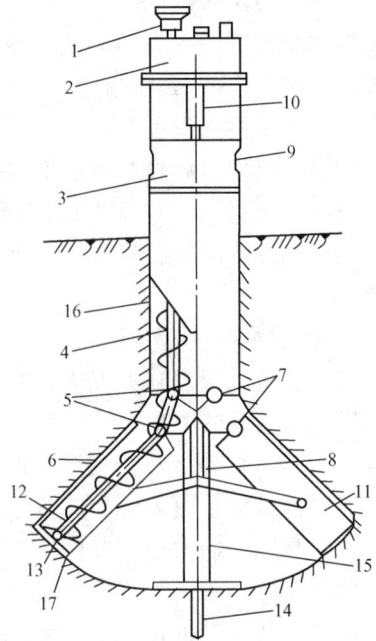

图 3-24　液压钻扩机
1—ZM-75 马达，2—行星减速箱；3—护管；
4—上绞龙；5—万向节；6—扩孔刀；
7—绞结点；8—推杆；9—吐土窗口；
10—扩孔油缸；11—下输土管；
12—下绞龙；13—绞结点；
14—定位针；15—加筋板；
16—上输土管；
17—钻孔刀

第六节　岩 石 基 础 施 工

岩石基础就是把锚筋直接锚固于岩石孔内，凭着岩石本身、岩石与砂浆间和砂浆与锚筋间的黏结力，抵抗上部结构传来的外力，以保证杆塔结构稳定的一种基础。

岩石基础实际上是原状土利用的特殊形式，所用材料少，基础抗拔力高，施工简便、工期短、经济效益明显，是国家推广使用的一种基础。

岩石基础施工，最主要的是岩石本身的强度，施工时应根据设计资料，逐基核查覆土层厚度及岩石质量，当实际情况和设计不符时，应向设计单位提出处理方案。地表上的岩石长期暴露在外，在太阳辐射热、大气、水及生物等机械或化学作用影响下，会逐渐改变岩石的性状，使整体岩石破碎成松散的碎屑即风化。风化作用使岩石的联结性遭受破坏，影响了它的物理力学性质，尤其大大降低了岩石的强度，对杆塔基础起着不良的影响。因此判别岩石的风化程度对基础的安全是相当重要的。

一、岩石风化程度的类别

岩石风化程度的划分如表 3-7 所示。

表 3 - 7 岩石风化程度的划分

类 别	风化程度	特 征
I	未经风化或轻微风化	岩质新鲜，仅有轻微的风化裂纹，呈整体埋藏，用锤难以劈开，用钢钎打孔时有回弹现象，且其声音响亮而无杂音，掏出之碎末呈粉状
II	轻风化	节理裂隙较少，岩石较坚硬，一般石块需用锤钎才能击碎；或虽有不同程度的风化，但岩石整体性很好，较坚硬，用镐刨时只能刨一个眼，但刨出之岩石用手尚能剥落，用钢钎打孔时亦有回弹现象，声音较清脆、杂音较小，掏出之碎末较 I 类者为粗
III	中等风化	结构和构造层理清晰，岩体被节理、裂隙分割成块状（20～50cm），裂隙中填充少量风化物；锤击声较脆，用手不断；用钢钎打孔时，无清脆声，无回弹感；用镐难挖掘，岩心钻孔可钻进
IV	强风化	结构和构造层理不甚清晰，矿物成分已显著变化；岩体被节理、裂隙分割成碎石状（2～20cm），碎石用手可以折断，在坑壁上用锤击之，碎石纷纷下落，钢钎打孔时，其上层（0.5m左右）很难成孔，用镐可以挖掘

二、岩石基础的基本型式

岩石基础的基本型式如表 3-8 所列。

岩石做基础是根据岩石的类型而定。坚固的 I 类岩石可以直接插筋作为基础；II、III 类岩石，由于质次些，在岩石内插筋后再做成承台；IV 类岩石实际上不能做成岩石基础，而是开挖成上口小、下部大的锥形，做成少筋的混凝土基础。

表 3 - 8 岩石基础的基本型式

名 称	直 锚 式	承 台 式	岩 固 式	拉 线 式	自 锚 式
型 式					
特点及适用范围	覆盖层薄、硬质岩石；以人工凿孔或机器钻孔；有单孔和四孔之分；四孔用于受力大的基础	覆盖层较厚，中等风化岩石，锚筋间距需加大；由四孔组成，可用于受力大的基础	岩质软的强风化岩石，但岩体完整性好；单孔，人工凿孔，孔呈圆台形；用于外荷较大的基础	岩质较硬，中等或弱风化岩石；单孔，人工凿孔；用作拉线的基础	完整性较好的岩体；用 φ50mm 轻便凿岩机凿孔；有单孔和四孔之分，四孔用于大荷载的基础，单孔抗拔力亦较强

实际上直锚式和承台式是岩石基础的主要型式，而嵌固式和拉线式本质上是一种混凝土基础，它的应用要结合现场岩石条件适当的利用，以减少基础混凝土用量。

所谓自锚式基础是类似膨胀螺栓的基础，其紧固装置如图 3-25 所示，在完整性好的岩体上钻 φ50mm 的岩孔，岩体表面没有保护层，它构造上不同于常规岩基之处，在于底脚螺栓底部加了一个锁紧螺母，锁紧螺母长 100～150mm。岩体成孔时，孔上部孔径大于下部，下部 100～150mm 长，孔径等于锁紧螺母直径，向孔内倒入固结剂（特制速成水泥），将底脚螺栓的锁紧螺母压入孔的底部，底部锁紧螺母在压扭力的作用下渐渐张开，卡入岩体。

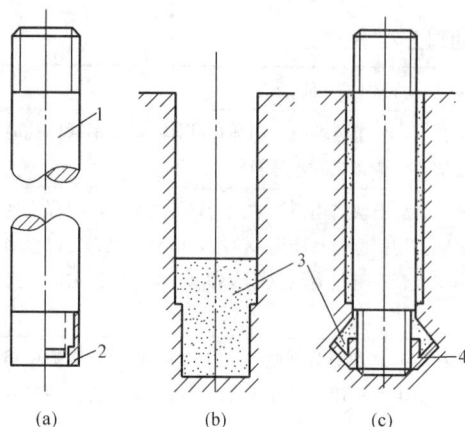

图 3 - 25　自锚式岩基紧固装置
(a) 紧固装置；(b) 倒入固结剂的岩孔；
(c) 压入紧固装置
1—底脚螺栓；2—未张开锁紧螺母；3—固结剂；
4—张开后的锁紧螺母

试验证明，只要完整性好的岩体做基础，运行情况均良好，应该推广。岩体抗拔力多孔整体锚比单锚大、自锚式比直锚式大、锚筋深锚比浅锚大、岩石完整性好的比差的大、硬质岩石比软质岩石大，加砂浆保护壳可避免孔周围过早产生裂纹、阻碍破裂面下移。

三、岩石基础的施工

岩石基础的施工程序为：

(1) 清除浮表，露出基岩。清除表面覆盖层如杂草、风化岩石、土壤等，使其露出基岩。

(2) 钻凿孔洞。岩石基础的施工，关键是在岩石上根据设计要求进行钻孔或凿孔。长期以来，由于没有合适的轻便凿岩机，使不少山区线路塔位的岩石强度无法得到利用，甚至用打孔爆破、大开挖等办法，造成巨大浪费。1989 年沈阳制成 QZZ-88A 轻型组合式凿岩机，解决了钻孔问题。两天可钻完一个塔位 16 个锚孔，该基础按最严重风化岩层条件考虑，从而免去对岩层风化程度的鉴定。没有合适机械时可采用人工打孔，对风化岩石可以采用逐层松动爆破，或延期雷管控制时差的多孔控制爆破技术，使控制范围内岩体松动后修凿成掏挖式的扩底形状。

(3) 清孔。清除孔内石粉、浮土及孔壁松散的活石，可用一些小工具掏出并用清水洗干净。对坑孔较大的嵌固式岩石基础或拉线式岩石基础，必须清除坑壁的浮石及浮土。

(4) 安装钢筋或地脚螺栓。埋入基础的钢筋或地脚螺栓必须符合设计规定，在灌注砂浆时，应将钢筋和地脚螺栓临时固定防止移动。对于软质岩石，成孔后应立即安装钢筋或地脚螺栓并灌注砂浆，防止孔壁风化。

(5) 灌注砂浆（或细混凝土）或硫磺黏结剂。向孔内灌注砂浆或黏结剂时，应将砂浆分层浇捣密实，砂浆用量不得低于设计规定值。对浇筑的混凝土或砂浆的强度检验，应以同样条件养护的试块为依据，试块的制作，应每基取一组。对浇筑钻孔式岩石基础，应采取措施减少混凝土收缩量。

(6) 养护。灌浆结束后，应按现浇混凝土基础养护的要求养护。

(7) 允许偏差。岩石基础的施工成孔深度不应小于设计值；嵌固式成孔尺寸应大于设计值，且保证设计锥度；钻孔式成孔的孔径，允许偏差为 +20mm，整基基础施工允许偏差应符合现场浇筑基础混凝土时要求相同（即表 3 - 9 规定）。

四、砂浆和硫磺黏结剂

1. 砂浆

岩石基础所用砂浆标号一般不低于 200 号，水泥与砂配比为 1：2、1：2.5、1：2.75、1：3.0，常用的配比取 1：2.5。砂浆所用水灰比一般为 0.4～0.5 之间，水泥标号为 325、425、525 三种。

2. 硫磺黏结剂的用法和配制

(1) 硫磺黏结剂的加热熬制。将砂放入锅内炒热至 120℃后，再将水泥放入锅内与砂搅拌，并保持 120℃。然后将硫磺倒入锅内，待硫磺融化后再倒入石蜡，这时严格控制温度，最高不超过 160℃，当黏结剂成豆青色并成糊状时，即可撤火并准备进行浇注。

硫磺加热至高热时，易燃并产生有毒的二氧化硫，因此熬制人员应有足够的防护用品，如口罩、眼镜、手套等。

（2）硫磺黏结剂的浇注。先用钢刷擦挣岩石孔壁，并将铁件除锈。冬季施工时应将铁件加热到 110℃，再插入孔中预热孔壁和内部。由于硫磺黏结剂凝固迅速（30～60s 即凝固），因此灌注时应迅速正确地灌入孔中，并用铁钎捣固密实。但捣固时间不应超过黏结剂的凝结时间，以保持凝固时不受外力作用。灌注后 5～10min 即可承受设计荷载，浇制完毕应用沥青或水泥砂浆封口，以防风化。

（3）硫磺黏结剂使用的材料及配比。硫磺黏结剂使用的材料：①含硫量 99％的工业硫磺；②碾碎并过 3mm 孔筛干净的中砂（岩石孔较大时亦可用粗砂）；③225 号及以上的水泥；④石蜡切成粉状并过 5mm 孔筛子。

重量配合比，硫磺：砂子：水泥：石蜡为 1：1.3：0.6：0.02。

第七节　石坑开挖和爆破的一般知识

当线路基坑处于岩石地带时，必须采用爆破方法来进行挖掘。对于土坑和冻土坑同样可采用爆破的方法挖掘。对于参加爆破的工作人员，必须经专门培训，掌握有关爆破方面的基本知识，熟悉爆破器材性质、性能和使用方法，掌握爆破工作的有关要求和注意事项，取得合格证，方能担任爆破工作。

一、石坑开挖

遇到石坑，一般采用炸药爆破的方法施工，即用人力或机械的方法在岩石上打眼（一般称炮眼）装入炸药，爆破开挖。具体施工可分为选定炮眼位置，打炮眼、装填炸药，填塞炮泥及起爆五个程序进行。开挖中应保证岩石构造的整体性不被破坏。

（一）炮眼位置的选定

根据基础形式的不同，炮眼的布置有梅花式和星罗式两种。

梅花式炮眼位置的布置如图 3-26 所示。位于中间的炮眼为主炮眼，该炮眼装入炸药，位于四角的为副炮眼，该炮眼不装炸药，它只是减弱被开挖岩石的整体性并反射一部分爆震波以减少对非开挖岩石的破坏，故该炮眼又叫防震炮眼。

星罗式炮眼布置见图 3-27 所示。位于中间的炮眼为主炮眼，装药较多，在其周围的炮眼为副炮眼，装药较少，而坑四周的炮眼为防震炮眼不装药。

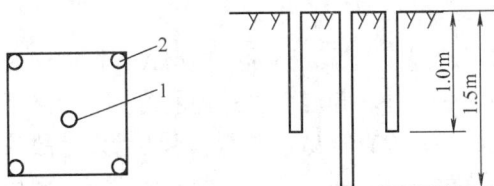

图 3-26　梅花式炮眼
1—主炮眼；2—副炮眼

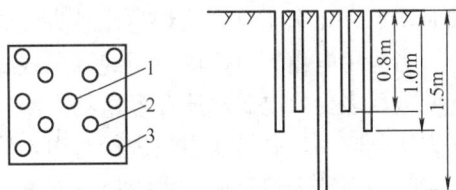

图 3-27　星罗式炮眼
1—主炮眼；2—副炮眼；3—防震孔

选炮眼位置时应躲开分层状或石缝处，否则将炮眼打在石缝中，当炸药爆炸时所产生的气体容易在层间或石缝处跑出，使爆破威力降低。另方面在石缝处打炮眼，炮钎容易"卡壳"，不易打成孔。

一般主炮眼深为 1.5m，副炮眼深 0.8m，防震孔深 1.0m。炮眼直径一般不宜大于50mm。炮眼之间的距离为炮眼深度的 1 倍左右。当基坑较大时，可分层进行爆破。

（二）打炮眼

在输电线路施工中，打炮眼的方法有人工打炮眼和机械打炮眼两种。

人工打炮眼是利用钢钎和铁锤。打眼时，一人扶钎，一人打锤，每打一锤，钢钎要转动一下。打锤要稳、准、狠，要掌握节奏，要注意避免滑锤伤人；也有一人扶钎，两人打锤的，两人打锤时，不能面对面打，扶钎人应在打锤人侧面。

机械打炮眼一般用汽油凿岩机，汽油凿岩机有定型产品，具体使用方法应根据厂家的规定。

（三）装填药包

在装药前检查炮眼深度是否符合要求，如有石粉和杂物应清除干净。先在炮眼底部用铁皮或马粪纸做成三角形，使底部留有孔隙以形成聚能药包，能提高爆破效果。

装药量应根据计算而定。副炮眼的装药量为主炮眼的 40%，炮眼装药量不得超过炮眼深一半，否则必须给以扩充。扩充药室一般采用炸涨法，即将炸药和雷管装入炮眼底部后，药孔不加堵塞，当炸药起爆后即形成药室。装药时药包和雷管要轻填轻送，用木棒轻轻压紧，以免药卷和药室间构成空隙而影响爆破威力，但严禁用金属工具向炮孔内捣送炸药，为使炸药全部发挥作用，雷管安置的位置应放在炸药的中部或底部。

（四）填塞炮泥

炮眼内炸药装好后，其余空隙部分用炮泥填起来。炮泥起的作用是在炸药爆炸时，阻碍爆炸气体跑出，使其增加爆破威力。炮泥可用一份黏土，二份粗砂及适量水混合而成。炮泥分层装入炮眼内，第一层 20cm 的炮泥可轻轻压紧，以后各层可用木棍捣实，必须使炮泥和眼壁紧密接触，不得有空隙，直至炮眼填满为止。

在填塞过程中，要注意保护导火索不致打断、碰破、串动，如电雷管起爆时要保证导线绝缘良好。

（五）起爆

基坑爆破施工中，起爆方法的选取是根据所用的雷管种类来决定的。当采用火雷管时，则应用导火索用火点燃的方法起爆。点燃导火索可用火柴或烟卷。点燃前先将导火索的药芯用手捻散，然后再点燃起爆。如将导火索端部剪成斜面，点燃时更方便。若点燃单个火雷管用火柴比较方便，方法是将火柴头贴近药芯，再用火柴盒侧擦纸向火柴头摩擦即可点燃，若同时要点燃几个雷管则用烟卷比较方便。

当采用电雷管时，则应用绝缘导线、电池进行起爆，起爆线路的连接型式，根据起爆雷管的数目多少及电源电压和容量的大小，可采用串联、并联和混联等三种电路。一般采用串联方法。应用串联接线方法进行起爆，线路敷设简单、检查容易，如遇个别雷管发生故障或断路时，则整个线路所有雷管都不起爆，因此能及时发现瞎炮，进行妥善处理。施工现场基本上都应用此法。

二、爆破的一般知识

参加爆破的施工人员必须了解、掌握爆破的一般知识，现简述如下。

（一）炸药

凡能急速进行化学变化，并产生爆炸现象、放出热和生成气体，同时伴随光和声等效应的某些物质或混合物，都叫炸药。

炸药的特点是化学反应快，并能产生大量的热和高压气体。

1. 炸药的一般性质

（1）炸药的敏感度：炸药发生爆炸的难易程度，称为炸药的敏感度。敏感度包含有：①爆燃点：即在规定时间（5min）内使炸药爆炸的最低温度，一般在 200～300℃ 之间。②发火性：表示炸药对火焰的敏感度，有些炸药爆燃点虽高，但在接触火焰或火花时，很易发火而引起爆炸。③撞击的敏感度：表示炸药对机械作用的敏感度，撞击可以使炸药局部加热到引起爆炸的发火点，立即发生爆炸。④起爆敏感度：通常能引起爆炸的最小起爆炸药量，表示该炸药的起爆敏感度。

（2）炸药的安定性：炸药在长期贮存中保持其原有物理化学性质不变的能力。

（3）炸药的爆炸稳定性：爆炸起爆后，若能以恒定不变的速度，自始至终保持完整的爆炸反应，称为稳定爆炸。爆炸不稳定，会降低效果或发生不完全爆炸，甚至于拒炸。

（4）有关炸药的爆炸性能常用以下几个指标表示：①殉爆距离：表示一个药卷的炸药爆炸后，引起邻近另一个药卷爆炸的能力，以 cm 表示。②爆炸速度：炸药爆炸时的分解速度，以 m/s 表示，一般炸药的爆速为 2000～7500m/s。③爆力：炸药爆炸破坏一定量介质（土成岩石）体积的能力，也就是炸药对介质的破坏威力。④猛度：炸药破坏一定量的土壤和岩石，使之成细块的能力，称为猛度；也就是炸药的猛烈程度，炸药猛度越大，破坏岩石越碎。

另外还有爆热、爆温、爆炸气体量和爆压等，均是以 1kg 炸药的爆炸来计算。

2. 炸药的种类

炸药的种类很多，一般在线路施工中常用的有：

（1）硝酸铵：为砂状白色结晶粉，爆炸速度为 1500～3000m/s；对撞击和摩擦敏感性很低，火与火花不能使其燃烧；易溶于水，吸湿性能大，具有黏结性及潮解性，湿度超过 3% 时就不爆炸，需要加工干燥后才能使用。所以若在潮湿地方使用，需要防潮措施。

（2）国产 2 号岩石硝铵炸药：呈黄色粉状物，爆炸速度为 2400～5100m/s，对火花不起作用，对撞击敏感性很低，通常火与火花不能使其燃烧，易溶于水，潮解性大，吸潮后粉结成块，而使炸度降低。

（3）黑火药：黑火药是硝石（硝酸钾或硝酸钠）、硫磺、木炭粉的混合物。黑火药多用于制造导火索、点火线。

（4）起爆炸药：起爆炸药一般都是很猛烈的炸药，一般用来装填雷管和起爆其他炸药。起爆炸药有雷汞、迭氮铅、史蒂酚酸铅、特屈儿、黑索金、太安等。

（二）雷管

雷管用于起爆炸药。雷管按起爆方式不同，分为火雷管和电雷管。用导火索引爆的雷管称为火雷管，用电火花引爆的雷管称为电雷管。

雷管的外壳有铜壳、铝壳和纸壳三种。

根据雷管装药量的多少，雷管分为 10 种号码，号码越大，雷管的起爆力越强。一般工程中常用 6 号和 8 号雷管。6 号雷管装药相当于雷汞 1g，8 号雷管装药相当于雷汞 2g。

火雷管即工业上使用的普通雷管，其构造如图 3-28 所示。火雷管由雷管壳、加强帽、帽孔、副起爆药、正起爆药、窝槽、空壳等部分组成。雷管长约 35～41mm、外径为 6～8mm。一般雷管中的正起爆药为雷汞，副起爆药为三硝基苯硝铵。

电雷管的构造，是由火雷管和电气引火器所组成，如图 3-29 所示。

电雷管分为即发电雷管和迟发电雷管两种。图 3-29（a）为即发电雷管，电气引火器和加强帽相接触，当电流流过瞬时就爆炸；图 3-29（b）为迟发电雷管，电气引火器和加强帽有一定距离，其间装有缓燃剂。迟发雷管的延迟时间有 2、4、6、8、10ms 及 15ms 等几种。电雷管的最小引爆电流为 0.6A。

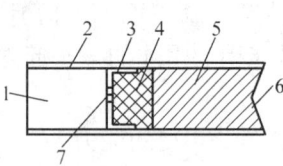

图 3-28　火雷管的构造
1—空筒；2—雷管壳；3—加强
帽；4—起爆药；5—炸药；
6—窝槽；7—帽孔

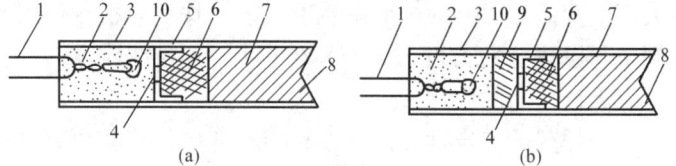

图 3-29　电雷管的构造
（a）即发电雷管；（b）迟发电雷管
1—脚线；2—密封胶和防潮涂料；3—雷管壳；4—帽孔；
5—加强帽；6—起爆药；7—炸药；8—窝槽；
9—缓燃剂；10—电气点火引燃剂

（三）导火索

导火索是用来起爆火雷管的起爆材料，它是用黑火药做心药，用麻、纸和线做包皮，并涂有防潮剂。

根据燃烧速度的不同，可分为正常燃烧速度导火索（燃速为 100～120m/s）及缓燃导火索（燃速为 180～210m/s）。

国产导火索每盘长 250m，按照我国导火索的技术条件，使用时要符合：

（1）燃烧速度在 110～130m/s 范围内。

（2）引火力不少于 50mm。

（3）燃烧时不得有爆发声，不得有透火和断火现象。

（4）耐水时间不低于 2h。

（5）导火索截面直径要求为 5～5.8mm。

在使用导火索时，应该注意对导火索进行外观检查和燃烧速度的试验。使用前先点燃一段长约 60cm 的导火索，如燃烧时间为 60～75s 则为正常。不宜使用受潮、折断、包皮破裂的导火索，否则可能不燃烧，或只烧一段，而造成瞎炮。在同一次爆破中，不得使用两种不同燃速的导火索。

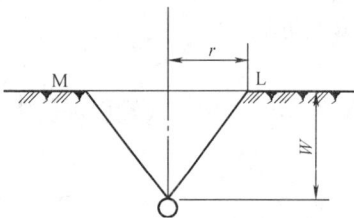

三、爆破漏斗

图 3-30　抛掷爆破漏斗

炸药埋入岩石爆炸时产生很大的冲击波，它将岩石向各方向抛掷出去，这种爆破叫抛掷爆破。抛掷爆破形成一个倒锥形体的坑，类似一个漏斗，所以这种坑称为抛掷爆破漏斗，如图 3-30 所示。由于爆炸药量和药包埋深的不同，爆破坑的大小也不相同，图 3-30 所示亦为爆破坑的外形。ML 为爆破临空面（被爆破土石可自由飞出的面），爆破坑的大小一般以半径 r 和最小坑深（最小抵抗线）W 之比值表示。该比值称为爆破作用指数 n，即

$$n=\frac{r}{W} \tag{3-4}$$

爆破作用指数 n 是个重要参数。当 $n=1$（即 $r=W$）时，称为标准抛掷漏斗；当 $n>1$ 时，称为加强抛掷漏斗；当 $n<1$ 时，称为减弱抛掷漏斗。

爆破形式的坑，除了抛掷漏斗形之外，还有一种是松动抛掷漏斗，这种坑的形成是炸药在地下爆炸时，被粉碎的岩石，不从坑中抛掷出来，而只堆在坑中，这种爆破称为松动爆破，其形成的坑称为松动抛掷漏斗。松动爆破漏斗的爆破作用指数 $n\leqslant0.75$。

四、爆破的安全注意事项

（1）炸药、雷管、导火索要分别妥善保管，不得放在一起储存，并设专人管理。

（2）在爆破范围内做好安全防护措施，如设置岗哨等。在即将爆破时，禁止非爆破人员进入危险区。

（3）爆破时危险警戒线的范围应根据土质类别和炮口方向按表3-9确定。

如果用明炮、深孔或加大药量时，应适当扩大危险警戒线范围。

（4）雷管和导火线的连接，如使用金属壳雷管，应用手钳卡紧，严禁用牙咬，以免发生误炸。

（5）火雷管的装药与点火，电雷管的接线与起爆必须由同一人担任，严禁由两人操作。

（6）向炮孔内装炸药和雷管，必须轻填轻送，不得用力挤压药包。严禁用金属工具向炮孔内捣送炸药。

表 3 - 9   爆破时危险警戒线范围（m）

方　位　　土质类别	岩石或冻土	普通土
顺抛掷方向	200	100
反抛掷方向	100	50

（7）放炮后必须注意听准或检查爆破个数（指导火线起爆）如有瞎炮应慎重处理。

五、瞎炮的处理

未爆炸的炮眼，一般俗称瞎炮。处理瞎炮，一般应由原装炮人员处理，因为他们了解装药的情况。

炮响后如有哑炮或炮数不清时，必须待 20min 后方能进入爆破点进行检查。如用电雷管，必须先将电源拆除，待 5min 后方可进入爆破点进行检查处理。

浅孔瞎炮的处理方法：当炮眼深度在 50cm 以内时可以用表面爆破法炸毁；另一种瞎炮处理方法是在原炮眼附近重新打眼放炸药雷管引爆。重新打孔时，深孔应离瞎炮 0.6m，浅孔应离瞎炮 0.3~0.4m，并须与原孔方向一致。

如果瞎炮装的是硝铵炸药，可以用水泡湿，使药包失去起爆能力再行挖除。

第八节   基础操平找正

基础的操平找正是基础施工中非常重要的一个步骤，包括基坑操平和基础找正两方面的工作。操平，即使基础的施工面（坑底面、底盘面、基础立柱面等）平整且标高符合设计要求；找正，即使基础的前后、左右的位置（如底盘中心、基础底层的内外角、地脚螺栓等），

置于设计要求的位置上。基础的操平、找正是一项比较复杂而细致的工作。如果方法不当或操作错误，将会给后面的施工带来麻烦，甚至造成基础位移、组立杆塔困难等严重的质量事故。所以操作人员必须仔细、耐心地进行工作，精心施工以确保工程质量。

基础的操平找正工作，按基础的不同型式一般分为混凝土杆基础、铁塔地脚螺栓基础和插入式基础等几种。另外再对适用于铁塔基础的井字线法操平找正作一个简要的介绍。

无论哪种类型的基础，必须具备以下三个条件，方能进行操平找正。

（1）杆塔中心桩必须正确。

（2）转角杆塔位移桩和分角桩必须正确。

（3）根开、坑口、坑深尺寸必须符合该基础型式的尺寸要求。

下面分述各类型基础的操平找正方法，以及适用于铁塔基础的井字线的找正方法。

一、混凝土杆基础

混凝土杆基础分为单杆和双杆两类。混凝土杆一般都设有底盘，操平找正就是将底盘按设计要求放在坑底的正确位置。一般先将基坑操平，且达到设计要求。下底盘后找正底盘位置，最后还要将底盘操平，直到底盘深度、水平和位置均达到要求。

（一）双杆

1. 基坑操平

基坑操平主要工具为水准仪和水准尺，也可以用经纬仪和塔尺代替。

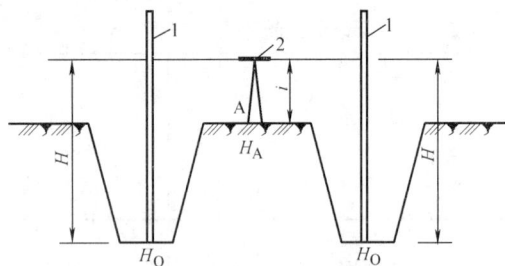

图 3-31 双杆基坑操平
1—水准尺；2—水准仪

双杆基坑操平方法如图 3-31 所示，水准仪安平在杆塔中心桩 A 处，A 点不一定在施工基面上，其标高 H_A 可以从图纸上查得，也可以把施工基面标高和施工基面值相加得到，在坑底竖立塔尺或水准尺，当坑深达到要求时，水准仪读数为

$$H = H_A - H_O + i \qquad (3-5)$$

式中 H——水准仪读数，m；

H_A、H_O——分别为中心桩 A 和坑底的标高，m；

i——仪器高，m。

水准仪读数与此值相符，说明基坑这点的深度符合要求。再把水准尺分别在两个坑的坑底四角竖立，如果水准仪读数仍符合，说明两基坑已水平，且符合设计的标高。如果塔尺上的 H 值高于水平视线时，表示坑深不够，应挖至标准位置；如果塔尺上的 H 值处低于水平视线，则表示坑深超过要求的深度。基坑超深的处理按前述规定要求办。

2. 底盘找正

双杆底盘找正可按图 3-32 方法，校验底盘中心位置是否在双杆分坑的坑位中心上，校验方法如下。

（1）将底盘划好十字线，并确定交点为中心点，然后将底盘放入坑内。

（2）利用分坑时所钉的辅助桩 A、B，在 A、B 间拉一条细铁丝或细线绳，它应经过中心桩 O 点。

（3）自中心桩 O 分别沿 A、B 方向量取 $D/2$（D 为双杆间根开）得 E、F 两点。

（4）自 E、F 两点分别悬一垂球，移动底盘，使底盘中心与垂球尖端重合为止。

（5）底盘找正后，再进行底盘操平，其方法和基坑操平相似，若有误差再进行调整及找正，直到两底盘找正并居于同一深度为止。

（二）单杆

1. 基坑操平

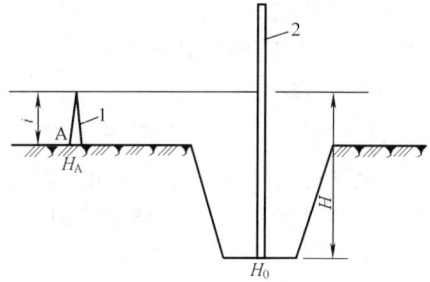

图 3-33 为单杆基坑操平布置，操平方法基本和双杆相同，但操平时仪器只能安平在分坑时辅助桩 A 上，辅助桩也可能不在施工基面上，这在计算水准尺应显示读数时要注意。

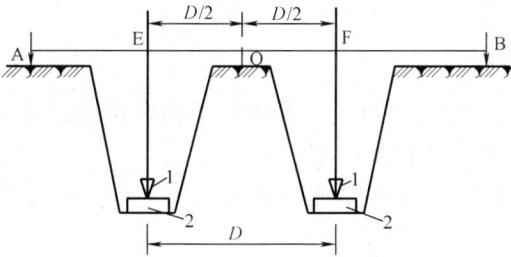

图 3-32　双杆底盘找正
1—垂球；2—底盘

图 3-33　单杆基坑操平
1—水准仪；2—水准尺

2. 底盘找正

单杆底盘找正布置如图 3-34 所示，它也要用分坑时辅助桩 A、B，在 AB 线间按分坑时记录数字 l_A、l_B 量得坑位中心桩 C 点，在 C 点上吊一垂球，调整底盘十字线中点和垂球尖中点，则底盘找正完毕。根据需要可再测底盘操平。

二、地脚螺栓基础

地脚螺栓基础有等根开和不等根开基础两种，它们的操平找正方法基本相同。不同的是进行找正时，等根开基础用的是地脚螺栓内对角线找正，而不等根开基础用的是外对角线进行找正，如图 3-35 所示。其他的操平找正方法及步骤相同。下面以等根开台阶式基础为例，说明地脚螺栓基础的操平找正方法。

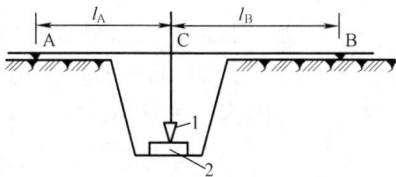

图 3-34　单杆底盘找正

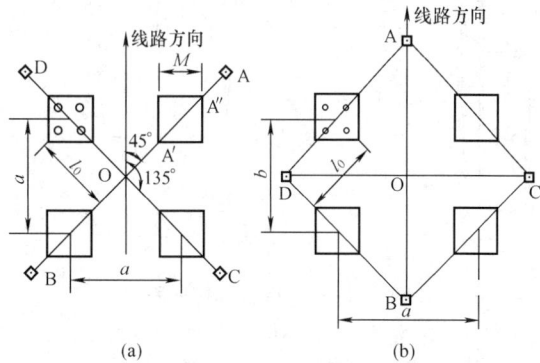

图 3-35　地脚螺栓找正
（a）内对角线找正；（b）外对角线找正

（一）底模的操平找正

（1）安置仪器于塔位中心桩 O 点。对前后视中心桩，然后转 45°及 135°分别钉出 45°角水平辅助桩，水平桩顶部要求高出地脚螺栓 5～10cm。桩距基坑外角 1m 左右，桩面钉小钉。

(2) 将仪器调水平，对四个基础坑按混凝土杆基础坑的操平方法进行操平。

(3) 用铁丝将辅助桩连起来，其交点即为塔位中心 O 点。

(4) 用钢尺在铁丝上从 O 点开始沿 45°角辅助桩方向量取底模外角的距离 OA″ 及底模内角距离 OA′，见图 3-35（a），并划上记号。从图中可看出：

$$OA'' = \frac{\sqrt{2}}{2}(x + M) \tag{3-6}$$

$$OA' = \frac{\sqrt{2}}{2}(x - M) \tag{3-7}$$

式中　x——基础水平根开距离；

　M——基础底模宽。

(5) 在记号 A″、A′处悬吊垂球，垂球尖端所指位置即为底模外角与内角位置，移动时先放于坑底的拼装好的底层模盒，使模盒内外角对准垂球尖端即可。

(6) 底模找正后应在模盒上边再操平，若有误差再进行调整及找正，直至符合要求为止。

用同样的方法可进行二层模板的操平找正。

（二）立柱模板操平找正

立柱模板的操平找正基本同底层模板操平找正方法。另外尚须注意：

(1) 检查立柱的倾斜度（即垂直度）。

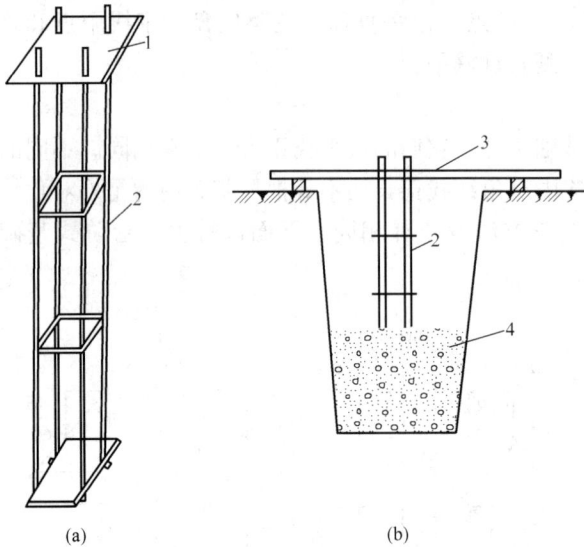

图 3-36　铁塔地脚螺栓固定
(a) 地脚螺栓架；(b) 样板固定地脚螺栓
1—铁板；2—地脚螺栓；3—样板；4—混凝土

(2) 检查 4 个立柱顶面的高差及 4 个基础中心间的相互距离、对角线距离，使它们符合规定的数据。

（三）铁塔地脚螺栓找正

一般铁塔每个基础有 2~4 根地脚螺栓，已在前面提到，为了保证地脚螺栓间距离，地脚螺栓间可用箍筋焊接固定。为了保证相互间距离符合要求，焊接时地脚螺栓套入按设计图纸钻孔的铁样板。地脚螺栓焊成架子后，拆除铁样板，如图 3-36（a）所示。

混凝土浇灌到一定高度后，按规定埋入深度放入地脚螺栓架，用样板固定在基础内，如图 3-36（b）所示。所谓地脚螺栓找正，实际上就是找正样板的位置。

样板有大、小之分，它们找正方法也略有不同。大样板如图 3-37 所示，4 个塔腿的地脚螺栓全部固定在一块井字形大样板上。小样板是用两条木板钉成十字形，按地脚螺栓规格和间距钻孔做成，样板要明显画出两螺栓中心对角线，它只能用在一个基坑上，即小样板只是大样板的 1/4。

地脚螺栓找正的步骤如下：

（1）在与线路中心线成 $45°$、$135°$方向定出 4 个水平辅助桩 A、B、C、D。将 4 个桩顶部敲上小钉，用细铁丝将 A 和 B、C 和 D 分别相连，拉紧固定，其交点 O 应即为中心桩位，用小铁钉钉住。

（2）用钢尺在铁丝上从 O 点沿 $45°$角水平辅助桩量取地脚螺栓外角及内角距离，$(E+d)$ 和 $(E-d)$，并分别划上记号 1 和 2。E_0 为对角线上两坑间距离；d 为同一塔脚两对角螺栓间距离。

（3）小样板找正：将地脚螺栓套入小样板内，并放在立柱模板上，使对角上两地脚螺栓中心，分别与 1、2 点在一铅垂线上。按以上办法再找正另外三个基础腿上地脚螺栓的位置。

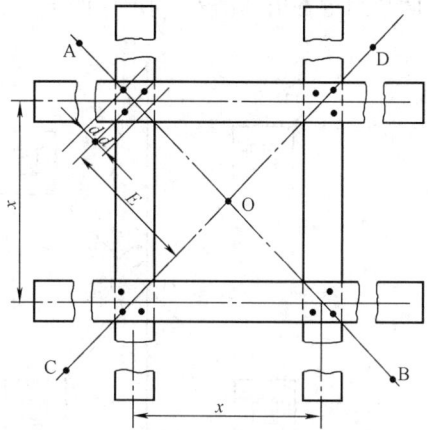

图 3-37　铁塔地脚螺栓找正样板

（4）大样板找正：将四个基础腿上地脚螺栓全部放入大样板孔内固定，自 O 点量到各地脚螺栓距离应分别为 (E_0+d)、(E_0-d) 和 E_0，基础中心之间距离 x，核对无误，即为地脚螺栓已找正。

（5）地脚螺栓找正完后，对 4 个立柱的样板操平，力求在同一平面上。然后用钢尺核对各基础地脚螺栓相互间距离并固定样板。

（6）样板固定后，按基础立柱标高测出基础面的正确位置，并在立柱模板上作好记号。然后按此记号适当调整各地脚螺栓露出基础面的长度，使其符合设计要求，并使它们处于同一高度。

三、插入式基础

插入式基础种类较多，有浇制和预制装配式、等根开和不等根开、等高腿和不等高腿基础等。它们的操平找正方法基本相同，但各有自己的特点。现以浇制式为主，介绍插入式基础的操平找正方法。

（一）浇制式基础

1. 底坑和垫块操平找正

（1）按混凝土杆的操平方法操平坑底。超深部分处理按地脚螺栓基础。然后将混凝土垫块放入坑内，并在垫块中心做一标记以便找正。

（2）如图 3-38 所示，在塔位中心桩安置仪器，测量出对角线方向，在坑外侧钉水平辅助桩 A、B、C、D。

（3）从中心桩 O 点到各辅助桩拉铁丝，用钢尺量取塔脚半对角线距离，划上印悬吊垂球，移动垫块使其中心与垂球尖端对准。

（4）4 个基础坑的垫块找正好后进行操平，使垫块均在同一水平面上。

2. 塔脚操平找正

（1）如图 3-39 所示，将塔腿上部第一层塔材组装好，然后进行塔腿的操平找正。

（2）找正时，先在各塔腿主材位于基础面半根开处作一印记 E、F、G、H。经纬仪安置在中心桩 O 点，将 E、F、G、H 点控制在对角线上，并用钢尺测量，使任一面相邻两塔腿印记间的距离符合图纸尺寸。若不满足要求，则应拨动塔脚调整到正确位置。

（3）各塔脚找正后，在 4 个塔腿的同一高度处（或印记处）沿塔腿拉一钢尺，将仪器镜头调平测量各塔腿高差。使 4 个塔腿处于同一平面上。

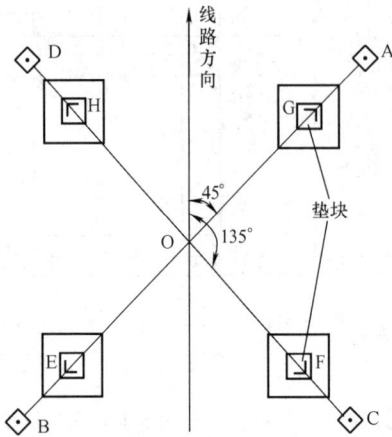

图 3-38 坑底和垫块操平找正

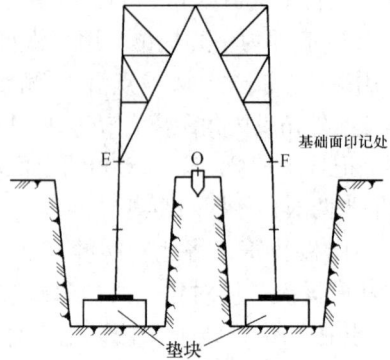

图 3-39 塔脚操平找正

（4）找正塔腿位置或调整塔腿高差时，各塔腿互相有影响，因此每次找正或调整后必须全部复查一次。

3. 模板找正

插入式基础的底模板和立柱模板位置，是根据塔脚主材位置决定的。

如图 3-40 所示，底座模板找正首先应算出 l_1 值，测量出 4 个 A1 点位置并拉线绳，使线绳与塔脚的两角钢边相切，然后将底模板操平，则

$$l_1 = \frac{L_1}{2} + h_1 \times M - d \qquad (3-8)$$

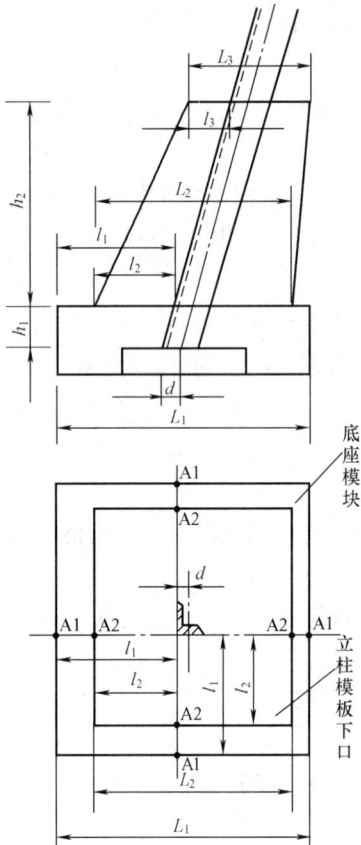

图 3-40 插入式基础模板的找正

式中 L_1——底座模板宽；

　　　h_1——垫块顶面至底模上口高度；

　　　d——角钢准距（即角钢准线与钢背脊间的水平距离）；

　　　M——塔腿设计坡度比。

同样，立柱模板的找正首先应算出立柱下口 l_2 值，测量出 4 个 A2 点位置及算出立柱上口 l_3 值，测量出 4 个 A3 点位置。然后拉线绳，使线绳与塔脚的两角钢边相切，最后立柱操平，则

$$l_2 = \frac{L_2}{2} - d \qquad (3-9)$$

$$l_3 = \frac{L_3}{2} - d \qquad (3-10)$$

式中 L_2——立柱木模下口尺寸；

　　　L_3——立柱木模上口尺寸；

　　　h_2——立柱高度尺寸。

（二）预制装配式基础

预制装配式基础有角钢基础和预制混凝土基础两种。现简单介绍预制混凝土基础的操平找正。

预制基础是按照设计的基础形式在预制厂分别将基础的立柱和底座制作好，而后运至线路桩位装配。操平找正就是要使预制基础正确地安装在杆塔位上。预制基础的操平找正方法和现浇基础基本上是一样的，所不同的是，现浇基础是操平找正模板和地脚螺丝，而预制基础是直接操平找正预制构件。下面介绍预制基础的操平找正方法。

（1）检查基坑的坑口，坑底、坑间距离是否符合要求，特别是每个坑底是否平整、是否在同一水平面上，否则要严重影响基础的操平找正。

（2）在预制基础底座上画出十字交叉线，找出底座中点，同样找出立柱的中点，划上记号，然后把基础底座吊放在各坑底。

（3）将经纬仪安置在塔位中心桩处，前视或后视相邻塔位中心桩，然后转 45°和 135°，分别钉出 45°角水平辅助桩，并钉上小钉。

（4）在对角辅助桩间用细铁丝连起来，其交点即为桩位中心 O 点。用钢尺从 O 点沿铁丝量取 $\frac{\sqrt{2}}{2}$ 倍基础根开距离，并划上记号。在记号处悬挂垂球。拔动预制基础底座，使基础底座中心对准垂球的尖端。用同样方法将其他三块基础找正。然后操平，使 4 块底座上平面在同一水平面上。

（5）用同样的方法将立柱操平找正，只是要注意立柱地脚螺栓的位置、方向要符合设计要求，同时要检查立柱的倾斜度不超过 1‰。

最后检查各立柱间水平距离，对角距离以及立柱顶面的高差至符合要求为止。

（三）不等高塔腿找正

地脚螺丝基础（包括浇制和预制）和塔脚插入基础都有不等高塔腿，它的操平找正方法基本上是相同的。下面主要介绍不等高塔脚插入基础的操平找正方法。

不等高塔腿基础的特点，两对基础有一段高差，有时两对基础的大小不一样，因此塔脚间距离不同，如图 3-41 所示。不等高塔腿铁塔虽然塔腿长短不同，可是塔腿的坡度是一致的，铁塔第一节水平铁的螺丝也是互相对称的如图 3-42 所示。我们沿短腿外侧边缘量出自印记 a 至第一节水平铁螺丝孔中线的一段长度 H，再从两长腿第一节水平铁的螺丝孔中线沿角铁外侧边缘向下各量出与 H 等长距离，划新印记 a′，则 a′和 a 就处于相对称的位置。这样四侧的根开就都和短腿根开 L_1 相同了。我们就可以根据短腿根开 L_1 用等高塔的操平找正方法来操平找正不等高塔腿了。

量距离 H 和划新印记 a′是个关键问题。假如量错了距离或划错了位置，就会造成大错，这是要特别注意的。

（四）不等根开基础

不等根开基础（矩形）的塔腿部，正侧两面的根开数不同，因其对角线与各腿地脚螺栓（正方形）对角线不同，不在同一条线上，所以不能用测对角线的方法找正，而用外对角线方法找正，但也可找出副中心桩，然后再用正方形基础的找正方法找正，具体方法如下。

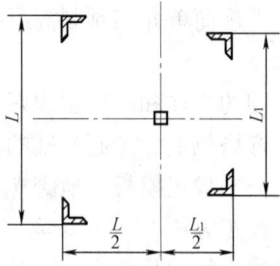

图 3-41 不等高塔腿间距　　　　　　图 3-42 不等高塔腿坡度

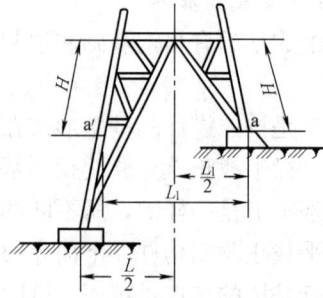

设矩形基础正面根开为 x，侧面根开 y，x 大于 y，x 与 y 之差为 R。自塔位中心桩起沿线路中心向前后各量取 $\dfrac{R}{2}$ 距离，钉副中心桩 M1 和 M2，如图 3-43 所示。从图中可看出

$$\frac{x}{2} = \frac{y+R}{2}, \text{则 } \theta = 45° \tag{3-11}$$

$$F = \frac{x}{2}\sqrt{2} \tag{3-12}$$

式中　θ——线路中心与 M1、M2 至基础中心对角线的夹角；

　　　F——由 M1、M2 至基础中心的对角线距离。

找正基础时将经纬仪置在 M1 桩上，对准前后中心桩，然后转 45° 钉立水平辅助桩，按正方形基础的操平找正方法操平找正两只基础，把经纬仪搬到 M2 桩，用同样的方法找正另两只基础。

四、井字线操平找正

铁塔基础采用井字线法操平找正时，操平工作按混凝土杆基础坑的操平方法进行。井字线找正时如图 3-44 所示，要在 1～8 号桩位钉 8 个水平桩（找正桩）。挂好井字线就可以进行找正工作。井字线各交点 A、B、C、D 为 4 个基础坑的中点，以交点为准在井字线上量出基础面宽度尺寸，以及地脚螺栓距离尺寸。用所量各点即可找正基础模板和地脚螺栓及其他型式基础的位置。

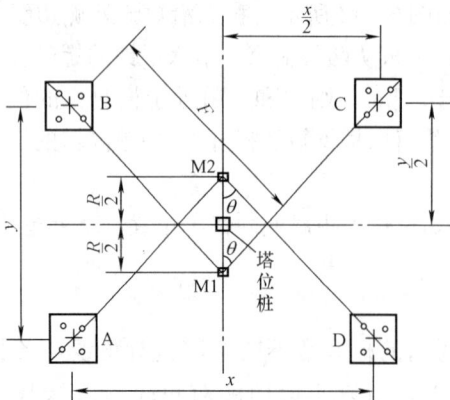

图 3-43 不等根开基础找正　　　　　　图 3-44 井字线找正

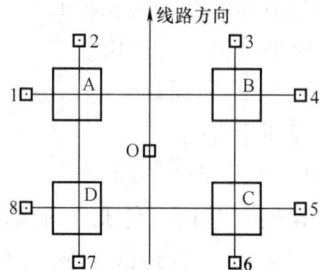

使用井字线找正，测点较多，而且多次移动仪器，容易产生测量误差。因此，采用此法找正必须保证找正桩位置准确，不受碰撞，并且 8 个找正桩顶面在同一水平面上。

第 四 章

杆 塔 组 立

第一节　常用起重工器具及选择

组立杆塔需用的工器具有十多种,主要的工器具如下。

(1) 绳索和索具:包括钢丝绳、大绳等。

(2) 滑车:包括单轮、双轮及多轮滑车。

(3) 抱杆:分为木质、钢管、角钢组合抱杆及铝合金抱杆等。

(4) 锚固工具:包括深埋地锚、桩式地锚等。

(5) 牵引动力装置:包括绞磨、绞车、电动卷扬机、汽油卷扬机、柴油卷扬机及拖拉机等。

(6) 其他起重工具:如制动器、拉线调节器、紧线器等。

工器具选择主要是由它承受的荷重性质和荷重大小而决定的。正在整立中的杆塔荷重与放在地面上静止不动的杆塔荷重是不一样的,这里需要考虑两个系数:一个是动荷系数 K_1 (又称振动系数等),另一个是冲击系数(不平衡系数) K_2。

在整立杆塔时,对于同时受冲击震动影响与不平衡分配影响的各起重设备(单杆整立时可只考虑冲击系数),在选择或验算其强度时,应将计算受力连乘动荷系数 K_1 与冲击系数 K_2 作为该元件所承受的综合计算荷重,并要求综合计算荷重数值等于或小于该起重设备的最大容许荷重。

一、绳索

(一) 钢丝绳(简称钢绳)

钢丝绳是在线路施工中最常用的绳索,常作为固定、牵引、制动系统中的主要受力绳索。

1. 钢丝绳的结构和性能

杆塔施工中常用的是普通结构单股麻绳芯双重绕捻钢丝绳 6×19 或 6×37,其规格如表4-1、表4-2所示。它是先以 19 根或 37 根相同直径的钢丝拧成股,然后 6 大股拧成绳。双重绕捻的钢丝绳,按钢丝和股的绕捻方向不同又可分为顺绕、交绕和混绕三种。顺绕挠性大、表面光滑、磨损少,但有自行扭转和受力时易松散的缺点;交绕的性能与顺绕的相反,虽耐用程度差些,但使用起来比较方便;混绕钢绳的特征是相邻层股的方向是相反的,因此它受力后产生的扭转变形在方向上具有互相抵消的作用,它兼有前两种钢绳的优点。输电线路施工中大多采用交绕钢丝绳,有条件最好用混绕钢丝绳。杆塔施工露天作业,宜选用镀锌钢丝绳。

2. 钢丝绳的选用

(1) 按强度要求选用钢丝绳承受拉力绕过滑轮或卷筒,其钢丝受拉伸、弯曲、挤压和扭转等多种应力,其中主要是拉伸应力和弯曲应力。通常仅按纯拉伸来计算,而因弯曲引起的弯曲应力影响以及因反复弯曲引起的耐久性(疲劳)问题,用适当提高滑轮或卷筒槽底直径对钢丝直径的比值和加大安全系数 K 来予以适当的控制和补偿。

表 4 - 1 **普通钢丝绳规格（GB1102）［钢丝 6×19（1+6+12），绳纤维芯］**

钢丝绳直径 （mm）	钢丝直径 （mm）	钢丝总面积 （mm²）	每百米质量 （kg）	破断拉力 （kN）
6.2	0.4	14.32	13.53	16.7
7.7	0.5	22.37	21.14	26.5
9.3	0.6	32.22	30.45	37.2
11.0	0.7	43.85	41.44	51.0
12.5	0.8	57.27	54.12	66.6
14.0	0.9	72.49	68.50	84.3
15.5	1.0	89.49	84.57	103.9
17.0	1.1	108.28	102.3	126.4
18.5	1.2	128.87	121.8	150.0
20.0	1.3	151.24	142.9	176.4

注 钢丝绳的公称抗拉强度按 1.372kN/mm² 考虑。

表 4 - 2 **普通钢丝绳规格［钢丝 6×37（1+6+12+18），绳纤维芯］**

钢丝绳直径 （mm）	钢丝直径 （mm）	钢丝总面积 （mm²）	每百米质量 （kg）	破断拉力 （kN）
8.7	0.4	27.88	26.21	31.4
11.0	0.5	43.57	40.96	49.0
13.0	0.6	62.74	58.98	70.6
15.0	0.7	85.39	80.27	96.0
17.5	0.8	111.53	104.8	125.4
19.5	0.9	141.16	132.7	158.8
21.5	1.0	174.27	163.8	196.0

注 钢丝绳的公称抗拉强度按 1.372kN/mm² 考虑。

钢丝绳的容许拉力

$$T = \frac{T_b}{KK_1K_2} = \frac{T_b}{K_\Sigma} \tag{4-1}$$

式中　T——钢丝绳的容许拉力，N；

　　　T_b——钢丝绳的破断拉力，N，可查表 4-1 或表 4-2；镀锌钢丝绳，因镀锌时退火现象，其破断拉力较光面钢丝绳降低 10%；

　　　K_Σ——综合安全系数，是钢丝绳安全系数 K，连乘以动荷系数 K_1 和冲击系数 K_2，其值可从表 4-3 选取。

表 4 - 3 **钢丝绳的安全系数**

工 作 性 质	工 作 条 件	K	K_1	K_2	K_Σ
起立杆塔或收紧导、地线时的牵引绳，作其他起吊、牵引用的牵引绳	通过滑车组用人力绞磨	4	1.1	1	4.5
	直接用人力绞磨	4	1.2	1	5
	通过滑车组用机动绞车、电动绞车	4.5	1.2	1	5.5
	直接用机动绞车、电动绞车、拖拉机或汽车	4.5	1.3	1	6

续表

工 作 性 质	工 作 条 件		K	K_1	K_2	K_Σ
起吊杆塔时的固定绳	单杆		4.5	1.2	1	5.5
	双杆				1.2	6.5
制动绳	通过滑车组用制动器制动	单杆	4	1.2	1	4.8
		双杆			1.2	5.76
	直接用制动器制动	单杆	4	1.2	1	5
		双杆			1.2	6
临时固定用拉线	用手扳葫芦或人力绞车		3	1	1	3

（2）按耐久性要求选用。钢丝绳的钢丝与钢丝之间发生的接触疲劳应力，对钢丝绳的耐久性有着重要的影响。由于钢丝绳在使用中超过其使用条件下相应的极限弯曲次数后，很快出现了疲劳破损。这个极限弯曲次数，与钢丝绳所受的拉应力及滑轮（或卷筒）槽底直径对钢丝绳直径之比有密切的关系。故钢丝绳除了满足最小安全系数 K 外，还规定钢丝绳通过的滑轮槽底直径不宜小于钢丝绳直径的 14 倍。人推或机动绞磨的磨芯直径不宜小于钢丝绳直径的 10～11 倍。作为调节用的平衡滑车，不经常旋转，且转动角度一般不大，其槽底直径可比一般要求的直径小 40%。

3. 钢丝绳使用须知

（1）选用：应根据实际工作情况，合理选择钢丝绳型式和直径。

（2）索卡连接：钢绳连接和弯套时可用索卡夹牢，索卡规格要和钢绳直径相配合，其U形螺栓弯曲部分要在钢绳活头的一边，以防损坏主绳。绳环中应夹放心形环。为了及时发现绳环受力后是否有滑动现象，应在最末一个卡子部位放出一个安全弯（见图 4-1）。

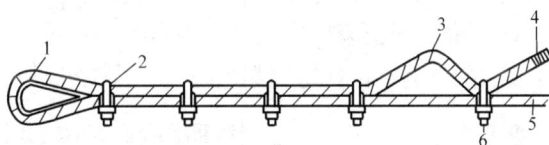

图 4-1 用卡接法制成的绳环
1—鸡心环；2—卡子；3—安全弯；4—端头；
5—主绳；6—安全卡子

（3）编插连接：编插连接方法有小接和大接两种。大接法是将两个绳头拆开后，将两绳头的绳股各割去半数，然后将两绳头对在一起，将甲绳余下的一半绳股编插到乙绳中去，将乙绳余下的一半绳股插到甲绳中去，而且编插时，将要割断的一半绳股一股一股地退出来，将与它相对的绳股镶进去填补其空位，并将一退一进的两股头合在一起塞入绳芯中去，这样编插成的接头与原绳直径相同，故可通过滑车。小接法就是将两个绳头的绳股拆开按一定的方法将它们编插在一起，这样编出的接头直径约为原钢绳直径两倍，插接股的长度不得小于其外直径的 20～24 倍，各股穿插次数不小于 4 次，使用前必须经过 125% 超负荷试验合格。编插钢绳套各部尺寸见表 4-4。

表 4 - 4　　　　　　　　　　编插钢绳套各部尺寸 (mm)

钢丝绳外径 d	编 插 尺 寸			说　　　明
	破头长度 m	绳套长度 l	编插长度 n	
8.7～9.3	400	200	300	
11～13	520	250	260	
14～17.5	700	300	350	
18～21	800	850	400	
21.5～23.5	940	400	470	
24～26	1050	450	520	
27～30	1500	520	750	
31～39	1800	700	900	

计算根据：
$$m = (45～48) d$$
$$l = (13～24) d$$
$$n = (20～24) d$$

（4）保养：新钢绳应用热油浸透麻芯，每工作 2～4 个月，先用煤油或柴油洗去油污，用钢丝刷刷去铁锈，用棉纱团把无水分的润滑油或其他浓矿物油均匀地涂在钢丝绳上。钢丝绳保存时，也应一年浸油一次，浸油后存放于高出地面的干燥地点。工程完毕后，将钢丝绳清刷干净，成卷排列，避免重叠堆置。

（5）钢绳使用：新钢绳一定要注明规格和破断拉力。使用新钢绳之前，应以其容许拉力两倍进行吊荷试验 15min；使用钢绳过程中，应避免突然受力和承受冲击荷载；起吊杆塔时，启动和制动必须缓慢；钢绳与铁件棱角接触时，应加衬垫；旧钢丝绳，使用中如发现挤出油现象，说明该钢绳受力过大，应进行检查或更换新钢丝绳。

（6）钢丝绳报废标准：钢丝绳有下列情况之一者，应报废换新或截除。

1）在一个节距（每股钢绳绕捻一周的长度）内断丝超过表 4-5 规定者。

表 4 - 5　　　　　　　起重钢丝绳一节距内断丝数报废标准表

最初的安全系数	6×19=114+1		6×24=144+1		6×37=222+1		6×61=366+1		18×19=342+1	
	逆捻	顺捻	逆捻	顺捻	逆捻	顺捻	逆捻	顺捻	逆捻	顺捻
小于 6	12	6	14	7	22	11	36	18	36	18
6～7	14	7	16	8	26	13	38	19	38	19
大于 7	16	8	18	9	30	15	40	20	40	20

注　当钢丝绳表面有磨损或腐蚀时，则表中所列数目应按下述比例减小：当腐蚀深度等于直径 10％时，应减少15％；当腐蚀深度等于直径 20％时，应减少 30％；当腐蚀深度等于直径 30％时，应减少 50％。

2）钢丝绳中有断股者。

3）钢丝绳的钢丝磨损或腐蚀深度达到原钢丝直径的 40％或钢丝绳受过严重火烧或局部电火烧过者。

4）压扁变形或毛刺严重者。

5）断丝数量虽不多，但断丝增加很快者。

（7）对使用过的钢丝绳，应按表 4-6 的规定降低标准使用。

表 4 - 6　　　　　　　　　　　　钢丝绳适用程度判断表

判　断　方　法	适用程度	使用场所
新钢丝绳。曾使用过的钢丝绳，但各股钢丝位置未动，磨损轻微，并无绳股凸起现象	100%	重要场所
各股钢丝已有变位、压扁或凸出现象，但尚未露出绳芯；钢丝绳个别部位有轻微腐蚀；钢丝绳表面上的个别钢丝有尖刺、断头现象，每米长度内尖刺数目不多于钢丝总数的 3%	75%	重要场所
钢丝绳表面上的个别钢丝有尖刺现象，每米长度内尖刺数目不多于钢丝总数的 10%；个别部分有明显的锈痕，绳股凸出不太危险，绳芯未露出	50%	次要场所
钢丝绳有明显扭曲，绳股和钢丝有部分变位，有明显凸出现象；钢丝绳全部均有锈痕，将锈痕刮去后，钢丝绳留有凹痕；钢丝绳表面上的个别钢丝有尖刺现象。每米长度内尖刺数目不多于钢丝总数的 25%	40%	作辅助工作

注　表中适用程度百分比为相当于同规格新钢丝绳破断拉力值的百分比。

（二）起重用麻绳（白棕绳）

起重用麻绳一般制成索式，索式麻绳由三个麻股捻成，每个麻股由很多麻丝捻成，两者捻向相反，以避免在载荷下松开。

起重用麻绳又称白棕绳，一般用龙舌兰麻（或剑麻）为原料捻制。这种麻纤维的抗拉力和抗扭力强，滤水快，抗海水侵蚀性好，耐摩擦且富有弹性，受冲击负荷不易折断。它适用于水中起重、船用锚缆及拖缆、陆上起重及吊物。线麻绳完全以大麻为原料，混合麻绳是龙舌兰麻、苎麻和大麻为原料，混合捻制而成，这二种麻绳抗拉力强，但耐久性及抗腐蚀性均差，不宜用于起重工作。

1. 起重用白棕绳的选用

其计算原则和钢丝绳相似。

（1）白棕绳容许拉力。白棕绳的容许拉力可计算为

$$T = \frac{T_b}{KK_1K_2} = \frac{T_b}{K_\Sigma} \tag{4 - 2}$$

式中　T——白棕绳的容许拉力，N；

T_b——白棕绳的破断拉力，N，可查表 4 - 7 得到；

K_Σ——综合安全系数，可按表 4 - 8 选用。它是牵引、起吊时的安全系数 K 和动荷系数 K_1 及冲击系数 K_2 的连乘值。

表 4 - 7　　　　　　　　　　国产起重麻绳（白棕绳）规格标准

绳直径 (mm)	质量 (kg/m)	最小破断拉力（kN）			绳直径 (mm)	质量 (kg/m)	最小破断拉力（kN）		
		Ⅰ级	Ⅱ级	Ⅲ级			Ⅰ级	Ⅱ级	Ⅲ级
6	0.03	3.969	2.626	1.725	26	0.48	48.708	33.124	21.854
8	0.06	6.527	4.312	2.842	28	0.55	55.958	38.122	25.088
10	0.08	9.016	5.978	3.842	30	0.63	64.876	43.61	29.302
12	0.11	11.427	7.595	4.988	32	0.72	72.912	49.098	33.026
14	0.14	15.974	10.682	7.075	34	0.81	80.752	54.488	36.652
16	0.18	19.208	13.132	8.536	36	0.91	88.20	59.682	40.18
18	0.23	24.108	16.268	10.78	40	1.12	107.506	72.912	49.098

续表

绳直径 （mm）	质量 （kg/m）	最小破断拉力（kN）			绳直径 （mm）	质量 （kg/m）	最小破断拉力（kN）		
		Ⅰ级	Ⅱ级	Ⅲ级			Ⅰ级	Ⅱ级	Ⅲ级
20	0.28	30.576	20.678	13.622	44	1.36	117.698	79.968	53.802
22	0.34	36.848	24.892	16.464	48	1.61	137.20	93.688	63.014
24	0.40	42.924	29.008	19.208	52	1.90	158.76	108.094	72.618

表 4 - 8　　　　　　　　　　　麻绳的综合安全系数 K_Σ

序　号	工 作 性 质 及 条 件	K	K_1	K_2	K_Σ
1	通过滑车组整立杆塔或紧导、地线时的牵引绳	5.5	1.1	1	6
2	起立杆塔时的吊点固定绳（单杆/双杆）	6	1.2	1/1.2	7.2/8.6
3	起立杆塔时的根部制动绳（单杆/双杆）	5.5	1.2	1/1.2	6.6/7.9
4	起立杆塔时的临时拉线	4	1.2	1.1	5.3
5	作其他起吊或牵引用的牵引绳及吊点固定绳	5.5	1.2	1	6.6

　　注　1. 对于旧的起重麻绳，在考虑安全系数时，应按本表所列值加大 40%～100%；

　　　　2. 对于受潮的素麻绳，安全系数应按本表所列值加大 1 倍。

（2）按容许最小卷绕直径选用。起重用麻绳（白棕绳）除了满足安全系数要求外还必须满足最小卷绕直径的要求。

滑轮（或卷筒）槽底的直径 D 和起重白棕绳标称直径（外接圆直径）d 之比，在人力驱动方式应大于或等于 10，在特殊场合降低到 7 时，必须减少起重麻绳的使用应力 25%。

2. 各种绳结和绳扣

起重用绳结、绳扣型式很多。对现场使用的结扣要求是：通用简单、安全可靠、结扣方便、解扣容易。

所有绳结都是利用绳索间摩擦力和绳本身的拉力来压紧，或通过收紧尾绳来达到固定目的。对于钢丝绳的结扣，应避免打结，更不应在绳中段打结，以免产生永久性扭弯变形。常用绳结及绳扣见图 4 - 2 和表 4 - 9。

表 4 - 9　　　　　　　　　　　绳结及绳扣用途及特点

图4-2编号	绳结名称	绳　结　用　途　及　特　点
（a）	十字结	临时将麻绳的两端结在一起时采用。能自紧，容易解开
（b）	水手通常结	用于较重的荷重。能自紧，容易解开
（c）	终端搭回结	用于较重的荷重。能自紧，容易解开
（d）	水手结	钢丝绳端或麻绳端结一绳套时采用。不能自紧，容易解开
（e）	双套结	钢丝绳端或麻绳端结一绳套时采用。不能自紧，容易解开
（f）	双结	用于轻的荷重。能自紧，容易解开
（g）	死结	用于钢丝绳或麻绳提升荷重用
（h）	木工结	用于麻绳提升轻物，容易解开
（i）	8字结	以麻绳提升小荷重时采用
（j）	双环绞缠结	以麻绳垂直提升质量轻而体长的物体时采用
（k）	索套式结	长时期绑扎荷重时使用
（l）	钩头结	起吊荷重时使用
（m）	钩头结	往吊钩上绑牵引机械时使用

续表

图4-2编号	绳结名称	绳 结 用 途 及 特 点
(n)	梯形结	木抱杆结绑线时用
(o)	双梯形结	木抱杆结绑线时用
(p)	节结	用于接长绳索的绳结,适用于麻绳
(q)	活结	用于接长绳索的绳结,适用于麻绳
(r)	绳环结	绳索与绳环或绳套的连接,用于钢绳,无绳环一端应为软钢绳
(s)	展帆结	用于钢绳或麻绳的绳环与细软绳索的连接
(t)	栓柱绳结	用于系柱子和锚桩
(u)	搭索扣	用于不能将重物一次吊起,需中途临时固定时用
(v)	抬重物结	用木杠抬重物用
(w)	拖拉机结	绳的两端固定,将中间多余的绳索缩短用
(x)	腰绳结	高空作业时绑腰绳用

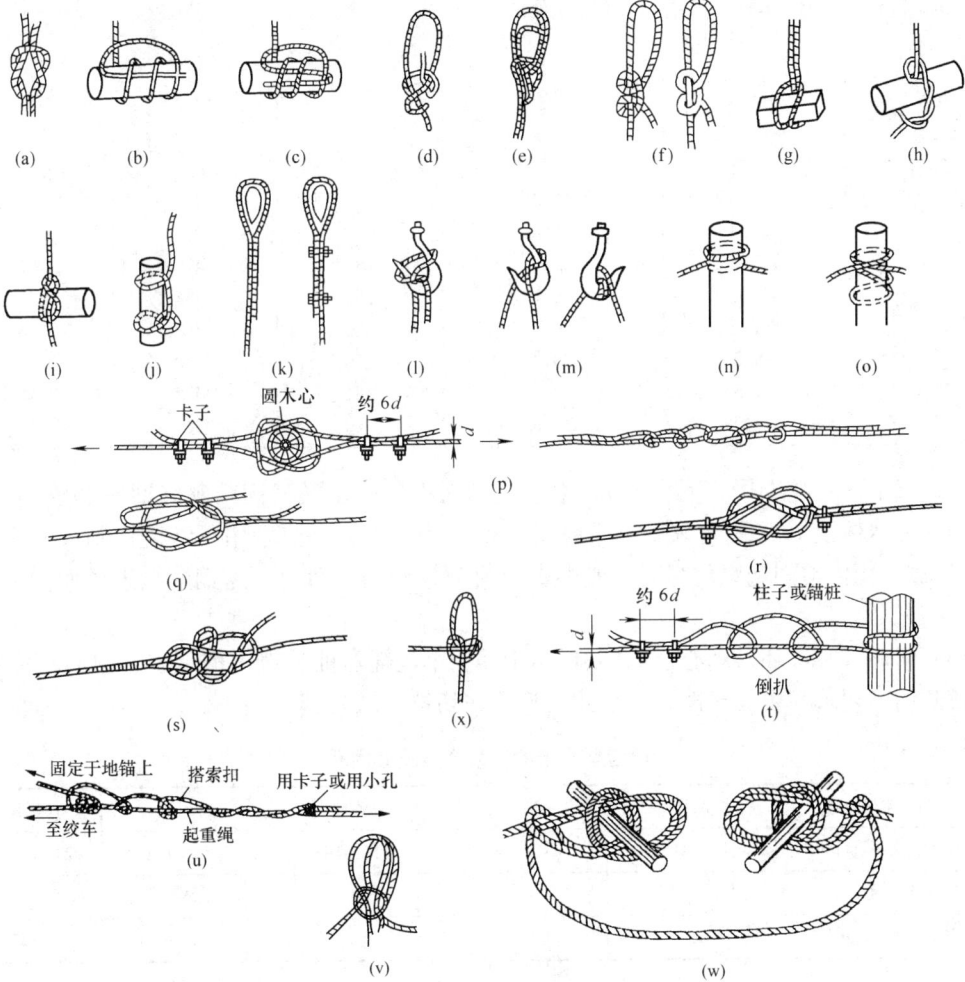

图 4-2 绳结及绳扣

(a) 十字结;(b) 水手通常结;(c) 终端搭回结;(d) 水手结;(e) 双套结;(f) 双结;(g) 死结;(h) 木工结;(i) 8字结;
(j) 双环绞缠结;(k) 索套式结;(l) 钩头结;(m) 钩头结;(n) 梯形结;(o) 双梯形结;(p) 节结;(q) 活结;
(r) 绳环结;(s) 展帆结;(t) 栓柱绳结;(u) 搭索扣;(v) 抬重物结;(w) 拖拉机结;(x) 腰绳结

（三）索具

钢丝绳用来进行牵引时与其他物体连接所用的连接零件称索具。索具包括卸扣、索卡及索环。

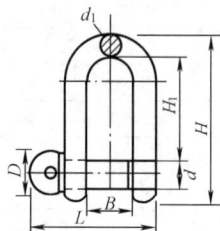

图 4-3　卸扣示意图

（1）卸扣（U 形环、卡环）。它是起重工作中最广泛而灵活的栓接工具，用 20 号优质碳素钢（平炉钢）制成，用锻造，不能用铸造方法制造。锻造后，必须经准确的退火处理，以消除其残存的内应力，增加其韧性。

卸扣由弯环和横销两部分组成，横销同弯环为丝扣连接，输电线路施工常用的卸扣见表 4-10、图 4-3。

表 4-10 　　　　　　　　　　钢绳卸扣主要尺寸及容许荷载（沪 Q/JB 44）

卸扣号码	容许荷载（kN）	钢绳最大的直径（mm）	H（mm）	d（mm）	d_1（mm）
0.2	1.96	4.7	49	M8	6
0.3	3.234	6.5	63	M10	8
0.5	4.90	8.5	72	M12	10
0.9	9.114	9.5	87	M16	12
1.4	14.21	13	115	M20	16
2.1	20.58	15	133	M24	20
2.7	26.46	17.5	146	M27	22
3.3	32.34	19.5	163	M30	24
4.1	40.18	22	180	M33	27
4.9	48.02	26	196	M36	30
6.8	66.64	28	225	M42	36
9.0	88.2	31	256	M48	42
10.7	104.86	34	284	M52	45
16.0	156.8	43.5	346	M64	52

（2）索卡（钢绳卡子、元宝卡）。索卡是用在钢丝绳末端，固结钢绳回头和钢绳本体，它由臼齿形本体及 U 形固定螺丝（带螺母及弹簧垫）组成，前者用可锻铸铣制成，后者用 A3 钢制成。用索卡固定钢丝绳时，所用索卡的个数与相互间距，随钢丝绳直径而增加，参见表 4-11。

（3）索环（心形环、鸡心环）。索环用于保护钢丝绳弯曲最严重的部位，用 A3 钢制成，热镀锌防锈；要求其表面光滑，无毛刺、疤痕、切纹等缺陷。

表 4-11 　　　　　　　　　　臼齿型索卡的安装个数及其间距

索卡规格型号	M10	M12	M14	M16	M18
适用钢丝绳直径（mm）	$\phi11\sim\phi12.5$	$\phi13\sim\phi14$	$\phi15\sim\phi19.5$	$\phi20\sim\phi21$	$\phi21.5\sim\phi24.5$
索卡个数	3	4	4	5	5
索卡间距离（mm）	80	100	100	120	140

二、起重滑车

滑车亦称滑轮，牵引绳索通过它时产生旋转运动。滑车可分为定滑车和动滑车两类。定滑车可以改变作用力的方向，作导向滑轮；动滑车可以做平衡滑车，平衡滑车两侧钢绳受力。一定数量的定滑车和动滑车组成滑车组，既可按工作需要改变作用力的方向，又可组成省力滑车组。滑车的类型如图 4-4 所示。

1. 起重滑车的效率

起重滑车尽管润滑很好，但因存在轴承摩擦阻力与绳索刚性阻力，因此起重过程中所做的功永远小于牵引力做的功，效率总是小于 100%。根据单个起重滑车或滑车的效率，可求出钢绳牵引端的力。

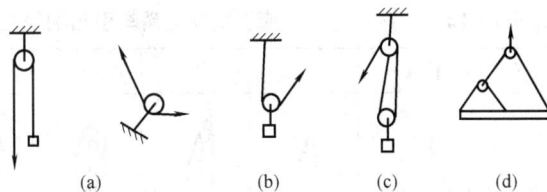

图 4-4 滑车的类型

(a) 定滑车；(b) 动滑车；(c) 滑车组；(d) 平衡滑车

（1）定滑车的效率。定滑车被牵引荷重所行进的距离和牵引绳索所行进距离相等，故它的效率为

$$\eta = \frac{Q}{T} = \frac{1}{\varepsilon_\alpha} \tag{4-3}$$

式中　Q——被牵引荷重，kN；

　　　T——牵引力，kN；

　　　ε_α——滑车阻力系数。

（2）动滑车的效率。动滑车被牵引荷重所行进的距离为牵引绳索距离的一半，它的效率为

$$\eta = \frac{Q}{2T} = \frac{1+\varepsilon_\alpha}{2\varepsilon_\alpha} \tag{4-4}$$

式中符号意义同前。

（3）牵引绳从定滑车引出的滑车组效率。这种情况下所需的牵引力 F 为

$$F = \frac{Q}{n\eta_\Sigma} = \frac{Q\varepsilon_\Sigma}{n} = Q\frac{\varepsilon^n(\varepsilon-1)}{\varepsilon^n-1} = Q\frac{1-\eta}{\eta(1-\eta^n)} \tag{4-5}$$

当牵引绳从滑车组的定滑车引出后，又通过导向滑车时，所需要的牵引力 F' 为

$$F' = \frac{(1-\eta)\varepsilon_\alpha}{\eta(1-\eta^n)}Q \tag{4-6}$$

式中　Q——荷重，kN；

　　　n——滑车组的滑轮数（或工作绳索数）；

　　　η_Σ——滑车组的综合效率；

　　　ε_Σ——滑车组的综合阻力系数；

　　　η——定滑车的效率；

　　　ε_α——牵引绳通过导向滑车时阻力系数。

式（4-5）、式（4-6）可制成表格，如表 4-12 所示。

（4）牵引绳从动滑车引出的滑车组效率。这种情况下，所需的牵引力 F 为

$$F = \frac{Q}{\eta_\Sigma(n+1)} = \frac{Q\varepsilon_\Sigma}{n+1} = Q\frac{\varepsilon^n(\varepsilon-1)}{\varepsilon^{n+1}-1} = Q\frac{1-\eta}{1-\eta^{n+1}} \tag{4-7}$$

当牵引绳从滑车组的动滑车引出后，又通过导向滑车时，所需牵引力 F' 为

$$F' = \frac{(1-\eta)\varepsilon_\alpha}{1-\eta^{n+1}}Q \tag{4-8}$$

式中符号意义和前相同。式（4-7）、式（4-8）可制成表格，如表 4-13 所示。

表 4 - 12　　　　　　　　　牵引端从定滑车引出的钢丝绳滑车组的主要性能

滑车组的滑轮数 n	1	2	3	4	5	6	7	8
滑车组的连接方式								
每个单滑车的效率 η	0.95	0.95	0.95	0.95	0.95	0.95	0.95	0.95
牵引端的拉力 F	$1.05Q$	$0.540Q$	$0.369Q$	$0.284Q$	$0.233Q$	$0.198Q$	$0.174Q$	$0.156Q$
牵引端又通过导向滑车的拉力 F'（导向滑车效率 $\eta_a=0.96$）	$1.09Q$	$0.562Q$	$0.384Q$	$0.295Q$	$0.242Q$	$0.206Q$	$0.182Q$	$0.162Q$
牵引端又通电导向滑车的拉力 F'（导向滑车效率 $\eta_a=0.98$）	$1.07Q$	$0.551Q$	$0.376Q$	$0.289Q$	$0.237Q$	$0.203Q$	$0.178Q$	$0.159Q$
每个单滑车的效率 η	0.98	0.98	0.98	0.98	0.98	0.98	0.98	0.98
牵引端的拉力 F	$1.02Q$	$0.515Q$	$0.347Q$	$0.263Q$	$0.212Q$	$0.178Q$	$0.155Q$	$0.137Q$
牵引端又通过导向滑车的拉力 F'（导向滑车效率 $\eta_a=0.98$）	$1.05Q$	$0.526Q$	$0.354Q$	$0.268Q$	$0.216Q$	$0.182Q$	$0.158Q$	$0.140Q$

表 4 - 13　　　　　　　　　牵引端从动滑车引出的钢丝绳滑车组的主要性能

滑车组的滑轮数 n	1	2	3	4	5	6	7	8
滑车组的连接方式								
每个单滑车的效率 η	0.95	0.95	0.95	0.95	0.95	0.95	0.95	0.95
牵引端的拉力 F	$0.505Q$	$0.350Q$	$0.270Q$	$0.221Q$	$0.189Q$	$0.166Q$	$0.148Q$	$0.135Q$
牵引端又通过导向滑车的拉力 F'（导向滑车效率 $\eta_a=0.96$）	$0.546Q$	$0.365Q$	$0.280Q$	$0.230Q$	$0.196Q$	$0.172Q$	$0.154Q$	$0.141Q$
牵引端又通电导向滑车的拉力 F'（导向滑车效率 $\eta_a=0.98$）	$0.536Q$	$0.358Q$	$0.275Q$	$0.225Q$	$0.193Q$	$0.169Q$	$0.151Q$	$0.138Q$
每个单滑车的效率 η	0.98	0.98	0.98	0.98	0.98	0.98	0.98	0.98
牵引端的拉力 F	$0.510Q$	$0.340Q$	$0.258Q$	$0.208Q$	$0.175Q$	$0.151Q$	$0.134Q$	$0.120Q$
牵引端又通过导向滑车的拉力 F'（导向滑车效率 $\eta_a=0.98$）	$0.520Q$	$0.347Q$	$0.263Q$	$0.212Q$	$0.179Q$	$0.155Q$	$0.137Q$	$0.123Q$

2. 起重滑车型号和起重量

滑车的滑轮固定在轮轴上可以自由转动，在轮毂内装有青铜轴套、粉末冶金轴套的滑动轴承或滚动轴承。在输电线路施工中，一般采用滚动轴承。当采用滑动轴承时，必须定期注油润滑，以减少磨损，提高传动效率。

H 系列滑车产品型号规格均用一组文字代号表示，代号由 4 部分组成。

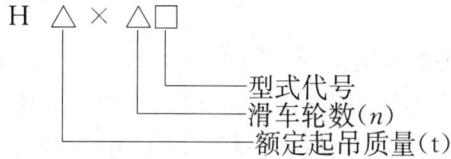

$$ H\ \triangle \times \triangle\square $$

型式代号
滑车轮数(n)
额定起吊质量(t)

滑车型式代号如表 4-14 所示。

表 4-14　　　　　　　　　　滑车的型式代号

型　式	开　口	闭　口	吊　钩	链　环	吊　环	吊　梁	挑式开口
代　号	K	不加 K	G	L	D	W	K$_B$

3. 滑车的选用

选用滑车是先根据起吊质量和需要的滑轮数，按表 4-15 查得滑车滑轮槽底的直径和配合使用的钢丝绳直径，核查所选用的钢丝绳是否符合规定。

表 4-15　　　　　　　　　　H 滑 车 系 列 表

轮槽底径（mm）	起吊质量（t）0.5	1	2	3	5	8	10	16	20	32	50	80	100	140	使用钢丝绳 φ（mm）适用的	最大的
				滑　轮　数												
70	1	2													5.7	7.7
85		1	2	3											7.7	11
115			1	2	3	4									11	14
135				1	2	3	4								12.5	15.5
165					1	2	3	4	5						15.5	18.5
185							2	3	4	6					17	20
210								1	3	5					20	23.5
245								1	2	4	6				23.5	25
280									2	3	5	7			26.5	28
320										1	4	6	8		30.5	32.5
360									1	2	3	5	6	8	32.5	35

为保证钢丝绳或麻绳耐久性，使用钢丝绳的滑车，滑轮槽底直径和配合使用的钢丝绳直径之比，应符合钢丝绳选用一节的规定。如果所选用的滑轮和钢丝绳，不符合规定，则应选用大一号的滑车。

同时，为延长钢丝绳的使用寿命，滑轮槽直径应符合表 4-16 的规定。

确定起吊质量和滑轮数后，根据所需吊钩型式、滑车需否开

表 4-16　钢丝绳直径与滑轮槽直径的关系

钢丝绳直径 d（mm）	滑轮槽最小直径（mm）	滑轮槽最大直径（mm）
6~8	$d+0.4$	$d+0.8$
8.5~19	$d+0.8$	$d+1.6$
20~28.5	$d+1.2$	$d+2.4$

口等选用型号。

三、起重抱杆

输电线路施工中，起重抱杆是起吊的主要工具之一。起重抱杆不但广泛用于杆塔组立，而且也用于装卸材料设备。我国输电线路施工工艺的改进提高是和抱杆新材料、新结构紧密相连的。

（一）抱杆种类

（1）圆木抱杆。这种抱杆用梢径 $10\sim20$cm，长 $500\sim1500$cm 的杉、松木制成，缩径率一般为 $0.8\%\sim1.0\%$。木抱杆使用历史长、简单方便、无棱角、弹性大，但木材抗压强度低、耐久性差、随起吊杆塔高大，受木抱杆长度限制，目前在线路施工中应用减少，但在配电线路施工和外拉线小抱杆组塔时仍得到使用。木抱杆使用中应特别注意轻提轻放，不受内伤。

当抱杆两端铰支（$\mu=1$），整杆长细比 $\lambda>75$ 时，不同长度 l、梢径 d_1 圆木抱杆允许加于轴向的压力可如表 4-17 所列。

表 4-17 缩径率 0.8%圆木抱杆容许轴心受力（kN）

梢径（cm） 长度（m）	10	11	12	13	14	15	16	17	18	19	20
5	12.25	16.856	22.736	29.988	38.808	49.49	62.23	77.322	94.962	115.44	139.16
6	9.604	13.132	17.542	23.03	29.596	37.534	47.04	58.114	71.148	86.14	103.684
7	7.938	10.78	14.308	18.62	23.814	30.086	37.436	46.158	56.252	68.012	81.438
8	6.762	9.114	12.054	15.582	19.894	24.99	31.066	38.122	46.354	55.958	66.836
9	5.978	7.938	10.486	13.462	17.052	21.364	26.46	32.34	39.20	47.138	56.154
10	5.292	7.056	9.212	11.858	14.896	18.62	23.03	28.028	33.908	40.67	48.216
11	4.90	6.37	8.33	10.682	13.426	16.562	20.482	24.892	29.988	35.868	42.434
12	4.41	5.88	7.546	9.604	12.054	14.994	18.326	22.246	26.754	31.85	37.632
13	4.116	5.39	6.958	8.82	11.074	13.622	16.66	20.188	24.206	28.714	34.006
14	3.822	4.998	6.468	8.184	10.192	12.544	15.288	18.424	22.05	26.166	30.87
15	3.528	4.508	5.978	7.546	9.408	11.564	14.011	16.954	20.286	24.01	28.224

当圆木抱杆顶端用 4 根十字型对称布置、对地夹角 $45°$ 的 4 方拉线固定，直立或倾斜 $10°$ 以内时，其允许起吊质量见表 4-18。

表 4-18 圆木抱杆允许起吊质量

允许起吊质量 （t）	抱杆高度（m）	抱杆梢径（cm）	拉线钢丝绳直径 （mm）	起重滑车轮数		滑车组用钢丝绳直径 （mm）
				动滑车	定滑车	
3	8.5 11.0 13.0 15.0	20 22 22 24	15.5	1	2	12.5
5	8.5 11.0 13.0 15.0	24 26 26 27	20.0	1	2	15.5

续表

允许起吊质量 （t）	抱杆高度（m）	抱杆梢径（cm）	拉线钢丝绳直径 （mm）	起重滑车轮数		滑车组用钢丝绳直径 （mm）
				动滑车	定滑车	
10	8.5 11.0 13.0	30 30 31	21.5	2	2	17.0

（2）角钢抱杆。用 A3 角钢，分段成桁架结构焊接而成，段间用内螺栓在现场组装，作长抱杆用时，两端制成收缩截面，是现在广泛使用的抱杆形式。角钢抱杆的容许轴心受力如表 4-19 所示。

表 4-19　　　　　　　　　　　　角钢抱杆的容许轴心受力

示 意 图									
抱杆长度（m）	15	20	25	30	15	22.5	30	15	22.5
抱杆自质量（t）	2.3	3.0	3.7	4.4	3.3	4.4	5.4	1.3	1.8
容许受力（kN）	294	245	196	147	372	353	294	147	98

（3）钢管抱杆。一般用无缝钢管或 A3 钢板卷制成，往往设计成分段式的杆段，用内法兰连接，可装可拆，在水中有浮力，便于搬运和转移；当壁厚 2.5mm，小头外径 140mm，大头外径 220mm，全长 11.5m 时，其容许轴心受压力为 58.8kN，抱杆自质量仅为 180kg。

钢管抱杆容许轴心受力，如表 4-20 所示。为了加强钢管抱杆的中部断面用三根或四根角钢顺抱杆焊接补强。

表 4-20　　　　　　　　　　　　钢管抱杆的容许轴心受力

容许轴心受力 （kN）	抱 杆 长 度（m）			
	8	10	15	20
29.4	159/6	159/6	273/8	325/8
49	219/8	219/8	273/8	325/8
98	219/8	219/8	273/8	325/8
147	273/8	273/8	325/8	377/10
196	273/8	273/10	325/8	426/10

注　表中分子为钢管外径（mm），分母为钢管壁厚（mm）。

（4）铝合金抱杆。国产 16 号硬铝密度只有钢的 1/3，而其机械强度和 A3 钢近似，故输电线路施工中常用铝合金抱杆。它由铝合金铆接成分段桁架结构，在使用和运输上都比较方便，但不耐冲击，必须小心轻放。铝合金弹性模量比钢小很多，所以纵压稳定性差，一般控制长细比在 60～70 之间为宜。铝合金抱杆容许轴心受力如表 4 - 21 所示。

表 4 - 21 铝合金抱杆的容许轴心受力

示 意 图			
抱杆全长（m）	11.0	9.7	15
抱杆最大断面（cm）	35×35	30×30	50×50
自重（kg）	97	83	—
容许受力（t）	78.4	78.4	118

（二）抱杆端部支承方式

抱杆端部支承方式，对其纵向受压稳定影响很大。理想的杆端支承方式有铰支端、嵌固端、自由端三种。铰支端有转动而无横向移动；嵌固端不允许杆端截面有转动与移动；自由端允许截面自由转动与横向移动而无约束。实际使用中不可能都是理想的杆端支承，多数只是在接近理想的支承方式下进行工作，输电线路施工接近理想端部支承方式有下列几种：

（1）两端铰支抱杆。落地式独立抱杆、落地内摇臂抱杆，底部直接着地或有铰型支座，故根部横向移动受地面阻力；抱杆顶部有落地拉线或腰箍固定，存在弹性移动，实际上是弹性铰支。

倒落式抱杆底部也是直接着地或有铰型支座；其顶端在牵引钢绳和固定钢绳之间受到约束，这些抱杆都可以近似按两端铰支处理。

在计算时为更接近实际杆弹性铰支条件，这种抱杆折算长度系数 $\mu=1.0～1.1$。

（2）根端嵌固、顶端铰支抱杆。外拉线抱杆组塔时，抱杆用钢丝绳绑扎于塔身，绑扎松紧程度不同，抱杆根部约束情况也不同，实际为近似嵌固端或铰支端；顶端以十字落地拉线固定，实际上是弹性铰支。这种抱杆可近似看为根端嵌固，顶端铰支，或根、顶端均为铰支结构处理，这时抱杆折算长度系数可按 0.7～0.8 处理。

（3）根端嵌固、顶端自由（悬臂）抱杆。小抱杆组塔，根端用钢丝绳绑扎，顶端不受任何支承作用，靠根端嵌固作用维持承重，但实际上根端也绝非绝对嵌固。这种抱杆可近似按根端嵌固、顶端自由处理，抱杆折算长度系数 μ 可按 2～2.2 处理。

（三）抱杆的强度计算

抱杆是细长的柱体，起重过程中抱杆四周都有拉线，在与抱杆垂直方向力量互相保持平衡，抱杆本身可以认为没有弯曲力，而顺抱杆方向力量则是集中垂直下压。

抱杆是细长柱体，承受垂直下压力之后，中间部分可能弯曲而减低了它的抗压强度，减少的程度与抱杆细长比有关。这个发生弯曲的断面称为危险断面。两端铰支者，危险断面在抱杆中部；根端铰支者，危险断面在抱杆中部以上；根端嵌固、顶端自由时，危险断面在中部以下。

细长比 λ 是压杆的折算长度 μl 和压杆截面惯性半径（或称回转半径）r 之比。

$$\lambda = \frac{\mu l}{r} \tag{4-9}$$

$$r = \sqrt{\frac{J}{F}} \tag{4-10}$$

式中 μ——抱杆长度折算系数；

     l——压杆长度，cm；

     J——压杆截面的惯性矩，cm^4；

     F——压杆截面积，cm^2；

根据细长比的大小，木材 $\lambda \leqslant 75$、钢材 $60 < \lambda \leqslant 100$，称中柔度等截面压杆。木材 $\lambda > 75$、钢材 $\lambda > 100$ 时，称大柔度等截面抱杆。

根据压杆稳定理论：小柔度等截面短压杆，其强度根据材料强度许用应力决定；中、大柔度抱杆，选择使用时不仅要考虑它的强度，还要考虑它会不会因受力而弯曲，也即要有足够的稳定性，才能保持正常工作。很显然，这个许用应力要比简单受压许用应力 $[\sigma]_y$ 要小，称为稳定许用应力 $[\sigma]_w$。

$$[\sigma]_w = \varphi [\sigma]_y \tag{4-11}$$

φ 称压杆纵向弯曲系数，是个小于 1 的系数，简称折减系数。现将各种抱杆材料折减系数列于表 4-22。

表 4-22   中心受压截面压杆容许压应力折减系数 φ

细长比 λ	60	70	80	90	100	110	120	130	140	150	160	170	180	190	200
钢 3	0.86	0.81	0.75	0.69	0.60	0.52	0.45	0.40	0.36	0.32	0.29	0.26	0.23	0.21	0.19
锰钢 16	0.78	0.71	0.63	0.54	0.46	0.39	0.33	0.29	0.25	0.23	0.21	0.19	0.17	0.15	0.13
木材	0.71	0.60	0.48	0.38	0.31	0.25	0.22	0.18	0.16	0.14	0.12	0.11	0.10	0.09	0.08
硬铝 16	0.455	0.353	0.269	0.212	0.172	0.142	0.119	0.101	0.087	0.076					

中心受压抱杆强度计算时，根据抱杆材料、轴中心计算压力 p、抱杆折算长度 μl 等参数，按整杆稳定性要求，预选抱杆细长比 λ，选择抱杆断面形式及尺寸的计算式为

$$\varphi F \geqslant \frac{(p + G) \times 0.0098}{[\sigma]_y} \tag{4-12}$$

当根据已有的抱杆及其尺寸核算其容许承载能力时，按整杆稳定性要求，可采用式 (4-13) 确定其轴中心压力 $[p]$。由于式 (4-13) 中有 F 和 φ 两个未知量，其中 φ 和细长比 λ 有关，λ 又和 F 有联系，故计算时须渐近试凑，才能确定抱杆的合适截面。在具体计算时，先假定截面，然后按式 (4-14) 或式 (4-15) 复核其强度

中心受压时

$$[p] \leqslant \varphi F[\sigma]_y - G \times 0.0098 \qquad (4-13)$$

或

$$\sigma = \frac{(p+G)0.0098}{\varphi F} \leqslant [\sigma]_y \qquad (4-14)$$

偏心受压时

$$\sigma = \frac{(p+G)0.0098}{\varphi F} + \frac{M_p}{W} \leqslant [\sigma]_压 \qquad (4-15)$$

或

$$[p] = \frac{\varphi[\sigma]_y F - G0.0098}{1 + \frac{e}{W}\varphi F}$$

式中　p——加于抱杆轴中心的计算荷重，N；

　　$[p]$——抱杆容许的轴心压力，kN；

　　G——抱杆危险断面以上的抱杆自质量，kg；

　　F——抱杆危险断面的截面积，cm^2；

　　φ——折减系数（可查表 4-22），根据抱杆细长比 λ 决定，λ 计算见式 (4-9)；

　　　　对于木抱杆：

　　　　当 $\lambda > 75$ 时，$\varphi = 3100/\lambda^2$；

　　　　当 $\lambda < 75$ 时，$\varphi = 1 - 0.8 (\lambda/100)^2$；

　　$[\sigma]_y$——容许压应力，kN/cm^2；

　　e——偏心距，cm；

　　M_p——由于外荷重的偏心作用而产生的偏心弯矩，$kN \cdot cm$；

　　W——抱杆中部断面的断面系数，cm^3。

【例 4-1】 有一圆木抱杆，用于外拉线抱杆立塔，梢径 16cm，有效长度为 8m，木抱杆缩径率为 1%，木材许用压应力 $[\sigma]_y = 0.98 kN/cm^2$，单位容重取 $600 kg/m^3$。求此抱杆最大允许使用力。

解　木抱杆根径为　　　　　　$16 \times 1\% \times 800 = 24$（cm）

平均直径　　　　　　　　$d_0 = (16 + 24)/2 = 20$（cm）

抱杆中部截面积　　　　　$F_0 = \pi \times 20^2/4 = 314$（$cm^2$）

回转半径　　　　　　　　$i = d_0/4 = 5$（cm）

外拉线抱杆 μ 取 0.7，则细长比

$$\lambda = \mu l/i = 0.7 \times 800/5 = 112775$$

折减系数　　　　　　　　$\varphi = 3100/112^2 = 0.247$

危险断面以上质量　　　　$G = 0.0314 \times 8 \times 600 \times 0.5 = 75.35$（kg）

抱杆容许压力

$$[p] = \varphi F[\sigma]_y - G \times 0.0098$$
$$= 0.247 \times 314 \times 0.98 - 75 \times 0.0098$$
$$= 76 - 0.74 = 75.26 (kN)$$

【例 4-2】 已知 A3 钢钢管抱杆有效长度 1.1m，外径为 16.8cm，内径为 15.8cm，抱杆自质量 230kg，

设偏心距为抱杆长 3‰，试计算纵向偏心受压容许压力。

解 抱杆截面积 $F=\pi\ (16.8^2-15.8^2)\ /4=25.6\ (\text{cm}^2)$

抱杆断面系数 $W=\dfrac{\pi}{32}\left(\dfrac{16.8^4-15.8^4}{16.8}\right)=101.3\ (\text{cm}^3)$

抱杆回转半径 $i=\sqrt{\dfrac{J}{F}}=\sqrt{\dfrac{\pi}{64F}}\ (16.8^4-15.8^4)=5.77\ (\text{cm})$

纵向偏心距 $e=0.003\times1100=3.3\ (\text{cm})$

抱杆长细比 $\lambda=\dfrac{\mu l_0}{i}=\dfrac{1\times1100}{5.77}=191$

查表 4-23 得 $\varphi=0.20$

钢材 $[\sigma]_y=15.696\text{kN/cm}^2$

偏心受压容许压力为

$$[p]=\dfrac{0.20\times15.696\times25.6-0.0098\times0.5\times230}{1+\dfrac{3.3}{101.3}0.20\times25.6}$$

$$=67.85(\text{kN})$$

选择抱杆高度要适当，如倒落式整体立塔时，抱杆选得长，其他工具受力就相对减少。但抱杆高，其稳定状况就要变差，必须加大抱杆截面，这样抱杆质量加大，所以相互制约。根据经验，倒落式抱杆高度宜等于杆塔重心高度 0.8～1.0 倍。固定人字抱杆立配电线路混凝土杆时，要求把电杆吊空，所以抱杆除略高于水泥杆重心高度外，还要考虑滑轮组之间距离。

（四）抱杆使用须知

抱杆必须有出厂合格证，并符合行业有关法律、法规及强制性标准和技术规程的要求。使用过的抱杆，每年做一次荷重试验，加荷重为允许荷重 200%，持续 10min，合格者方可使用。

使用之前对抱杆进行外观检查，圆木抱杆腐朽、损伤严重、弯曲过大，金属抱杆弯曲、变形、锈蚀或出现裂纹时，均不得使用。

抱杆在使用、搬运中，应严禁抛掷和碰撞。使用时不能超荷载。

四、锚固工具

输电线路施工中，固定牵引绞磨，固定牵引滑车、转向滑车、临时拉线、制动杆根等均要使用临时锚固工具，要求它承重可靠、施工方便、便于拔出、能重复使用。常用的锚固工具有地锚、桩锚、地钻、船锚及锚链。

（一）地锚

地锚是输电线路野外施工最常用、最经济的锚固工具。使用时，将地锚埋入一定深度的地锚坑内，固定在地锚上的钢绞线或连接在地锚上钢丝绳套同地面成一定角度从马道引出，填土夯实。

临时地锚应用较多的是圆木深埋地锚，如图 4-5 所示，其次是钢板地锚。

圆木地锚采用短圆木作锚体，

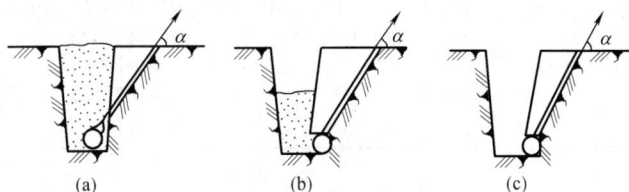

图 4-5　圆木深埋地锚的型式

（a）普通埋土地锚；（b）半嵌入式局部埋土地锚；

（c）全嵌入式不埋土地锚

以钢绞线或钢丝绳卷绕绑扎于圆木中部而成。当拉线受力较大时，为了减少地锚的埋深，可用图 4-6 所示的方法，也可在圆木外加一个用 $\phi12\sim\phi15mm$ 的钢筋焊成的半圆形罩子加固。

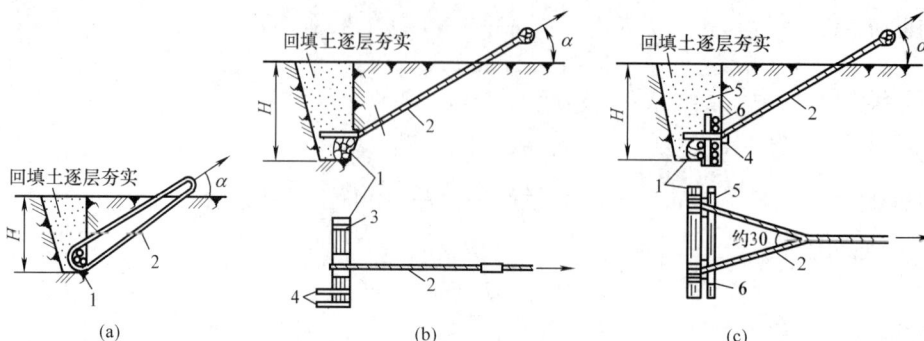

图 4-6 加强型深埋地锚的型式

(a) 普通组合地锚；(b) 压板加固组合地锚；(c) 大型组合地锚

1—组合地锚；2—地锚钢绳套；3—捆紧铁线；4—压板；5—柱木；6—挡木

钢板地锚用 3～5mm 钢板弯成槽形作挡板，将 U 形环焊在中部立筋板的框架上，再在框架两端各焊接三条筋板而成。埋置钢板地锚时，外力作用线一定要垂直钢板平面，否则将使地锚挡板有效工作面积减少，而大大降低地锚容许拉力。

(1) 地锚抗拔力计算原则。地锚极限抗拔力是根据地锚受力后达到极限平衡状态时，在其受力方向上土壤沿抗拔角所形成的倒锥体土块质量来计算的。抗拔计算按回填土夯实，其特性恢复到附近未扰动土接近一致，所以挖地锚时应不破坏受力方向土壤，坑口应小些，最好采用图 4-5 (c) 所示嵌入式结构，在受力侧坑底挖个"牛窝"，这样锚体所形成的倒锥体，大部分是未经扰动的原状土，基本上不影响抗拔力，故可不必回填土。

(2) 地锚强度校核原则。地锚本体强度应能满足所受拉力的要求。在施工中出现过木地锚本体被绳套剪断的现象。圆木地锚除校核其弯曲应力外还应校核绳套处剪切应力。

(3) 各种地锚容许拉力。对于地锚，应计算容许抗拔力并校核地锚强度，计算比较繁复，输电线路施工中一般按使用条件和地锚结构尺寸，查出地锚容许拉力来选用。可由表 4-23 直接查得地锚埋深和横木的长度及其直径。表中容许拉力的方向对地夹角 45°，容许拉力是按安全系数 $K=2$ 求得的。

表 4-23　　　　埋入硬塑的黏土或亚黏土中的圆木地锚的容许拉力 (kN)

圆木直径 (cm)		15	18			20			22			25			2×15
圆木长度 (cm)		100	100	120	150	100	120	150	120	150	180	120	150	180	100
埋深 (cm)	100	12.0	12.5	14	16	12.8	14.2	16.4	14.8	17.0	19.2	15.2	17.5	19.8	14.4
	120	18.4	19.0	20.9	23.7	19.3	21.3	24.2	22.0	25.3	28.2	22.7	25.9	29	21.5
	150	32	32.2	35.2	—	32.8	35.7	40	37.0	41.6	46	37.4	42	46.5	36
	180	—	52	—	—	52.3	56.6	—	57.3	63.7	—	58.3	64.8	71.3	55.7
	200	—	—	—	—	68.3	—	—	74	—	—	75.5	83.3	—	—

埋入坚硬的黏土中圆木地锚容许拉力是表 4-23 中数值的 1.4 倍左右。

(二) 桩锚

桩锚是以角钢、圆钢、钢管或圆木以垂直或斜向（向受力反方向倾斜）打入土中，依靠土壤对桩体起嵌固和稳定作用，承受一定拉力。它承载力比地锚小，但设置简便、省力省时，所以在输配电线路，尤其是配电线路施工中得到广泛使用。为增加承载力，可采用单桩加埋横木或用多根桩加单根横木连接一起，如图4-7所示。单桩加埋横木安全承载力如表4-24所列，表中横木长 $l=100cm$，横木直径与桩锚直径相等。

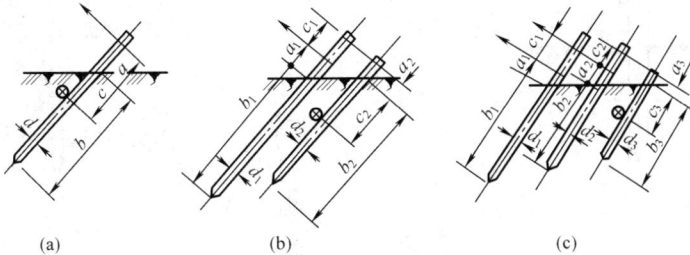

图4-7 桩锚埋设的方式
(a) 单桩加横木；(b) 双联桩加单横木；(c) 三联桩加单横木

表4-24 单桩加横木的桩锚安全承载力

安全承载力（kN）	图4-7（a）中尺寸（cm）			
	a	b	c	d
9.8	30	150	40	18
14.7	30	120	40	20
19.6	30	120	40	22
29.4	30	120	40	26

（三）钻式地锚

钻式地锚又称地钻，图4-8。地钻是适用于软土地带锚固工具，其端部焊有螺旋形钢板叶片，旋转钻杆时叶片进入土壤一定深度，靠叶片以上倒锥体土块重力承受荷载。常用的地钻有最大拉力为10kN和30kN两种。前者最大钻入深度1m，叶片直径250mm；后者最大钻入深度1.5m，叶片直径300mm。

（四）船锚与锚链

在河网地区架线常使用船只，船只需借助船锚及锚链固定在河底，保持船只平衡。

船锚有海军锚（见图4-9）和霍尔锚两种。海军锚锚干上部有一横杆，与锚臂垂直，投入河底受锚链拉力时，横杆使锚一个爪回转向下插入泥土，这种锚抓力为自重力的12～15倍，适用于小船；霍尔锚锚爪可活动、无横杆，抓力仅为自重力的2～4倍，但抛锚和起锚方便，适用于大型船舶。

五、其他起重工具

（一）起重葫芦

起重葫芦（见图4-10）是有制动装置的手动省力起重工具，包括手拉葫芦、手摇葫芦及手扳葫芦。

（1）手拉葫芦（倒链）：因手拉链条操作而得名，SH、WA型是对称排列二级正齿轮传动。SBL及612型手拉葫芦传动机构是新颖行星摆线齿轮针齿传动的减速机构，摩擦损失小，并能得到大的减速比；一般提升高度在2.5～3m，允许荷载有0.5、1、2、3、5t几种。

（2）手摇葫芦（链条葫芦）：工作原理同手拉葫芦，但操作不是拉动手链，而是摇动带有换向爪的棘轮手柄。使用时，将顶端挂钩固定，底端挂钩加上荷重后换向爪拨向收紧侧，反复摇动手柄即可收紧；放松时，换向爪拨向放松侧后反复摇动手柄。常用手摇葫芦允许垂直拉力 30kN，满载时手柄力 0.37kN 左右，钩间最小距离 48cm 以上。

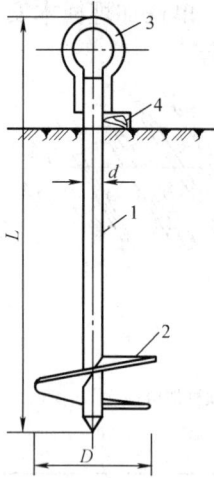

图 4-8 钻式地锚

1—钻杆；2—钻叶；3—拉线孔；
4—垫木

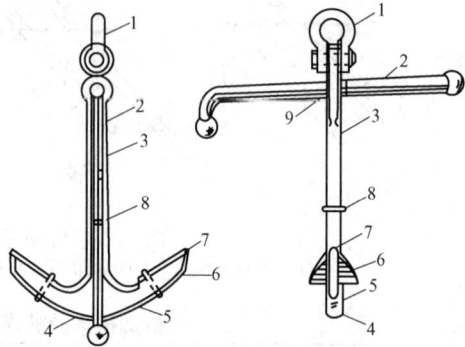

图 4-9 海军锚

1—链环；2—横杆；3—锚干；4—锚冠；5—锚臂；
6—锚爪；7—爪尖；8—重心环；9—固定销

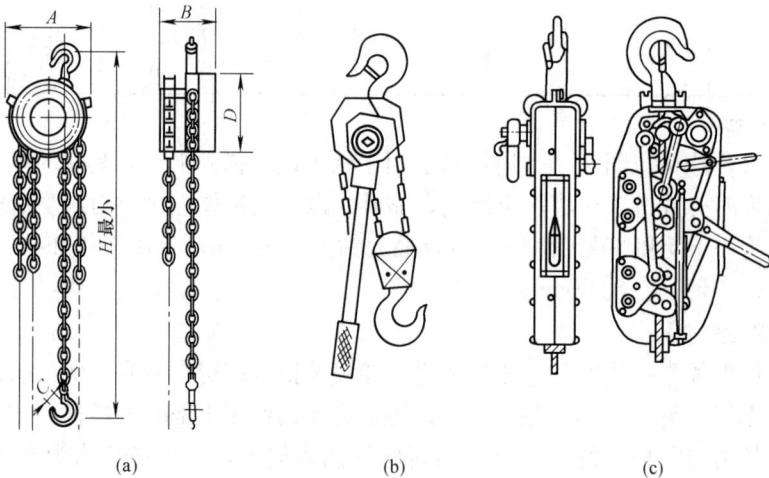

(a)　　　　(b)　　　　(c)

图 4-10 起重葫芦

(a) 手拉葫芦；(b) 手摇葫芦；(c) 手扳葫芦

（3）手扳葫芦（钢丝绳手动牵引机）：是利用两对自锁的夹钳，交替夹紧钢丝绳，使钢丝绳作直线运动。它不但能作一般牵引、卷扬、起重工作，还能在倾斜、高低不平的狭窄地带、曲折转弯的条件下进行工作。允许荷重有 15、30kN 两种，手扳力 0.42kN 左右，长0.4～0.5m 左右。

（二）双钩紧线器和螺旋扣（花篮螺丝）

双钩紧线器是输电线路施工收紧或放松的工具之一，其外形如图 4-11 所示，其主要尺寸如表 4-25 所列。由钩头螺杆、螺母杆套和棘轮柄手等主要构件组成。它两端螺旋方向是相反的，工作时调整换向爪的位置，往复摇动手柄，两端螺杆即同时向杆套内收进或向杆套外伸出，以达到收紧或放松之目的。

　　螺旋扣和双钩紧线器原理相同，但螺旋扣比双钩紧线器结构简单，只有螺杆和杆套，没有棘轮和手柄，螺纹也不像双钩紧线器那种矩形断面。

表 4-25　　　　　　　　　　　　　双钩紧线器主要技术数据

型　号	容许荷载 (kN)	尺　寸　(mm)					
		最大 L	最小 L	h	l	d	D
SSJ-1.5B	15	1320	780	350	620	16	25
SSJ-3B	30	1692	992	480	800	24	35
SSJ-6B	60	2162	1222	550	1000	30	46
SSJ-3	30	1692	992	430	800	24	35
SSJ-6	60	2162	1222	550	1000	30	46

（三）卡线器（紧线器）

　　卡线器是将钢丝绳和导线连接的工具，具有趣拉越紧的特点。其结构如图 4-12 所示，使用时将导线或钢绞线置于钳口内，钢丝绳系于后部 U 形环，受拉力后，由于杠杆作用卡紧。

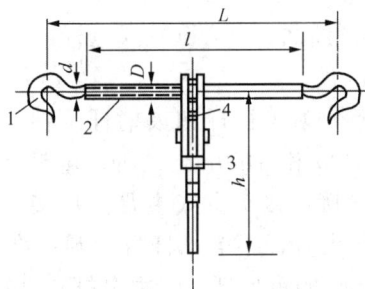

图 4-11　双钩紧线器
1—钩头螺杆；2—杆套；
3—带转向爪棘轮手柄；4—换向爪

图 4-12　卡线器
1—拉环；2—钳口

　　卡线器受力部件都用高强度钢制成，用于导线的钳口槽内镶有刻成斜纹的铝条，用于钢绞线的钳口槽上直接刻有斜纹。

（四）制动器

　　制动器是制动系统重要部件，无定型产品，一般由钢管或圆木制成，钢管表面可焊螺旋形钢筋，其外径应大于制动钢绳直径 16 倍，基本形状如图 4-13 所示。

　　制动绳在制动器上缠绕圈数按 3~4kN 一圈估算，通常制动绳在制动器上缠绕 3~5 圈。

图 4-13　制动器工作方式示意图
（a）方式 I；（b）方式 II
1—制动钢绳；2—φ6″钢管；3—地锚

六、起重工器具使用注意事项

　　(1) 起重工器具均必须有出厂合格证，铭牌标明允许荷重，勿超载工作。

　　(2) 使用前应仔细检查，有裂纹、弯曲、不灵活、卡线器钳口斜纹不明显等，均不得使用。

　　(3) 定期润滑、维修、保养，损坏零件应及时更换。

　　(4) 使用完毕，轻放防摔，存放干燥地点。

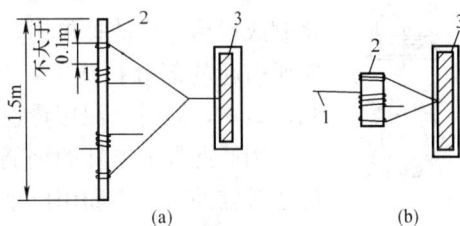

（5）起重工具应定期试验，其试验标准见表4-26。

表 4-26 主要起重工具试验标准

名 称	试验静荷重 （允许荷重的％）	持荷时间（min）	试验周期	备 注
抱 杆	200	10		包括脱帽环
滑 车	125	10		包括吊钩
绞 磨	125	10		
钢丝绳	200	10	每年1次	
卡线器	200	10		
双钩紧线器	125	10		

第二节 钢筋混凝土电杆起立前各项工作

一、钢筋混凝土电杆性能，运输和堆放

（一）钢筋混凝土电杆构造

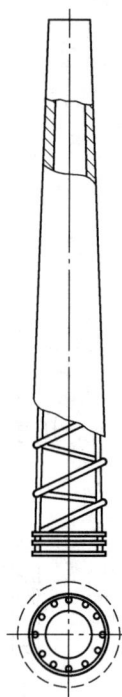

输配电线路中，广泛采用环形断面、空心圆柱式电杆，并采用离心浇注，其环形断面结构和外形如图4-14所示。

钢筋混凝土电杆按结构外形分为等径杆和拔梢杆两种。等径杆的杆身直径相同，主要使用的规格有 $\phi300$ 和 $\phi400$mm 两种。电杆定型分段制造成不同长度，使用时按需要长度连接，接头方式主要是焊接，也有用法兰盘接头及插入式接头。拔梢杆的两头直径不等，杆身的圆锥度为1/75，一般使用梢径直径 $\phi190$mm 或 $\phi230$mm 的重型杆，单根电杆长度在 15m 及以下，18m 的可两节拔梢杆连接使用。连接使用的电杆下段稍径应和上段电杆根径相等。

钢筋混凝土电杆按钢筋受力情况分为：普通钢筋混凝土电杆、预应力钢筋混凝土电杆及部分预应力钢筋混凝土电杆三种。预应力混凝土电杆是采用先张法制造，即在浇制混凝土时将钢筋施加一定拉力，使其产生弹性伸长，浇制成形后，释放掉拉力，使混凝土承受预压内应力。它可抵消外荷载作用时所引起的部分拉应力，从而提高了钢筋混凝土的强度和抗裂性能，节省40％钢材，同时水泥用量也减少。

钢筋混凝土电杆的钢筋分为主筋、箍筋和螺旋筋，分段式钢筋混凝土电杆还有辅助筋。主筋用以承受弯曲、中心受拉和偏心受拉时的拉应力；螺旋筋和箍筋保证主筋位置，受压时抵抗构件横向伸长，同时也支持主筋的部分应力及受扭时的扭力。辅助筋用以加强因主筋与钢板圈或法兰盘接头所造成的减弱了的混凝土断面性能。

图4-14 钢筋混凝土电杆

钢筋混凝土电杆的混凝土标号不低于 300 号，预应力电杆不低于 400 号。混凝土电杆采用离心浇制，其水灰比可从 0.47 降低至 0.35，所以能提高混凝土强度约 35％～50％。

（二）钢筋混凝土电杆性能

钢筋混凝土电杆，充分发挥了混凝土的受压和钢筋受拉能力，并保护钢筋不被锈蚀。在户外和地下自然条件长期侵蚀作用下，能长期承受外力荷载而不损坏，所以在我国输配电线

路中得到广泛应用。

但是钢筋混凝土电杆是长细薄壁杆件,比较重,在制造、运输和施工中因比较笨重,易在碰撞、外力冲击时产生裂缝。对其裂缝国家标准有严格规定:预应力钢筋混凝土电杆不得有纵向和横向裂缝;普通钢筋混凝土电杆不得有纵向裂缝,横向裂缝宽度允许在出厂时为0.05mm,运到杆位时为0.1mm。所以在运输、堆放、排焊、组立起吊各道工序中,应采取措施不能使电杆产生裂缝。钢筋混凝土电杆也不宜用于交通不便的山区。

钢筋混凝土电杆的寿命,一般取决于钢筋的锈蚀情况。钢筋锈蚀后,膨胀,氧化层加厚,膨胀力使混凝土保护层形成裂纹。宽度0.2mm以下裂缝,虽不是钢筋锈蚀根源,但侵入裂缝的水所产生的冻融作用,会使裂缝展宽,渐渐损坏。故钢筋混凝土电杆在制造时不应有露筋、跑浆等使钢筋锈蚀的条件;制造和使用过程中,应尽力不使混凝土电杆产生裂缝。

钢筋混凝土电杆的体积和质量计算,可按平均容重 $\gamma = 2650 \sim 2700 \text{kg/m}^3$,根据圆筒体或圆锥筒体的几何容积进行估算。

等径杆重心在电杆长度一半处;拔梢杆重心对杆根的距离 H 为

$$H = \frac{h}{3} \times \frac{D + 2d - 3t}{D + d - 2t} \qquad (4-16)$$

式中　D——根径,m;

d——梢径,m;

h——杆长,m;

t——杆的壁厚,m。

二、钢筋混凝土杆的运输及堆放

钢筋混凝土杆又长又重,运输、堆放中必须采取必要措施,不使电杆由于自重弯矩而出现裂缝。

(一)钢筋混凝土电杆的堆放

钢筋混凝土电杆自重很大、杆身段长都在3m以上,一般均在杆身下垫枕木堆放。枕木的支放点应使杆身自重所产生的弯曲最小,并应在钢筋混凝土电杆允许承受的弯矩值之内。

钢筋混凝土杆支放点位置,对等径电杆可按图4-15所示。对拔梢电杆支点位置可按图4-16所示。一般杆长小于或等于12m,采用两点或三点支放;杆长大于12m时,采用三点或四点支放。电杆堆放层数:对于拔梢杆梢径大于或等于150mm、等径杆直径大于或等于400mm者,不得超过四层;对梢径小于150mm和等径杆直径小于400mm者,堆放层数不得超过6层。层与层之间应用支垫物隔开,各层支垫点应在同一平面上,各层支垫物位置应在同一垂直线上。

(二)钢筋混凝土电杆运输

1. 钢筋混凝土电杆运输概述

工地运输从方式分可以有机动车运输、马车运输、船舶运输、人力运输和架空索道运输等多种。从性质分可分为大运输、中运输和小运输。材料从采购地用火车、舟船运回仓库,称为大运输;从仓库发出运到施工班材料站,或从火车站码头直接运到施工班指定的各集散点,称为中运输;由施工班根据施工图纸分别配发到每基杆塔基坑边,称为小运输。

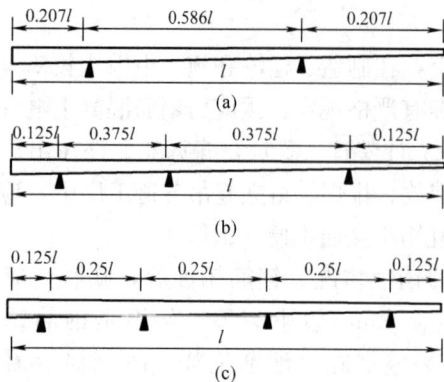

图 4-15 等径电杆支点位置
(a) 两点支吊；(b) 三点支吊；(c) 四点支吊

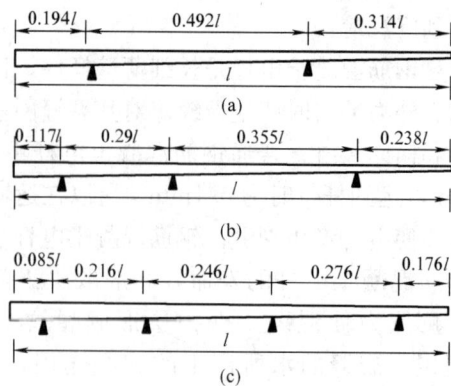

图 4-16 拔梢电杆支点位置
(a) 两点支吊；(b) 三点支吊；(c) 四点支吊

大运输一般利用火车、船只或大型汽车、拖车等机动车运输，现在汽车运输混凝土电杆大多采用大型平板载重汽车运输。施工班组主要承担小运输任务，将混凝土杆一段一段地运达每基基坑边。一般线路基坑位置均在田野或山边，交通很不方便。此时小运输，多用大板车和人抬肩扛。在平原的有河道地区，可利用农船驳运到距线路最近的河滩，再用人力抬到坑边。在城市集镇中短距离运输混凝土杆到每个杆位，大板车（胶轮大车）最为适宜。在丘陵地，可用绞磨拖上坡地。山区可设法架设专用索道运输。

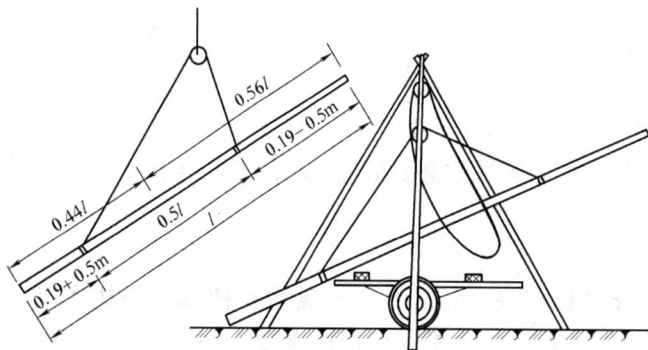

2. 钢筋混凝土电杆吊点选择

无论采用何种运输方式必须注意选择适当吊点或支承方法，满足载运杆件计算自重作用下，任何部位承受的弯曲力矩不超过规定数值，各支点的反力相等或接近相等。

（1）杆根落地吊装吊点选择。利用小型起重机械吊装混凝土电杆时，杆根不落地，这样吊

图 4-17 利用三角架和链条葫芦吊装拔梢杆吊点布置示意图

装平稳可靠，适于分散、小量构件装卸。利用三脚架和链条葫芦装大板车及杆根落地起吊，拔梢杆吊点布置如图 4-17 所示；杆根落地等径电杆起吊，吊点布置如图 4-18 所示。

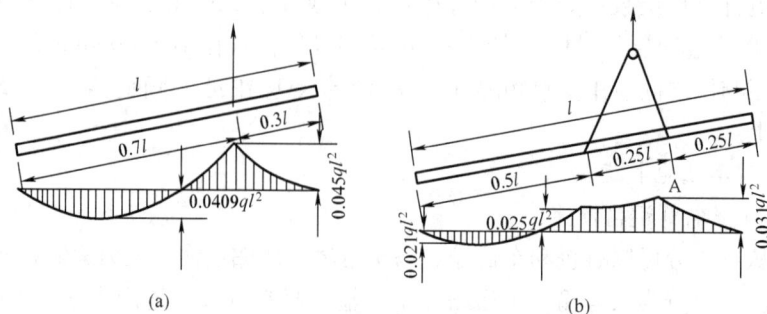

图 4-18 杆根落地等径电杆吊点位置
(a) 杆根落地，一点起吊弯矩图；(b) 杆根落地，两点起吊弯矩图

（2）电杆两端均不着地吊装吊点选择。可按等径电杆、拔梢电杆堆放的两点支放图中支放点选择吊点。两端被吊电杆和起吊钢绳夹角相等，并应大于或等于30°。

3. 钢筋混凝土电杆小运输方法

（1）大板车运输法。大板车运输可垫木支承、背弓法（又称炮车）支承或双车支承法，其支承方式和支放点布置如图4-19、图4-20及图4-21所示。

（2）农船运输法。农用船只吨位小，杆长常常超过船长，其支承方法如图4-22所示。

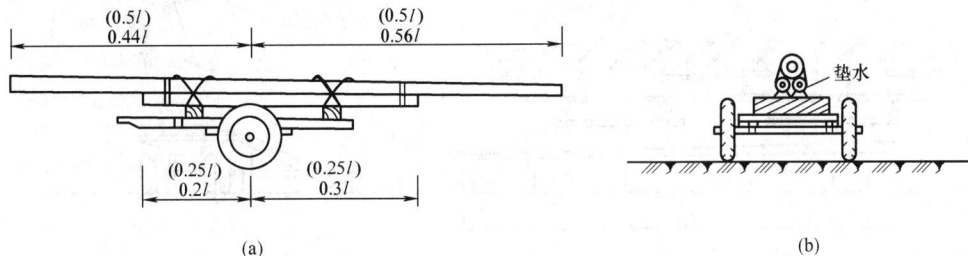

图4-19 垫木法示意图
（a）侧视；（b）前视

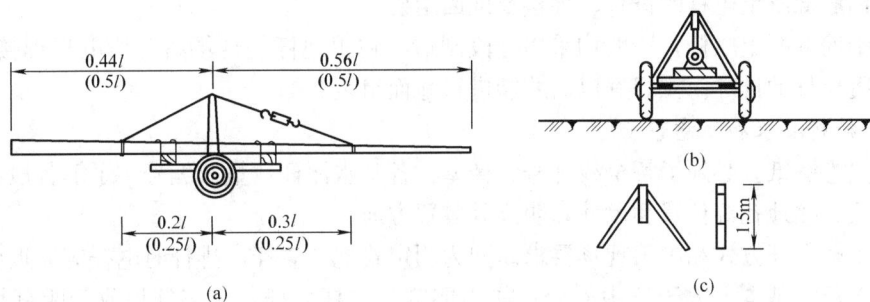

图4-20 背弓法示意图
（a）侧视；（b）前视；（c）弓架

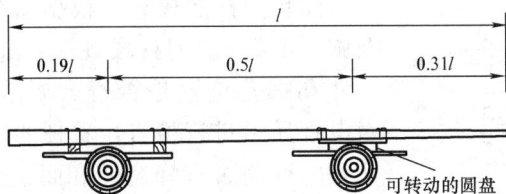

图4-21 双车支承法示意图

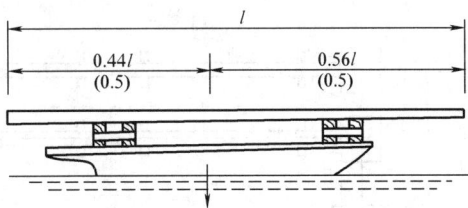

图4-22 农船运输支承方式示意图

（3）人力运输法。人力肩抬15m及以下拔梢电杆支吊方式示意图如图4-23所示。多人肩抬，必须层层设扛，每个扛上只能两点支承，这是应注意的。如抬等径电杆，其杆上吊点位置和前述电杆两端均不着地吊装时相同。人力抬运电杆须由一人指挥，步调要一致。

（4）人力车船装卸。人力在平板车、大板车装卸电杆，或从岸上向河中农船装卸电杆，均可用滚动装卸法。装卸用的跳板可用板材、方木或圆木，跳板与地面夹角应不大于30°（见图4-24）。电杆滚落时，应用绳在后面栓住，前方不准有人停留，工作人员只能在跳板上方和两侧操作。电杆卸向农船时，要将船四面栓住，不能晃动。

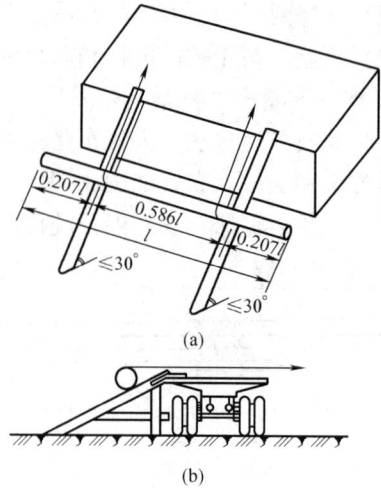

图 4 - 24 滚动装卸法
(a) 透视图；(b) 立面图

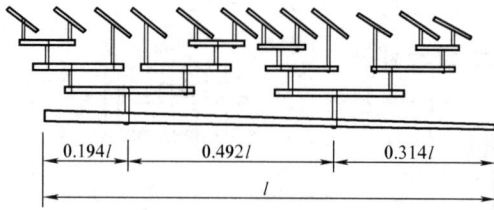

图 4 - 23 15m 及以下拔梢电杆支吊方式示意图

三、钢筋混凝土电杆的排杆、焊接及地面组装

等径钢筋混凝土电杆，一般均采用分段制造，在工地杆位现场将分段电杆焊接成整杆，叫钢筋混凝土杆的排焊。排焊好以后才能进行地面组装。

（一）排杆要求和注意事项

（1）熟悉图纸。必须了解全线杆号、杆型、各基水泥杆数量及编号。了解各段混凝土电杆的螺栓孔、接地孔等位置和尺寸，明确其装置方向。

（2）了解立杆方式和施工现场要求。如为固定式抱杆立杆，排杆时电杆应靠近坑口，杆身的重心部位，基本上放于坑中心处；如为倒落式抱杆立杆，应将杆根放于距杆坑中心约0.5m 处，杆身应沿线路中心放置，转角杆的杆身应与内侧角二等分线成垂直排列。转角杆双杆排杆布置如图 4 - 25 所示。

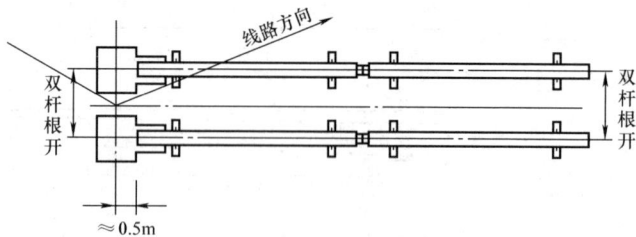

图 4 - 25 转角杆双杆排杆布置示意图

（3）排杆前核查。根据图纸及施工手册，核对杆段规格数量、尺寸和螺孔位置是否符合要求。对电杆质量进行检查，看杆的表面及内壁是否有蜂窝、麻面、跑浆、露筋、壁厚不均、杆身弯曲及纵横向裂纹现象，这些缺陷是否超出质量标准规范；用钢直尺检查分段杆的钢圈平面，与杆身应成垂直，平面的高低差应不大于 4mm，超过时须用钢锉挫平。

（4）排杆操作。排杆场地应基本平整，按电杆堆放要求在每段杆身下垫道木，使杆身尽量成水平，道木上杆身两侧用木楔塞紧，垫道木处土面要用铁锤敲打结实，务使电杆排好后不发生下沉。钢圈的焊口对接处，需仔细调整对口距离，达到上下钢圈平直完全一致，同时又保持整个杆身平直。对口距离随钢板圈厚度而变，钢圈厚度为 8mm 时，对口距离为 2～3mm。排杆时要先排放主杆下段，然后根据主杆平面布置要求，按起吊方案确定杆根与坑位中心的距离。转动杆身可用绳索拉，木棒下垫道木进行撬拨，不准用铁钎穿入杆身内撬动。如要求杆身稍微下沉，只能锤打杆身下道木，不能敲打电杆。

（5）排杆质量要求。杆身调直后，从两端的上、下、左、右向前目测均成一直线后，双杆对角线应相等，再沿杆拉线校正，也可用测量仪器校正；杆根距坑中心和根开距离应符合规定数值；杆身应平行于线路中心线或转角平分线；整基电杆的螺栓孔相对位置和方向符合要求。

（二）焊接要求和注意事项

钢筋混凝土电杆的焊接宜采用电弧焊接，电弧焊接时钢圈受热时间短，面积也小，易于保证质量。但无电源和交通不便地方还需采用氧气乙炔焊接法。气焊时钢板圈及附近的混凝土受高温烘烤，使钢板圈在焊接过程中退火，从而降低了接头强度，使混凝土产生裂纹，甚至发生因氧焰温度低、钢圈烧不熔而焊不上的情况。

1. 焊接方法

（1）电弧焊接：电弧焊机分交流电弧焊机和直流电弧焊机两种。施工现场一般可采用汽（柴）油发动机带动直流电焊机；有交流电源时，也可采用交流电焊机。

焊接钢板圈的厚度为 6mm 时，使用 $\phi3.2mm$ 的焊条，其焊接电流为 100~120A；钢板圈的厚度为 8~10mm 时，使用 $\phi4.5mm$ 电焊条，焊接电流为 120~140A。

焊条的质量应符合国家有关标准的规定，其品种、牌号必须与所使用钢材的化学成分和机械性能相当，并具有良好的焊接工艺性能。首次使用应按有关规范进行工艺性能试验。使用前应进行外观检查，电焊条无药皮脱落。受潮电焊条，必须按焊条说明书规定的温度经过烘干处理，并应再经过工艺性能试验，鉴定合格后方准使用。

（2）氧气与乙炔焊接，简称气焊：乙炔气体是将电石（碳化钙）浸入水中，用水分解电石取得。氧气由压缩氧气瓶供给，瓶口处压力调节器上装有两个压力表，分别指示瓶内气压和工作气压。当氧气以极大速度从焊枪喷射管的孔里喷出来，把乙炔吸进混合室，混合气体具有固定成分，可保证火焰稳定燃烧。割枪是将氧气和乙炔混合燃烧，形成预热火焰，再将纯氧气流从预热火焰中心喷射出来进行切割。所以割枪结构是在焊枪基础上增加了切割用氧气的气路。

气焊用的电石及乙炔气应有出厂质量检验合格证明，其质量可用检查焊缝中硫、磷含量的方法来确定，其硫、磷含量不应高于被焊金属的含量。气焊用的氧气纯度不应低于 98.5%。

气焊条品种、牌号和所使用钢材成分相当，并需有出厂证明书。在首次使用时先进行工艺性试验；气焊条表面应洁净，无油脂、污秽、漆和锈蚀现象。

气焊应尽量采用右焊法（沿焊接方向，火焰在前，焊条在后），焊条末端不应脱离熔池，否则容易使氧、氮渗入焊缝，降低机械性能。

每层焊完或中间间隙时间，应将火焰缓缓离开熔化金属，促使气体能自焊缝中充分排净，避免产生裂纹、缩孔和气孔等缺陷。焊缝焊接终了收尾时也应如此，注意勿使焊口冷却速度过快。

2. 焊接操作

焊接前，应清除焊口附近铁锈、油脂、泥垢等污物；钢圈厚度大于 6mm 时应采用 V 形坡口多层焊。焊接前，应按规定将电焊条加热烘焙，气焊条上的油、漆、垢、锈等污物清除干净；对口距离符合要求后沿圆周先等距离点焊 3~4 处，每处 30mm 左右，然后再进行施焊，点焊所用焊条和正式焊接时相同；雨、雪、大风中，只有采取妥善防护措施后方可施焊，当气温低于−20℃焊接时，应采取预热措施，预热温度为 100～120℃，焊完后再使温度缓慢下降；多层焊缝的接头应错开，分层焊接方法如图 4-26 所示，焊完第一层时应将焊渣清除干净再焊第二层；焊完后用小锤轻敲焊缝，一方面清除表面氧化物及残渣，同时还能消除焊缝的残余应力；焊接钢板圈下半部，不得移动杆身，可临时在接头下面挖坑，在坑内仰焊。

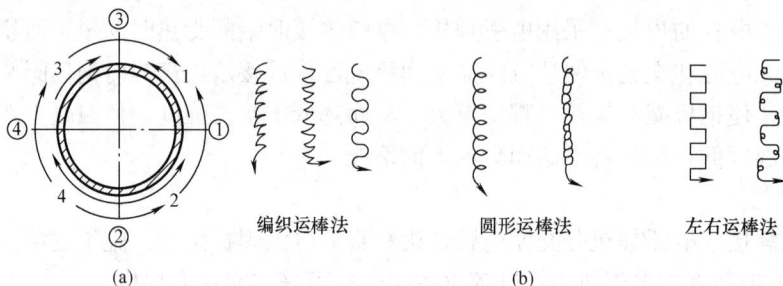

图 4-26　分层焊接方法
(a) 分层焊接方向；(b) 运棒方法

3. 焊接质量要求

(1) 电焊缝形成过程中，溶渣能均匀地覆盖于熔化金属表面，熔化金属内部无气孔、夹渣和裂纹；气焊条在熔化时应能均匀稳定地熔化，没有强烈的飞溅，在凝固时要形成紧密、均匀的焊着的金属，而没有杂质、气泡等其他缺陷。

(2) 焊缝应有一定的加强面，其高度和遮盖宽度应符合表 4-27 及图 4-27 的规定。

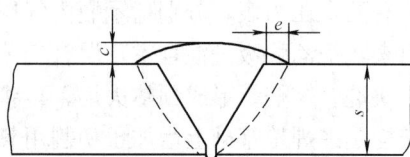

图 4-27　焊缝加强面尺寸图

表 4-27　　　　焊缝加强面尺寸（mm）

项　　目	钢圈厚度 s	
	<10	10～20
高度 c	1.5～2.5	2～3
宽度 e	1～2	2～3

(3) 焊前应做好准备工作，一个焊口宜连续焊成，焊缝应呈平滑的细鳞形，其外观缺陷允许范围及处理方法应符合表 4-28 的规定。

表 4-28　　　　　　　　焊缝外观缺陷允许范围及处理方法

缺陷名称	允许范围	处理方法	缺陷名称	允许范围	处理方法
焊缝不足	不允许	补焊	咬边	母材咬边深度不得大于 0.5mm，且不得超过圆周长的 10%	超过者清理补焊
表面裂缝	不允许	割开重焊			

(4) 采用气焊时，钢圈宽度不应小于 140mm，应减少不必要的加热时间，并应采取必要的降温措施，以减少电杆混凝土因焊接而产生的纵向裂缝。当产生宽为 0.05mm 以上的裂缝时，应采取有效的补修措施，予以补修。一种混凝土电杆焊接防裂器如图 4-28 所示。一般施工中也常在钢圈外缠绕石棉浇水降温方法。

因焊口不正造成的分段或整根电杆的弯曲度均不应超过其对应长度的 2‰。超过时应割断调直，重新焊接。

（5）电杆钢圈焊接接头应按设计规定进行防锈处理。设计无规定时，应将钢圈表面铁锈、焊渣及氧化层除净，先涂刷一层红丹，然后涂刷防锈油漆。

4.焊接施工安全措施

（1）焊接工作必须由经过电杆焊接培训并经考试合格技工担任，焊完的焊口应及时清理，自检合格后应在规定部位打上焊工的代号钢印，并记录在档。

（2）焊接工器具应由焊工自行保管、检查，不合格的工器具不得使用。施焊工人必须穿戴合格的劳动保护服，电焊工施焊时应戴面罩、焊工手套、护盖和穿绝缘鞋。气焊工施焊时应戴保护眼镜等保护用品。

（3）距易燃、易爆物5m之内严禁施焊；如必须在10m之内施焊，应根据现场情况采取可靠的安全措施。焊接电杆时，如两端已封死，应在一端凿排气孔。焊工离开施焊点之前，应检查作业附近是否还有火种，电焊机电源是否已切除。

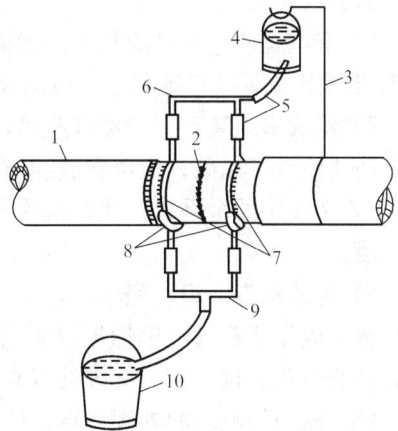

图4-28 混凝土电杆焊接防裂器
1—混凝土电杆；2—焊接缝；3—支架；4—盛水桶；5—胶管；6—三通（铁管）；7—冷却器；8—接水斗；9—铁管；10—接水桶

（4）发电机或电焊机外壳必须有良好接地。电焊机一次侧的电源线必须绝缘良好，电焊机二次侧接线柱到电焊钳的连接线必须使用绝缘软线。

（5）乙炔发生器距明火、焊接点不得小于10m。距氧气瓶不得小于5m。在乙炔发生器附近严禁吸烟。使用的乙炔发生器必须有回火防止器。乙炔发生器橡皮管冻结时，应用蒸汽或热水融化，严禁用金属工具敲打或火烤。检查乙炔发生器或橡皮软管是否漏气时，可用肥皂水，严禁用明火寻找。

（6）气焊前应检查焊嘴是否堵塞。点火时应先开氧气阀。熄火时按相反顺序操作。施焊时由于焊嘴堵塞或过热而发生回火或鸣爆时，必须尽速先关闭氧气阀，再关闭乙炔阀，经处理后方可使用。

工作结束后，应将乙炔发生器的剩余电石和电石渣清除干净，电石渣用土掩埋。

（三）地面组装要求和注意事项

电杆地面组装顺序，一般先安装导线横担，再安装避雷线横担、叉梁、拉线抱箍、脚钉、爬梯和绝缘子串等。

（1）组装前检查：再次按图纸复查杆段螺栓孔位置和相互之间距离是否正确，并检查杆身有无裂缝等缺陷；检查电杆焊接质量是否良好、杆身是否正直、根开是否符合要求、两杆杆顶或杆根是否对齐（可量电杆对角线长度是否相等）。检查横担构件、吊杆、抱箍、螺栓及电杆全部零件是否齐全，其规格尺寸是否符合设计图纸要求；各构件及零件的焊接和镀锌是否完好。如发现有质量缺陷，应妥善处理后方可使用。

（2）组装工艺：

1）组装横担。可将横担两端稍微翘起10～20mm，以便悬挂后保持水平。组装转角杆横担时，应注意长短横担位置。

2）组装叉梁。先安装好四个叉梁抱箍。将叉梁交叉点垫高，其中心和叉梁抱箍保持水平，再装上、下叉梁。如安装不上，应检查根开、叉梁、接板及抱箍安装尺寸，并加以调整，直到安妥为止。

3）有些螺栓连接件应松动。地面组装时构件与抱箍连接螺栓不能拧得过紧，调节吊件的 U 形螺栓应处于松弛状态，以防起吊电杆时损坏构件。

4）绝缘串组装。一般电杆起吊，杆顶离开地面时，再将绝缘子串和放线滑车挂在横担上，防止绝缘子碰破；也可在放线施工时一起悬挂。

5）架线用的金具、拉线、爬梯等应尽量在地面组装，以减少高空作业，并能提高质量和进度。

6）组装检查。组装完毕后，应系统地检查各部件尺寸及构件连接情况，铁构件有镀锌层脱落，应涂灰铅油，单螺母拧紧后打毛或涂油漆；检查钢筋混凝土电杆杆顶是否封顶良好、杆身眼孔、接头、叉梁等处混凝土如有擦伤、掉皮，应用水泥砂浆补好。

（3）铁构件缺陷的处理规定。杆塔部件组装有困难时应查明原因，严禁强行组装。个别螺孔需扩孔时，扩孔部分不应超过 3mm。当扩孔需超过 3mm 时，应先堵焊再重新打孔，并应进行防锈处理。严禁用气割进行扩孔或烧孔。

运到杆位的个别角钢当弯曲度超过长度的 2‰，但未超过表 4-29 的变形限度时，可采用冷矫正法进行矫正，但矫正后不得出现裂纹、锌层脱落。

表 4-29　　　　　　　　　　　　采用冷矫法的角钢变形限度

角钢宽度 (mm)	变形限度 (‰)	角钢宽度 (mm)	变形限度 (‰)	角钢宽度 (mm)	变形限度 (‰)	角钢宽度 (mm)	变形限度 (‰)
40	35	63	22	90	15	140	10
45	34	70	20	100	14	160	9
50	28	75	19	110	12.7	180	8
56	25	80	17	125	11	200	7

角钢切角不够或联板边距过大时，可用钢锯锯掉多余部分，但最小边距不得小于 1.3 倍螺栓孔径距离，而且应采取防锈措施。

（4）组装中螺栓安装的规定：

1）采用螺栓连接的构件。螺栓与构件面垂直，螺栓头平面与构件间不应有空隙；螺母拧紧后，螺杆露出螺母长度，对单螺母不应小于两个螺距，对双螺母可与螺母相平；必须加垫者，每端不宜超过两个垫片。

2）螺栓穿入方向。对立体结构，水平方向由内向外，垂直方向由下向上；对平面结构，顺线路方向由送电侧穿入或按统一方向穿入，横线路方向两侧由内向外、中间由左向右（指面向受电侧）或按统一方向，垂直方向者由下向上。对个别螺栓不易安装者，其穿入方向可予以变动。

3）螺栓扭紧力矩。杆塔连接螺栓应逐个紧固，其扭紧力矩 M_{12} 不应小于 4000N·cm、M_{16} 不应小于 8000N·cm、M_{20} 不应小于 10000N·cm、M_{24} 不应小于 25000N·cm。螺杆与小螺母的螺纹有滑牙或螺母棱角磨损以至扳手打滑的螺栓必须更换。上述扭矩要求值适用于 4.8 级螺栓，更高级螺栓扭矩值由设计规定。扭紧各种规格螺栓的扳手宜使用力臂较长的扳手。

4）绝缘子串、导线及避雷线上的各种金具上的螺栓、穿钉及弹簧销子除有固定的穿向外，其余方向应统一，并符合以下规定。悬垂串上弹簧销子一律向受电侧穿入，螺栓及穿钉凡能顺线路方向穿入者一律宜向受电侧穿入，特殊情况两边线由内向外，中线由左向右穿入；耐张串上弹簧销子、螺栓及穿钉一律由上向下穿入，特殊情况由内向外、由左向右穿入；分裂导线上的穿钉、螺栓一律由线束外侧向内穿入；当穿入方向与当地运行单位要求不一致时，可按当地运行单位要求，但应在开工前明确规定。

四、永久拉线结构、制作及组装

拉线是拉线杆塔重要承力件，必须结构合理、制作可靠、方便组装。

（一）永久拉线结构型式

拉线杆塔所使用的拉线，一般采用多胶镀锌钢绞线，其规格为 GJ—25～GJ—240，跨幅很大，拉线金具包括从杆塔连接端至地面拉线盘之间的所有零件。

1. 输电线路常用拉线杆塔拉线形式

拉线杆塔常用的拉线形式有 X 形、V 形、交叉形、八字形等，如图 4 - 29 所示。

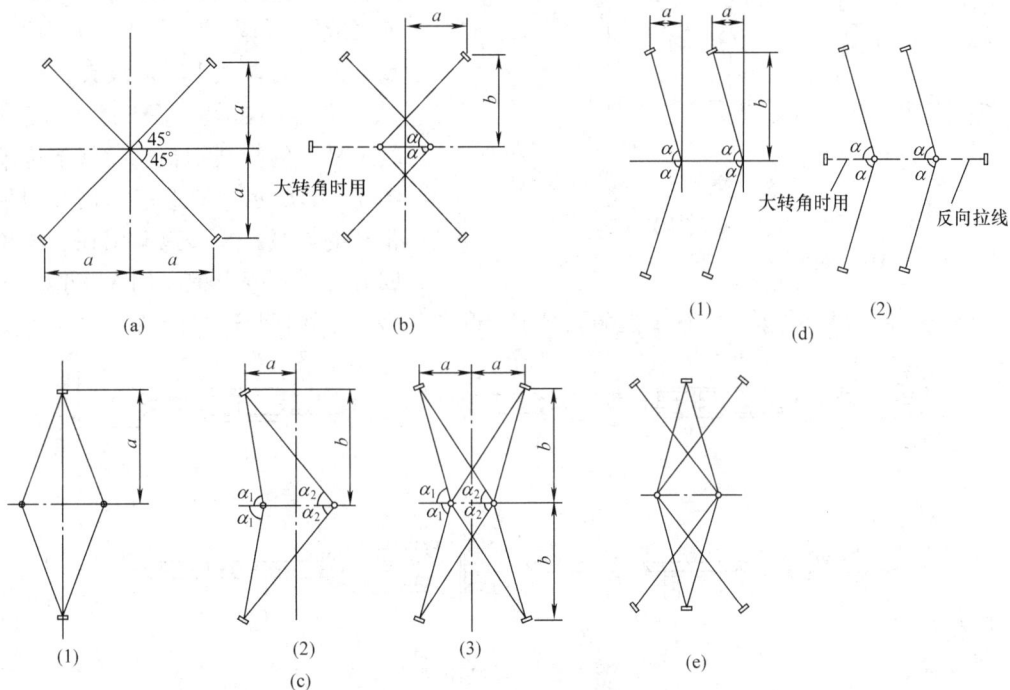

图 4 - 29 拉线基本形式

（a）X形；（b）交叉形；（c）V形；（d）八字形；（e）组合形

X 形拉线用于直线单杆；交叉形及 V 形拉线主要用于直线或耐张双杆。V 形拉线与交叉拉线相比，减少了底盘，便于施工；八字形拉线主要用于转角杆；对于受力较大的跨越、大转角及终端杆塔，常采用双 V 形或 V 形加交叉形的组合形拉线。

2. 拉线的固定方式

（1）拉线的上端固定。拉线上端指拉线与杆塔上的拉板及抱箍的紧固。固定方式是将线夹直接与拉板或抱箍连接，也有用连接金具组装后进行安装的，常用的拉线上端紧固方式如图 4 - 30（a）所示。

（2）拉线下端固定与连接。拉线下端紧固后经调节金具连接到拉线盘上。调节金具为

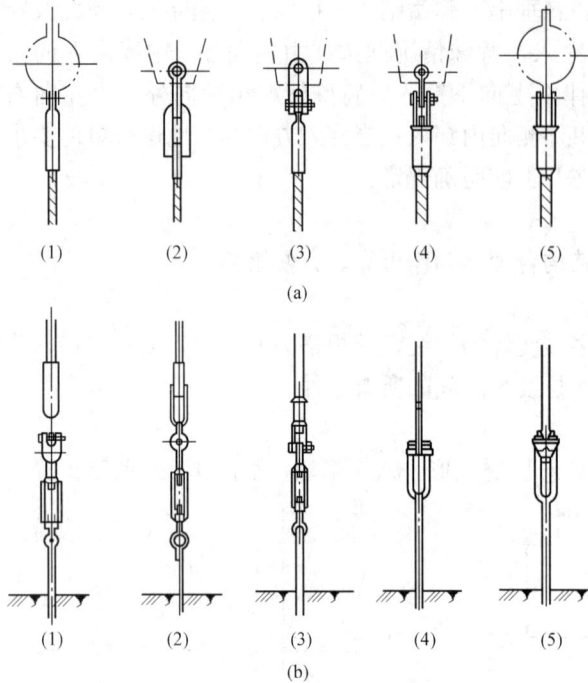

(1)　(2)　(3)　(4)　(5)

(a)

(1)　(2)　(3)　(4)　(5)

(b)

图 4 - 30　拉线的固定方式

(a) 上端固定方式；(b) 下端固定方式

UT 形线夹时，其 U 形螺栓直接与拉线棒环相连接；当采用花篮螺栓时，也选用可以直接与圆钢环连接的一种，以减少连接金具。常用的拉线下端紧固方式如图 4 - 30 (b) 所示。

3. 常用拉线组装图

常用的拉线组装图，如图 4 - 31 所示。压接式耐张线夹组装，较多用于大截面钢绞线；线夹与钢绞线的连接可采用液压或爆压，其长度调节用花篮螺丝，线夹式组装适用于较小截面拉线，拉线上端用 U 形环和楔形线夹（或不可调 UT 形线夹），拉线下端固定用可调式 UT 形线夹。

拉线上端的 U 形环套，固定于混凝土杆上的拉线抱箍。拉线的抱箍如图 4 - 32 所示。Y 形抱箍用在门形耐张杆的拉线；X 形抱箍用在直线单杆四方拉线；Φ 形抱箍用在支撑、吊杆与主杆的连接；ΦL 形抱箍用在 A 型耐张杆的分角拉线及 A 形耐张杆主杆与底盘的连接。

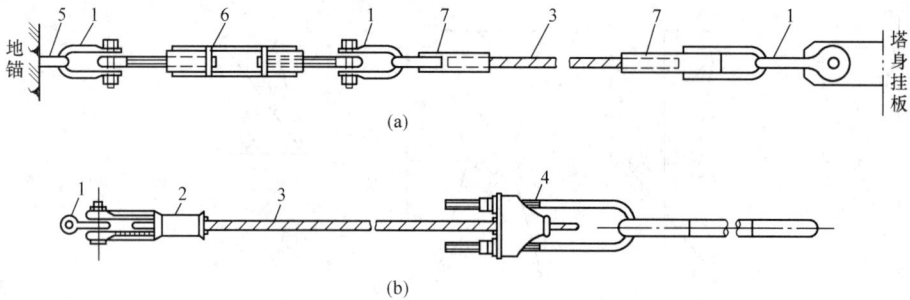

(a)

(b)

图 4 - 31　拉线组装图

(a) 压接式；(b) 线夹式

1—U 形环；2—楔形线夹；3—钢绞线；4—UT 形线夹；5—拉线棒；6—花篮螺栓；7—压接管

（二）拉线实际下料长度计算

在第一章第四节中已讲述了拉线长度的测量，得到的是从拉线点到拉线棒出土点之间的长度。单杆及 Ⅱ 形杆拉线实际下料长度 l 计算式为

$$l = L - l_1 - l_2 + l_4 + l_5 \pm \Delta l \tag{4-17}$$

式中　L——拉线挂线点到拉线出土点测得长度，m；

　　　l_1——拉线挂线点到拉线上端往回折弯处的距离，m；

　　　l_2——拉线出土点到拉线下端往回折弯处的距离，当用可调线夹时应按调整螺帽位于平帽时的位置算起，m；

　　　l_3——拉线上端折弯尾线长度，m，一般为 0.3m；

l_4——拉线下端折弯预留长度，m，一般为 0.5m；

Δl——调整长度，m。考虑钢绞线受力后的下沉、及拉线棒变形（或变位）等因素引起拉线长度的变化，一般 Δl 可取 +20～+50mm。

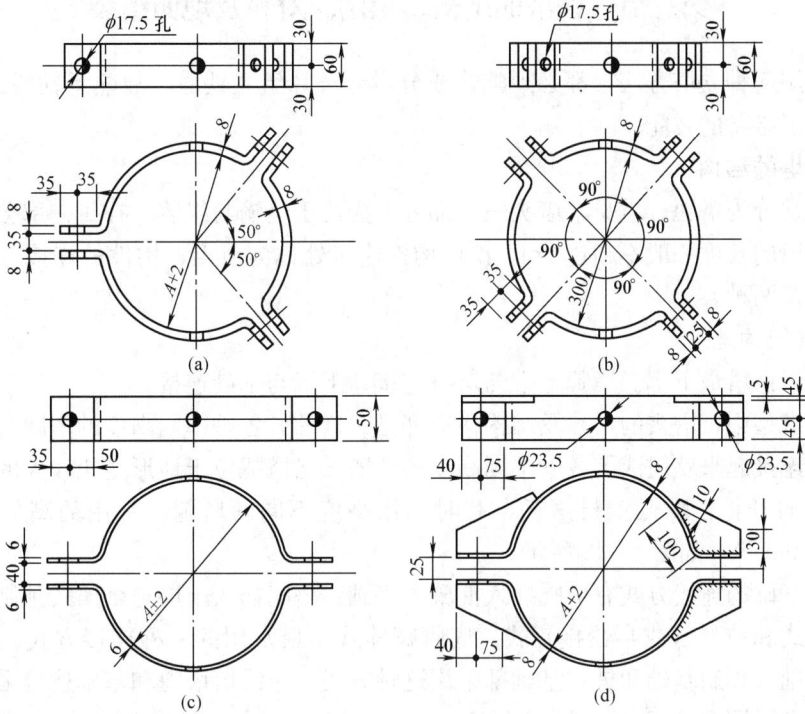

图 4-32　拉线抱箍

(a) Y形；(b) X形；(c) Φ形 (d) ΦL形

对其他杆型或要求转角外侧预偏时拉线实际下料长度，可按上述的直线杆拉线下料长度进行修正决定。

（三）拉线的组装

(1) 组装前检查。拉线组装前，应对拉线材料及组合金具进行质量检查。检查钢绞线股数、直径、防锈层情况，钢绞线不得有缺股、松股、交叉、折叠、硬弯、断裂及破损等缺陷；检查线夹、拉线连接金具及其他附件的规格是否符合设计要求，有无裂纹、砂眼、气孔、锌皮剥落和锈蚀等缺陷。

(2) 楔形线夹连接的拉线组装。钢绞线由楔形线夹出口端穿入，线夹的凸肚侧应在尾线侧；量出拉线回弯点，利用围弯器将钢绞线弯成心形的弧形，使弯曲弧形与线夹舌板相吻合并且拉线弯曲部分不应有明显松股；在线夹出口处垫以木块，锤敲木块使舌板和钢绞线与线夹槽紧密贴合，拉线受力后无滑动现象；同组拉线采用两个线夹时，其尾线端的方法应统一。

(3) 压接式线夹连接的拉线组装。将钢绞线连接部位的表面、连接管内壁用汽油清洗干净后，把钢绞线穿到压接管锚固端管底；压接可用液压或爆压方法；操作应符合国家颁发的液压或爆压的工艺规程，压接后要按压接规范检查尺寸，锉平或用砂布磨光飞边、毛刺及表面烧伤，压接后连接管表面必须涂防锈漆；压接不符合质量要割去重压。

(4) 拉线和拉线回折弯。根据下料长度将钢绞线放开、拉直、用钢尺量出割线位置上标记，两侧拉线用细铁丝绑扎后割断。割好拉线应及时挂上标签，注明使用桩号、安装位置和长度。线夹尾线宜露出 300~500mm。拉线回折尾线和本线间用一只线卡固定或 φ3.2mm 镀锌铁线上把缠绕 40~60mm，下把缠绕 80~100mm。拉线端头用 18# 或 20# 镀锌铁丝扎牢。

第三节 铁塔的结构、识图、对料及地面组装

无论采用何种立塔方法，都必须整体或分段、分片组立铁塔，故熟悉铁塔结构、识图、对料是送电工必备的技能。

一、铁塔的结构

铁塔通常分为塔腿、塔身、塔头三大部分。为便于运输与组装，在每一部分中又分解成若干段，每段的长度一般不超过 8m。铁塔构件连接处称为节点，构件的连接方式有电焊连接和螺栓连接两种。

（一）塔腿构造

塔腿位于铁塔最下部。塔腿上端与塔身连接，下端与基础连接。

每一种塔型中，塔头的尺寸及结构构造都是一样的。各种不同高度的塔腿与塔身的某一部分或全部连接起来就组成了各种不同高度的铁塔。当塔腿位于地形变化较大的地段时，为了减少基础的开挖，降低钢材消耗，有时采用高度不同的塔腿，常用的高低腿有 -1.0、-1.5、-2.0m 等，如图 4-33 所示。

塔腿与基础的连接方式有塔腿插入混凝土基础、塔腿插入土层与金属式预制基础连接式及底脚螺栓式和铰接（或半铰接）式。底脚螺栓式是最常用的一种连接方式。通常岩石基础、现浇基础、预制基础和桩式基础都采用这种方式。拉线塔塔腿和基础连接采用铰接或半铰接（也称有限固定底脚式），见图 4-34。

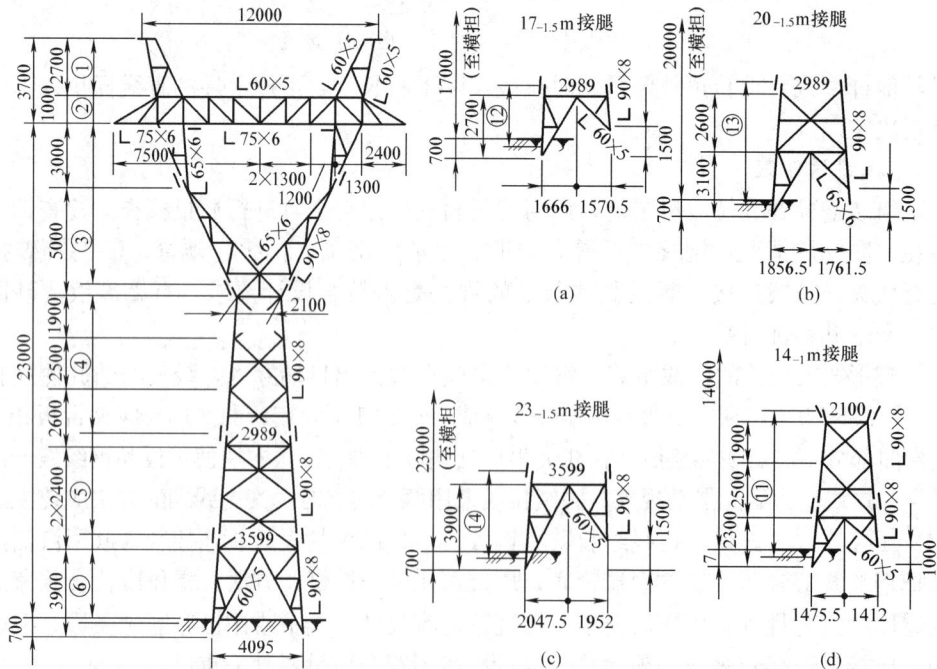

图 4-33 不等高塔腿的构造

(a) $17_{-1.5}$m 接腿；(b) $20_{-1.5}$m 接腿；(c) $23_{-1.5}$m 接腿；(d) 14_{-1}m 接腿

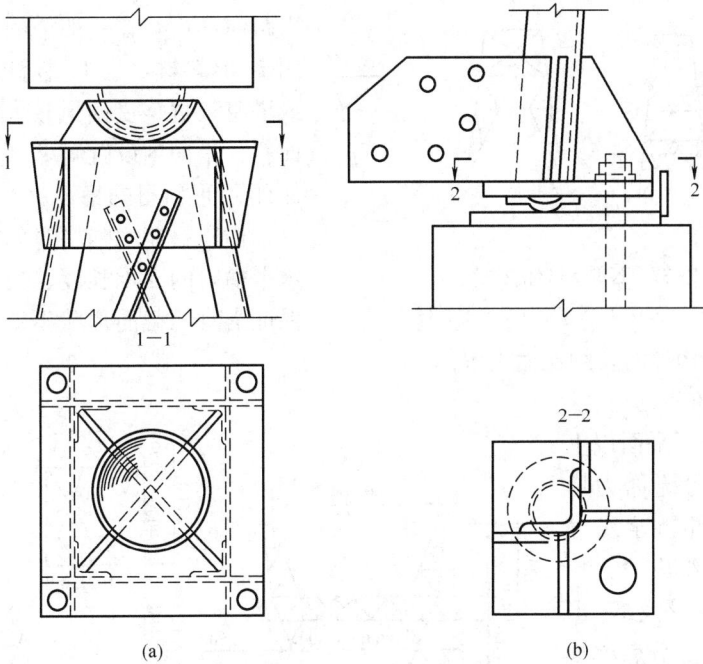

图 4-34　拉线塔底脚构造形式

（a）全铰底腿；（b）有限固定底脚

（二）塔身构造

塔身结构按其对称性划分，可分为平面对称和轴对称两种。一般双斜材结构，对称于顺线路和横线路方向两个竖直平面；单斜材结构只对称于塔身中心轴线。

塔身由主材、斜材、水平材、横膈材和辅助材组成，如图 4-35 所示。

主材是铁塔受力的主要构件，大都采用单根等边角钢。主材受力较大的高塔，则采用钢管、双背斜角钢或其他受力更大的组合断面等型式（图 4-36）。

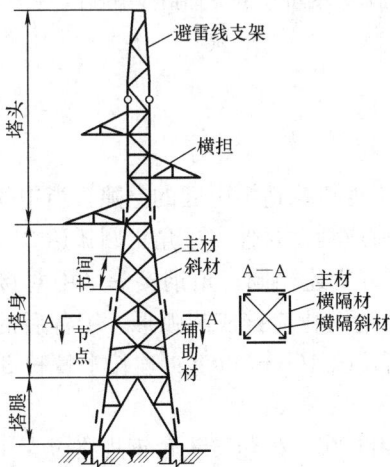

图 4-35　铁塔结构

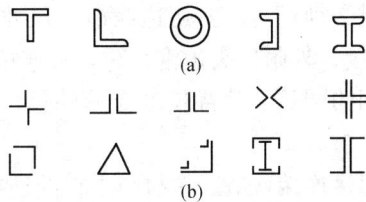

图 4-36　铁塔主材断面型式

（a）型钢；（b）组合型钢

单斜材用于塔身较窄、受力较小情况；双斜材是塔身普遍采用的型式；K 形斜材常用在

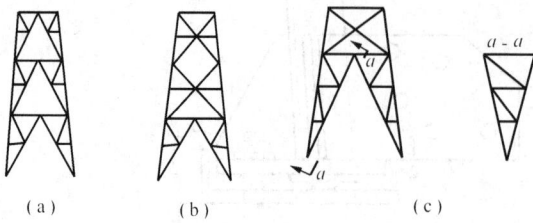

图 4-37 K 形斜材的构造

(a) 单斜材；(b) 双斜材；(c) K 形斜材

大跨越高塔，在一般塔的塔身中底部也常用 K 形斜材，当 K 形斜材分段大于一节或塔身较宽、受面风较大时，还需在正侧面斜材平面内设置斜材（见图 4-37），以保证 K 形斜材的稳定。

横膈材能增强塔身的抗扭能力、减少水平横材的支承长度、当塔身分段组装时保证塔身的截面形状不变。辅助材是构造上要求，为减少构件的长细比而设置的。

（三）塔头的构造

铁塔下横担下平面以上或瓶口以上结构统称为塔头。塔头由身部、导线横担、地线支架等组成。

常用的酒杯形及 67 形塔头的构造和各部分名称如图 4-38 所示。前者导线呈水平排列，后者由于下横担通过吊杆与身部相接，从而降低了下横担的钢材消耗。由导线横担 A 点向外伸延的悬臂部分供架设地线用。这种铁塔的导线三角形排列，走廊宽度窄，根据顺线路方向荷载较小特点，侧面宽度为正面宽度的 70% 左右，并且全部用 M16 一种螺栓连接。

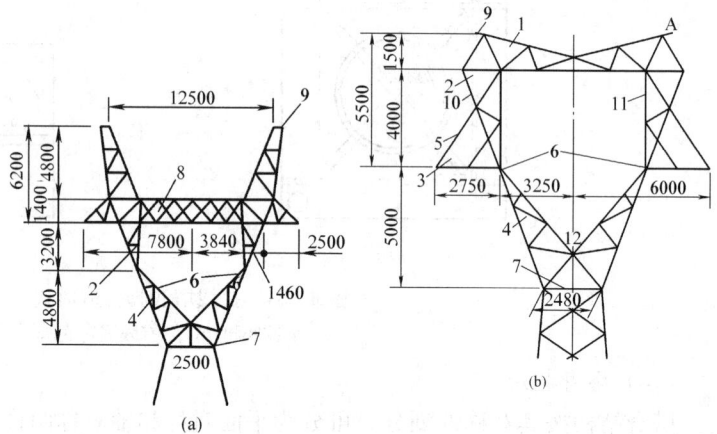

图 4-38 酒杯形及 67 形塔头的构造

(a) 酒杯形塔头；(b) 67 形塔头

1—上横担；2—上曲臂；3—下横担；4—下曲臂；5—吊杆；
6—K 节点；7—瓶口；8—横担；9—地线支架；
10—上曲臂外侧面；11—上曲臂内侧面；
12—X 节点

（四）构件节点构造简介

（1）一般要求各受力构件都应交于一点；由于连接构造上引起的空隙，当中间有螺栓连接时，中间应垫上与构造空隙等厚的垫圈；当斜材或辅助材伸入主角钢圆弧达 2~3mm 以上时，该塔材必须切角，剪切边缘最小尺寸和第二节所述相同；角钢接头采用对接外包角钢（主角钢对接、外附接头角钢）时，被连接角钢的角钢背应铲成圆弧形，铲背后的圆弧应大于外包角钢的圆弧，铲背长度应较外包角钢每端长出 10mm 以上；连接上螺栓孔距、边距也应满足要求。

（2）螺栓连接铁塔。主材与主材的连接都采用对接，外包接头角钢规格应大于或等于被连接角钢的规格，外包角钢的长度及连接数量应根据受力大小经计算确定，当受力较大时，在连接主材角钢里侧加上衬板或角钢，这时连接螺栓受力情况由单剪变为双剪，可以成倍减少连接螺栓数量（见图 4-39）。

主材与斜材、横膈材的连接，按受力大小，采用螺栓直接连接或经节点板连接两种方式

（见图4-40）。瓶口及曲臂的节点由于受力较大，构造也复杂，常常成弯曲状，所以通常经节点板连接。

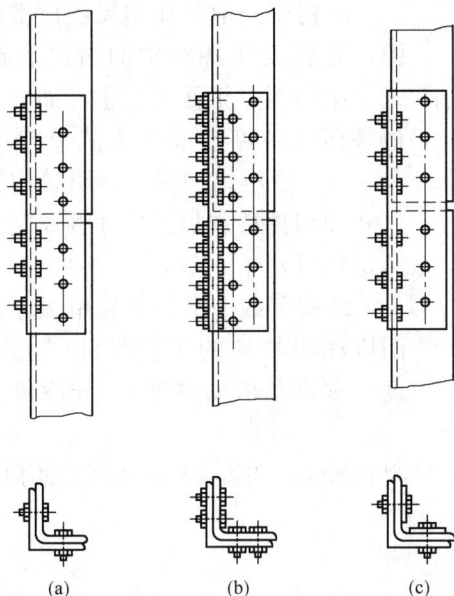

图4-39　主材与主材的连接构件

（a）、（b）外全角钢连接；（c）外包角钢加衬板连接

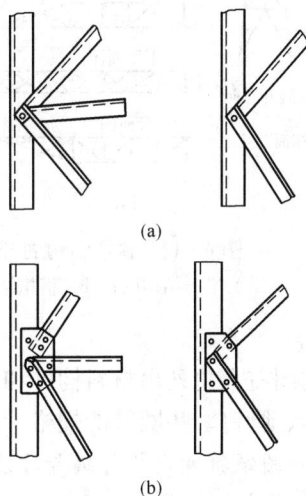

图4-40　主材与斜材的连接构造

（a）直接连接；（b）通过节点板连接

（3）电焊连接铁塔。构件基本焊接形式有对接、搭接、外加衬板连接及丁字连接。焊缝形式有直缝和斜缝、单面缝和双面缝之分。

（4）挂线点的构造。它分直线式挂线点和耐张式挂线点两种。直线式挂线点结构不同，连接金具也不同，如图4-41所示。

二、识图、对料

（一）铁塔图的内容

铁塔组装图纸包括杆塔总图和杆塔结构图两类。

1. 总图内容

（1）单线图。单线图布置在总图的左半部，以按比例缩小的标准高度画出，各接腿自左向右按不同

图4-41　挂线点的构造

（a）悬垂构造；（b）耐张构造

1—横担角钢；2—U形挂板；3—横担吊板；4—四腿直角挂板；5—二联板；6—U形环；7—横担挂线板；8—延长环

高度连续布置。如塔身正面和侧面宽度和结构形式不同时，正、侧面一般分别画出；在单线图上都标有杆塔各部主要尺寸、分段标号、主材及塔腿斜材规格等。

（2）材料汇总表。表中列出铁塔每一段内各种规格材料的质量及全塔总质量。

（3）简要说明。有关本塔的特殊说明，并注明螺栓结构的统一加工要求。

（4）铁塔负荷图及使用范围。

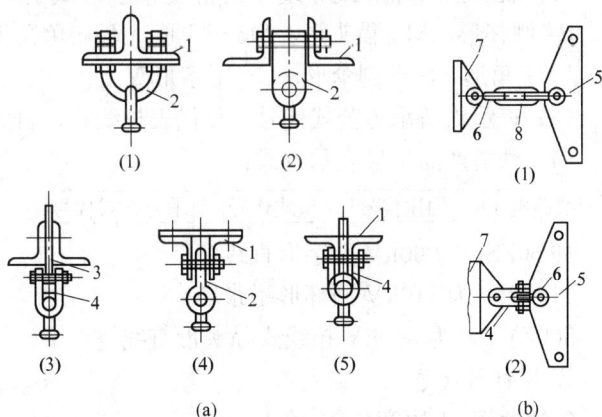

2. 铁塔结构图内容

反映结构各部构造及连接形式，以满足施工和加工的需要。

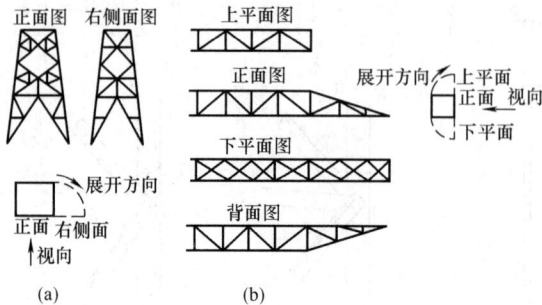

图 4 - 42　铁塔结构展开图
(a) 塔身结构图；(b) 横担结构图

结构图图面按比例尺画出实物结构图，完整反映各结构的情况和连接方式。结构图以正面图为主，如需表示其他各面时，可按展开方式绘制（见图 4 - 42）。铁塔结构图应标明结构的几何尺寸和构件特殊加工尺寸（如制弯尺寸和切角等）。

结构图的左上角也有单线图，单线图应注明结构的主要尺寸（上下口宽度、垂直及塔面高度）、分段位置及线路方向等。

结构图右上角列出材料构件和螺栓、脚钉、垫圈明细表。在表中标出本图内的角钢、钢板、螺栓、脚钉、垫圈等的规格、尺寸和质量。

（二）图纸符号及构件编号方法

1. 铁塔产品型号

（1）表示铁塔用途分类的代号：Z－直线塔、J－转角塔、K－跨越塔、ZJ－直线转角塔、D－终端塔、H－换位塔、N－耐张塔、F－分支塔。

（2）表示铁塔外形或导线、避雷线布置形式的代号：S－上字形、Q－桥形、C－叉骨形、B－酒杯形、M－猫头形、Me－门形、Yu－鱼叉形、Gu－鼓形、V－V 字形、Sz－正伞形、J－三角形、S_D－倒伞形、G－干字形等。

（3）表示铁塔承力公式代号：L 代表拉线式，自立式不表示。

（4）铁塔产品型号表示方式：

| 线路电压 | 用途代号 | 型式代号 | 承力方式代号 | 设计序号 |

如 60ZS，为 60kV 上字形直线塔；

110NB，为 110kV 酒杯形耐张塔；

500ZML，为 500kV 拉线式猫头形直线塔。

2. 原材料代号

等边角钢：L 边宽×厚，如 L 50×5；

不等边角钢：L 长边宽×短边宽×厚，如 L 75×50×6；

槽钢：[槽高，如 [8；垫圈：一厚度，如 -8；

圆钢：ϕ 直径，如 ϕ16；钢板：一厚度，如 -4；

扁钢：一厚度×宽度，如 -5×100；

螺栓、脚钉：M 直径，如 M16。

数字未注明者其单位均为 mm。

3. 图面符号

（1）螺栓、脚钉和垫圈的符号：按表 4 - 30 规定使用。

表 4 - 30　　　　　　　　　　螺栓、脚钉和垫圈的符号图

名　称	规　格	长度 l (mm)	符　号	无扣长度 L_0 (mm)	通过厚度 (mm)	单个质量 (kg)
螺栓	M12	30	●	6	8～12	0.055
		40	◓	12	11～16	0.064
	M16	35	◑	8	9～13	0.120
		45	⊘	13	14～20	0.133
		55	⊗	20	21～24	0.147
	M20	40	○	8	9～14	0.230
		50	⊘	14	15～20	0.248
		60	⊗	20	21～28	0.269
	M22	50	⊙	16	15～20	0.328
		60	⊘	22	21～28	0.328
		70	⊗	30	29～40	0.353
脚钉	M16	80	⊶	110		0.319
	M20	200	⊶	120		0.622
	M22	200	⊶	120		0.756
垫圈	M12	−2		12.5	25	0.0055
	M16	−3	⊙	16.5	32	0.0133
	M20	−4		21.0	38	0.0242
	M22	−4		23.0	42	0.0299

（2）焊缝符号：焊缝符号按图 4 - 43 方式表示。

（3）断面图、X 向视图及详图表示法：断面图、X 向视图用阿拉伯字母表示，如 √1　1↓、1—1。

详图用细实线标出，并用阿拉伯数字标明其代号。

（4）断面线表示法：断面线表示法如图 4 - 44 所示。

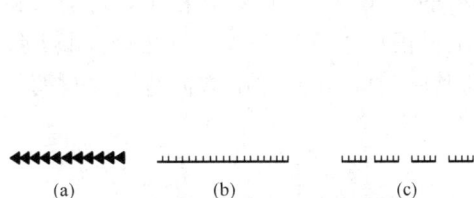

图 4 - 43　焊缝符号及表示方法
(a) 对接平焊缝；(b) 可见搭接、丁字接角焊缝；
(c) 不可见搭接、丁字接角焊缝

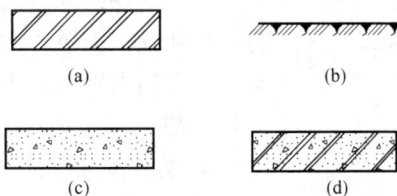

图 4 - 44　断面线表示法
(a) 金属断面线；(b) 地面线；(c) 混凝土
断面；(d) 钢筋混凝土断面

（5）对称符号、调转符号、连接符号：对称符号表示完全对称；调转符号表示可以绕轴调转 180°的结构图，可在结构图的中心线以对称符号或调转符号表示，其余可省略绘制（见图 4 - 45 中虚线部分）。

（6）连接符号：用于切断结构的部分图形，而接上另一部分图形表示方法。如图 4 - 46 所示的两种方法都是可以的。

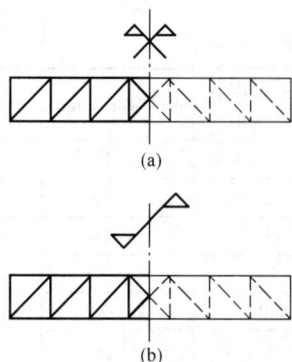

图 4-45　对称及调转符号的表示方法
（a）对称符号；（b）调转符号

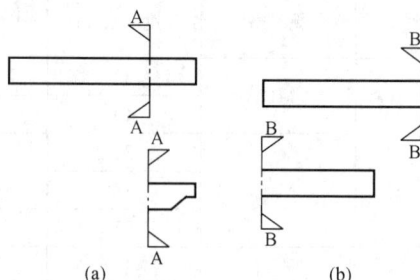

图 4-46　连接符号及表示方法
（a）连接符号在同一直线方向；（b）连接
符号不在同一直线方向

（7）角钢和钢板制弯线：结构图中线条意义和一般制图相同，构件需要弯曲时，弯曲用制弯线表示，制弯线可用一条双点划的假想线表示，如：

——·——·——·——·——·——·——

4. 结构图图面规划

（1）图面比例：

单线图：常用 1∶50，1∶100；也可用 1∶150，1∶200。

结构图：常用 1∶15，1∶20，1∶30；也可用 1∶10。

详细图：常用 1∶5，1∶10；也可用 1∶1，1∶2。

（2）段别编号：结构图分段绘制，分段位置一般在每节塔身和主材接头处。总图的单线图中，段别编号，写在单圆圈里，从上到下排列。

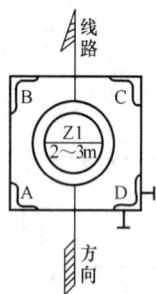

图 4-47　铁塔方向标

（3）断面图和详图：如以正面图为主的各个侧面投影图尚不能充分反映结构实况时，应有必要的断面图或详图。如断面是对称的，则断面图可以是 1/2 或 1/4。

（4）标明线路方向：每一塔的单线图及塔腿结构图上，都有线路方向标，标明铁塔安装方向。塔身主材正常用 A、B、C、D 区分，顺着线路方向，由左向右顺时针方向编。脚钉一般布置在送电方向右侧主材两外侧面上，见图 4-47。

5. 构件编号方法

（1）应编号的构件：结构图构件除螺栓、脚钉和垫圈外均应编号。

（2）编号顺序：每一分段图内，不分角钢、钢板混合编号。先编主材，后编其他构件。编号顺序为：由下向上、由左到右、由正面到侧面，最后编断面。

（3）正面视图中背面构件的编号：当正面和背面构件的编号不相同，但只绘正面图时，在编号时编两个号，并注明"前""后"区别。

（4）构件编号：表示以段为单位，用三位数字表示，主材写在外细内粗双圆圈中，其他构件写在单圆圈内。三位数的第一位数表示段号，后二位是顺序号。如图 4-48 中，双圈内 601 表示第六段的第一号主材。

（5）构件规格尺寸：除注明构件编号外，角钢需注明规格；主材注明长度，钢板注明厚度。

6. 尺寸标注

(1) 单线图尺寸。标注控制尺寸。

(2) 格构式结构尺寸。常在结构图中用相似形标注［见图 4-49（a）］。

(3) 螺栓间距、边距和端距尺寸若为标准数值，均不注明。

(4) 角钢端部到准线交点尺寸（节点、联板尺寸）。尺寸注在紧靠构件交点位置，数字前用"＋"代表伸出交点数值、用"－"代表不到交点的数值［见图 4-49（b）］。

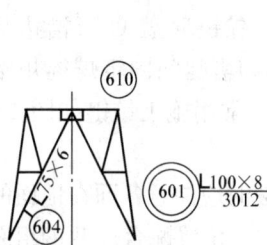

图 4-48 铁塔结构图
上构件编号方法

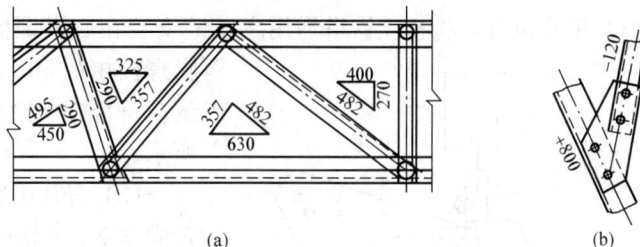

图 4-49 结构几何尺寸及构件端部尺寸标注法
(a) 结构尺寸标注；(b) 端部尺寸标注

(5) 半径、直径、坡度和标高尺寸均可用通用的相应符号后加数值表示。

（三）对料

铁塔组立之前，应先根据铁塔图纸在地面上进行铁塔材料清点，称为对料。对料的同时，还以便于组装为原则进行分料。

对料之前要熟悉铁塔的施工图纸，了解塔腿在线路上排列方向，铁塔的结构型式，铁塔的分段，材料的规格尺寸。

对料应从第一段对起，也可以从最末一段对起，按段顺序排列。对料中，逐根核对打在构件上的编号、规格，是否与图纸相同、有无损伤。

对料时要注意，有的制造厂因某根料不够长，将一根料分两节，再用包钢连接，材料编号有附加小字，要注意先对接好，对接的端头不能搞错。

运到桩位的杆塔钢结构和铁附件，个别角钢当弯曲度超过长度 2‰，但未超过表 4-30 弯形限度时，可用冷矫正法进行矫正，但矫正后不得出现裂纹。

三、铁塔整体组装

整体组立的铁塔必须整体组装。

（一）一般规定

(1) 技术交底。交底内容包括：操作规程、施工要求、施工图纸、质量标准及安全技术措施，使全体施工人员熟悉图纸、资料和方法要求。

(2) 平整场地。场地应尽量平整，垫好支垫木（道木），支垫木数量、位置应符合施工设计要求。

(3) 组装位置。铁塔应对称地组装在线路中心线（转角塔为线路转角二等分线）两侧，但自由式整体立塔不受此限制。脚钉、接地螺孔的方向应与设计要求相符。

(4) 里、外铁安装。铁塔仅为单线图时，虚线表示里铁、实线表示外铁。里、外铁的角钢背应向上，以免积留雨雪。

(5) 螺栓安装规定和铁件缺陷处理。整体立塔时要求和上一节钢筋混凝土电杆地面组装时要求相同。所有螺栓应在地面紧好，并达到规定力矩。在组立结束后，全部紧固一次，架线后再全面复紧一次。复紧后，应将铁塔顶部到导线以下 2m 之间及基础顶面以上 2m 范围内全部单螺母螺栓，逐个加防松措施，即在紧靠螺母外侧螺纹上涂以灰漆或在相对位置上打冲两处，也可采用防松、防窃螺栓。

（6）补强铁件安装。

（7）组塔调整螺孔时均应用尖板子，不得用手指搬动，以免剪伤。

（二）普通螺栓铁塔组装

（1）组装位置。将整立铁塔需用之铰链安装在底脚螺栓位置，铰链底盘 U 形槽边与底脚螺栓相距 5mm，铰链和塔腿间固定螺栓规格数量应符合施工设计规定。常用施工铰链如图 4-50 所示。

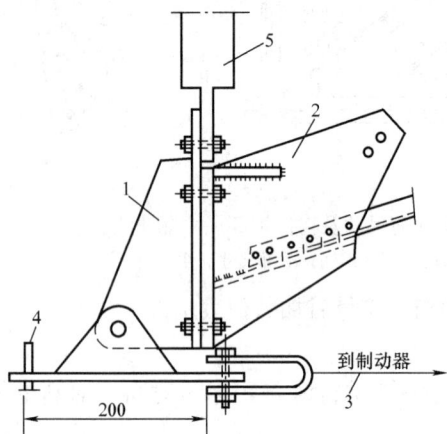

图 4-50　整立杆塔用铰链

1—铰链；2—塔底脚；3—制动绳；
4—基础螺栓；5—补强构件

（3）分段组装。铁塔组装也可以每根主角铁为一段，先进行各段的整体组合，而后将各分段顺次连接成一整塔。

（4）扁塔组装。进行分段组装时，组装顺序为：先下面，后两侧，最后组装上面。横担、地线支架、头部塔身也可采用这个顺序组装。

（5）辅铁螺栓紧固。在组装过程中，所带辅铁连接螺栓，可先带上一个螺栓，螺帽也不需拧紧，到组装结束时紧固到所需力矩。

（三）门形塔的地面组装（见图 4-51）

（1）将各段已连接好的主材的窄面翻转到地面上。

（2）将主柱底脚与基础接触的一面连接在整立铰链上。

（3）将组装成一整体的横担与主材连接好。

（4）安装地线支架。

四、铁塔的分解组装

采用铁塔分解组装时，应按铁塔的分段情况、

（2）分片组装。组装时应注意各面在地面的位置应与整立铁塔时的方向、位置配合。两侧组装好后，应尽可能带上相邻两面（即上、下面）的斜材。用抱杆将侧面塔片立起，与基础底脚螺栓连接之一端装在整立铰链上，另一端置于道木、垫架上，用叉杆或大绳支稳，再进行另一侧塔腿吊装。同时调整两侧面间位置与距离，而后进行此段结构上下两面的水平材、斜材组装。组装结束，应检查组装结构中心是否与线路中心线方向一致。

装好底段后，将抱杆移至相邻塔段，重复上面方法组装。依次逐段组装各段。

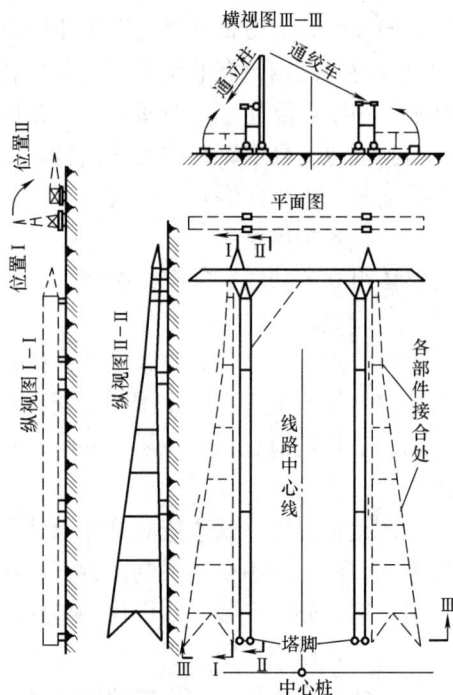

图 4-51　门形塔的地面组装

分解组塔采用的方法及构件的吊装顺序，将全塔结构进行分段分片或分角在地面组装好。

分解的方法和各分解段长度，应根据抱杆起重能力，在有利于起吊和安装的原则下，尽可能压缩起吊次数，减少高空作业量。

在场地允许情况下，通常应将铁塔各部在地面全部组装好后，再进行组塔作业。当场地狭窄或构件重量大、搬运困难时，也可采取边吊边组的方法。

（一）铁塔地面分解组装一般要求

地面分解组装中技术交底、平整场地，用尖扳手对螺孔、螺栓安装规定和铁件缺陷处理均和铁塔整体组装时相同。

分解组装时各组装段所带的辅铁一般应符合以下要求：

（1）斜材等辅铁要求带全，并应注意同一塔面上的所有里铁应带在同一主材上，所有外铁带在另一主材上；水平材（多为里铁）应装在带外铁的主材上，如图4-52所示。

（2）连接带铁的螺栓应拧至满帽（但不拧紧），以防脱落伤人。

（3）带铁可移动的一端应向下（起吊时向地面）。

（二）分段组装

各型铁塔的分段、分片组装的划分方法可参考图4-53～图4-56。分段组装方法适用于窄身铁塔（如拉线塔、电焊塔、110kV以下直线塔），起吊方法应采用外抱杆立塔法。

分段组装优点是速度快、高空作业量少、构件就位后拼装简便，按照吊装设备的能力及分段质量，每次可吊装一段或两段。

分段吊装缺点是塔身下部各段较高、质量较大，需要配备较大的抱杆。

（三）分片组装

分片组装可将分段组装中的各段分成相对（即前与后或左与右）两片来进行组装，另外两个面的斜材、水平材带到相应的主材上。

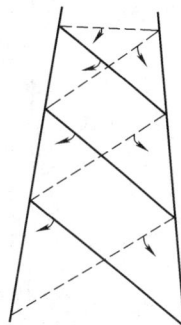

图4-52　分片组装时的带铁方法（实线为外铁，虚线为里铁）

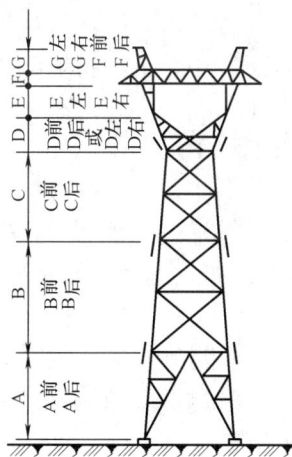

图4-53　酒杯形塔分段

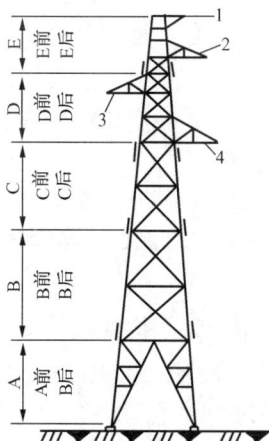

图4-54　三角形塔分段

1—地线支架；2—上横担；

3—中横担；4—下横担

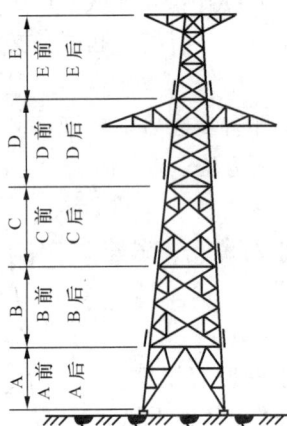

图 4-55 干字形塔分段

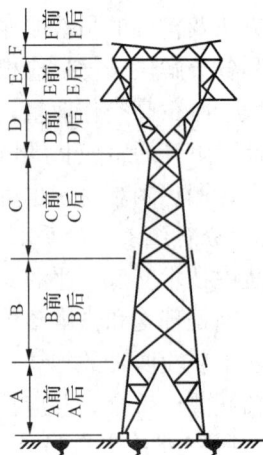

图 4-56 67 形塔分段

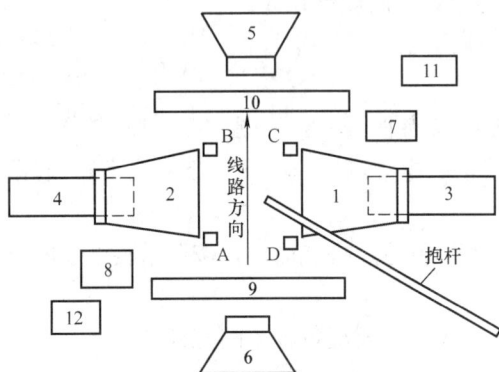

图 4-57 酒杯形铺开式分片组装现场布置图

1、2—塔腿；3、4—塔身；5、6—下曲臂；

7、8—上曲臂；9、10—横担；

11、12—地线支架

注：2和4、1和3有部分重叠。

分片组装的地面布置有重叠式和铺开式两种。重叠式组装是按照吊装顺序，将各单片构件进行重叠组装，后吊的放在下层，先吊的放在上层，各片主材和所带辅铁用铁线绑牢。铺开式组装就是把各片构件铺在地面上组装。图4-57就是酒杯形铺开式分片组装现场布置。

三角形塔、上字形塔、干字形塔及双回路塔的导线及地线支架（包括酒杯形塔的地线支架），可作为一个整体在地面上组装。

分片组装时，每件质量较轻、起吊设备较小、组装场地较小，一般可适用于内抱杆立塔法。

分片组装的缺点是高空作业较多、高空组装也较困难。

（四）分角组装

将塔身中每段分成四个角，以每根主角钢为一单元进行组装。铁塔各个面的斜材、水平材都可分别带到四根三角钢上，每根角钢带一个面的外铁及另一个面的里铁。

分角组装，由于每吊构件的质量减轻，因而起吊设备也相应减少，组装场地也小。

分角组装缺点是高空作业量大，高空组装困难，起吊次数多，效率低，带上斜材、水平材等辅铁后，整吊构件稳定性差，需采用可靠的安全措施。

五、铁塔地面组装劳动组织及所需工器具

铁塔地面整体组装需技工3～4人、普工8～10人；分解组装需技工2人、普工4人。

铁塔地面组装所需用工器具如表4-31所列。

表 4-31 铁塔地面组装所需用工器具

序 号	名 称	规 格	单 位	数 量	备 注
1	螺栓扳子	5/8″, 6/8″	把	8	
2	活扳子		把	4	
3	旋转扳子	5/8″, 6/8″	把	2	
4	撬杠	1～1¼″	个	5	
5	弓形锯		把	1	
6	大锤	2.7～3.6kg	把	2	
7	钻孔工具	5/8″, 6/8″	套	2	包括孔规、冲子、钻具、钻头等
8	起吊设备		套	1	包括抱杆、拉线、地锚、起吊绳、绞磨或
9	小锤		把	2	绞车等
10	垫木或垫架	高 20cm	个	10	
11	垂球		个	1	
12	钢卷尺	30m	个	1	
13	水平尺		个	1	

注 表中的工器具系指 10 人工作时的需用量。

第四节 输电线路杆塔整体起立

杆塔起立方法可分为整体起立和分解组装两类。钢筋混凝土电杆常用整体起立（或称整立），铁塔较多采用分解组装。

铁塔整体起立时，基础强度必须达到 100%；遇特殊情况，立塔操作采取有效防止影响混凝土强度的措施时，可在混凝土强度不低于设计强度 70% 时整体立塔。常用的整立方法有三种：倒落式抱杆整立；固定式抱杆整立；机械化整立。

机械化整立简便迅速、稳固可靠，但受道路、地形限制，未能普遍推广。固定抱杆整立可分为单固定抱杆整立和双固定抱杆整立两种。单固定抱杆通常只用于整立 2～3t 小型杆塔，但也可用于整立大型杆塔，图 4-58（b）、(c) 即为利用单固定抱杆整立 77m 电视塔现场布置；双固定（人字型）抱杆常用在城市配电线路施工，不在这里叙述，但也有用 Ⅱ 型双固定抱杆整立 5～10t 铁塔。

钢筋混凝土电杆、拉线铁塔和窄基铁塔一般均采用倒落式抱杆整体立塔。

一、倒落式抱杆整立杆塔工艺

用倒落式抱杆整立杆塔时，人字抱杆随着杆塔的转动（即起立），它也在不断地绕着地面的某一点转动，直到人字抱杆失效。

杆塔自身质量较大，特别是钢筋混凝土电杆又是细长杆件，所以起吊过程中既要考虑各种起吊工器具受力强度及其变化，又要考虑被起吊的电杆，在起吊过程中受力情况，防止杆身受力不均造成弯曲度超过允许值而产生裂纹；同时，还要考虑受到冲击和震动的因素。因此，在整体起立钢筋混凝土电杆或杆塔时要作出施工设计，并经试吊确认。

施工设计应包括：①施工方法及现场布置；②抱杆及工器具的选择；③施工技术措施和安全措施。

（一）整体起立施工的现场布置

采用倒落式人字抱杆整体起立 Ⅱ 型双杆的现场布置如图 4-59 所示。铁塔整立的现场布置如图 4-60 所示。

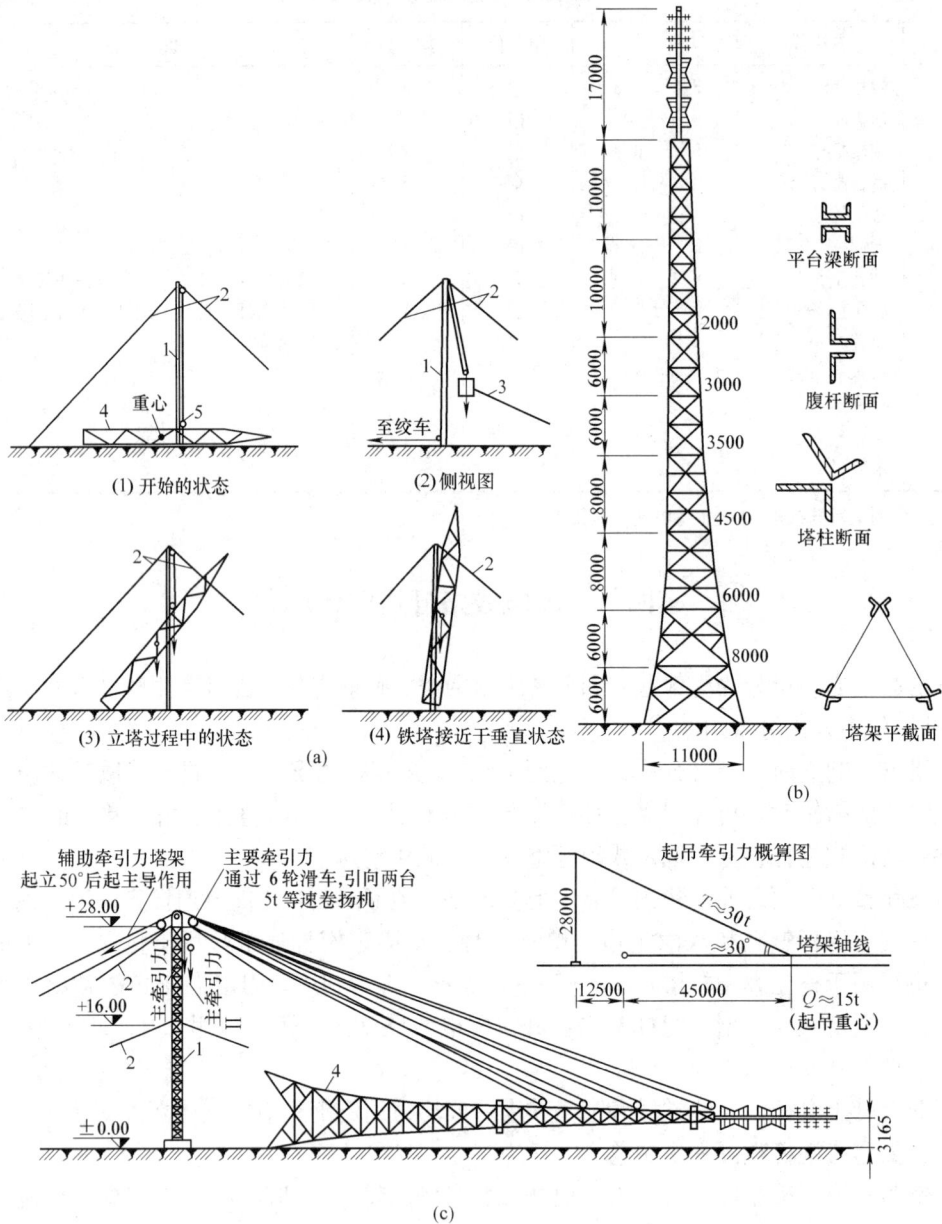

图 4-58 单固定抱杆整立杆塔

(a) 整立小型杆塔；(b)、(c) 整立 77m 电视塔

1—抱杆；2—抱杆拉线；3—铁塔防倾拉线；4—铁塔；5—起吊滑车

1. 固定钢绳系统

整立杆塔中，固定点数量位置及钢绳间穿线方式选择是一项极其重要的细致的工作。固定点数量越少，现场布置越简单，但常常引起杆身弯曲应力的大幅度增加，严重时会引起杆身裂纹以致破坏。根据计算结果及施工经验，一般对于 15m 及以下非预应力杆采用单点固定；全长 18～24m 者，采用两点固定；全长超过 27m 者，采用多点固定。对预应力杆在 18m 及以下采用单点固定；全长 21～27m 采用两点固定；全长超过 30m 者，采

用多点固定；铁塔的强度及刚度远比混凝土杆高，自重也轻，故全高在 20～50m 时均可
考虑采用单吊点或双吊点固定，50m 以上者考虑采用多吊点，固定钢绳系统主要形式如
图 4 - 61 所示。

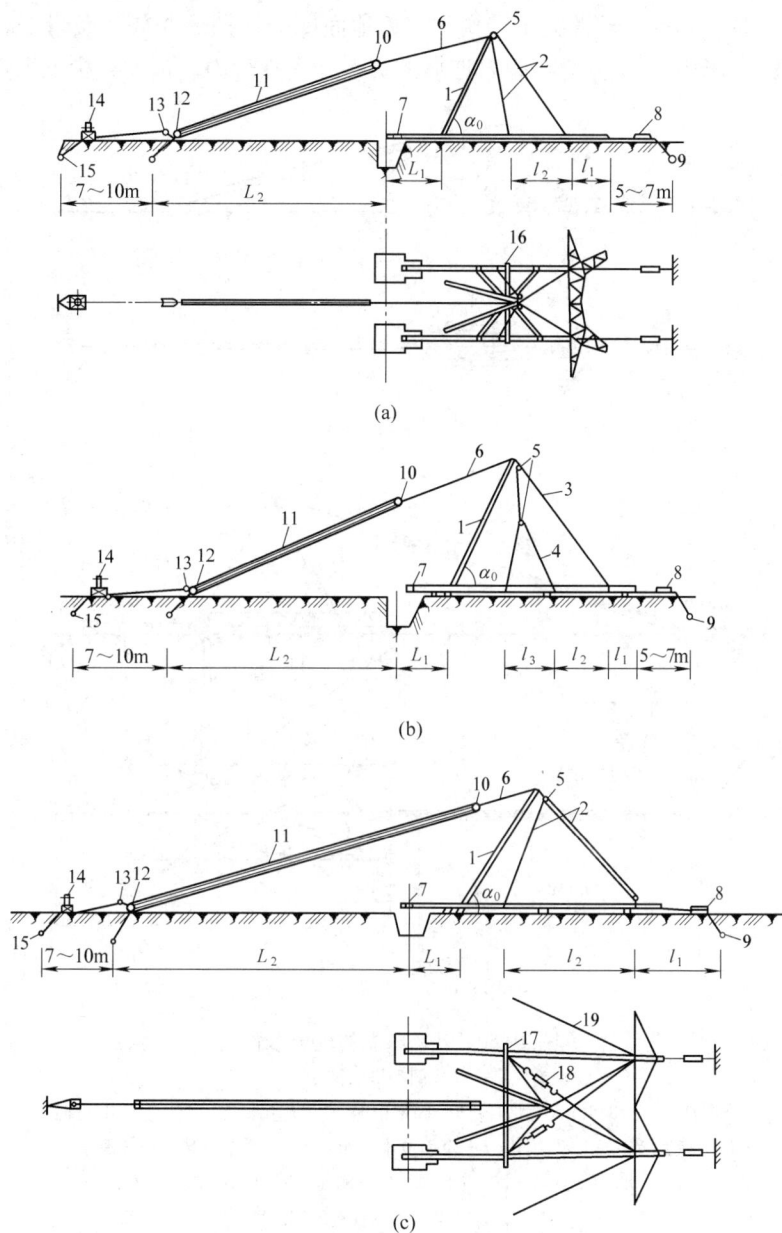

图 4 - 59　整体起立 II 型双杆现场布置

(a) 两点起吊平面布置图；(b) 三点起吊平面布置图；(c) 八字形杆平面布置图

1—抱杆；2—固定钢绳；3—固定钢绳（长套）；4—固定钢绳（短套）；5—起吊滑车；

6—总牵引钢绳；7—制动钢绳；8—制动器；9—制动地锚；10—动滑车；

11—牵引复滑车组；12—定滑车；13—导向滑车；14—牵引动力；

15—牵引动力地锚；16—叉梁托木；17—补强木；

18—双钩紧线器；19—临时拉线

单点固定起吊 18m 及以上混凝土电杆，常用杆身加背弓补强，以防吊点附近产生裂纹。

两点起吊时上绑点位置应尽量靠近横担，下绑点应尽量靠近叉梁或叉梁补强木和主杆连接处。两点固定时下绑点上部混凝土受拉，靠近地面侧受压即承受较大负弯矩，故图 4-61 (b) 第三图上绑点采用 1-2 复滑车组，增加上绑点处支点反力，从而减少下绑点的负弯矩。

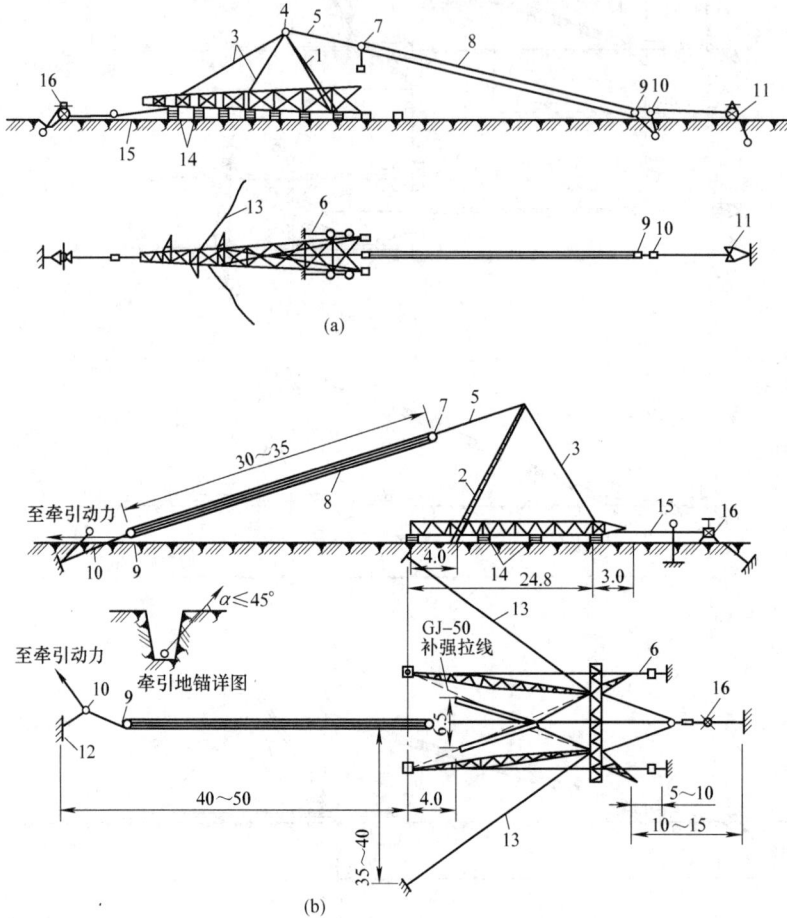

图 4-60 铁塔整立的现场布置

(a) 单柱塔；(b) 门型塔（图中单位为 m）

1—抱杆；2—13.6m 人字抱杆；3—固定钢绳；4—起吊滑车；5—总牵引钢绳；
6—制动系统；7—动滑车；8—牵引复滑车组；9—定滑车；10—导向滑车；
11—动力系统；12—牵引地锚；13—侧面临时拉线；14—支垫；
15—后侧拉线；16—后侧控制绞磨

三点固定第一图中，中、下绑点合力等于上绑点力，下绑点负弯矩较小，一般 $c_1c_2 > c_2c_3$。四点固定中，中间一图固定方式比较合理。

钢绳与铁塔构件绑点应选在节点上，与电杆的绑固可在吊点上缠绕数道后用 U 形环连接。绑固处应垫以麻袋或垫木。

2. 牵引系统（见图 4-62）

牵引系统由总牵引钢绳和复滑车组及导向滑车组成。复滑车组的动滑轮经总牵引绳和抱

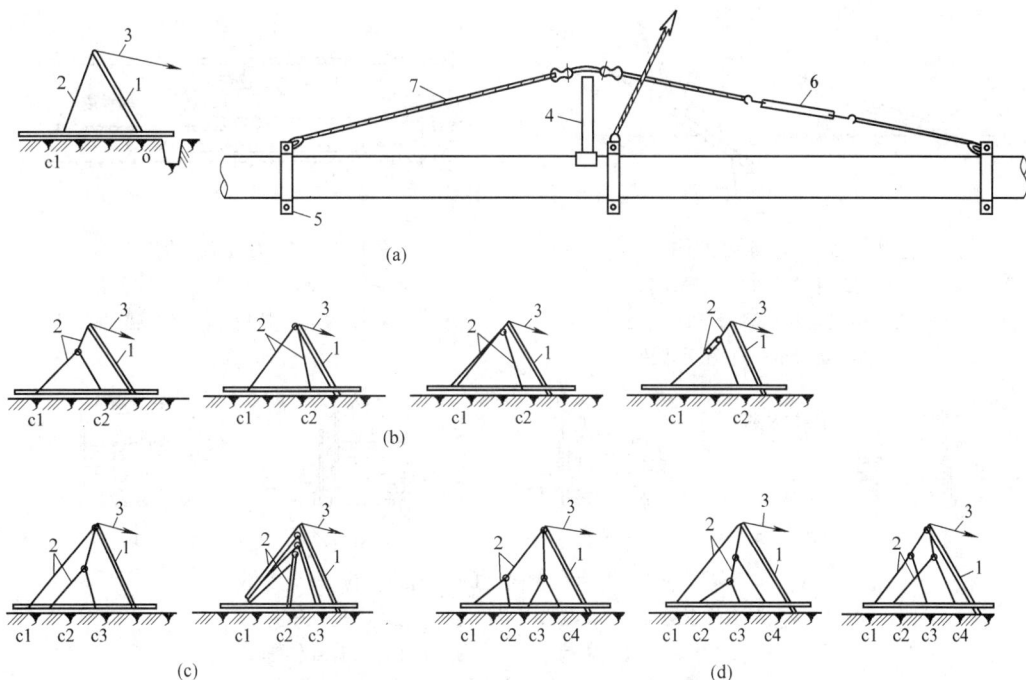

图 4-61 固定钢绳系统的主要形式
(a) 单点固定；(b) 两点固定；(c) 三点固定；(d) 四点固定

1—抱杆；2—固定钢绳；3—牵引钢绳；4—背弓支架；5—抱箍；6—双钩紧线器；7—钢丝绳

杆自动脱落帽相连；导向滑车、牵引复滑车的定滑车，均通过底滑车地锚加以固定，该地锚受力很大，必须稳固牢靠。牵引钢绳与地面夹角应不大于 $30°$，同时应严格保证与抱杆中心线、电杆中心线在同一直线上，以保证人字抱杆受力均匀。

为防止复滑车组钢绳受力后发生扭绞，应在动滑车上加一木棒，并在木棒一端系上重物，防止动滑车翻滚。

3. 动力装置

它是牵引系统动力来源，常用动力装置有绞磨、手摇绞车、机动绞磨或拖拉机等。在地形条件允许时，牵引动力应尽量布置在线路的中心线或线路转角的两等分线上。当出现角度时，偏出角不应超过 $90°$。整体起立时可采用单套牵引装置，也常采用双套牵引装置。

人力绞磨如图 4-63 所示。卷筒外形都作成弧线形，钢绳从下方绕入，上方退出后，由人力拉住。尾绳可在木桩上绕一圈作制动用。绞磨要用牢固的地锚拉住，牵引绳应水平引入磨筒，必要时在磨架前稍远处设立转向滑车。手摇绞车为保证安全运行，卷筒上的钢丝绳，至少要保留 5 圈以上；应尽量使钢丝绳绕入卷筒的方向与卷筒轴线垂直；根据钢绳的捻向，将绳头固定在卷筒的左边或右边（见图 4-64），并从卷筒的下方绕入，以增加绞车的稳定。

一般机动绞磨用 $2.2\sim3.6kW$ 汽油机作动力，变速箱和离合器可调速反向；而电动绞车以电动机为动力，有快慢速之分，并设有摩擦离合器或电磁抱闸来调速或制动。

用改装的四轮或手扶拖拉机上附设绞盘来作牵引动力，能机动灵活，做到一机多用，容易改换停靠地点，得到广泛使用。

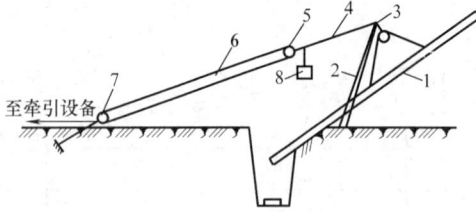

图 4-62 牵引系统的构造

1—电杆；2—抱杆；3—抱杆脱帽环；
4—总牵引钢绳；5—动滑车；6—滑
车组；7—定滑车；8—配重防转

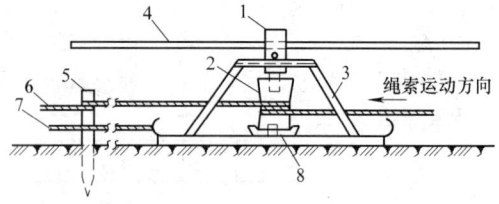

图 4-63 人力绞磨的构造

1—磨头；2—磨尾；3—磨架；4—磨杆；
5—木桩；6—用力拉梢；7—连地锚绳；
8—制动器

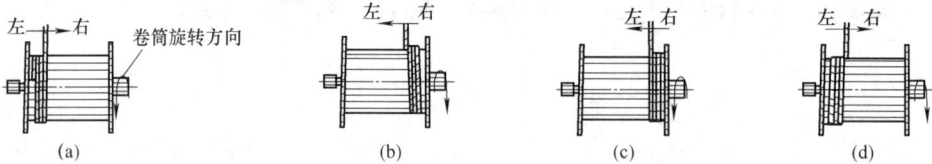

图 4-64 钢绳在卷筒上的正确缠绕方法

（a）右捻钢绳上卷，将端头固定在卷筒左边，由左向右卷；
（b）右捻钢绳下卷，将端头固定在卷筒右边，由右向左卷；
（c）左捻钢绳上卷，将端头固定在卷筒右边，由右向左卷；
（d）左捻钢绳下卷，将端头固定在卷筒左边，由左向右卷

4. 人字抱杆的布置

（1）抱杆位置。人字抱杆座落位置（包括根开、对杆塔基础中心的距离、落脚点高差、初始角）必须按施工设计的要求布置。两根抱杆必须等长，不得歪扭和迈步。

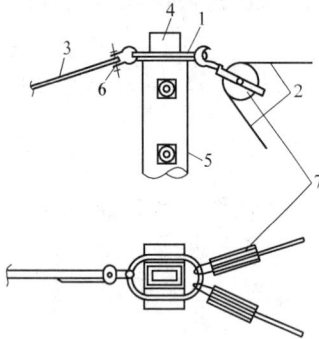

图 4-65 脱落环与整立杆塔
设备的连接构造

1—脱落环；2—固定钢绳；3—牵引
钢绳；4—抱杆帽（槽钢）；5—抱杆
本体；6—U形环；7—固定
钢绳滑车

（2）抱杆脱落帽和落地控制绳。脱落帽套在抱杆帽上（见图 4-65），每根抱杆用一根控制拉绳穿过脱落帽耳环或 U 形环，在离抱杆顶部 0.5m 处绑住抱杆，控制绳另一端经地面地锚或杆塔基础上特制环，用人力控制抱杆失效后的下落速度，防止抱杆失效后摔倒地上。如果地势不平，还应在脱落帽上加设侧面临时拉线，以防起立时抱杆受力不匀而发生单杆脱帽现象。

（3）抱杆起立方法。一般用小人字抱杆整体起立人字抱杆的方法。小人字抱杆长度可取大抱杆长度的 1/2，通常用 6m 左右圆木。大抱杆起立时为防止杆部滑移，在杆根部应用钢钎卡住。主牵引绳压在小抱杆上，起立小抱杆的同时把大抱杆带起。

（4）抱杆根部加强。在农田、沼泽等地面应防止两杆不均匀沉陷或滑动引起的抱杆歪扭、迈步，抱杆根部一般设有抱杆鞋以增大和地面接触面，坚硬土质或冻土还需刨设卧坑，以稳定抱杆（见图 4-66）。两抱杆根部绑扎制动钢绳（俗称绊脚绳），并将制动钢绳端头绑缠在杆身上，当电杆抬头，抱杆受力稳定后，就应松开绊脚绳。

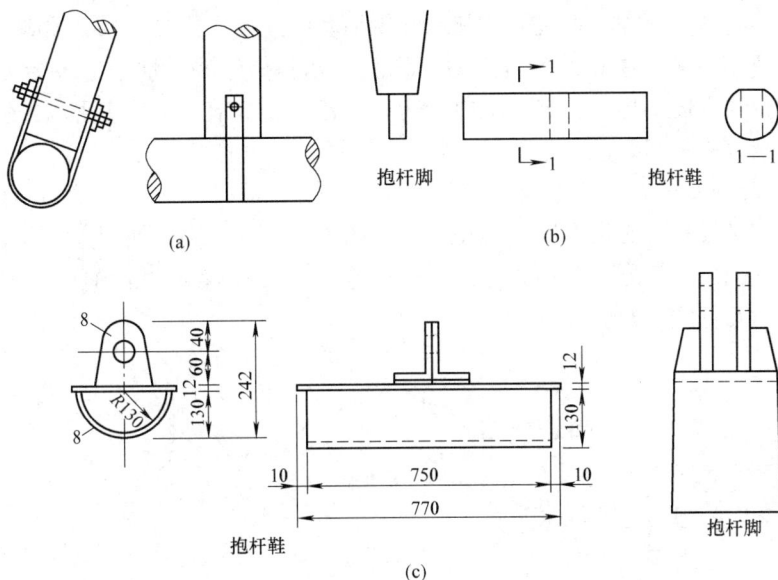

图 4-66 抱杆脚与抱杆鞋的构造形式

(a) 方式Ⅰ；(b) 方式Ⅱ；(c) 方式Ⅲ

5. 制动钢绳系统

制动钢绳系统由制动器、复滑车组及地锚等组成（见图 4-67）。制动钢绳顺混凝土杆正下方通过，端头在离杆根 40~60mm 处绕主杆二圈以上后用 U 形环锁住，U 形环的螺栓头应紧贴混凝土电杆，并使螺母向外，以免制动绳受力后扭坏主杆。铁塔制动绳应固结在立塔绞链上。

制动绳另一端经复滑车组后，穿入制动器栓轴上 3~4 圈后引出，制动力大的可用人力绞磨调节制动绳。

6. 临时拉线及永久拉线的安装

(1) 临时拉线。用单抱杆起立或整体起立电杆时，

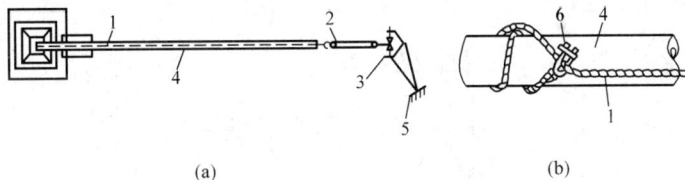

图 4-67 制动钢绳系统示意图

(a) 制动系统；(b) 制动钢绳与杆根连接

1—制动钢绳；2—制动复滑车组；3—制动器；4—混凝土杆；
5—制动地锚；6—U 形螺栓

为了抱杆和电杆的稳定必须设置临时拉线，整体起立Ⅱ型双杆时，也要在电杆两侧设置临时拉线。临时拉线按拉线地锚方向展放，单杆的拉线一端应系在上下横担之间，双杆则选在紧靠导线横担下边；拉线的另一端通过控制器（如制动器、松紧器、手扳葫芦等）固定在地锚上，由专人调节拉线松紧。

(2) 永久拉线。按拉线组装图的要求将拉线组装好，拉线上把固定在杆塔的拉线孔上。X 形交叉拉线，如无里外方向者，应根据拉线盘实际安放位置，正确地确定里外的方向，以防杆塔整立后互相摩擦。

7. 临时地锚

地锚是关系到整立安全的重要受力装置，地锚遭到破坏或产生过大的变形，都会引起严重的后果。

地锚规格、材料、埋深、埋设方法和地锚钢绳套的连接方式等，都必须满足施工设计要求。地锚埋设使用中必须注意：不得用腐朽和脆性木料做地锚；地锚应按受力方向设置马道，钢绳套应直线方向引出，不准在坑内折弯；地锚坑内有地下水时应采取加强措施；需回填土的地锚，应分层夯实。

8. 杆塔本体补强

（1）双杆有叉梁补强必须设置叉梁托木（见图 4-68），按图上加固方法，用镐把自由端挑起小钢绳套，利用杠杆原理，用大绳打活扣压紧，叉梁托木与主杆的连接构造如图 4-68（d）所示，A 为双杆间根开。

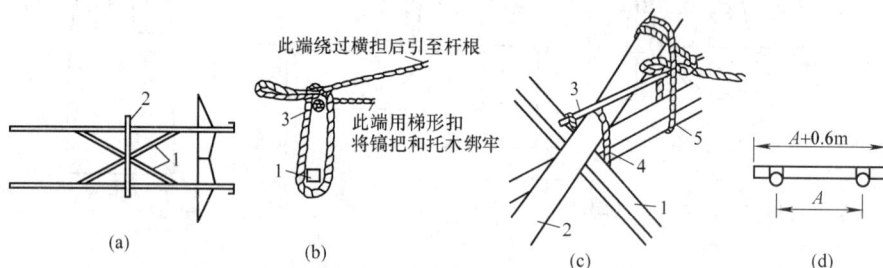

图 4-68 叉梁补强方法

（a）平面图；（b）活扣放大图；（c）绑扎示意图；（d）托木与主杆连接

1—叉梁；2—托木；3—镐把；4—小钢绳套；5—操作大绳

（2）双杆无叉梁补强。无叉梁双杆要用一根梢径为 $\phi160 \sim \phi180$mm、长度为根开加0.6m 的托木做补强，以防立杆时杆身歪扭而导致杆身裂纹，同时增强整杆在横线路方向的稳定性。

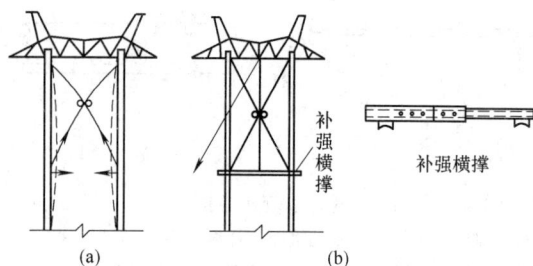

图 4-69 双杆固定绑扎点的补强

（a）双杆在绑点处的变形；（b）双杆的补强

（3）固定钢绳绑扎点处杆身补强。双杆起吊过程中，钢绳受力后，会产生指向杆位中心方向分力，可能使杆身变形甚至产生裂纹，同时也会改变根开，给找正带来困难。可在固定钢绳点加补强横撑（见图 4-69），横撑与主杆接触面处应成圆形，以增大接触面。在靠近横担处绑点之间可以不必补强。

（4）塔腿的补强。在整立铁塔时塔腿将承受很大支座反力作用而引起塔腿变形，故在上下两塔腿间加设顶撑，其材料和截面可根据受力大小选择确定。

9. 其他准备工作

排除或清理有碍整立施工的一切障碍物，如树木、通信线、电力线等，在交通要道处整立杆塔时要增设监督岗哨，排除坑内积水或落下的土块等。整立铁塔时，应在落地塔腿上安放施工铰链，而在不设施工铰链的那两个基础上垫好道木，道木高出螺栓外露长度，铁塔整立时，使塔腿先座落在垫木上。铁塔铰链安装图如图 4-70 所示。

（二）倒落式整体起立双杆过程中的关键工艺

（1）起立前检查。起吊前指挥人员应检查绳套长短是否一致；绑扎点位置是否与施工设计相符，绑扣是否牢靠；滑车挂钩及活门是否封好；抱杆根开是否正确，抱杆帽有否别劲，起立抱杆用制动绳是否已经解除，防滑措施是否可靠。

制动系统、拉线系统和牵引系统负责人应检查各自系统的各部是否正常，并向指挥人员汇报。

检查确认无误后，指挥人员站在杆塔正面能纵观全场位置，各部工作人员到达指定工作岗位，然后按统一旗语和口哨，指挥整立工作。杆塔起立过程中非工作人员均应远离工作区（杆高1.2倍），施工人员也不能站在正在起立的杆塔上或在牵引系统下方逗留。

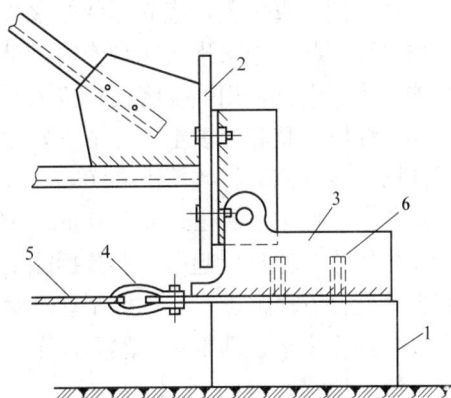

图4-70　铁塔铰链安装图

1—基础；2—铁塔底脚板；3—铰链连板；4—U形环；5—制动钢绳；6—底脚螺栓

（2）杆头离地0.8m左右时，停止牵引再次检查。应检查混凝土杆是否有弯曲，电杆危险断面是否裂纹，杆塔各构件是否正常；在杆头上可站立1～2人，上下跳动，观察各部是否有异常情况；检查牵引地锚、制动地锚和拉线地锚是否正常；检查固定钢绳、牵引钢绳、制动钢绳和抱杆受跳动冲击后有无异常，抱杆帽和脱落环是否良好。

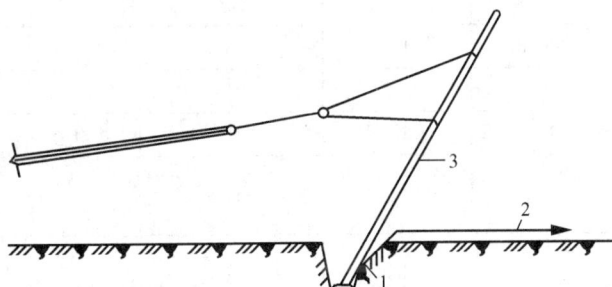

图4-71　制动钢绳的调节

1—马道；2—制动钢绳；3—混凝土杆

（3）调节制动钢绳使杆根进底盘凹槽。电杆在抱杆失效前10°左右时，应使杆根正确进入底盘槽。如不能进入槽，用撬杠拨动杆根使其入槽（应在杆根刚开始接触底盘时进行）。立杆过程中尽量做到一次放松制动绳，就使杆根接触底盘，调节次数太多，会使杆塔多次振动（见图4-71）。整立铁塔时，也应适当调整制动绳，使塔腿底板螺孔与基础螺栓对准。

（4）控制起吊过程中五中心线合一。起吊过程中要控制牵引绳中心线、制动绳中心线、抱杆中心线、电杆中心线和基础中心线始终在一垂直平面上。起吊过程中随时注意杆身受力及抱杆受力情况。注意杆梢有无偏摆，有偏斜时用侧面拉线及时调整。

（5）抱杆失效。一般抱杆立到50°～65°时，抱杆开始失效，失效时应停止杆塔起立，随后操作抱杆落地控制绳使抱杆徐徐落地，然后再起立杆塔，并注意各部受力情况有无异常。

（6）70°后缓慢牵引。混凝土电杆立至60°～70°时，必须将后侧（反向）临时拉线穿入地锚套内，打一背扣，加以控制，并随电杆起立，随时调节其松紧，使其符合要求。这时也应放慢牵引速度，同时放松制动钢绳，以免扳动底盘。铁塔立至45°以后，就应使后侧（反向）临时拉线处于良好状态，以防铁塔突然向牵引侧倾倒。

（7）80°后停止牵引。可利用牵引钢索自重的水平分力使杆塔立至垂直位置，也可压前面牵引钢绳，松后面反向拉线使杆塔垂直。

杆塔立到垂直位置，应立即装好永久拉线。

如果杆根起立中未进入底盘槽内，可用道木横架在坑口，道木上缚一钢丝绳套，挂双钩紧线器，吊起电杆，用撬扛将杆根拨入圆槽。

（8）杆塔调整和回填土。杆塔立好后，应立即进行调整找正工作，应用经纬仪校正，校好后四面拉线稳固。杆坑填土夯实，一般用碎土回填 300mm 夯实一次。如装设卡盘应按设计要求装设。填土要高出地面 300mm。严禁未打好拉线前，让电杆过夜。

（9）转移工器具。起吊工器具拆除工作应在临时拉线或永久拉线固定好后才能进行。工器具拆除应自下而上进行，先拆制动及牵引系统，然后再拆固定钢绳及两侧临时拉线。全部起吊设备拆除完毕整理工具，然后装车。装车的顺序是：制动系统—起吊系统—临时拉线—牵引系统—地锚—抱杆。

（10）杆塔组立质量要求。拉线转角杆、终端杆、导线不对称布置的拉线直线杆，在架线后拉线点不应向受力侧挠倾；向反受力侧偏斜，不应超过拉线点高 3‰。

杆塔组立及架线后允许偏差应符合表 4 - 32 的规定。

表 4 - 32　　　　　　　　杆 塔 组 立 允 许 偏 差

允许偏差值　　电压等级 偏差项目	110kV	220～330kV	500kV	高塔
电杆结构根开	±30mm	±5‰	±3‰	
电杆结构面与横线路方向扭转（即迈步）	30mm	1‰	5‰	
双立柱杆塔横担在主柱连接处的高差	5‰	3.5‰	2‰	
直线杆塔结构倾斜	3‰	3‰	3‰	1.5‰
直线杆结构中心与中心桩间横线路方向位移（mm）	50	50	50	
转角杆结构中心与中心桩间横、顺线路方向位移（mm）	50	50	50	
等截面拉线塔立柱弯曲	2‰	1.5‰	1‰（最大 30mm）	

杆塔的多层拉线应在监视下逐层对称调紧，以防止过紧或受力不均使杆塔产生倾斜或局部弯曲。

对有初应力规定的拉线，应在要求的初应力允许范围内，在观察杆塔倾斜不超过允许值情况下安装与调整。

（三）现场布置对杆塔整立的影响

（1）牵引底滑车位置 O' 与杆塔整立支点 O 的距离 S 对杆塔整立的影响。S 的确定，应根据抱杆失效角 γ_K、设备受力（主要是抱杆、牵引钢绳及杆身受力）、复滑车之间的距离要求、整立作业时的安全距离等，加以综合考虑。在条件允许的情况下 S 选得大一些为好，以保证主牵引绳滑车组钢绳与地面夹角 β 在 $10°\sim15°$ 之间（不大于 $30°$）。抱杆失效角 γ_K，应选在设备受力不是最大时失效，以避开抱杆失效时的较大震动。

（2）马道与杆根位置的选择。马道大小控制着杆根进入底盘的早晚：马道大，杆身刚离地面时设备受力就小，杆身弯矩也小，但杆根进入底盘早。杆根过早进入底盘，支点改变，杆身和设备受力会突然增大，甚至超过初始状态受力值，且容易损坏杆根和顶动底盘。小马道土方量少，不易损坏杆根和顶动底盘，支点变化时杆身受力也不可能超过初始值；缺点是制动设备和地锚受力较大，故小马道被广泛用于整立施工中。

一般希望杆根在抱杆失效前 $5°\sim10°$ 进入底盘，这样抱杆失效时杆根已进入底盘，整杆比较稳定，制动设备受力也可减少一些；坑壁还应有足够坡度和强度，以保证坑壁在整立过程中不坍塌。

杆根的正确位置是当杆根从安放位置到落到底盘，制动钢绳放松 $0.5\sim1.5$m。制动钢绳受力约为杆身总重的 $1.3\sim1.7$ 倍。

（3）抱杆的布置。抱杆的布置有三种，如图 4-72 所示。图 4-72（a）为前移坐地式抱杆，该抱杆距塔脚有一定距离，抱杆根开较大，抱杆较长，各部受力比较合理，一般抱杆脚离支点距离 $a=(0.2\sim0.4)h$，这时 F、N 的值较小。图 4-72（b）为手脚坐地式抱杆，该

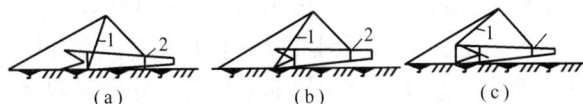

图 4-72　抱杆布置图
(a) 前移坐地式抱杆；(b) 手脚坐地式抱杆；(c) 坐脚式抱杆
1—抱杆；2—铁塔

抱杆根开小，放置在塔身斜材之间；图 4-72（c）为坐脚式抱杆，抱杆固定在塔脚上，该抱杆较短故又称小抱杆整体立塔，适用整立宽基铁塔。

小抱杆整体立 $20\sim30$m 铁塔，抱杆长度仅 $6\sim8$m。起重设备的受力，在铁塔刚起离地面瞬间最大；设备选择可依此作为计算依据；在塔身强度允许条件下，固定钢绳的绑点位置选得离抱杆远一些为好。

（4）抱杆参数。抱杆初始角 α_0 一般选用 $70°\sim80°$ 较为合适。这时抱杆受力 N_1、牵引钢绳受力 F_2 值较小，固定钢绳受力 F_1 稍大些对施工影响不大。当抱杆座落点位置 a、抱杆有效高度 h 较大时，α_0 宜选 $55°\sim60°$，在此范围内，N_1、F_1、F_2 均较小。h 增大，各设备受力减小，但抱杆加长会削弱抱杆本身承载能力，一般选择 $h=(0.5\sim0.7)H$ 的范围内较为合适。如按杆塔的重心高 H_0 考虑，则宜选择 $h=(0.6\sim1.0)H_0$。

一般抱杆是定长工具，不能任意选取。在 h 一定的前提下，可根据 $h:H$ 的比值选定 a 值，再由 a 值确定 α_0 值，且使 α_0 满足 $55°\leqslant\alpha_0\leqslant75°$。

在 h 一定的情况下，α_0、a 值的取值可参考表 4-33。

表 4-33　　　　　　　　在 h 一定情况下，α_0、a 值的选取

h	a	α_0	h	a	α_0
	$0.4h$	$75°$	$0.6H$	$0.4h$	$70°$
$0.3H$	$0.4h$	$70°$	$0.7H$	$0.4h$	$70°$
	$0.5h$	$70°$		$0.3h$	$75°$
	$0.4h$	$75°$	$0.8H$	$0.3h$	$70°$
$0.4H$	$0.4h$	$70°$		$0.4h$	$65°$
	$0.5h$	$70°$		$0.3h$	$75°$
	$0.4h$	$75°$	$0.9H$	$0.3h$	$70°$
$0.5H$	$0.4h$	$70°$		$0.4h$	$70°$
	$0.5h$	$70°$	$1.0H$	$0.3h$	$70°$
				$0.4h$	$70°$

二、整体起立时安全技术措施

倒杆塔是输电线路建设中频繁发生的严重事故，从倒杆塔事故情况看，大部分都是在用倒落式抱杆整立施工中发生的，而且大部分是倒杆事故。

（一）倒杆塔原因分析

（1）临时拉线失效：这类事故占统计事故的 37.8%。临时拉线是整立杆塔中重要部件，起着防止杆塔变形及倾覆、校正和控制杆塔倾斜、减少起吊设备及杆塔构件受力等重要作用。杆塔正常整立时，临时拉线受力是不大的，但如果整立过程中产生较大变形或倾斜时，拉线受力突然增大。侧面临时拉线受力状态图如图 4-73 所示。拉线受力 P 与杆塔倾斜角 φ 的关系近似正切函数关系。正切函数随 φ 角的增大快速地增大，$\mathrm{tg}90° = \infty$，故变形如不立即加以控制，就会快速发展到难以控制的程度，倒杆塔事故就随之发生。所以要求拉线系统对杆塔倾斜变形能迅速、正确地加以反应，并在初期就予以纠正。

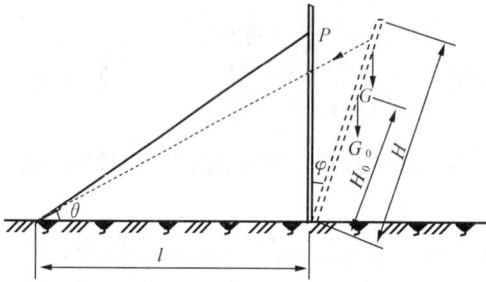

图 4-73　侧面临时拉线受力状态图

杆塔产生倾斜变形的原因主要有：牵引滑车、抱杆、杆塔中心等三点不在一直线上，双杆整体起立马道不等高；制动绳放松不协调；拉线坑位不正确；抱杆失效后不同时脱落等。

（2）地锚拔出而导致倒杆塔：在倒杆塔统计中居第二位（13.4%）。地锚拔出的主要原因都是地锚埋深不够、回填土不足、回填土未夯实、整立马道不符合要求等而引起的。

（3）抱杆系统故障引起倒杆塔：占 11.1%，列第三位。倒落式抱杆整立杆塔时，抱杆自初始状态至失效状态，通常需转动 70°~90°。抱杆受力较大或与地面夹角较小，并且地表层土质又较差情况下，抱杆根部极易滑动。另外抱杆帽和脱落环之间吻合不好，脱落不自如；脱落环外形结构不合理、强度不够等，使抱杆脱落时产生很大震动、脱落环断裂、或者抱杆失效后脱落困难，有时产生单根抱杆脱落。这些现象，使杆塔荷重增加、偏移加大、起吊设备和临时拉线的受力也相应增大，也可能引起倒杆塔事故。

（4）整立后找正、撤换拉线、固定回填过程中倒杆：当拉线杆塔其中一根拉线失效时，非拉线杆塔基坑埋深或回填土不合要求时，在较大风荷作用下，杆塔也会丧失稳定而倾倒。

（5）钢筋混凝土杆强度不够：当电杆强度不够，或误将裂纹杆当作好杆使用时，整立时电杆产生较大变形，且使裂纹迅速扩展，由此而引起倒杆。

（二）保证立塔安全的技术措施

1. 认真搞好杆塔整立的施工设计

正确掌握杆塔整立中受力状态及受力规律。合理选择杆塔整立中各项参数（a、h、α_0、抱杆根开）；验算杆塔强度时，必须按最不利的荷载组合，作为计算条件，对钢筋混凝土电杆，还应验算杆的抗裂强度；在进行施工设计和施工操作中，必须掌握各起吊设备的受力变化规律；整立既有内拉线、又有外拉线的无叉梁双杆时，内拉线为主要受力构件，其规格必须按实际受力计算。

2. 确定设备受力的极大值

各起吊设备受力极大值发生位置是不一样的，各起吊设备规格必须按受力的极大值计算确定。

3. 各起吊设备及结构材料的强度储备

为确保强度储备，目前有两种考虑方法：

(1) 综合计算负荷。对于同时承受动荷与不均衡影响的各起吊设备，在选择或验算其强度时，由静力学算得的受力值，连乘以动荷系数 K_1 与冲击系数（不均衡系数）K_2，作为施工设计中，该元件所承受的综合计算负荷。

(2) 综合安全系数。将各受力索具或构件材料的安全系数 K 连乘 K_1、K_2（即综合安全系数 $K_\Sigma = KK_1K_2$）。

4. 积极、稳妥地采用先进施工工艺和工器具设备

特殊地形，特殊杆塔施工应采取相应技术措施，采用新的施工方法，应先进行试点，总结经验后推广；积极采用先进施工工艺和工器具设备，对拉线杆宜采用无临时拉线整立法施工。

（三）努力提高施工工艺水平

1. 建立和健全组立杆塔工作的岗位责任制

应建立和健全施工队（班）长职责、排杆人员职责、焊接人员职责、组装人员职责、立杆指挥人职责、杆下工作人员职责、制动器负责人职责、拖拉机负责人职责、地锚负责人职责和测量人员职责。

2. 提高施工操作水平

(1) 组织指挥。加强技术培训和质量、安全教育工作，施工前认真做好技术交底工作；施工负责人，必须发挥全队人员积极性，确实做到周到细致、严肃认真、配合默契、有条不紊；严格遵守和执行操作规程、施工手册和各项技术措施。

(2) 现场布置操作。做到五正：杆子排正、抱杆立正、地埋车位置打正、拉线打正、各起吊点绑正；补强横木要绑牢，长度要大于根开；地锚要挖好马道、保证埋深，按要求将回填土夯实，有地下水要加强；山坡上立杆时，抱杆脚一定要操平、座牢、防沉滑；抱杆顶和电杆顶增设临时拉线，防止向下坡倾倒；地形不平，尽量铲平，双杆的两杆马道要操平；立杆工器具经常检查、维护和保养。

(3) 立杆过程中操作。指挥人员思想集中，旗语畅通，注意各拉线受力，切不可过牵引；电杆离地停止牵引，对各设备受力检查；松制动器要听从统一指挥，做到两侧一致，减少冲击；立到80°后停止牵引，带好后拉线，防止180°倒杆。

(4) 拉线操作。永久拉线金具要检查，UT形螺栓带满两个帽；内拉线上双钩紧线器要有防止脱落措施，钢绳松劲时螺杆要上劲，防止钢绳受力后螺杆脱扣；认真计算、测量拉线，作好记录、标记，安装中不把拉线位置搞错，安装时根据地形进行校对；更换成正式拉线时，防止电杆失去一根拉线而引起倒杆。

(5) 施工中安全。立杆过程中杆高范围内不准有人，拉线不打齐全不上杆、不下坑；抱杆脱落时拽大绳人员等均应远离杆身；调整内拉线时，一定要两杆对角线相等。

（四）切实加强原材料的质量检验

对钢筋混凝土杆，应严格按操作规程和工艺设计要求进行装卸、运输和堆放。对有裂纹杆段，起吊过程中密切注意裂纹变化情况，如发现裂纹有扩展应停止起吊；在起吊初始状

态，发现杆段有裂纹，应将电杆放倒，进行处理更换。

三、整立杆塔主要工器具

用倒落式抱杆整立杆塔时，所需工器具规格和数量，主要和杆塔型式、外型尺寸、重量、重心高及整立方法等因素有关。整立一般 220kV 钢筋混凝土杆，所需主要工器具如表 4-34 所列。

表 4-34　　　　　　　　　　　　　　　整立杆塔主要工器具表

名　　称		规　　格	单位	数量	备　　注
抱杆	整立用人字抱杆	长 12~14m	付	1	角钢组合抱杆
	辅助人字抱杆	长 6m，直径 10cm 圆木	付	1	
钢绳	固定钢绳	$4/8''$~$5/8''$，30m	根	2	$6 \times 37 + 1$
	总牵引钢绳	$6/8''$~$7/8''$，15m	根	1	
	牵引钢绳	$4/8''$~$5/8''$，长 200~300m	根	1	
	总制动钢绳	$6/8''$~$7/8''$，长 30m	根	2	
	制动钢绳	$4/8''$~$5/8''$，长 40m	根	2	
	侧向防倾钢绳	$3/8''$，长 45m	根	2	
	反向防倾钢绳	$3/8''$，长 45m	根	2	
滑车	固定滑车	单轮，5t	个	2	
	牵引复滑车	2~3 轮，10t	个	2	
	牵引底滑车	单轮，5t	个	1	
	制动复滑车	单轮或双轮，5t	个	4	
制动器		5t	个	2	
侧向拉线制动器		1.5t	个	2	也可用手扳葫芦
地锚	总牵引地锚	$2d = 2 \times 25cm$，$l = 1.6$~$1.8m$	个	1	
	总制动地锚	$2d = 2 \times 25cm$，$l = 1.5m$	个	2	
	侧向拉线地锚	$d = 20cm$，$l = 1.0m$	个	2	
牵引绞磨地锚		$d = 20cm$，$l = 1.0m$	1	1	有牵引机械时可不用
牵引绞磨		3t 或 5t	台	1	
补强木		$d = 12cm$，$l = 9m$	根	1	
又钩紧线器		220kV	个	2	

四、整立杆塔劳动力组织

某送变电公司整立 220kV 钢筋混凝土杆劳动力组织如表 4-35 所列。

表 4-35　　　　　　　　　　　　　　　整立 220kV 双杆劳动力组织

部　位	技工（人）	普工（人）	备　注	部　位	技工（人）	普工（人）	备　注
指挥	1			杆根	2	2	
制动钢绳	2	4		抱杆	1	6	
总地锚	1			吊点	2		
绞磨	1	6		机动	2	4	

第五节　整体起立各部受力计算和分析

杆塔整体起立施工设计中，需要考虑的各部主要受力为：

(1) 固定钢绳（千斤绳）的受力；

(2) 总牵引钢绳的受力；

(3) 抱杆本身的受力；

(4) 制动钢绳（攀根）的受力；

(5) 临时拉线（横绳）的受力。

各部滑轮的受力可根据滑轮上钢绳受力的合力计算决定。

杆塔整个起立过程中各部受力情况，随杆塔起立角的变化而变化。由于起吊过程很慢，可以把整个起吊系统看作处于静力平衡状态，力的分析和计算按静力学原理考虑。应用数学解析法计算比较复杂，一般用图解法已能满足工程计算要求。

一般施工计算中，并不要求杆塔起立全部过程中各部受力，只要根据起立瞬间（$\gamma = 0°$）各部静力分析，换算出各部最大受力值，连乘以动荷系数、不平衡系数、及钢绳安全系数作为各部所承受的综合计算力。各种起重索具之容许作用力要等于或小于它们各自综合计算力。

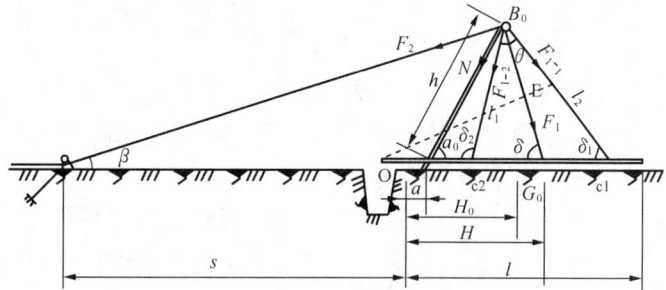

图 4-74 整体起吊布置简化单线图

一、起立瞬间各部静力计算

计算整体起立电杆各部受力，需将起立布置简化为单线图如图 4-74，起立的双杆各部荷重有导地线横担、叉梁等集中负荷及电杆自重的分布负荷。

（一）电杆重心高度 H_0 的计算

具有集中负荷的电杆的重心对支点的距离 H_0，等于电杆自重及各集中负荷对支点 O 的力矩 $\sum M_0$ 被电杆所有重量之和 G_0 除，即

$$H_0 = \frac{\sum M_0}{G_0} \tag{4-18}$$

（二）固定钢绳受力 F_1 的计算

固定钢绳受力的计算，可以先计算吊点绳的总合力，再求各吊点绳的受力。

固定钢绳合力 F_1，其对起吊支点 O 的垂直距离为 OE，根据力矩平衡原理，吊点钢绳合力 F_1 对支点 O 的力矩 $F_1 \cdot OE$，应和电杆自重 G_0，对支点 O 的力矩 $G_0 H_0$ 相等，即

$$F_1 OE = G_0 H_0 \tag{4-19}$$

则固定钢绳合力

$$F_1 = \frac{G_0 H_0}{OE} = \frac{G_0 H}{H \sin\delta} \tag{4-20}$$

分固定钢绳受力

$$F_{1-1} = F_{1-2} = \frac{F_1}{2\cos\frac{\theta}{2}} \tag{4-21}$$

（三）抱杆受力 N 及总牵引钢绳受力 F_2 的计算

在抱杆顶部，抱杆受力 N、总牵引力 F_2 及固定钢绳合力 F_1 成一汇交力系，取抱杆顶

点作原点，令抱杆中心线为 y 轴，如图 4 - 75 所示。

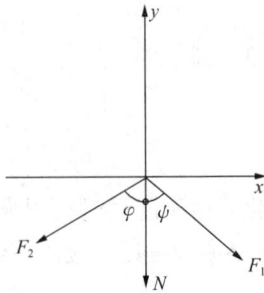

根据静力平衡原理：各力在 x 轴和 y 轴上投影的代数和为零，即得以下两式

$$\begin{cases} F_2\sin\varphi - F_1\sin\psi = 0 & (4-22) \\ -F_2\cos\varphi - F_1\cos\psi - N = 0 & (4-23) \end{cases}$$

因 F_1 为已知的数值，φ 和 ψ 角度可从布置单线图中求得，故解上述两式可得 N 和 F_2。

（四）制动钢绳静力 T_0 的计算

制动钢绳静力 T_0 的计算式为

$$T_0 = F_1\cos\delta + G_0 \qquad (4-24)$$

图 4 - 75   抱杆顶部受力图

根据电杆落入底盘的角度不同，制动钢绳最大受力 T 也有差别，其简化计算式为

$$T = 1.7G_0 \qquad (4-25)$$

（五）临时拉线受力 t 的计算

一般情况下可采用以下数值作施工参考：

拔梢杆、宽基铁塔 $t=0.5G_0$ $(4-26)$

等径杆、窄基铁塔

$$35\text{kV} \quad t = 0.7G \qquad (4-27)$$
$$110\text{kV} \quad t = 0.9G \qquad (4-28)$$

（六）双杆整立时设备受力的计算

上面介绍的设备受力，均指单杆时。当整立双杆时可将双杆化为单杆，计算杆塔重量按双杆总重一半，抱杆受力和牵引钢绳受力只要将按单杆计算数值乘 2 即得，而固定钢绳受力还要进行换算。

换算的原则是：单杆计算时的固定钢绳是按投影长度 l' 考虑的，而实际固定钢绳长度 l 要长，故固定钢绳受力也要按比例增加。

设抱杆有效高度为 h，初始倾角为 α_0，固定钢绳与杆身初始夹角为 δ_0，则固定钢绳的投影长度为

$$l' = \frac{\sin\alpha_0}{\sin\delta_0}h \qquad (4-29)$$

双杆根开为 X 时，固定钢绳实际长度 l 为

$$l = \sqrt{\left(\frac{X}{2}\right)^2 + \left(\frac{\sin^2\alpha_0}{\sin^2\delta_0}h\right)^2} \qquad (4-30)$$

固定钢绳实际受力 F_1' 为

$$F_1' = \frac{l}{l'}F_1 \qquad (4-31)$$

F_1' 也可用图解法，矩形三角形一条直角边为 $\frac{X}{2}$，另一条直角边为 F_1，则斜边即为 F_1'。

【例 4-3】 用倒落式人字抱杆起立 18m 双杆（见图 4 - 76）。已知条件：主杆 $\phi300\text{mm}\times18\text{m}$，根开 4.25m，配筋 $14\times\phi16\text{mm}$，110kg/m；地线横担 72kg，$Q_1=72/2=36\text{kg}$（以单支计算）；导线横担 510kg，$Q_2=255\text{kg}$；叉梁质量共 900kg，$Q_3=Q_4=900/4=225\text{kg}$；电杆质量 $Q_5=110\times18=1980\text{kg}$；人字抱杆净长 10m，根开 3.6m，倾斜角 70°；抱杆根距水泥杆根 4m，两点起吊；总牵引地锚距杆根 40m，用 1-2 滑轮组

牵引。求固定钢绳、总牵引绳、抱杆、制动钢绳、临时拉线等的受力。

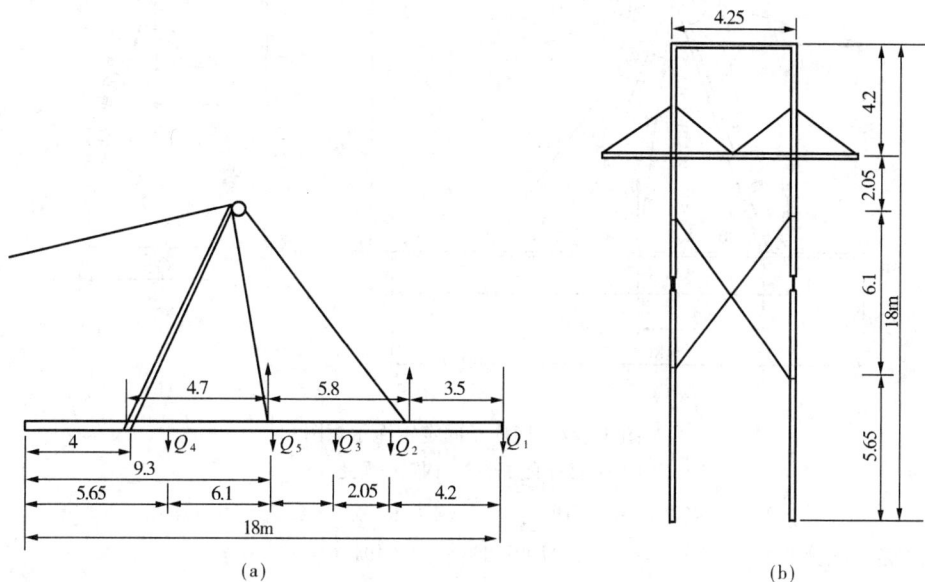

图 4-76 双杆施工示意图

（a）施工布置图；（b）双杆杆型图

解 （1）电杆结构重心及抱杆参数计算：

双杆计算时，依照单杆相同计算方式，即看成两支单杆计算，按杆根即为旋转支点 O 计算，各部分重量对 O 点的力矩为

$$\sum M_o = 36 \times 9.81 \times 18 + 255$$
$$\times 9.81 \times 13.8 + 255$$
$$\times 9.81 \times 11.75 + 225$$
$$\times 9.81 \times 5.65 + 1980$$
$$\times 9.81 \times 9$$
$$= 247997 \ (\text{N} \cdot \text{m})$$

$$G_0 = 36 + 255 + 225 + 225 + 1980 = 2721 \ (\text{kg})$$

结构重心 $H_0 = 247997 / 2721 \times 9.81 = 9.30$（m）

人字抱杆有效长度 $= \sqrt{10^2 - 1.8^2} = 9.8$（m）

抱杆倾出 70° 时净高度 $= 9.8 \times \sin 70° = 9.2$（m）

抱杆倾出 70° 时地面投影距离 $= 9.8 \times \cos 70° = 3.35$（m）

（2）固定钢绳的受力计算（图 4-77）：

固定钢绳对地面夹角和固定钢绳间夹角为

$$\delta_1 = \text{tg}^{-1} 9.2 / (5.8 + 1.35) = 52°11'$$
$$\delta_2 = 180° - \text{tg}^{-1} 9.2 / 1.35 = 98°20'$$
$$\theta = 180° - \angle \delta_1 - \angle \delta_2 = 29°29'$$

电杆离地瞬间各吊点的反力为

$$R\delta_1 = F_{1-1} \sin \delta_1 = T_1 \sin 52°11' = 0.79 F_{1-1}$$
$$R\delta_2 = F_{1-1} \sin (180° - \beta_2) = 0.97 T_1$$

从 $\sum M_o$ 和固定钢绳支点反力对 O 点取矩相等，可求出分固定钢强受力 F_{1-1}，即

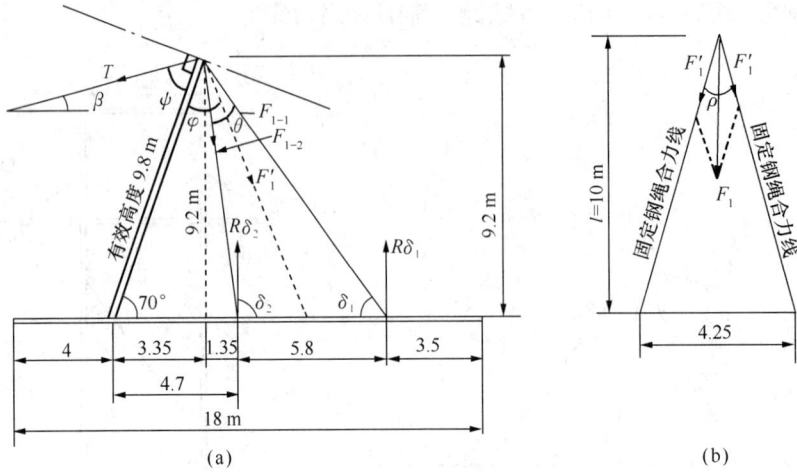

图 4 - 77　抱杆及固定钢绳示意图

(a) 抱杆受力；(b) 固定钢绳受力

$$\sum M_o = 247997 = 0.79F_{1-1} \times 14.5 + 0.97F_{1-1} \times 8.7 = 19.85F_{1-1}$$

∴分固定钢绳受力　　　　　　$F_{1-1} = 247997/19.85 = 12494$（N）

固定钢绳合力　　　　　　　$F_1' = 2 \times F_{1-1} \cos(29°29'/2)$

$$= 2 \times 12494 \times 0.96 = 23988（N）$$

固定钢绳合力线对抱杆中心线夹角

$$\varphi = \angle\delta_2 - 70° + 29°29'/2 = 43°05'$$

固定钢绳的合力线投影长度

$$l = 9.2/\cos(43°05' - 20°) = 10（m）$$

固定钢绳合力线在双杆间夹角：

$$\rho = 2 \times \text{tg}^{-1} 4.25/2 \times 10 = 24°36'$$

反映在抱杆顶部的双杆总固定钢绳合力为

$$F_1 = 2 \times F_1' \cos 24°36'/2$$

$$= 2 \times 23988 \times 0.977 = 46871N$$

(3) 抱杆及总牵引绳的合力计算：

总牵引绳对地面夹角

$$\angle\beta = \text{tg}^{-1} 9.2/(40+4+3.35) = 11°0'$$

抱杆对总牵引绳夹角

$$\psi = 70° - 11° = 59°$$

$$\begin{cases} F_2 \sin 43°05' - 46871 \sin 59° = 0 \\ -F_2 \cos 43°05' - 46871 \cos 59° - N = 0 \end{cases}$$

解联立方程得总牵引绳受力 F_2 和抱杆受力 N 为

$$F_2 = F_1 \cos(90° - \varphi)/\cos(90° - \psi)$$

$$= 46871 \times \cos 46°55'/\cos 31°$$

$$= 37572（N）$$

$$N = F_2 \cos\psi + F_1 \cos\varphi$$

$$= 37572 \times \cos 59° + 46871 \times \cos 43°05'$$

$$= 53661（N）$$

每支抱杆受压

$$N'' = \frac{53661}{2} \times \frac{10}{9.8} = 27272(\text{N})$$

（4）制动钢绳受力 T 的计算：

电杆起立时钢绳受力

$$T = F_{1-1}\cos\delta_1 + F_{1-1}\cos(180° - \delta_2) + G_0 g$$
$$= 12494 \times 0.757 + 2721 \times 9.81 = 36627(\text{N})$$

（5）临时拉线受力 t 的计算：由于双杆，侧向稳定较好，故侧向钢绳可参照拔梢杆简化为 $t' = 0.5 G_0 g$，前后侧临时拉线 $t = 0.7 G_0 g$。

但对于 $\phi 300\text{mm}$ 以上的等径杆，临时拉线的钢丝绳规格均不得小于 $\phi 9.5\text{mm}$。

二、杆（塔）身强度的验算

杆塔整立过程中，杆塔承受着自重（包括均布和集中荷重）、固定点反力、支点反力等荷重，使杆（塔）身产生主弯矩、附加弯矩、轴向力和剪切力。由于剪切力对杆塔强度影响很小，通常不必验算。

主弯矩是由杆身自重、杆身支座反力及固定钢绳张力的垂直杆身的分力产生的，它是杆塔的主要荷重，一般占杆塔构件全部应力的 $70\% \sim 80\%$；附加弯矩是由杆身支座反力、固定钢绳及制动钢绳张力的平行杆身分力，没有作用在杆身轴线方向而引起的偏心弯矩，在普通杆塔施工中它对杆塔强度影响较小；轴向力由杆身自重、杆身支座反力及固定钢绳张力的平行杆身分力产生的，它对杆塔强度的影响，与主弯矩相比要小得多。

（一）杆身主弯矩计算

1. 等径杆单点固定主弯矩数解法

图 4-78 为单点固定整立混凝土单杆时杆身受力示意图。图中：q 为杆身自重（均布荷重）；P_1、P_2 为横担、金具等的集中荷载；F_1 为固定钢绳受力；R_y 为杆身支座垂直杆身轴线的分力；$Oc1$ 距离为 H；$c1j1$ 为 h_1；$c1K$ 为 h_3；$c1j2$ 为 h_2；γ 为电杆起立过程中电杆和地面夹角。则有

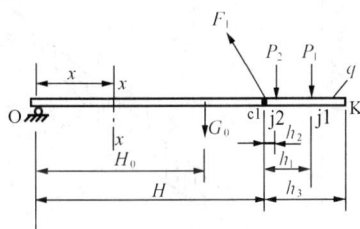

图 4-78 等径杆单点固定
整立混凝土单杆时杆身受力示意图

$$\sum M_{c1} = 0 \quad R_y = \frac{G_0 (H - H_0)\cos\gamma}{H} \quad (4-32)$$

（1）$Oc1$ 段主弯矩为

$$M_x = R_y x - \frac{qx^2}{2}\cos\gamma \quad (4-33)$$

这段弯矩极大值发生在 $M_x = f(\gamma)$ 对 γ 取导数并等于零的位置，即 $M'_x = 0$

$$M'_x = R_y - qx\cos\gamma = 0$$
$$x = R_y / q\cos\gamma \quad (4-34)$$
$$M_{oc1max} = R_y^2 / 2q\cos\gamma \quad (4-35)$$

（2）$Kc1$ 段主弯矩：可从另一端起算在 K 向 $j1$ 段按 $qx^2/2$ 增大；在 $j1j2$ 段，还加入 $P_1 [x' - (h_3 - h_1)]$ 力矩；在 $j2c1$ 段则还应加入 $P_2 [x' - (h_3 - h_2)]$ 力矩。这力矩是逐级增加的，所以最大值发生在 $c1$ 点

$$M_{c1} = -\left(\frac{qh_3^2}{2} + P_1 h_1 + P_2 h_2\right)\cos\gamma \quad (4-36)$$

$$M_{j1} = \frac{-q(h_3 - h_1)^2}{2}\cos\gamma$$

$$M_{j2} = -\left[\frac{q(h_3 - h_2)^2}{2} + P_1(h_1 - h_2)\right]\cos\gamma$$

$$(4 - 37)$$

2. 等径杆单点固定主弯矩图解法

图解法依据是弯矩叠加原理，各力对某一杆件产生的弯矩等于每个分力对同一杆件产生弯矩的代数和。

在方格计算纸上画一直角坐标系，其纵坐标 y 代表弯矩数值，横坐标 x 轴表示混凝土电杆长度，各定出一定比例。

（1）先每隔 0.5m 计算 $qx^2/2$ 值，按比例画在方格纸上，连接成 $qx^2/2$ 曲线。

（2）$R_{y0}x$ 的关系是直线。在方格纸上画出。

（3）两函数线差值，即为 Oc1 段内杆身任意断面上的主弯矩数值。

图 4-79 为 $\gamma=0°$ 时主弯矩图解方法，当 γ 为任意角时，只要将 $\gamma=0$ 时 Oc1 段杆身的主弯矩乘以 $\cos\gamma$ 即得。

（4）c1j2、j2j1、j1K 段任意断面图解如图 4-80 所示，q、P_1、P_2 对任意断面弯矩方向均相同，故可将三者弯矩曲（直）线叠加后，即得任意断面的主弯矩值。

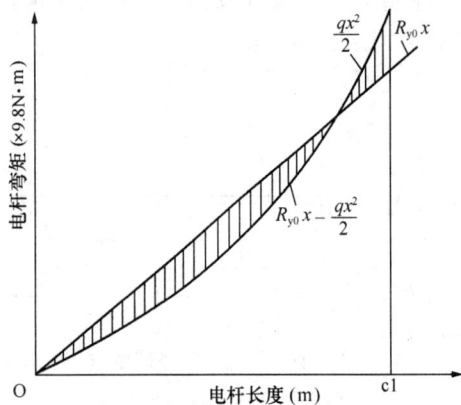

图 4-79 弯矩图解方法（一）　　　　图 4-80 弯矩图解法（二）

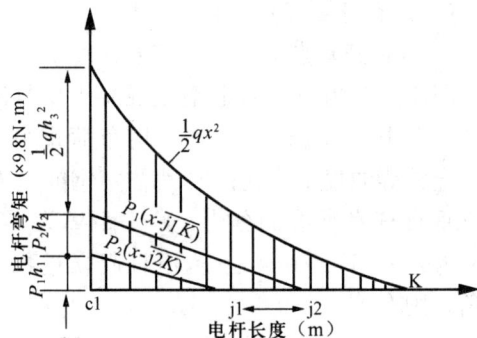

3. 多点固定起立主弯矩计算特点

两点固定则求出两个固定点的垂直杆身分力，如图 4-81 所示。两固定点之间弯矩则成为自重弯矩和两部分集中力（支座反力及 c1 点反力）弯矩之差值（见图 4-82）。多点固定则依次类推。

4. 双杆杆身主弯矩计算特点

整立双杆时，除了垂直荷重对杆身产生弯矩外，由于固定钢绳在双杆平面内产生一指向双杆中心轴线的分力 F_{1-2}，如果绑扎点无补强横木或横担来承受这个分力，则使杆身产生一个横向弯矩 M_2，这时杆身主弯矩为 M_1 和 M_2 合成组成，两者相差 90°，故主弯矩 M 为

$$M = \sqrt{M_1^2 + M_2^2} \qquad (4 - 38)$$

（二）杆身轴向力的计算

杆身轴向力包括杆身自重 G、支座 O 点的反力 R 和固定钢绳受力 F_1 在杆身轴心方向的分力 G_x、R_x 和 F_{1x}。这三者可由各点受力分解得到。

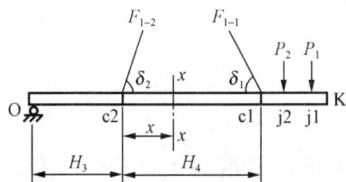

图 4-81　等径单杆两点固定
主弯矩图解荷重图

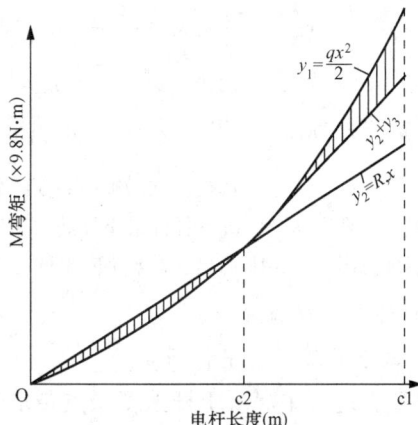

图 4-82　两点固定主弯矩图解法

（三）轴向力产生的偏心弯矩的计算

偏心弯矩是由于固定钢绳、制动钢绳和电杆绑扎时偏心，轴向分力不作用在杆身轴心而引起。偏心弯矩的计算式为

$$M_{e0} = Ne_0 \qquad\qquad (4-39)$$

式中　M_{e0}——偏心弯矩，N·m；

　　　　N——轴向力，N；

　　　　e_0——偏心距，m。

不同连接方式时偏心距的计算方法不同。电杆和钢绳间用穿心螺栓连接时，偏心距 $e_0 = 0$。电杆和钢绳间绑扎时，制动绳在起立初始位置时，一般假定偏心距 $e_0 = 1/3D$（D 为混凝土杆外径）。当混凝土杆入底盘后，则偏心距 $e_0 = \dfrac{1}{2}D$。

偏心弯矩与主弯矩（包括 M_1 和 M_2）叠加时，要注意方向和符号。

【例 4-4】　以本节例 4-3 计算例题作校验，双杆的施工起立方案如图 4-83 所示，试计算各部 M_1 弯矩值。

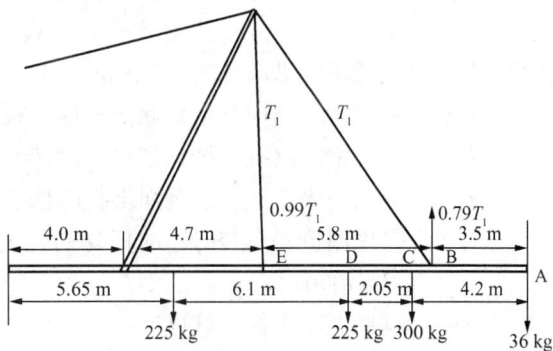

图 4-83　例 4-4 图

解　杆身各部弯曲力矩 M_1 计算式分别为

$$M_A = 0$$

$$M_B = \left(\frac{110}{2} \times 3.5^2 + 3.5 \times 36\right) \times 9.81 = 7828(\text{N·m})$$

$$M_C = \left(\frac{110}{2} \times 4.2^2 + 36 \times 4.2\right) \times 9.81 - 12494 \times 0.79 \times 0.7$$
$$= 4052(\text{N·m})$$

$$M_D = \left(\frac{110}{2} \times 6.25^2 + 36 \times 6.25 + 255 \times 2.05\right) \times 9.81 - 12494 \times 0.79 \times 2.75$$
$$= 4052(\text{N·m})$$

$$M_E = \left(\frac{110}{2} \times 9.3^2 + 36 \times 9.3 + 255 \times 5.1 + 225 \times 3.05\right) \times 9.81$$

$$-12494 \times 0.79 \times 5.8) = -11821(N \cdot m)$$

$$M_F = \left(\frac{110}{2} \times 12.35^2 + 36 \times 12.35 + 255 \times 8.15 + 225 \times 6.1\right) \times 9.81$$

$$-12494 \times 0.79 \times 8.85 = 9142(N \cdot m)$$

从有关手册查得 ϕ300mm 等径杆最小配筋力 12ϕ12mm，容许弯矩 21582（N·m）。以上计算说明各部弯矩均在容许范围内，该施工起吊方案是安全的。

（四）杆塔强度验算

1. 按弯矩验算混凝土杆强度

电杆整立过程中混凝土杆强度，主要是受弯矩控制的。若混凝土杆极限抗弯强度为 M_p，整立过程中综合弯矩为 M，则其比值应满足

$$K = \frac{M_p}{M} \geqslant K_1 \tag{4-40}$$

式中　K——电杆整立过程中的强度安全系数。

根据《架空送电线路设计技术规程》规定：普通钢筋混凝土构件强度设计安全系数，不应小于 1.7；预应力混凝土构件强度设计安全系数，不应小于 1.8。在电杆整立施工中，K_1 可取 1.8~2.5（一般可取 2.0）。

常用环形断面钢筋混凝土杆的极限抗弯强度可由图表查得。

2. 综合弯矩计算

电杆综合弯矩 M 应是主弯矩和偏心弯矩的矢量和，其值的计算式为

$$M = \sqrt{(M_1 + M_p)^2 + M_2^2} \tag{4-41}$$

其中　　　　　　　　　　　$M_p = (e_0 + y_x + y_i) \eta \sum N$

式中　M_1——主弯矩的纵向分量，N·m；

　　　M_2——主弯矩的横向分量，此值一般不很大，往往被忽略，N·m；

　　　M_p——考虑钢筋混凝土杆长细比、制造及安装误差后的偏心弯矩，N·m；

　　　e_0——施工中固定、制动钢绳绑扎时偏心距，m；

　　　y_x——考虑制造、安装引起的杆身初挠度 [$y_x = y_0 \sin \pi x / l_0$（$y_0$ 按规程规定取 $y_0 = 2l_0/1000$）]，m；

　　　y_i——钢筋混凝土杆计算挠度；

　　　η——偏心距增大系数。

有时为了确保钢筋混凝土杆在整立过程中不出现裂缝，还需进行裂缝计算。

三、杆塔整立状态作图方法

使用杆塔起立过程中各部受力计算的图解法必须掌握杆塔整立状态的作图方法。

杆塔整立时作图方法一般采用假定杆身不动地面转动的作图法，按比例作出了起立过程中各部分运动轨迹图，就可按力的合成分解求出各部受力大小。

（一）单点固定整立杆塔作图（见图 4-84）

图 4-84 中，初始状态时各参数：O 为杆身支点；C1 为固定钢绳绑点；OC1 为固定点 C1 至支点 O 的距离，即 H；A0B0 为抱杆有效高度，即 h；B0C1 为固定钢绳有效长度；O'_0 为牵引设备或牵引转向滑车位置；O'_0B 为牵引钢绳。

杆塔整立过程的作图步骤：

(1) 作地面线。根据地面转动、杆身不动原理，以 O 为转动中心，每隔 5°或 10°作地面线。

(2) 确定抱杆顶部 B0 整立中轨迹。以 O 为圆心，以 OA0 为半径，作圆弧和地面线相交于 A1、A2、A3、…，

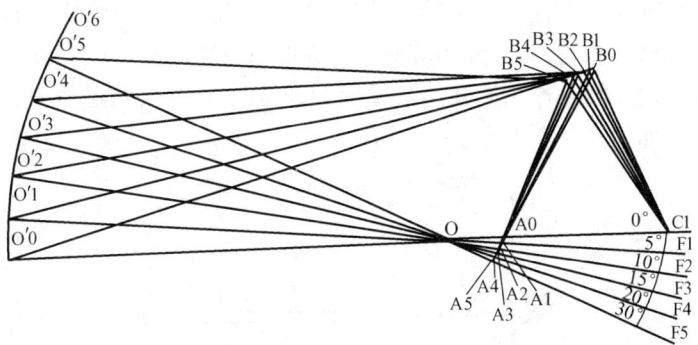

图 4-84 单点固定整立杆塔作图方法

这就是相应起立角时根部位置；以固定钢绳吊点 C1 为圆心，固定钢绳长 B0C1 为半径作圆弧，这就是抱杆顶部 B0 在整立过程中移动的轨迹。

(3) 确定相应起立角时抱杆位置。以抱杆有效高度 A0B0 为半径，以 A1、A2、A3、…为圆心，在抱杆顶部轨迹的圆弧上相应截得 B1、B2、B3、…，连接 A1B1、A2B2、A3B3、…，即为起立角为 5°、10°、15°、…时抱杆位置。

(4) 确定牵引钢绳位置。以 O 为圆心，OO'0 为半径，从 O'0 往上作圆弧，相交相应起立角地面线于 O'1、O'2、O'3、…，连线 O'1B1、O'2B2、O'3B3、…即为相应起立角时牵引钢绳位置。

从作图上可求得杆塔起立过程中各种参数，例如，抱杆起立角∠B1A1F1 等、牵引钢绳与地面夹角∠OC1B1 等、杆塔本身起立角∠A0OA1 等。

(二) 两点固定整立杆塔作图特点

两点固定起吊的特点是起立过程中抱杆顶部 B 的运动轨迹不是圆弧而是椭圆弧。这是因为两固定绑点之间固定钢绳经过抱杆顶部定滑轮，在起立过程中钢绳可在滑轮内滑动，固定钢绳总长度不变，而滑轮两侧钢绳长度不断变化。

故在两点固定整立杆塔作图中，要以 c1、c2 为固定钢绳两固定点，固定钢绳总长度为定长，作椭圆。

(1) 定长线段移动法。找一柔软而无伸缩细线，线上定出 c'2、c'1 两点，且使 $c'2c'1=2l$（即固定钢绳套长度）。用图钉将 c'2、c'1 分别固定在图的 c2、c1 点上。用铅笔尖紧贴细线，并使细线处于拉紧状态，移动笔尖，即可得到以 c2、c1 为焦点的椭圆。

(2) 椭圆规法作图。设固定钢绳套长度为 $2l$，两固定点 c2 和 c1 间距离为 $2C$，则椭圆长半轴 a 和短半轴 b 可计算为

$$a=\frac{2l}{2}=l \tag{4-42}$$

$$b=\sqrt{l^2-C^2} \tag{4-43}$$

在透明纸上划一直线，在此直线上定出 O、B、A 三点，如图 4-85 所示，使 $OB=b$，$OA=a$；以 c1c2 连线为 x 轴，作 c1c2 中垂线为 y 轴，使椭圆规 B 点与 x 上某点重合，A 点与 y 轴重合，这时 O 点就是所求椭圆轨迹的某一个点；按这方法继续下去，把 O 点位置用一光滑曲线连接起来，就是所求椭圆轨迹。

(3) 四心近似作图法。如图 4-86 所示，同 (2) 作图法作出 x、y 轴；以 B0 为圆心，

长半轴 a 为半径，在 y 轴上截得 O1，其相应一点为 O2；以 c1 为圆心，短半轴 b 为半径，在 x 轴上截得 O_3，其相应的一点为 O4；O1、O2、O3、O4 即为椭圆近似作图的四个圆心，并利用此圆心作出椭圆。掌握椭圆作法后用单点固定相似办法即可作得两点固定整立杆塔图，如图 4 - 87 所示。

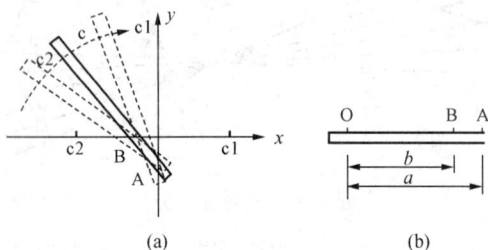

图 4 - 85　用椭圆规法作椭圆轨迹

（a）椭圆规作图方法；（b）椭圆规

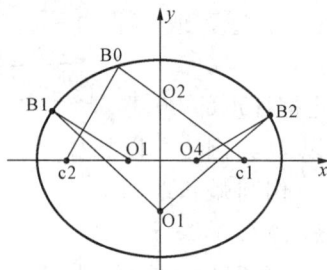

图 4 - 86　用四心法作椭圆轨迹

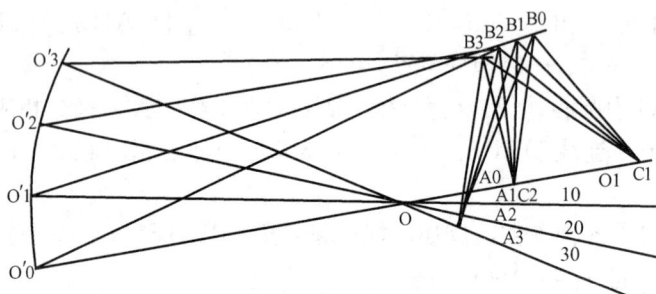

图 4 - 87　两点固定整立杆塔

（三）三点固定整立杆塔作图特点

图 4 - 88 中 C1、C2、C3 为三个固定点，D10 为小固定钢绳套联系滑车位置。起立中 D10、B0 之运动轨迹均为椭圆。

作图时先将小固定钢绳套放置滑车处 D10 之椭圆轨迹作出，并求出其圆心 O1；然后以 O1 和 C1 为两焦点，作出大固定钢绳套放置滑车处 B0 之椭圆轨迹。设 O1B0C1 长度为 $2l_1$，O1C1＝$2C$，则其长半轴 $a＝l_1$、短半轴 $b＝\sqrt{l_1^2-C^2}$。

（四）四点固定整立杆塔作图特点

图 4 - 89 为四点固定整立杆塔过程，先作两小固定钢绳套的滑车位置 D10、D20。运动轨迹的椭圆，其相应圆心为 O2、O1；然后以 O1、O2 为两焦点，求出大固定钢绳套滑车位置 B0 的椭圆轨迹。

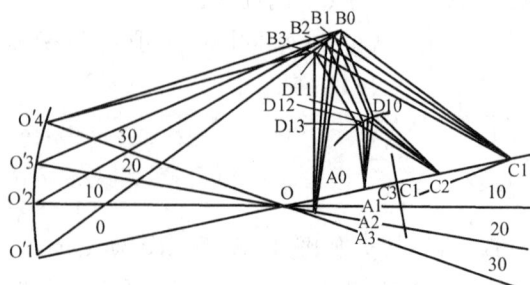

图 4 - 88　三点固定整立杆塔

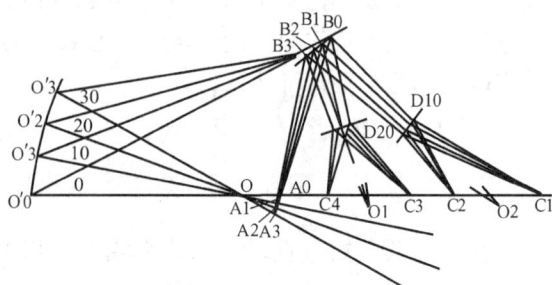

图 4 - 89　四点固定整立杆塔

四、杆塔整立过程各种设备受力的计算

杆塔整立施工设计需计算固定钢绳受力 F_1、牵引钢绳受力 F_2、抱杆受力 N、制动钢绳

受力 T 等。

这些力的计算，可以用图解法，也可以用数解法。运用力的合成分解，配合前述杆塔整立过程中作图，可以简便迅速求出起立过程中任一位置时各部受力，精度也能满足要求。

（一）图解法

1. 单点固定

图 4-90 为单点固定杆塔整立至起立角 γ 时，各设备受力示意图。AB为抱杆；α 为抱杆与地面夹角；G_0 为电杆质量。

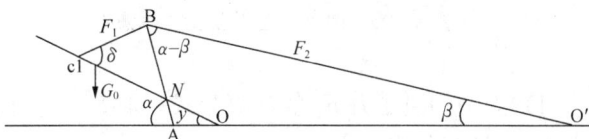

图 4-90 单点固定设备受力示意图

（1）固定钢绳受力 F_1 的图解（图 4-91）。根据力系平衡，在电杆上有三个力组成力三角形，即固定钢绳受力 F_1、电杆质量 G_0 和电杆支点反力 R。这三个力的方向和电杆质量 G_0 为已知，则支点反力 R 和固定钢绳受力 F_1 可求得。

（2）抱杆受力 N 和牵引钢绳受力 F_2 的图解（图 4-92）。在抱杆顶部，固定钢绳受力 F_1、牵引钢绳受力 F_2 和抱杆压力 N 组成力三角形，三力的方向和 F_1 为已知，则很容易求出 N 和 F_2 的受力。

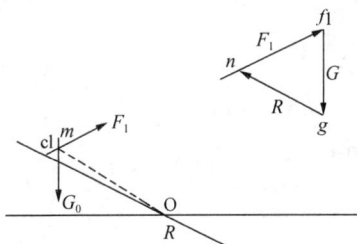

图 4-91 单点固定设备受力图解法（一）

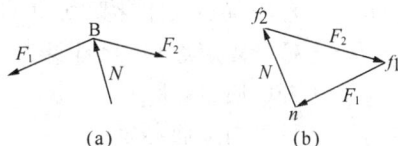

图 4-92 单点固定设备受力图解法（二）
（a）抱杆受力 N；（b）牵引钢绳受力 F_2

（3）制动钢绳受力 T 的图解。支座反力 R 可分解成平行杆身的力 R_x 和垂直杆身的力 R_y，R_x 即为制动钢绳受力。

（4）单根抱杆受力 N_1。人字抱杆合力 N 已知，则很容易把它分解为平行两根抱杆中心的受力 N_1。

2. 两点固定图解特点

两点固定钢绳整立的电杆上受到四个力的作用，不能用力三角形求解。可以将两固定钢绳受力（这两绳受力是相等的）用一合力来代替，这样从电杆三力平衡中先求出两固定钢绳合力，再分解求得每根固定钢绳上的受力，示意图和受力图解如图 4-93、图 4-94 所示。

（二）数解法

数解法是利用力系平衡原理来推导出各设备受力的计算公式。这里以单点固定举例说明。

当电杆起立至某个起立角 γ 时，单点固定各设备受力如图 4-90 所示。

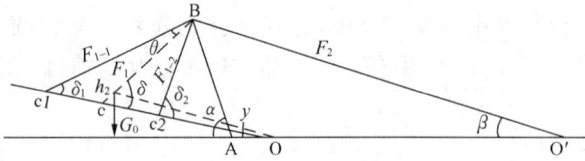

图 4 - 93　两点固定设备受力示意图

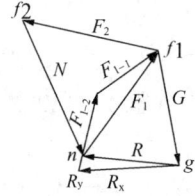

图 4 - 94　各设备受力图
解法（两点固定）

（1）固定钢绳受力 F_1 的计算公式。取各力对杆身支点 O 的力矩为 0，推导出固定钢绳受力 F_1 的计算公式为

$$F_1 = \frac{H_0\cos\gamma}{H\sin\delta}G_0 \tag{4-44}$$

（2）制动钢绳受力 T 的计算公式为

$$T = R_x = \left(\frac{H_0\times\cos\gamma}{H\mathrm{tg}\delta} + \sin\gamma\right)G_0 \tag{4-45}$$

（3）抱杆受力 N 和牵引钢绳受力 F_2 的计算公式为

$$N = \frac{H_0\cos\gamma\sin\ (\beta+\delta-\gamma)}{H\sin\delta\sin\ (\alpha-\beta)}G_0 \tag{4-46}$$

$$F_2 = \frac{H_0\cos\gamma\sin\ (\alpha+\delta-\gamma)}{H\sin\delta\sin\ (\alpha-\beta)}G_0 \tag{4-47}$$

式中　H_0——杆塔重心至杆身支点 O 的距离，m；

　　　H——杆身固定点 C1 至杆身支点 O 的距离，m；

　　　G_0——杆塔质量，kg；

　　　γ——杆身与地面夹角；

　　　α——抱杆与地面夹角；

　　　β——牵引钢绳与地面夹角。

五、各设备受力与杆塔起立角 γ 的关系

杆塔整立过程中，杆塔本身的内力与各主要起吊设备的受力，随着杆塔起立角 γ 的变化，按一定规律不断改变。发生极大值的位置和确定极大值数值对正确选择工器具，保证杆塔可靠、安全整立有重要意义。

（一）固定钢绳受力 F_1 与杆（塔）身起立角 γ 的关系

对数解法得出的 $F_1 = f(\gamma)$ 的表达式求导，并使 $\mathrm{d}F_1/\mathrm{d}\gamma=0$，可得到 F_{1max} 和出现最大值时 γ 角的表达式。经分析可知：

（1）发生 F_{1max} 时 γ 值位置由抱杆参数（抱杆座落点位置 a、抱杆有效高度 h、抱杆初始角 α_0）确定的，在 $0°\leqslant\gamma\leqslant\gamma_K$（$\gamma_K$ 为抱杆失效时杆塔起立角），一般情况 $\gamma=10°\sim35°$ 之间。

（2）F_{1max} 与初始值 F_{10} 之比，在 $1.01\sim1.15$ 之间。

（二）牵引钢绳受力 F_2 与杆身起立角 γ 的关系

用同样分析方法可求得 F_{2max} 表达式。经分析可知：

（1）$F_2 = f(\gamma)$ 是锅底形曲线；开始时 F_2 随 γ 增大而减小；在失效前又开始上升；到抱杆失效时，F_2 又达到另一个峰值，随后较快下降。故 F_2 的极大值发生在 $\gamma=0$ 或 $\gamma=\gamma_K$ 时刻。

（2）a/h 较大时，F_2 下降速度放慢，α_0 对 F_2 影响也基本相同。a 是抱杆落脚点与支点

O 间距离，即说明抱杆前移较多，牵引钢绳受力下降变慢。

（3）在 h/H、α_0 不变时，只要调整 a/h 值，就能保证 $\gamma=0$ 时的 F_{20} 大于抱杆失效时的 F_{2K}，即 $F_{20}>F_{2K}$。

（4）h/H 较小时 $F_2=f(\gamma)$ 曲线下降速度较快，H 是支点到固定钢绳绑扎点（或合力线与杆身交点）之间的距离，即说明杆塔绑固点一定时，抱杆越高，牵引钢绳受力下降速度较快。

（三）抱杆受力 N 与杆身起立角 γ 关系

由分析得知，抱杆受力 N 的极大值发生在整立的初始状态，即 $\gamma=0°$ 时。随电杆起力而下降，而后又有上升。

（四）制动钢绳受力 T 与杆身起立角 γ 的关系

由分析得知

$$T=G_0\sin\gamma+F_1\cos\delta=R+P \qquad (4-48)$$

即 T 由两部分组成，第一部分 R，随 γ 增大而增大，与现场布置无关；第二部分 P 是固定钢绳产生的轴向压力，与 F_1 的变化有关。

制动钢绳受力随 γ 增大而增大，直到制动钢绳失去作用。

（五）杆身弯矩 M 与杆身起立角 γ 的关系

$$M=M_1+M_{e0} \qquad (4-49)$$

杆身弯矩包括两个部分：第一部分是垂直杆身轴线的荷重产生的主弯矩，$\gamma=0°$ 时占总弯矩 M 的 $80\%\sim90\%$，它随 γ 的增大按余弦关系下降；第二部分为轴向力偏心作用产生的附加弯矩。

$M=f(\gamma)$ 在刚开始起吊时，不一定是极大值位置，而是随 γ 的增大而略有增加，到 $\gamma-20°\sim30°$ 后才开始明显下降，故 M 极大值的位置一般发生在 $0°\leqslant\gamma\leqslant30°$ 的位置。

（六）关于设备受力按 $\gamma=0°$ 进行计算的可能性

施工时，都要按照设备最大受力值为计算依据的，但要求得最大受力往往要做大量的计算和图解工作。故可以按照 $\gamma=0°$ 时的设备受力值，换算出设备的最大受力值。

（1）抱杆受力。$\gamma=0°$ 时抱杆的受力就是抱杆的最大受力值。

（2）固定钢绳受力。它的变化与 a/h 关系最大，h/H 次之，与 α_0 基本上无关。所以知道 a/h 和 h/H 值，就可查表 4-36 得出 F_{1max} 比 $\gamma=0°$ 时的受力 F_{10} 的增大系数 u，则 F_{1max} 即可计算为

$$F_{1max}=(1+u\%)F_{10} \qquad (4-50)$$

表 4-36　　　　　　　　　　　　　u 值 表

h/H	a/h					
	0	0.1	0.2	0.3	0.4	0.5
0.4	0	1.6	2.2	4.0	9.2	15.6
0.5	0	1.0	1.8	3.8	9.0	15.0
0.6	0	0.8	1.5	3.0	7.0	10.0
0.8	0	0	1.0	2.3	6.0	9.0

（3）牵引钢绳受力。只要适当控制 a/h 值或 α_0 值，完全可以使 F_2 最大值出现在 $\gamma=0°$ 时刻，通常施工设计也有这样要求。

（4）杆身弯矩。杆身弯矩由两部分三项组成，即

$$M = M_1 + \eta_{e0}(G\sin\gamma + P) \tag{4-51}$$

式中　η_{e0}——挠曲增大系数。

当 γ 逐渐增大时，前两项之和综合起来还是略有增加，它与 $\gamma=0°$ 时相比，其增加的数值 v 与 $\eta_{e0}G/M_1$ 有关，如表 4-37 所示。第三项也随 γ 的增大而增大，其增大的百分数 W 按表 4-38 计算。利用与 $\gamma=0°$ 时相比的增加系数 v、W，以及相应于 $\gamma=0°$ 时的杆身弯矩值，就可以换算出弯矩的最大值。

表 4-37 v 值 表

$\dfrac{\eta_{e0}G_0}{M_1}$	0	0.05	0.10	0.15	0.20	0.25	0.30	0.40	0.50
γ (°)	0	3	5	9	11	14	17	22	28
v (%)	0	0.13	0.50	1.11	2.02	3.08	4.43	7.72	12.28

表 4-38 W 值 表

h/H	a/h					
	0	0.1	0.2	0.3	0.4	0.5
0.5	0	0.01	0.04	0.12	0.21	0.40
0.8	0	0.02	0.06	0.15	0.26	0.45

（5）制动钢绳受力 T。按杆根即将进入底盘槽内的状态计算（即制动钢丝绳失去作用时），因为这时它的受力最大。

第六节　杆 塔 分 解 组 立

整体起立铁塔由于受到基础型式和施工条件限制，实际应用尚不普遍。分解组立铁塔不受施工条件限制，并且工器具比较轻便，因此目前施工现场大多采用分解组塔。至于钢筋混凝土电杆，由于施工条件的关系，不能整体起立时，也可采用分解组立。铁塔正常高度和电压等级有一定关系，使用何种分解组立方法主要和高度有关，也即与电压等级有关。

本节介绍 220kV 以下铁塔常用的外拉线抱杆起吊和内拉线抱杆起吊法。500kV 普通铁塔常采用通天抱杆、内摇臂抱杆、内悬浮抱杆起吊；在大跨越高塔施工中还采用无抱杆倒装立塔法。但各种分解组塔方法采用，常常因人、因时、因地、因设备条件制宜，并无截然不变的使用范围。

一、外拉线抱杆分解组立铁塔

外拉线抱杆组塔主要施工工艺是，将抱杆固定于已组立的塔身上，为稳定抱杆应在顶端打四方拉线，起吊塔材，组好一段，继续提升抱杆组装上一段，直至全塔组立完。

对于外拉线抱杆组塔：从使用抱杆数量上来划分，可分为外拉线单抱杆组塔、外拉线双抱杆组塔和四根抱杆分解组塔三种；从起吊构件的分段上划分，可分为分段起吊组塔法、分片起吊组塔法和单腿起吊组塔法三种。无论使用抱杆数量多少，每次起吊构件如何划分，其现场布置、施工工艺和受力计算大体都是一样的。

（一）外拉线抱杆组塔的现场布置

外拉线抱杆分解组塔的现场，都是以一根抱杆为中心组成一个起吊系统，或用两副抱杆

各自系住一个构件两端部，同时进行起吊安装，其现场布置示意图见图4-95。

一般将抱杆置于带脚钉的塔腿上以利固定；固定抱杆的临时拉线地锚应在基础对角线延长线上，其距基础中心的距离应不小于塔高；放置抱杆的塔腿的临时拉线及地锚应加强；牵引扣具地锚应选在 AB 腿或 BC 腿之间的方位上，与塔位中心距离，一般不应小于25m。

（1）抱杆。抱杆的长度应是起吊塔段的1～1.2倍，常用抱杆长度为7～13m，梢径为15～18cm。抱杆的材料

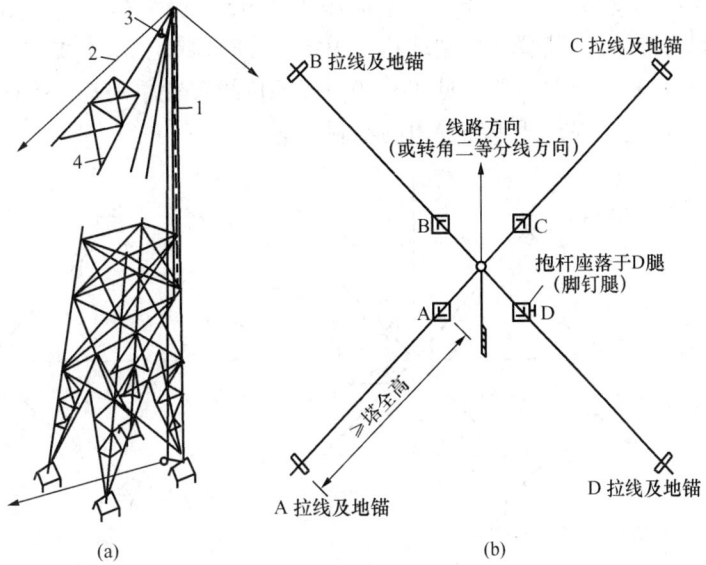

图4-95　外拉线抱杆组塔现场布置示意图

(a) 立面图；(b) 平面图

1—抱杆；2—拉线；3—起吊滑车；4—构件

以前大多用木杆，现在已普遍采用钢管抱杆、正方形和三角形断面的角钢组合抱杆、铝合金抱杆和薄壁钢管抱杆。

抱杆顶部要能安装游荡滑车和四根外拉线，才可自由起吊，其结构如图4-96所示。抱杆设置游荡滑车，目的使滑车在顶部有足够自由度，能适合各个不同方向上自由起吊，如果游荡受到限制，起吊时将给抱杆带来很大附加弯矩，甚至无法起吊，这是外拉线抱杆所必须加以足够注意的。

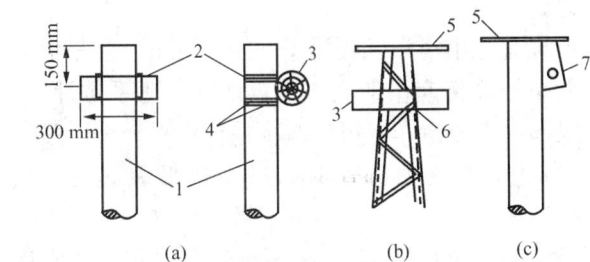

图4-96　外拉线组塔抱杆顶部构造

(a) 木质抱杆；(b) 角钢组合抱杆；(c) 钢管抱杆

1—抱杆顶部；2—ϕ4.0铁线绑扎；3—圆木（ϕ100×300mm）；4—卡钉；5—连接外拉线钢板；6—绑扎钢绳套；7—悬臂板

抱杆的根部应使钢绳固定方便、绑扎牢固，同时也应给抱杆提升时带来方便，减少提升抱杆时的塔上工作量。

江苏送变电公司及其他省送变电公司大多广泛使用的薄壁钢管抱杆，自重轻、抗弯能力强，顶部、根部留有悬挂游荡滑车、顶部外拉线和根部固定的预留孔，特别适合外拉线抱杆法使用。薄壁钢板抱杆可制成多个不同长度圆柱形的标准节，端部节制成圆锥形，端部留有多个吊孔，吊孔的强度经过计算，可供挂滑车、拉线等不同用途。各节两头均用钢板封死，在水中有足够浮力，可制成钢管筏子运输转移场地时的工具材料，特别适合在水网地区施工。抱杆由两个端部节和若干个标准节用内法兰连接成所需长度。

（2）外拉线的组成。外拉线起着固定抱杆的作用。由于抱杆在起吊塔料过程中，有一定倾角，同时起吊塔料时，为防止塔料与塔身相碰，也需要设置调节大绳，向外拉铁料，故外

拉线受力较大。外拉线直径不应小于 10mm 的钢绳，其一端固定于抱杆顶端，另一端通过调节拉线长度装置（如制动器）固定在临时地锚上，拉线与地面的夹角应在 30°～50°之间。

（3）外拉线布置（见图 4-97）。外拉线布置原则是，抱杆倾斜起吊时有两根拉线同时受力，避免一根拉线单独受力的不利情况。

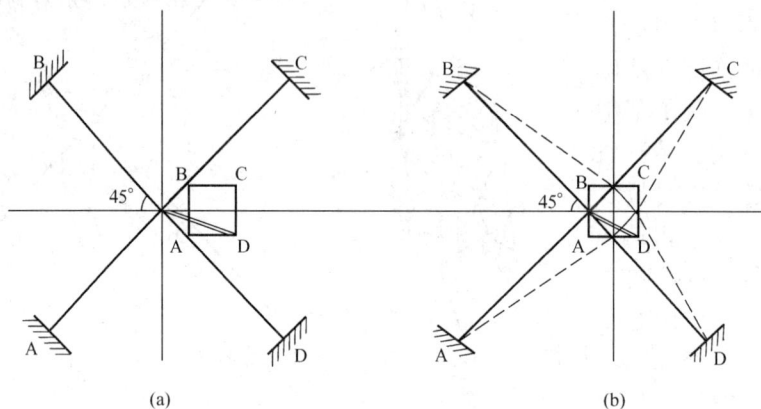

图 4-97 外拉线布置
(a) 分段起吊；(b) 分片起吊

分段起吊时，抱杆固定在主材的外侧，起吊不同段时抱杆位置只有上下移动。因此，拉线布置时以抱杆顶部在地面投影点为中心，拉线与顺、横线路方向成 45°夹角布置；分片、单根起吊时抱杆均固定在一根主材里侧，在起吊不同塔片、主材时，抱杆倾角和方向不一样，分片起吊时可按塔位中心为中心，单根起吊时可按抱杆吊装对角主材时抱杆顶部投影地面的一点为中心，拉线与顺、横线路方向成 45°夹角布置，但单根起吊时最好采用两组拉线的布置方式。

如果起吊过程中，抱杆位置只作上下移动，其倾角和方向保持不变，这时也可采用三根拉线布置成星形，但务使起吊时两根拉线受力。

（4）起吊系统滑车（见图 4-98）。起吊系统有起吊滑车、腰滑车和转向滑车。起吊滑车应转向灵活、绑固牢靠、挂钩封口，其受力大小按 2 倍起吊最大重量再乘以动荷系数计算。当抱杆倾角较大或塔身坡度较大时，在抱杆根部系一腰滑车，可以减少抱杆水平分力，腰滑车受力不大。转向滑车系在铁塔基础的外露部位，其受力可按 1.4～1.6 倍最大起吊质量估算。

（5）牵引设备。外拉线分解组塔起吊质量一般不超过 1.5t，故不需经复滑车组，常用 3t 轻便绞磨牵引。

（二）外拉线抱杆组塔的关键工艺

（1）地面对料组装。以每吊铁塔部件为单元，按施工图纸在地面组装。对料组装：要根据地形，考虑吊装的方向和吊装的方便；先吊装的先对料，并放在基础附近；先选主材置于塔基两侧，主材下部指向基础，然后再将连接板、斜材、水平材按图纸组装；连接时，应注意连接螺栓规格和规定方向；各吊随带的水平材、斜材、辅助材要求带全。

（2）抱杆始放及起立。分片、分腿吊装时，应将抱杆立于塔位中心，抱杆可用叉杆起立或小人字抱杆扳立。按图 4-99 布置，利用牵引设备，通过滑轮组，先后将两侧腿部塔片起吊。

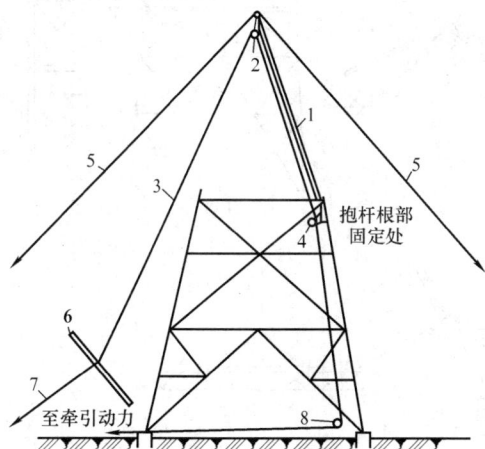

图 4 - 98 起吊系统

1—抱杆；2—起吊滑车；3—牵引钢绳；4—腰滑车；

5—外拉线；6—起吊塔件；7—制动钢绳

（控制大绳）；8—转向滑车

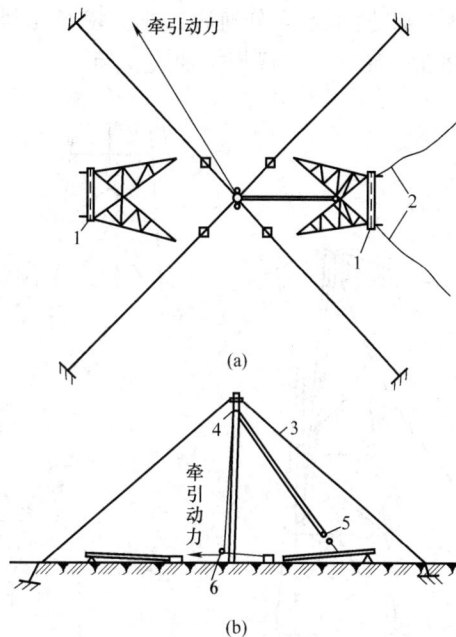

图 4 - 99 铁塔腿部吊装布置图

（a）平面图；（b）正面图

1—补强木；2—控制大绳；3—临时拉线；

4—定滑车；5—动滑车；6—底滑车

分段起吊时，应将抱杆置于塔基外。两侧底部塔片，可用小人字抱杆先后扳立，然后组立好底段，在底段抱杆固定测上方挂滑车，穿牵引绳，结扎抱杆顶部，收紧牵引钢绳始立抱杆。地形条件允许，底段用吊车起吊。

（3）提升抱杆。提升抱杆布置图如图 4 - 100 所示，在已组好铁塔上层主材处，安放辅助滑车，牵引钢绳并回抽 20m 左右，放入辅助滑车，在抱杆下端用背扣方法绑好。在离抱杆根部 1.0～1.5m 处系一腰绳，松紧适度，放松抱杆顶部临时拉线，启动牵引动力，专人拉住抱杆的尾绳，随抱杆徐徐上升。抱杆升到合适高度，固定好抱杆尾绳、外拉线和腰绳，打开辅助滑车活门，取出牵引钢绳，解开牵引钢绳在抱杆下端背扣，恢复起吊状态。

（4）塔片的绑扎和补强（见图 4 - 101）。塔片绑扎要用 U 形环，钢绳套等专用工具，以易于固定和解脱；绑扎点应在重心以上，以防起吊中塔片翻转；绑扎时要使两根主材同时受力；起吊中某部构件需要补强时，必须按要求绑扎补强木。

（5）抱杆的固定。抱杆一般都座落到带脚钉主材上，用抱杆根部处钢绳将抱杆和主材绑扎二道以上，用 U 形环连好；轻轻敲击钢丝绳套，使其受力均衡；找好抱杆倾角后，固定好四侧临时拉线，并在离抱杆根部 0.5m 处，用腰绳把抱杆和主材捆绑起来。

（6）塔身吊装。起吊时应注意塔片、塔段方位；起吊过程中应控制大绳，使塔片（段）平稳上升，并不碰塔身；随时检查外拉线和腰绳受力情况；起吊高度宜稍高于连接点，先使一侧主材落到合适高度，用尖扳子就位，装上一侧螺栓后，继续松牵引钢绳，使另一侧主材就位，装好螺栓。

（7）塔头安装。各种塔型塔头变化很大，安装时采取不同的顺序。干字塔、上字形塔头，可先吊上横担，然后利用上横担作抱杆吊下横担；酒杯形塔头采用分片吊装，其顺序如

图 4-102 所示，先分前后二片吊装 K 形塔材，然后吊上曲臂，两侧 K 形结构主材用双钩交叉补强，最后吊装横担、地线支架。

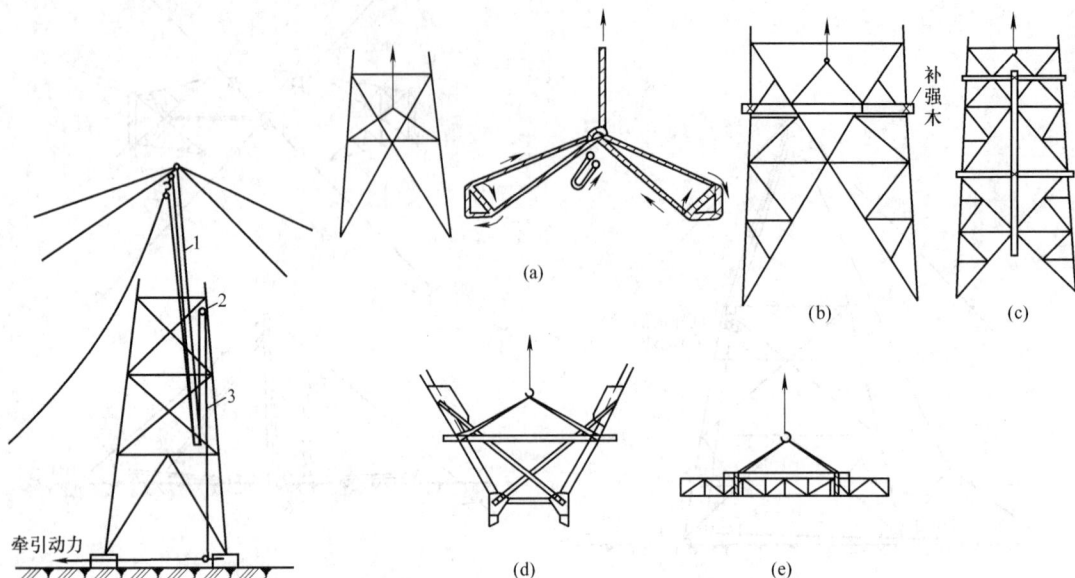

图 4-100　提升抱杆布置

1—抱杆；2—滑车；3—牵引钢绳

图 4-101　构件绑扎方法

(a) 分片塔身"∞"形兜绑扎法；(b) 单段补强起吊；(c) 双段补强起吊；

(d) K 节点分片补强起吊；(e) 横担分片补强起吊

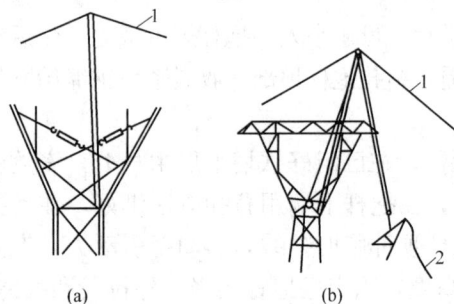

图 4-102　酒杯形塔头吊装

(a) 支架补强；(b) 地线支架吊装

1—临时拉线；2—控制拉线

（8）降抱杆。组装完毕后，在横担上或塔头顶上固定一辅助滑车；将牵引钢绳固定在抱杆上部，并放入辅助滑车内；拉紧牵引钢绳，解开抱杆尾绳和腰绳，缓降抱杆，松开四根外拉线。

酒杯、猫头塔当抱杆降到瓶口以上时，抱杆从塔身内引出，其他塔型要拆除部分辅材，将抱杆引出降落到地。

（三）主要工器具

外拉线抱杆组塔工器具视塔型不同而有所不同，但主要工器具大体是相同的，如表 4-39 所示，供选用时参考。

表 4-39　　　　　　　　　　外拉线抱杆组塔主要工器具

序　号	名　称	规　格　数　量	备　注
1	抱　杆	1 根或 2 根	双抱杆为 2 根
2	牵引动力	1 套或 2 套	双抱杆为 2 套
3	牵引钢绳	5/8″×120m，1 根	双抱杆为 2 根
4	外拉线	1/2″×70m，4 根	双抱杆为 8 根
5	起重及转向滑车	3t 各 1 个	双抱杆为各 2 个
6	拉线地锚	4 个	双抱杆为 8 个
7	牵引动力地锚	1 个	双抱杆为 2 个

（四）劳动组织（表 4-40）

表 4-40 外拉线抱杆组塔劳动组织（人）

序　号	名　　称	电　工	普通工	合　　计
1	地面组装	2	3	5
2	塔上作业	4	0	4
3	地面作业	6	6	12
4	指　挥	1	0	1
总　　计		13	9	22

注 上述劳动组织为采用人力绞磨时的情况；当用机械牵引时，可减去 5~6 人。

（五）外拉线抱杆分解组塔受力计算

外拉线抱杆起吊时受力状态如图 4-103 所示，计算重要 Q 为起吊重量 Q_0 的 1.2 倍。其各部分受力计算如下。

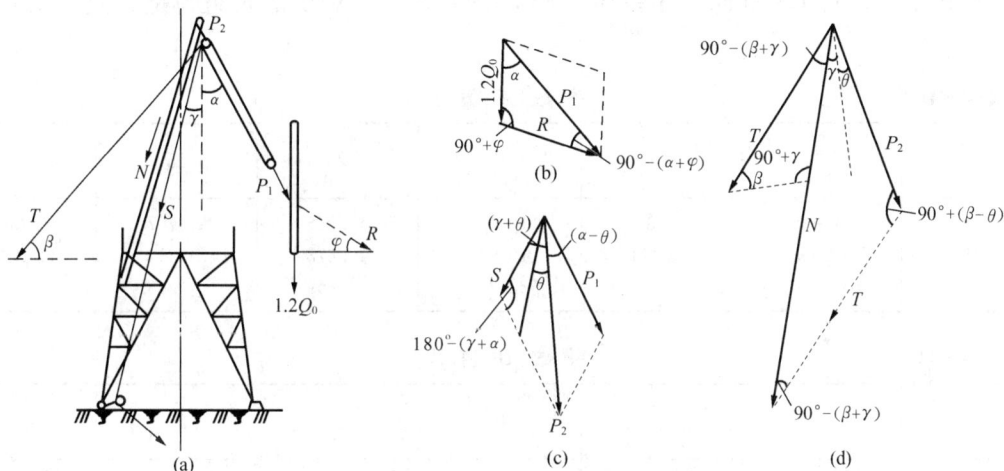

图 4-103　外拉线抱杆受力计算图

（a）外拉线抱杆受力；（b）动滑轮受力 P_1，控制绳受力 R；（c）牵引绳受力 S，定滑轮受力 P_2；

（d）抱杆拉线受力 T，抱杆压力 N

（1）动滑轮受力 P_1 ［见图 4-103（b）］：其计算式为

$$P_1 = \frac{\cos\varphi}{\cos(\alpha+\varphi)} \times 1.2 \times 9.8 Q_0 = AQ_0 \tag{4-52}$$

（2）控制绳受力 R ［见图 4-103（b）］：其计算式为

$$R = \frac{\sin\alpha}{\cos(\alpha+\varphi)} \times 1.2 \times 9.8 Q_0 = BQ_0 \tag{4-53}$$

（3）牵引绳受力 S：其计算式为

$$S = P_1/n = AQ_0/n \tag{4-54}$$

（4）定滑轮受力 P_2 ［见图 4-103（c）］：其计算式为

$$P_2 = \sqrt{S^2 + P_1^2 + 2SP_1\cos(\gamma+\alpha)} = EP_1 \tag{4-55}$$

（5）抱杆拉线受力 T ［见图 4-103（d）］：其计算式为

$$T = \frac{P_2\sin(\gamma+\theta)}{\cos(\beta+\gamma)} = CP_2 = CEAQ_0 \tag{4-56}$$

（6）抱杆压力 N ［见图 4 - 103 （d）］：其计算式为

$$N=\frac{\cos\ (\beta-\theta)\ P_2}{\cos\ (\beta+\gamma)}=DP_2=DEAQ_0 \tag{4-57}$$

式中　Q_0——起吊物质量，kg；

　　　　n——滑轮组工作系数；

　　　　β——抱杆拉线对地夹角；

　　　　γ——抱杆倾角；

　　　　α——起吊件与垂直线张角；

　　　　φ——控制绳对地夹角；

　　　　θ——合力作用线与垂直线夹角。

$$\theta=\sin^{-1}\frac{P_1\sin\ (\gamma+\alpha)}{P_2}=\gamma \tag{4-58}$$

系数 A、B、C、D、E 如表 4 - 41～表 4 - 45 所示。其中 E 和 θ 值：对于单片滑轮时，为 E_1、θ_1；对于滑轮组为走一走一时，为 E_2、θ_2；对于滑轮组为走二走一时，为 E_3、θ_3。

表 4 - 41　　　　　　　　　　　　系 数 A 值 表

φ (°) ＼ α (°)	5	10	15	20	25	30
30	12.436	13.30	14.406	15.846	17.757	20.364
45	12.936	14.494	16.631	19.678	24.314	32.124
60	13.906	17.19	22.716	33.859	67.463	—

表 4 - 42　　　　　　　　　　　　系 数 B 值 表

φ (°) ＼ α (°)	5	10	15	20	25	30
30	1.245	2.666	4.302	6.252	8.663	11.76
45	1.597	3.557	6.086	9.516	14.533	22.54
60	2.421	5.968	11.76	23.167	57.026	—

表 4 - 43　　　　　　　　　　　　系 数 C 值 表

α (°)	β (°)	θ (°)					
		5	10	15	20	25	30
5	30	0.212	0.316	0.418	0.516	0.61	0.700
	45	0.27	0.403	0.532	0.657	0.778	0.892
	60	0.411	0.612	0.809	1.0	1.183	1.357
10	30	0.338	0.446	0.552	0.653	0.749	0.839
	45	0.451	0.596	0.737	0.872	1.0	1.12
	60	0.757	1.0	1.236	1.462	1.677	1.879
15	30	0.484	0.598	0.707	0.700	0.909	1.0
	45	0.684	0.845	1.0	1.147	1.286	1.414
	60	1.321	1.633	1.932	2.216	2.484	2.732

表 4-44 　　　系 数 *θ* 值 表

γ (°)	β (°)	θ (°)								
		0	2.5	5	7.5	10	12.5	15	17.5	20
5	30	1.057	1.083	1.106	1.128	1.147	1.164	1.179	1.192	1.202
	45	1.1	1.147	1.192	1.234	1.274	1.312	1.347	1.380	1.410
	60	1.183	1.271	1.357	1.440	1.521	1.599	1.673	1.745	1.813
10	30	1.131	1.158	1.183	1.206	1.227	1.245	1.261	1.274	1.286
	45	1.233	1.285	1.336	1.383	1.428	1.476	1.510	1.546	1.580
	60	1.462	1.571	1.677	1.780	1.879	1.975	2.067	2.156	2.240
15	30	1.225	1.254	1.282	1.307	1.329	1.349	1.366	1.381	1.393
	45	1.414	1.475	1.532	1.587	1.638	1.687	1.732	1.774	1.813
	60	1.932	2.076	2.216	2.352	2.484	2.610	2.732	2.848	2.960

表 4-45 　　　系数 $E_1E_2E_3$ 及 $\theta_1\theta_2\theta_3$ 值

E 及 θ ╲ γ (°) / α (°)	5						10						15					
	5	10	15	20	25	30	5	10	15	20	25	30	5	10	15	20	25	30
E_1	1.992	1.983	1.97	1.953	1.932	1.907	1.983	1.97	1.953	1.932	1.907	1.879	1.97	1.953	1.932	1.907	1.879	1.848
E_2	1.495	1.489	1.48	1.468	1.455	1.438	1.489	1.48	1.468	1.455	1.438	1.42	1.48	1.408	1.455	1.438	1.42	1.399
E_3	1.330	1.325	1.318	1.310	1.299	1.287	1.325	1.318	1.310	1.299	1.287	1.274	1.318	1.31	1.299	1.287	1.274	1.258
θ_1(°)	0	2.5	5.0	7.5	10.0	12.5	2.5	0	2.5	5.0	7.5	10	−5.0	−2.5	0	2.5	5	7.5
θ_2(°)	1.67	5.0	8.36	11.73	15.1	18.5	0	3.36	6.73	10.0	13.82	16.91	−1.64	1.73	5.1	8.5	11.91	15.36
θ_3(°)	2.5	6.26	10.13	13.82	17.64	21.47	1.26	5.0	8.82	12.63	16.46	20.3	0	3.82	7.64	11.47	15.3	19.2

实用计算中：抱杆受力可按最大起吊质量两倍考虑；转向滑车受力按 1.4～1.6 倍牵引钢绳受力计算；起吊滑车受力按两倍牵引钢绳受力计算。

二、内拉线抱杆分解组立铁塔

内拉线抱杆分解组塔是在外拉线抱杆分解组塔基础上创造成功的，在结构和施工工艺上有相同的地方，也有不同的地方，两者之间主要差别有三点：

（1）外拉线改为内拉线。内拉线固定在已组塔体的四根主材上，长度大大缩短，还省去了固定、控制外拉线的地锚坑。

（2）抱杆的根部固定。内拉线分解组塔时，抱杆采用固定在已组塔体主材的四根下拉线悬浮式承托，四根主材受力均匀，抱杆提升安全可靠。

（3）起吊滑车和抱杆合一。普通滑车在抱杆顶端游荡，对抱杆的作用力有偏心距离影响。现改为和抱杆合一的朝天滑车，消除了偏心距，增加了抱杆有效高度。

内拉线抱杆分解组塔，可分为单吊法和双吊法两种。双吊法朝天滑车为双轮朝天滑车，两片塔材两侧同时吊装；采用双吊法时，牵引钢绳穿过平衡滑车，两端经过各自地滑车腰滑车、朝天滑车起吊两侧塔片，平衡滑车用一根总牵引钢绳，引至牵引设备。

（一）内拉线抱杆分解组塔法现场布置

单、双吊法现场布置分别如图 4-104、图 4-105 所示。

（1）抱杆的组成：内拉线抱杆宜用无缝钢管或薄壁钢管制成，也可用正方形断面角钢组合抱杆改装而成。抱杆上端安装朝天滑车，朝天滑车要能相对抱杆作水平转动，所以朝天滑车与抱杆连接，采用套接的方法，四周装有滚轴。朝天滑车下部焊接四块带孔钢板，用以固定四根上拉线。抱杆下部端头安有地滑车，地滑车上部焊有两块带孔铁板，用以连接下拉线的平衡滑车。双吊法使用的双轮朝天滑车构造如图4-106所示。单吊法使用单轮朝天滑车。

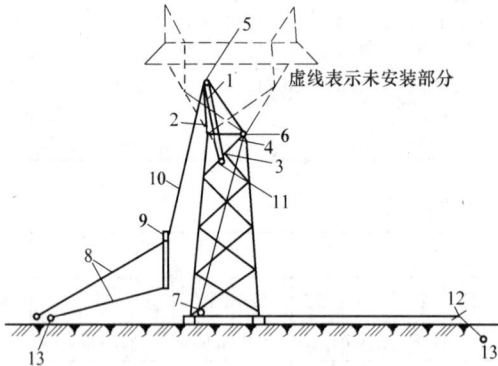

图4-104　单吊法的现场布置

1—内拉线抱杆；2—上拉线；3—下拉线；4—腰环；5—朝天滑车；6—腰滑车；7—地滑车；8—调整大绳；9—起吊构件；10—起吊钢绳；11—朝地滑车；12—动力；13—地锚

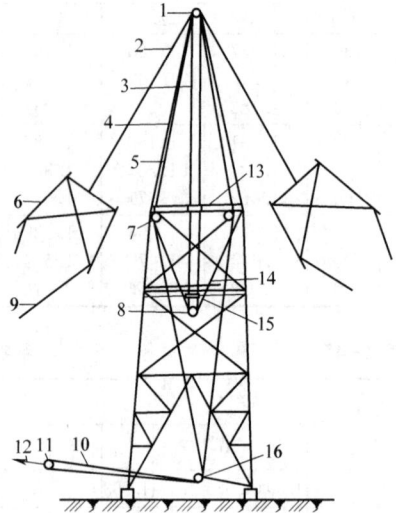

图4-105　双吊法的现场布置

1—朝天滑车（双轮）；2—起吊钢绳；3—内拉线抱杆；4—上拉线；5—起吊钢绳；6—起吊构件；7—腰滑车；8—朝地滑车；9—调整大绳；10—牵引钢绳；11—平衡滑车；12—至牵引设备；13—上腰环；14—下拉线；15—下腰环；16—地滑车

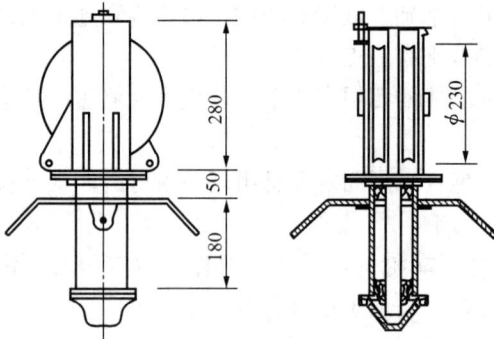

图4-106　双轮朝天滑车的构造

（2）抱杆长度的确定。和外拉线抱杆长度选择一样，主要考虑铁塔分段长度。由于内拉线抱杆根部采用悬浮式固定，所以抱杆长度要比外拉线抱杆长一些。一般取铁塔最长分段1.5～1.75倍，一般220～500kV铁塔内拉线抱杆全长可取10～13m。

抱杆总长由悬浮高度和起吊有效高度两部分组成。抱杆愈高，起吊有效高度愈大，安装构件愈方便；但这时上拉线与抱杆夹角减小，受力增大，同时悬浮高度相应减少，所以抱杆的自身稳定性也差。抱杆的悬浮部分高度决定抱杆稳定性，悬浮高度愈大，四根下拉线受力相应减少，抱杆稳定性好，一般悬浮部分为抱杆总长度0.3倍为宜。

（3）上拉线和下拉线。上拉线由四根钢绳组成，一端固定在抱杆顶部，下端固定到已组铁塔主材节点上。下拉线由两根钢绳穿越各自平衡滑车，四个端头固定在铁塔主材上，平衡滑车有左右布置和前后布置两种情况，分别适用于被吊构件的左右起吊和前后起吊，使抱杆下拉线受力接近均匀，两种布置情况如图4-107所示。

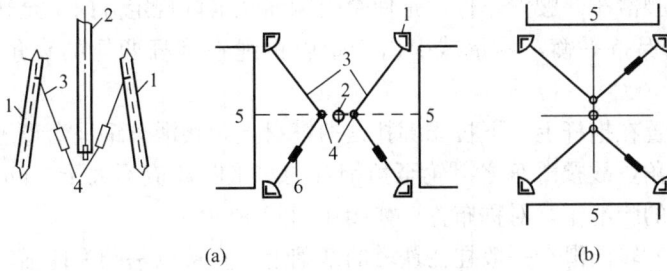

图 4 - 107　下拉线平衡滑车的布置方式

（a）左右布置；（b）前后布置

1—主材；2—抱杆；3—下拉线；4—平衡滑车；5—起吊构件；6—调节器

上、下拉线均需安装调节装置，一般下拉线调节装置为双钩紧线器，上拉线可用花篮螺栓调节。承托系统钢绳长度调节，可用托板移动实现，托板装置调节原理如图 4 - 108 所示。

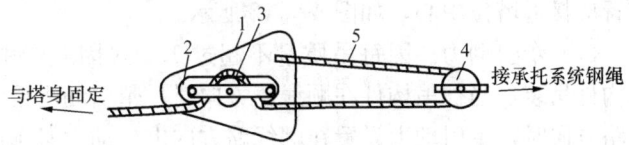

图 4 - 108　托板装置调节原理

1—托板；2—偏心轮；3—固定轮；4—滑轮；5—钢绳

上、下拉线与铁塔主材固定，还没有定型卡具，可用钢绳直接绑扎，也可用圆钢式或槽钢式卡具连接，可参见图 4 - 109。拉线固定处最好选在有水平材的主材节点处。

（4）腰环。腰环的作用在于提升抱杆时稳定抱杆，它随抱杆断面不同而不同，一般圆形断面均用正方形腰环，腰环与抱杆接触处应套一钢管，使抱杆升降时由滑动摩擦变为滚动摩擦，可见图 4 - 110。

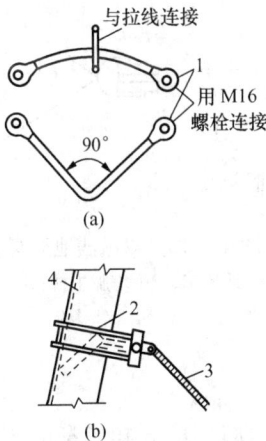

图 4 - 109　拉线与主材的连接方法

（a）圆钢式卡具连接；（b）槽钢式卡具连接

1—圆钢式卡具；2—槽钢式卡具；
3—钢绳；4—主材

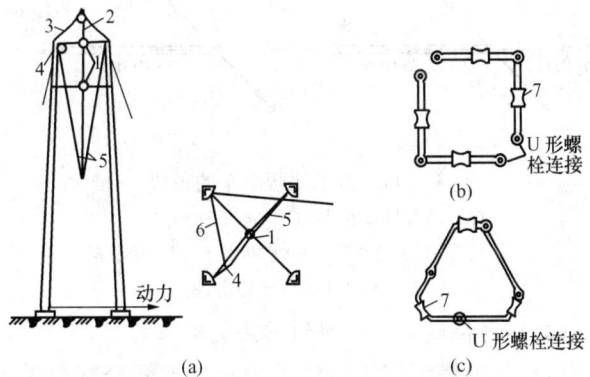

图 4 - 110　腰环的设置与构造

（a）腰环的设置；（b）腰环构造之一；（c）腰环构造之二

1—腰环；2—抱杆；3—起吊绳；4—提升滑车；
5—提升绳；6—牵引绳；7—小滑轮

固定腰环一般用绳索系到主材上；抱杆提升完毕，要将腰环绳松去，以免抱杆受力倾斜而将其拉断。

（5）起吊系统腰滑车。腰滑车作用是使牵引钢绳从塔内规定方向引至转向滑车，并使牵引钢绳在抱杆两侧保持平衡，尽量减少由于牵引钢绳在抱杆两侧的夹角不同而产生的水平力。

腰滑车一般设置在抱杆上、下拉线绑扎处的塔材上，腰滑车钢绳套愈短愈好，以增大牵引钢绳与抱杆的夹角，故腰滑车之滑轮至角钢背的水平距离应不大于 300mm。双吊法每根牵引钢绳应有自己的腰滑车，对称布置，如图 4-111 所示。

（6）转向滑车。转向滑车一般挂在铁塔的基础上，直接以基础为地锚。若铁塔基础为金属基础，为防止基础变形可采用主角钢与坑壁间加顶撑、塔腿外围打一铁桩加固或基础回填土时埋入一地锚的措施。

双吊法时，应使引向塔外的两牵引绳等长。故地面转向滑车应尽量地使用双轮滑车，其布置应接近塔位中心，如图 4-112 所示。

（7）牵引动力。因每吊质量不超过 1.5t，因此牵引钢绳不必采用复滑车组。为了不影响构件吊装，当被吊构件在顺线路方向时，牵引动力设置在横线路方向上；而被吊构件在横线路方向时，牵引动力设置在顺线路方向上。动力必须固定在可靠地锚上；牵引动力操作人员，应离铁塔高 1.2 倍以外。

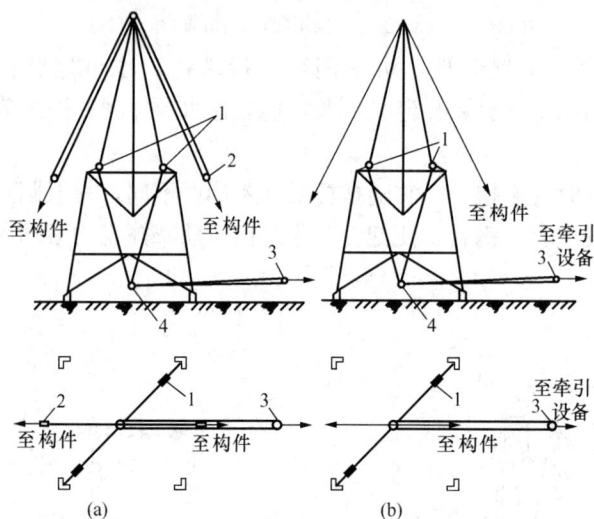

图 4-111 双吊法腰滑车的布置
（a）动滑车起吊时；（b）定滑车起吊时
1—腰滑车；2—动滑车；3—平衡滑车；4—地滑车
注：图中上拉线未画出。

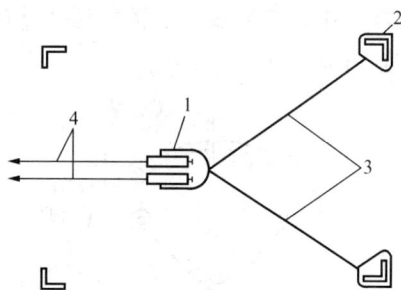

图 4-112 双吊法地滑车布置图
1—地滑车；2—塔腿主材；3—钢绳套；
4—牵引绳

（二）内拉线抱杆分解组塔法关键工艺

（1）各种塔型施工方法。内拉线抱杆分解组塔可根据塔型、尺寸和质量的不同，而进行分片或分单腿吊装。一般来说，酒杯形铁塔瓶口以下，每段铁塔在地面组成平面后进行起吊，颈部下曲臂可以和上曲臂一起分左右两部分组成两个整体，从铁塔两侧面起吊；也可将下曲臂分成前后两片吊装后再连接侧面横材。上曲臂最好连在横担上，与横担一起吊装。

干字形和上字形塔，先将塔身每段分成两片，在地面组成平面起吊，地线横担连在最上一节主材上进行吊装，然后用装好的上层横担吊装下层横担。

正方形截面瓶口以下,可以自由选择正面或侧面分片;矩形铁塔瓶口以下,一般选择根开大的一面分片。

(2)构件起吊。牵引钢绳在构件上绑扎和外拉线时相同。开始起吊构件时,应拉紧下部的调整大绳,并放松上部调整大绳使构件平稳起立。一般吊构件应上下或左右各拴一条大绳;起吊比较宽的竖长件时,除上端拴一条调整绳外,在下端每根主材上各拴一根大绳。调整大绳与地面的夹角应小于 45°。起吊过程中,调整大绳应使吊构件离开塔身 0.5m 左右,调整时需缓松缓紧,要防止突然松绳。

(3)构件安装。在每段铁塔正侧面的构件基本组装完后,才能开始提升抱杆;当抱杆提升完毕,开始吊装上面一段构件之前,凡能安装上的辅铁,包括横膈材、拉铁等都必须装上;主材接头螺栓及连接接头附近水平铁的螺栓必须拧紧。

只有主材接头安装完毕,并把侧面必要的拉铁装上以后,作业人员才能登上刚安装的构件,进行解开牵引钢绳、调整大绳等作业。

(4)抱杆的竖立、拆除和提升。抱杆的竖立可像外拉线抱杆一样借助人字抱杆或已组装好的塔腿进行,抱杆拆除方法也和外拉线基本相同。抱杆提升的示意图如图 4-113 所示,提升步骤如下:

1)绑好上、下两层提升抱杆的腰环。上腰环绑得愈高愈好,下腰环不能绑得过下。

2)把上拉线绑到下一工作位置,此时上拉线呈松弛状态。

3)把牵引钢绳回抽适当长度,然后在接头处水平铁附近绑死,让牵引绳依次通过抱杆根部的朝地滑车、塔上腰滑车,引向转向滑车直至牵引动力。此时塔上腰滑车一定要与牵引钢绳绑扎处等高,并在其对应位置。

4)启动牵引钢绳,把抱杆提升很小一个高度,解开下拉线。

5)继续牵引钢绳,使抱杆逐步向上提升,直至把原来呈松弛状态的四根上拉线顶紧为止。由于设置了两道腰环,抱杆不会有太大倾斜。

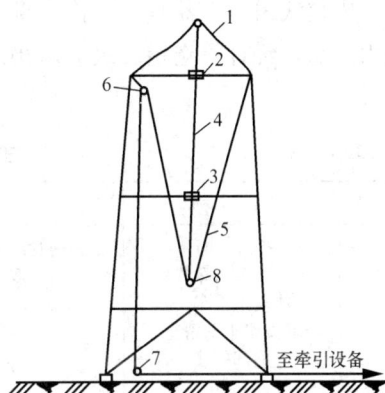

图 4-113 抱杆提升图
1—上拉线;2—上腰环;3—下腰环;4—抱杆;5—提升钢绳;6—反向腰滑车;7—转向滑车;8—朝地滑车

6)把下拉线拉紧,按所需的倾斜度绑牢。操作时两人配合作业,一人拉紧,一人绑扣,不能绑成松弛状态。

7)恢复起吊构件的工作状态,作好起吊构件准备。

(5)抱杆工作位置的调整。抱杆提升完毕,腰环已失去作用,为避免起吊时抱杆在腰环处出现鼓肚,甚至折断,所以必须将上、下腰环松开;由于钢绳受力后伸长和抱杆、上拉线自重等原因,抱杆根部要自然下沉 100~200mm,如抱杆受力后向起吊反侧倾斜、给安装带来困难。故抱杆起吊完毕,构件吊装以前,必须调整上拉线上花篮螺栓,使抱杆向起吊侧倾斜。若起吊后抱杆倾斜与要求偏差较大,可调整下拉线,使抱杆头部达到要求位置。

(6)双吊法施工。每段铁塔分成两片构件同时起吊、同时就位、同时安装,所以要求两片构件绑扎位置、方式和所用钢绳套长度均相同；两片构件吊离地面后，应停止起吊，检查牵引设备、构件的绑扎、两片构件离地高度等，经检查未发现异常，再继续起吊；检查时或继续起吊中发现两片构件离地高度不等，应对提升得较高一侧钢绳加以制动，当两构件牵引钢绳离地等高时继续起吊。

制动一侧牵引钢绳，采用图 4 - 114 所示方法，用铁钎打入地下，铁钎上缠绕大绳，大绳一端用铁钩挂住拟制动的钢绳，另一端用人拉住。

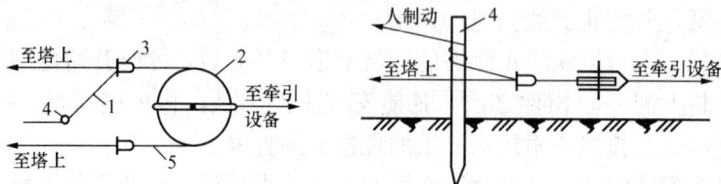

图 4 - 114 起吊绳制动图
1—制动钢绳；2—平衡滑车；3—U 形环；
4—铁钎；5—平衡钢绳

（三）主要工器具

内拉线组塔工器具，不论塔型，大体相同，但其规格、尺寸要视塔型、分段尺寸、每吊最大质量，经计算选定。最大起吊质量 1.3t 的双吊法工器具一览表如表 4 - 46 所示，供选用参考。

表 4 - 46 主要工器具一览表（双吊法）

序号	名 称	规 格	单位	数量	备 注
1	抱杆	钢管或角钢组合抱杆	根	1	规格按施工设计选定
2	朝天滑车	双 轮	个	1	抱杆定型工具
3	朝地滑车	单 轮	个	1	抱杆定型工具
4	下拉线平衡滑车	单轮，3t	个	2	
5	上部拉线	$\phi=12mm$	根	4	
6	下部拉线	$\phi=17mm$	根	2	
7	下拉线调节器		个	2	
8	腰 环		个	2	
9	腰滑车	单轮，1t	个	2	
10	地滑车	双轮，2t	个	1	
11	起吊动滑车	单轮，1.5t	个	2	
12	牵引绳	$\phi=9mm$	根	2	长度按塔高选定
13	总牵引绳	$\phi=12mm$	根	1	
14	牵引平衡滑车	单轮，3t	个	1	
15	调整大绳	$\phi=20mm$ 麻绳，长 50m	根	4~6	
16	铁锚桩	$\phi=50mm$ 钢管，长 1.2m	根	6	
17	地 锚	钢板 300×900mm	个	1	其规格按施工设计确定
18	补强木	$\phi=80mm$，长 8m	根	4	
19	钢绳套	$\phi=12\sim17mm$，长 2~4m	根	10	
20	牵引设备	1.5t	台	1	
21	U 形环	2~4t	个	15	
22	平衡钢绳	$\phi=9mm$，长 20m	根	1	
23	小滑车	单轮，0.5t	个	4	上下传递东西用
24	小 绳	$\phi=12mm$ 麻绳，长 50m 以上	根	4	上下传递东西用

（四）劳动组织

双吊法的劳动组织如表 4 - 47 所示。

表 4-47　　　　　　　内拉线抱杆分解组塔（双吊）劳动组织表（人）

序号	工作岗位		高级技工	低级技工	普通工	合计
1	指　挥		1			1
2	塔上作业		2	6		8
3	调整大绳			2	2	4
4	地面零星工作			2		2
5	地面组装		1	2	3	6
6	牵引设备	人力绞磨		1	6	7
		机动		1	1	2
合计		人力绞磨牵引时	4	13	11	28
		机械牵引时	4	13	6	23

（五）内拉线抱杆分解组塔受力计算

假定控制绳对地夹角 45°，每个滑轮的损耗系数为 1.05，双吊时两侧对称，并假定拉线不受力，抱杆倾斜角最大为 5°，计算质量 Q 为起吊质量 Q_0 的 1.2 倍。

内拉线抱杆起吊时各部受力如图 4-115 所示。

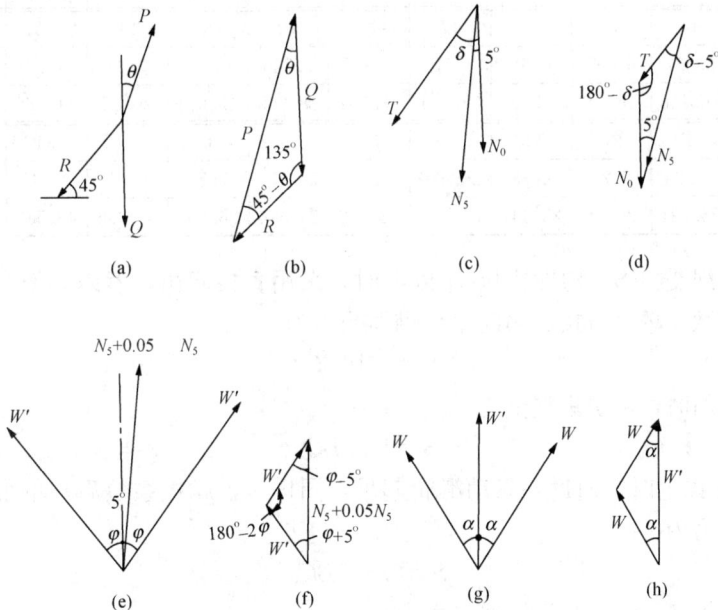

图 4-115　内拉线抱杆各部受力图

(a) 调整大绳受力 R；(b) 起吊钢绳受力 P；(c) 抱杆受力 N；

(d) 抱杆拉线受力 T；(e) 起吊平面受力状态；

(f) 起吊平面合力；(g) 承托绳受力 W；

(h) 承托绳受力 2

（1）调整大绳受力 R 和起吊钢绳受力 P 计算。图 4-115（a）、（b）为调整大绳和起吊钢绳受力状态和合力图。调整大绳受力 R 为

$$R = \frac{1.2 \times 9.8 Q_0 \sin\theta}{\sin(45° - \theta)} = AQ_0 \qquad (4-59)$$

起吊钢绳与垂线的夹角 θ 为

$$\theta = \text{tg}^{-1} \frac{X/2 + a}{L_1} \tag{4-60}$$

起吊钢绳受力 P 为

$$P = \frac{1.2 \times 9.8 Q_0 \sin 45°}{\sin (45° - \theta_0)} = B Q_0 \tag{4-61}$$

式中　X——铁塔上口塔身宽度，m；

　　　a——起吊构件距塔身的空隙，吊装构件时取 $a = 0.5$m；

　　　L_1——抱杆有效高度，m；

　　　Q_0——起吊件质量，kg；

　A、B——系数，和 θ 有关，如表 4-48 所列。

采用动滑车不考虑滑车摩阻力，起吊钢绳受力将减半。

表 4-48　　　　　　　　　　　　系　数　A　、　B　值　表

θ (°)	1	2	3	4	5	6	7	8	9	10	11	12
A	0.294	0.60	0.917	1.250	1.60	1.94	2.33	2.73	3.13	3.563	4.01	4.492
B	11.97	12.195	12.43	12.677	12.936	13.218	13.512	13.818	14.147	14.5	14.876	15.264
θ (°)	13	14	15	16	17	18	19	20	21	22	23	24
A	4.986	5.527	6.092	6.68	7.315	7.997	8.726	9.514	10.361	11.278	12.278	13.09
B	15.688	16.146	16.63	17.158	17.711	18.332	18.969	19.674	20.45	21.286	22.20	14.077
θ (°)	25	26	27	28	29	30	31	32	33	34	35	36
A	14.535	15.83	17.275	18.887	20.686	22.72	25.037	27.707	30.811	34.47	36.668	44.182
B	24.32	25.531	26.91	28.447	30.211	32.128	34.374	36.962	39.996	43.582	47.887	53.226

（2）牵引钢绳受力 S。构件质量 1t 以下时，采用直接起吊，考虑动滑车、朝天滑车和地滑车的摩擦系数，单吊直接起吊时牵引钢绳受力为

$$S = 1.16 B Q_0 \tag{4-62}$$

双吊直接起吊时，牵引钢绳受力

$$S = 2.32 B Q_0 \tag{4-63}$$

构件质量 1t 以上时，通过一只动滑轮起吊，同样考虑摩擦系数后，单吊经动滑轮起吊时，牵引钢绳受力为

$$S = 0.593 B Q_0 \tag{4-64}$$

双吊经动滑轮起吊时，牵引钢绳受力为

$$S = 1.19 B Q_0 \tag{4-65}$$

（3）抱杆受力 N 及拉线受力 T 的计算。图 4-115（c）、（d）是抱杆及拉线受力状态和合力图，N_5 为抱杆倾斜 5° 时受力，N_0 为抱杆不倾斜时的受力。

当抱杆倾斜 5° 时，其轴向力 N_5 为

$$N_5 = \frac{\sin \delta}{\sin (\delta - 5°)} N_0 = D N_0 \tag{4-66}$$

抱杆拉线与垂线的夹角 δ 为

$$\delta = \text{tg}^{-1} \frac{Z}{2 L_1} \tag{4-67}$$

抱杆拉线受力 T 为

$$T = \frac{\sin5°}{\sin(\delta-5°)}N_0 = CN_0$$

上述式中符号意义和调整大绳计算时相同，抱杆不倾斜时受力 N_0 值的确定：

当采用双吊走一走一滑轮组时，N_0 为

$$N_0 = 3.08P\cos\theta = 3.08BQ_0\cos\theta \qquad (4-68)$$

当采用双吊定滑轮时，N_0 为

$$N_0 = 4.06P\cos\theta = 4.06BQ_0\cos\theta$$

当采用单吊走一走一滑轮组时，N_0 为

$$N_0 = 1.54P\cos\theta \qquad (4-69)$$

当采用单吊定滑轮时，N_0 为

$$N_0 = 2.03P\cos\theta = 2.03BQ_0\cos\theta \qquad (4-70)$$

系数 C、D 如表 4-49 所列。

表 4-49 系 数 C 、 D 值 表

δ (°)	10	11	12	13	14	15	16	17	18
C	1.000	0.834	0.715	0.625	0.557	0.502	0.457	0.419	0.387
D	1.993	1.825	1.706	1.616	1.547	1.492	1.445	1.406	1.374
δ (°)	19	20	21	22	23	24	25	26	27
C	0.360	0.337	0.316	0.298	0.282	0.268	0.255	0.243	0.233
D	1.346	1.321	1.300	1.281	1.264	1.249	1.236	1.223	1.212

（4）下拉线（承托绳）受力 W 计算。取 W' 为每两根承托钢绳的合力，抱杆倾斜 5°时起吊平面受力状态和合力图如图 4-115（e）、（f）所示，抱杆下压力按 $1.05N_5$ 计算。当得到 W' 后，取两根承托绳所在平面观察，每根钢绳受力 W 和 W' 关系如图 4-115（g）、（h）所示。故抱杆倾斜 5°时，抱杆承托钢绳受力计算式为

$$W = \frac{1.05\sin(\varphi+5°)}{\sin2\varphi} \times \frac{N_5}{2\cos\alpha} = mnN_5 \qquad (4-71)$$

式中 φ——承托钢绳平面与抱杆的夹角，(°)；

α——承托钢绳间夹角之一半，(°)。

φ 和 α 的计算式分别为

$$\varphi = \text{tg}^{-1}X/2L_2 \qquad (4-72)$$

$$\alpha = \text{tg}^{-1}\frac{X\cos\varphi}{2L_2} \qquad (4-73)$$

式中：X 和 L_2 分别是铁塔平口处宽度和抱杆悬浮部分高度。

上述式中 A、B、C、D 系数意义和前面的相同，m、n 系数如表 4-50 所列。

表 4-50 系 数 m 、 n 值 表

φ 或 α (°)	15	16	17	18	19	20	21	22	23	24	25
m	0.718	0.71	0.703	0.698	0.694	0.69	0.688	0.686	0.685	0.685	0.685
n	0.518	0.52	0.523	0.526	0.529	0.532	0.536	0.539	0.543	0.547	0.552

φ 或 α （°）	26	27	28	29	30	31	32	33	34	35	36
m	0.686	0.688	0.69	0.692	0.695	0.699	0.703	0.708	0.713	0.718	0.724
n	0.556	0.561	0.566	0.572	0.577	0.583	0.590	0.596	0.603	0.61	0.618
φ 或 α （°）	37	38	39	40	41	42	43	44	45	46	47	48
m	0.731	0.738	0.746	0.754	0.763	0.772	0.782	0.792	0.804	0.817	0.829	0.843
n	0.626	0.635	0.643	0.653	0.663	0.673	0.684	0.695	0.707	0.72	0.733	0.747

【例 4 - 5】　采用内拉线抱杆分解立塔。已知：起吊铁塔最长一段高度为 6500mm；最重一段质量为 800kg；塔为正方形，最底一段塔身平口处宽度 5074mm，用一只动滑轮以双吊法起吊，求各索具的受力。

解　（1）选用抱杆：取抱杆长度为最长一段高度 1.5 倍，$6.5 \times 1.5 = 9.75$（m），故选用 10m 抱杆。

抱杆布置，取平口以上段长 $L_1 = 7m$，平口以下段长 $L_2 = 3m$。

（2）调整大绳受力 R 计算：起吊钢绳与垂线夹角 θ 计算为

$$\theta = \mathrm{tg}^{-1} \frac{\dfrac{5074}{2} + 500}{7000} = 23°30'$$

查表 4 - 49 得 $\qquad\qquad A = 12.7$

调整大绳受力

$$R = AQ_0 = 12.7 \times 880 = 11176 \text{（N）}$$

（3）起吊钢绳及牵引钢绳受力：查表 4 - 49 得 $B = 23$。

起吊钢绳受力 $\qquad\qquad P = \frac{1}{2} BQ_0 = \frac{1}{2} 23 \times 800 = 9200 \text{（N）}$

总牵引钢绳受力 $\qquad\qquad S = 1.19 BQ_0 = 21896 \text{（N）}$

（4）上拉线受力 T 计算：计算 δ 角为

$$\delta = \mathrm{tg}^{-1} \frac{5074}{2 \times 7000} = 19°55'$$

查表 4 - 50 得 $C = 0.341$，则

$$T = CN_0 = 3.08 BCQ_0 \cos\theta$$
$$= 3.08 \times 23 \times 0.341 \times \cos 23°30' \times 800 = 17722 \text{（N）}$$

（5）抱杆倾斜 5° 时的受力 N_5 计算：查表 4 - 50 得 $D = 1.323$，则

$$N_5 = 3.08 BDQ_0 \cos\theta$$
$$= 3.08 \times 23 \times 1.323 \times \cos 23°30' \times 800 = 68758 \text{（N）}$$

（6）承托绳的受力计算：计算 φ 角为

$$\varphi = \mathrm{tg}^{-1} \frac{5074}{2 \times 3000} = 40°15'$$

查表 4 - 51 得 $m = 0.758$，则

$$\alpha = \mathrm{tg}^{-1} \frac{X \cos\varphi}{2L_2} = \mathrm{tg}^{-1} \frac{5074 \times \cos 40°15'}{2 \times 3000}$$
$$= 33°$$

查表 4 - 51 得 $h = 0.596$，则

$$W = mnN_5 = 31063 \text{（N）}$$

根据以上各部受力数据，即可配备相应索具和滑轮等工具。

三、双小抱杆分解组塔

双小抱杆系稍径为 10～15cm、长度为 6～9m 的圆木抱杆。其特点轻巧、便于运输，适

合小型铁塔组立。

图 4-116 为双小抱杆组立铁塔的布置，侧面图中 1 为抱杆，分别绑扎在塔身两侧并稍倾斜，抱杆根部用承托绳 6 承托，抱杆上部要装拉线 7，抱杆中下部安装一根横木 2，4 为吊起的塔片，5 为两根调整大绳，3 为与牵引设备连接的起吊钢绳。

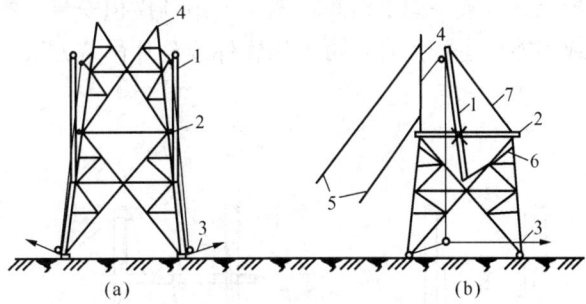

图 4-116 双小抱杆组立铁塔
(a) 正视图；(b) 侧视图

抱杆长度和外抱杆立塔时选择相同。

抱杆的倾斜角度可按以下原则确定：

(1) 不加装拉线时，抱杆的倾角和起吊件张角不得大于 $10°$；

(2) 使用塔上拉线时，抱杆倾角及起吊件张角不得大于 $15°$；

(3) 使用落地拉线时，抱杆倾角及起吊件张角不得大于 $45°$；

(4) 不论何种情况，调整大绳对地夹角均应小于或等于 $45°$。

双小抱杆受力计算和外拉抱杆受力计算相似，但起吊质量是一半，并乘以冲击系数、不平衡系数，一般按 $0.72Q_0$ 考虑。

四、钢筋混凝土电杆分解组立

在施工现场，往往由于地形条件的限制，钢筋混凝土电杆不能采用整体起吊，只能采用分解组立，即先起立电杆，再在高空组成杆型。分解立杆的施工顺序是：

(1) 分解起立主杆。可采用落地固定抱杆分解立杆法、升降抱杆组立双杆法或爬升抱杆组立电杆，它们立杆示意图如图 4-117～图 4-119 所示。

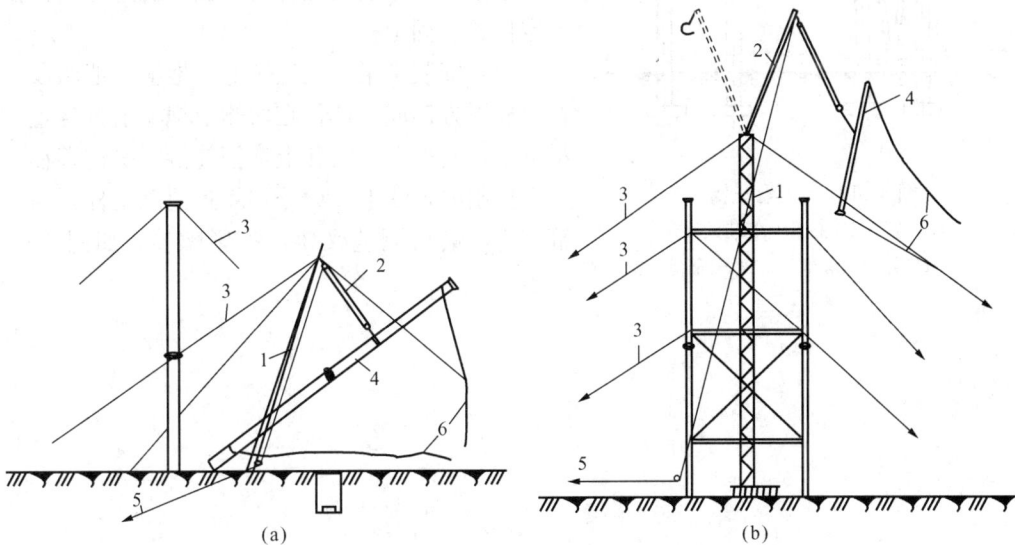

图 4-117 落地固定抱杆分解立杆示意图
(a) 采用固定抱杆；(b) 采用悬臂抱杆
1—抱杆；2—辅助抱杆；3—拉线；4—被吊杆件；5—牵引钢绳；6—控制大绳

(2) 安装横担。等径杆的一般横担可在地面将导线横担抱住主杆组成整体，然后在导线横担上方各置一固定滑车，牵引上吊到横担安装位置固定；拔梢杆等横担不能在地面抱住主杆或不能沿主杆上升，可采用整体或分片吊装方法。

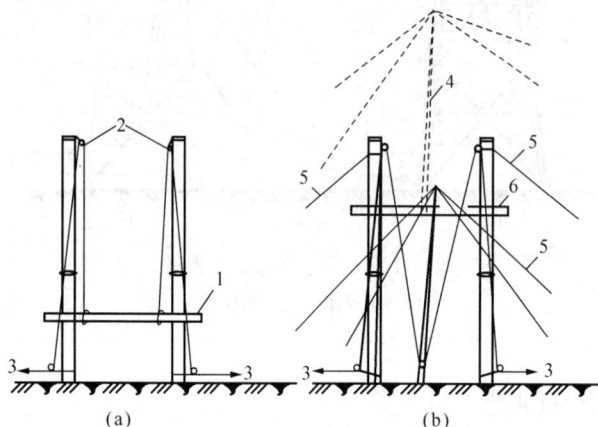

图 4-118　用升降式抱杆组立双杆示意图

(a) 安装横木；(b) 提升抱杆

1—横木；2—滑车；3—牵引钢绳；4—抱杆提升后位置；
5—拉线；6—钢绳绑扎

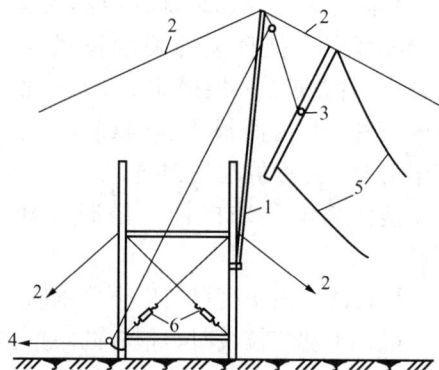

图 4-119　用爬升抱杆组立电杆示意图

1—爬升抱杆；2—拉线；3—被吊杆件；
4—牵引钢绳；5—控制大绳；
6—双钩紧线器

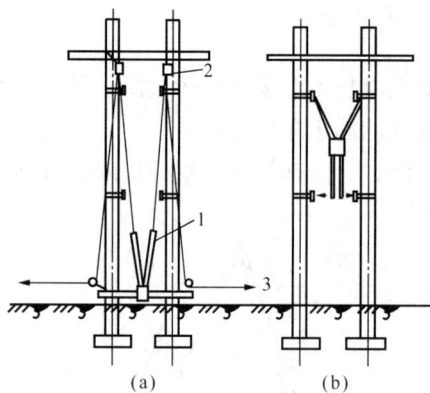

图 4-120　叉梁安装

(a) 起吊叉梁；(b) 安装叉梁

1—叉梁；2—滑车；3—牵引钢绳

(3) 安装横担吊杆。起吊吊杆后，先固定远离调整装置一端，然后固定另一端；紧固螺栓，调整吊杆。

(4) 安装地线支架。在杆头外侧分别固定一根小抱杆，顶部应高出混凝土杆顶 1.5m，并悬挂滑车；把地线横担放在抱杆对面侧；提升地线横担到预定位置后固定。

(5) 安装叉梁。先安装好上抱箍；把四段叉梁在电杆下方连成一体；在两侧上抱箍上方各置一起吊滑车，起吊上叉梁和上抱箍连接；操作绑在下叉梁上控制绳，使下叉梁分别靠近混凝土杆，与下抱箍相连，最后调整叉梁，拧紧螺栓，如图 4-120所示。

第 五 章

架 线 施 工

第一节　导线和避雷线的展放

一、放线前的准备工作

放线准备工作主要包括：清除线路走廊内树木、房屋和电力线路或通信线路的交叉跨越处理；平整放置待放线轴和放线架的放线场、紧线作业场；搭设跨越铁路、公路、通信线路及电力线路的越线架；编制施工技术手册与技术交底；挂放好悬垂绝缘子串和放线滑车等工作。其主要工作内容如下。

（一）布线

布线是将导线和避雷线的线盘，每隔一定的距离沿线路放置，以便放线顺利进行。各盘线的长度是不同的，导线和避雷线接头位置要符合验收规范要求。常常用图表来计算各盘线的放置位置，如图5-1所示。

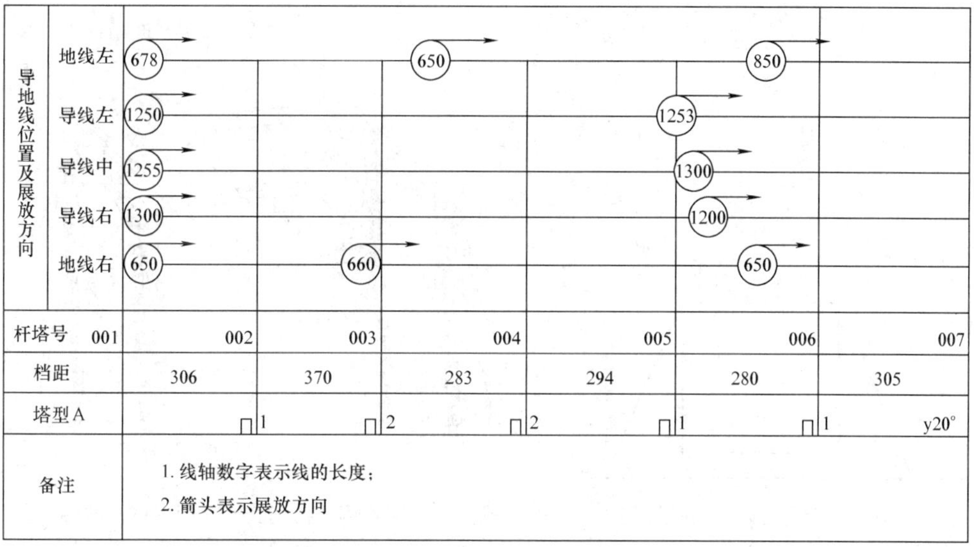

导地线位置及展放方向							
地线左	⟶678		⟶650		⟶850		
导线左	⟶1250				⟶1253		
导线中	⟶1255				⟶1300		
导线右	⟶1300				⟶1200		
地线右	⟶650		⟶660		⟶650		
杆塔号	001	002	003	004	005	006	007
档距	306	370	283	294	280	305	
塔型A		□1	□2	□2	□1	□1	y20°
备注	1. 线轴数字表示线的长度； 2. 箭头表示展放方向						

图5-1　线轴布置图

线盘布置时要考虑以下几点：

（1）线轴应集中放在各放线段耐张杆塔处，并尽量将长度相等的线轴放在一起，便于集中压接、巡线及维护。

（2）布线裕度：一般平地及丘陵地段取1.5%；一般山地取2%；高山深谷取3%。

（3）跨越档导线接头应避开35kV以上电力线路，铁路一、二级公路，特殊管道、索道和通航河道。

（4）不同规格、不同捻向的导线（避雷线），不得在同一耐张段内连接。

（5）合理选择线盘位置，如交通方便、地形平坦、场地宽广、便于使用运输机械和施工机械处。

（6）耐张段长度和线长应相互协调，避免切断导线造成导线的浪费或接头过多。

（二）搭设越线架

1. 越线架类型

按越线架使用材料不同，可分为木杆越线架、竹杆越线架、钢管越线架和其他特制越线架。

按结构型式的不同跨越架可分为：跨越低压配电支线、一般通信线和乡道的单侧平面结构越线架；跨越低压动力线、主干通信线和公路的双侧平面结构越线架；跨越铁路、主要公路、高压电力线路和重要通信线的双侧立体结构越线架；以及用于带电跨越高电压线路的柱式钢结构越线架。它们的形式如图5-2～图5-4所示。

柱式钢结构越线架由架体、架体提升架、动力源和保护部分组成，如图5-5所示。

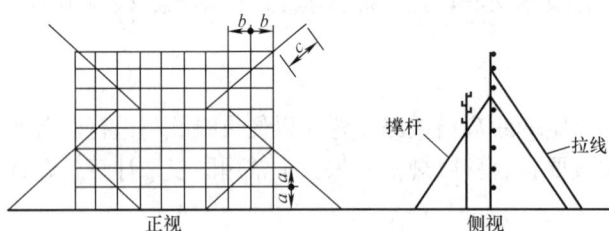

图5-2　单侧平面结构越线架

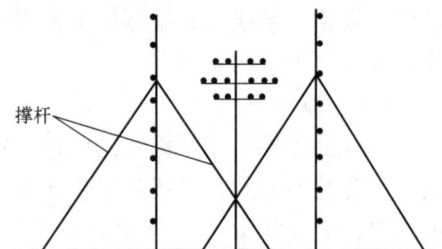

图5-3　双侧平面结构越线架

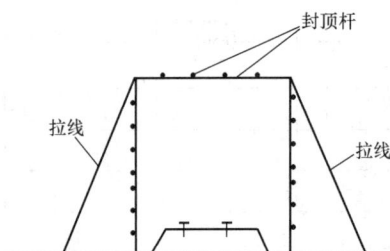

图5-4　双侧立体结构越线架

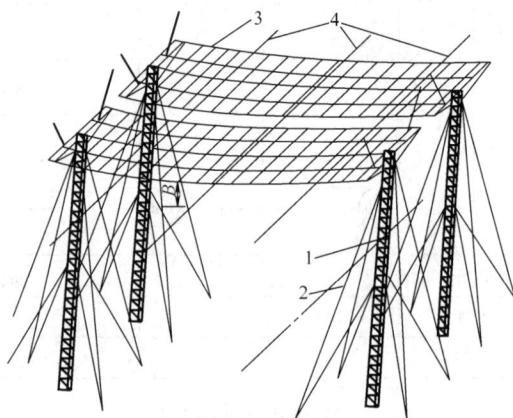

图5-5　柱式钢结构越线架（图中仅画两相）

1—钢柱；2—拉线；3—尼龙网；4—被跨电力线路

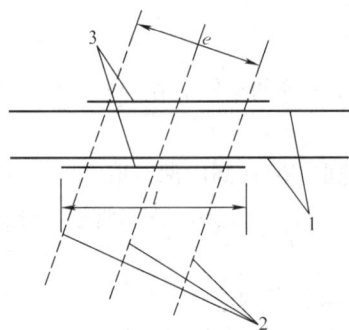

图5-6　越线架搭设位置图

1—被跨越物；2—施工线路；3—越线架

架体是组合式钢结构架。共有六基，每基由塔头、塔根和可接长的九个标准节组成。架体提升架在组立架体时可以采用液压顶升或机械倒提两种方法接入标准节，接高架体。动力源即以柴油机为动力采用集装块液压回路的液压泵站。架体用装有玻璃钢绝缘拉杆的钢丝绳拉线稳固。架体顶端横担上、三组架体之间和顺线路方向架体侧面，均用绝缘绳网覆盖，以防放、紧线时导线滑脱坠下时仍不会和带电线路接触。

2. 越线架的搭设

（1）越线架几何尺寸（图5-6）。越线架与被跨越物

之间的水平距离及垂直距离应满足表 5-1、表 5-2 的要求。越线架的长度计算式为

$$l = (D+3)/\sin\alpha \qquad (5-1)$$

式中　l——越线架长度，m；

　　　D——施工线路两边线之间距离，m；

　　　α——施工线路和被跨越物的交叉角。

表 5-1　　　　　　　　　**越线架与被跨物最小安全距离表**（m）

被 跨 越 物	铁　路	公　路	通信线路或低压线路
距架面水平距离	至路中心：3.0	至路边：0.6	0.6
距架顶（封顶杆）垂直距离	至轨顶：7.0	至路面：7.0	1.5

表 5-2　　　　　　　　　**越线架对电力线路的最小安全距离表**（m）

项　　目	被跨电力线路电压等级（kV）				
	10 以下	35	66～110	154～220	330
架面与导线的水平距离	1.5	1.5	2.0	2.5	3.5
无地线时顶杆与导线垂直距离	2.0	2.0	2.5	3.0	4.0
有地线时顶杆与地线垂直距离	1.0	1.0	1.5	2.0	2.5

跨越铁路、重要公路等，在搭设越线架之前，应先与有关单位联系，并邀请被跨物所属单位在搭设、拆除越线架和施工过程中，派人监督检查。

（2）带电搭设越线架。用干的杉木杆和竹杆不停电搭设越线架只适用跨 10kV 线路，必须在晴朗天气中施工，其尺寸和不停电搭设时相同，两侧竖杆埋深应不小于 1.5m，绑好横杆之后，应在外侧打好拉线，以防向内侧倾倒。带电搭设越线架应视为带电作业，要特别注意安全。

跨越 35kV 以上高压输电线路的柱式钢结构越线架，带电搭设时先在跨越线路两侧用小型人字抱杆整体起立"头三节"（塔头＋标准节＋塔根）；利用已起立的"头三节"作抱杆，分别从两侧将分解成两片的提升架吊起组装好，再用提升架逐步接入标准节加高架体到需要的高度。

江西省送变电公司，在 500kV 阳淮线施工中，设计了带电跨越架，多次跨越停电困难的 220kV 和 110kV 线路。跨越架主要由跨越架体、提升架、封顶网（承托绳）、拉线钩组成。其搭设、拆除都比较成功。

带电搭设越线架，应请被跨越电力线路主管单位派人监督检查，被跨线路应停止使用自动重合闸。

（三）跨越带电高压线路，高空展放导、地线

跨越 35kV 以上线路，特别是在不能停电情况下，搭设跨越架是困难的，可以采用高空渡线方法，如图 5-7 和图 5-8 所示。它是在跨越档两侧杆塔或辅助杆上，张挂承力绝缘绳，在承力绝缘绳上挂有"眼镜滑车"，用引绳将地线穿过滑车，沿承力绳展放，并紧挂于两侧杆塔上同时收回滑车。然后用架空地线作承力绳，每隔 20m 挂一列由"眼镜滑车"、垂直固定绳和放导线的三轮滑车组成的滑车组，用绝缘绳在导线放线滑车中牵引导

线展放，展放结束后立即紧、挂线，收回滑车组，再进行另一根导线展放。

不停电跨越架线是工艺十分细致、责任十分重大的施工项目，它的方法和使用的材料还在不断引进、研究和完善之中。

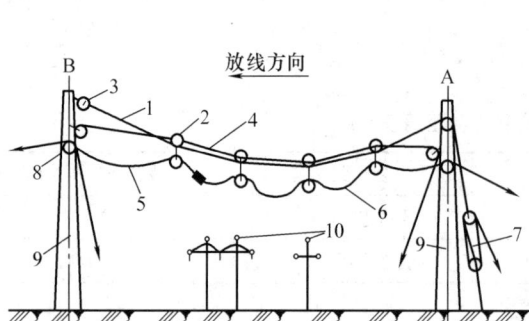

图 5-7 绝缘承力绳上展放地线

1—承力绝缘绳；2—眼镜滑车；3—拉力表；4—滑车引绳；
5—牵引绳；6—地线；7—滑车组；8—放线滑车；
9—跨越杆塔；10—被跨电力线路

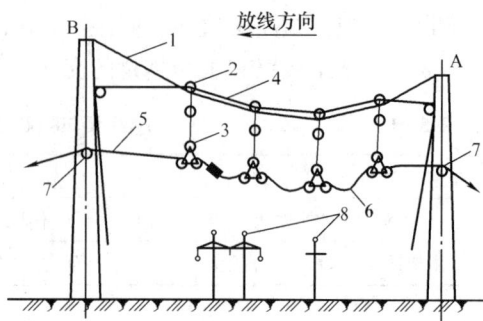

图 5-8 利用已架地线展放导线

1—架空地线；2—眼镜滑车；3—三轮滑车；
4—滑车引绳；5—牵引绳；6—导线；
7—放线滑车；8—被跨电力线路

（四）绝缘子串组装

绝缘子安装前应逐个将表面清擦干净，并进行外观检查。对瓷绝缘子尚应用不低于5000V的兆欧表逐个进行绝缘测定，在干燥情况下绝缘电阻小于500MΩ不得安装使用，玻璃绝缘子因绝缘电阻为零值时，玻璃会自爆，巡线人员很容易发现，所以不必逐个摇测。安装时应检查碗头、球头与弹簧销子之间的间隙。在安装好弹簧销子情况下球头不得自碗头中脱出。验收前应清除瓷（玻璃）表面的泥垢。

金具的镀锌层有局部碰损、剥落或缺锌，应除锈后补刷防锈漆。

绝缘子串组装是复杂而细致的工作，应按图纸进行，组装时禁止用锉刀锉，用重锤击，以防金具镀锌层破坏。

绝缘子串、导线及避雷线上各种金具上的螺栓、穿钉及弹簧销子除有固定的穿向外，其余穿向应统一并应符合下列规定：悬垂串上弹簧销子一律向受电侧穿入。螺栓及穿钉凡能顺线路方向穿入者一律宜向受电侧穿入，横线路方向一般情况两边线由内向外，中线由左向右穿入；耐张串上弹簧销子、螺栓一律由上向下穿，特殊情况由内向外、由左向右；分裂导线上穿钉、螺栓一律由线束外侧向内穿；当穿入方向与当地运行单位要求不一致时，可按当地运行单位要求，但应在开工前明确规定。金具上所用闭口销的直径必须与孔径配合，且弹力适度。

（五）挂悬垂绝缘子串及放线滑车

直线或兼角直线杆的放线滑车，一般都和悬垂绝缘子串同时悬挂。悬垂绝缘子串上的均压环，应在附件安装时再安装。地线或较低电压线路的悬垂串及放线滑车均较轻，可在组立杆塔时挂好，也可在放线前派出专人悬挂。对220kV以上线路，由于悬垂绝缘串及放线滑车都较重，应将起吊绳穿过起重滑车牵引悬挂。

放线滑车与绝缘子串的连接应可靠，防止在放线中掉下滑车。放线滑车中应穿好引绳，以备引导、地线。

放线滑车和起重滑车作用不同，必须安装在滚动轴承上，以保证较高的灵敏度。滑车应妥善保管、不得摔碰，使用前应先检查，并确保其灵活。

　　放线滑车按滑轮材质不同，分为钢轮、铝合金轮和挂胶滑轮。钢轮滑车用于展放钢绞线，铝合金轮滑车用于展放钢芯铝绞线；张力放线专用滑车，中间轮需通过导引绳和牵引绳，应为钢质滑轮，通过导线的则为挂胶滑轮。滑车的轮槽应能保证压接管通过，轮径不小于线径15倍。通过导线的轮槽应符合国家现行标准《放线滑轮直径与槽形》的规定。

　　放线滑车按轮数可分为单轮、双轮、五轮等，其外形如图5-9所示。

　　对于严重上扬、垂直档距甚大及需要过接头的放线滑车应进行验算，必要时应采用特制的结构。

二、放线操作

（一）放线方法

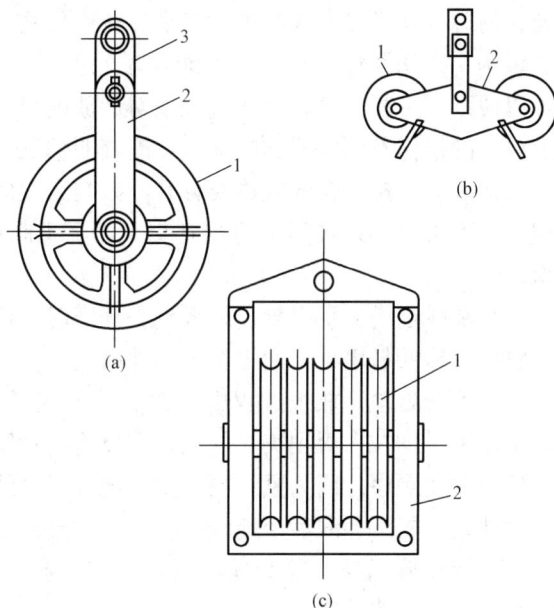

图5-9　放线滑轮
(a) 单轮；(b) 双轮；(c) 五轮
1—滚轮；2—滚轮支架；3—吊架

　　目前在220kV以下线路基本上采用地面拖线放线法即人力和机械牵引法，今后也将逐步使用张力放线法，张力放线将在第六章中详细叙述。

　　地面拖线放线法，一般利用人力或牲畜沿线路直接拖放导线和避雷线。一般拖线负重，平地上每人按30kg考虑，山地上每人按20kg考虑。在地形条件好的地区，可以采用拖拉机牵引放线。

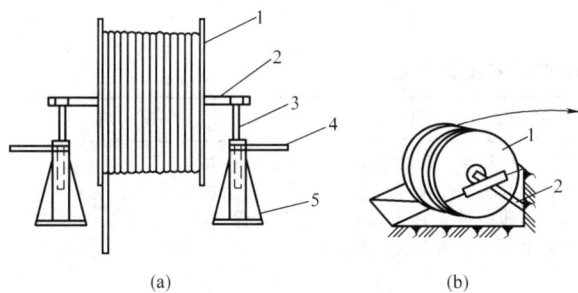

图5-10　线盘的放置
(a) 可调节放线架；(b) 地槽形状示意图
1—线盘；2—滚杠；3—螺旋升降杆；4—操作手柄；5—支架

（二）线轴的架设

　　导、地线均是绕在线轴上，在展放导、地线时应架设好线轴，线轴转动应灵活，轴应水平、制动可靠而牢固。线轴很重，所以要制成高度可调节的放线架，或在放线场地面，挖一个带斜坡的地槽，如图5-10所示。

　　线轴的架设位置，要距牵引方向的第一基杆塔适当距离，避免线轴出线角过大；线轴的架设方向要对准放线走向；出线端应在线轴上方引出。

导、地线展放之前，先将导、地线从线轴导、地线展放在附近地面成"面条"形，顺线路方向摆设，称为"回线"。"回线"长度在30～50m之间，层次分明，这样能适应开始拖线时速度很快的情况。

（三）人力地面拖线

（1）专人监护认真检查。放线时在越线架处、杆塔下、回线处每隔三基塔下高差大的杆塔处、河边等均应设专人监护。发现导线在硬物上摩擦等情况,可垫木棍,草垫等,如有断股、金钩、磨伤及灯笼等损伤不能及时处理时,应在导线上作出显著标记,如缠绕红布条等,以便以后进行处理。放线过程中对展放的导、地线应认真进行外观检查。对于制造厂在线上设有的损伤及断头标志的地方,应查明情况,妥善处理。

(2) 人员安排。拉线人员要分开,人与人之间距离以导线不拖地为宜。牵引线头应由技工担任,不可走偏,线间不要相互交叉,经常瞭望后方信号,控制拖线速度,拖不动不能硬拖。

(3) 牵线过塔。牵引导、地线到一杆塔时,应越过杆塔位置二倍塔高以上距离,停止牵引,将线头拖回杆塔处,用滑车上引绳吊上并拉过放线滑车,再继续向前牵引拖线。

(4) 卡线处理。放线过程中,如线被卡住了,监护人员应在线弯外侧用大绳或撬棍处理,不能用手推拉,否则突然松动,人员将有危险。

(5) 放线顺序。因为紧线顺序是先地线后导线、先上导线后下地线,所以放线顺序是先导线后地线、先下导线后上地线,特别注意导、地线展放后不得相互交叉。

(6) 转盘放剩线。当线轴上导线或避雷线放到只剩 5~10 圈时,暂停放线,由线盘人员转动线轴,将余线放完。

三、放线通信联系

(一) 通信方式

(1) 无线对讲通信联系。大多数使用 10km 左右的步话机或对讲机。

(2) 旗语通信联系利用红、白两色旗帜位置变化来实现通信联系。

(3) 哨声通信联系。利用哨声长短和快慢变化来实现通信联系。

一般哨声、旗语和步话机联合使用。即用步话机作主要通信联系,也利用哨声和旗语作辅助联系手段。

(二) 旗语和哨声的意义及特征

旗语和哨声的意义及特征如表 5-3 所示。

表 5-3　　　　　　　　　　　旗语和哨声的意义及特征

代 表 意 义	旗 帜 动 作 特 征		哨 声
表示一切正常,容许牵引	手举白旗	白旗举在正方表示中导线;举在左前方表示左边线;举在右前方表示右边线;举在右上角表示右边避雷线,举在左上角表示左边避雷线	一长声
表示催促牵引或快快牵引	手持白旗并不断晃动		连续长声
表示有故障立即停止牵引	举红旗		三短声
表示有故障,要求快速停止牵引	举红旗并不断晃动		急速、连续短声
表示要求慢慢回松牵引	举红白旗并慢慢晃动		二短声
表示要求快速回松牵引	举红白旗并快速晃动		二短,二短连续且急速

续表

代 表 意 义	旗 帜 动 作 特 征		哨 声
表示紧线符合要求，停止牵引，等待画印	左右水平方向举白旗，红旗在白旗下方晃动	一般无需区别哪相导线或避雷线	一长声 一短声
表示休息或收工	同时举红白旗并打大圈	—	一长声 二短声

注 所谓左右系指人正对线路前进方向来分左右。

（三）通信要求

（1）通信联系要可靠、灵敏。语言或信号简短明了。重复发信号直到对方回复收到为止。

（2）放线工作持续时间长，必须集中精力、坚守岗位。并备好备用电池。

（3）接收信号不清楚，应先向前方发停车信号，然后再询问清楚对方的信号。

（4）信号监视人员，应站在前后旗语能通视地点，正确传递信号，坚守岗位。

四、导线和避雷线损伤及处理标准

（1）导线在同一处的损伤同时符合下述情况时可不作补修，只将损伤处棱角与毛刺用0#砂纸磨光：①铝、铝合金单股损伤深度小于直径的1/2；②钢芯铝绞线及钢芯铝合金绞线损伤截面积为导电部分截面积的5%及以下，且强度损失小于4%；⑧单金属绞线损伤截面积为4%及以下。

（2）导线在同一处损伤需要补修处理标准：

1）钢芯铝绞线与钢芯铝合金绞线：①导线同一处损伤的程度已超过第一条规定，但损伤导致强度损失不超过总拉断力的5%，且截面积损伤又不超过总导电部分截面积的7%时，可以用缠绕或补修预绞丝修理。②导线在同一处损伤的强度已经超过总拉断力的5%但不足17%，且截面积损伤也不超过导电部分截面积的25%时，以补修管修理。

2）铝绞线与铝合金绞线：①导线在同一处损伤程度已超过第一条的规定，但因损伤导致强度损失不超过总拉断力的5%时，以缠绕或补修预绞丝修理。②导线在同一处损伤，强度损失超过总拉断力的5%，但不足17%时，以补修管补修。

（3）导线同一处损伤需要补修处理时规定：

1）采用缠绕处理。将受伤线股处理平整；缠绕材料应为铝单丝，缠绕应紧密，其中心应位于损伤最严重处，并应将受伤部分全部覆盖。其长度不得小于100mm。

2）采用补修预绞丝处理。将受伤处线股处理平整；补修预绞丝长度不得小于3个节距，或符合现行国家标准中预绞丝的规定；补修预绞丝应与导线接触紧密，其中心应位于损伤最严重处，并将损伤部位全部覆盖。

3）采用补修管补修处理。将损伤处的线股先恢复原绞制状态；补修管的中心应位于损伤最严重处，需补修的范围应位于管内各20mm；补修管可采用液压或爆压，其操作必须符合有关的规定。

（4）导线在同一处损伤符合下述情况之一时，必须将损伤部分全部割去，重新以接续管连接：①导线损失的强度或损伤截面积超过第二条采用补修管补修规定时；②导线损伤的截面积或损失的强度都没有超过第二条以补修管修理的规定，但损伤长度已超过补修管能补修范围；③复合材料的导线钢芯有断股；金钩、破股已使钢芯或内层铝股形成无法修复的永久变形。

（5）作为避雷线的镀锌钢绞线，7 股绞线，断一股时，以补修管补修，断 2 股时锯断重接；19 股绞线，断一股时以镀锌铁丝缠绕，断 2 股以补修管补修，断 3 股时锯断重接。

第二节 紧 线 施 工

一、紧线前施工准备

（一）选择紧线方法

按照一次收紧导线根数，紧线法可分为单线紧线法、两线紧线法和三线紧线法，如图 5-11 所示。

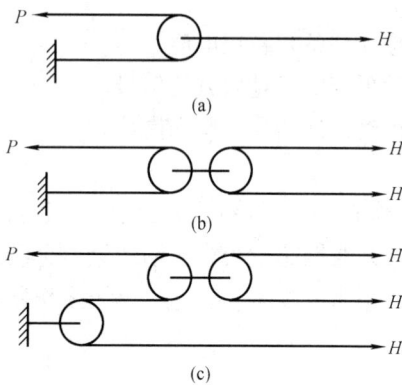

图 5-11　紧线方式示意图
(a) 单线紧线法；(b) 双线紧线法；
(c) 三线紧线法

现场广泛采用单线紧线法，该方法所需的工器具、绳索较少，但紧线速度慢。两线和三线紧线法，每次同时紧两根或三根导线，效率高；但所需工器具、绳索较多，准备时间较长，所需人员较多，调整时间也长。

（二）选择弧垂观测档

观察档应选择档距较大、高差较小及接近代表档距的线档。

当耐张段内杆塔较多，考虑到放线滑车摩擦力影响，前后档导、地线弧垂（弛度）会出现不一致的现象，如果只取中间一个档距观察，则出现近挂线档较松，近紧线档较紧的现象。故 5 档以下耐张段，可选择中间一个大档距观测弧垂。对 6~12 档耐张段，至少在靠近两端选择两个弧垂观察档（但不宜选在有耐张塔档距内）。在 12 档以上耐张段除了近两端处各选一个外，至少还在耐张段中间选一个大档距做观察档。观察档的数量，可以根据现场条件适当增加，但不得减少。

在观察档处绑好观测弧垂板，用温度表测量档内能代表导线或避雷线的温度（温度计高出地面 1.5m，通风、阳光不直晒的地方），如果用经纬仪测量也要架好经纬仪，并配备通信联络。

有 2~3 个观测档时，应由挂线端到紧线端顺次序逐档满足事先计算好的弧垂值。

（三）安装临时拉线

当采用拖地方法展放线时，一般均以耐张段作紧线区段，在耐张塔进行紧线操作。紧线开始前应在所有耐张塔（无论杆塔本身是否带有永久拉线）都必须在受力的反方向敷设临时拉线。带拉线的耐张塔在紧线开始前，将正式拉线按规定安装、调整好。转角杆塔还应增设内角临时拉线。否则，容易产生向外角倾斜过大超过规定值，甚至倒杆。

临时拉线上端位置应在杆塔横担中央、两端及地线支架上，如图 5-12 所示。拉线悬挂

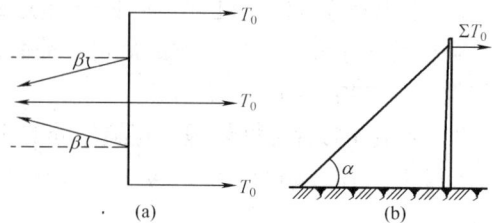

图 5-12　耐张塔临时拉线图
(a) 平面图；(b) 正面图

点应尽量靠近挂线的节点上,边线临时拉线可由横担挂线孔适当内移,但不超过 300mm。钢丝绳应缠绕在主材上,并有衬垫物,以防绳索磨损。临时拉线下端通过拉线调节装置与拉线地锚相接。

临对拉线一般取两线一锚或一线一锚,对地夹角一般不超过 45°。拉线规格可视导线、避雷线截面大小选用,如表 5 - 4 所列。

表 5 - 4　　　　　　　　　　　　临时拉线规格选用表

临 时 拉 线 规 格		适用导线、避雷线型号			
钢绞线截面 （mm²）	钢丝绳公称直径 （mm）	GJ	LGJ	LGJQ	LGJJ
25	φ7.7	25	50、70、95、120	—	—
35	φ9.3	35、50	120、150、185	150、185	120、150
50	φ11.0	50、70	150、185、240、300	240、300	185、240
70	φ13.0	70、100	300、400	300、400、500	240、300
100	φ15.0	—	400	500、600	300、400
2×70	φ18.0	—	—	600、700	400

考虑耐张塔能承受部分纵向荷载,临时拉线受力计算公式为

$$T = 0.5P/(\cos\beta\cos\alpha) \tag{5 - 2}$$

式中　T——临时拉线所受张力,N;

　　　P——导、地线紧线张力,N;

　　　β——拉线与所紧导、地线的水平夹角;

　　　α——拉线与地面夹角。

临时拉线也可根据 T 值,再乘以安全系数(取 3)、冲击系数(取 1.2),得到临时钢绳破断力,以此选择钢绳截面积。

当耐张塔一侧架空线已紧、挂好时,在另一侧紧线;紧线段中间的耐张杆塔,在紧线时可不装临时拉线。但挂线时是否装设临时拉线,依挂线方式而定。

(四)选择牵引绳

牵引绳张力大小与施工方法有关,在有连续档的耐张段内,有几个放线滑车和一个牵引滑车。当牵引时,导线每经过一个滑车都有摩擦阻力损耗,所以紧线侧牵引力大于挂线侧张力,如果考虑过牵引,牵引绳的张力还要增加。

过牵引是挂线操作上的需要,必须把导线收紧到比规定弧垂小的情况下,耐张绝缘串的挂线孔,才能挂上耐张线夹,从而使导线张力增加,此张力即为过牵引张力。在孤立档时,过牵引引起张力增加十分严重,有可能危及杆塔及导线强度。验收规范规定:耐张段长度大于 300m 时,过牵引长度宜为 200mm;耐张段为 200~300m 时,过牵引长度不宜超过耐张段长度 0.5‰;耐张段在 200m 以内时,过牵引长度应根据导线安全系数不小于 2 的规定控制,变电所进出口档除外。这样的规定,对过牵引限制很大,所以应防止出现 200m 以下孤立档;在孤立档小于 300m 时都应在金具串上做文章,增加一定数量的挂线工具。

如果不考虑滑车的摩擦损耗,牵引绳的选择,应计算出破断拉力后,再选择牵引钢丝绳的规格及型号,即

$$T = KK_1K_2P \tag{5 - 3}$$

$$P = (\sigma' + gf'_{n})S \tag{5-4}$$

式中 T——牵引绳的破断拉力，kN；

         P——牵引绳的计算张力，kN；

         K——安全系数，人力绞磨取 4，机动绞磨取 4.5；

         K_1——牵引时的动荷系数，机动绞磨取 1.4；

         K_2——不平衡系数，单根紧线取 1，多根紧线取 1.2～1.3；

         σ'——过牵引时的导线应力，kN/mm²；

         g——导线自重比载，kN/（m·mm²）；

         f'_{n}——过牵引紧线操作档导线最低点弧垂，m；

         S——导线截面积，mm²。

（五）检查导（地）线和紧线设备人员分工

（1）检查导（地）线。全面检查导线、避雷线的压接和补修质量；检查导（地）线上是否有未取下的绑线、附加物；检查是否导（地）线架好后在一个档距内的连接管、补修管数目，及相互间距离是否符合规定要求。线档跨越一、二级公路，标准轨铁路，电车道，通航河流、一、二级电信线路、特殊管道、送电线路和索道时，档内不允许有接头。

（2）人员分工。指挥员在紧线前应对施工人员进行详细分工、交代岗位、责任、任务、联络信号及安全注意事项。

（3）检查紧线设备。设备是否齐全，紧线牵引端耐张杆塔上放线滑轮换为挂线滑轮。

二、紧线施工

（一）紧线操作

（1）紧线现场布置（见图5-13）。紧线时，牵引导线或避雷线一般多采用人推绞磨或机动绞磨。紧线时，紧线动力或地滑车和紧线耐张段方向一致，牵引地锚距紧线塔水平距离应不小于挂线点高度的2倍。受地形影响附加转向滑车改变方向后，不使导线横担受过大的侧拉力。

（2）卡线工具紧线时，通常使用与导、地线规格相同的卡线器，如图5-14所示。夹入导线后，拉紧拉环，利用杠杆作用使卡线部分自紧。大规格导线广泛使用细钢丝绳编成的蛇皮套，套入导线受力后起自紧作用，详见第六章。

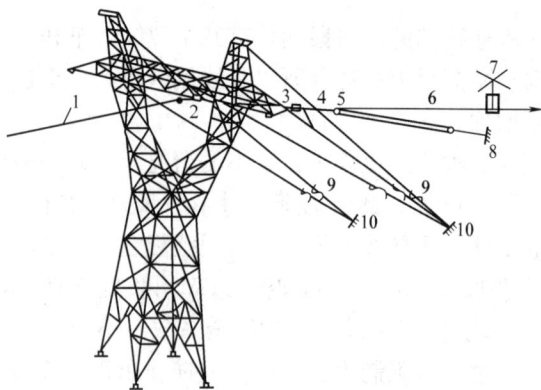

图 5-13 紧线现场布置图

1—导线；2—紧线滑车；3—卡线器；4—总牵引钢绳；
5—动滑轮；6—绞磨钢绳；7—绞磨；8—地锚；
9—双钩紧线器；10—拉线地锚

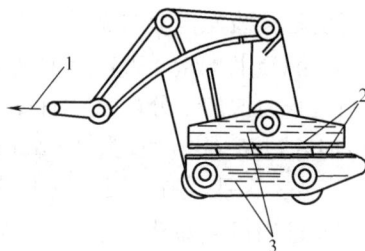

图 5-14 导线用卡线器

1—至牵引钢绳；2—铝合金夹板；
3—钢质夹板

（3）收紧余线。首先用人力不通过紧线操作滑轮，在地面收紧余线。待前方架空线脱离地面 2～3m 左右，即可开始在耐张操作塔前 30m 处套上紧线器，用牵引设备牵引钢绳紧线。

（4）紧线指挥。应随时注意拉力表及导、地线离地时情况。发现不正常或前方传来停止信号，应迅速停止牵引，查明原因并处理后再继续牵引。当弧垂将要达到规定值时，指挥通知牵引设备的操作人员，放慢牵引速度，以便观测弧垂。

（5）ZLY-Ⅲ型张力仪。它是电力建设研究所第三代改进后的张力测试仪，首次采用微处理器技术，对三点并联测力进行运算后得出张力值用液晶数字显示，无需修正，仪器架采用硅铝合金、内部采用 CMOS 集成电路，6 节 5 号电池供电，整台仪器只有 4kg。这种仪表可测量拉线、导线、地线张力，也可作为紧线时弧垂观测的监督，甚至取代经纬仪观测弧度方法。

（6）弧垂调整。如仅取一个观测档，为使前后各档导线弧垂符合规定，可先过紧导线，使观测档弧垂略小于规定值。然后放松导线，使弧垂略大于规定值，这样反复一、二次后，再收紧导线，使弧垂值稳定在规定值。

如果有几个观测档时，首先使靠近挂线端观测档上弧垂达到规定值，这时近紧线侧观测档处于过紧状态，然后放松导线，依次使其他观测档达到规定值，这样反复调整，最后收紧导线，使各观测档弧垂稳定在规定值。

观测弧垂应待导线处于稳定后再观测，观测时尽量做到各相导线及每相各子导线弧垂一致。

（7）紧线顺序。一般先紧、挂避雷线，后紧、挂导线；先紧、挂中相导线，后紧、挂边相导线。

（二）紧线中注意事项

（1）弧垂表之尺寸皆由导、地线悬挂点起算，绑扎弧垂板量尺寸时，应由挂点量起，加入绝缘子串和金具长度，顺杆垂直向下量，不得倾斜。观测过程中，如现场温度变化超过 5℃时，应调整弧垂观测值。

（2）长度较小耐张段和孤立档在紧线时，对紧线杆塔应严密监测，发现倾斜应及时调整，以免影响弧垂的准确。

（3）紧线器和卡线工具，在和导线连接时，应在导线上缠绕紧密的布，以防损伤导线及滑动。

（4）紧线段上如有上扬杆塔，在弧垂观测时应防止导、地线悬空，以免弧垂观测发生误差。

（5）架设新的导线及避雷线时应按设计规定考虑初伸长的影响。

（6）跨越电力线时，应按规程规定事先联系线路停电，施工时，必须对停电线路验明无电并在停电线路两侧作好接地。

（7）紧线时，线下不得有人员停留或穿行，不准抓线，线离地时更不得跨线穿行以防线突然升空伤害人。所有人员应离开导线 20m 以外。

（8）禁止用树木及电杆作紧线地锚。

（9）紧线过程中，如导线或避雷线被障碍物挂住，其处理方法和放线时相同，严禁用手拉或站在线弯内侧挑线。

（10）紧线横担强度较弱时，可加临时吊杆或吊绳补强。以防收紧导线时，垂直下压力压坏横担。

（11）紧线过程中，通信始终保持畅通，护线人员，未经同意，不得离开岗位。

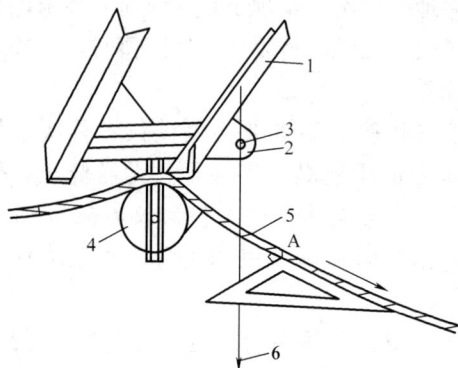

图 5-15　导线划印示意图
1—横担；2—挂线板；3—挂线孔；
4—紧线滑轮；5—导线；6—锤球

三、划印

（一）空中划印

导线观测弧垂达到规定值后应立即划印，划印操作如图 5-15 所示。

由耐张绝缘串挂点作垂线和导线相交点用红铅笔划印，并两侧包黑胶布，作出明显标记。

划印后，复查导线弧垂无误，即可松回导线，将导线临时锚固。自划印点量出割线长度。割线长度为受力状态下耐张绝缘子金具串的全长 λ 和线长调整量 ΔL。还应考虑所采用耐张线夹型式不同而割去的线长。

ΔL 是由于紧线滑轮和挂线点不等高，紧线杆塔与相邻杆塔也不等高而形成的导线长度调整量。其计算式为

$$\Delta L \approx \frac{h}{l} \Delta h \tag{5-5}$$

式中　ΔL——线长调整量，m；

h——紧线档相邻杆塔导线在紧线滑轮上悬挂点高差，m；

Δh——紧线杆塔上紧线滑轮与耐线绝缘子串挂点的垂直高差，m；

l——紧线档档距，m。

（二）地面划印法

所谓地面划印是将紧线滑轮移到离地面不高处；进行紧线、划印。

架空线紧到规定弧垂时在地面紧线滑轮处导线上划印。显然，高空划印和地面划印，在紧线操作档中的导线长度是不一样的，这种长度变化可通过计算来确定线长调整量。

地面划印法减少了高空作业，减轻了劳动强度，提高了施工的安全，收余线、紧线和划印合并为一，加快了施工速度。在地形复杂情况下，高空划印后松线将过远，安装耐张线夹困难；紧线操作档有交叉跨越物；电压高、杆塔高、导线截面大时采用地面划印有显著优点。但在小于三档紧线耐张段中，由于线长很小的误差会引起弧垂很大的误差，故不宜采用地面划印法。

（三）孤立档装配式、半装配式架线

如前所述孤立档过牵引将引起导线应力增加很大，甚至使导线或耐张塔受损坏，所以实际施工中常常不按照紧线、划印、挂线步骤，而是计算好导线长度后，在导线拉张状态下，量取并割断导线，两端压接好耐张线夹和安装绝缘子串后，一次挂线成功，弧垂微小调整靠两侧金具绝缘子串上均加装调节金具，每侧调节范围为 150mm。全装配式导线长度全靠测量和计算；半装配式是用钢丝绳实际丈量。由于钢丝绳量得长度有弹性伸长，故应反复试验，取得可靠数据。据有关施工单位介绍这是一项既快又省，又容易保证工程质量的施工方法。

四、挂线

紧好的导线，经划印、割线、在地面安装好耐张绝缘子串和耐张线夹后将导线连同耐张绝缘串挂在耐张杆塔上，即是所谓挂线。

挂线前，应检查绝缘子串是否完整、绝缘子有无损伤、W销子缺口朝向是否正确、开口销是否插牢劈开，如果导线上装防震锤的，在地面上一并装好。

挂线中可采用减少过牵引长度、连紧连挂等方法，减少工作强度，提高施工质量。

（一）减少过牵引长度

挂线施工要尽量减少过牵引长度。影响过牵引长度主要因素包括：划印点与挂线点位置的不同；紧线滑车的位置；部分绝缘子串呈松弛状态。针对这些因素，施工中采取下述措施：

（1）紧线滑轮尽量靠近挂线点，并采用特制的紧线滑轮（见图5-16）。

（2）使用挂线器挂线。挂线器可使挂线时全部绝缘子串处于受拉状态，单串绝缘子可用挂线钩钩住直角挂板后的U形挂环连环，牵引导线和耐张绝缘子串进行挂线；双串绝缘子可用和牵引绳相连的弯钩，钩住双联板。弯钩挂线器如图5-17所示。330kV以上线路中，耐张串一般都有牵引板，此时牵引绳和牵引板连接即可。

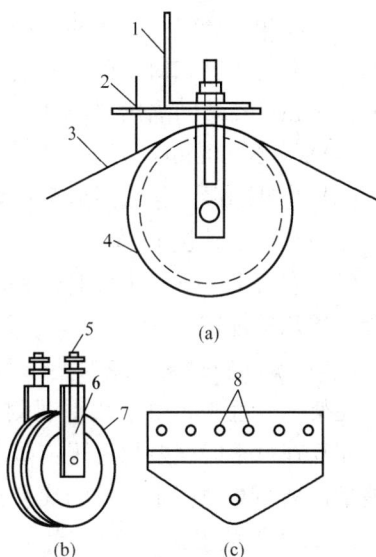

图5-16　特制紧线滑轮

（a）紧线滑轮与横担连接图；（b）紧线滑轮图；（c）绝缘子串挂线板

1—横担；2—挂线点；3—导线；4—紧线滑轮；5—螺栓杆ϕ20；6—挂板；7—滑轮；8—挂滑轮螺孔

（3）导线悬垂角对过牵引长度影响较大，可通过选择紧线杆塔位置加以避开。

（二）连紧连挂

在220kV以下线路上，连续几个较短的耐张段，可跨耐张塔紧线，把几个耐张段弧垂均已调好后，将架空线松至地面，割线、安装好前后耐张段的耐张线夹后，在所跨耐张旁将前侧耐张线夹与耐张串连接，将安装了耐张线夹的后侧架空线，通过U形环与前侧耐张线夹相连，并将架空线（此时作牵引绳使用）与前侧耐张串用棕绳捆拢，收紧架空线前侧耐张串在耐张塔上挂线，然后解开U形环，挂好耐张段导线。

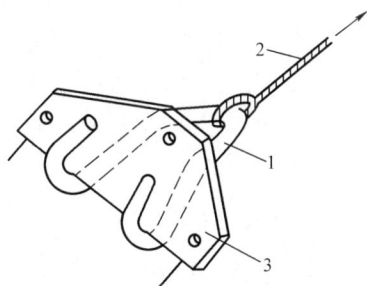

图5-17　弯钩挂线器

1—弯钩；2—牵引绳；3—二联板

挂线后，应慢慢放松牵引钢丝绳。边松边调整杆塔的永久拉线和临时拉线，并观察杆塔是否有变形现象。

五、弧垂检查及调整

（一）弧垂检查标准

（1）弧垂允许偏差。紧线后随即在该观测档检查弧垂。一般情况下弧垂误差为：110kV线路+5%，−2.5%；220kV及以上±2.5%。跨越通航河流的大跨越档弧垂允许偏差±1%，其正偏差不应超过1m。

（2）弧垂相同偏差。导线或避雷线各相间弧垂力求一致，当弧垂满足上项要求时，各相间弧垂的相对偏差最大值，110kV 线路不超过 200mm；220kV 及以上线路不超过 300mm。跨越通航河流大跨越档的相间弧垂最大偏差为 500mm。

（3）同相子导线弧垂偏差。相分裂导线同相子导线弧垂应力求一致，在满足上述弧垂允许偏差标准时，其相对偏差，不安装间隔棒的垂直双分裂导线，同相子导线间弧垂允许偏差为 +100mm；安装间隔棒其他型式分裂导线，同相子导线弧垂允许偏差，220kV 为 80mm，330~500kV 为 50mm。

（4）跨越净距。架线后应测量导线对被跨物的净空距离，计入蠕变伸长换算到最大弧垂时，必须符合设计规定。

（5）连续上（下）山坡时弧垂。当设计有特殊规定时按设计规定观测。其允许偏差值应符合上述几条规定。

（二）弧垂和代表档距调整计算

在架线过程中，由于弧垂观测、划印、割线、压接等操作中都可能发生计算、操作误差，如复查弧垂时误差超过规定范围，则通常在耐张段内增减一段线长来调整，增减的线长调整量，档距与原档距不符的代表档距计算，一般用简化计算法已能满足施工要求。

1. 孤立档弧垂由 f_0 调整到 f 时的线长近似调整量

$$\Delta L = \frac{8}{3} \frac{(f_0^2 - f^2)}{l} \qquad (5-6)$$

式中　Δl——线长调整量，m；

　　l——孤立档档距，m；

　　f_0——超过误差的原弧垂，m；

　　f——调整后孤立档应有的弧垂，m。

2. 连续档耐张段弧垂由 f_{c0} 调整到 f_c 时的线长调整量

$$\Delta L = \frac{8l_D^2}{3l_c^4} \cos\varphi_c (f_{c0}^2 - f_c^2) \sum \frac{l}{\cos\varphi} \qquad (5-7)$$

式中　ΔL——线长调整量，m；

　　l_c——耐张段的代表档距，m；

　　l_c——弧垂观测档档距，m；

　　f_{c0}——超过误差的弧垂，m；

　　f_c——调整后应有的弧垂，m；

　　φ_c——观测档架空线悬点高差角，当 $\Delta h \leqslant 10\% l_c$ 时，可令 $\cos\varphi_c = 1$，(°)；

　　$\sum \dfrac{l}{\cos\varphi}$——考虑耐张段内各档高差的计算总长度，m。

如 ΔL 为正，即表示线长了，应减去 ΔL；ΔL 如为负，即表示线短了，应增加 ΔL。

3. 档距与原设计档距不符时代表档距的简便计算

对于耐张段内任意一档或几档档距与原设计值不符时，实际代表档距可计算为

$$l'_{DB} = \left\{ \left[l_{DB}^2 \sum_{i=1}^{i=h} l_i + \sum_{i=1}^{i=h} \Delta l_i (3l_i^2 + 3l_i \Delta l_i + \Delta l_i^2) \right] \div \left[\sum_{i=1}^{i=h} l_i + \sum_{i=1}^{i=h} \Delta l_i \right] \right\}^{\frac{1}{2}} \qquad (5-8)$$

当耐张段内只有一个档距 l_k 实测值与设计值不相符时，可计算新的代表档距，即

$$l'_{DB} = \left\{ \left[l_{DB}^2 \sum_{i=1}^{i=h} l_i + \Delta l_k (3l_k^2 + 3l_k \Delta l_k + \Delta l_k^2) \right] \div \left[\sum_{i=1}^{i=h} l_i + \Delta l_k \right] \right\}^{\frac{1}{2}} \tag{5-9}$$

式中　l'_{DB}——实际耐张段代表档距，m；

　　　l_{DB}——代表档距设计值；

　　　l_k——与设计值不符的那档档距。

显然用此法时，仅一、二档复测档距时发现和设计值不符时，特别方便。

当紧线塔两侧线已全部挂好，弧垂已经检查合格，方可拆除临时拉线，紧线工作至此全部结束。

第三节　附　件　安　装

线路挂线后，应在 5 天内进行附件安装，防止导线、避雷线受振动损伤，否则应采取临时防振措施。附件安装前应对紧好线的两端杆塔再次检查调整，目测三相导线、两根地线弧垂是否一致，直线杆塔、横担及绝缘子串有无倾斜。如不符合规定，不能进行附件安装。相邻两杆同时进行附件安装，应错开相别，以不致因提线时位置移动发生误差。施工线路交叉或平行接近带电线路，工作人员登杆作业时，应作好临时工作接地后再进行工作，以防感应电击。在下一耐张段未挂线前，本段之附件安装，最后应留 2~3 档暂不进行，以免因耐张杆倾斜，致使绝缘子串过分歪斜。

一、悬垂线夹的安装

在高差不大的平原地段悬垂串处于垂直状态，可以在线夹中心位置划印，用双钩紧线器一端吊住横担上绳套，另一端勾住导线（钩子挂胶，裹上铝带或软布，以防轧伤导线），收紧双勾提起导线。也可视导线垂直荷重大小，施工方便，采用链条葫芦或滑轮组，由杆下人员配合提线。顺导线外层铝股方向缠绕铝包带衬垫，并使包带两端均能露出线夹 10~30mm，且断头应夹在线夹内，将缠好铝包带的导线装入线夹之中，导线划印位置应固定在线夹中间位置。

线夹安装完毕后，悬垂绝缘子串应垂直地面，个别情况下，在顺线路方向与垂直位置倾斜角可不超过 5°，且其最大偏移值不应超过 200mm。

线路通过山区，连续上坡或连续下坡档的耐张段，由于杆塔两侧水平拉力不同，致使导线滑轮发生倾斜。下坡侧各档线松，其导线弧垂大于设计值，水平张力较设计值小。而上坡侧各档线紧，其导线弧垂小于设计值，水平张力较设计值大。应在导、地线紧线时按正常办法观察弧垂，而在安装悬垂线夹时，按设计中计算得到的每基直线塔上调整距离安装线夹。

所谓调整线夹安装位置，就是在安装线夹时将低应力档导线向高应力档窜动。各档调整距离量均从悬挂点 B 作垂线和导线交点 C 点起算，如图 5-18 所示。设计给出 $+\Delta l$，则自 C 点向低侧量取得 D 点；反之，若设计给出 $-\Delta l$ 时，则自 C 点向高侧量取得到 A 点，D 或 A 点即为线夹中心位置。

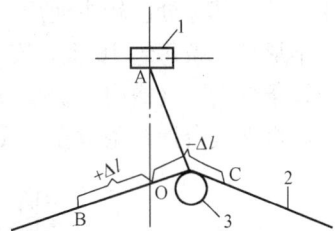

图 5-18　悬垂线夹安装位置调整
1—横担；2—导线；3—放线滑轮

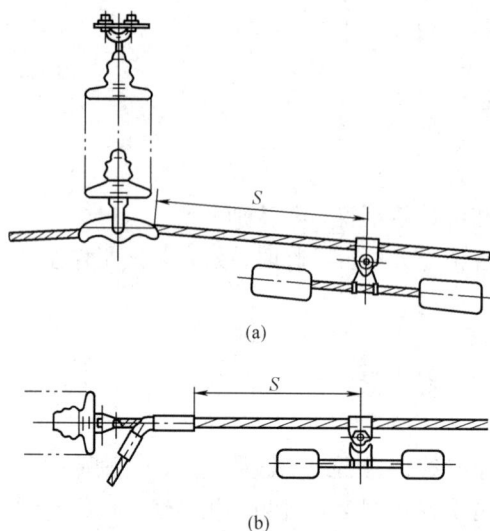

图 5 - 19　防振锤安装位置示意图

(a) 用于直线悬垂绝缘子串；(b) 用于耐张绝缘子串

二、防振锤安装

防振锤安装距离 S 在直线杆上从悬垂线夹出口开始起算，耐张杆上从耐张线夹出口开始起算，如图 5 - 19 所示。防振锤型号、个数和安装尺寸 S 的值由设计计算中得到。

防振锤在导线上固定方法和悬垂线夹相同，其安装误差应不大于 ± 30mm。固定防振锤夹板的螺栓应用弹簧垫圈拧紧，以防由于振动使防振锤沿导线滑动。防振锤安装后应在导、地线下方同一垂直平面内，而且连接锤头的钢绞线应该平直，不得扭斜。

三、预绞丝线条安装

预绞丝用于悬垂线夹的称预绞丝护线条，可以减少导线弯曲应力，其代表符号为 FYH，用于补修导线的预绞丝称预绞丝补修条，其代表符号为 FYB。其外形如图 5 - 20 所示。

预绞丝是一种有弹性的铝合金丝，螺旋状的制品，每组有 13~16 根，其弯扭捻角在 20°左右。安装时每条的中心线与线夹中心应重合，对导线包裹应紧固。应单根预绞丝从中心按外层捻回方向沿导线向两端缠绕紧。逐根缠绕预绞丝，注意不使预绞丝受力过大变形，失去弹力，降低预绞丝与导线的握着力而失效。

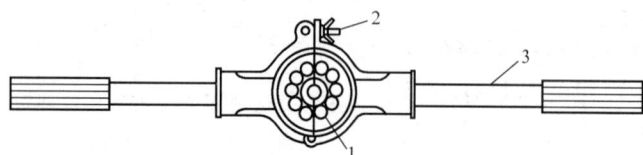

图 5 - 20　预绞丝外形

安装、检修预绞丝很方便，不需要任何工具，且检查预绞丝内部导线是否断股等缺陷时，拆除后的预绞丝仍可重新缠绕使用。

四、锥形护线条安装

LGJ-70 型以下导线均缠铝包带后放入悬垂线夹，LGJ-95 及以上导线可用护线条保护导线再放入悬垂线夹，可以兼起防振效果；但其投资高、工艺复杂，现除跨越江河大档距上还采用以外，其他处已较少使用。

锥形护线条每组 10 根，安装时要用特制捻回器（又称护线条绞手）进行操作，先将半数护线条放入线夹槽内，护线条中心应处线夹槽中心，然后将线夹同槽内排齐的护线条贴紧导线，再把其余护线条覆在导线上面，排列整齐一层，中心临时结扎固定，再将护线条两端穿入捻回器内，两个人对面顺导线线股方向同时拧转捻回器，并逐步向外后退使护线条缠绕紧贴在导线上，最后在距尾端 40mm 处安装铝端夹，并把端夹外侧的护线条尾部回弯 180°，用木槌敲击，使其紧贴，捻回器如图 5 - 21 所示。

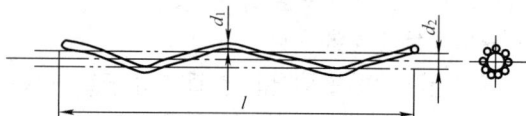

图 5 - 21　捻回器

1—捻回筒（可更换）；2—旋紧螺丝；3—把手

五、跳线安装

(一) 跳线的连接方式

耐张塔两侧的挂线完成之后，需将两侧导线加以连接，此段连接线称为跳线（又称引流线）。

跳线按耐张塔型式、导线截面及线夹类型的不同，其连接方式也不同，一般可分为绕跳式和直跳式两类。绕跳式连接方式，使用于导线直接挂于塔身的跳线的绕跳，如"干"字形耐张塔的中（上）相跳线绕跳等。

直跳式跳线连接，按其所用耐张线夹不同和有无跳线串，可以分为三种类型，如图5-22所示。

螺栓式耐张线夹的跳线连接，一般不切断导线，跳线两侧线头直接用并沟线夹连接，或采用压接式跳线连接板连接。

压接式耐张线夹的跳线连接，跳线用跳线连接板与耐张线夹连接。

加挂跳线串的跳线连接，可以用螺栓式耐张线夹，也可以用压接式耐张线夹，跳线串的作用是保持跳线对杆塔的电气间隙，确保线路安全运行。

(二) 跳线的安装

软跳线应使用未经牵引的原状导线制作，应使原弯曲方向与安装后的弯曲方向一致，以利造形自然美观。跳线的安装是一项细致的高空作业，安装工艺要求美观，悬链线状自然下垂，不得扭曲，空气间隙满足设计要求。铝制引流连板及并沟线夹连接面应平整、光洁。安装时耐张线夹引流连板光洁面必须与引流线夹连板光洁面接触；使用汽油清洗连接面及导线表面污垢，再涂上一层电力脂，用细钢丝刷清洗涂有导电脂表面氧化膜；保留电力脂并逐个均匀拧紧连接螺栓，螺栓扭矩应符合说明书所列数值。

(三) 跳线长度的确定

跳线长度可以通过计算来确定，但理论计算和实际相差较大，在220kV以下线路往往采用比例作图法和现场实测法。

1. 比例作图法

在方格纸上以适当比例绘画横担和两侧绝缘子串，在绝缘子串两尾端金具之间用金属链（或细绳）在纸上作跳线，调整弧垂达到所要求值，然后量出金属链长度，按比例

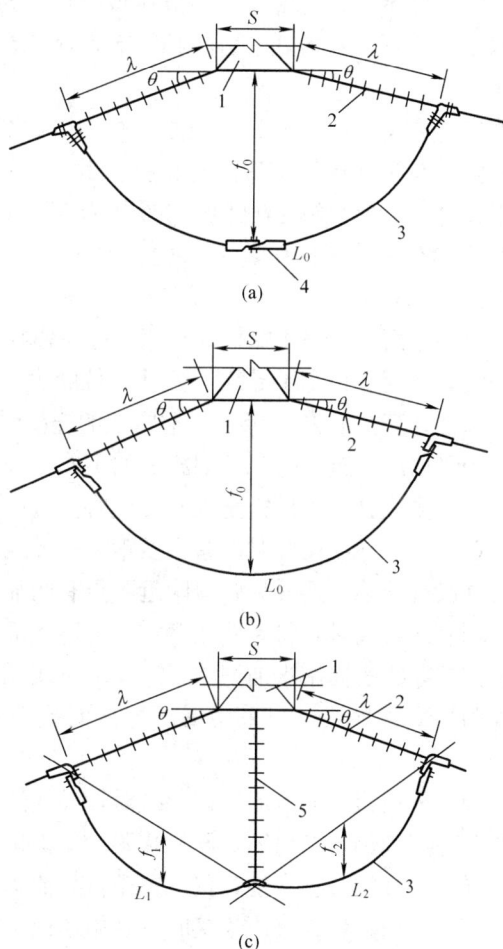

图5-22 直跳式跳线连接图
(a) 螺栓式线夹跳线连接；(b) 压接式线夹跳线连接；(c) 加挂跳线串连接
1—横担；2—耐张串；3—跳线；
4—跳线连接板；5—跳线串

计算，即得实际跳线长度。

2. 现场实测法

在耐张杆两侧导线都紧挂好后进行，测量时应无风，测绳柔度和耐张线夹的伸出角度应与导线实际情况相接近。测绳的弧垂应比实际导线的弧垂略大。

第四节 导线和避雷线的连接方法

线路长度总是大于导线制造长度，转角、耐张杆引流线等都需要导线连接。输电线路导线连接方法有液压、钳压、爆压三种方法。

一、导线或避雷线连接的一般要求

（1）不同金属、不同规格、不同绞制方向的导线或避雷线严禁在一个耐张段内连接。

（2）当导线或避雷线采用液压或爆压连接时，操作人员必须由经过培训并考试合格的技术工人担任。操作完成并自检合格后应在连接管上打上操作人员的钢印，以负技术责任。

（3）导线或避雷线必须使用现行的电力金具配套接续管及耐张线夹进行连接。连接后握着强度在架线施工前应进行试件试验。试件不得少于3组（允许接续管与耐张线夹合为一组试件）。其试验握着强度对液压及爆压都不得小于导线或避雷线保证计算拉断力的95％。如有一根试件握着力未达到要求，应查明原因，改进后做加倍试件再试直到全部合格。

对小截面导线采用螺栓式耐张线夹及钳接管连接时，其试件应分别制作。螺栓式耐张线夹的握着强度不得小于导线保证计算拉断力的90％。钳接管直接连接的握着强度不得小于导线保证计算拉断力的95％。避雷线的连接强度应与导线相对应。

当采用液压施工时，工期相邻的不同工程，当采用同厂家、同批量的导线、避雷线、接续管、耐张线夹及钢模完全没有变化时，可以免做重复性试验。

（4）切割导线铝股时严禁伤及钢芯。导线及避雷线的连接部分不得有线股绞制不良、断股、缺股等缺陷。连接后管口附近不得有明显的松股现象。

（5）连接前必须将导线或避雷线上连接部分的表面、连接管内壁以及穿管时连接管可能接触到的导线表面用汽油清洗干净。避雷线无油污时可只用棉纱擦拭干净。钢芯有防腐剂或其他附加物的导线，当采用爆压连接时，必须散股用汽油将防腐剂及其他附加物洗净并擦干。

（6）采用钳接或液压连接导线时，导线连接部分外层铝股在清洗后应薄薄地涂上一层导电脂，并用细钢丝刷清刷表面氧化膜，应保留导电脂进行连接。

导电脂必须具备中性；接触电阻低和流动温度不低于150℃，并具有一定黏滞性。

（7）采用液压或爆压连接时，在施压或引爆前后必须复查连接管在导线或避雷线上的位置，保证管端与导线或避雷线上在压前的印记与定位印记重合，在压后与检查印记距离符合规定。

（8）接续管及耐张线夹压后应检查其外观质量并符合下列规定：①使用精度不低于0.1mm的游标尺测量压后尺寸，其允许偏差必须符合各种压接的质量标准；②飞边毛刺及表面未超过允许的损伤应锉平并用砂纸磨光；③爆压管爆后出现裂缝或穿孔必须割断重接；

④弯曲度不得大于2‰，有明显弯曲时应校直，校直后的连接管严禁有裂纹，达不到规定时应割断重接；⑤压后锌皮脱落时应涂防锈漆。

（9）在一个档距内每根导线或避雷线上只允许有一个接续管和三个补修管。当张力放线时不应超过二个补修管并应满足下列规定：①各类管或耐张线夹间距离不应小于15m；②接续管或补修管与悬垂线夹的距离不应小于5m；③接续管或补修管与间隔棒的距离不宜小于0.5m；④宜减少因损伤而增加的接续管。

二、钳压连接

钳压是传统可靠的压接方法，在改进钳压机械后对中小截面导线压接仍有明显优点。钳压连接的主要原理是：利用机压钳的杠杆或液压顶升的方法，将力传给钳压钢模，把被连接导线端头和钳压管一起压成间隔状凹槽，借助管壁和导线局部变形，获得摩阻力，从而达到导线接续的目的。

（一）钳压连接的工具材料

钳压连接的工具材料有：钳压器，钢模，钢丝刷，细铁钎，精度不低于0.1mm游标卡尺，长短钢尺各1支，硬木锤，硬木板，红铅笔，汽油，纱头，电力脂。

钳压器按使用动力的不同，分为机械传动和液压顶升两种。图5-23为SDQ型机压钳，使用时，操纵手柄6带动丝杠4，使拉力变为压力，推动加力块，从而达到钳压的目的。SDQ机压钳有关数据列于表5-5中。

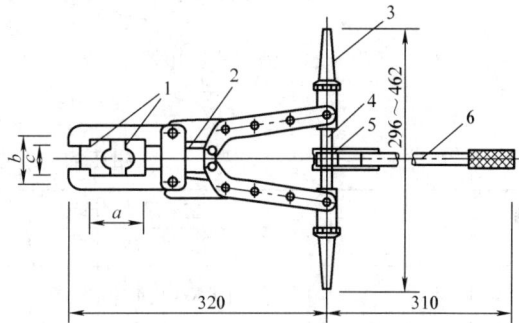

图5-23 SDQ型机压钳
1—钳模；2—加力块；3—丝杠保护罩；4—丝杠；5—棘轮；6—手柄

表5-5 **SDQ 机 压 钳 数 据 表**

型 号	最大压力（kN）	最大行程（mm）	适用导线型号	外形尺寸（mm）（长×宽×高）	主要尺寸（mm）			质量（kg）
					a	b	c	
SDQ-12	120	20	LG-25～185	325×300×65	60	45	32	6.5
SDQ-20	200	30	LGJ-35～240 LGJ-185～400	490×460×90	90	68	48	15

表5-6 **液压式钳压器数据表**

型 号	YG7.5	YG16	型 号	YG7.5	YG16
输出压力（kN/cm²）	5.9	5.9	钢模宽度（mm）	8	14
适用导线截面积（mm²）	16～240	16～240	油 液	10#机械油或YH10#红油	
储油量（cm³）	100	125	制 造 厂	上海飞机制造厂	

液压式钳接器由压接钳和手摇泵两部分组成。使用时摇动手柄，使压力上升，推动钢模，达到钳压目的。液压式钳压器如图5-24所示，其数据见表5-6所列。

钳压用钢模，分为上模和下模，钳压钢模形状如图5-25所示，其规格数据如表5-7所列。

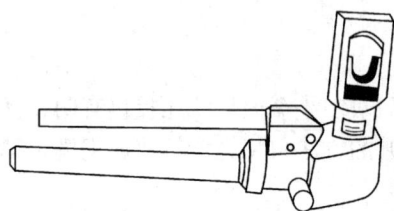

图 5-24 液压式钳压器

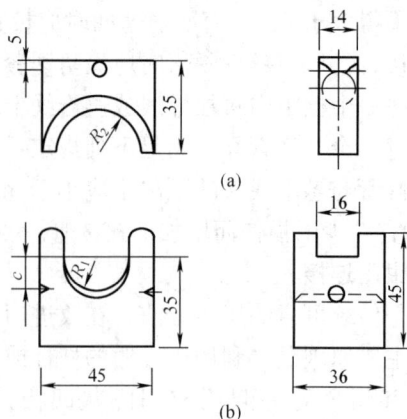

图 5-25 钳压钢模图

（a）上模；（b）下模

表 5-7 钳压钢模规格及数据表

钢模型号	适用导线	主要尺寸（mm）			钢模型号	适用导线	主要尺寸（mm）		
		R_1	R_2	c			R_1	R_2	c
QML-25	LJ-25	6.00	6.8	4.2	QMLG-35	LGJ-35	7.35	8.5	7.0
QML-35	LJ-35	6.65	7.5	5.0	QMLG-50	LGJ-50	8.30	9.5	9.0
QML-50	LJ-50	7.45	8.2	6.3	QMLG-70	LGJ-70	9.00	10.5	12.5
QML-10	LJ-70	8.25	9.0	8.5	QMLG-95	LGJ-95	11.00	12.0	15.0
QML-95	LJ-95	9.15	10.0	11.0	QMLG-120	LGJ-120	12.45	13.5	17.5
QML-120	LJ-120	10.25	11.0	13.0	QMLG-150	LGJ-150	13.45	14.5	19.5
QML-150	LJ-150	11.25	12.0	17.0	QMLG-185	LGJ-185	14.75	15.5	21.5
QML-185	LJ-185	12.25	13.0	18.5	QMLG-240	LGJ-240	16.50	17.5	23.5

注 钢模材料为 55# 钢。

（二）钳压操作前准备工作

（1）清洗导线和钳压管。按一般要求所述清洗导线和压接管，压接管内壁可用带钩的细铁钎勾住蘸汽油纱头清洗，压接管如已清洗，在管两端封以纱头后带到现场。

（2）压接管检查划印。检查连接管是否与导线同一规格，连接管有无裂纹毛刺，是否平直，其弯曲度不得大于1‰，然后在压接管上按图5-26、表5-8尺寸用红铅笔划好印，编出程序。

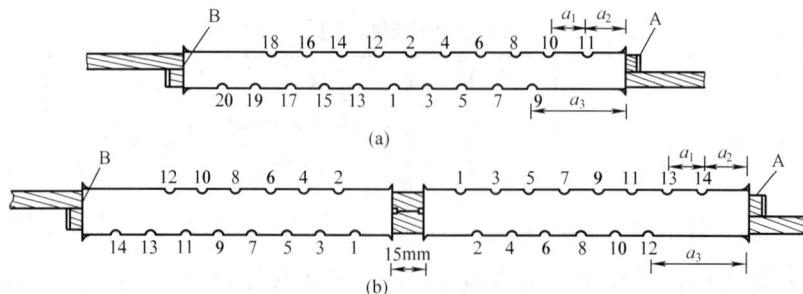

图 5-26 钳压连接图

（a）LGJ-95/20 钢芯铝绞线；（b）LGJ-240/40 钢芯铝绞线

A—绑线；B—垫片；1、2、3、……操作顺序

表 5 - 8　　　　　　　　　　　钢芯铝绞线钳压压口数及压后尺寸

管 型 号	适用导线		压模数	压后尺寸 D (mm)	钳压部位尺寸 (mm)		
	型 号	外径 (mm)			a_1	a_2	a_3
JT-95/15	LGJ-95/15	13.61	20	29.0	54	61.5	142.5
JT-95/20	LGJ-95/20	13.87	20	29.0	54	61.5	142.5
JT-120/20	LGJ-120/20	15.07	24	33.0	62	67.5	160.5
JT-150/20	LGJ-150/20	16.67	24	33.6	64	70.0	166.0
JT-150/25	LGJ-150/25	17.10	24	36.0	64	70.0	166.0
JT-185/25	LGJ-185/25	18.90	26	39.0	66	74.5	173.5
JT-185/30	LGJ-185/30	18.88	26	39.0	66	74.5	173.5
JT-240/30	LGJ-240/30	21.60	14×2	43.0	62	68.5	161.5
JT-240/40	LGJ-240/40	21.66	14×2	43.0	62	68.5	161.5

（3）检查钳压器和钢模。检查机具是否齐全完好，复核钢模尺寸，调整钳压器止动螺丝，使两模间椭圆槽的长径比钳压管压后标准直径（D）小 0.5～1.0mm。

（4）穿管。导线两端绑以细丝，将一根导线穿入连接管，伸出管口 20mm 以内。放好衬垫后在另一端穿入导线，导线塞入方向应从管上缺印记一侧穿入，连接后端头绑线应保留。

（三）钳压操作

上述各项无误后，可将导线连接管放进钢模内，自第一模开始，按次序顺序压接，每模压下后应停留 30s。钢芯铝绞线应从中间开始，依次先向一端，一上一下交错钳压，再从中间向另一端，上下交错钳压。LGJ-240 钢芯铝绞线的连接，必须用二只连接管，从中间向一端上下交错钳压，再钳压另一连接管。

钳压结束后，检查连接管弯曲度不大于 2%，钳压口数，压口间距 a_1、压口端距 a_2、a_3 及压后尺寸 D 必须满足表 5 - 8 的要求，压后尺寸允许偏差为 ±0.5mm。

现行验收规范取消了在现场作同长电阻比及半管电阻比测试规定，但是线路运行规程中仍有此项测试。规范也取消了在管口涂防潮漆的要求。实践已证明，没有必要验收这些项目。

三、液压连接

鉴于爆炸压接的炸药、雷管保管运输困难，甲方对爆压质量存在疑虑，而与电动、机动高压油泵配套的液压钳，效率高，接头质量稳定，所以在中、粗导线，钢绞线接续和耐张线夹及补修管连接中普遍采用液压连接技术。液压施工现已制订 SDJ226《架空送电线路导线及避雷线液压施工工艺规程》，应严格按此规程试行。

（一）液压工具材料

液压所需材料和钳压基本相同，但钳压机改为液压机，钢模改为正六边形。液压机由超高压油泵装置和压接机两部分组成。工作时，两部分用超高压胶管连接起来。液压机按压力 2000kN 选用，以使液压机出力有较大储备，但过于笨重，一般用 500kN 和 1000kN 的导线压接机和手动油泵。其外形如图 5 - 27 和图 5 - 28 所示。超高压油泵装置可分为手动型、汽油机型和电动机型，供

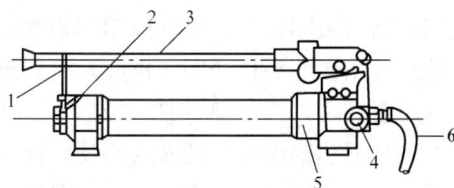

图 5 - 27　手动油泵
1—挂钩；2—油标尺；3—操纵杆；4—放油螺杆；
5—泵体；6—高压力软管

不同现场条件选用。对 LGJ-35～240 的导线可采用 CY-25 型导线压接机，如图 5 - 29 所示。

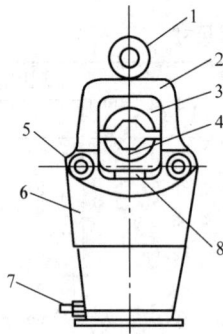

图 5 - 28　CY-$\frac{50}{100}$ 导线压接机

1—提环；2—轭铁；3—上钢模；4—下钢模；5—轭
铁销钉；6—机身；7—油管接头；8—活塞杆

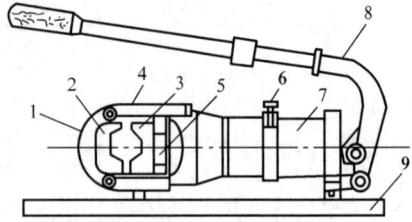

图 5 - 29　CY-25 导线压接机

1—后座；2—后压钢模；3—前压钢模；
4—倒环；5—活塞杆；6—放油螺杆；
7—机身；8—操纵杆；9—底板

（二）液压操作前准备工作

（1）设备检查。液压设备应检查其完好程度，油压表要定期校核。应用精度 0.02mm 游标尺测量。

（2）材料检查。检查导线、避雷线、液压接续管、耐张线夹规格，应与工程设计相同，并符合国家标准的规定。

（3）清洗。按压接一般要求清洗。锌芯钢绞线清洗长度应不短于穿管长 1.5 倍。钢芯铝绞线清洗长度，对先套入铝管端不短于铝管套入部位，对另一端应不短于半管长 1.5 倍。对已运行过旧导线应先用钢丝刷将表面灰黑色物质全部刷去，然后涂电力脂再用钢丝刷擦刷。补修管补修导线前，其覆盖部分导线表面用干净棉纱将泥土脏物擦干净即可，如有断股，应在断股两侧涂刷少量电力脂。

（4）穿管和定位印记量画。本工艺规程强调除钢芯搭接外，穿管时一定要顺线股的绞制方向旋入，恢复到原绞制状态。这样不仅可减少压后管外的线股出现鼓包，而且可以保证握着力。本工艺规程还强调划定位印记要求，并压前一定要检查。这二点是必须注意的。

1）镀锌钢绞线穿管时，用钢尺测量接续管的实长 l_1，用钢尺在镀锌钢绞线端头向内量 $OA = 1/2 l_1$ 处划一印记 A，穿管后两线上 A 印记和管口重合。

2）镀锌钢绞线耐张线夹穿管时，将钢绞线端口顺绞制方向旋转穿入管口，直到线端头露出 5mm 为止。

3）钢芯铝绞线钢芯直线对接式接续的穿管如图 5 - 30 所示。自钢芯铝绞线端头 O 向内量 $1/2 l_1 + \Delta l_1 + 20$mm 处以绑线 P 扎牢（可取 $\Delta l_1 = 10$mm）；自 O 点向内量 $ON = 1/2 l_1 + \Delta l_1$ 处划一割铝股印记 N；松开原钢芯铝绞线端头的绑线，为了防止铝股剥开后钢芯散股，故松开绑线后先在端头打开一段铝股，将露出钢芯端头以绑线扎牢，然后用切割器切割铝股，切割内层铝股时，只割到每股直径 3/4 处，然后将铝股逐股掰断。

先自钢芯铝绞线一端套入铝管；松开剥露钢芯上绑线，按原绞制方向旋转推入直到钢芯两端相抵，两预留 Δl_1 长度相等；钢管压接好后，找出钢管中点 O，向两端铝线上各量出铝管长之半处作印记 A；划印应在已涂好电力脂，擦刷氧化膜后进行；最后将铝管顺铝绞线绞制方向推入，直到两端管口与铝线上定位印记重合。

4）钢芯铝绞线钢芯搭接式接续管的穿管如图 5 - 31 所示。其方法步骤和上相似，但铝股割线长度 $ON = l_1 + 10$mm，它剥铝股时不必将钢芯端头扎牢，钢芯穿钢管时要呈散股扁圆形相对搭接穿入，直到两端钢芯在钢管对面各露 3～5mm 为止。

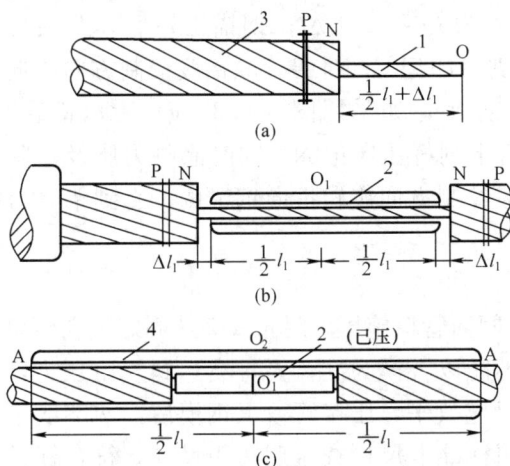

图 5-30 钢芯铝绞线钢芯直线对接式接续
(a) 切割尺寸；(b) 钢套管尺寸；(c) 铝套管尺寸
1—钢芯；2—钢管；3—铝线；4—铝管

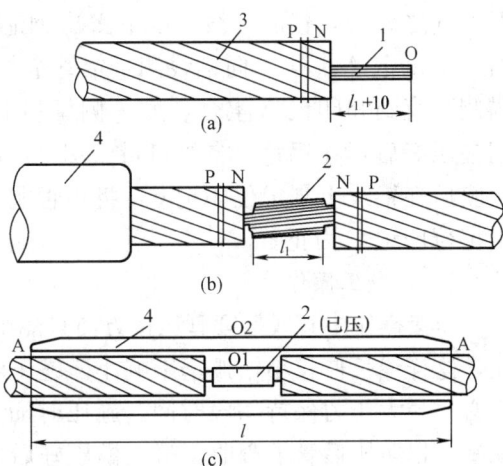

图 5-31 钢芯铝绞线钢芯搭接式直线接续管穿管
(a) 切割尺寸；(b) 钢套管尺寸；(c) 铝套管尺寸
1—钢芯；2—钢管；3—铝线；4—铝管

5) 钢芯铝绞线与相应的耐张线夹的穿管如图 5-32 所示。剥铝股割线长度 $ON = l_1 + \Delta l + 5mm$；套好铝管后，将剥露的钢芯自钢锚口旋转推入，直到钢锚底口露出 5mm 钢芯；钢锚压好后，自铝线端口 N 处，向内量 $NA = L_Y + f$（L_Y 为铝线液压长度），在 A 处划一定位印记；划好印记清除氧化膜后将铝管顺铝股绞制方向旋转推入钢锚侧，直到 A 印记和铝管管口重合为止。

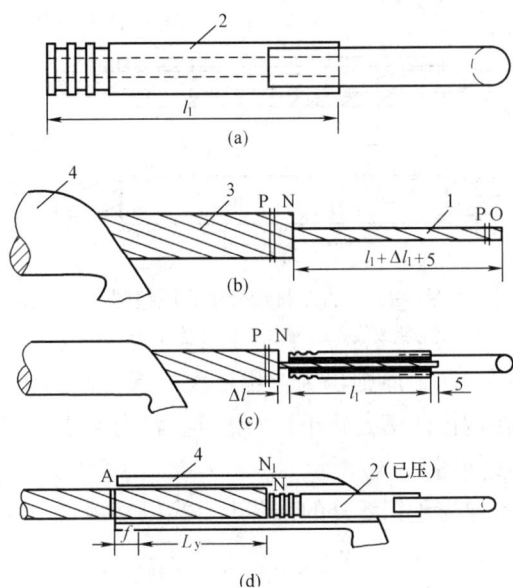

图 5-32 钢芯铝绞线相应的耐张线夹穿管
(a) 钢锚；(b) 钢芯剥切尺寸；(c) 钢锚与
钢芯压接尺寸；(d) 铝套管压接尺寸
1—钢芯；2—钢锚；3—铝线；4—铝管；
f—拔梢部分长

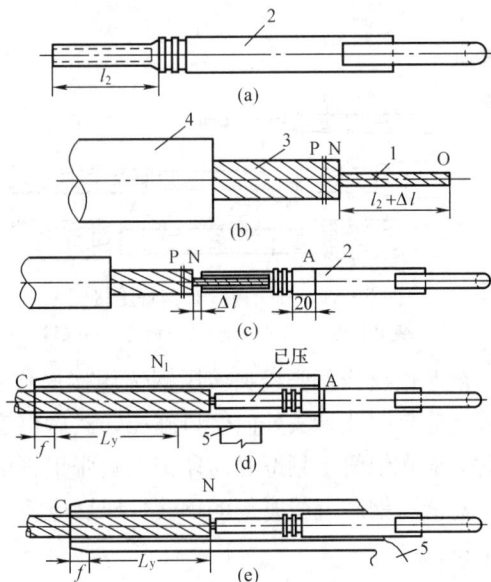

图 5-33 钢芯铝绞线和耐张线夹穿管
(a) 钢锚；(b) 钢芯剥切尺寸；(c) 钢锚与钢芯压接尺寸；(d) 钢
芯铝绞线铝套管压接尺寸；(e) 耐张线夹铝套管压接尺寸
1—钢芯；2—钢锚；3—铝线；4—铝管；
5—引流板；f—拔梢部分长

6）钢芯铝绞线（GB1179）与耐张线夹（GB2320）的穿管如图 5-33 所示。它和上面不同之处为：铝股割线长度不露出钢芯，故为 ON＝l_2＋Δl；钢锚压好后，距最后凹槽 20mm 记 A；自 A 向铝线测量铝管全长 l 划一印记 C；将铝管顺铝股绞制方向推向钢锚侧，直到和印记 A 重合，另一侧管口和 C 相平；如采用图 5-33（e）所示铝管时，钢锚压好后，在铝管上自管口量 L_Y＋f，在管上划好压印记 N，同时涂电力脂及清除氧化膜后在铝线上划定位印记 C，将铝管顺铝股绞制方向旋转推向钢锚侧，直到铝管口露出定位印记 C 为止。

（三）液压操作

压接操作中直线接续管压接方向只能由中间向管口施压，耐张线夹从固定端向管口施压，这样线长伸长小，弧垂影响小。施压时不能以合模为准，要每模达到规定压力，且不必对最大压力保持一段时间。施压时油压机应放平，压接管放入钢模后，两端线也要端平，以防压后管子弯曲。第一模压好后应用标准卡尺检查压后边距尺寸，符合标准后再继续压接，两模间至少重叠 5mm。管子压完后有飞边，应锉掉飞边，铝管锉成圆弧状，500kV 线路上压接管，除锉掉飞边外还应用砂纸磨光，飞边过大而使边距尺寸超过规定时，应将飞边锉去后重新施压。钢管压后，锌皮脱落者，不论是否裸露于外，皆涂以富锌漆以防生锈。

钢芯铝绞线对接式钢管液压，第一模压模中心与钢管中心重合，然后分别向管口端部依次施压，如图 5-34 所示。对钢芯铝绞线对接式铝管，内有钢管部分的铝管不压。自铝管上印有 N 印记起压，如铝管上无起压印记 N 时，在钢管压后测其铝线两端头距离，在铝管上先划好起压印记 N，如图 5-35 所示。

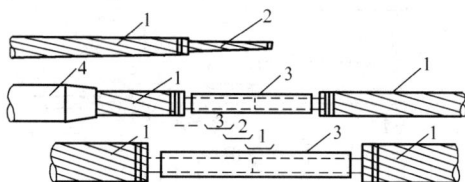

图 5-34　直线接续管钢管压接图
1—钢芯铝绞线；2—钢芯；3—钢管；4—铝管

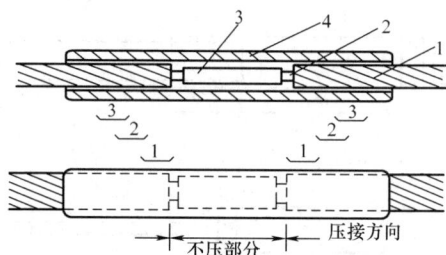

图 5-35　直线接续管铝管压接图
1—钢芯铝绞线；2—钢芯；3—钢管；4—铝管

钢芯铝绞线耐张线夹液压钢锚压接操作见图 5-36，原则仍为钢锚依次向管口端施压。铝管上应自铝线端头处向管口施压，然后再返回在钢锚凹槽处施压，如铝管上没有起压印记 N 时，应在铝管上划好起压印记，耐张铝管的压接如图 5-37 所示。

对清除钢芯上防腐剂的钢管，压后应将管口及裸露于铝线外的钢芯上都涂以富锌漆，以防生锈。

（四）液压质量检查

各种液压管压后对边距尺寸 S 的最大允许值为

$$S = 0.866 \times (0.993D) + 0.2\text{mm} \qquad (5\text{-}10)$$

式中　D——管外径，mm。

但三个对边距只允许有一个达到最大值，超过此规定时应更换钢模重压。

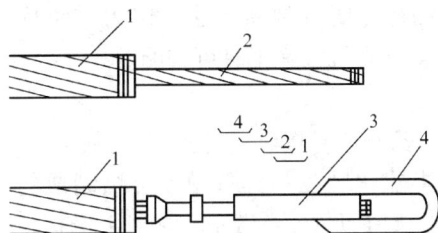

图 5-36　耐张钢锚压接

1—钢芯铝绞线；2—钢芯；3—钢锚；4—拉环

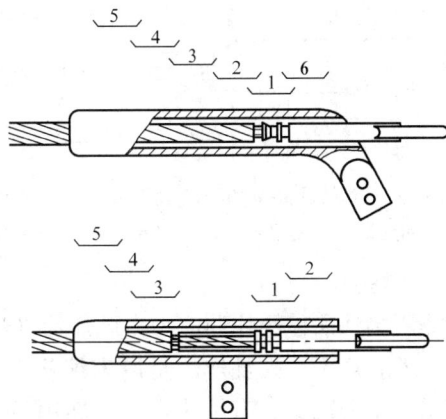

图 5-37　耐张铝管压接

四、爆炸压接

爆炸压接是炸药爆炸反应刚刚完成瞬间，所释放的巨大能量，给压接管表面数万大气压强，数十微秒内全管长压接完成。它是我国独创的压接方法，1965 年问世至今，几经改进，情况良好。其适用范围和液压相同，既可用于中、小导线直线搭接，也可用于粗导线圆管压接。爆压施工和质量检查，必须按照现行的 SDJ277—1990《架空电力线内爆压施工工艺规程》和 SDJ276—1990《架空电力线外爆压施工工艺规程》的规定。

（一）爆压的特殊要求

（1）试件的试验。试件除了做握着强度试验外，尚应进行解剖检查，钢芯不得有损伤。

（2）爆压管爆压后的外观检查。除按前述一般要求外，尚应遵守下列规定：

1）凡爆压管上的两层炸药包部分发生残爆应割断重接；凡爆压管上的单层药包发生残爆时，允许补爆，但补爆范围应稍大于残爆范围，且对补爆部分的铝管表面应予保护，防止烧伤。

2）铝管表面烧伤可用砂皮磨光，但烧伤面积和深度达到下列情况之一时，应割断重接。①烧伤总面积超过 10%者。②烧伤深度：标称截面为 300mm² 及以上钢芯铝绞线的爆压管，其深度超过 1mm 的总面积超过 5%者；标称截面为 35～240mm² 钢芯铝绞线的椭圆形爆压管，其深度超过 0.5mm 的总面超过 5%者。

3）耐张管的跳线连板，爆压后有下列情况之一时应割断重接。①变形而无法修复者；②连接面烧伤；③非连接面烧伤深度超过 1mm 的总面积超过 5%者；④根部有裂纹。

（3）爆压后发现大截面导线接头未穿到规定位置，或钢芯管中心偏离铝管中心，从而引起任何一端上标志与钢管端头间偏差超过 4mm 者；地线对接管内线头未穿到规定位置，或两线头接触点偏离钢管中从而引起任何一端线上标志与钢管端头间偏差超过 4mm 者均应割断重接。

（4）中小截面导线的椭圆形搭接管，爆压后如雷管对面短径方向出现的鼓肚尺寸超过表5-9 的容许值应割断重接。

表 5-9　　　　　　　　　　容 许 鼓 肚 尺 寸 (mm)

导　线　型　号	LGJ-35	LGJ-50	LGJ-70	LGJ-95	LGJ-120	LGJ-150	LGJ-185	LGJ-240
短径鼓肚容许值	2.5	3.0	3.5	4.0	4.5	5.0	5.5	6.0

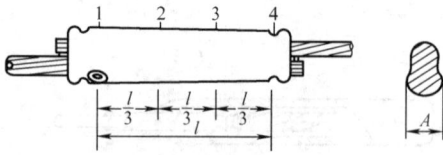

图 5 - 38 鼓肚部位和测量示意图

l—测点 1~4 间的距离；A—短径尺寸

测量方法可按图 5 - 38 用游标尺先在 1 点量得短径尺寸 A，再在 2、3、4 点各处量得短径尺寸，求出三尺寸的平均值 B，A、B 之差即为鼓肚总尺寸。

(5)《架空电力线外爆压施工工艺规程》推荐的爆后缩径数值及判断方法，作为质量标准是合理的，简单易行，施工时可查阅。

(二) 炸药

爆炸压接法所使用炸药应为太乳炸药（塑 B 炸药）或导爆索两种。

(1) 太乳炸药。太乳炸药是以未纯化太安、半硫化乳胶和红丹粉混合烘制成的片状炸药。使用时用刀割成所需尺寸，但不准用剪刀剪。其中太安占 75%，它是主爆剂，它决定太乳炸药爆炸性能。半硫化乳胶占 20% 是黏结剂，主要起分散、固定及黏接主爆剂，同时对太乳炸药爆炸性能有一定影响。红丹粉占 5%，在太乳炸药中起调节作用，在加工过程中还能指示各部分是否混合均匀。

(2) 导爆索。导爆索是以猛炸药（黑索金或太安）为索芯，以棉麻纤维等为被复材料，能够传递爆轰波的索状起爆器材。但在架空线路爆炸压接中则是作为炸药应用的。普通导爆索和导火索结构相似，只是药芯装的药、导爆索芯药是白色的黑索金，导火索芯药是黑火药。导爆索外防潮层涂成红色，而导火索外层是白色的涂料。导爆索使用时应用锐利刀子在木板上切去索端防潮帽和中间连接管，然后按需要切成不同长度的索段。切索时应随时清除黏在木板上或刀子上药粉和碎屑。严禁用剪刀或其他工具操作。

两种材料均可用纸壳 8 号工业雷管起爆，一般用火雷管。

(三) 爆炸压接操作

1. 割线

切割前应详细检查线材和连接管，有无缺陷、是否配套、尺寸是否正确。

切线时，在切口两侧用绑线扎牢，以防散股。切口平面和线轴垂直切口整齐，不伤钢芯。大截面导线爆压时在铝线端头留 10mm 长内层铝股台阶，穿线时要将这个台阶内层铝股穿入直线钢芯管或耐张钢锚端部的防护孔内。

切割镀锌钢绞线时，应用钢锯锯断，将锯口处毛刺用锉刀修平。钳压管截短改为椭圆形爆压管时锯口应平直，端口内用锉刀倒角，以防爆压时损伤端口内线股。

2. 清洗

爆压和液压的主要区别之一是爆压所用压接管和架空线连接处不准有油和水。

带防腐油导线清洗时，要将需要长度铝股剥开；用浸有汽油的棉纱头，将铝线上油污擦净；将带油钢芯浸入汽油槽内，用棉纱抹擦和浸刷；再浸入干净汽油槽内第二次浸刷，并用棉纱头对钢芯及散股铝线清洗揩净；最后将导线按原捻回方向复原，在端头上绑铁丝固定。

不带防腐油的导线，刷去泥土、灰尘后，还应用汽油清洗表面油污，最后用细钢丝刷将铝线表面氧化物刷除，揩干净。压接管施爆前，也须用汽油洗净。

所有汽油洗过的压接管和架空线，必须待汽油完全挥发以后，才能进行穿线、施爆，以免爆压后造成压接管鼓包。

3. 爆压管保护层

为防爆压后铝爆压管烧伤，保持光洁、美观，所以铝管表面都须加保护层。使用太乳爆压铝管浸石腊松香溶液，石腊和松香质量相等，溶液温度控制在 70～85℃，夏天 60～70℃之间，浸入时管口堵严实，均匀浸入后取出晾干，反复数次使保护层均匀涂到 1.5～2.0mm 厚度为止。使用导爆索时，可将黄板纸浸湿后在管外包 2～3 层；也可用塑料带在管外包 5～6 层，再缠一层黑胶布，要求保护层厚度约 3mm。

钢绞线爆压管外面包 2～4 层塑料带或黑胶布即可。修补管表面缠 3～4 层黑胶布或塑料带做保护层。

椭圆形铝搭接管的两端，包药之前须增缠 3～4 层黑胶布，长 30mm，以改善缩口形状。

所有保护层长度均应大于药包长度 5～10mm，包缠时力求紧密、均匀。

4. 包药和裁药

导爆索要按规定尺寸紧密缠绕，方向和保护层缠绕方向一致，要防止导爆索在缠绕时发生硬弯、硬折。

各种管形均采用直接包贴式装药，药片要紧贴在管上，接缝处不得有空隙，也不得有重选，为防止爆压后由于药包接缝间有缝隙而出现纵向皱纹，在药包接缝两侧都涂上橡胶水，等半分钟晾干后，将药块包在管子上，把接缝压贴，这样药包的接缝处完全密贴。

基准药包和附加药包必须按规定包贴或缠绕，不得随意改动。

太乳药片包钢绞线压接管两层时，每层药片的接口不得重合在一起，包补修管时其药片的接口要在插条的背面。

裁药时，如因工艺误差使药片宽度小于圆周尺寸 5mm 以内，允许药片适当拉伸，大于 5mm 应另行裁药，裁药必须用快刀在木板或橡皮板上划裁，严禁用剪刀或在钢板上裁药。

5. 划印、剥线与穿线

架空线穿入压接管长度及位置正确与否，无法用肉眼直接判定，所以和液压一样，仕穿线之前，在架空线上适当位置作印记，便于检查核对。

此外，为了防止爆压过程中，"烧"伤管内钢芯，按新型爆压管要求，必须将直线钢芯管和耐张钢锚端头处钢芯加以覆盖保护。其方法是：在铝线端头留 10mm 的内层铝股台阶，穿线时，将这台阶形内层铝股穿入直线钢芯管或耐张钢锚端部防护孔内。直线、耐张接续管中导线切割及穿线见图 5 - 39 和图 5 - 40。

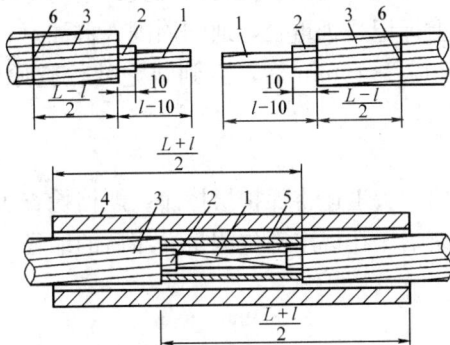

图 5 - 39　直线钢芯铝绞线切割及穿线方法示意图
1—钢芯；2—铝股台阶；3—钢芯铝绞线；4—直线
铝管；5—直线钢芯管；6—铝管端头位置线；
L—铝管长；l—钢芯管长

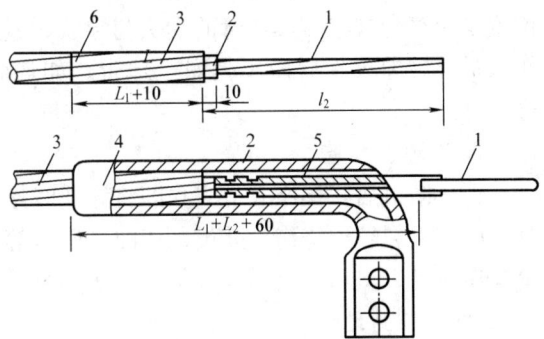

图 5 - 40　耐张管钢芯铝绞线切割及穿线方法示意图
1—钢芯；2—铝股台阶；3—钢芯铝绞线；4—耐张铝管；
5—耐张钢锚；6—铝管端头位置线；L_1—铝线压缩
长度；L_2—钢芯压缩长度；l_2—钢锚孔深

避雷线接续管和耐张管，钢芯铝绞线钳压式接续管和跳线管因不需剥线，故其划印尺寸（由端头量）如表 5-10 所示。

表 5-10　　　　　　　　　　　各种连接管划印尺寸表

连接管名称	形式	划印尺寸
钢绞线接续管	搭接式	搭接管全长+10mm
	对接式	压接管全长÷2
钢绞线耐张管		穿线长度
钢芯铝绞线接续管	钳压式	钳压管全长+10mm
钢芯铝绞线跳线管		穿线长度

穿线时要再一次检查管内和线表面是否有油污、水分或泥沙。

"钳压式"接续管和避雷线接续管的穿线方法、要求和钳压、液压部分完全相同。大截面钢芯铝绞线接续管和耐张管的穿线基本方法和要求也和液压部分相同，但在穿钢芯管或钢锚时，保护钢芯的铝台阶必须全部穿入钢芯管或钢锚的防护孔。钢芯管或钢锚与铝线端头之间不得留有空隙。

穿线时要做到管端和线上划印标记对齐；药包位置不得移动或滑动；穿线时不得损伤导线。

6. 引爆

引爆前，应将包好的药包压接管，连同附近导线、避雷线用支架或其他方式牢固支承，离地 1m 以上，并适当绑扎牢固，以免爆炸时地面反射波作用使压接管弯曲。

椭圆形导线搭接时，雷管置于副线一端，以保护主线。有引流板的耐张压接时，雷管放在引流板同侧导线端，以便于排气和避免爆炸波对引流板的影响。对接连接时，雷管均置于中间，以得到两端对称的细脖。

雷管不得放在药包接缝处，以免造成残爆。使用太乳炸药雷管和药包贴合长度为 5~10mm，用黑胶布将其紧贴药包。中间引爆的雷管轴线和药包垂直，一端引爆的两者平行 10mm 左右。使用导爆索应将导爆索端引伸下 100mm，用黑胶布将雷管与导爆索胶接在一起。导火索使用前应作燃速试验，确定导火索长度。点燃导火索前应再次检查药包与爆压管位置是否符合规定，爆压管的端头与导线、避雷线上标记是否重合，通知周围人群注意，操作人员点燃导火索后撤离到安全地带。如遇瞎炮，应等 15min 后，再到瞎炮处检查原因，进行处理。

7. 整理及检验

爆压结束后，操作人员应立即将导地线接头用棉纱头迅速将保护层擦净。严格检查压接管表面有无裂纹、烧伤、鼓包、弯曲、残爆等外部缺陷。在规定部位测量爆压后的缩径，鉴定爆压质量。

（四）装药结构

1. 钢芯铝绞线爆压装药结构

太乳炸药厚度和导爆索内径均为 5mm 左右，对爆压钢芯铝绞线铝导线部分，一般包一层太乳炸药或导爆索密缠一层；钢芯段加一层炸药作附加炸药。

钢芯铝绞线用爆压型钳压式接续管爆压装药结构。图 5-41 为装药结构图，表 5-11 为装药参数。

表 5 - 11   **钢芯铝绞线钳压式接续管装药参数**

钢芯铝绞线 型 号	钳压式接续管				装药参数			
	型号	尺寸（mm）			药包长度 L_j （mm）	层数	药量	
		长度	长内径	短内径			导爆索长 （m）	太乳 （g）
LGJ-35/6	JTB-35/6	180	18.6	8.8	160	1	3.0	48
LGJ-50/8	JTB-50/8	220	22.0	10.5	200	1	3.2	74
LGJ-70/10	JTB-70/10	260	26.0	12.5	240	1	4.2	89
LGJ-95/15 LGJ-95/20	JTB-95/15 JTB-95/20	280	31.0 31.5	15.0 15.2	260	1	4.8	109
LGJ-120/7 LGJ-120/20	JTB-120/7 JTB-120/20	310	33.0 35.0	16.0 17.0	290	1	6.2	140
LGJ-150/8 LGJ-150/20 LGJ-150/25	JTB-150/8 JTB-150/20 JTB-150/25	320	36.0 37.0 39.0	17.5 18.0 19.0	300	1	7.5	170
LGJ-185/10 LGJ-185/25 LGJ-185/30	JTB-185/10 JTB-185/25 JTB-185/30	360	40.0 43.0 43.0	19.5 21.0 21.0	340	1	9.8	200
LGJ-210/10 LGJ-210/25 LGJ-210/35	JTB-210/10 JTB-210/25 JTB-210/35	370	43.0 44.0 45.0	21.0 21.5 22.0	350	1	10.1	210
LGJ-240/30 LGJ-240/40	JTB-240/30 JTB-240/40	380	48.0 48.0	23.5 23.5	360	1	12.7	255

2. 钢绞线爆压装药结构

（1）搭接式钢绞线爆压装药结构。其炸药厚度均为两层，两端无附加药包，其装药结构如图 5-42 所示，表 5-12 为装药参数。

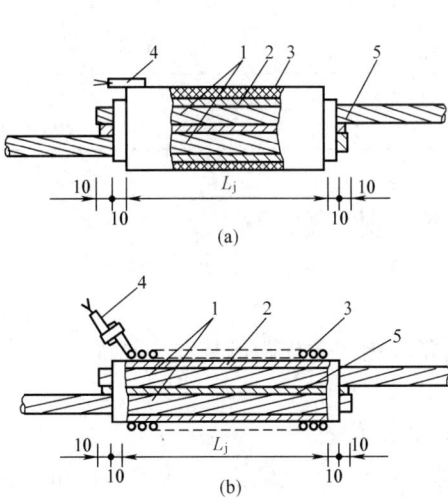

图 5-41 爆压型钳压式接续管装药结构图
（a）使用太乳炸药；（b）使用导爆索
1—钢芯铝绞线；2—钳压管；3—药包；
4—雷管；5—铝衬垫

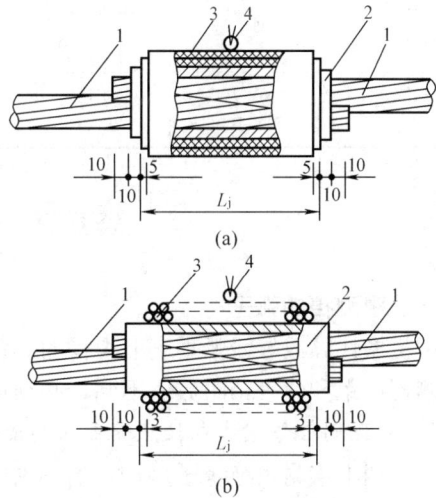

图 5-42 搭接式钢绞线爆压装药结构图
（a）使用太乳炸药；（b）使用导爆索
1—钢绞线；2—压接管；
3—药包；4—雷管

表 5 - 12　　　　　　　　　　搭接式钢绞线接续管装药参数表

钢绞线型号	接续管		装药参数			
	型号	外径×长度×内径 (mm)	药包长度 L_j (mm)	层数	药量	
					导爆索 (m)	太乳 (g)
GJ-25		18×100×12	80	2	3.0	60
GJ-35	JBD-35G	22×110×16	90	2	4.0	100
GJ-50	JBD-50G	25×130×17	110	2	4.5	130
GJ-70	JBD-70G	28×150×20	130	2	5.5	150
GJ-100	JBD-100G	32×170×23	150	2	7.0	180

（2）钢绞线耐张管爆压装药结构。其装药结构图如图 5 - 43 所示，在两端也各加装一个附加药包，表 5 - 12 为其装药参数。

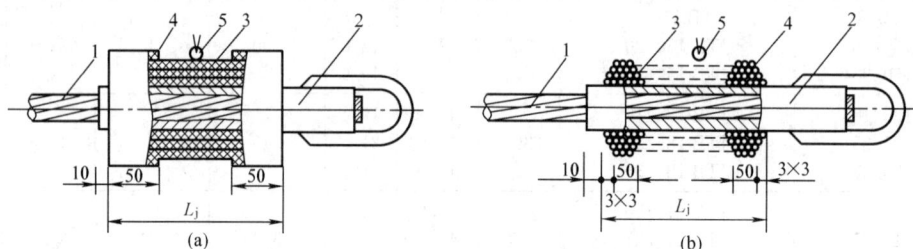

图 5 - 43　钢绞线耐张管爆压装药结构图
(a) 使用太乳炸药；(b) 使用导爆索
1—钢绞线；2—耐张管；3—基准药包；4—药环；5—雷管

表 5 - 13　　　　　　　　　钢绞线耐张管装药参数表

钢绞线型号	耐张管		装药参数					
	型号	外径×长度×内径 (mm)	基准药包		附加药包		药量	
			L_j (mm)	层数	药环长 (mm)	个数	导爆索长 (m)	太乳 (g)
GJ-70	NY-70G	22×155×11.7	140	3	50	2	12.0	260
GJ-100	NY-100G	26×185×13.7	170	3	50	2	16.0	300

第五节　弧　垂　观　测

一、观测档的弧垂

由机械计算或导线弧垂表上查得的弧垂是耐张段内代表档距的导线中点弧垂，往往现场的观测档档距和代表档距数值不同，必须进行换算。

（一）观测档架空线悬挂点等高时观测弧垂计算公式

观察档不连耐张绝缘子串时，导线中点弧垂 f（m）、最低点应力 σ_0（N/mm²）、比载 g [N/ (m·mm²)] 和观察档档距 l（m）之间的关系为

$$f = gl^2/8\sigma_0 \tag{5-11}$$

而代表档距中点弧垂 f_D，最低点应力 σ_0、比载 g 及代表档距 l_D 之间关系为

$$f_D = gl^2/8\sigma_0 \tag{5-12}$$

比较两式得

$$f = f_D\left(\frac{l}{l_D}\right)^2 \tag{5-13}$$

若事先求得各观测档距与代表档距平方值为 $K = (l/l_D)^2$，则

$$f = Kf_D \tag{5-14}$$

式（5-14）用于计算同一观测档不同温度时的弧垂较为方便。

通常施工计算中根据每一耐张段的代表档距弧垂及张力，事先换算到各个有关观测档的弧垂及张力，并将不同气温的数值列表，可供紧线施工时现场查用。在提供的表格中一般都以降温法，考虑了架空线受到张力后所产生的塑料伸长和蠕变伸长，所以可以直接查表不必考虑初伸长的影响。

（二）观测档架空线悬挂点高差较大（$0.1 < \dfrac{h}{l} \leqslant 0.25$）时观测弧垂计算公式

观测档内未连耐张绝缘子串

$$f_\varphi = f_D(l/l_D)^2/\cos\varphi \tag{5-15}$$

$$\cos\varphi = \frac{l}{\sqrt{l^2 + h^2}}$$

式中　f_φ——悬挂点不等高，大高差时弧垂值，m；

　　　φ——悬挂点不等高时高差角；

　　　h——悬挂点高差，m。

（三）孤立档最大弧垂计算

对孤立档进行弧垂观测时，架空线一端已连有耐张绝缘子串，计算弧垂时应考虑耐张绝缘子串的影响，而在挂线结束后复测孤立档弧垂时，两侧均已挂上绝缘子，两者所测得的弧垂和最大弧垂出现地方均是不一样的，一般在线路设计中已算好给施工单位，如图 5-44 所示。

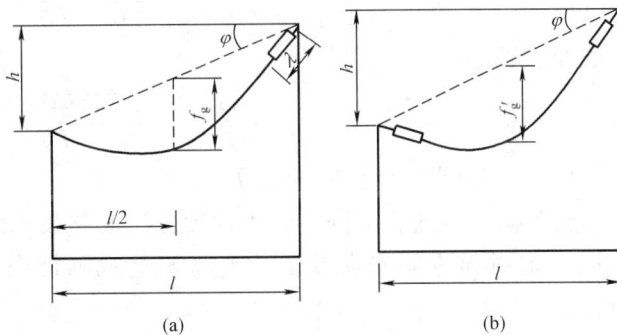

图 5-44　孤立档弧垂观测
(a) 一侧挂有绝缘子串；(b) 两侧均挂有绝缘子串

（1）施工时孤立档一侧挂有绝缘子串时其弧垂观测值（指平行四边形切点的弧垂）为

$$f'_g = \frac{l^2 g}{8\sigma\cos\varphi}\left(1 + \frac{g_0 - g}{g} \times \frac{\lambda^2\cos^2\varphi}{l^2}\right)^2 \tag{5-16}$$

式中　l、g、φ、σ——含义、单位和式（5-11）相同；

　　　f'_g——孤立档的中央观察弧垂值，m；

　　　λ——绝缘子串的长度，m；

　　　g_0——绝缘子串的比载，kg/（m·mm²）。

（2）竣工后孤立档二侧挂有绝缘子串时档距中央弧垂。其计算式为

$$f_g = \frac{l^2 g}{8\sigma\cos\varphi}\left(1 + 4\frac{g_0 - g}{g} \cdot \frac{\lambda^2}{l^2}\cos^2\varphi\right) \tag{5-17}$$

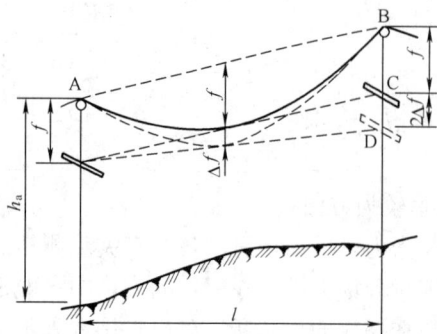

图 5-45　等长法观测弧垂图

二、弧垂观测方法

（一）等长法（平行四边形法）

1. 观测方法

在观测档两侧杆塔上分别把弧垂板或花杆固定于悬点 A、B，沿杆塔垂直向下量取 f 值，弧垂 f 可从式（5-13）求得，也可从工程的架线手册上查得。观测弧垂人员登上杆塔，用眼观看弧垂板上记号，收紧或放松导线，当两侧弧垂板上记号和导线相切，则这时导线弧垂即为所需的 f 值，如图 5-45 所示。

2. 弧垂调整

用等长法观测弧垂，由于温度变化，引起弧垂需要调整。如调整量为 Δf，可以在两侧杆塔 A'、B' 点各自向下延伸 Δf。这种方法比较麻烦。

调整弧垂也可以一侧的弧垂板不动，另一侧弧垂板移动 $2\Delta f$，这种方法只需登上一侧杆塔，但将引起一定的弧垂误差，这是因为这时实际上已不是等长法了，与导线相切的那点位置不是中点弧垂处所致。

误差率可按下面公式计算：

气温上升时

$$\left(\frac{\mathrm{d}f}{f}\right)_{\mathrm{M}} = \frac{\sqrt{1+2P}}{2(1+P)} - \frac{1}{2} \qquad (5-18)$$

气温下降时

$$\left(\frac{\mathrm{d}f}{f}\right)_{\mathrm{N}} = \frac{\sqrt{1-2P}}{2(1-P)} - \frac{1}{2} \qquad (5-19)$$

式中　P——弧垂变化量，$P = \Delta f/f$。

不论气温上升或者下降，采用这种方法调整弧垂时产生的误差均为负值。表 5-14 为不同 P 值时弧垂调整误差值。观测弧垂观测档内实测温度应代表导线或避雷线的温度。

表 5-14　　　　　　　　　　　　　弧 垂 调 整 误 差 表

P（%）	6	7	8	9	10	11	12	13	14	15	16	17
$(\mathrm{d}f/f)_{\mathrm{M}}$（%）	0.08	0.11	0.14	0.17	0.20	0.24	0.28	0.33	0.38	0.44	0.48	0.53
$(\mathrm{d}f/f)_{\mathrm{N}}$（%）	0.10	0.14	0.19	0.25	0.31	0.38	0.47	0.55	0.67	0.78	0.92	1.06

当气温上升时在 $P \leqslant 16.36\%$ 范围内，气温下降时在 $P \leqslant 12.31\%$ 范围内，这种调整方法所产生的误差不大于 0.5%，所以在工程上应用时不一定要考虑误差调整。

3. 适用范围

可广泛应用于施工架线弧垂观测中。该法测量简单，且无论观测档悬点等高或不等高，其切点均在最大弧垂处，如视线清晰时，误差较小。有的书中认为，等长法只适用于悬点等高的情况，有高差就有误差，随高差增大不宜采用等长法，而应该用异长法，这是缺乏依据的。

（二）异长法

1. 观测与计算方法

先在一侧杆上选择适当的 a 值，按式（5-20）计算出相应的 b 值，两侧悬挂点以下垂直距离 a 及 b 处固定花杆或弧垂板，当 AB 视线与架空线相切时，导线弧垂即为所要求的观测值 f，如图 5-46 所示。

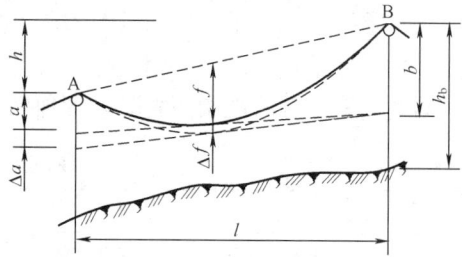

图 5-46 异长法观测弧垂图

当观测档悬点高差 $h<10\%l$ 时

$$b = \left(2\sqrt{f} - \sqrt{a}\right)^2 \tag{5-20}$$

当观测档悬点高差 $\geqslant 10\%l$ 时

$$b = \left(2\sqrt{f_\phi} - \sqrt{a}\right)^2$$

f 和 f_ϕ 分别是观测档 $h<10\%l$ 和 $h\geqslant10\%l$ 时的弧垂。可由式（5-13）、式（5-15）求得。

2. 弧垂调整

使用异长法观测弧垂，由于气温引起弧垂变化 Δf 时，为简化计算，另一侧弧垂板调整量按 Δa 进行调整。Δa 计算式为

$$\Delta a = 2\Delta f\sqrt{\frac{a}{f}}$$

为了方便应用，把此式适当变化后列成表 5-15。施工时根据已知的 $\frac{a}{f}$，在表中查得 $\frac{\Delta a}{\Delta f}$，将其乘以 Δf，即可得弧垂板调整量 Δa。

表 5-15　　异长法测定弧垂气温变化时目测侧弧垂板调整比 $\frac{\Delta a}{\Delta f}$

$\frac{a}{f}$	$\frac{\Delta a}{\Delta f}$	$\frac{a}{f}$	$\frac{\Delta a}{\Delta f}$	$\frac{a}{f}$	$\frac{\Delta a}{\Delta f}$	$\frac{a}{f}$	$\frac{\Delta a}{\Delta f}$	$\frac{a}{f}$	$\frac{\Delta a}{\Delta f}$
0.0	0	1.0	2.00	1.8	2.68	2.6	3.22	3.4	3.69
0.2	0.89	1.2	2.19	2.0	2.83	2.8	3.34	3.6	3.79
0.4	1.26	1.4	2.36	2.2	2.96	3.0	3.46	3.8	3.90
0.6	1.55	1.6	2.53	2.4	3.10	3.2	3.57	4.0	4.00
0.8	1.79								

3. 适用范围

（1）由于目测导线切点误差而限制了异长法使用范围。如果切点垂直目测误差为 $1.2d$（d 为线径），要将弧垂观测误差限制在 1% 范围内，则异长法观测弧垂的范围为：

$(a/f)_{zd}\geqslant d/f\geqslant (d/f)_{zx}$（$a$ 是观察档一端弧垂板视点与同侧悬挂点之间距离）。

a/f 的最大值 $(a/f)_{zd}$ 和 a/f 的最小值 $(a/f)_{zx}$ 的数值如表 5-16 所列，表中 d 为导线直径（m）。

表 5-16　　d/f、$(a/f)_{zd}$、$(a/f)_{zx}$ 对照表

d/f（$\times 10^{-3}$）	0	1	2	3	4	5	6	7	8	8.333
$(a/f)_{zd}$	4	3.76	3.50	3.24	2.96	2.67	2.34	1.96	1.44	1.0
$(a/f)_{zx}$	0	0.004	0.016	0.04	0.08	0.14	0.22	0.36	0.64	1.0

（2）导线直径太粗，目测误差限制了异长法使用范围，一般档内观测弧垂应大于架空线直径 d 的 120 倍以上。

据此，采用本法观测弧垂时，各种架空线的最小容许弧垂如表 5-17 所示。

表 5-17 异长法的最小容许弧垂表

线 别	LGJ-95	JGJ-120	LGJ-150	LGJ-185	JGJ-240	LGJ-500
f (m)	1.64	1.82	2.00	2.28	2.55	3.02
线 别	LGJ-400	LGJQ-240	JGJQ-300	LGJQ-400	LGJQ-500	LGJQ-600
f (m)	3.32	2.62	2.84	3.28	3.62	3.98
线 别	LGJQ-700		LGJJ-150	LGJJ-185	LGJJ-240	LGJJ-300
f (m)	4.35		2.10	2.35	2.69	3.08
线 别	LGJJ-400	GJ-35	GJ-50	GJ-70	GJ-100	
f (m)	3.50	0.94	1.08	1.26	1.56	

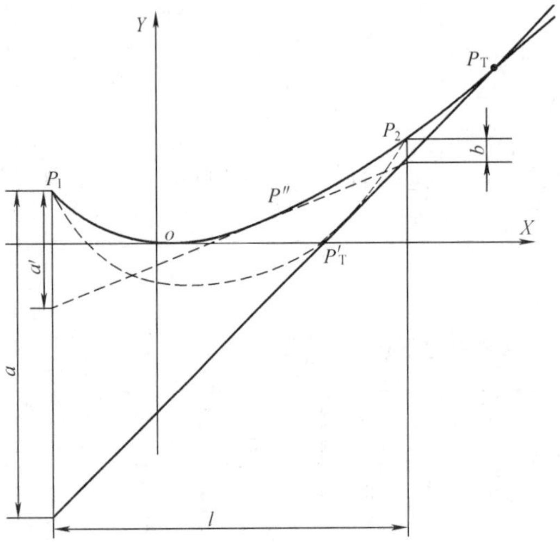

图 5-47 误用异长法观测弧垂

（3）视线和导线切点必须在档距内，故 $a<4f$（图 5-47）。档距中导线仅为理想抛物线的一段，从数学上看，切点 P_T 坐标为 X_T、Y_T 可以在档距中（$X_T<X_2$），也可能在档距外（$X_T>X_2$），而异长法观测弧垂，P_T 是必须在档距里的。如果观测弧垂时 a 选择得较大（$a>4f$），这时如仍采用异长法观测弧垂，则在紧线过程中某一瞬间，导线会和视线相切在档距之外，观测所得弧垂是图 5-47 中虚线的弧垂，但这弧垂并非所要求的。异长法中有

$$\sqrt{a}+\sqrt{b}=2\sqrt{f} \qquad (5-21)$$

切点在悬挂点 P_2 是临界状态，这时 $b=0$，$a=4f$，故 $a>4f$ 时异长法观测弧垂不适用。如仍拟用异长法，则取图中 a'。

（4）由于异长法是根据抛物线推导而限制使用范围。由于架空线实际是悬链线状态，因此用异长法观察弧垂将产生一定误差，其弧垂误差率随水平应力的增加而减少，随档距的增加而增大，随高差比的增加而增大。限制弧垂误差率不大于 5‰ 时，其弧垂 f 和 A 比值如表 5-18 所示。表中：g 为比载 $[kg/(m\cdot mm^2\times10^{-3})]$；$H$ 为高差比 $\dfrac{h}{l}$；l 为档距（m）；f 为弧垂；A 为一侧视点与悬挂点间垂直距离。

表 5-18 f/A 适用范围表

H \ l	钢绞线 $g=0.008536$			钢芯铝绞线 $g=0.003541$		
	0.1	0.15	0.2	0.1	0.15	0.2
200	>0	>0	>0	>0	>0	>0

续表

H	钢绞线 $g=0.008536$			钢芯铝绞线 $g=0.003541$		
l	0.1	0.15	0.2	0.1	0.15	0.2
300	>0	>0	>0	<7.1	<2.8	<2
400	>0	<7.7	<4.7	<3.7	<2.3	<1.8
500	>0	<4	<2.5	<4.6	<2.9	<2.3，>0.48
600	>0	<10	<11.4	<2.9，>0.53	<2.3，>0.59	<1.9，>0.66
700	>0	<8.7	<4.7，>0.4	<2.8，>0.5	<1.9，>0.58	<1.7，>0.64
800	<8.8，>0.35	<4.2，>0.38	<2.9，>0.41	<2.3，>0.58	<1.9，>0.64	<1.5，>0.68
900	<9，>0.35	<4.3，>0.43	<3，>0.52	<2.1，>0.56	<1.6，>0.68	<1.5，>0.71
1000	<5.2，>0.45	<3，>0.54	<2.2，>0.59	<2，>0.6	<1.6，>0.69	<1.4，>0.73

具体条件超出表 5-18 范围时，可以以实际参数求出弧垂误差率，以确定异长法的取舍。

异长法一般均用在因地形、塔高等限制不能采用等长法的观测档。在核查弧垂时，异长法更为方便，它先在一侧杆塔上先随意设置一弧垂板，样板自悬挂点垂直下移 a 值，在另一侧杆塔设活动弧垂板，移动活动弧垂板直到视线和架空线相切得 b 值，根据 a、b 值即可计算出弧垂 f。

使用异长法时要注意 a、b 数值不要相差太大。通常以 $2\sim3$ 倍最为适宜，如倾斜角过大，或档距大，b 侧弧垂板看不清楚时，可采用角度法观测。

（三）角度法

1. 观测及计算方法

角度法是在适当位置放置经纬仪，根据经纬仪所处位置和弧垂，求出观测角度 θ。紧线时使经纬仪视线和导线相切，这时导线弧垂即为观测档的弧垂 f。

具体测量时，根据地形情况，弧垂大小，将经纬仪放在不同位置观测弧垂。一般可将经纬仪放在档端、档外、档内及档侧来观测。

（1）档端角度法。角度法中其余方法需测的量多、计算量比较大、引起误差可能性多，一般较少使用，而档端观测法使用较多，其测量方法如图 5-48 所示。

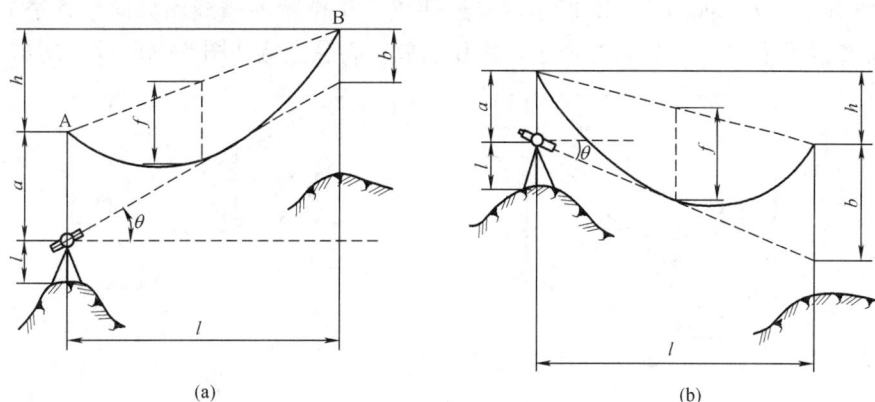

图 5-48 档端观测弧垂示意图

（a）θ 为仰角；（b）θ 为俯角

观测步骤如下：

1）经纬仪安置在悬挂点的垂直下方，实测观测档架空线悬挂点高差 h 和档距 l。

2）实测观测时仪器高 i，量出自架空线悬挂点到仪器中心（横轴中心）的垂直距离。

3）根据架空线悬挂点高差 h 和所要求的观测档弧垂 f 计算出弧垂观测角，即

$$\theta = \text{tg}^{-1} \frac{\pm h + a - b}{l} \qquad (5\text{-}22)$$

仪器在高测点时 h 取负号，仪器在低测点时 h 取正号。

从异常法弧垂计算式（5-20）可知

$$b = (2\sqrt{f} - \sqrt{a})^2 = 4f - 4\sqrt{fa} + a$$

将 b 代入式（5-21）中则观测弧垂时观测角为

$$\theta = \text{tg}^{-1} \frac{\pm h - 4f + 4\sqrt{fa}}{l} \qquad (5\text{-}23)$$

如若是竣工后验算弧垂则为

$$f = \frac{1}{4}(\sqrt{a} + \sqrt{a - l\text{tg}\theta \pm h})^2 \qquad (5\text{-}24)$$

式中　θ——经纬仪观测角，正值表示仰角，负值表示俯角；

　　　l——观测档档距；

　　　h——导线悬挂点高差，m，仪器如图 5-48（a）在低测点时，取正值，反之如图 5-48（b）取负值；

　　　a——仪器到导线悬点的垂直距离；

　　　f——观测弧垂，m。

4）按弧垂观测时预计气温，计算不同温度时弧垂 f 和观测角 θ，制成弧垂观测表，以备弧垂观测时查用。

5）观测弧垂时，仪器安放在架空线悬挂点垂直下方，整平仪器使仪器高仍为 i，按当时气温查出弧垂观测角 θ，调动竖盘游标使竖直角恰为 θ。紧线时目镜对准紧线方向（竖直角不变），待架空线弧垂稳定恰与视线相切，则弧垂 f 即测定值。

6）测定导线弧垂如三线水平排列者，可先测中线弧垂，后依同法测两边弧垂。

（2）档内角度法。如图 5-49 所示，将经纬仪置于档距内顺线路方向距杆塔 l_1 处，将仪器放在低悬点侧如图 5-49（a）所示，将仪器放在高悬点侧如图 5-49（b）所示。

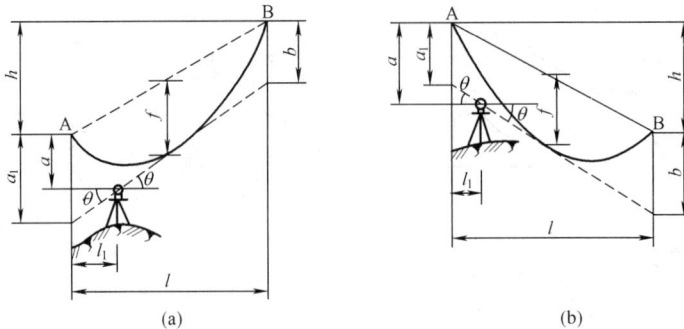

图 5-49　档内角度法观测弧垂图

(a) θ 为仰角；(b) θ 为俯角

紧线时观测角为

$$\theta = \mathrm{tg}^{-1}\left[\left(\pm\frac{h}{l} - 4\frac{f}{l} + \frac{8fl_1}{l^2}\right) + \frac{4f}{l}\sqrt{\frac{4l_1^2}{l^2} + \frac{a}{f} + \frac{l_1}{l}\left(\pm\frac{h}{f} - 4\right)}\right] \tag{5-25}$$

竣工后验算弧垂，则弧垂

$$f = \frac{1}{4}\left[\sqrt{a + l_1\mathrm{tg}\theta} + \sqrt{a - (l - l_1)\mathrm{tg}\theta \pm h}\right]^2 \tag{5-26}$$

（3）档外角度法。如图 5-50 所示，将经纬仪置于档距外顺线路方向距杆塔 l_1 处，将仪器放在低悬点如图 5-50（a）所示，将仪器放在高悬点如图 5-50（b）所示。

紧线时观测角为

$$\theta = \mathrm{tg}^{-1}\left[\left(\pm\frac{h}{l} - 4\frac{f}{l} - \frac{8fl_1}{l^2}\right) + 4\frac{f}{l}\sqrt{4\frac{l_1^2}{l^2} + \frac{a}{f} - \frac{l_1}{l}\left(\pm\frac{h}{f} - 4\right)}\right] \tag{5-27}$$

竣工后验算弧垂，则弧垂为

$$f = \frac{1}{4}\left[\sqrt{a - l_1\mathrm{tg}\theta} + \sqrt{a - (l_1 + l)\mathrm{tg}\theta \pm h}\right]^2 \tag{5-28}$$

式（5-24）～式（5-27）中 h 正负号取法和档端角度法时相同。

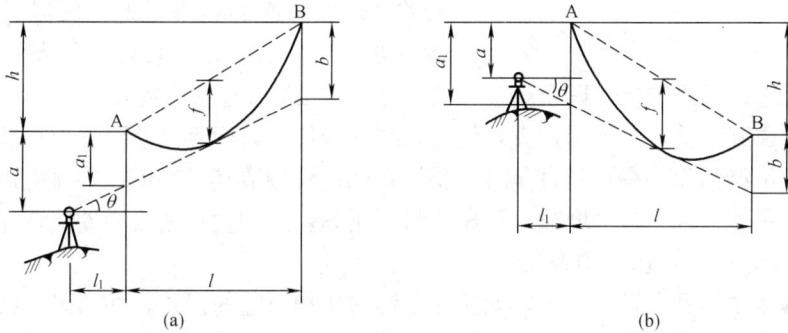

图 5-50 档外角度法观测弧垂图

(a) θ 为仰角；(b) θ 为俯角

以上三种方法经纬仪均处在导线顺线路方向上，其切点距悬挂点间的水平距离 x 可按下列公式计算：

档端法
$$x = \frac{l}{2}\sqrt{a/f} \tag{5-29}$$

档内法
$$x = \frac{l}{2}\sqrt{\frac{a + l_1\mathrm{tg}\theta}{f}} \tag{5-30}$$

档外法
$$x = \frac{l}{2}\sqrt{\frac{a - l_1\mathrm{tg}\theta}{f}} \tag{5-31}$$

为了防止产生过大误差当切点位置 $x < l/8$ 时，不用角度法。

（4）档侧角度法。如图 5-51 所示，其方法是将经纬仪置于距档距中心点 c 的线路侧面，并与线路垂直，经纬仪与 c 点距离约为两倍 c 点导线高度。

紧线时观测角

$$\theta = \mathrm{tg}^{-1}\frac{(h_a + h_b)/2 - f}{l_c} \tag{5-32}$$

竣工后验算弧垂，则弧垂为

$$f = \frac{l_a \mathrm{tg}\alpha_1 + l_b \mathrm{tg}\alpha_2}{2} - l_c \mathrm{tg}\theta \qquad (5\text{-}33)$$

式中　θ——将经纬仪放在档距侧，测量导线在档距中央点 c 与水平线的夹角；

h_a、h_b——分别为悬挂点 a、b 到 A、B 的距离，m；

　　l_c——仪器中心到 A、B 两点连线中央点 c 的水平距离，m；

　l_a、l_b——分别为经纬仪中心到 A、B 两点的水平距离，m；

α_1、α_2——Oa、Ob 两视线与水平线的夹角；

　A、B——与经纬仪同一水平高度处在悬点垂直线上的两个点。

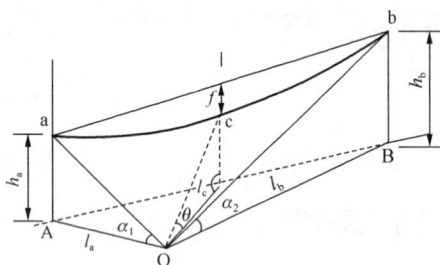

图 5-51　档侧观测法观测弧垂图

2. 弧垂误差及调整

不要认为现场使用经纬仪观测弧垂一定比等长法等目测好。角度法观测时，由于仪镜视角误差，而引起的弧垂误差；由于仪器定角误差及测定时切架空线切点偏离线条中心而引起的视角误差；由于定角、操作等原因造成切点的垂直高度误差，以致引起的弧垂误差；仪器置于中线垂直线下方，导线水平时，偏转 α 角来测定两边线弧垂而引起的两边线弧垂误差；以及悬挂点高差之误差 Δh 引起的弧垂误差。

由仪器而引起误差，可选用垂直角精度较高的经纬仪，而且仪器要充分检验调整，尽量消除误差。如不能消除，在测竖直角时，要用正倒镜观测取其平均值。在弧垂测定时应将指标差的正值或负值从观测角中增减。距离测量要正确，应用视距法或视差法，用对向观测或往返各测一次取其平均值的观测方法。

经纬仪置于中相悬点垂线之下，偏转 α 角测两边相引起的误差，在超高压线路观测弧垂时可测各相时放到各相悬点垂线之下来测量，也可通过计算纠正测边线时误差，予以纠正。

其余误差确定在误差率范围（如不大于 1‰）内可不作弧垂调整之条件，对规定使用垂直测角精度达 30″ 的经纬仪，分别求出档端、档内、档外角度法的相应的极限容许值范围，即 $(a/f)_{zd}$ 与 $(a/f)_{zx}$ 只要实际的 a/f 值在极限值范围之内，则容许用相应的角度法测定弧垂。

综上所述，角度法适用范围广，但测量项目多，且需要较高的测量精度，一般应用于不能用样板法测量的档距。使用该法时观测角应尽量接近高差角。

（四）平视法

架空线架设于大高差、大跨距以及其他特殊地形下，其弧垂用等长法、异长法难以观测时，亦可用平视法进行弧垂观测。

1. 观测及计算方法

平视法观测弧垂如图 5-52 所示。按式（5-33）、式（5-36）或式（5-34）、式（5-37）算出小平视弧垂值 f_A 或大平视弧垂值 f_B。在 A、B 两点设置仪器，当仪器水平视线 A′B′ 和导线最低点 O 相切时，停止紧线，这时导线弧垂即为所要的观测档弧垂。

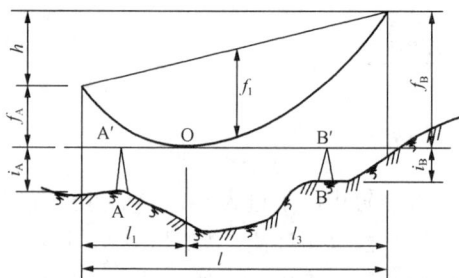

图 5-52　平视法观测弧垂图

当观测档导线悬点高差 $h < 10\%l$ 时，f_A 和 f_B 计算式为

$$f_A = f(1 - h/4f)^2 \tag{5-34}$$

$$f_B = f(1 + h/4f)^2 \tag{5-35}$$

其中

$$h = f_B - f_A \tag{5-36}$$

式中：f 按式（5-3）计算。

当观察档导线悬点高差 $h > 10\% l$ 时，f_A 及 f_B 计算式为

$$f_A = f_\varphi \left(1 - \frac{h}{4f_\varphi}\right)^2 \tag{5-37}$$

$$f_B = f_\varphi \left(1 + \frac{h}{4f_\varphi}\right)^2 \tag{5-38}$$

式中：f_φ 按式（5-15）计算。

应用平视法观测弧垂，要选取适当地点安置经纬仪，并根据小平视弧垂公式，可得出使用平视法的极限条件是

$$4f - h > 0$$

即

$$4f > h$$

2. 弧垂的误差及调整

（1）切点误差引起的弧垂误差。如图 5-53 所示，观测时，由于定角、操作等引起的切点垂直高度误差。

建议以仪器定角误差为 $20''$，由于切架空线切点偏离线条中心而产生的弧垂误差不大于 0.5%（可不作调整范围），作为允许采用平视法之标准。

该适用的范围，可根据已知的 l/f、d/l 及 $\text{tg}\varphi$ 值，查阅施工技术手册（架线工程部分）有关图表，即可确定相应的极限容许值 $(X/l)_{zx}$。若实际的 X/l 值等于或大于 $(X/l)_{zx}$ 时，则容许采用平视法来测定弧垂。

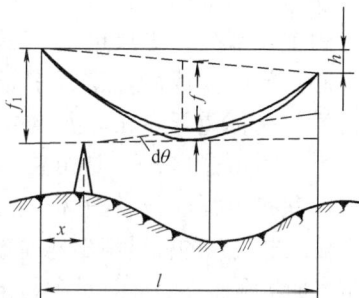

图 5-53 平视法切点误差引起的
弧垂误差

（2）架空线悬挂点高差的误差而引起的弧垂误差。以平视法测定弧垂，悬点高差 h 因测量而导致的误差，将影响小平视弧垂 f_A 及大平视弧垂 f_B 的计算值，从而影响架线弧垂的测量误差。

弧垂允许误差率为 1% 时，分别分析 $\Delta h/h$ 对小平视弧垂和大平视弧垂的 h/f 关系。若实际的 $\Delta h/h$ 值等于或小于 $(\Delta h/h)_{zd}$ 时，则观测档的悬挂点高误差引起的弧垂误差不超过 1%。分析的结果发现小平视弧垂测定的容许 $\Delta h/h$ 误差范围大，故平视法观测弧垂宜以小平视弧垂进行测定。

第 六 章

接 地 装 置 施 工

第一节 线路防雷与接地电阻

一、线路防雷的任务

地面的水蒸发为蒸汽，向上升起，遇到冷空气，凝成水滴。这些水滴，受空中强烈气流吹袭便形成带有大量电荷的雷云。水滴越积越多，雷云越积越重，电荷越积越密集，雷云越压越低。这些带电荷的雷云对大地感应出异性的电荷，两者相当于组成了一个巨大的电容器。电荷在雷云中并不是平均分布的，密集电荷中心附近的空气先被电离，成为先导放电的通道，电荷沿这个通道向地面发展，当最后这段距离空气也被电离时，先导电通道成了主放电通道，地面电荷沿通道进入云端，并和雷云中电荷中和，伴随雷鸣和闪光。因为电荷量大而放电时间短，故电流可达数百千安，这是雷电流中的主要部分。主放电后雷云中残余电荷沿通道进入地面称为余辉放电。第一个电荷中心主放电完成后，雷云中第二个或第三个电荷中心向第一个电荷中心形成的主放电通道放电称重复雷击，均比第一次主放电电流小，危害性也少。整个雷云放电过程称为直击雷击过电压，是由雷击时流经被击物的雷电流造成的。雷击的危害很大，能使房屋建筑倒塌、设备毁坏、人畜伤亡、树木烧焦。

输配电线路的杆塔高出地面数十米，并暴露在旷野或高山，亘延数十或数百公里，所以受雷击的机会很多。一旦遭到雷击，往往会使送电中断，使设备严重损坏。

为了防止输配电线路直接被雷击导线，沿线架设了避雷线，并将之接地，引直接雷击的雷电流经避雷线入地。避雷线上落雷后，由于雷电流十分大，在接地电阻上电压降数值很大，使避雷线的电位很高，导致导、地线间绝缘被击穿，这叫反击。有时雷云主放电会绕过避雷线直接击中导线称为绕击。

线路防雷的主要任务是：①防止直接雷击导线；②防止发生反击；③防止发生绕击。

二、线路防雷的措施

输配电线路的防雷保护装置，通常有避雷针、避雷线、耦合地线、保护间隙、管型和阀型避雷器。这些装置均经接地装置接地。

各级电压输电线路一般采用下列防雷方式：

500kV 及以上线路，应全线装设双避雷线，且输电线路愈高，保护角越小（有时小于20°），在山地高雷区，甚至可采用负保护角。

220~330kV 线路，应全线装设避雷线；330kV 和 220kV 山区线路采用双避雷线，保护角 20°左右。一般杆塔上避雷线对边导线的保护角为 20°~30°。

对于 110kV 线路，一般沿全线装设避雷线，在雷电活动特别强烈的地区宜装双避雷线。山区单避雷线保护角一般为 25°左右。在少雷区或运行经验证明雷电活动轻微的地区，可不沿全线架设避雷线，但应装设自动重合闸。

对于 35kV 及以下的水泥杆或铁塔线路，一般不沿全线架设避雷线，但杆塔仍需逐基接地。

在中性点非直接接地系统中对 35kV 及以上电压无避雷线的线路，应采取措施减少雷击引起的多相短路或两相异点接地引起的短路事故，即对水泥杆和铁塔及木杆线路中的铁横担均应接地，其接地电阻不受限制，但在多雷区不宜超过 30Ω，同时在接地时应充分利用杆塔自然接地作用。只有在土壤电阻率不超过 100Ω·m，或有运行经验的地区，才可不另设人工接地装置。

有些装设单避雷线的线路，其接地电阻又很难降低时，可在杆塔顶部再架一条避雷线，或在不改变杆顶结构而在导线下面再增加一条架空地线，叫做耦合地线，它不能减少绕击率，但在雷击杆顶时能起分流作用和耦合作用，可使线路耐雷水平提高 1 倍。

可以看出，在有无避雷线的输电线路中，不论是避雷线还是杆塔均需良好接地。

三、接地电阻与线路防雷关系

雷电压和雷电流幅值很大，波前很陡，衰减得很快，在输电线路中以波的形式传播。

当雷电压直击于杆塔顶部或附近避雷线时，假如接地电阻为零，则杆塔顶部电位也为零，流入大地的雷电流为雷电波幅值的 2 倍。实际上，接地电阻不可能为零，但只要接地电阻小于 20Ω，其杆塔顶部电位，也要比雷电压直击于无避雷线杆塔顶部电位降低 5 倍，若考虑避雷线的分流作用，这个倍数将更大。

雷击塔顶时，接地电阻愈大，塔顶电位愈高，其值大于一相绝缘子串 $U50\%$ 时（$U50\%$ 为绝缘子串冲击 50% 放电电压值），将由塔顶对该相导线闪络反击，由于避雷线与下导线间耦合作用最小，所以一般说来下导线最易反击闪络。

避雷线和降低杆塔接地电阻配合，对于 110kV 以上的水泥杆或铁塔线路是一种最有效的防雷措施。即可使雷击过电压降低到线路绝缘子串容许程度，而所增加的费用，一般不超过线路总造价的 10%。但随着线路电压等级降低，线路绝缘水平也降低，这时即使花很大投资架设避雷线和改善接地电阻，也不能将雷击引起的过电压降低到这些线路绝缘所能承受的水平。故对 35kV 以下的水泥杆或铁塔线路，一般不沿全线架设避雷线，但仍然需要逐基杆塔接地。因为这时若一相因雷击闪络接地，良好接地的杆塔实际上起到了避雷线的作用，这在一定程度上可以防止其他两相进一步闪络，而系统如果是经消弧线圈接地时，又可以有效地排除单相接地故障。

综上所述，无论在有避雷线或无避雷线的输电线路上，降低接地电阻是保障正常运行的重要防雷措施。但接地施工是隐蔽工程，处于工程收尾阶段，工艺又比较简单，往往不被重视，所以必须认识到接地装置对线路防雷的重要作用，按设计精心施工，不留隐患。

四、输电线路的接地电阻

输电线路接地装置通过故障电流时，从接地螺栓起的接地部分与大地零电位之间的电位差，称接地装置的电位。接地装置对地电压与通过接地体流入电流的比值称为接地电阻。它包括接地线的电阻、接地体的电阻、接地体与土壤间的接触电阻和地电阻四项。前两项比后两项小得多，接地电阻主要决定于后两项。

接地装置的接地电阻在大幅值的冲击雷电流作用下和工频实测接地电阻值不同。当大幅值冲击电流入大地时，强电场使在入地处附近土壤火花放电（见图 6-1），这等于加大

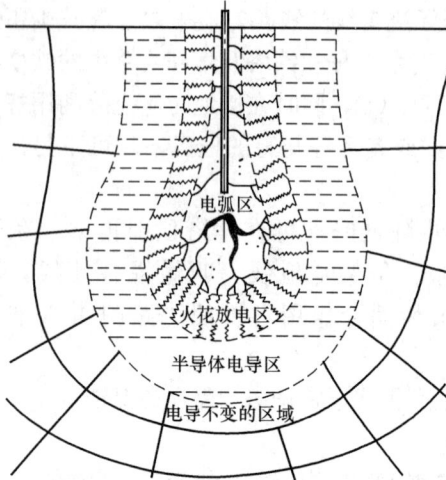

图 6-1 接地体流过大的冲击电流时土壤中放电过程的性质

了接地装置的尺寸使接地电阻值减小；但雷电流陡度大，相当于高频电流，使接地装置电感增大，特别是伸长带形接地装置的电感对电流阻力更大，这又使冲击接地电阻大于工频接地电阻。单个接地体冲击接地电阻 R_{ch} 与工频接地电阻 R 的关系为

$$R_{ch} = \alpha R \qquad (6-1)$$

式中　α——接地体的冲击系数，一般在 $0.2\sim$ 1.25 范围内。

冲击接地电阻和通过接地体的雷电冲击电流值大小有关，无法测量，所以过电压保护规程规定的是杆塔不连避雷线时的工频接地电阻。在雷季干燥时，不宜超过表 6-1 所列数值。

表 6-1　　　　　　有避雷线架空输电线路杆塔的工频接地电阻（Ω）

土壤电阻率（Ω·m）	100 及以下	100~500	500~1000	1000~2000	2000 以上
接地电阻	10	15	20	25	30*

* 如土壤电阻率很高，接地电阻很难降低到 30Ω 时，可采用 6~8 根总长度不超过 500m 的放射形接地体或连续伸长接地体，其接地电阻不受限制。

第二节　接地装置及施工

一、接地装置

接地装置包括接地体和接地引下线。接地装置的作用就是雷击避雷线时将巨大的雷电流引入大地，并通过接地体向大地扩散，所以接地装置不仅需要可靠的机械强度，还要有足够截面积，以保证雷电流通过时的动稳定和热稳定。

接地引下线可以利用钢筋混凝土电杆的钢筋或铁塔主材，如图 6-2、图 6-3 所示，用单独的接地引下线一端与接地体连接，另一端用螺栓与钢筋或铁塔主材连接。接地引下线上焊有连接板，测量接地体接地电阻时要将连接板上螺栓松开。预应力电杆不允许以钢筋代替接地引下线。

接地体埋设于杆塔基础的四周，其型号很多，常见的接地体有：

（1）单一的垂直型接地体，多用角钢、钢管、或型钢打入地中的金属导电体，接地体上端距地面应不小于 0.5m。

（2）单一的水平放射形接地体，多用长度不超过 100m 的钢带或圆钢顺线路方向埋入地沟中的金属导电体。

（3）水平环形接地体，多用钢带或圆钢埋入基础四周成环形或方框形，如图 6-4（a）所示。

（4）水平环形和放射形组合的接地体，多为方框形接地体四角再连接单根水平接地体，如图 6-4（b）所示。

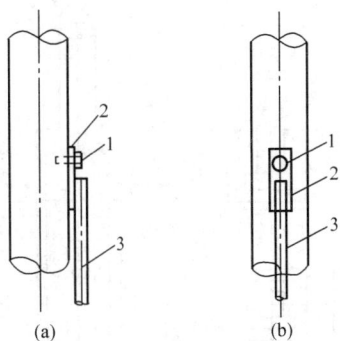

图 6-2 单独接地引下
线与混凝土电杆的连接
(a) 正面；(b) 侧面
1—螺栓；2—连接板；3—接地引下线

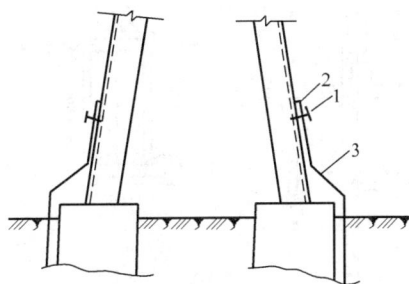

图 6-3 单独接地引下
线与铁塔主材的连接
1—螺栓；2—连接板；3—接地引下线

采用何种接地体形状，主要根据土壤的电阻率决定，土壤的电阻率愈大，形状愈复杂，甚至由几种接地体联合组成。

接地体所用材料都是钢材，主要是考虑腐蚀及机械强度的需要，一般可用圆钢、钢带及角钢。圆钢用直径 10mm 以上；钢带用截面不小于 100mm²，厚度不小于 4mm，如 40mm×4mm 或 25mm×4mm 扁钢；钢管壁厚应大于 3.5mm，外径应大于 25mm；角钢用 50mm×6mm 或 40mm×5mm 的规格。

图 6-4 接地体
(a) 环形；(b) 环形放射形组合
1—接地体；2—接地引下线；
3—基础

接地引下线一般用直径 8mm 圆钢，如用镀锌钢绞线时，其截面积不应小于 50mm²，引出线应热镀锌。

接地体埋入地下部分，可不进行防腐处理，但接地引下线至地面以下 300mm 部分须防腐处理，通常防腐处理以热镀锌为好。

二、接地装置施工

输电线路常用的接地装置型式；钢筋混凝土电杆接地装置如图 6-5 所示；铁塔接地装置如图 6-6 所示。随着国民经济发展，架空输电线路需深入市区，采用传统的接地方式很难实现，须采用深埋接地极的接地方式，深埋接地极组装图如图 6-7 所示。市内架空输电线路可采用图 6-8 装配式深埋接地极。

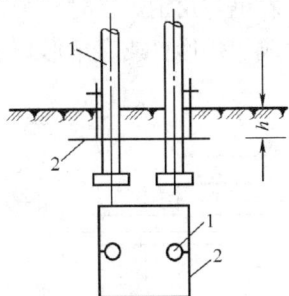

图 6-5 混凝土杆用接地装置
1—电杆；2—接地体

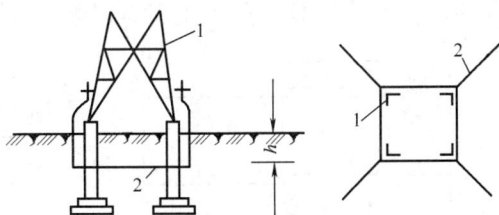

图 6-6 铁塔用接地装置
1—铁塔；2—接地体

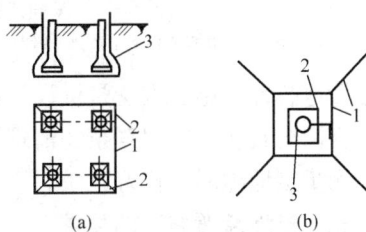

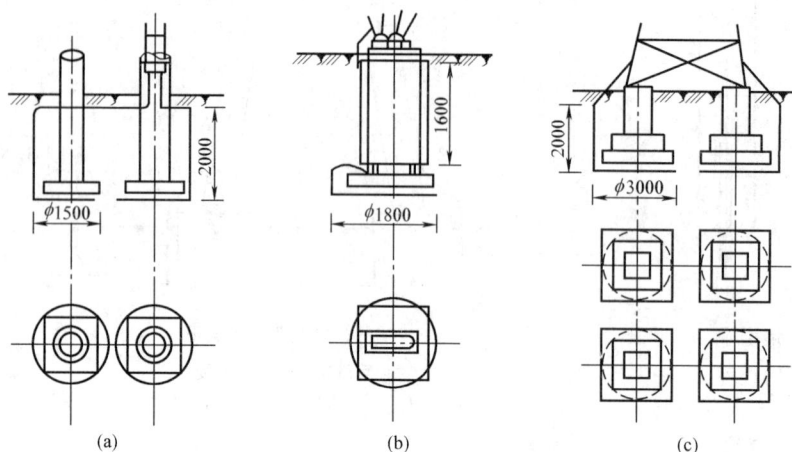

图 6-7 深埋式接地极组装图
(a) 混凝土电杆；(b) 拉线 V 形塔；(c) 四腿正方铁塔

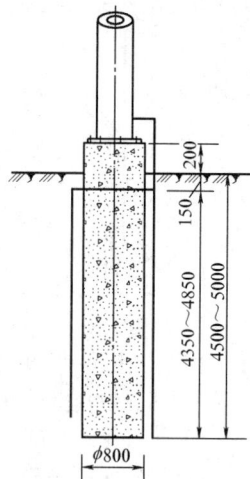

图 6-8 装配式基础
深埋接地极

接地装置的施工方法是按设计确定的接地体布置形式和埋深，开挖接地槽，接地槽挖完后，将沟内石块、树根等杂物清理干净，沟底整平，然后放入接地体，分层回填细土夯实，最后测量接地电阻，作好记录。

三、接地装置施工的要求

（1）埋设。接地体的埋设应符合设计要求，一般接地体埋深不宜小于 0.5m，接地体铺设应平直，在倾斜地形宜沿等高线铺设，防止因接地沟被冲刷而造成接地体外露。在耕地中接地体，应埋设在耕作深度以下。水平放射形接地体之间距离不宜小于 5m。垂直接地体应垂直打入地中，并防止晃动，以保证与土壤接触良好。

（2）改道。挖接地槽时，应避开道路及地下管道、电缆等设施，如遇大石块等障碍物时，可以绕开避让。应根据实际施工情况在施工记录上绘制接地装置敷设简图，并标明其相对位置和尺寸，但原设计图为环形者仍应呈环形。

（3）焊接和爆压。接地装置连接应可靠，除设计规定的断开点可用螺栓连接外，一般应用焊接或爆压连接。连接前应清除连接部位的铁锈等附着物。

当采用搭接焊接时，圆钢的搭接长度应为其直径的 6 倍，并双面施焊如图 6-9 所示；扁钢搭接长度应为其宽度的 2 倍，并四面施焊（至少 3 个棱边焊接），如图 6-10 所示。圆钢与扁钢连接时，其长度为圆钢直径的 6 倍。扁钢与钢管、扁钢与角钢焊接时，为了连接可靠，除应在其接触部位两侧进行焊接外，还应焊以由钢带弯成的弧形（或直角形）卡子或直接由钢带本身弯成弧形（或直角形）与钢管（或角钢）焊接。

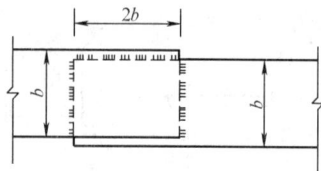

图 6-9 圆钢接地体焊接

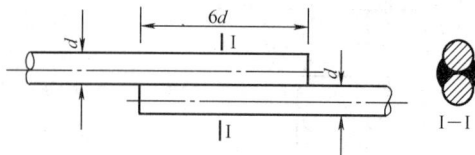

图 6-10 扁钢接地体焊接

当圆钢采用爆压连接时，爆压管的壁厚不得小于 3mm；长度不得小于：搭接时，圆钢直径的 10 倍；对接时，圆钢直径的 20 倍，如图 6-11 所示。

（4）连接。接地引下线与杆塔的连接应接触良好，并应便于打开测量接地电阻。当引下线直接从架空避雷线引下时，引下线应紧靠杆身，并应每隔 1～3m 与杆身固定一次。

（5）回填土。接地体敷设完毕回填土时，不得将石块、杂草等杂质填入。岩石地区应换好土回填。回填土应每隔 200mm 夯实一次，夯实程度，对接地电阻值有明显的影响。回填土应高出地面 100～300mm，做防沉层。埋在地下的接地带由于氧浓电池作用而受到腐蚀，为了降低腐蚀速度，要求接地网沟内的回填土与沟底原土含氧浓度差别不要太大，以减小氧浓电池电位差，所以接地沟的回填土必须分层夯实。

（6）降阻措施。为了降低接地电阻应尽量利用杆塔金属基础、钢筋水泥基础、底盘、卡盘、拉线盘等自然接地。当必须增加人工接地体时，尽量利用杆塔基础坑及施工时使用的坑来埋设，既减少土方，又可深埋。如杆塔附近有较低土壤电阻率的土层时，可以用接地带引到该处土壤再做集中接地，但引线长不宜超过 60m。对土壤电阻率极高处可在接地沟内换用电阻率低的土壤。如换土方法难实现，也可采用化学降阻剂处理。

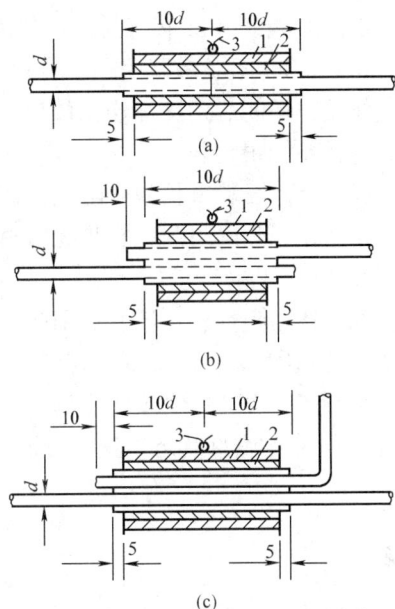

图 6-11　圆钢接地体爆压连接

（a）对接连接；（b）搭接连接；（c）分支连接
1—外层炸药；2—内层炸药；3—雷管

四、化学降阻剂降低架空线接地极电阻

采用化学的方法改善接地极周围散流介质的状况，以避免单纯扩大电气装置、变电站与电力线路的接地网的面积与埋设深度，在国内外已有很大发展。有机化学降阻剂主要成分为丙烯酰胺类制品，无机化学降阻剂是膨润土、蛇纹石类制品。我国主要化学降阻剂介绍如下：

（1）聚丙烯酰胺化学降阻剂。由大连东方电气工程公司生产，是黑色稀薄液体状，现场使用时加入白色粉末状引发剂，搅拌均匀，1～2h 形成有弹性半透明乳白色凝胶体，现拌现用。已有 10 年以上保持降阻能力的运行经验，它比未用降阻剂的接地极氧化与腐蚀程度轻，降阻剂对水分有失而复得能力，保水能力强，且其高分子物质不溶于水，因而对周围环境污染小。

（2）富兰克林—民生 909 长效接地电阻降阻剂。它是固体灰褐色粉末，基本成分为钠基膨润土，是吸水稳定的天然非金属矿物。降阻剂作为阳极可防止阴极钢铁的腐蚀，它还加入一些稀土镍及分子筛类物质，形成很多笼状空穴，有利于导电离子和水分储存。该降阻剂由 A、B 两种成分粉末在现场加水配置。它无毒、无污染，显中性略偏碱，对接地体有保护作用，可延缓其腐蚀速度，预期寿命 40 年。它已在 20 多个省市得到应用。

（3）XJZ-2 型稀土化学降阻剂。外观为黑色粉末，除了本身遇水后不溶解并能生成水合离子型化合物外，还能催化激活碱土金属溶液，形成弱碱性化合物，由于电离作用而成为电解质，加强了降阻剂降阻作用。施工时取水与相同质量干粉混合。山区用水不便时，可直接用干粉。在用于大亚湾 500kV 核电站输电线路杆塔接地电阻在协议中，厂方保证有效期为 25 年以上。配方中无有害元素，故无污染。

（4）JFJ-1 型长效降阻剂。甘肃电力设计院开发，它不仅能起降低电阻、防止对接地体腐蚀作用，还能起到良好均压效果，在沙漠、卵石或其他高土壤电阻率地区使用，降阻效果和经济效益均很显著。

（5）海泡石粉末长效降阻剂。湖南送变电公司成功地采用与日本蛇纹岩粉末相类似的海泡石粉末作长效降阻剂。它是无机材料，降阻效果不低于合成树脂，而对人畜无毒害，价格低廉。

除上述降阻剂外，还有贵阳防霉降阻材料厂生产的百花牌降阻材料，成都复合降阻材料厂生产的 GJ-F 复合接地降阻材料各有特点。顺便提及，日本过去搞的专利，用石墨、水泥、生石灰，以 2：2：1 的比例，再适量加入盐水混合，这个配方经济方便，降阻效果可以维持 4~5 年的良好状态。这一方法目前仍有参考使用价值。

第三节 接 地 电 阻 测 量

接地装置施工完毕要测量接地电阻是否符合规定，土壤电阻率一般由设计单位测定，填写于设计图纸上，但有时图纸数据与现场不符，特别是按图施工后，接地电阻达不到设计规定时，应进行土壤电阻率测定。

一、ZC-8 型接地电阻测量仪

测量接地电阻一般都用兆欧表，ZC-8 型接地电阻测量仪是按补偿法的原理作成，内附手摇发电机作为电源，其外形和原理图如图 6-12 所示，它的外形和兆欧表相似，所以又称接地电阻兆欧表。

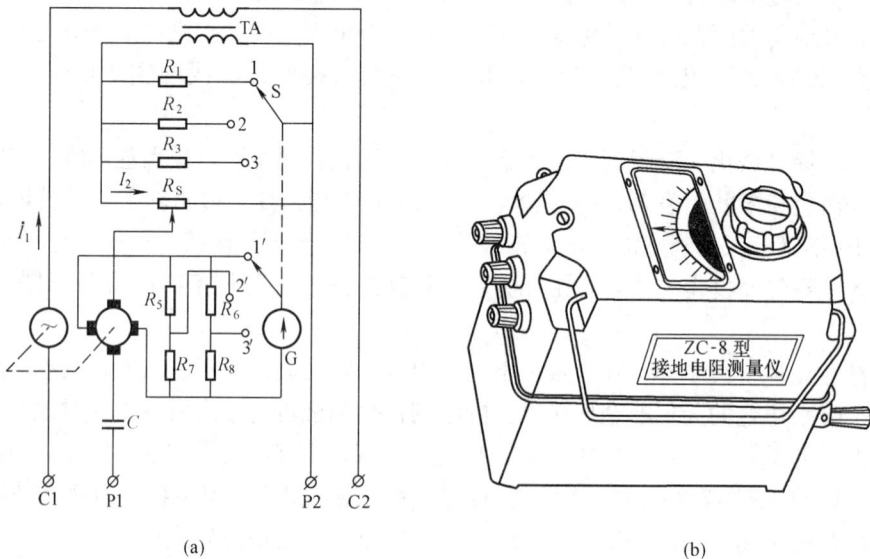

(a) (b)

图 6-12 ZC-8 接地电阻测量仪

（a）原理接线图；（b）外形（三端钮式）

这种测量仪有三端钮式和四端钮式两种。三端钮式测量仪"P2"和"C2"已在内部短接，只引出一个"E"如图6-13所示。测量接地电阻时，"E"接在接地体上，"C1"接电流辅助探针插入距接地体较远地中，"P1"接电位辅助探针插入距接地体较近地中。手摇交流发电机发出115Hz交流电，在"E"和"C1"间形成电流为I的闭合回路，"E"和"P1"间的压降为IR_x，互感器二次侧电流为KI，R_s为可调电阻，调节KIR_s和IR_x相等时，检流器指针处于零位，则被测接地电阻为

$$R_x = KR_s \qquad\qquad (6-2)$$

由于采用磁电式检流计，故两侧压降经机械整流器或相敏整流器整流。S是联动的两组三档分流电阻$R_1 \sim R_3$及$R_5 \sim R_8$的转换开关，用以实现对电流互感器二次侧电流及检流计支路的分流。选择转换开关三个档位，可以得到$0 \sim 1\Omega$、$0 \sim 10\Omega$和$0 \sim 100\Omega$三个量程。

四端钮式的接地电阻兆欧表，可以测量接地电阻，也可以测量土壤电阻率。

二、接地电阻的测量

测量接地电阻可按测量仪表的说明书布线，具体测量接线和布置如图6-13所示。测量时打开接地引下线，E和引下线D连接，距接地装置被测点D为Y处打一钢棒A（电位探针）并与接线端钮P连接，再距D点为Z处打一钢棒B（电流探针）并与接线端钮C连接。电位探针和电流探针布置距离为：$Y \geqslant 2.5l$，$Z \geqslant 4l$（l为最长水平伸长接地体长度）。一般取$Y=80$m，$Z=120$m。

测量步骤为：

（1）按图6-13布置，将直径10mm的钢棒A、B打入地下0.5m左右。

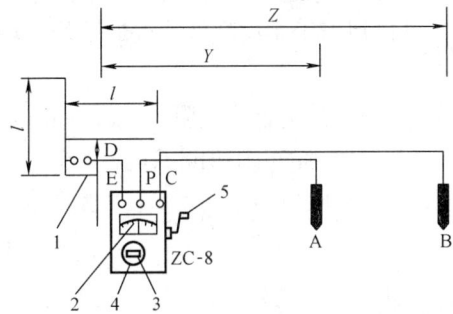

图6-13　测量接地电阻的接线和布置
1—被测接地装置；2—检流计；3—倍率标度；
4—测量标度盘；5—摇柄

（2）接好连线，检查检流计指针是否在零位，否则用零位调整器调整。

（3）将"倍率标度"放在最大处（如×100），慢慢摇动摇柄，同时旋转"测量标度盘"使检流计指针指在零位。

（4）当检流计指针接近平衡时，加速摇动摇柄达到额定值（每分钟120转），调整"测量标度盘"，使检流计指针指在零位。

（5）如果"测量标度盘"的读数小于1时，应将"倍率标度"置于较小的倍数，再重新调整"测量标度盘"，以得到正确的读数。

（6）用"测量标度盘"的读数乘以"倍率标度"的倍数，即得到所测的接地电阻的数值。

测量接地电阻时，应避免在雨雪天气测量，一般可在雨后三天进行测量。

所测的接地电阻值尚应根据当时土壤干燥、潮湿情况乘以季节系数，其值可按表6-2取用。

表6-2　　　　防雷接地装置的季节系数

埋深（m）	水平接地体	2~3m的垂直接地体
0.5	1.4~1.8	1.2~1.4
0.8~1.0	1.25~1.45	1.15~1.3
2.5~3.0（深埋接地体）	1.0~1.1	1.0~1.1

注　测量接地电阻时，如土壤比较干燥，则应采用表中较小值；如土壤比较潮湿，则应采用表中较大值。

三、土壤电阻率的测量

单位立方体土壤的对面之间的电阻称土壤电阻率，单位是 $\Omega \cdot cm$ 或 $\Omega \cdot m$。

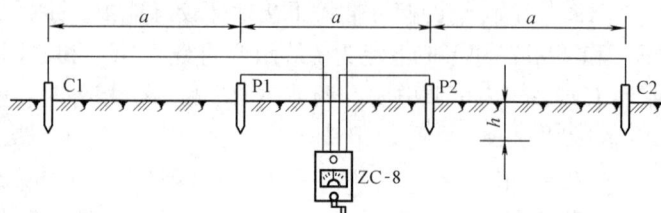

图 6 - 14　测量土壤电阻率的接线和布置

测量土壤电阻率用四端钮式 ZC-8 型接地电阻兆欧表，其测量接线和布置如图 6 - 14 所示。将四个测量端钮接四根接地棒，成一直线打入土内，它们之间距离为 am 时，棒的埋入深度不应小于 $\frac{a}{20}$，a 可以取整数以便于计算。

其测量步骤与测量接地电阻步骤相同。边摇动摇柄边调节"倍率标度"和"测量标度盘"，指针平稳地处于零位时，可读得连接 P1 和 P2 的两棒间电阻，将测得电阻按下式计算，可得相当于 a 深度处的近似平均土壤电阻率，即

$$\rho = 2\pi aR \qquad (6 - 3)$$

式中　ρ——被测土壤电阻率，$\Omega \cdot cm$；

　　　　R——所测电阻值，Ω；

　　　　a——电极间距离，m，一般取值为 4~7。

第 七 章

500kV 以上线路施工

随着国民经济发展，我国各大电网管理部门都在建设以 500kV 以上交流输电线路作为电网的骨架。各大电网之间也已开始用直流±500kV 输电线路联系，实现大电网之间的非同期联网。

500kV 以上输电线路施工和高压输电线路施工比较，有许多不同的施工特点。本章从杆塔施工、张力放线、紧线、平衡挂线及附件安装，这些方面介绍 500kV 线路施工的特点，最后还介绍了以特殊施工为主要内容的大跨越施工。基础施工方面已穿插在第二章中作了介绍，这里不再专门讲述。

第一节 500kV 以上线路的杆塔施工

一、500kV 以上线路杆塔的结构特点

我国 500kV 近期铁塔与前期铁塔相比，它客观确定了外力载荷条件、水平档距、垂直档距、线间距离、绝缘子的片数、施工时的临时载荷，各值比前期均有所减少。铁塔的结构上更为合理，减少冗杆，改变了传统设置过多的横膈材，充分发挥了各部件构件的承载能力。华北电力设计院设计的酒杯塔、直线拉线 V 形塔，后期塔型比前期分别节省钢材 30% 和 28%，减轻了质量。

有论文分析，从我国经济能力出发，500kV 线路经济呼称高为 33m，它的杆型主要有下面几种类型。

（一）φ500 等径钢筋预应力混凝土 Ⅱ 形双杆（见图 7 - 1）

它带横梁，有双层交叉拉线，横担中部为屋架型立体桁架，上端加两根水平拉杆，结构简单、受力好。电杆分段为 4.5m 和 6m，便于运输和排杆。这种杆型最高可达到呼称高 39.5m，它和同呼称高的拉线 V 形塔相比，每基节省钢材 3.5t，综合投资节省 5000 元/基（1989 年价格）。

苏联在 750kV 线路上也广泛使用钢筋混凝土电杆。但我国 500kV 线路很少采用钢筋混凝土电杆，目前对于 500kV 线路是否适宜采用钢筋混凝土电杆的问题有不同意见。

（二）500kV 以上拉线塔

500kV 以上拉线塔主要有拉线 V 形塔（简称拉 V 塔）、拉线猫头形塔（简称拉猫塔）、内拉线门形塔（简称内拉门塔）（见图 7-2）。

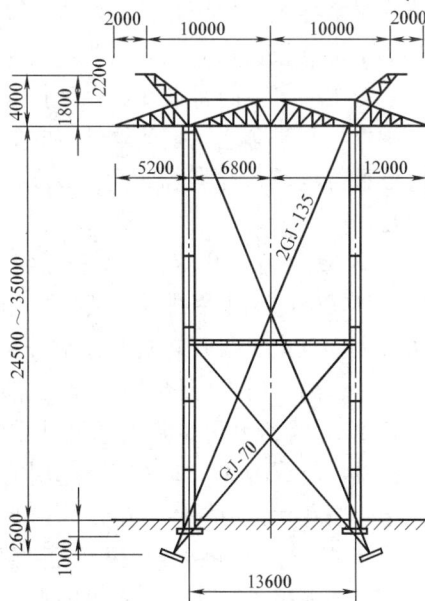

图 7 - 1　φ500 等径钢筋预应力混凝土 Ⅱ 形双杆

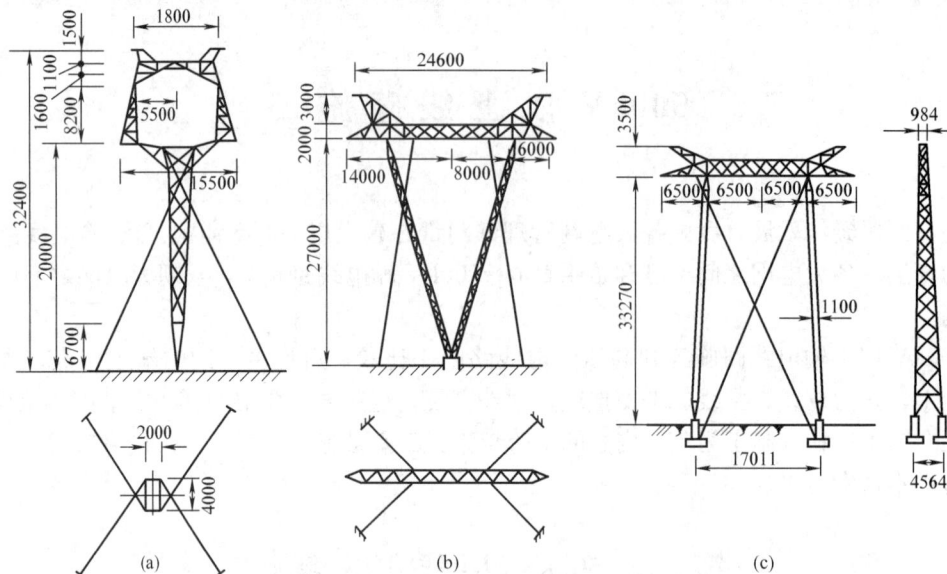

图 7-2 500kV 拉线塔

(a) 拉猫塔；(b) 拉 V 塔；(c) ZN 内拉线门形塔

拉线塔和自立塔（相同塔头类型）相比，节省钢材显著、受力好、自重轻、施工方便，是我国现有 500kV 输电线路中直线塔主要塔型，从习惯上看，北方偏重内拉门塔，采用拉 V 塔还是拉猫塔，视线路是水平排列还是三角排列而定。

拉 V 塔导线水平排列，拉线为八字形外拉线，主柱和基础顶面为球绞结构，以前拉 V 塔，基础顶面为双锅形球绞，很难使两个球面均接触良好，施工调整均感困难，现在不少设计院已改为单锅形球绞结构。

拉猫塔导线三角排列，单柱 Y 形，立柱截面是正方形变截面结构，上大下小，底端和基础为锅形球绞接触。拉线为八字交叉外拉线，这是分坑时值得注意的特点。

内拉门塔，侧向有根开，交叉拉线在立柱之间，与基础相连为内拉线，对机械耕种影响小。除立柱和基础之间是球绞外，它立柱和横担之间为绞接相连，是结构上薄弱环节。

三种拉线塔，拉猫塔最重、最高，拉门塔次之，拉 V 塔最轻、最低。它们均头重脚轻，重心高。

（三）酒杯形、猫头形直线和直线兼角塔及换位塔（见图 7-3）

酒杯铁塔导线水平排列，所以横担长而重，导线走廊宽，曲臂要占普通塔高一半左右。它根开大，且横线路方向根开比顺线路方向根开大很多。由于广泛采用在直线塔和跨越塔中，所以塔高、塔重变化很大。在江都至黄渡线上意大利设计的宽基酒杯塔，呼称高 33m，自重仅 12t，但根开可达到 12m 以上。塔身斜材少，而且形成呼称高 30～42m 系列结构，不需要拉线，已成为华东地区广泛选用的直线杆型。

猫头塔及换位塔导线三角排列，所以塔较高而横担较短，塔身截面为正方形，但塔身最下段 K 节点横、顺线路方向根开相差悬殊。

直线塔横担是对称的，兼角塔则是不对称的。这三种塔型共同的特点是主、辅材单薄，分段组片时刚度较差。

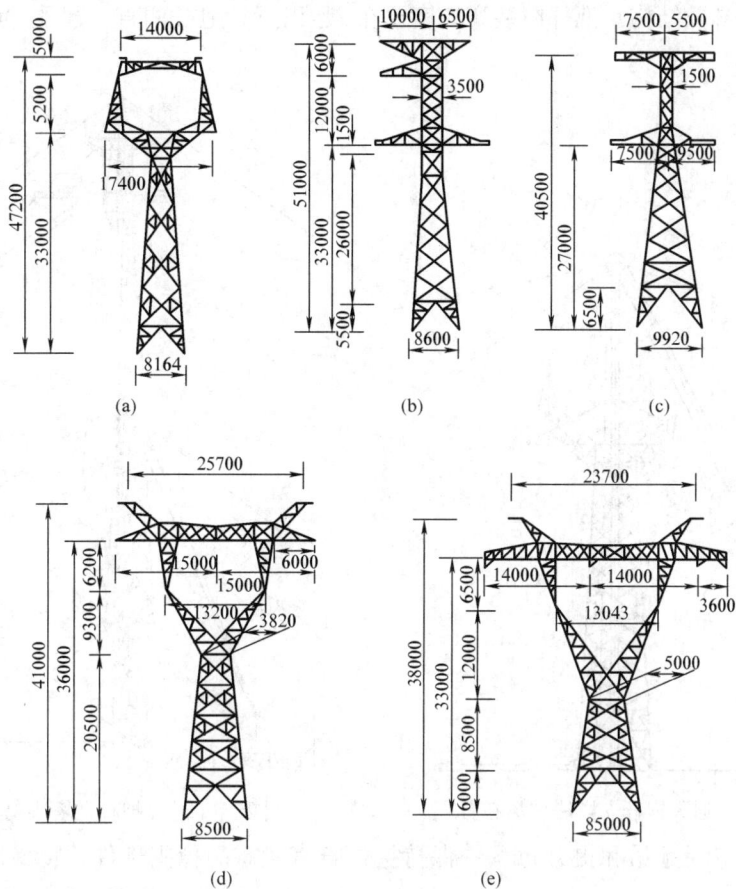

图 7-3　500kV 自立杆塔主要类型

（a）猫头形直线塔；（b）DFH 型换位塔；（c）JG 型干字耐张塔；

（d）不兼角 ZB 型塔；（e）兼角 ZJ 型塔

（四）干字形铁塔

一般用作大转角和耐张塔，由于荷载重，又有角度力，塔重大，塔身正方形截面，根开特别大，横担不对称布置，分段组片时刚度好。

（五）双回路直线塔、双回路转角塔

它导线重，铁塔主材型号大，根开对称，塔片刚度好，两侧导线一般为梯形或鼓形排列，有三层导线横担。而双回路跨越塔大多两屋横担，导线三角形排列。

二、500kV 以上线路铁塔的一般立塔方法

（一）通天抱杆、悬浮抱杆立塔法

通天抱杆立塔法是各地普遍采用的传统方式，在立高塔或山区立塔时，通天抱杆太重，可采用悬浮抱杆方法，省去下段。分解立塔时，基础必须经过验收，强度已达设计强度70％方可进行。它们的现场布置分别如图 7-4 和图 7-5 所示。

1. 现场布置

（1）通天抱杆。抱杆全长 50m 左右用铝合金或角钢做成 500mm×500mm 或 600mm×600mm 方形截面。杆身分节，每节长 4m 左右，节间用内法兰螺栓连接。抱杆顶部四侧有孔，可挂四方拉线，还要能悬挂两只可以游荡的定滑车。抱杆底部要垫平，使四根主材同时受力，最好做成球铰结构。抱杆组装弯曲度要在2‰以下，抱杆调直、起重过程中均要用经纬仪监视。

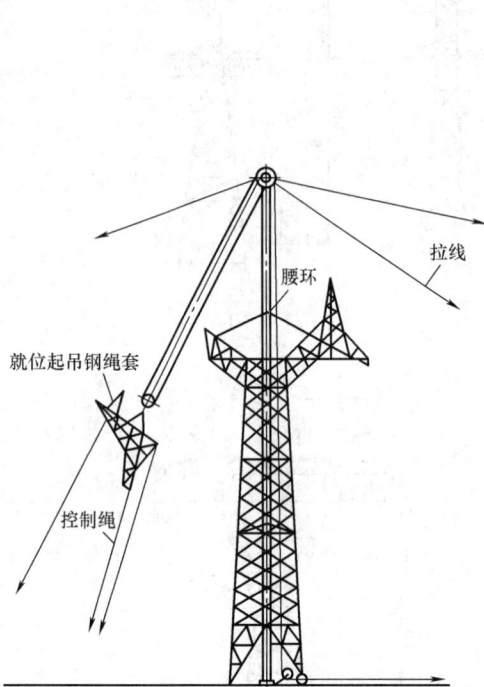

图7-4　通天抱杆立塔法现场布置

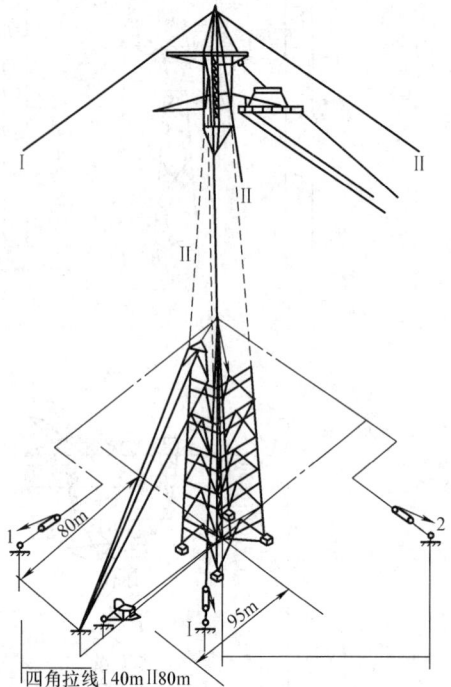

图7-5　悬浮抱杆立塔法现场布置

（2）腰箍。它是起吊和提升过程中保持抱杆长直状态的稳固部件。腰箍用钢管焊成方形，四个边上套滚筒，它和抱杆既要紧靠，又要不妨碍提升。腰箍四角和杆塔四角间用四把小双钩调节固定，如图7-6所示。

（3）落地拉线。拉线调整应灵活，能松能紧，可在下端装0-1滑车组，滑车一侧装链条葫芦，另一侧装松绳器，这样可松可紧。拉线对地夹角要在45°以下，吊底部几段时因反侧拉线受力大，要求和地面夹角在25°以下。

（4）悬浮抱杆。悬浮抱杆除20m起始段外，抱杆提升后不接长，而是用承托绳和双钩紧线器把抱杆固定在已立塔段主节点上，主节点间应有水平材撑紧，承托绳和抱杆夹角不大于40°。

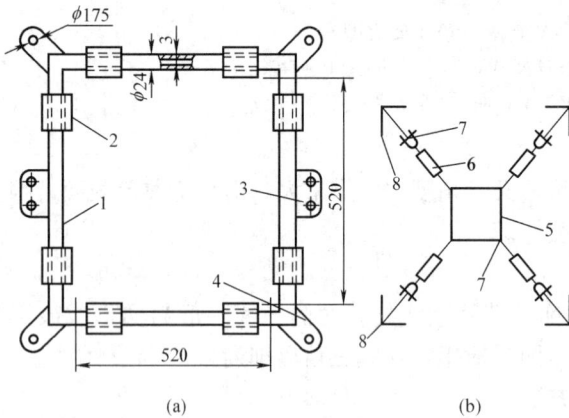

图7-6　腰箍

（a）腰箍结构；（b）腰箍安装

1—φ24×3钢管；2—液筒；3、4—挂板；5—腰环；6—小型双钩；7—卸扣；8—铁塔主材

2. 关键工艺、操作要点

（1）立抱杆。一般先起立20m，可以用倒落式抱杆立杆法；也可先插好三面塔材，用一

根抱杆起立抱杆，起立后缺口处封好；也可以先立好固定双抱杆，然后通过抱杆顶部朝天滑车，起立 20m 抱杆起始段，如图 7-7 所示。

（2）吊下段。下段塔身根开大、塔材重而抱杆低、起吊角太大，应使四方拉线对地夹角在 25°以内，并将抱杆适当前倾以减少反侧拉线和控制绳的受力。起吊角、前倾角均应限制在 30°以内，如图 7-8 所示。

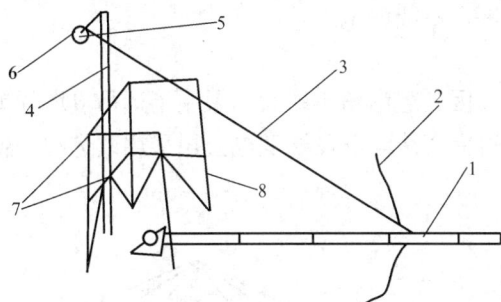

图 7-7　立抱杆起始段现场布置

1—抱杆；2—侧面控制大绳；3—φ13 钢丝绳；

4—木抱杆；5—H3×1 滑车；6—制动力；

7—木抱杆与塔身绑扎；8—塔身

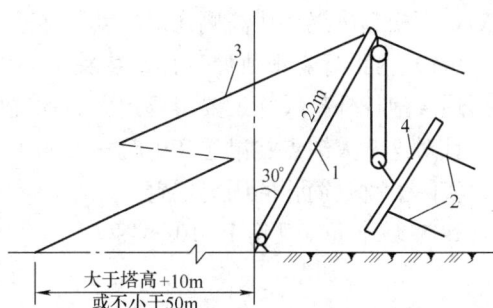

图 7-8　抱杆吊下段

1—抱杆下段；2—控制绳；

3—对侧拉线；4—塔材

（3）通天抱杆倒提升抱杆（见图 7-9）。先打好二道腰箍，上箍在已立塔段平口处，可防止提升中抱杆倾斜。倒提办法是一根提升钢丝绳，穿过平衡滑车，经铁塔两对角脚上转向滑车，向上经过腰滑车，再向下挂住待升抱杆的底部两个对角。绞磨牵引平衡滑车前移时提起待升抱杆，在这抱杆下部接上需接长的一段，拖入提升抱杆的下部，放好位置后，放松平衡滑车，螺栓连接两段间内有法兰。每次接长，最多提升二次，每次接入一段，共可接长 8m。

提升抱杆时同步放松拉线是关键，各拉线操作人员要听从统一指挥，装置要松紧自如。

（4）悬浮抱杆托起底滑车提升。悬浮抱杆每次提升时高度不同且不必接长。它是一根提升钢绳的一端挂在腰滑车对侧塔片主节点上，另一端穿过抱杆底部定滑车，向上引到腰滑车，再下引到挂在塔脚上的转向滑车最后到绞磨。当收紧提升钢绳时，底滑车托起抱杆上升，到需要的

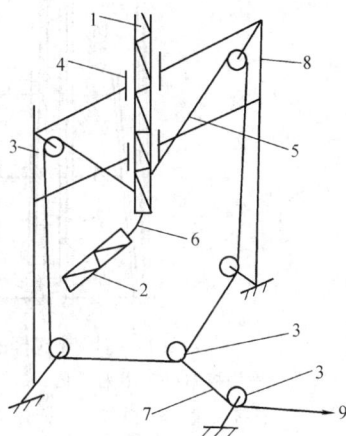

图 7-9　倒提升抱杆系统布置

1—组好抱杆段；2—待接续抱杆段；

3—H3×1 滑车；4—腰环；5—起吊

绳；6—钢绳套；7—平衡牵引力；

8—铁塔主材；9—制动力

高度，打好四角承托绳，承托绳与抱杆夹角应不大于 40°。悬浮抱杆平时起吊时腰箍松开，以减少抱杆受弯力。而提升抱杆前应和通天抱杆一样方法，打好二道腰箍。

（5）单侧起吊预偏。这时起吊反侧拉线受力大，所以应先将抱杆头部调节向反侧预偏20~30cm，这时反侧拉线也可用另一副不用的起吊滑车组代替。起吊离地后应调直抱杆。如果吊上段时起吊角很小，应宁让抱杆头部前倾，不要让起吊时抱杆头反偏。

（6）双侧限额平衡起吊。双侧起吊，重量相同，两侧平衡，但过重的塔片要拆去一部分再平衡起吊。

（7）控制绳的使用。被吊塔片三根控制绳有不让塔片和塔身相碰和帮助塔片就位的作用。被吊塔片上部系一根、下部系二根控制绳，主要的那根要穿入缓冲器，随吊片上升均匀松放。另二根控制绳帮助塔片就位，要等二侧塔片间已连在整体后，才拆除控制绳。

（8）塔片不平时的操作要点。塔片不平时起吊高度稍超过连接点，先低侧就位，低侧就位后，渐松起吊绳，让高侧孔对准就位，这个次序，不能颠倒。

（二）内摇臂和平伸臂抱杆立塔法

通天抱杆外拉线施工要求场地大、地锚多，又因其起吊角不能大而限制了远吊点塔片就位。针对这两大缺点甘肃送变电公司发明了内摇臂立塔法。安徽送变电公司采用改进的平伸臂，实际上就是简化的固定摇臂。

1. 现场布置（见图 7-10 和图 7-11）

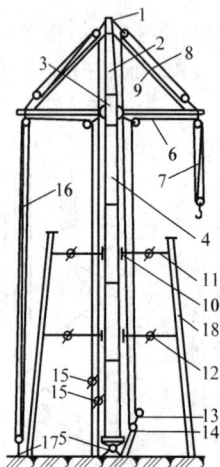

图 7-10 内摇臂抱杆的总体布置图

1—抱杆帽；2—抱杆上段；3—抱杆加强段；4—抱
杆接续段；5—球铰底座；6—吊臂；7—起吊滑车
组；8—吊臂起伏滑车组；9—保险绳；10—腰环
11—腰环控制绳；12—小双钩紧线器；13—接
机动绞磨；14—接人力绞磨；15—手扳葫芦；
16—平衡滑车组；17—钢绳套；
18—已组好的塔身

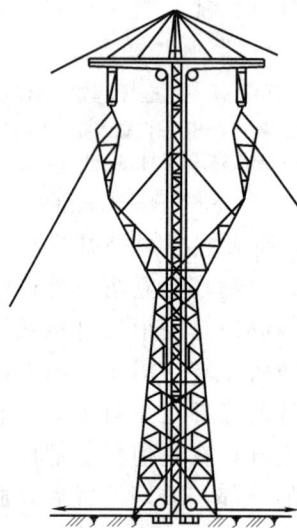

图 7-11 平伸臂立塔法现场布置

（1）抱杆：由五部分组成，即球铰底座、可接长的抱杆本体、连接摇臂的绞接部分、下大上小的四方锥体的抱杆上部以及抱杆顶帽。抱杆截面和每节长度同通天抱杆。

（2）二组主、二组副摇臂：主副摇臂对称布置，一般情况顺、横线路方向排列，在重型塔吊塔腿时顺基础对角线排列。

（3）起伏滑车组和保险绳：主摇臂长 9m，副摇臂长 5m，分别用 50kN3-3 滑车组和 20kN2-1 滑车组控制。吊臂在垂直角 5°～90°范围内作起伏运动。为防止吊臂脱落，在抱杆帽和臂之间用千斤绳套做保险绳。

（4）主副起吊滑车组：主臂用 80kN3-2 滑车组，副臂用 20kN1-1 滑车组。

（5）腰箍：腰箍等部件和通天抱杆相同，每隔 $10\sim12m$ 打一道腰箍，最上第一道腰箍应在已组塔体平口处，每次提升抱杆后，摇臂到第一道腰箍之间相距 $18\sim20m$。

（6）平伸臂：它对摇臂作了简化处理，二主、二副平伸臂采用轴销和主柱的顶节相连，它和抱杆成 90°伸出，平伸臂和抱杆顶有外吊挂钢绳固定。吊点位置的调整不是用起伏滑车组而是改变平伸臂上跑车的位置来实现，跑车上方有内吊挂钢绳平衡吊重。

2. 关键工艺、操作要点（见图 7-12、表 7-1）

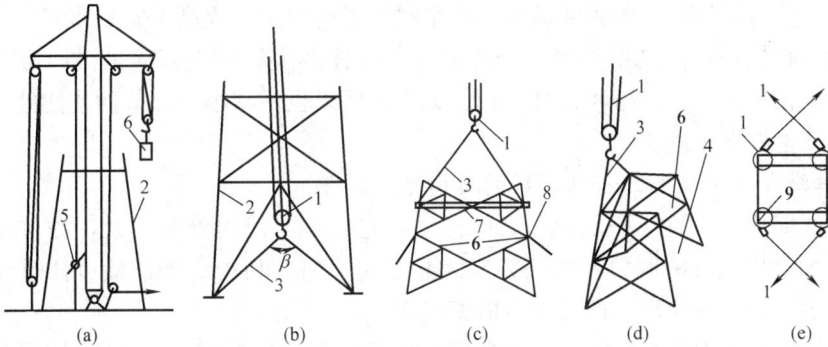

图 7-12 内摇臂立塔工艺

（a）反侧平衡；（b）钢绳套吊塔腿；（c）塔片补强；
（d）起吊"匚"形塔身；（e）K 接点处腰环安装

1—起吊滑车；2—塔身；3—钢绳套；4—开口侧；5—手扳葫芦；6—被吊塔材；7—补强木；8—控制绳；9—抱杆主材；10—钢绳套（绕主材一周）；11—到 K 接点

表 7-1 内摇臂立塔工艺

状态	工 艺 要 求	解 释
起吊布置	内摇臂、是创新，一面起吊三面衡，如图 7-12（a）、（b）所示；平伸臂、巧简化，吊点改变跑车移	内摇臂抱杆一侧起吊时，另三侧吊臂放平滑车组用钢绳套吊住塔腿收紧，起自身平衡拉线作用，吊点改变可调节起伏滑车。而平伸臂吊点改变是移跑车位置
立抱杆 吊下段	倒木杆、起抱杆，通天抱杆吊下段；组三面、留开口，再立抱杆也可以	和通天抱杆工艺相同
调抱杆	调腰箍、直抱杆，千分之二弯曲度；先预偏、后前倾，贰拾公分不能过；起吊中、勤监视，吊点要直不能扭	起吊过程中要保持抱杆直立。吊点要高、内摇臂最大的弱点就是不能受扭。为此，组装塔材时要尽可能在吊臂垂直下方，偏角一定小于 10°，吊重在 1500kg 以下
吊中段	大根开、要补强，先吊前再侧面见图 7-12（c）；小根开、匚形吊，口先朝外后转身，见图 7-12（d）	吊点选在两侧主材节点处，距塔片下部距离应大于塔材 2/3 高，辅材薄弱根开大时要补强。根开小于 4m，轻于 2t 可组成一面开口"匚"形起吊
吊上段	宽头塔、两曲臂，左右两侧横向拎；K 接点、固腰箍，横担支架前后连，见图 7-12（e）；先塔身、后横担，从上而下是窄头	K 接点处腰箍的固定可用交叉钢绳，窄头塔下面各层横担先不装，先装好塔身后，吊上层横担后利用它依次吊下面各层横担和附件
升拆抱杆	升抱杆、吊底角，倒提先装二道箍；拆抱杆、先除臂，自下而上逐步去	开抱杆方法和通天抱杆时相同。拆抱杆时先吊下两臂，然后用和升抱杆相反顺序逐步拆去抱杆

内摇臂、平伸臂抱杆分解组立铁塔，不需外拉线和拉线地锚，适合各种施工场地，地锚少也减少了事故点。四副对称吊臂，前后、左右任意一侧塔片均可起吊，适合各种塔型起吊，尤其是横担长、曲臂宽的500kV酒杯塔，更显出它的优越性。底部球铰结构，既可减少抱杆受扭，又可方便地调整抱杆方向，重型塔的塔腿往往是组合角钢截面，十分重，这时可将抱杆转动45°，使吊臂布置在基础对角线上。上部塔材轻了，再转到吊臂顺线路方向，吊装塔片。抱杆通用性大，稍加配件可作其他抱杆或倒装组立提升架。调节起伏滑车组准确到位，避免了用传统的压控制大绳就位而使塔材变形的缺点，提高了安装质量。但是起吊中须注意不断调直抱杆，使之处于最佳受力状态。抱杆必须尽量垂直起吊，偏角不大于10°，以使吊臂不受扭破坏。立高塔时抱杆太长、太重，所以也用减小下部截面或使抱杆悬浮办法来减轻或消除抱杆接续段。

（三）拉线V形塔、拉线猫头形塔的自由整组立塔

500kV线路中大量直线塔是拉V、拉猫塔，它们不能使用分解组立，塔重较轻（大多10t以下），而且因地形限制而顺线路方向无整立场地时，利用塔脚铰接可任意转动这一特点，采用非顺线路方向整立，即所谓自由整组立塔。

整体立塔时，基础必须经中间验收合格，强度为设计强度100%，特殊情况时，当立塔操作采取有效防止影响混凝土强度措施时，可在混凝土强度不低于设计强度70%时整体立塔。

1. 现场布置（见图7-13，表7-2）

表7-2 拉线V形塔自由整立现场布置

状态	工艺要求	解 释
力系	五心合一力线重，二侧拉线严控制	牵引绳、制动绳、横担、抱杆、基础五个中心线重合。拉V塔整立，单腿作转动，所以侧向横绳应十分注意平衡，牵引绳与地面夹角控制在20°左右
牵引	单牵引绳单绞磨，动轮挂重防转动	拉V塔比较轻，只要单牵引绳单绞磨就行了，如果较重的塔型也可用双牵引牵引滑轮组的动滑轮上挂上重物，可以防止动滑轮转动而将滑轮组钢绳绞起来
抱杆	抱杆根部防沉滑，木抱杆立钢抱杆	抱杆根部沉降不一或前后左右滑动，均使两侧受力不一，故抱杆脚要穿鞋或垫平，抱杆根间用一根钢索相连。钢抱杆的起立，可先用比钢抱杆短的木抱杆，倒木抱杆立钢抱杆、木抱杆的叉口可插入动滑轮前U形环做脱帽环
制动	塔脚基础半米远，轮组、葫芦单制动	塔脚应离开基础半米远，不能太接近，否则牵引时容易塔腿碰伤基础制动采用单制动形式。应采用能松能紧的松紧器
塔腿	高低脚用双钩梆，夹角大者落地腿（见图7-14）	拉V塔有两腿，地面组装时使两腿保持不等高固定。一般将立柱与线路方向夹角大者作为落地塔脚（低腿），另一根立柱高出落地腿150mm左右（高腿）。高低腿可用连接板连接固定，也可两腿间夹200mm楔形木，用钢丝绳将两腿固定两只双钩收紧
基础	基础垫木防碰伤，能用铰链更安全（见图7-15）	拉线塔基础均十分薄弱，水平方向不允许承受外力，故一般均用道木垫平基础后，使用施工铰链，如图7-15（a）所示。考虑到万一制动绳失控将碰伤基础，用图7-15（b）所示铰链另配两块托板，立直后千斤顶托起铁塔，拆铰链，松千斤顶，铁塔就位
吊点	吊点要用连接板，节点操平螺栓紧	吊点不能用钢丝绳直接捆紧，而要从吊点材料出发，设计专用的吊点连接板，直接连接在铁塔吊点位置上，吊绳通过卸扣和吊点铁相连。起吊前各节点要操平，螺栓拧紧，否则会造成塔体变形，无法恢复

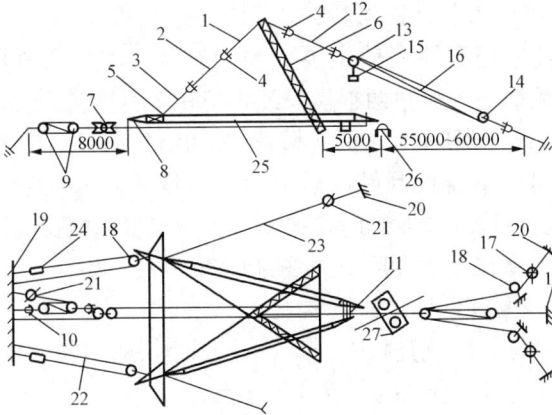

图 7-13　20t 级人字抱杆整立拉线 V 形塔现场布置图

1～3—ϕ16 吊绳；4—16t 卸扣；5—吊点铁；6—20m
抱杆组合（包括底座、脱落环等）；7—10t 靠背
轮；8—ϕ21.5 制动绳；9—H5×2；10—9t 卸扣；
11—塔腿绑扎绳；12—ϕ30 牵引绳；13—H15×4；
14—H12×3；15—重锤；16—ϕ13 绞磨线绳；
17—机动绞磨；18—H3×1；19—15t 地锚；
20—3t 地锚；21—3t 手扳葫芦；22—ϕ11 后
拉线；23—ϕ13 侧拉线；24—5t 制动器；
25—拉线 V 形塔；26—铁塔基础；
27—线路直线方向

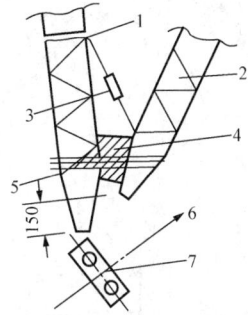

图 7-14　塔腿固定图

1—低腿；2—高腿；3—5t 双
钩紧线器（2 只）；4—楔形
木；5—钢丝绳；6—线路方
向；7—拉 V 塔基础

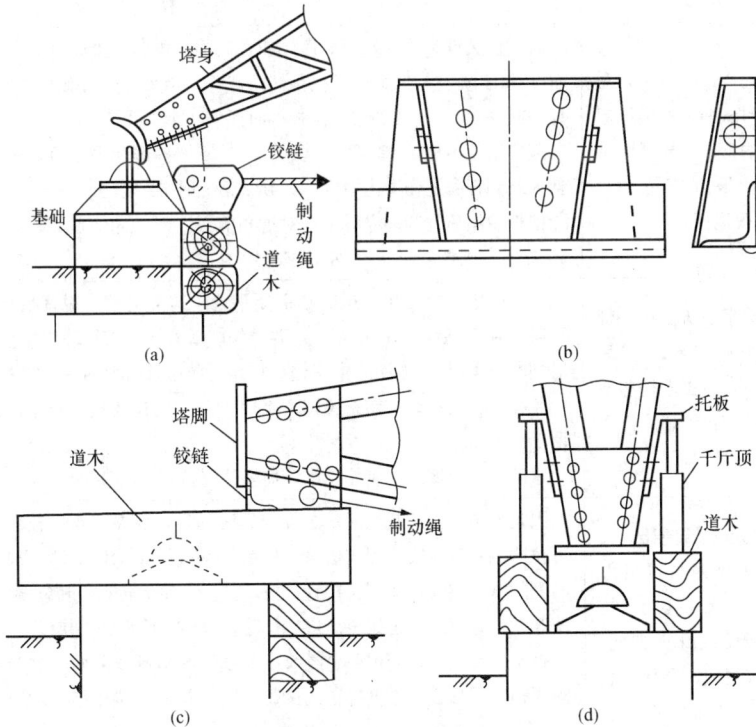

图 7-15　铰接支座用的施工铰链

（a）甘肃公司制铰链就位；（b）江苏公司制铰链；（c）铰链安装；（d）就位

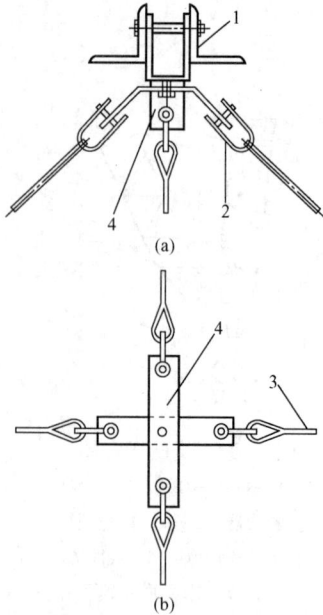

图 7-16 拉 V 塔转向器

(a) 正视图；(b) 上视图

1—中相挂线点；2—卸扣；

3—转向临时拉线；4—转向器

2. 关键工艺、操作要点（见表 7-3）

整组立塔在脱帽前主要要控制好制动绳，调整杆根位置。脱帽后主要调整两根后拉绳，防止牵引过头，后拉绳失效，造成向前倒杆。这两个阶段中，由于是单支点铰接塔，左右横绳一直需控制好，横担中心的偏移不得大于 0.5m。调整塔身阶段应注意临时拉线不过夜，定量调整拉线可使施工人员免除在摸索中反复调整的返工。

3. 杆塔拉线的定量调整

拉线塔，特别是拉 V 塔，头大脚小，横担长、刚性差，容易发生歪扭，如图 7-17（a）所示。

拉 V 塔调整拉线方法不一，以前采用试调法，即观察一次，调整一次，再观测一次，再调整一次，四根拉线轮着来，直到铁塔正直，这样很费时间。后来采用计算法，即把歪扭后的拉线真实长度求出来，减去拉线设计长度，差值作调整量。但现场高低不平，虽精度高，但计算很麻烦。

实际上拉线杆塔的倾斜数值与拉线的调整量之间有着确定的数量关系，可采用按确定的数值定量地调整杆塔拉线的方法，使杆塔倾斜值达到规定的要求。

表 7-3 拉线塔自由整立关键工艺

状态	工艺要求	解 释
脱帽前	吊起 1m 停牵引，观察受力试冲击；继续起吊防偏歪，调杆根时牵引停；根进塔位 30°，50°时脱抱杆	脱帽前关键是处理好两侧横绳和控制绳。侧拉线要使横担中线左右偏移不大于 0.5m。调整控制绳就是控制杆根位置，起始时离基础中心 0.5m，慢慢放松，杆塔站立在 30°时要到位。调杆根时要停止牵引
		起吊塔顶离地 1m 时要停止牵引，对塔体各部和吊索机具进行全面检查，包括人站于杆身上作冲击检查，无异常情况时继续起立
		抱杆脱帽角度和起立时抱杆对地角有关，对地角大脱帽慢，一般抱杆对地角 60°左右，则杆塔起立 50°左右抱杆脱帽
脱帽后	快速牵引防摆扭，带好两根后拉绳；70°后慢牵引，后拉缓松防前倾；80°时牵引停，后松前压直塔身	脱帽时塔体会摆扭，这时牵引要平稳，速度略快，脱帽后要准备好后拉绳，到塔立到 70°后，牵引速度一定要放慢，后拉绳，随杆塔起立程度缓缓松出。杆塔到 80°时应停止牵引，用稍后拉强、前压牵引绳办法，使塔身立直。
		脱帽后，后拉线控制是关键，牵引太快，后拉线失控将引起向前倒塔，即所谓 180°倒塔
		这阶段两侧横绳仍应控制好，使塔体保持在中心线上
调整塔身	中线点挂转向器，临时拉线打四方（见图 7-16）；锅底抹脂牵拉线，撬拨柱身正方向；两台仪器横、顺放，装"久"拆"临"完整立	因是自由整立，起立后永久拉线无法到位，故在横担中挂点上装转向器，它可拉四侧临时拉线，固定塔身，然后将基础锅顶涂以黄油。利用事先绑在横担两侧的永久拉线，或用撬棒直接拨动柱身，使塔身到正确位置。放松高腿立柱，使其就位，打好永久拉线。最后拆除转向器和所有临时拉线
		打永久拉线时，需用两台经纬仪分别置于横顺线路两个方向，用临时拉线调整横担和塔身后，方可打正式拉线。拉 V 塔和拉猫塔横担均容易发生扭转和倾斜，所以必须用经纬仪进行调整

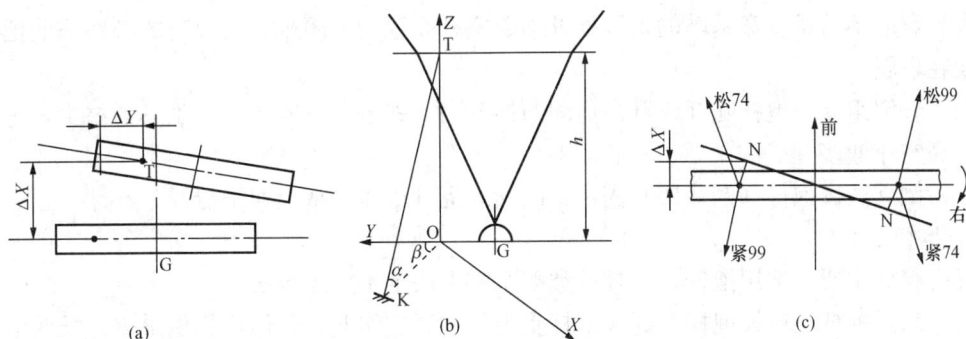

图 7 - 17 拉线定量调整

(a) V 型塔歪斜的横担；(b) 拉线 KT 空间坐标；(c) 拉线调整图

从杆塔坐标中可求得杆塔倾斜后的拉线线长度为

$$L = \left[(h\,\mathrm{ctg}\alpha\cos\beta - X)^2 + (h\,\mathrm{ctg}\alpha\sin\beta - Y)^2 + h^2 \right]^{1/2} \qquad (7\text{-}1)$$

为便于直接运用所测得的倾斜值数据，分别求出拉线上挂点纵横向位移对拉线长度的影响。为此对式（7-1）进行微分，并作近似简化得

$$\mathrm{d}L_x = -\cos\alpha\cos\beta\,\mathrm{d}x \qquad (7\text{-}2)$$

$$\mathrm{d}L y = -\cos\alpha\sin\beta\,\mathrm{d}y \qquad (7\text{-}3)$$

由于 α、β 为设计给定值，杆型一经确定 α、β 也确定，所以拉线杆塔倾斜值的拉线调整系数为一常数，即

$$K_s = -\cos\alpha\cos\beta$$

$$K_h = -\cos\alpha\sin\beta \qquad (7\text{-}4)$$

式中　α——拉线对地夹角；

　　　K_s——顺线路方向调整系数；

　　　K_h——横线路方向调整系数；

　　　β——拉线在地面上投影与线路方向夹角；

　－（负号）——拉线调整方向与杆塔倾斜方向相反。

【例 7 - 1】 Z_{2-11} 拉 V 塔的拉线对地夹角 $\alpha=60°$、$\beta=45°$，组立后铁塔向线路前方歪 $\Delta x=200\mathrm{mm}$、向右方偏移 70mm。求拉线调整量。

解 将 α、β 值代入式（7-3）、式（7-4），得

$$K_s = 0.35 \qquad K_h = 0.35$$

顺线路方向调整量 $200 \times 0.35 \approx 70$（mm）

横线路方向调整量 $60 \times 0.35 = 21$（mm）

作横担及拉线示意图，如图 7-17（c）所示。

因杆塔前倾，故前侧拉线记 -70，后侧记 $+70$。

因杆塔右倾，故右侧拉线记 -21，前侧记 $+21$。

最后计算得各拉线调整量的综合值。

三、500kV 普通杆塔施工方法和适用范围

（一）杆塔施工方法

一般讲，杆塔施工方法主要包括组立方式、抱杆方式、牵引方式、制动方式和机具种类等。

1. 组立方式

（1）整组组立。以抱杆旋转运动带动杆塔旋转起立。高空作业少，组装质量高，但对

高、大、重塔不适用。宽基塔的根开处补强、抱杆布置均有困难，所以有的方案只能把抱杆支座架在塔腿上。

（2）分解组立。抱杆随杆塔升高而间断性升高。铁塔从下向上装，工具器材少，施工场地小，高空作业多。

（3）倒立法。抱杆（倒装架）固定，间断地提升塔体，从上而下分段装。

2. 抱杆方式

杆塔起立主要是选用抱杆，抱杆的类型基本上决定了施工方法。

（1）悬浮抱杆与通天抱杆。通天抱杆受力好、高空作业少，但抱杆质量重。悬浮抱杆用承托绳托住抱杆，省去下部抱杆，但高空作业增加。

（2）有无摇臂。有摇臂或平伸臂，起吊角度小，对侧拉线、控制绳水平拉力小，容易就位，并且不吊重侧可作自身平衡拉线，比内拉线受力好，但是摇臂受扭能力差。

（3）内抱杆和外抱杆。外抱杆在杆塔一角，起吊对角材料时，起吊角大。内抱杆四侧距离相等，塔身大时内抱杆显著优越。

（4）外拉线和内拉线。外拉线与地面夹角小、受力好，但受地形条件限制升抱杆时统一指挥困难、临时地锚多、工作量大、事故点多。内拉线是拉在已组杆塔上，受力差。

（5）抱杆的根数。可有单抱杆、人字抱杆双单抱杆，双人字抱杆之分，主要从受力大小，稳定性能、与被吊物是否碰擦来考虑选用。四副组合的抱杆用于液压倒装立塔。

3. 牵引方式

按牵引力由大到小排列，分为双牵引绳双绞磨、单牵引绳双绞磨和单牵引绳单绞磨。其中单牵引绳双绞磨，利用一磨停转，还可以得到快慢两种速度。

4. 机具种类

我国施工工艺改革的立足点是使用小型施工机具，配合使用大吨位起重吊车。直升飞机用于杆塔施工只限于试验。

（二）各种 500kV 线路组立杆塔方法优缺点及其适用范围（见表 7 - 4）

表 7 - 4　　　　　　　　　　各种组立杆塔方法比较

立塔方法	优　点	缺　点	适　用　范　围
倒落式人字抱杆	1. 施工工艺成熟，是传统施工方法 2. 可根据铁塔质量定型分成 10t 级、20t 级、30t 级施工方案 3. 地面组装、质量好、速度快工作面大、劳动强度低 4. 吊装质量好，高空作业少，施工安全 5. 分组装、立塔组，流水作业施工工效高	1. 要求宽敞平整的场地一般只要顺线路方向起立 2. 工器具笨重，随塔高、塔重的增加，工器具、钢丝绳用量大增、工作效率降低	1. 近期拉线直线塔、塔重大都在10t 以下，塔重居下，塔高居中，均有球铰只能用人字抱杆或单抱杆整组起立铁塔，拉 V 塔和拉猫还能用非顺线路方向自由整体立塔 2. 有整立地形的自立、酒杯、猫头、换位、干字塔可按质量分别用 10t 级、20t 级、30t 级工器具整组立塔
内摇臂抱杆分解立塔	1. 适应性广、地锚极少，占用施工场地极少，所以不受地形、地质条件限制 2. 操作灵活、就位方便 3. 工器具单位质量小，便于装卸运输 4. 施工速度快、工效高	1. 高空作业较多 2. 抱杆抗扭性特别差 3. 施工工艺较复杂	适合各种自立铁塔（包括微波塔），尤其适合高山峻岭、沼泽、河网地带，大塔高塔的组立

续表

立塔方法	优　点	缺　点	适　用　范　围
通天抱杆、外拉内悬浮抱杆分解立塔	1. 方法、工具简单，易于掌握 2. 20～40m塔只需升一次抱杆，吊装快，8t以下一天一基，10～16t塔1.5～2天一基 3. 采用外拉内悬浮吊装30～60m铁塔效率高、工期快、费用低，机具少	1. 组装高塔，四角拉线需要有较远的地形 2. 超过60m悬浮抱杆，提升抱杆困难 3. 宽基塔下段时起吊偏角大，对侧拉线控制绳受力大	1. 是现在500kV施工中最优先采用的方法 2. 安徽和湖北都把平伸臂加跑车看成是冲天抱杆的改进，这样这种施工方法适用范围又有了扩大

现在在普通铁塔施工中已很少使用倒装立塔法，因为万一四条塔腿不同步时，易出事故，但在跨越塔施工中，因它能大量减少高空作业，所以液压倒装立塔法在跨越塔施工中使用很普遍。

内拉线组塔在500kV铁塔施工典型方案中很少看到举荐，且它在500kV铁塔施工中仍要打外拉线来加强。这样，它和外拉内悬浮方案已无大区别。

普通铁塔施工在困难地形中仍有自发使用小抱杆立塔，它因其工具轻巧而受到工人欢迎。在困难地形中，塔本体用其他方法立好后，经常采用在塔的上部用一根或两根小抱杆来起吊组装塔头。采用拉线的可起吊大的构件。

（三）我国杆塔施工技术发展概况

各种杆塔施工方法均是从国民经济实力出发，根据电压等级、塔型、塔重、塔高、施工场地、运输条件确定的。它又是不断革新、创造和发展的。

50年代大量使用钢筋混凝土杆，我国创造了立杆倒杆法，各种轻巧人工绞磨不断革新，但随经济实力发展，终究被机动绞磨代替。当时少量低、矮的铁塔普遍采用外抱杆施工方法。

60年代随220kV线路作电网骨架线路大量施工，铁塔数量增加，角钢、薄壁卷筒抱杆代替了木抱杆。在外拉线难以施工之处采用内拉线施工显示出很大优点，而且双侧平衡起吊效率也高。

70年代，220kV线路已十分普及，跨江河增多，借鉴建筑施工千斤顶顶升倒装技术，我国提出了绳索式倒装立塔法。

80年代，500kV线路施工为我国送电工人、技术人员提供了创新平台。在平（顶山）武（汉）线大量使用倒装立塔施工中发现了施工中绳索多、工器具复杂、平衡调正困难的缺点。同时又发现通天抱杆立宽塔起吊偏角大和外拉线受地形条件限制缺点，在借鉴了国内外建筑起重机械特点后，创造了内摇臂施工法。施工技术尚在不断发展之中。

第二节　张力架线技术——张力放线

用张力放线方法展放导线，以及与张力放线相配合的工艺方法进行紧线、挂线、附件安装等各项作业的整套架线施工方法叫做张力架线。

张力架线时，导线在施工全过程中不落地；以施工段为单元，放、紧线等作业在施工段内进行；施工段不受设计耐张段限制，可以用直线塔作施工段起止塔，在耐张塔上直通放线；在直线塔上紧线并作直线塔锚线；在直通紧线的耐张塔上作平衡挂线；同相子导线要求同时展放、同时收紧。

张力架线优点很突出，它能避免导线与地面摩擦致伤，减轻运行中的电晕损失及对无线电系统的干扰；施工作业高度机械化，速度快，工效高；用于跨越江河、公路、铁路、经济作物区、山区、泥沼、河网地带等复杂地形条件取得良好经济效益；能减少农田青苗损失。

500kV 及以上超高压输电线路，由于结构上特点和施工质量的需要，均采用张力架线法架线，500kV 以下输电线路也应创造条件推广。良导体避雷线也应采用张力放线，但变电所进出口档不宜用张力放线。

一、500kV 以上线路导线、架空地线及金具

500kV 输电线路是我国目前应用最普遍的超高压输电线路，与 220kV 及以下线路相比，有下列特点：

（1）分裂导线：每相导线采用分裂导线，现行设计一般是四分裂结构（750kV 用六分裂）。各相子导线仍可选用钢芯铝绞线，各子导线之间装有间隔棒。这样可以增加每相导线的等效截面积，从而提高导线电晕放电起始电压，以降低线路损耗和线路对无线电通信、电视的影响。也可以减少线路电抗，提高线路输送容量。

（2）绝缘避雷线：即采用具有放电间隙的悬式绝缘子，把避雷线和杆塔绝缘起来，其金具组合如图 7-18 所示。雷击时利用放电间隙引雷电流入地。这样既能起防雷作用，平时又可兼作载波通信通道和高频保护通道（山东电网 100km 长 220kV 线路上 1987 年至今一直运行良好）。甚至还可在检修时输送施工用电，或用以避雷线熔冰。绝缘避雷线还可以减少避雷线中感应电流而引起的附加电能损耗。单片绝缘子老化或自爆后，钢帽中瓷体或玻璃吸收空气中水分，在钢脚和钢帽之间形成电气通路，由于通过电流而发热，以致烧熔胶装水泥或玻璃体，拔出钢脚造成地线脱落事故。为此，建议采用双片绝缘子串联或选用华东电力设计院专利产品——带放电间隙的拉紧绝缘子，如图 7-19 所示。

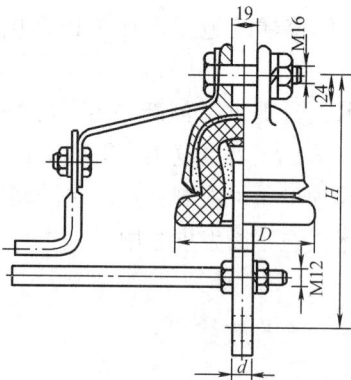

图 7-18　地线用悬式绝缘子图　　　　　图 7-19　拉紧绝缘子原理图

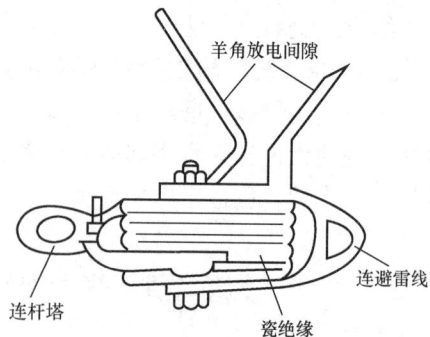

（3）绝缘避雷线用的导线（图 7-20）：为增加导电性能，可用减少部分铝层的少铝镀锌钢绞线。现在已定型生产 GLJ（LBGJ）铝包钢绞线，它由钢线外包以铝的铝包钢单线绞制而成。将来越来越多的输电线路采用光缆复合架空地线（OPGW），这种架空地线内芯由光

纤电缆组成，外包有缝铝管镀锌钢绞线。在光纤
通信系统中，由于线路上传送的是光信号而不是
电信号，它不受电磁感应和静电感应的影响，也
不受外界杂波的干扰，因此光纤通信传输质量
高，已经实用的光纤通信系统，一根光纤即可分
别传送 1920 路电话或视频信号。在电力系统中
引入光纤电缆，能传送调度电话、远动信号、继
保通道、电视图像，并进一步开发用于线路运行
参数测量、绝缘子污秽监测，成为实现电力系统
管理和运行现代化有力工具。我国香港地区已经
架设使用，国产的也已在宝鸡、葛洲坝、武汉等
地试用。

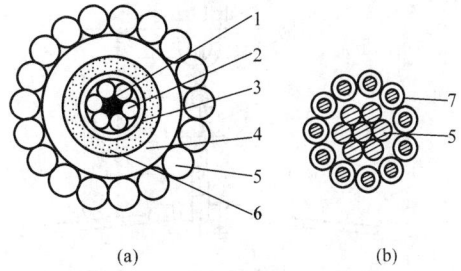

图 7-20　绝缘避雷线用导线

(a) OPGW 横断面；(b) 钢芯铝包钢绞线

1—加强元件；2—光纤；3—被覆层；4—有缝铝
管；5—镀锌钢线；6—石油膏；7—铝包钢线

（4）绝缘子串。500kV 线路绝缘子串，直线杆上一般用 28 片串联，耐张串 29 片。如果
一串绝缘子拉力不够，还要用连接板将数串进行并联。靠近导线的绝缘子电压分布过高，干
燥时可能达到 35～45kV。这时绝缘子可起电晕，也可能沿绝缘子表面发生闪络，或者对邻
近金具、悬垂线夹闪络。这些放电对无线电产生干扰，并成为绝缘子玻璃元件老化根源。故
在接近导线的绝缘子串上装有均压环，屏蔽环或均压屏蔽环，以改善线夹附近电场分布，线
夹、直角挂板也要采用防晕型的。500kV 线路导线、避雷线悬垂、耐张绝缘子及金具组合
如图 7-21～图 7-24 所示。

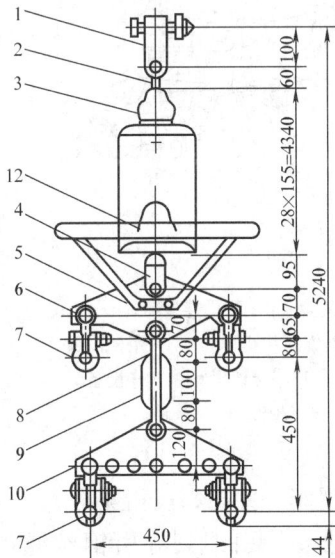

图 7-21　500kV 悬垂绝缘子串组合图

1—UB-16；2—QP-16；3—XP-16；4—WS-16；
5—L-1645；6—Z_3-665；7—XGF-300；
8—U-12；9—PH-12；10—L-1245；
11—铝包带；12—J-5000X

注：图注"11—铝包带因在图中看不见，故未标注"。

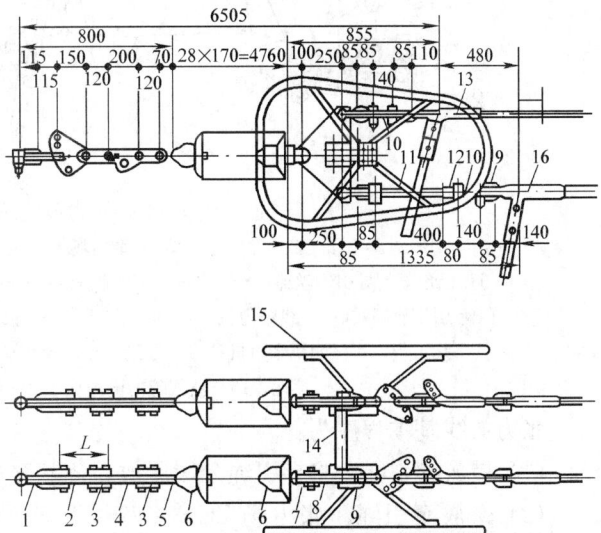

图 7-22　500kV 耐张绝缘子串组合图

1—U-20；2—DB-20；3—P-20；4—QY-20；5—QP-10；
6—XP-20；7—WS-20；8—L-2045；9—U-10；
10—DB-10；11—延长杆；12—Z-10；
13—NY-300Q-1；14—支撑架；
15—JP-500N；16—NY-300Q

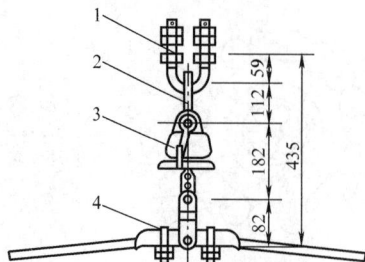

图 7-23　单联避雷线悬垂金具组合
1—U-2288；2—ZH-7；
3—XDP$_1$-7C；4—XGU-2

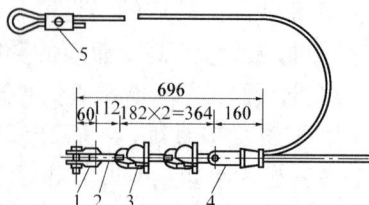

图 7-24　单联避雷线耐张金具组合
1—U-7；2—ZH-7；3—XDP$_1$-7C；
4—NX-2；5—JBB-2

二、张力放线总体布置和主要机械设备

张力放线是机械化流水作业施工法，它利用牵引机、张力机等施工机械展放导线，使导线在展放过程中离开地面和障碍物而呈架空状态的放线方法。

（一）张力放线总体布置（图 7-25）

线路上每 5~8km 选择一处牵引场和张力场，牵引场 QC 中有"一线"张力机，主牵引机和导线牵引钢丝绳重绕机。张力场 ZC 中有四线张力机，"一牵一"牵引机和导引钢丝绳盘。

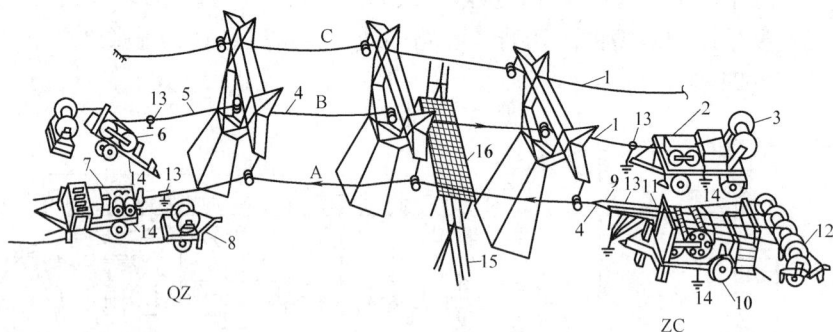

图 7-25　张力放线总体布置图
QC—牵引场；ZC—张力场

1—已放好的导引钢丝绳；2—"一牵一"牵引机；3—导引钢丝绳盘；4—防捻连接器；5—导线
牵引钢丝绳；6—一线张力机；7—主牵引机；8—导线牵引钢丝绳重绕机；9—"一牵四"放
线走板；10—四线张力机；11—导线；12—导线盘支架拖车；13—接地滑车；14—设备
接地；15—被跨越的电力线 1/2（跨越物）；16—越线架

张力放线基本程序为：

（1）展放导引绳。将导引绳分段展放，逐基穿过放线滑车，并与邻段相连。

（2）牵放牵引绳。张力场 ZC "一牵一"小牵引机收卷导引绳到导引钢丝绳盘。牵引场 QC 上的一线小张力机把牵引钢丝绳重绕机上牵引绳带张力放出，逐步替换导引绳。

（3）牵放导线。牵引场上主牵引机收卷牵引绳，逐步把张力场上"一牵四"大张力放线机上带张力放出导线替换牵引绳。

以一根牵引绳同时牵放四根子导线，称一牵四放线，同理有一牵一、一牵二、一牵三等放线方式。

（二）张力放线主要机械设备

1. 张力机与导线轴架车（图7-26 和图7-27）

在张力场中线轴架车放在张力机的后面，导张从导线轴架车的线盘上引出经张力机后被牵引。线轴架车上用手动液压顶升装置更换线盘。一种是与张力机气泵相连的，气动刹车系统对导线产生尾绳张力，压力气管和张力机气泵相连。另一种液压线盘支架，采用手动刹车，结构简单，但使用不方便。

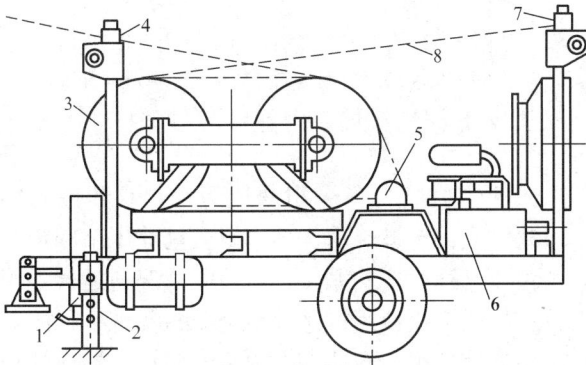

图7-26 一牵四张力机外形（加拿大 TE 公司产）
1—液压千斤顶；2—固定支撑；3—导线张力轮；
4—前导滚；5—液压马达；6—发动机及操作
系统；7—后导滚；8—导线

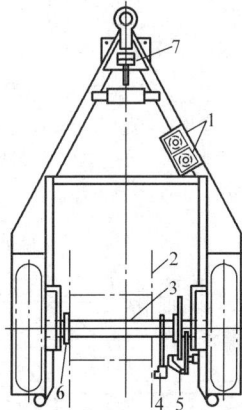

图7-27 导线轴架车（加拿大 TE 公司产）
1—导线盘提升机构液压手柄；2—导线盘；
3—导线盘轴；4—导线盘固定销；
5—气动刹车；6—导线盘限位卡；
7—线盘拖车可调导轮手柄

张力机要能产生恒定的张力，主张力机应有健全的工作控制机构，能同时及个别控制子导线的张力。现在使用得最广泛的是采用液压制动的双摩擦卷筒式张力机。导线受牵引力后带动张力轮旋转，再由张力轮带动定量液压泵（逆运转时为液压马达），将油压升高作功来消耗能量，从而产生阻尼制动力，保持出口油压，就能得到恒定的张力。定量液压泵的低压油是由张力机本身发动机带动的可变压液压泵强制提供的。变压液压泵升高输出压力，可使定量液压泵逆运转为液压马达状态，带动张力轮旋转，使导线向前或向后运动。这样放线过程中，各子导线的张力可以单独调节，这种运转方式称为张力机的驱动工况。

四分裂、二分裂导线张力机一般均选用四线张力机。小张力机展放牵引钢丝绳，一般没有发动机，不能转变工况。

2. 牵引机和钢丝绳重绕机

在牵引场钢绳重绕机紧靠牵引机的侧前方，回收牵引机牵回的牵引钢丝绳。从牵引机通过高压软管送来的压力油驱动钢绳重绕机的液压马达实现绳回盘和排线。钢绳重绕机对牵引机严格伺服，牵引机正向运转时，钢绳卷车回盘钢绳；牵引机倒车时，松出钢绳。上述二种状态，钢绳上均有适当尾部张力。

牵引机是特殊形式卷扬机，它只控制放线速度，不控制放线张力。它和钢绳重绕机配套使用（见图7-29 和图7-30），集中在牵引车上操作；小型牵引机两者合一，放在一辆车上，如图7-28 所示，主牵引机应有健全的工作、控制、保安机构，变速平稳且能连续操作。

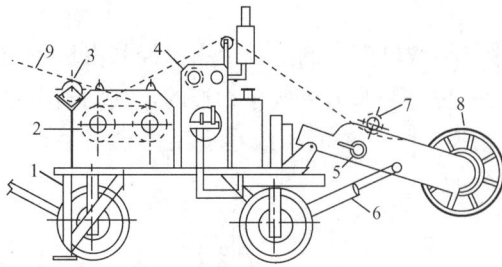

图 7-28　一牵一牵引机（意大利产）
1—支撑架；2—牵引轮；3—滚筒；4—发动机及操作系统；
5—排线器手柄；6—导引钢丝绳盘液压升降机构；
7—排线器；8—导引钢丝绳盘；9—导引钢丝绳

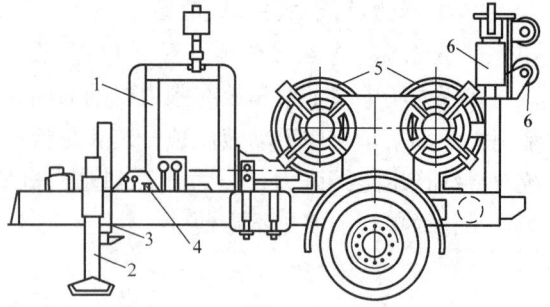

图 7-29　一牵四牵引机（加拿大 TE 公司产）
1—发动机；2—可调固定支撑；3—液压千斤顶；
4—操作系统；5—牵引轮；6—滚筒

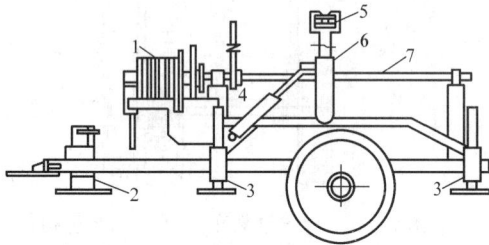

图 7-30　钢丝绳重绕机外形
1—气动刹车；2—液压千斤顶；3—可调固定支
撑；4—排线器液压执行机构；5—排线器导
滚；6—排线器；7—牵引钢丝绳盘轴

牵引机大多采用液压传动，双摩擦卷筒式。它比机械传动优越。由变量液压泵和定量液压马达组成的系统，可改变工况逆运转，当钢绳张力机使用；这种系统极易实现平稳的无级变速，很少有冲击；定量液压马达输出的扭矩和主回路油压均是由牵引力决定的，故油压表上压力值，可直接标为牵引力；液压传动也很容易向钢绳卷车、本机的支腿、风扇等输送工作动力。

牵引机所称一牵四、一牵二、一牵一，只是指和张力机的配套，它们之间仅是牵引力大小不同。

牵引机按每次牵引钢绳根数的不同，可分为单牵引和双牵引。双牵引式牵引机，它的牵引轮分为内、外两部分，既可单独牵引，又可同步牵引。牵引两根钢绳时，内外轮的出力各为全出力一半。牵引一根钢绳时，可两牵引轮全出力。当两根牵引绳上牵引力不同时，两轮可自动产生差速牵引，以调整其张力差。当调整到两绳张力一致时，又恢复同步牵引。

3. 导引绳、牵引绳及抗弯连接器

导引绳、牵引绳必须采用无扭或抗扭钢绳，否则牵引直线受拉的普通钢绳，经过数个滑车捻压将产生严重破股，它捻动被防捻连接器释放，外力解除后的钢丝绳回劲将使它绞成一团无法继续使用。

无扭的钢丝绳是编织式的，由八股钢丝相互穿编而成，断面呈正方形。这种钢绳受拉后不产生断面扭矩，也不能传递扭矩，本身柔软，不易产生金钩如图 7-31（a）所示。

抗扭钢绳是三粗股捻合而成的，它是用粗细不等的钢丝捻合成股，三股捻合成绳，股与绳的捻向相反。它

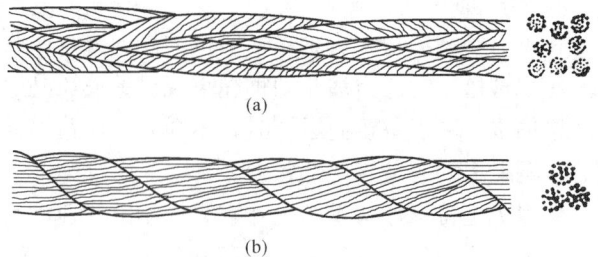

图 7-31　导引绳和牵引绳的结构形式
（a）编织式无扭钢绳；（b）三股捻合抗扭钢绳

缺点是比较坚硬，不易盘车，易出金勾，如图 7 - 31 （b）所示。

导引绳、牵引绳要穿过放线滑轮，不能用卸扣连接，而要用与被连接钢绳有相同抗拉强度，又有光滑外形和足够抗强度的抗弯连接器（见图 7 - 32），也可将普通 6×37 结构的钢绳上拆下的单根钢丝股，穿在被连接的两钢绳端环内，顺原节距顺次编绕，至每一断面均有六个钢绳股后，将两绳股端头插入已编成的钢绳内形成无头钢绳环一次性使用，如图 7 - 33 所示。

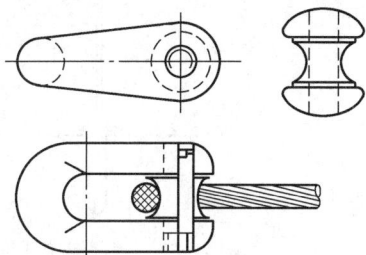

图 7 - 32　抗弯连接器　　　　　　图 7 - 33　无头钢绳环示意图

4. 牵引板、旋转连接器和蛇皮套

（1）牵引板（图 7 - 34）。放线用牵引板是用一根牵引绳同时牵引几根子导线的专用工具。它的线间位置和距离是和放线滑车轮距相匹配的。尾部重锤可起平衡作用，防止导线翻滚混绞。带有平衡滑轮及钢丝绳的牵引板，几根导线间张力可自动平衡调节，能简化放线时调整导线张力的操作过程。

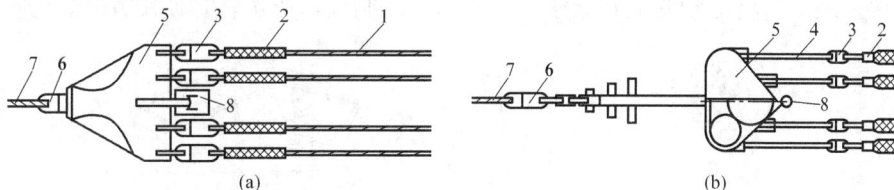

图 7 - 34　牵引板连接示意图

（a）不带平衡滑轮的连接；（b）带平衡滑轮的连接

1—导线；2—蛇皮套；3—旋转连接器；4—平衡钢绳；5—牵引板板身；
6—旋转连接器；7—牵引绳；8—平衡锤

（2）旋转连接器。它又称防捻连接器，有导线用的和牵引绳用的两种，结构相同，因张力不同而大小各异。它除起连接作用外，在承受额定张力时，仍能自由转动，释放导线或牵引绳中残余扭力，如图 7 - 35 所示。

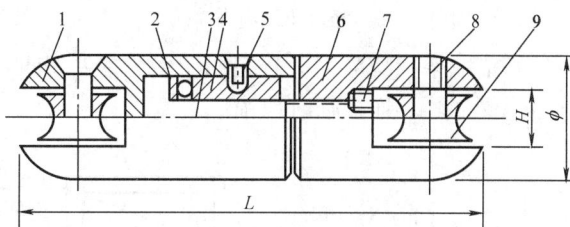

（3）蛇皮套。又称导线连接网套，如图 7 - 36 所示，它由细合金丝编织而成，主要用于导线与导线，导线与其

图 7 - 35　旋转式连接器示意图

1—套筒；2—轴承；3—旋转轴；4—挡块；5—螺丝；
6—套筒；7—螺丝；8—销轴；9—滚轮

他部件的临时连接。导线穿入套内，整理网格平直后，要用特制韧性金属带和专用包装钳在导线侧连续捆扎两处。没有这种金属带，也可用直径 3mm 以上铝线捆扎。

5. 放线滑车、开口压线滑车及钢、铝线接地滑车

（1）钢、铝接地滑车：钢、铝接地滑车用来将牵引钢丝绳、导线上感应电有效地接地释

放，以保证施工安全，如图 7-37 所示。

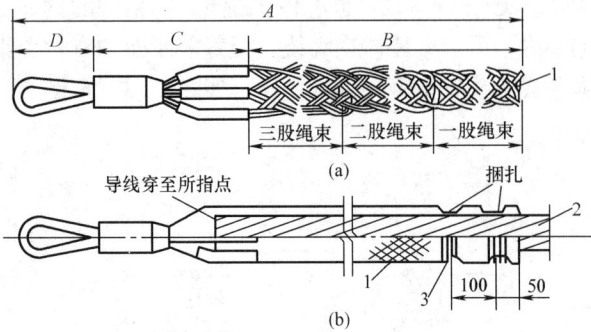

图 7-36 蛇皮套连接示意图

（a）外形；（b）连接方法

1—蛇皮套；2—导线；3—金属带

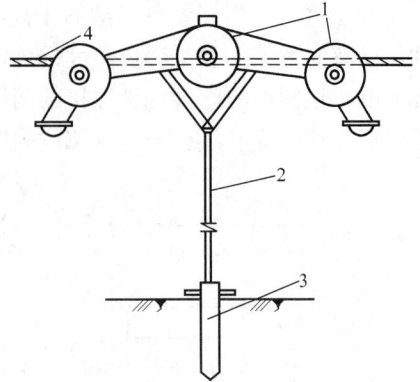

图 7-37 钢、铝接地滑车图

1—接地滑车；2—接地线；

3—接地极；4—导、地线

（2）开口压线滑车。是张力放线过程中，当导引绳、牵引绳或导线通过上扬杆塔及大转角耐张塔时用来压线的滑车。导线升空时也要用这种滑车，如图 7-38 所示。

6. 导引绳展放支架、锚线架

（1）导引绳展放支架（图 7-39）。导引绳是按线轴导引绳长度分布于整个放线段，以便利人力展放。展放时将绳轴支放在架子上，它由钢管制成，质量轻，使用方便。

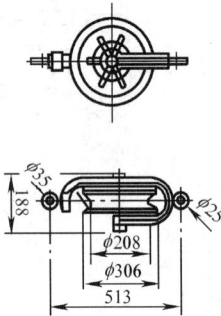

图 7-38 开口压线滑车

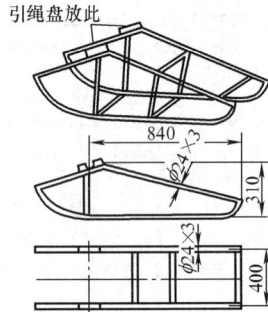

图 7-39 导引绳展放支架（18kg）

（2）锚线架（图 7-40）。它用于多分裂导线地面临时锚固。一侧四耳环可锚四根子导线，另一侧二耳环连接临时地锚。

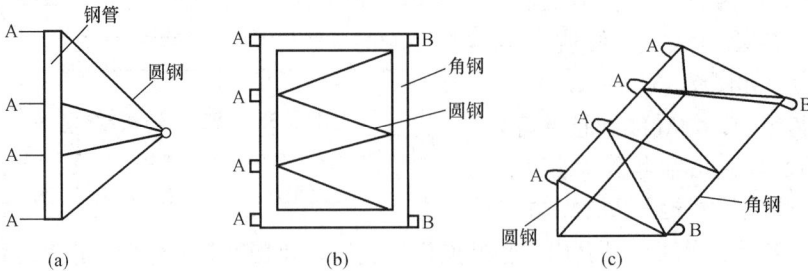

图 7-40 锚线架结构

（a）三角形；（b）矩形；（c）立体形

三、张力放线准备工作

（一）张力放线技术准备工作

1. 放线区段划分

张力放线采用跨耐张塔直通连续放线法，比传统按耐张段放线优越。理想施工段所包含的放线滑车不宜超过 15 个滑车组（含转向滑车），当不能满足规定时，必须采取有效防止导线在展放中受压损伤及接续管出口处导线损伤的特殊施工设计，否则线股通过放线滑车时反复弯曲，压磨严重。接续管通过滑车弯曲不能保证在规定之内时应加护套，放线区段过长，紧线后不能及时安装附件，导线受振动及风鞭也容易受损，并影响流水作业顺利进行。

同时，划分线区段时，应注意线盘导线长度，避免在放线区段首尾档内出现两个接续管。

2. 张力场、牵引场的选择

张力放线牵引场、张力场转移采用"翻跟斗"方法，如图 7-41 所示。

第Ⅰ放线段施工完，牵引场翻到第Ⅱ放线段末端，张力场原地掉头，展放第Ⅱ放线区段。然后，牵引场原地掉头，张力场翻到第Ⅲ放线区段的末端。

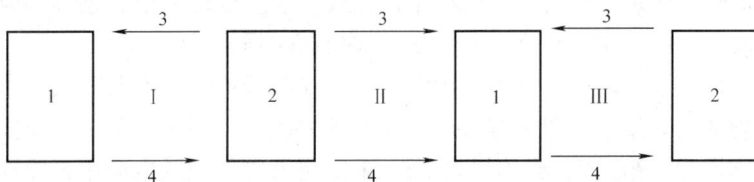

图 7-41 牵引场、张力场转移图

1—牵引场；2—张力场；3—放线方向；4—紧线方向

牵、张场地选择要室内、室外反复踏勘、比较筛选，找出最佳方案。

3. 各类施工计算的原则

（1）制作放线校验模板。制作导线放线模板，用以找出放线段各对地限距的近地点位置；制作导引绳模板，用以校验导引钢丝绳牵引钢丝绳时的上扬点，以便采取预防措施。

（2）张力机出口的张力计算。平地放线段按各近地点牵引钢绳对地距离 1m、导线对地距离 5m 的要求确定所需水平张力；在山地放线段它还应除以 K_j，这是考虑各近地点到张力机出口，由于各档悬挂点高差和滑轮摩擦阻力引起的水平应力变化比值，这样得到满足各近地点限距的水平张力值，从中取最大值为张力机出口水平张力。

主张力机额定出力一般可按所放全部导线（1～4 根）总拉断力 17%～20%估算；小张力机额定制动张力可按大于等于 1/15 牵引钢绳的综合破断力选择。

（3）牵引机出口的牵引力计算。展放牵引钢绳开始时架空线是导引钢绳，展放结束时架空线是牵引钢绳，两者牵引力值的不同主要是架空线单位重量不同引起的；展放导线开始时，架空线是牵引绳，牵引绳末端是 N 根子导线，而展放导线结束时整个架空线上都是 N 根子导线，所以这四个阶段牵引力值是不同的。总的计算原则是牵引机出口处水平应力值应等于架空线末端各线水平张力值总和再加上整个放线段由于各档悬点高差不同和滑轮摩擦系数所引起的水平应力增加值。可按计算得牵引水平分力增加 10kN 作牵引力过载保安值，超过此值应报警熄火，停止牵引。

小牵引机额定牵引力可按大于等于 1/10 牵引绳的综合破断力选择。

（4）上扬计算。应验算放线过程中导引钢绳、牵引钢绳、导线是否上扬，计算原则是被验算杆塔的垂直档距小于0时将发生上扬。

（5）导线布线计算。从张力放线要求出发线盘长度应相等，而且每盘中间不应有断头。采用连续放线法施工，一个放线段的一相导线放好后，在张力场割断，将剩余的导线直接连在走板上，开始展放第二相导线，放完所有各相，再将剩余导线转至下一施工段接着使用。这种方法施工，对提高工效、节约导线有极重要意义。但施工前必须充分计算，应考虑接续管位置符合规范要求、尽量减少接续管、尽量节省导线、施工尽量方便等原则。

（6）铁塔悬点强度计算。对垂直档距大的铁塔悬挂点及放线滑车等应进行强度校核计算。

（7）弧垂计算。弧垂观察一般不少于三处，应选择好观察档，并按等长法计算提供弧垂表。

（二）张力放线现场准备

（1）搭设越线架，处理好施工通道。施工通道应顺线路方向三条2～3m通道。设计要求拆除的建筑、电力和通信线路，在放线前应处理完毕。越线架应位置准确、稳固可靠、符合安全规程、防止导线万一落在越线架上时损伤导线。

（2）展放、收紧避雷线操作完毕，挂导线绝缘子串及放线滑车。避雷线的施工一般采用常规的人力放线及紧线方法，应超前张力放线工序一至两个放线段，这样才能与张力线作业互不影响。铝包钢线、钢芯铝线、钢铝混绞线作地线也应用张力放线方法展放。

直线塔应先吊悬垂绝缘子串，后挂滑车组。起吊绝缘子串应使用专用工具（见图7-42），开始时慢速度牵引防止绝缘子球头受过大弯矩而变形，吊中相绝缘子串要用控制绳，防止它和塔身相撞受损。

耐张塔放线滑车则用1～1.5m长的钢绳套挂在横担下面，耐张转角塔和垂直档距较大的直线塔，荷重超过滑车承载能力、导线在滑车上包络角超过30°，压接管和保护钢甲通过单滑车时可能造成压接管弯曲时，一相应挂两个放线滑车，挂点高差大于30cm时还应不等高悬挂，滑车之间采用刚性支撑连接，以防

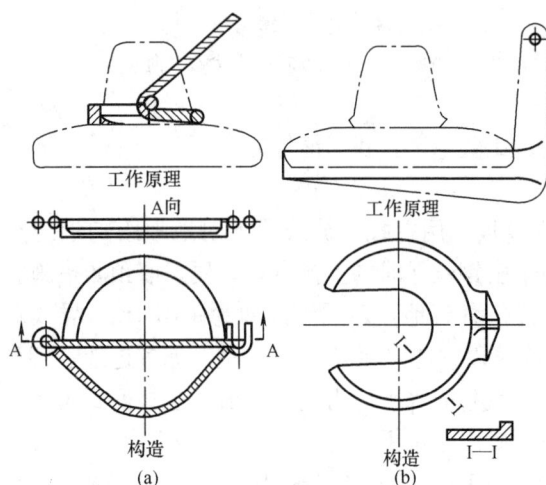

图7-42 吊绝缘子串卡具图
（a）钢帽卡具；（b）瓷裙卡具

滑车互相碰撞。

（3）展放导引钢丝绳。按各盘导引绳长度计算线盘位置，运到布线点后，放在盘架上，从两头人工同时展放三根导引绳。展放由牵引场向张力场进行，避免过多余线，展放完毕，空线盘运到张力场。

除无扭导引绳外，施工段内同型号、同规格、同捻向的少扭结构导引绳，可使用抗弯连接器。否则，应用3t旋转连接器连接。如果导引绳之间用抗弯连接器连接，圆头应朝展放方向，导引绳端套因弯曲大，应力集中，要经常检查。如果使用数个旋转连接器连接，旋转连接器不能通过牵引轮，故当它牵引到牵引机入口时，要将导引绳临锚，换上

抗弯连接器。

从20世纪80年代初500kV张力放线工艺中，导引绳展放始终采用人工"铺放法"，近年来有些送变电公司在困难地段施工时采用氦气球、动力伞或直升飞机展放，但费用较高，难以普遍采用。

人力展放五根导引绳，对生态环境破坏太大，牵引导引绳的话，对中相那根导引绳需临时锚固，但其锚固张力不超过5kN，远小于铁塔允许的断线张力，不需要对铁塔进行加固。鉴此，河北送变电公司提出了导引绳张力展放"绕牵法"。

绕牵法操作程序：即先在直线铁塔横担上平面中部安装专用五轮支撑放线滑车，在每基塔的专用五轮放线滑车中，采用人工"铺放法"铺放一根导引绳；用铺放好的一根导引绳张力牵放五根导引绳，走过铁塔后，随时将导引绳"绕铝"到横担下平面（或塔身外角）的悬垂滑车中；放线段放通后将五根导引绳分别锚固；将五轮滑车两边轮导引绳"挪移"至展放边线放线滑车中；中间两根导引绳"挪移"至地线放线滑车。

中相那根导引绳需"绕牵"错过塔窗，其工艺程序是：张力牵引—慢速过塔—停机待锚—钩挂锚绳—回松锚绳—松引绳头—绕钻塔窗—引绳连接—缓慢牵引—锚固拆除—继续牵引。

（4）修路及修整场地。

四、张力放线施工

张力放线采用的是导线从耐张塔通过，直线塔紧线，耐张塔平衡挂线，张力场或牵引场集中压接升空的施工方法。

（一）张力场、牵引场的平面布置

（1）牵引场平面布置图，见图7-43和图7-44。

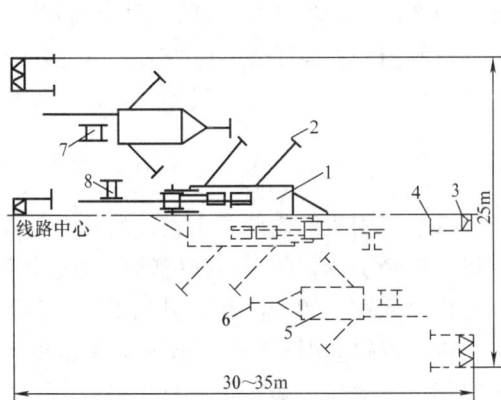

图7-43　正常牵引场平面布置图（一）

1—主牵引机；2—主牵引机地锚；3—锚线架；
4—锚线地锚；5—小张力机；6—小张力机
地锚；7—牵引绳筒；8—空牵引绳筒

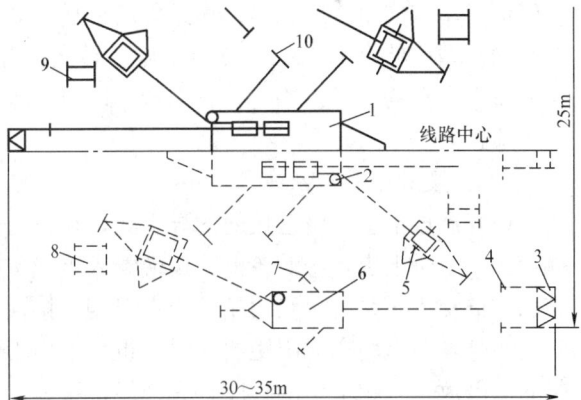

图7-44　正常牵引场平面布置图（二）

1—主牵引机；2—高速导向滑车；3—锚线架；4—锚线地
锚；5—钢绳卷车；6—小张力机；7—小张力机地锚；
8—牵引绳筒；9—空牵引绳筒；10—主张力机地锚

（2）张力场平面布置图，见图7-45。

（3）牵引场、张力场布置一般原则。主引力机、主牵引机均置于中相导线下方，一次定位展放边相导线时，机头应略偏向该侧，并保证主牵、张机出口对第一基塔边线挂点水平夹角不大于5°，对该塔悬点高差角不宜超过15°，牵、张机进出线接近水平时，牵、张机位置

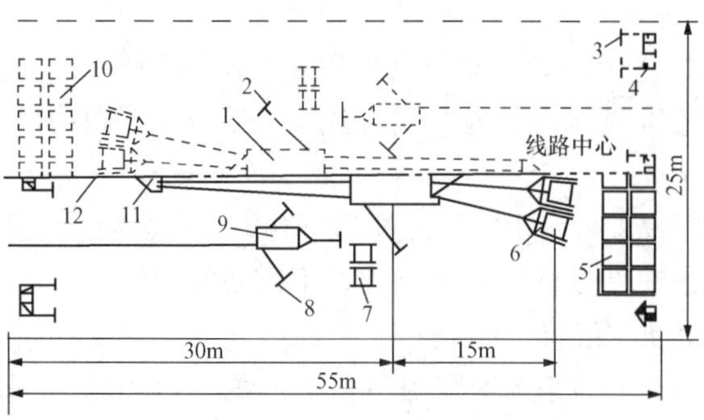

图 7-45 张力场一般平面布置图

1—主张力机；2—主张力机地锚；3—锚线地锚；4—锚线架；
5—导线线轴；6—线轴车；7—导引绳筒；8—小牵引机
地锚；9—小牵引机；10—待用线轴；
11—牵引板；12—牵引绳

为理想位置。小牵、张机应置于主张、牵机同一侧。

牵引绳的钢丝绳重绕机应放置在主牵引机侧前方，以便操作人员监视。小张力机的钢丝绳重绕机也放在附近，这样吊车不需移位就能倒换两机上的钢丝绳盘。

导线轴架车在主张力机后方成扇形排列，保证导线盘上出线与主张力机的夹角不大于25°。

为防止感应电及跨越电力线路时发生意外，所有放线设备均应可靠接地。在主张力机、一线张力机出口处导线、钢丝绳上挂接地滑轮，当放线段跨越、平行接近高压线路时，则牵引机、张力机端均应挂接地滑车。

放线设备锚固必须牢固可靠，三相锚线地锚间距离不宜过大。如果采用爆压，锚线地锚距牵、张机出口必须在25m以外，防止导线采用集中爆压时损坏设备仪表。

受地形限制，牵引场可通过转向滑车转向布场，转向滑车可设一个或几个，在地形不好地区，牵引机难以沿线路方向布置，这时可用数个转向滑车改变牵引方向，将牵引机设置在交通便利的场地上。在山区甚至把张力场、牵引场放在同一地点，牵引绳转向180°，牵引绳的滑轮挂在杆塔下方，张力场不宜设转向布场。每个转向滑车荷载应不超过允许承载能力；各转向滑车转向角度应相等；靠近邻塔最后一个转向滑车应接近线路中心线；近牵引机第一个转向滑车应使牵引机受力方向正确；转向滑轮应使用允许连续高速运转的大轮槽专用滑车，每个滑车均应可靠锚定；转向滑车围成区域为危险区，不得布置其他设备材料，工作人员不应进入。

（二）展放牵引钢丝绳

（1）展放准备。将已放通的导引绳，在张力场穿入小牵引机的内侧牵引轮，从牵引轮外侧穿出，上进上出，缠满轮槽，尾端卷入钢绳重绕机。在牵引场，将导引绳尾端通过旋转连接器与已穿入小张力机张力轮的牵引绳相连接，张力机穿入钢绳的方法和牵引机相同。在无重大跨越，对地距离无限距要求时，也可不用小张力机，仅钢丝绳轴架手动刹车，基本上不带张力牵放。三相牵引的顺序是先牵靠近张力机的边相，后中相，最后是另一边相。为了提高工效，在一个放线段内导线牵引绳的牵引和导线的牵引同时进行。

（2）牵、张机的操作规定。张力牵引牵引绳和导线作业中，牵张机操作，应严格按照操作规程，由经过专业培训合格的操作人员操作。牵引时应先开张力机，待张力机发动并打开刹车后，方可开牵引机牵引；停止牵引时应先停牵引机，后停张力机；接到任何停机信号时，牵引机都必须立即停止牵引，以查明原因。牵引机不停时，张力机不得先停；张力机的张力应缓缓升高，不使牵引绳、导线产生大幅度波动；应始终保持尾线、尾绳有足够的尾部张力。

（3）牵张起步。沿线布置好通信人员后，可开始启动小牵引机和小张力机，小牵引机保安牵引张力按计算所得的牵引力再加 3000～5000N 整定，超后此值，牵引机会自动停机、熄火或发警报备查。由于导引绳人力展放有余线，绳又轻，所以开始牵引时速度要慢，正常牵放时也不能超过 60m/s，否则容易跳槽。牵引机前导引绳稍一架空就应装接地滑车。整个放线段导引绳带张力升空后暂时停机，通知所有上扬塔装防上扬装置，并有人看守。

（4）防上扬跳槽。为克服上扬跳槽应优先用上扬塔号作施工段起止塔，在上扬直线杆塔，可用压线滑车或卡式压线轮如图 7-46 和图 7-47 所示。如果走板需通过放线滑车，可将滑车横梁板拆除，倒置的办法，如图 7-48 所示。在严重上扬时可考虑降低相邻铁塔放线滑车高度。转角塔可将放线滑车预倾斜，如图 7-49 所示。

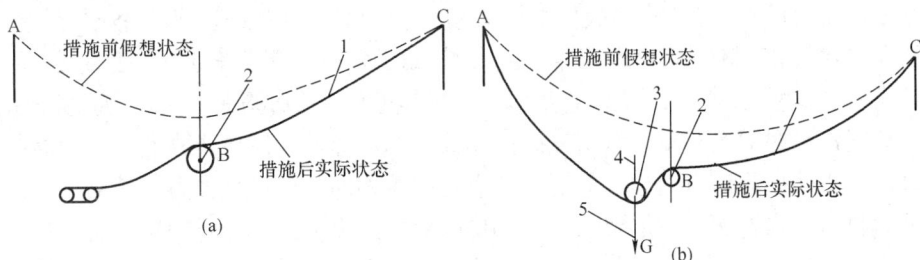

图 7-46　克服上扬的几种方法

（a）用上扬塔号作施工段起止塔；（b）用压线滑车压线

1—线索；2—上扬支座；3—压线滑车；4—吊绳；5—压线锚绳

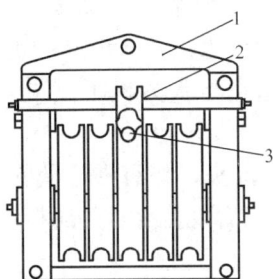

图 7-47　在放线滑车上装设卡式压线轮

1—放线滑车；2—卡式压线轮；3—导（牵）引绳

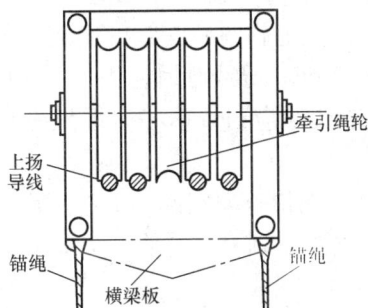

图 7-48　用放线滑车作压线滑车

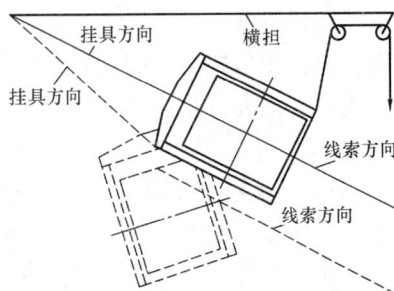

图 7-49　转角塔放线滑车预倾斜

导引绳上扬发生在它牵引着牵引绳时；牵引绳上扬发生在它牵引着导线时。当所牵绳、线到达上扬塔后上扬即自行消失，故这时需停机拆除压线装置，继续牵引。

（5）导引绳换盘操作。防弯连接器进入小牵引机轮槽时需放慢牵引速度。旋转连接器连接时，接头离小牵机 5m 时就应停止牵引在接头外锚线，调换成防弯连接器。导引绳连接头通过小牵引机并在绳盘上缠 3 圈后停止牵引，小牵引机尾线锚线后，进行导引绳换盘操作。

（6）牵引绳换盘操作。当展放牵引绳的绳盘上只剩 4～5 圈时，通知小牵引机停车并锚线，倒出牵引绳盘上剩余圈，绳头与换上满盘绳头用 10t 抗弯连接器连接，人力倒卷收回余绳后拆除锚线，通知牵引机继续牵引。

（7）牵引绳到场。牵引绳被牵至张力场后即停止牵引，用紧线器锚固在临时锚线的地锚上，就可与走板连接，做好展放导线准备。

（三）展放导线

（1）展放准备。展放导线开始前对现场布置，如设备、越线架、道路、通信等进行全面检查；吊装线盘，线头从上方引出；导线用尼龙绳或棕绳做引绳，按左捻导线右进左出，上进上出，入轮顺槽绕满，慢速启动张力机，人力拽行将导线引出与走板按规定连接；四根子导线引出长度尽量一致；各导线出口处均装接地滑车并可靠接地，张力放线，先中相，后两边相。

（2）牵、张力机操作。按计算得牵引导线时的牵引力加 10kN 作过载保安定值；牵、张机缓慢起步，当临锚装置不受力时，分别拆除各机处临锚；逐渐提高速度同时，分别调整各子导线张力，使其张力一致，牵引板呈水平状态；过转角塔时应减速，调整各子导线张力，使走板倾斜度和转角滑车倾斜度基本一致，走板过转角滑车后，应检查走板是否翻转，平衡锤是否搭在导线上，发生上述情况，应停止牵引，恢复其正常，然后调平子导线，继续牵引。

（3）导线混绞时对策。牵、张机紧急停车或横向风速较大使导线剧烈舞动而混绞，应立即停止牵动，查明原因后再处理。如混绞点靠近档距中间，可加大张力使其自行分离采用调节张力使其自行分离办法时一定要慎重，必要时要用人力将其分开，待导线稳定后再慢速牵引。一般不能用降低张力办法；搞得不好，混绞点向两侧迅速移动，降低张力导线和不动的导线混绞很容易相互磨损。

（4）导线换盘。线轴上只有 6 圈导线时，停止牵引，张力机刹车，用棕绳将张力机尾部导线锚固；倒出盘上余线，更换线轴，新、旧线轴上导线用蛇皮套和抗弯连接器连接；余线重新绕到新盘上，恢复线轴制动，拆除尾绳临锚蛇皮套和导线接触处加衬防护；启动牵、张机，将连接套处牵出张力机 25m 外时停车，导线临时锚固；再次启动张力机，送出 5～10m 导线，以便进行集中压接。导线落地处均应衬垫防护。爆压操作地点与张力机距离应大于 20m。

（5）导线集中压接。压接导线前，先检查离端部 3m 内有无钢芯接头，如有则应截除，蛇皮套套过部位也应切除。压接工应经过培训合格的技工操作，质量符合规范要求。压接结束，张力机将导线收紧，放松临锚后继续展放。

（6）结束放线。导线展放最后 200m 时，牵引场应通知张力场，将导线的张力逐渐加大到紧线张力的 75% 左右，以减少紧线的余线。但张力也不能过大，以免导线升空时发生困难。张力机加大张力后，导线牵引力不能超过牵引机允许负荷。

一相导线放好之后，在张力机前将导线临锚后截断，剩余导线在第二相上展放。临锚的锚线水平张力最大不超过导线保证计算拉断力的 16%，锚线后各档导线对地距离不小于5m，且同相子导线张力应稍有差异，使子导线在空间错开，避免线间鞭击。

一个放线段放线完毕将一侧牵引（或张力）场调头，另一侧转场，准备下一放线段施工。

放线完毕应及时检查各接续管位置，如与布线计算不符，不能满足规范要求，则应及时采取补救措施。

五、放线质量与施工安全

（一）放线质量

1. 张力放线过程中防止导线磨伤

（1）保护线轴内导线。吊运、架设线轴时不变形，拆除包装不损伤导线，拔除轴外缘所有铁钉；线轴扇形布置，导线出线时不与线轴侧边相磨；换线轴时，线头、线尾不碰硬锐部件；向线轴回盘余线时，蛇皮套被盘进线轴，应与导线间有衬垫隔离。

（2）保护线轴外导线。导线局部落地防地面磨伤，应铺软垫；卡线器附近，应在临近导线上套橡胶管；导线与钢绳或导线与导线交叉处应垫木板或木棒。

（3）放线中保护导线。张力机保持出口张力满足设计规定，保证全线架空；放线滑车中导线跳槽及时处理，处理中应使用吊钩吊线；避免完成牵放作业后单独牵引一根子导线，造成相互擦伤；压接时，连接网套（蛇皮套）中导线应切除。

2. 在临锚作业中应防止导线磨伤

（1）使用能保护导线的工器具。使用线间距离较大的临锚架；临锚钢绳套宜用少扭结构钢绳或钢绞线制，与导线接触部位包胶。

（2）作业中保护导线。锚线坑尽可能接近导线正确位置；卡线器放正位置，给足初始正压力，不在导线上滑动；锚线架上垫木板、木棒，使导线不直接接触锚线架；按锚线坑位置确定张力机松线顺序不使导线相互交叉。

（二）施工安全

（1）受力工具使用前严格检查。蛇皮套、牵引板、各种连结器、导引绳和牵引绳的插接式绳扣等是受力体系中薄弱环节，每次使用前严格检查，按规定方式安装和使用，按安规要求定期做荷载试验。

（2）承力机具替换和受力方式变更（如交换线轴、直线接续、临时锚线、临锚体系更换、松锚、收紧导线等）作业中注意事项。新承力机具的承载能力和受力方式除应符合原受力状态要求外，还应留有一定余度；只有新承力体系全部承受后，才能拆原体系；新旧承力体的受力方向应大体一致，尤其卡线器只能顺受力方向使用，否则会卡不住导线而滑移；操作人员应在安全位置作业。

（3）为放线安全和提高放线质量，牵放过程中下列部位设专人负责，张力场设现场总指挥，如牵引场及张力场、各放线滑车处、尤其转角滑车处、所有越线架处、导线距离地面最近处、居民区未搭越线架但通行行人处、其他特殊需要监护的地方。

（4）迅速可靠的通信联络。各岗位人员经过通信技术培训，掌握通信知识和要求，能正确使用保管通信工具、选择可靠的通信工具，通信语言简短、明确、统一、清晰，传递、接受、执行信息的程序合理，明确信号与指令的区别，通信缺岗不得进行牵放作业。

（5）放线中防止电害。牵引机、张力机机体接地；在牵引机、张力机机体前方牵引绳和导线上安装接地滑车；雷雨天停止放线作业；防止雷管电场自爆；停电作业严格执行有关规定。

第三节　张力架线技术——紧线、平衡挂线和附件安装

一、输电线路沿线施工现场布置

（一）沿线作业分布（见图 7-50）

和张力放线配合的紧线、平衡挂线和附件安装工作是连续的流水作业。

（1）前紧线段。在本紧线段作紧线准备时，前紧线段的耐张塔（A）两侧高空临锚，以便作平衡挂线作业，前紧线段的紧线塔（C）上除了各子导线打好自身临锚保持已紧线段紧

线张力外，还要过放线滑轮打好过轮临锚，在（C）、（D）塔间导线压接后直线松锚升空时，由它保持前紧线段紧线张力。在紧线塔邻塔（B）还要打反向临锚，以平衡本紧线段紧线时，可能超过前紧线段的那部分张力。

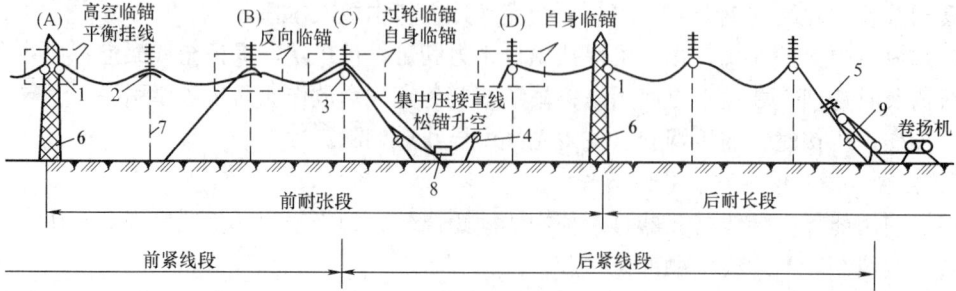

图 7-50　施工沿线的作业分布

1—双轮放线滑轮；2—悬垂线夹；3—单轮放线滑轮；4—手扳葫芦；5—卡线器；
6—耐张塔；7—直线塔；8—压接管；9—紧线滑轮组

（2）集中压接档。集中压接是在原牵引场（或张力场）上进行的，压接结束后，要在这里放松两侧导线的自身临锚，让导线升空，这就是直线松锚升空作业。

（3）本紧线段。本紧线段一侧自身临锚，另一侧场地上作紧线作业，各子导线用手扳葫芦临锚，可作紧线细调，同时卷扬机牵引滑轮组，过放线滑轮用卡线器卡住子导线作紧线粗调。紧线作业结束，本紧线段各塔划印后，作好自身临锚和过轮临锚。

（二）各种临时锚线作业

将处于施工过程中的导线（或其他绳索）锚定在某种承力体上，以便进行作业过渡或完成某些作业，在施工术语中称临锚。临锚可分为不可调临锚和可调临锚两类，其布置分别如图 7-51 和图 7-52 所示。

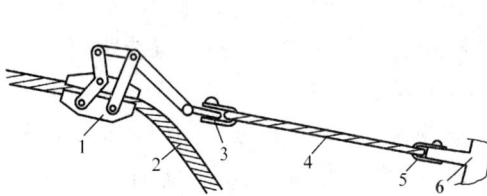

图 7-51　不可调临锚

1—卡线器；2—导线；3—卸扣；4—锚绳；
5—卸扣；6—临锚承力体

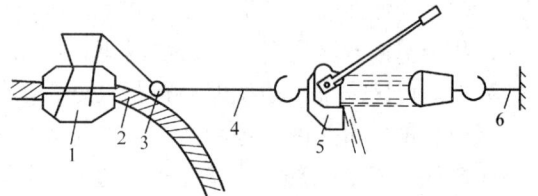

图 7-52　可调临锚

1—卡线器；2—导线；3—卸扣；4—锚绳；
5—调长工具；6—临锚承力体

张力紧、放线中，主要临锚作业，可分为下述几种。

（1）自身临锚。它是在滑轮引下的各导线上套上卡线器，卡线器应相互错开以保护导线。在卡线器和锚线架之间用钢丝绳套连接，一般还串接手扳葫芦调节。它承受了全部紧线张力，对地夹角在 45°之内。为了防止导线因振动而引起的疲劳断股，锚线水平张力不应超过导线保证计算拉断力的 16%，锚固同相子导线间的张力应稍有差异，使子导线在空间上相互错开，与地面净空距离不应小于 5m。

（2）过轮临锚。锚线穿过放线滑车横梁上所挂的直角挂板距滑车 1～1.5m 处，用卡线器错开卡住已收紧的子导线，锚线钢丝绳也承受全部紧线张力，对地夹角不得越过 45°，如图 7-53 所示。

（3）反向临锚。它是在紧线的反方向临锚，仅起平衡本紧线段紧线张力，所以反向临锚只需按 1/4 紧线张力选择锚具，几根子导线可合用一根锚绳，锚绳上端卸扣里的二根"V"形钢绳套，套住紧线搭相邻的前一基塔的四个线夹，锚绳下端用手扳葫芦调节，如图 7-54 所示。

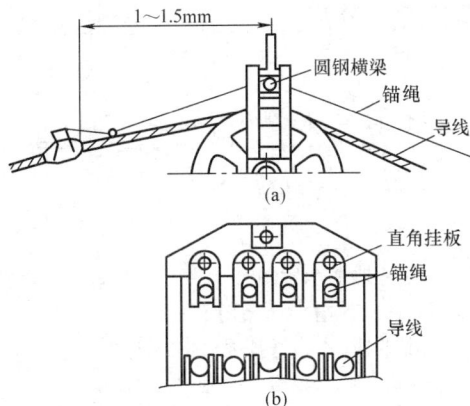

图 7-53　过轮临锚

（a）用圆钢横梁支承锚绳；（b）用直角挂板支承锚绳

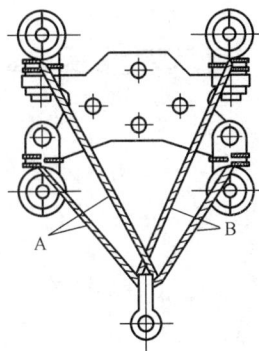

图 7-54　反向临锚

（4）耐张塔高空对称临锚。在耐张塔两侧架空线上，分别通过卡线器、临锚钢绞线、链条葫芦和耐张塔临锚挂线点连接，通过操作耐张塔两侧链条葫芦，对称收紧架空线，使卡线器之间导线处于松弛状态，如图 7-55 所示。

（三）直线松锚，导线升空作业

前、后紧线段的导线用直线压接管相连接，然后进行直线松锚、导线升空作业。直线松锚可分为个别松锚、同时松锚法两种。

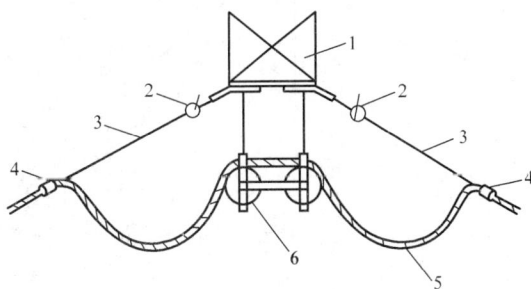

图 7-55　高空对称临锚

1—耐张塔横担；2—链式紧线器；3—临锚钢绳；
4—卡线器；5—架空线；6—放线滑车

（1）个别松锚法。这种方法用得较多，先松待紧侧临锚。在该临锚上方套一卡线器，接入滑轮组；用绞磨收紧滑车组，拆除待紧线侧临锚；缓缓松滑车组，直到滑车组的卡线器与已紧线段自身临锚之间导线张紧；滑轮组钢绳不受力时，在卡线器附近用白棕绳压下导线；撤去滑轮组和摘下卡线器，再缓缓放松白棕绳，让导线升空。也可作缓松器代替滑轮组和绞磨松锚，如图 7-56 所示。

已紧线侧自身临锚也可用同样办法松锚。更简单的办法是暂时不松自身临锚，在紧线端开始收紧余线时，自身临锚锚绳对地夹角增大，这时用白棕绳往下压导线，在锚绳不再受力时，拆除锚线工具，缓缓放松压线白棕绳，让导线升空。

（2）同时松锚法（见图 7-57）。松锚的两组滑轮组两端分别用卡线器卡在自身临锚上方；同时收紧两滑轮组，迫使两侧自身临锚工具向上旋转；调节临锚的手扳葫芦，使两侧旋转程度相近；用白棕绳跨在导线上，压下导线，在临锚工具不再受力时，拆除松锚工具；最后缓缓松开白棕绳，让导线升空，取下白棕绳。

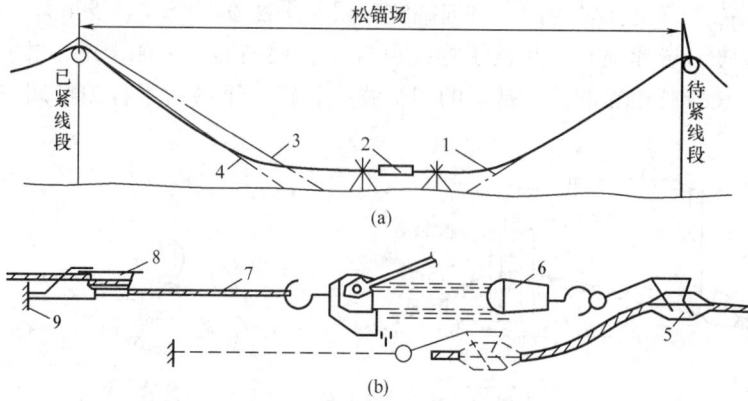

图 7-56 个别松锚法示意图

（a）松锚场状态图；（b）个别松锚布置图

1—放线临锚；2—压接管；3—本线临锚；4—过轮临锚；5—卡线器；
6—调长工具；7—松锚钢绳；8—缓松器；9—地锚

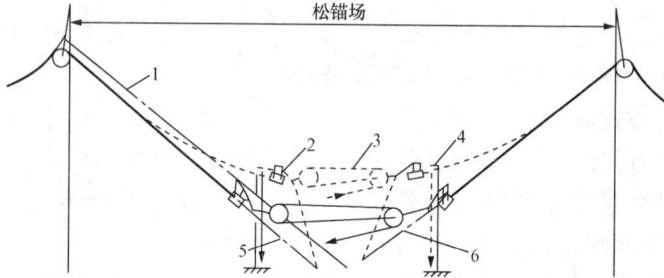

图 7-57 同时松锚法示意图

1—过轮临锚；2—卡线器；3—松锚滑轮组；4—压线白棕绳；
5—本线临锚；6—放线临锚

（四）紧线作业中保护导线

紧线作业过程中护线的重点在紧线场和锚线场，在松锚、紧挂线及临锚导线时最易伤及导线。

紧线作业中应注意：卡线器在各子导线上错开安装，并和滑轮有足够距离；过轮临锚绳与导线分离，锚绳通过挂在滑车横梁上的直角挂板，避免锚绳、紧线钢绳及其他工具搭在导线上拖动；必须接触时，应套胶管隔离；妥善保管余线；不得在子导线绞动情况下收紧导线，亦不得在导线跳槽时继续紧线；应对称松锚保持滑车平衡，避免子导线相互驮线、绞劲；余线较多时，不宜一次松完，应分几次交替放松各子导线；松线时导线可能落地，应配合本紧线段紧余线，保持导线架空；临锚、松锚、收紧等作业均不应动作过猛和速度过快，不应使导线张力发生急剧变化；限制导线在各种紧线滑车上的包络角，以防止导线内伤。

二、紧线施工

张力放线结束后应尽快进行紧线。一般以张力放线段作紧线段，以直线塔作紧线操作塔。个别的线段必须以耐张段划分，并在耐张塔紧线时，对紧线的耐张塔必须安装可靠的临时拉线，拉线对地夹角不得大于45°。

（一）紧线前准备工作

紧线前应检查子导线在滑车中位置，消除跳槽现象，子导线间应不相互绞动。直线压接管位置应符合验收要求。导线如有损伤，紧线前应按技术要求处理完毕，但如用补修预绞丝可在紧线后安装间隔棒时装设。现场该对观察档位置，复测观察档距离，设立观测弧垂的标志。中间塔放线滑车在放线时设立的临时接地紧线仍应保留。

为保证本施工段紧线不影响上一紧线段的紧线质量，故前紧线段已装好过轮临锚和反向临锚，并除锚线塔外在其他杆塔上已装完线夹，距锚线塔最近的二基塔之间已安装完间隔棒，这时方可进行直线松锚，导线升空作业。

（二）紧线操作步骤

（1）准备工作。在锚线端进行导线压接与升空工作；在牵引端将导线通过卡线器与紧线设备连接。

（2）紧线。活动牵引设备，抽动导线，至临锚不受力时拆除临锚，继续紧至一定张力，观察与调整弧垂。导线收紧次序应考虑下列因素：各子导线应对称收紧，尽可能先收紧滑车中两边的子导线，防止滑车倾斜；宜先收紧张力较大、弧垂较小子导线；宜先收紧线档中间搭在其他子导线之上的那根子导线；紧线中应尽量避免紧线过程中子导线相互驮线而绞动；同相子导线应基本同时收紧，收线速度不宜太快。

（3）跨耐张塔紧线。跨耐张塔紧线时，各耐张段观察档弧垂均按各自代表档距所计算出的弧垂进行观测。对前耐张段内部分档导线弧垂观察完毕后，停止牵引，在该耐张段内所有塔上滑车中心点处的导线划印，然后继续牵引看好后耐张段的弧垂。因为耐张塔两侧绝缘子串金具组合内导线是要割掉的，所以后耐张段紧线时，不需对前耐张段导线临锚。

（4）调弧垂和划印。弧垂粗调用卷扬机，细调用手扳葫芦。本紧线段观测弧垂时，前紧线段的过轮临锚塔应设人监视，并将过轮临锚微微松动。弧垂看好时以原来所划中心印记不动或略向紧线侧移动为好，此时过轮临锚钢丝绳微松，说明该耐张段内导线应力是一致的。如果中心印记发生偏斜，应找出原因后再进行紧线。弧垂调平后本紧线段各塔再划印。

（5）作自身临锚和过轮临锚。以紧线地锚作临锚地锚，对各子导线做自身临锚，在紧线塔上作过轮临锚。临锚结束，拆除紧线工具。

（6）作反向临锚。在紧线操作塔的相邻塔上，等安装悬垂线夹后，做反向临锚。

（三）弧垂观测与调整

紧线弧垂在挂线后应随即在该观测档检查。导线、避雷线弧垂允许偏差，对被跨物净空距离等要求和 220kV 线路相同，其原理已在第四章中叙述。应注意到新标准中弧垂正偏差由 +5% 改为 +2.5%，大跨越档档距从 +2%、-2.5% 提高到 ±1%。220kV 及以上线路标准使用档距一般为 450m，考虑初伸长后弧垂约 10m，+2.5% 绝对值是 250mm，档距为 450m 及以上时用肉眼观测弧垂有一定困难，但用经纬仪角度观测是十分有利的，允许偏差 250mm 是完全能保证达到的。另应注意紧线弧垂是在挂线后随即检查的，所用弧垂为消除初伸长影响采用降温法处理，紧线时应略偏负误差比较合理，可以延缓其进入正误差的时间，一般认为挂线后导线弧垂要经过 5~10 年才能接近最终稳定状态，所以事后检查弧垂，很难确定明确标准，有文献介绍按 $\Delta f = 12.0\left(1 - e^{-0.08T}\right)$ 检查，以实际弧垂增量小于此值为宜。

（1）弧垂观测档。选择观测档原则是能全面掌握和准确控制紧线段应力状态。选择时除按一般放线时选择原则外还应兼顾如下各点：观察档分布均匀，相邻观察档相距不超过四个线档，连续倾斜的高处和低处、较高悬点的前后两侧、相邻紧线段接合处、重要被跨越物附近应设观测档；宜选档距较大悬点高差小的线档作观测档；宜选对邻近线档监测范围较大的塔号作测站；不宜选邻近转角塔的线档作观察档。

（2）弧垂观测法选择。优先使用等长法观测和检查弧垂，为使观测视线不受地面障碍物影响，此法要求两侧弧垂板与塔脚板高差 2m 以上，观测档两侧塔上各绑扎两块相差一个温差等级的弧垂板，以便气温变化时不用计算即可观测弧垂。温差不到一个等级，弧垂调整量采用插入法计算；使用异长法时，视点悬点高大于异长法视点端导线悬挂点至弧垂板的垂直距离且视线可通，切点对同侧档端水平距离超过四分之一档距长度；满足切点对同侧档端水平距离超过四分之一档距时，可用经纬仪角度法检查弧垂。上述三种方法均不适用的，可用平视法观测和检查弧垂。

（3）弧垂调整程序和方法：

1）以各观察档和紧线场气温平均值为观测气温。

2）收紧导线，调整距紧线场最远的观察档弧垂，使其合格或略小于要求弧垂（但不超出容许误差）；放松导线，调整距紧线场次远的观察档的弧垂，使其合格或略大于要求弧垂；再收紧导线，使较近的观测档合格。依次类推，直到全部观测档调整完毕。

3）同一观察档同相子导线应同为收紧调整或同为放松调整，否则可能造成非观察档子导线弧垂不平（滑车摩擦所致）。

4）同相子导线基本同时收紧或同时放松，避免因受力过程不同而造成塑蠕变形不同；同一条导线应连续调完所有观测档弧垂，以免使调好的观测档内产生弧垂变化；同相子导线用经纬仪统一操平，并利用测站尽量多检查一些非观测档的子导线弧垂差，必要时作补充调整。

5）调整某一观测档弧垂时，已调好的各观测档应随时复查弧垂有无变化，未作调整的各观测档应协助调整档控制收紧或放松程度，避免收紧或放松过量，以致需重新调整。

6）与前紧线段衔接的过轮临锚档收紧到一定程度时要及时拆除，不能待弧垂调好后再拆，否则拆锚后调好的弧垂将变小；反向临锚应保持到耐张段全部紧完线后再拆除。

7）当弧垂调整发生困难，各观测档不能统一时，应检查观测数据；收紧、放松过量发生紊乱时，应放松导线（注意此时过轮临锚是否已拆除），暂停一段时间后重新调整。

8）反复调平弧垂，观测弧垂完毕后复测，也就是划印前弧垂调平。挂线后第二天再作一次弧垂调整，以便为安装附件创造条件。弧垂误差小，可只改变调整板上孔位来解决，误差较大可采用"赶线"办法，将误差均摊到相邻几个档，大耐张段可从中间直线塔开始，向两耐张塔进行，然后用调整板调整。安装悬垂线夹后，对个别弧垂误差大于规定者，采取局部赶线均摊，作最后一次调整。

（四）划印

划印应在弧垂调整完毕，紧线应力未发生变化时，在紧线段内各直线塔、耐张塔上同时划印。印记应准确、清晰，可在划印两端粘黑胶布。

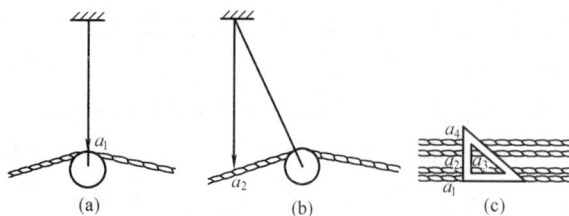

图 7 - 58 直线塔划印图

（a）一般塔；（b）连续上下山；（c）详图

1. 直线塔及无转角耐张塔划印

通称直线塔划印，如图 7 - 58 所示，先用垂球将横担挂线孔中心投影到任一子导线，然后将直角三角板一直角边贴近该子导线上投影点，在各子导线上划印。当滑车倾斜时划印点也是垂线投影点。直线转角塔取放线滑车顶点为划印点，用直角三角板在各子导线上划印。

2. 耐张转角塔划印

耐张转角塔划印方法是与割线尺寸计算方法相配合的，常用划印方法有：

（1）悬挂点延伸法。用具有一个长直角边的直角三角板和垂球作划印工具，将短直角边贴紧导线，长直角边对准横担挂孔中心或由挂孔中心垂下的垂球线，顺长直角边在各子导线上划印。

（2）横担中心线延伸法。其方法同上，但长直角边不是对准挂孔中心，而是对准横担挂孔断面处的横担中心，杆塔挂双放线滑车时，用此法划印比较方便。

（3）挂点延伸法。用直尺对准横担挂孔中心，将挂点中心线准确地延伸到各子导线上划印，如图 7-59 所示。

三、附件安装

紧线完毕后，应在五天内进行耐张塔平衡挂线和直线线夹、防振金具及间隔棒安装工作，避免导线因在滑车中受振和档距中相互鞭击而损伤。对大跨越难于立即安装时，应会同设计部门采用临时防振措施。

附件安装前应对导线做全面检查：将导线上所有遗留问题处理完毕，打光导线上未经处理的局部轻微磨伤（特别注意线夹两侧和锚线点）；拆除直线压接管保护钢甲；拆除导线上任何异物；该补修处补修完毕。

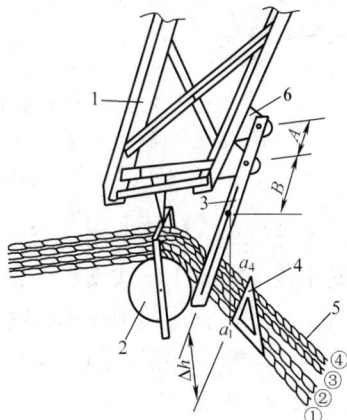

图 7-59　挂点延伸法划印
1—横担；2—放线滑车；3—划印板；
4—三角板；5—导线；6—挂线板

（一）耐张塔附件安装

1. 耐张塔挂线方法分类

（1）按耐张塔挂线过程中的受力状态分为：

1）平衡挂线。用高空对称锚线法临锚后，将耐张金具组合连同架空线一起不带张力挂到塔上，然后松锚。本方法耐张塔不需打临时拉线。

2）半平衡挂线。用高空对称锚线法临锚后，采用带张力挂线法挂线，同侧同相所有子导线分成两组，分二次挂线，每次只挂其中一组，两侧导线分四次挂成；铁塔横担最多承受一相总张力的一半。本方法视耐张塔许可承载方式决定是否需打临时拉线。

3）不平衡挂线。上述方法中，一次将一侧子导线同时用带张力挂线法挂线。本法一般需打临时拉线。

（2）按挂线机具在挂线过程中受力方式分为：

1）不带张力挂线。为使金具能到达连接位置，挂线时要用空中临锚工具过牵引一段长度。

2）带张力挂线。不是用临锚工具过牵引，而是用挂线工具完成过牵引。

2. 耐张塔挂线操作方法

高空对称临锚已在本节各种临锚作业中作了介绍，对称收紧两侧架空线，卡线器之间架空线处于松弛状态以后即可空中断线。断线前应将断线点两侧导线分别用尼龙绳绑住，待导线断开后用尼龙绳缓缓松至地面，导线下方加衬垫，并按顺序分好。根据划印的印记进行让线、割线工作，割线后即可进行装线夹和挂线工作，目前用得较多的挂线操作方法有以下三种。

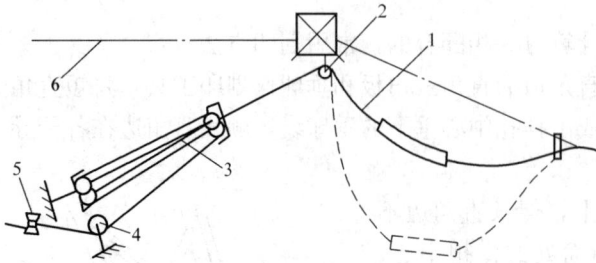

图 7-60 地面组装挂线法

1—总牵引绳；2—挂线滑车；3—牵引滑车组；

4—底滑车；5—机动绞磨；6—空中锚线

（1）高空锚线地面组装挂线法。线夹和绝缘子在地面组装，在挂点附近挂好挂线滑车，以机械牵引挂线，如图7-60所示。横担两侧同一相导线挂线完毕后，同步放松临锚，拆除锚线、挂线工具。如弧垂监测档发现弧垂有误差时应立即调平。

这种方法可以是带张力半平衡挂线，也可以用不带张力平衡挂线。

（2）高空锚线，空中对接挂线法。这种施工方法既适用于空中割线后将架空线松到地面安装耐张线夹，也适用于在空中安装耐张线夹。空中锚线安装耐张线夹；在地面组装耐张绝缘子串，用吊挂悬垂绝缘子串相似办法，单独将它吊挂到横担挂线孔上，按图7-61布置空中对接工具，调节空中临锚适当过牵引后，收紧对接滑车组，实现绝缘子串和耐张线夹空中对接。这种方法均为不带张力的平衡挂线。

（3）高空短线临锚、空中组装挂线法（图7-62）。这种方法用8m铝镁合金工作台一端提挂于临锚绳上，另一端挂于横担上，割线、压接都在台上进行，导线不落地，高空对挂，不动原间隔棒，它的临锚绳加链式葫芦只需10m，高空临锚的方法是相同的。

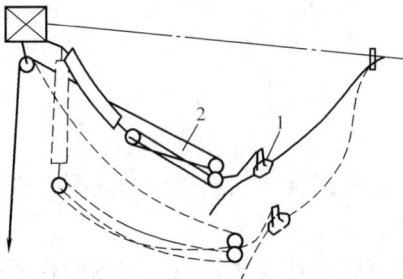

图 7-61 空中对接挂线法

1—卡线器；2—滑车组

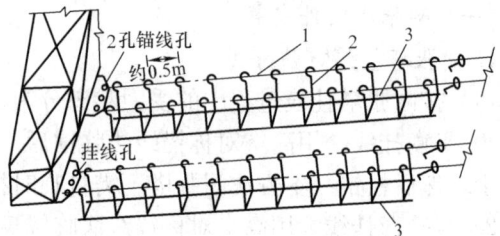

图 7-62 高空短线临锚，空中组装挂线法

1—锚具；2—吊索；3—平台

（4）高空松弛锚线，地面组装平衡挂线法（图7-63）。这种方法是第一种方法的改进。每相导线用40m长GJ-70钢绞线锚绳，两端压好钢锚，一端连紧线器，卡在耐张塔两侧距横担39.5m远的导线上，另一端连一卸扣，略带一把力，直接固定在横担相应的施工用孔上。地面上利用布置

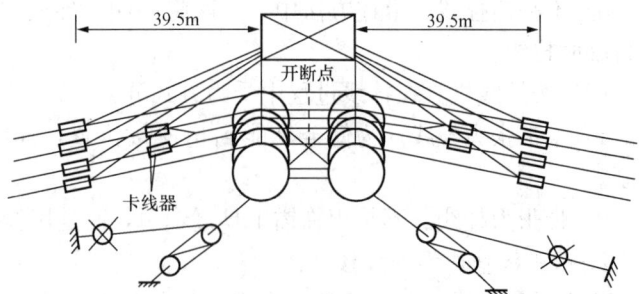

图 7-63 高空松弛锚线，地面组装平衡挂线法

的两套一牵二挂线工具，两根钢绳分别放入两只五轮放线滑轮内，钢绳前连两根短钢丝绳套，各拴一只紧线器卡在两根子导线上。启动绞磨，两套滑车组同步收紧，待横担中间的导

线松弛后，在开断点断线。同步松出滑车组，让两侧高空临锚绳受力锚住，导线用棕绳系住送到地面。每次操作可锚两根线，每相进行两次，可先两中间子导线，后两边子导线。全部子导线落地割线压接和安装好耐张串后，摘除放线滑车，换上挂线滑车，进行一牵二平衡挂线。

这四种挂线方法中，前三种高空临锚方法相同，第三种方法临锚线短，导线压接，挂线均在空中进行，无疑导线不易受损，地面上不必挖 12 个施工坑，劳动强度降低，工效提高，所以现在在山区、丘陵，地下工作面小处优先采用。但第四种方法把临锚和挂线两套起重工具，反复操作 36 次，简化用一套地面的绞磨、滑轮组操作。高空作业大大减少，两侧两根子导线平衡对挂，过牵引长度也小，地面起重工具一般打地钻不必挖地锚坑，在平原地区地下工作面不特别困难时，采用本法施工是很好的。

3. 割线长度计算

为了不改变划印后的弧垂值，转角耐张杆塔挂线前必须考虑各种线长调整值。

（1）高差影响。划印时，耐张塔放线滑轮顶面，距挂线点有高差 Δh，影响挂线后弧垂。其调整量为

$$\Delta L_{\mathrm{H}} = \frac{\pm \Delta H \Delta h + \frac{1}{2} \Delta h^2}{l} \qquad (7\text{-}5)$$

式中　ΔL_{H}——由挂线高差引起的线长调整量（正值为调减量，负值为调增量），m；

　　　ΔH——挂线操作档悬挂点高差（操作塔低时取正号，高时取负号），m；

　　　Δh——挂线高差，m；

　　　l——操作档档距，m。

（2）水平位移影响。由于线路转角影响，放线滑车向转角内侧水平位移，在耐张串采用双挂点时，外侧绝缘子串上子导线和内侧绝缘子串上子导线的水平位移值是不同的，还应该注意设计者为消除双挂点影响，内外侧金具长度的不同，即

$$\Delta L_{\mathrm{X}} = \Delta X \sin \frac{\theta}{2} \qquad (7\text{-}6)$$

式中　ΔL_{X}——水平位移影响的线长调增量，m；

　　　ΔX——各子导线挂点和滑车间水平距离，m；

　　　θ——线路转角，（°）。

（3）总割线长度。其计算式为

$$\Delta L = \lambda + \Delta L_{\mathrm{H}} - \Delta L_{\mathrm{X}} - \Delta L_{\mathrm{Z}} \mp \Delta L_{\mathrm{C}} \qquad (7\text{-}7)$$

式中：λ 是拉张后耐张绝缘子串金具组合的实测数值，量取起止点应统一，尺的松紧程度要一致，不可使用设计图纸上数据；ΔL_{H} 和 ΔL_{X} 是由于划线点和挂点垂直高差和水平位移引起的调整量，一般应根据现场实际情况计算，其计算方法已在上面介绍；ΔL_{Z} 是因观测弧垂时耐张塔未串入耐张绝缘子串，挂线时应计及绝缘子串质量引起弧垂减少，为保证挂线后弧垂不变，割线时应少割的调量；ΔL_{C} 是由于耐张串倾斜在二联板上、下子导线位置不同而引起的调整量，上子导线应调减，下子导线应调增。这后二项计算应在施工设计中，架线安装手册内已计算好，现场不作计算。

（二）直线塔附件安装

（1）导线附件安装。四分裂导线专用提升器进行架空线的提升。提线器由链式紧线器、

提线连接板和提线线夹组合而成，如图 7-64 所示。提升器提升方法如图 7-65 所示，提升连接板上平衡钢绳上装有限位装置，以限制子导线上、下移动的距离。导线提起后，拆除放线滑车，按工程统一要求，移动平衡钢绳，形成子导线分裂间距。在直线兼角塔中应将绝缘子串用尼龙绳将附件链式紧线器绑在一起，对连续倾斜档应考虑线夹位置让线值（如图 7-66 所示）。

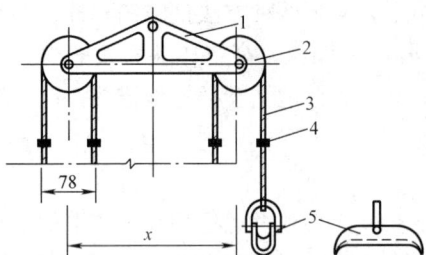

图 7-64　四分裂导线提线连接板及提线线夹图
（图中 x 为安装后的子导线间距）
1—提线连接板；2—子导线平衡滑轮；3—提线
平衡钢绳；4—限位装置；5—提线线夹

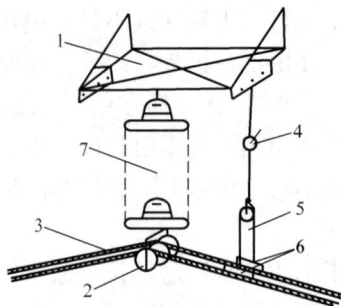

图 7-65　提线器提升法
1—横担；2—放线滑车；3—架空线；
4—链式紧线器；5—提线连接板；
6—提线线夹；7—悬垂串

（2）避雷线的附件安装。避雷线提升荷载较大，而悬垂串很短，使用前述提升方法都有一定困难，可用专用小丝杠提升，见图 7-67。将小丝杠的一端钩住避雷线，另一端穿入提线横担，操作两侧把手，使避雷线提升到脱离放线滑车，即可安装避雷线悬垂线夹。

绝缘避雷线放电间隙的安装距离不应大于±2mm。

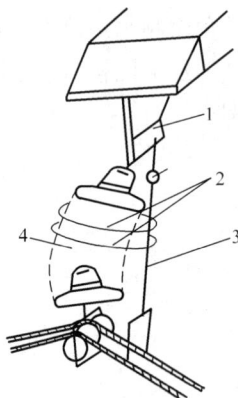

图 7-66　直线兼角塔悬垂线夹安装
1—挂线板；2—尼龙绳；3—提
线器；4—绝缘子串

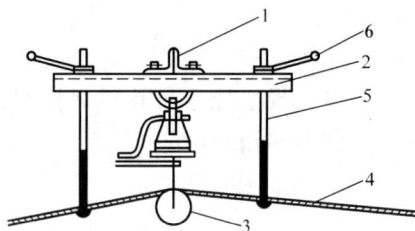

图 7-67　避雷线提升图
1—避雷线横担；2—提线横担；3—放线滑车；
4—避雷线；5—提线丝杠；6—操作把手

（三）间隔棒的安装

分裂导线间隔棒结构应与导线垂直，安装时应采用准确的方法测量次档距，杆塔两侧第一个间隔棒的安装距离不应大于次档距±1.5%其余不应大于±3%，各相间隔棒安装位置应相互一致。

间隔棒安装一般使用飞车，但导线飞车质量的优劣不仅关系施工速度还关系到质量和安全，现有飞车型式、生产厂很多，但质量过硬者少，使用飞车、安装飞车必须满足工艺导则上对飞车的要求。故有的单位提出四分裂导线上人行走安装十分方便，并受到工人欢迎，有的单位采用人拉移动吊车安装，也有在引进的系人吊缆上安装，各地对各种方法评价相差较大。飞车工作情况如图 7-68 所示。

导线间隔棒次档距的丈量，可以采用下述方法。

（1）计程定位法。利用飞车上安装计程器测量定位。

（2）地面测量法。人工在地面上沿中相拉尺定距，插上明显标记，由操作人员按标记定位。

（3）空中测量法。由两个操作人员在架空线上测量出相邻导线上两间隔棒之间的斜距 S。

图 7-68　通过式飞车工作图

间隔棒除起支撑和防止各子导线受风鞭击外，还有一定防振作用，故对圆环形间隔棒一定要按设计提出的要求用力矩扳手将其夹头螺栓紧固到设计要求值，一般为 $60\sim100\mathrm{N\cdot m}$ 之间。夹头螺栓第一次紧到规定值后松回到零值，第二次再重新紧到规定值。夹头螺栓应向下穿，安装时要先装上线夹头，后装下线夹头。

（四）跳线安装

我国建设 500kV 四分裂导线输电线路跳线大多采用四分裂跳线，通称 4—4 式跳线。这种跳线安装工作量大、工艺复杂、整形困难。华东院设计一种 4—2 跳线，效果较好。

四分裂导线和单根导线的跳线安装方法及要求都是相似的。跳线长度的确定一般由设计单位提供，应先进行跳线安装试点，摸索出规律，然后进行其他耐张塔的跳线安装。干字形转角塔中相导线要通过悬挂在避雷线横担上的绝缘子串绕跳，高空实测困难，工艺不美观，往往返工，有资料介绍中相跳线长度正确计算。因公式太繁，这里不详细介绍。

跳线安装已在第五章第三节中作过介绍，应使用未经牵引的原状导线制作。应使原弯曲方向和弯曲后的弯曲方向一致，以利外观造形。分裂导线同相各子导线长度不同，所以每根导线上要作出明显标记，在现场按标记将同相各子导线跳线组成整体，无跳线或只有一串跳线串的直跳线，在两侧耐张线夹处挂滑车，将两端同时吊起，与耐张线夹连接板连接，然后吊跳线绝缘子串与跳线线夹连接。对有两串跳线绝缘子串的绕跳或跳线，地面上先装好跳线绝缘子串，将两跳线绝缘子串同时吊起安装，最后连两侧耐张线夹连板。最后装间隔棒、整形并测量各部分尺寸、最小对塔距离和弧垂；如不符合设计要求，必须查明原因改装或重装。任何气象条件下，跳线均不得与金具相摩擦。安装跳线间隔棒时，应设置专用平台或悬梯，操作人员不能直接蹬、踩跳线。

（五）附件安装中施工安全

1. 过程中防电害措施

（1）保留紧线过程中接地。即保留耐张绝缘子串的短接接地、被跨越电力线路两侧杆塔上的滑车接地、耐张段较长时在选定的中间直线塔上作接地。附件安装所有作业，均必须在两端都设有临时接地的封闭区间内进行。

（2）附件安装工作地点接地。在工作地点上开始作业前，首先设置好工作接地，接地可使用不小于 $6\mathrm{mm}^2$ 的编织铜线作引下线。工作完成后，自行拆除工作接地。

（3）飞车跨越电力线路。一律作为从带电体上飞越，保证对带电体安全距离，飞越时有专人监护。

（4）保留部分临时接地作半永久接地。附件安装完毕，按工程技术文件规定，保留部分接地，其余临时接地拆除。半永久接地应作好记录，定期检查，保留至竣工验收后、启动运行前拆除。

2. 过程中不得出现交叉作业

（1）正在平衡挂线作业的导线，不得同时在该线其他部位进行其他作业。

（2）相邻杆塔避免同一相吊装直线杆附件。

（3）同一塔避免同时在同一垂直面上进行双层或多层作业。

3. 直线塔提线器吊装承力点和直线转角塔吊装时受力情况应验算

（1）直线塔装线夹。应以横担悬挂点附近施工吊装孔作吊装承力点。横担未设吊装孔，吊装方法、承力点位置要计算确定。当需横担前后两片桁架均匀受力，可使用两套吊具，分别挂在前后两片桁架上，各吊一半子导线；也可在前后两片桁架上挂 V 形套，以一套吊具挂在其上。

（2）直线兼角较大的塔。应慎重选择吊装方案，应严格验算吊装时导地线应力，吊装工具的荷载，吊装过程中的杆塔受力。

4. 对安装间隔棒用的飞车的技术要求

（1）保护导线。支承轮数量和间距与分裂导线的分裂间距相配合，使各子导线受力均衡；使用不磨伤导线的材料制作支承轮。

（2）车体安全。应有足够强度和刚度，有预防高空坠落的保安装置，有可靠的制动刹车。

（3）工作性能好。应有一定爬坡能力；容易通过压接管和悬垂绝缘子串。

第四节　大 跨 越 施 工

到目前为止，我国 220kV 及以上高塔有 48 处 96 座。其中：角钢结构 32 座（最高为500kV 江阴长江大跨越，塔高 346.5m，跨越档长度 2303m，单基塔质量 3980t）；钢管结构46 座（最高为 ±500kV 芜湖大跨越，塔高 229m，跨越档距 1910m，单基塔质量 850t）；混凝土结构 18 座（最高为 500kV 大胜关长江大跨越，塔高 257m，单基混凝土用量 4800m³）。

一、大跨越的结构特点

（一）大跨越的杆塔结构（图 7-69）

（1）钢筋混凝土杆塔结构。我国建国初期，利用建筑高烟囱的技术，在武汉建成我国第一座钢筋混凝土杆塔，几十年的运行情况证明，这种杆塔在长江等特宽河面、恶劣气象条件、繁忙航运任务条件下能满足大跨越的要求，所以目前长江、淮河的大跨越多数采用这种塔型。最高的烟囱塔在安徽获港达 160m，最大的跨河档距是镇江五峰山 220kV 跨河档距 1288.69m。

一般均采用双回线路结构，吉阳 500kV 直流输电大跨越，它的导线横担和地线支架连成整体，共计 61.32t，分成两半。500kV 交流输电线路分二层或三层安装地线和导线横担。

（2）等截面钢管拉线塔。这种塔用双层拉线，节省了大量钢材，早期 220kV 南京大厂镇大跨越塔高 163.949m，近期 500kV 线路在广东莲花山水道、蕉门水道和洪奇沥水水道装有钢管拉线塔 9 基，塔高从 95.9m 到 155.5m，塔质量从 114.84t 到 173.14t。

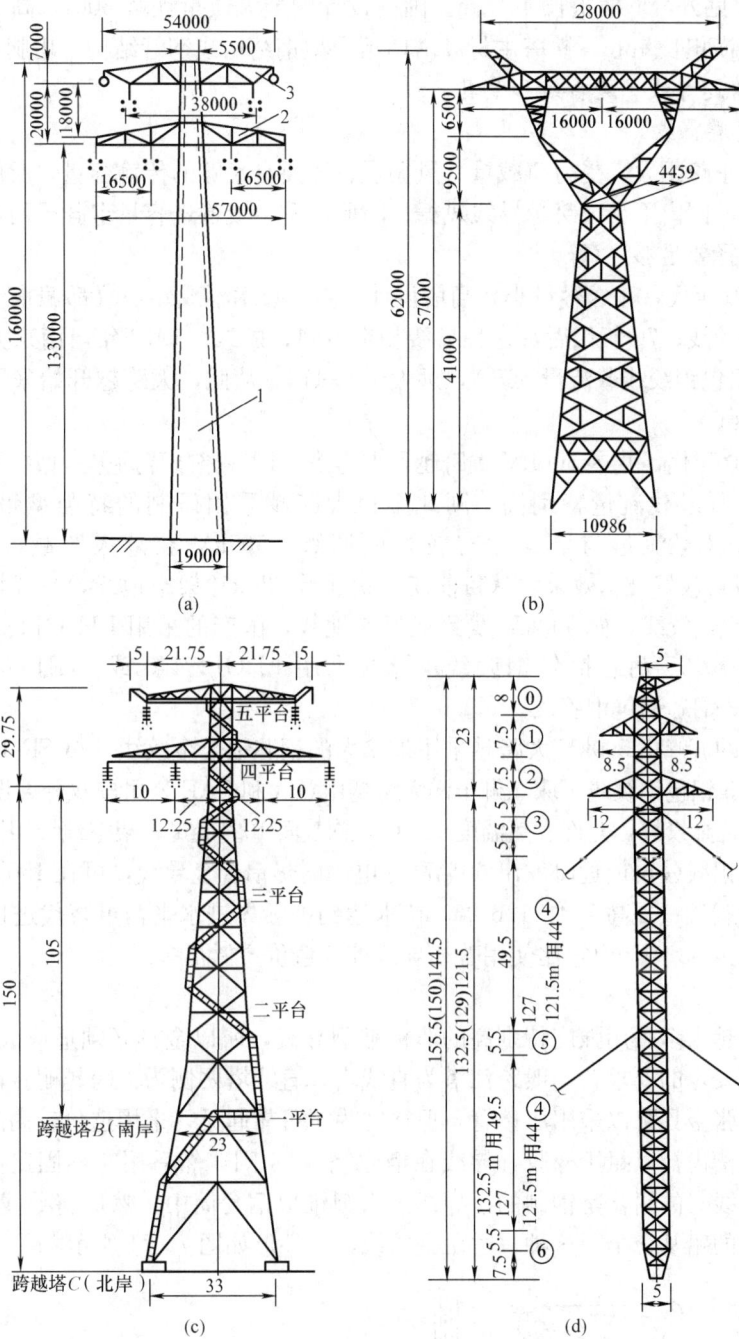

图 7 - 69 大跨越杆塔

(a) 钢筋混凝土烟囱塔；(b) 自立酒杯铁塔；(c) 双回线路组合
截面大型跨江塔；(d) 等截面钢管双层拉线塔

（3）酒杯形和双回线路自立铁塔这种铁塔一般具有高、重、大、尖、长的特点。狮子洋跨越塔下部根开达到45m见方，塔顶截面仅5.5m见方，相差十分悬殊，显得很尖，横担长达64m，高和重前面已介绍。国外设计的镇江五峰山跨越北塔高179.75m，质量537.57t，塔基根开 33m 见方，下横担长 44.5m。国内设计的最大质量铁塔 300t，高 146.57m，根开 26m 见方，下横担长 45m。铁塔主材高塔用组合型钢结构或钢管结构，塔腿特别重。

（二）大跨越导线、避雷线和金具

1. 导线、避雷线

大跨越由于跨距大、受力荷载重、风振强、还要有足够的传输容量，所以大跨越导线选择有较大难度，国内不少大跨越导线风振、断股严重，或输送容量卡脖子而被迫换线，所以大跨越导线选择要足够注意。

20 世纪 50 年代，输送容量小，高塔设计、施工技术不成熟，故都偏重于降低塔高，多采用 C-418 钢绞线；70 年代后，这种导线相继发热、断线。1973 年，南京大跨越采用 GL-GJ38/8 钢芯铝包钢绞线载流量 605A，远大于 C-418。从此，大跨越开始采用钢芯铝合金绞线和铝包钢绞线。

20 世纪 80 年代，我国 500kV 大跨越，要考虑一回线路故障后另一回线路能短期承担全部输送容量，所以载流量特别高。湖北金口大跨越采用研制的特强型钢芯铝合金绞线 $LH_BGJT-440$，对载流量与塔高均有较好的照顾。500kV 获港大跨越，因地制宜采用 LGJJ-400 也取得较好技术效果。从目前使用状况看 220kV 架空地线，一般均为 GJ-70 直到 GJ-230、C-267 钢绞线，而 500kV 线路上架空地线，国产的采用 $LH_BGJT-150$ 钢芯铝合金绞线和 GLGJ-60/95 钢芯铝包钢绞线；导线采用 $LI_BGJT-440$ 或 LGJJ-400，也采用 $38/\phi3.7+19/\phi3.2$ 钢芯铝包钢绞线。

国际招标的五峰山 500kV 大跨越采用加拿大的钢芯铝合金绞线 AACSR-407/151，架空地线采用 $37/\phi3.5$ 铝包钢绞线。珠江狮子洋大跨越由意大利 SAE 公司按双分裂设计 SP-720 高强度耐热钢芯铝合金绞线，允许发热温度 150℃，总截面 1021mm^2，架空地线用铝包钢绞线。

上海中天铝线公司最近研发出 60% 高导电率耐热铝合金导线，可在 150℃ 高温下正常输电，能使导线载流量提高 1.4～1.6 倍，技术达到国际先进水平，可替代进口导线。它的单价是普通导线 1.58 倍，但它比使用普通导线综合造价要低很多。

2. 金具

由于大跨越大多采用强度特别高的非标准型导线，所以金具必须适应大张力，大跨度，大弧垂和确保安全的要求，一般跨江塔为直线塔，直线塔两侧为大跨越耐张段的耐张塔。

大跨越耐张金具可以采用压接管，但往往为了可靠起见，采用造价较高的耐张金具。蜗牛式耐张线夹槽内衬以氯丁橡胶，导线在槽内绕 3～4 圈，然后用螺栓固定，如图 7-70 所示。浇铅耐张线夹的铅盒是钢制的，导线套入圆锥形钢套筒中，然后将导线股端弯成弯钩，再注入熔化了的铅基合金，这种只适用钢绞线，它外形如图 7-71 所示。

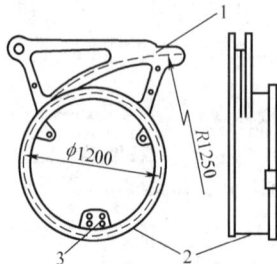

图 7-70 蜗牛式耐张线夹

1—进线线槽；2—绕线线槽；3—尾部固定螺栓

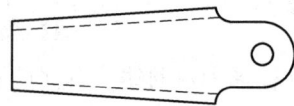

图 7-71 浇铅耐张线夹

大跨越悬垂线夹和防振锤均采用断线时能释放的形式,悬垂线夹做成有限握力,两种线夹正常情况下利用导线和线托的摩擦产生握力,超过这握力时线托允许导线在槽内滑动,滑轮线托则使释放机构动作而把导线落到滑轮上。线夹两端挡板,碰击防振释放防振锤。释放破断式防振锤线夹受到碰击后,线夹被撞断,这种线夹用铝合金按防晕要求设计,故不需要再设防晕罩了。用于阻尼线的释放线夹,其原理与释放防振锤相同。它们外形如图7-72~图7-74所示。

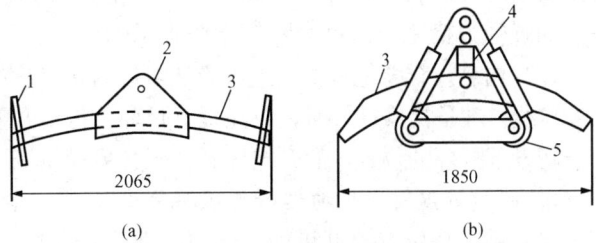

图7-72　大跨越分裂导线悬垂线夹
（a）挡板型；（b）滑轮线托型
1—碰击防振锤释放机构的挡板；2—U形提线板；
3—线槽；4—带释放机构的连板；5—滑轮

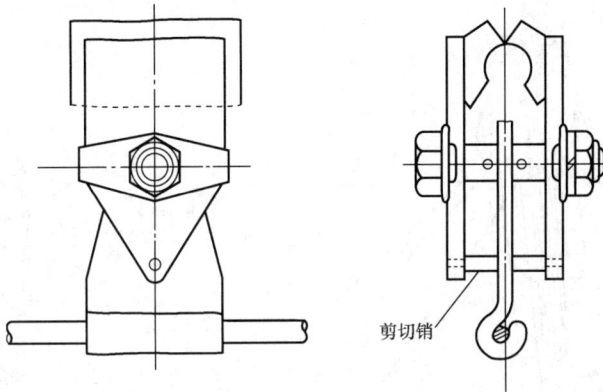

图7-73　剪切销式防震释放线夹

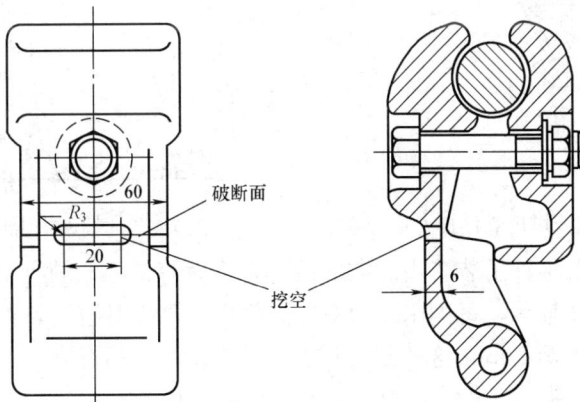

图7-74　破断式防振锤释放线夹

二、大跨越杆塔施工方法

（一）等截面拉线跨越塔施工

(1) 倒装立塔法。20世纪70年代到80年代初,60m以上高塔广泛采用绳索式倒装立塔工艺,1984年电力建设研究所引进液压钢索提升机构,代替了笨重的大量卷扬机、钢丝绳和滑轮组成的提升、平衡、牵引系统,大大简化了绳索式倒装立塔工艺,它在全倒装等截面拉线塔时优点特别明显。但倒装立塔毕竟存在一定风险，所以往往在普通立塔方法上采取一些加强受力措施，满足大跨越立塔施工的要求。

（2）内悬浮摇臂抱杆法。这种方法可以省去抱杆接长段，已组塔段打好四方拉线，而抱杆无外拉线。准备提升抱杆时，应先提下腰环，再提升上腰环到已组塔段平口处，由于抱杆重心低于新设下腰环的位置，故升抱杆时也不必另设拉线，而且安全可靠，如图 7-75 所示。

（二）钢筋混凝土烟囱塔吊装塔头施工

（1）用液压钢索提升机构吊装吉阳大跨越塔头。吉阳大跨越避雷线支架和导线横担做成整体两半结构，综合质量 47.84t，在塔两侧各用两只 50t 的液压钢索提升装置（GYT-50），两侧平衡起吊。两只装置中的钢索挂在三角挂板上方两个孔中，挂板下方挂支架，改变两只装置吊点力，可使吊点向受力侧大处移动，以调整尺寸，躲开障碍需要，侧拉线仅起被吊物起吊时不碰撞塔身作用。GYT-50 装在塔身顶上的抱杆架两侧人字抱杆的顶端，如图 7-76 所示。这种方法对导地线整体支架的吊装是十分适宜的。

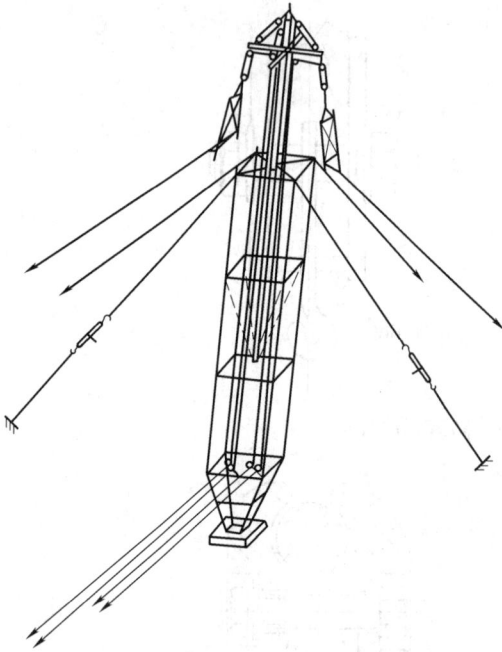

图 7-75　等截面拉线塔内悬浮摇臂抱杆立塔

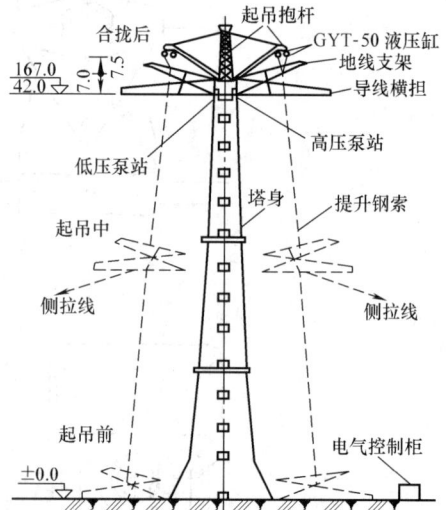

图 7-76　烟囱塔上用 GYT-50 起吊支架

（2）利用调幅悬臂抱杆吊装塔头。它使用与吉阳大跨越相似的有中心柱调幅悬臂人字抱杆，起吊滑车采用滚动轴承，每侧用 2 台双卷扬机以提高提升速度，抱杆调幅和外拉线均用绞磨控制，也是双侧平衡起吊，这种方法对多层横担吊装较为有利。

（三）自立式跨越塔施工

在普通立塔方法上加装附加设施立塔。

（1）座地悬臂抱杆吊装法。即在内摇臂方法的基础上，抱杆顶部四角打拉线，加固抱杆，可先将摇臂顺塔腿方向布置，吊很重的塔腿，然后摇臂顺线路方向布置吊中、上部塔片，经多施工单位实践证明，适用 150m 以下自立铁塔。

（2）悬浮悬臂抱杆吊装法。为了减轻组高塔时抱杆质量，可以将抱杆下部接长段采用小截面，也可以采用悬浮的办法，采用悬浮必须打外拉线。摇臂可以调幅，塔材就位方便。

（3）旋转式多臂悬浮抱杆吊装法。在五峰山大跨越中用 60m 抱杆，可以旋转，摇臂调幅，提升和吊装中均设有拉线，旋转的目的主要是吊铁塔对角线方向组合的构件与斜材，联成整体实行分角立体吊装。

（4）平伸臂带外拉线吊装法。在平伸臂上移动跑车位置来改变吊点。

（5）多臂自升抱杆组立。此法和一般方法不同，在铁塔已组塔段上部安装一座具有"A"字形承力机构，机构包括四根撑杆、四根拉杆及"A"形筒体，筒体内装 40m 长中心抱杆固定承力机构，如图 7 - 77 所示。撑杆固定在筒体底部，四侧安装四副人字摇臂，利用人字摇臂分片吊装塔材，吊装一段塔身后，利用"A"体作支承，将 40m 高中心抱杆升上一定高度，利用升高的中心抱杆作支承，将"A"体提升到规定高度，再吊装。这样反复提升、吊装，直到塔顶。

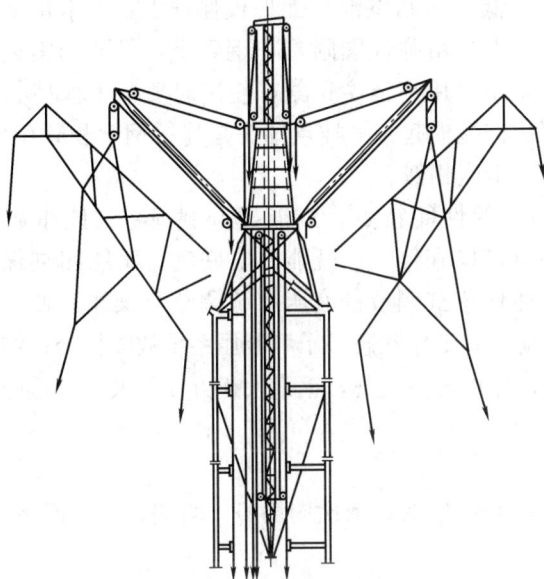

图 7 - 77　多臂自升抱杆组立

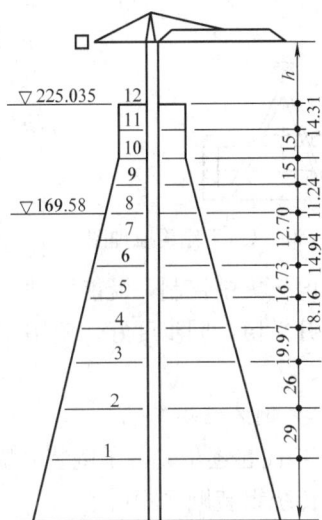

图 7 - 78　QT-80 塔吊吊装示意图

（6）利用内附着 QT-80 塔吊分解组立（图 7 - 78）。高达 235.75m 的狮子洋大跨越塔，用其他方法均十分困难，采用引进建筑吊装用内附着 QT-80A-250 塔吊组塔，使组立特高塔工艺又提高到新水平。先进的起重机械有灵活、自控、安全、可靠、起落速度快、工作效率高的优点。一台塔吊既能组塔，又能自身升降，又可作自身附着吊装，减少了许多附属设备、钢绳和场地，也简化了通信联系，精减了工作人员。塔吊能带负荷自由转动、自动调幅，司机能清楚观察到安装点，便于精确到位，且塔吊有各种自动报警装置，吊件均可垂直起吊，不需控制绳。

三、液压提升装置倒装立塔法介绍

（一）液压提升装置（GYT）

（1）基本原理。GTY 是一种新颖、特殊、小型的起重设备，主要由提供动力的液压泵站和执行机构的液压千斤顶及上、下卡爪、承载钢索，上、下锚头等组成，并配置了相应的电气控制系统。液压泵站提供的压力油驱动液压千斤顶活塞作往复运动时，上、下卡紧机构交替卡住承载钢索，从而提升或下降重物。相似于人爬竹竿时手足交替卡紧竹竿，人顺竹竿

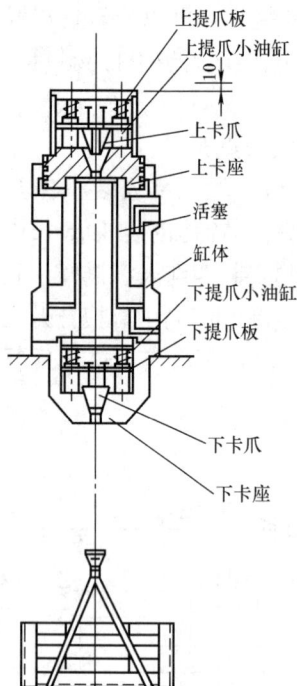

图 7-79 GYT 结构原理图

上爬。这里 GYT 是不动的，则钢索作相对运动。GYT 是钢索液压提升机构汉语拼音缩写，从 50～2000kN 间形成系列，线路施工常用的是 500kN 级的，即 GYT-50，其结构如图 7-79 所示。

（2）GYT 结构简介。空心液压千斤顶结构和千斤顶相似，但内腔是空心的，可以让提升钢索从中穿过，它的油压较高，由高压泵站提供。上、下两套卡座及开闭爪机构结构相同，沿圆锥等距离安排 6 个锥形孔，所以最多可穿 6 根钢索。工作时锥孔面上正压力使卡爪夹紧钢索而使之承载；卸载时，卡爪和卡座锥面脱离。上、下开爪机构由提爪板，提爪小油缸（由低压泵站供油）提爪板保证上、下卡爪处于正常工作位置，卡爪由弹性圈附着在钢索上，可随钢索运动而浮动。钢索要用专用高强度钢索，使用时要基本保持长直状态，余索要用棕绳提起。吊挂点锚头是连接钢索和载荷用的，结构和卡爪、卡座相似。

（3）GYT 的性能特点。既能提升载荷，又能带载荷下降，并能随时转换和停止；既能四缸联动，又能四缸任意互配运行，还能作单缸调节；液压系统调整与操作简便，反应灵敏；电气集中控制，既能手动，也能自动，有工作状态显示和液压系统故障报警；结构紧凑，提升平稳，同步度好，使用安全可靠；操作简便直观，钢索大松方便，大大降低施工劳动强度。

（二）倒装组塔工艺

70 年代起逐步完善了倒装立塔工艺，就是由塔头，依次向塔身、塔腿，从上而下组装，正好和传统组装顺序相反。

倒装绳索式立塔由支撑系统、提升系统、平衡系统、牵引系统、拉线系统、监测系统和通信联络系统 7 大部分组成。这些中最笨重、最复杂的就是由四组或八组对称的提升滑车组组成的提升系统、由多重平衡滑车组成的平衡系统，以及大功率卷扬机的牵引系统，而液压倒装组塔，就是用一组液压钢索提升系统代替了这三大部分。

用专用的支承架上装 GYT，提升时将待安装的塔片带在提升段的下方，随提升段而起，提升到适当高度，停止牵引，进行安装下一段的作业，安装完毕，将已组塔段落地，把吊点移下来，再提升，再安装，直到全塔安装完毕，并在基础上就位，这就是全倒装立塔安装工艺。

半倒装分解组立又称为无抱杆倒装组立，利用宽基塔塔腿作支撑系统，逐步由塔头开始组装提升，直到两大段合拢，完成整基塔的安装，为了两大段合拢，上段要接上过渡塔腿。这种方法特征是无专用支承架和要接假腿。

施工中常用混合倒装立塔法，施工现场和半倒装一样，但是一开始组装好下段三面腿，留开一面开口，利用塔腿作支承，整组起立塔头前几段，然后开始倒装工艺。也可以先用整组起立办法，在塔位中心起立塔头前几段，利用它们作支承，吊装起很重的塔腿作支撑架，然后提升、倒装直到两大段合拢。

一般说来等截面带拉线高塔最适合采用全倒装组装。宽基塔最适合半倒装工艺。纯半倒装几乎不采用，多数为混合倒装。华东送变电公司和设计部门配合利用部分塔腿作支承架，部分塔材作合拢时上段的假腿，成功地不设假腿用混合倒装工艺施工黄浦江跨江塔，说明跨越塔设计应和施工部门紧密配合。

从 1984 年底用 GYT 机构倒装立塔成功后，很快推广，现在几乎替代了绳索式倒装工艺，有记录每米每吨铁塔耗工仅 0.102 天比绳索式提高 80%，一个班创造日立七段 38.8m 的新记录。

（三）液压全倒装立塔

1. 现场布置（图 7-80）

（1）倒装支撑架。四角各置二个高 16.9m，截面 $700 \times 700mm^2$ 柱子，两柱间有横梁，四角间有连梁连接，四组柱子分别竖立在四根主材附近。

（2）液压钢索提升装置。GYT 悬挂在倒装架的上端高压泵站应靠近铁塔但表盘朝向电气控制柜，以便于观察，电气控制台设在指挥台，距塔位 25~40m。

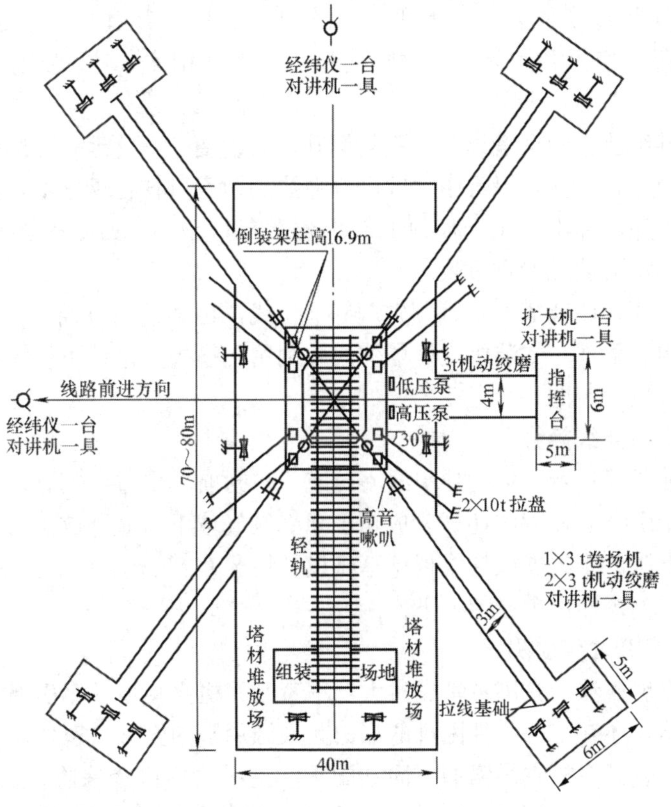

图 7-80　液压倒装现场布置

（3）组装场。设于距塔位中心 60~70m 处，有轻便铁轨通向提升架，轨道上有吊装架，待装段组装在小平车上，组装场两侧是堆料系统。

（4）拉线控制系统。塔头有两组临时拉线，一组为控制塔身垂直度使用，另一组供防意外风灾和过夜时作保险而设，拉线用滑轮组并串拉力表监视临时拉线张力。如提升到下层拉线段，则再挂一组临时拉线，防止意外，临锚于永久拉线基础。

（5）通信监测系统。用扩音机、对讲机构成现场通信系统。设二台经纬仪监测提升过程中塔头偏斜，在提升体上、下端均应设观测标志。

2. 关键工艺、操作要点

（1）组立塔头。可整组起立 30m 左右，下端要补强，受场地限制也可分解组立，打好四侧临时拉线。

（2）组立倒装架。用塔头作支承，两侧同时起立办法。起吊前应紧好螺栓、收紧拉线。倒装架组立后每根柱顶需加装一条 GJ-120 拉线，拉线地锚应牢固。

（3）开始提升。千斤顶及下吊点锚头穿入 6 根高强度钢索，如塔小可少穿几根，各钢索上下位置要齐，布置对称。应注意钢索捻向，钢索左右捻向肉眼难以分清，可用梳子顺转向观察。手动启动同步提升，提升体离地 20~30cm 时，停止提升，对提升体调平，各组下端点差不超过 3cm。提升过程中拉线要协调操作，统一指挥，下拉线处松弛状态，过夜时才打好二组临时拉线。

（4）倒立组装操作。提升到提升体离地 7m 左右，停止牵引，组装小平车推入倒装架，用车上千斤顶顶起接装塔段与上段塔身连接，防止提升过高而引起施工困难。倒装完毕，带荷载下降，使提升体落地，钢索松弛后，大松钢索，这时钢索上端由大绳提住，慢慢松下。

（5）继续提升组装直到全塔组立。重复提升——组装——落地——继续组装，最后的底座段可在倒装架内分解组立，提升中棉纱、麻绳线头切不可挂在钢索上，以免带入卡爪，使提升失效。提升中保证伸出液压千斤顶上部承载索有 0.8~1.5m 直线距离，切不可提升中钢索被顶弯，否则均会造成严重事故。

（6）打永久拉线。调节塔身正直，先调好下拉线，再调整上拉线。

（7）起吊横担和附件。倒装组立好塔体后，利用上横担，吊装下横担，而扶梯是随塔体增高，从上而下逐段安装的。

四、大跨越张力架线简介

大跨越张力放线存在着如何把导引绳不封航、少封航穿引过江问题。除使用直升飞机放导引绳或直接放牵引绳外，国内还试验成功了导引氢气球不封航展放法，船上转轴垫船展放法和拖轮张力展放法。张力展放导线根据牵张设备情况有"一牵一"、"一牵二"、"二牵二"和"一牵四"方法。现作简单介绍如下：

（一）导引绳穿引过江方法

（1）直升飞机展放法，我国分别做过大功率直升飞机直接展放牵引绳、中等马力直升飞机展放导引绳试验，还在施工条件困难的深山无人区用国内蜜蜂飞艇作展放尼龙导引绳的试验，都得到成功。直升飞机主吊索的下面挂配重，主吊索后面挂保险杆、防扭器和过渡绳，过渡绳的下面接临锚绳，如图 7-81 所示。当直升飞机飞到塔位时悬停，使导引绳对准滑轮，当导引绳经过导杆滑入滑轮后，直升飞机继续拉绳前飞。临锚阶段要求直升飞机带动力下滑飞行，地面工作人员临锚后，即可通知飞行员，解除工作钩后离去。放一条导引绳仅需20min，可见直升飞机在大跨越施工中牵放导引绳，效果很好。

（2）导引氢气球不封航展放法。北京送变电公司在沙江线西江中应用 $\phi6m$ 氢气球的升力，在江中锚船上空系留氢气球作为空中三个支点，使导引绳通过滑车悬挂于江上，牵引船在前面牵引锚船过江，由于导引绳离江面有足够高度，故船只航行不受妨碍。导引绳到达对岸与预设绳头相连后，牵引机加大牵引力，使导引绳张力加大，拉动锚船上脱落装置，使导引绳离开氢气球而升空，从而完成不停航展放导引绳的任务。

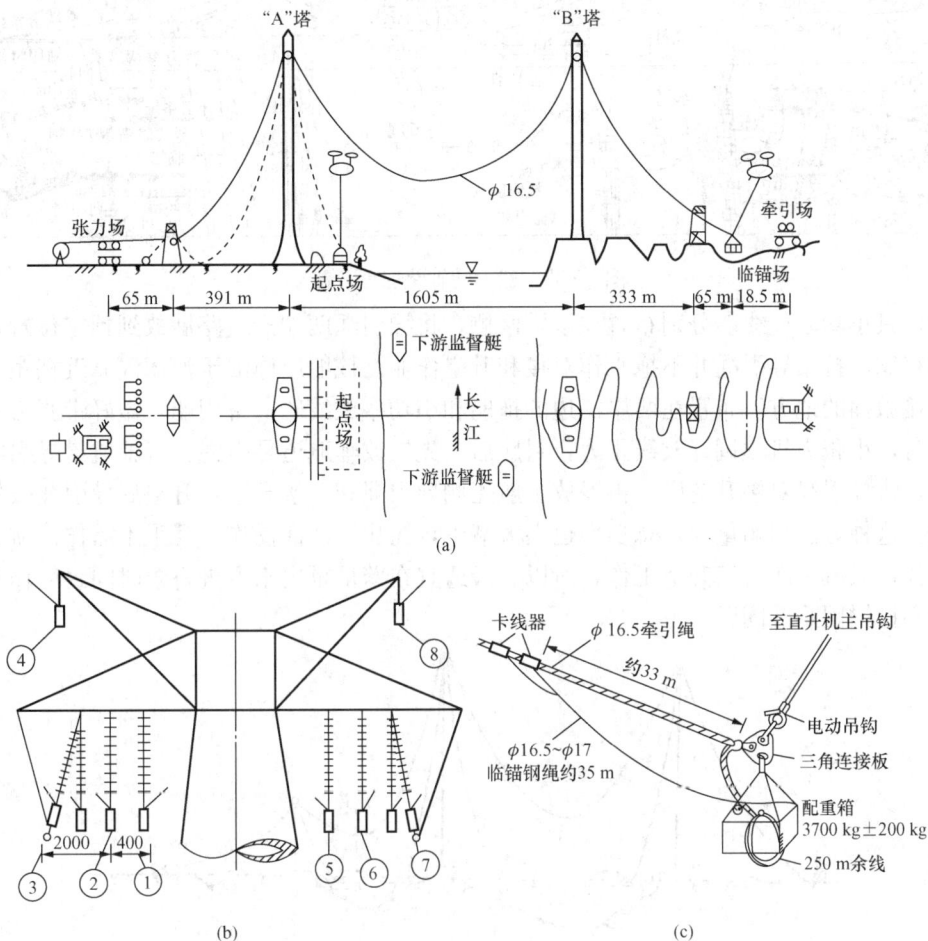

图 7-81 直升飞机展放导引绳或牵引绳
(a) 跨江引线布置；(b) 导引绳穿引程序；(c) 直升飞机连接方式

（3）船上转轴垫船展放法。这是停航放导引绳的办法，非张力放线中用这个办法直接展放导线。在宽阔江面特大跨越中，我们尚没有高张力放线机，不能采用高张力放线，放线时要在水面中用船托线，故这时使用其他不停船穿引导引绳过江法，就显得没有意义了。它一般在江面两侧各停放一只大驳船，不通航部分江面上隔一段距离停泊一只托线船，还有 2~3 只机动托线船，封航放线时驶入指定位置托线，放航时离开，让航道敞开，另外还有交通艇、监督船各一只。放线船队把导引绳经各托船引到对岸，和预先放到江边绳头相连后，牵引机加大牵引力，把导引绳牵引过江，其布置如图 7-82 所示。

（4）拖轮张力放线法。在沙江线珠江狮子洋大跨越，两基 235.75m 高塔和一基 P50 直线塔组成 1547m 和 941m 两个连续跨线档，跨越珠江江面如图 7-83 所示。采用了拖轮牵引带张力展放导引绳的施工方案。在两端耐张塔处各布置一台 20kN 张力机和一台 30kN 小牵引机，共需准备四只小功率放线船和两只大功率拖船。封航前在两边岸上导引绳人工展放完毕，并锚固在岸边。导引绳固定在耐张塔旁小张力机上。在两跨越档中间高塔上悬挂好导引

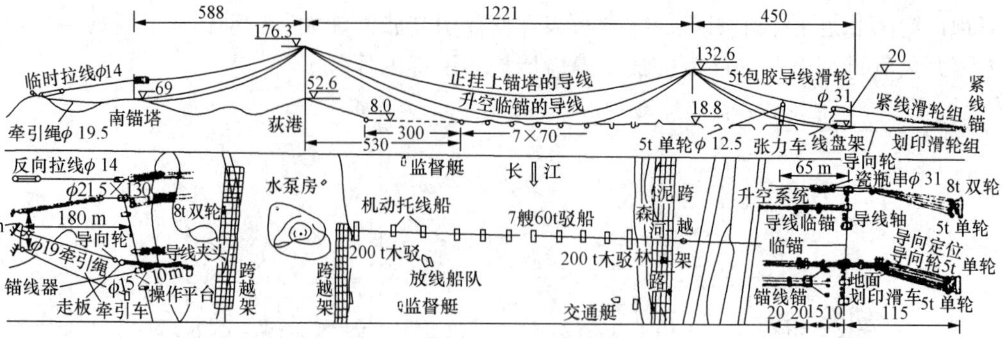

图 7-82　船上转轴垫船展放法

绳，用两只小功率放线船分别布置在该塔两侧，将导引绳两端沿线路展放到预定位置，并将
船锚固牢靠，拉紧导引绳并不拖水作对接和升空作业。该船应停泊于河床浅靠近档距 1/3 的
便于对接抛锚的地方。布置在两岸江边的拖船和小功率放线船（备用船）做好带张力展放导
引绳准备，小张力机预调好放线张力，封航后，先展放辅航道导引绳，待辅航道导引绳放到
对接点，将导引绳对接升空后，再展放主航道侧导引绳和对接升空，升空后导引绳按规定弧
垂锚固。这种方法用船量少，总功率也大大减少，简化了江面操作，几乎不需作停航、开航
水上工作，只有一次对接升空工作，所以它最适宜在繁忙重要水道进行短时间封航作业，解
决了深心抛锚困难等问题。

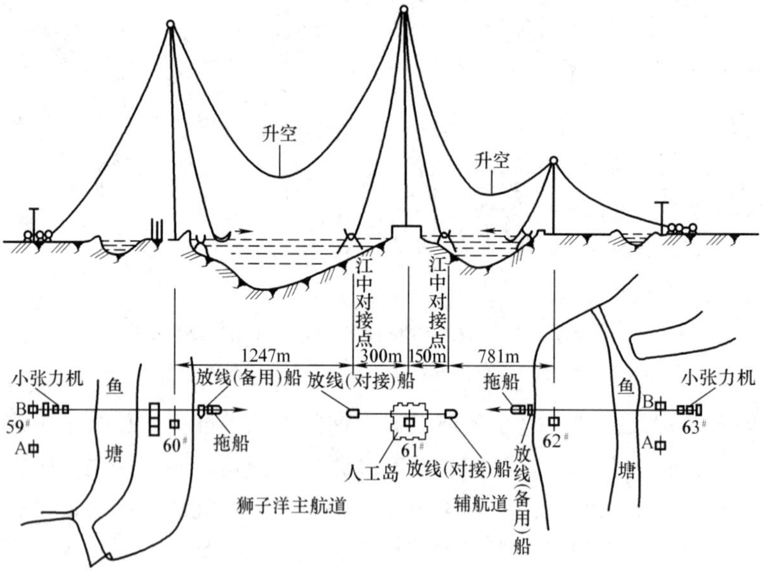

图 7-83　拖轮张力展放导引绳

（二）大跨越张力放线

大跨越张力放线通常采用高张力、中张力和低张力三级。采用高张力放线时导线对水面
距离能满足通航要求，采用中张力放线时，导线最低点离开水面，可实现监督下的局部通
航；采用低张力放线时，水面要用托船托线，需全面封航。

对四分裂导线"一牵一"时所需张力最小，"一牵二"、"一牵四"时张力各成倍增加，
同一种牵放方式时，高张力放线张力约为低张力放线时的 1 倍。

1. 低张力"一牵四"放线

荻江大跨越受张力放线配套工器具限制，最大只能满足"一牵二"高张力放线，所以只能采用低张力"一牵四"放线方案，采用半封航办法，上午、下午各封航 3h，它在具备三个条件中的一个放航条件，即：

（1）导引绳全段放通、升空临锚，及导引绳牵放牵引绳初始状态，全江面上空全为导引绳时。

（2）牵引绳全段放通、升空临锚，及牵引导线的初始状态，全江面上空全为牵引绳时。

（3）导线已全段放通、升空临锚，全江面上空均为导线时。

为了充分利用时间，制订了放线时序控制图，一般每日上午展放导引绳和牵放牵引绳，下午展放一相导线，两根地线半天展放完毕本工程实际封航六天半。

两侧回放线交叉进行，一侧回展放导线时，另一侧回进行紧线操作，每日紧一相，上午调弧垂，下午挂线，紧线一般不需封航。

2. 高张力和变张力的"二牵二"（"一牵一"）展放导线

"二牵二"即两套"一牵一"张力设备同时展放一相导线，"二牵二"有"一牵二"放线时两根导线同步展放的优点，可以使同相导线在架线施工中应力状态基本相同，另外放线施工时防止了两根导线相对运动，防止了线间磨损。"二牵二"放线，要注意导线放线中同步问题。

"二牵二"的主要缺点是导引绳、牵引绳、导线、地线均在同一放线滑车中轮内通过，对滑轮包胶污染、磨损严重，特别是带油的钢绳如不采取措施，将造成严重的污染和磨损。

3. "一牵二"放线

它虽防止了滑轮上的污染，但"一牵二"的机具要求牵引力大，线间距离也因需用三轮放线滑车而比"二牵二"小。所以较少使用。

大跨越放线最好采用高张力放线，所以目前正研制大吨位牵张设备。

（三）大跨越索道放线施工

1. 单承载索道牵引导、地线

闽江口大跨越，不能长时间封航，应采用张力放线，但无大导线牵引机，故采用单承载索道放线，共封航四次，累计封航时间仅 13h（包抱转移承载索 5h，回收 2h）。

（1）第一次封航 3h。展放承载索过江，承载索一端固定在北塔，另一端通过南塔上滑车，固定在 2—2 滑车组上，按空载弧垂紧好卡死。

（2）第二次封航 3h，展放牵引绳 Ⅱ 过江。过江后即开始牵引地线。地线每隔 40m 连有一滑车（J），下挂配重，滑车用随地线一起放出的牵引绳（Ⅰ）固定一起牵引到南塔。

（3）渡线过江。接上事先从紧线头放过来的紧线牵引绳。

（4）紧线腾空。将地线拉到紧线头后，后尽头地线开断、压接、挂好。紧线时地线逐渐离开索道上滑车开口处腾空。

（5）收回牵引绳（Ⅰ）及滑车（Ⅰ）。南岸同步放出牵引绳Ⅱ及滑车Ⅱ，滑车Ⅰ回收完毕，依前法牵引第二根线，如图 7-84 所示。

全部导地线放完后，停航 2h 索道松下收回。该方案特点是始终在承载索上用特制的双层开口滑车渡引导、地线。

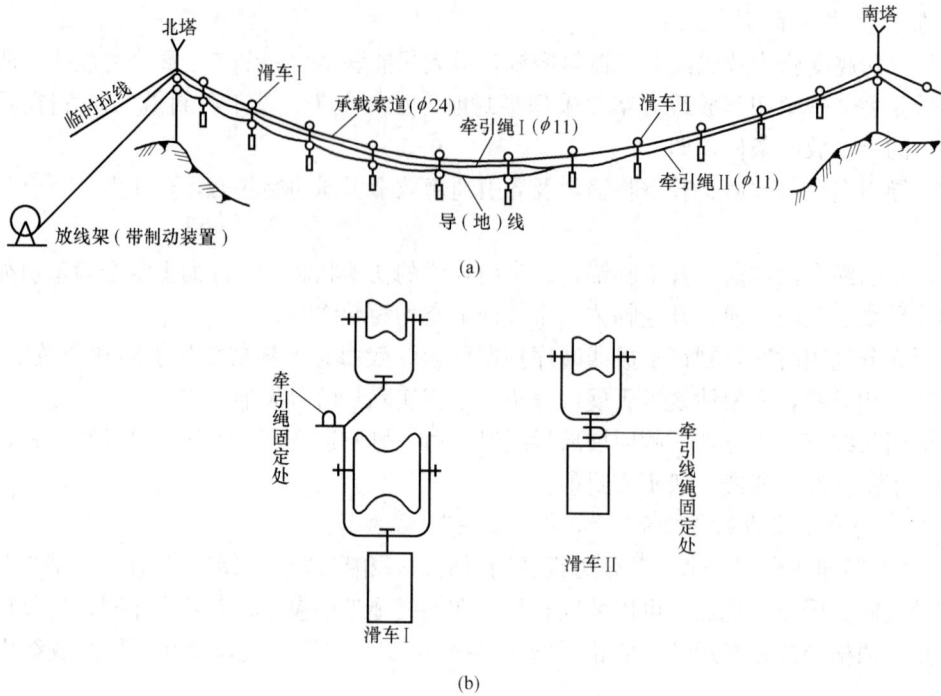

（a）

（b）

图 7 - 84 双层开口滑车渡线

（a）总体布置；（b）滑车

2. 利用二根架空地线作承载索牵引导线过江

四川送变电公司在长江、嘉陵江上许多跨越中积累了这种渡线方式，至今还在使用，可在不特别长的跨江线上采用钢绞线作地线的线路上使用，如图 7 - 85 所示。

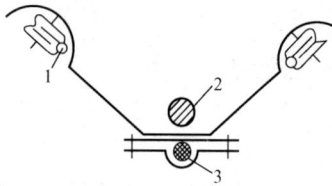

图 7 - 85 双架空地线渡线滑轮

它是封航把导引绳引过江后，先后把二根地线临时带张力挂好作承载索。导线夹在多个双滑轮夹架上，前面用牵引绳来回渡线，把导线一一牵放到对岸，每个滑轮压在一根地线上，方法简便，是少停航，又不损导线的跨江架线方法，如能配合火箭放线等办法，不停航送导引绳过江则更完善。

第 八 章

施工质量的检查和验收

第一节　输电线路安装工程施工技术管理

一、输电线路安装工程的施工技术管理

（1）适用范围：2002 年国家电力公司颁发了《电力建设工程施工技术管理导则》国电电源［2002］786 号，《导则》规定了火电和送变电施工企业在施工技术责任、施工质量、施工组织设计、施工图纸会检、施工技术交底、技术检验、设计变更、施工技术档案、技术培训、技术信息等方面管理工作的范围、职责、内容、方法、报告、记录、检查和考核。此《导则》适用于国家电网公司系统的火电和送变电施工企业。

（2）管理原则：凡从事电力建设工程施工的国家电网公司系统的施工企业（以下简称公司）均应根据本导则的原则要求，结合本公司和所承包工程的实际情况制定施工技术管理制度。公司应按所承包的工程项目范围（以下简称项目工程）建立工程项目部（分公司、工程处，以下简称项目部），作为派出机构负责组织工程施工，项目部的设置和管理行为应符合《建设工程项目管理规范》的要求。公司对项目工程的施工技术和施工质量负责。将部分工程项目合法分包给其他企业时，则分包企业应对公司负责；公司负责监管，并负连带责任。

工程建设过程中，建设、设计、施工、调试、监理和生产各方之间，有关工程建设各种管理工作的职责、权限、程序和方法，按上级规定或承包合同约定执行。

工程建设过程中，建设、设计、施工、调试、监理和生产各方之间，有关工程建设各种管理工作的职责、权限、程序和方法，按上级规定或承包合同约定执行。

（3）施工技术管理引用的依据：《电力法》、《建筑法》、《计量法》、《建设工程质量管理条例》、GB/T 19001—2000《质量管理体系》、GB/T 50326—2001《建设工程项目管理规范》、GB 50319—2000《建设工程监理规范》；GBJ 233—1990《110～500kV 架空电力线路施工及验收规范》；国档发［1992］8 号《建设项目（工程）档案验收办法》；国档发［1988］4 号《基本建设项目档案资料管理暂行规定》、火发字［80］5 号《电力建设工程施工技术管理制度》、电建［1996］666 号《火力发电厂工程竣工图文件编制规定》；电建［1996］159 号《火力发电厂基本建设工程启动及竣工验收规程》（1996 年版）、DL/T 782—2001《110kV 及以上送变电工程启动及竣工验收规程》、［80］电技字第 26 号《电力工业技术管理法规》（试行）、电质监［2002］3 号《电力建设工程质量监督规定》（2002 年版）、电建［1995］543 号《电力建设文明施工规定及考核办法》、建质［1995］13 号《电力建设土建工程施工技术检验若干规定》、国电电源［2002］49 号《电力建设安全健康与环境管理工作规定》、国电电源［2002］849 号《火力发电工程施工组织设计导则》、国电电源［2001］218 号《火电机组达标投产考核标准》、国电网［2000］786 号《输变电工程达标投产考核评定标准》、DL/T 5168—2002《110～500kV 架空电力线路工程施工质量检验及评定标准》、《电力建设施工及验收规范》、《火电施工质量检验及评定标准》。

（4）施工技术责任：送变电建设公司一般建立三级技术责任制，设置三级技术负责人，

实行技术工作统一领导分级管理：公司设总工程师；分公司（项目部）设总工程师；施工队（班组）设专职工程师（专职技术员）。

总工程师、专责工程师为技术行政职务（技术职责从略），系同级行政领导成员，受同级行政正职领导。对技术管理工作全面负责，拥有决策权和否决权。在技术工作上，下级技术负责人受上级技术负责人领导。公司和项目部副总工程师在同级总工程师领导下分管一部分总工程师的工作，在分管工作范围内行使总工程师职权。各级行政领导应支持和尊重技术负责人对有关技术问题的决定。

二、施工质量管理

1. 原则要求

电力建设必须贯彻百年大计质量第一的方针。为保证施工质量，公司应建立 GB/T 19001 质量管理体系并确保体系有效运行，为保证施工质量满足施工合同的要求奠定良好基础。施工质量管理工作应坚持依靠群众、专群结合、预防为主防患于未然的方针。应有效实施过程控制，从而实现项目工程施工质量目标。坚持质量专检与自检相结合、质量与经济挂钩、质量与奖惩挂钩的制度。专职质量检查人员应经常深入现场检查、纠正违规作业，严格按质量标准和设计要求进行质量验收。专职质量检查员应由责任心强、坚持原则、秉公办事、具有一定技术水平和施工经验的人员担任。质检人员和特种施工人员均应通过培训合格后，持证上岗。施工项目经施工单位内部验收后，按施工质量验收评定项目划分范围，由建设（监理）单位进行验收；并根据质量监督规定，接受质量监督机构的质量监督。

2. 质量管理机构

公司的各级行政领导正职对施工质量全面负责，各级技术负责人在技术上对施工质量负责。公司设置质量管理机构，配备专业人员；项目部根据项目工程的规模设置质量管理部门，适量配备专职质量员或设专业质量工程师；工地配备专职质量检查员；班组设兼职质量检查员（宜由班组长兼任）。各级管理机构、质检员分别为各级领导和技术负责人的办事机构、办事人员。（各级质量管理机构职责从略）

3. 施工质量的检查验收

（1）公司内部三级检查验收制度：班组自检，施工人员应对施工质量负责，对设备、原材料、加工配制品和设计等质量问题应及时汇报、处理，施工结束应进行自检并做好记录，发现问题即行处理，自检不合格不报验，经班组长复核无误后交工地质检员检查、验收。工地复检，工地质检员对班组提交的质量自检技术记录和实体质量进行复查、评级、签证。项目部质量管理部门质量员负责审查工地提交的质量检查验收单、技术记录和复查签证文件，并进行验收、评级、签证。

（2）建设（监理）单位验收签证：建设（监理）单位对施工质量按已审定的见证点和停工待检点进行检查；并按施工质量检验评定项目划分范围以及对实体质量进行验收签证。施工单位应事先提供检查验收的资料，以备审核。

（3）为保证施工质量做好检查验收工作：

1）对设备、原材料、工器具和计量器具进行严格检验，对不合格者不得使用，应研究处理并记录留存。

2）加工配制品应由制作单位做出厂检验，合格后方可出厂。制作单位应向用户提交合格证、质保书及技术记录。施工单位接货后应进行核查，经确认后才可使用。

3）各施工承包单位之间的中间交接验收，应由建设（监理）单位组织进行。

4）不同工种接续施工的项目要进行工序交接检查。上道工序不合格，下道工序施工人员有权拒绝继续施工。

5）按国家或行业颁发的施工质量检验及评定标准评定施工质量等级。

（4）检查验收的要求：

1）未按规定检查验收的项目，不算完工，不得转接下道工序隐蔽工程不得隐蔽。

2）对各级检查验收中提出的问题，有关部门、有关班组应认真研究处理，及时反馈处理结果，重大问题应做好记录留存。

3）对于设备、原材料或设计缺陷造成施工人员无法处理的质量缺陷，应认真鉴定、研究对策，由相关单位负责解决，并做记录存档。凡不属于施工责任的质量缺陷且不影响使用时，可不参加施工质量评定的统计。

4）分项工程质量评定不合格时，应及时返工处理；分部及单位工程质量不合格者，应进行技术鉴定，决定处理办法。返工重做的施工项目，可重新评定，但对最终达到优良标准者则不可评为优良等级。凡经过加固补强或造成永久缺陷的项目不得评为优良。

5）单位工程的质量等级评定，必须由建设（监理）单位签证。

（5）电力建设工程质量监督机构监督检查：按规定未经监督检查通过的机组、变电站和线路，不能启动、不能并网、不能投入运行。

4.质量文件的管理

施工质量文件的管理按下列规定进行：

1）项目部质量管理部门、工地专职质检员负责对质量文件进行管理。

2）各种施工记录由负责施工的单位填写，检验报告由检验单位提供。

3）项目部质量管理部门定期将验收评定明细表提交计划统计部门，作为考核计划完成的依据。未经验收或质量不合格的施工项目不能列为完工的施工项目。

4）项目部定期将质量报表报送公司质量管理部门，并按合同规定向建设单位和监理单位提交。

5）线路试运后，工程项目部应按规定时间向建设单位移交竣工资料。

5.质量事故处理和质量报告

应对施工中发生的质量事故写出事故处理报告和对施工质量的检验验收报告，并加以妥善管理。

三、施工组织设计

1.编制目的、原则和依据

（1）编制目的：施工组织设计是组织电力建设施工的总体指导性文件。编制和贯彻好施工组织设计，是在施工过程中体现国家方针政策、遵守合同规定、科学组织施工，从而达到预期的质量目标和工期目标、提高劳动生产率、降低消耗、保证安全、不断地提高施工技术和施工管理水平的重要手段。

（2）编制原则：

1）遵守和贯彻国家的有关法律、法规和规章。

2）对项目工程的特点、性质、工程量、工作量以及施工企业的特点进行综合分析，确定本工程施工组织设计的指导方针和主要原则。

3）符合施工合同约定建设期限和各项技术经济指标的要求。

4）遵守基本建设程序，切实抓紧时间做好施工准备，合理安排施工顺序，及时形成工程完整的投产能力。

5）在加强综合平衡，调整好各年的施工密度，在改善劳动组织的前提下，努力降低劳动力的高峰系数，做到连续均衡施工。

6）运用科学的管理方法和先进的施工技术，努力推广应用四新，不断提高机械利用率和机械化施工的综合水平，不断降低施工成本，提高劳动生产率。

7）在经济合理的基础上，充分发挥基地作用，提高工厂化施工程度，减少现场作业，压缩现场施工场地及施工人员数量。

8）施工现场布置应紧凑合理，便于施工，符合安全、防火、环保和文明施工的要求，提高场地利用率，减少施工用地。

9）加强质量管理，明确质量目标，消灭质量通病，保证施工质量，不断提高施工工艺水平。

10）加强职业安全健康和环境保护管理，保证施工安全，实现文明施工。

11）现场组织机构的设置、管理人员的配备，应力求精简、高效并能满足项目工程施工的需要。

12）积极推行计算机信息网络技术在施工管理中的应用，不断提高现代化施工管理水平。

（3）编制依据：

1）已经批准的初步设计和施工图纸及资料。

2）工程相关的招、投标文件、施工合同、技术协议、会议纪要等文件。

3）工程概算和主要工程量。

4）设备清册和主要材料清册。

5）主体设备技术文件和新产品的工艺性试验资料。

6）施工定额资料。

7）施工队伍情况和装备条件。

8）GB/T 19001 质量管理体系文件。

9）现场内外环境条件调查资料。

2. 施工组织设计主要内容

（1）输变电工程施工组织设计的划分。输变电工程施工组织可划分为施工组织设计纲要和施工组织设计或施工组织措施计划两个部分。

1）施工组织设计纲要依据初步设计和招标文件编制，为施工布局作总体安排，指导编制施工组织设计或施工组织措施计划，是投标书的主要内容之一。

2）施工组织设计依据初步设计、主要施工图、施工合同和施工组织设计纲要编制，为项目工程作全面安排并指导施工，电压 330 kV 及以上或电压 220 kV、长度 50 km 及以上或电压为 110 kV、长度 100 km 及以上的输电工程和电压 220 kV 及以上的新建或大规模改建的变电工程应编制施工组织设计。上列规模以下的工程可编制施工组织措施计划。

（2）输变电工程施工组织设计纲要内容。输电线路工程可包括：

1）编制依据。

2）工程情况。

3）工程特点及估算工程量。

4）施工组织机构和人力资源计划。

5）主要施工方案及措施的初步选择。

6）总平面布置方案。

7）主要工程项目控制进度。

8）施工准备工作安排。

9）能供应的需求和规划安排。

10）大型机械设备和布置方案及工厂化、机械化施工方案。

11）工程项目施工范围划分。

12）临建数量及采用结构标准的规划。

13）施工质量规划、目标和主要保证措施。

14）施工安全、环境保护的规划、目标和保证措施。

15）满足标书要求的其他内容。

16）输电线路路径特点。

17）基础、组塔、架线和接地等分部工程控制进度。

18）影响项目工程施工进度的主要因素分析和保证工期措施。

（3）输电线路项目工程施工组织设计的内容。一般包括：

1）编制依据。

2）工程概况，包括线路路径和项目工程的设计概况及工程量，项目工程沿程地形、地质、地貌和气候条件、交叉跨越、公路交通和地方材料物资资源条件。

3）施工组织机构设置和人力资源计划。

4）总平面布置方案。

5）主要施工方案、措施，包括新型基础和铁塔施工及季节性施工措施。

6）特殊施工方案，包括桩基、特殊土方开挖、特殊地形和基础处理，特高型铁塔、大跨越、不停电跨越施工等。

7）分部工程进度和总工期进度计划。

8）影响施工进度的主要因素分析和保证工期主要措施。

9）工程资金使用计划。

10）施工指挥机构和施工队伍驻地选择和办公及生活后勤保障安排。

11）物资供应计划，包括设备、原材料的采购、堆放和保管方式，中转站布点，各塔位设备、原材料的运输和供给方式、平均运输半径和运输量的统计。

12）主要施工机械、机具配备清册。

13）施工质量规划、目标和保证措施。

14）安全、文明施工、职业健康和环境保护目标及保证措施。

15）采用四新和降低成本措施。

16）技术培训计划。

17）竣工后完成的技术总结初步清单。

输变电工程施工组织措施计划的内容可参照上述内容适当简化。

3. 施工组织设计的编审和贯彻

（1）编审：

1）输变电工程施工组织设计由施工总承包单位总工程师组织编制，技术管理部门负责审核，总工程师审批。

2）无总承包单位的工程，由建设单位负责协调工作，组织编制各施工标段接合部相关的施工组织设计，公司负责编制其承包范围的施工组织设计。

3）输电工程施工组织措施计划由项目部总工程师组织编制，分公司的技术管理部门审核，分公司总工程师审批，报公司备案。

4）输电工程施工组织设计一般应在土方工程开工以前编制并审核、批准完毕。

5）施工组织专业设计一般应在主体施工项目开工以前编制并审批完毕。

（2）贯彻：

1）施工组织设计一经批准，施工单位和工程各相关的单位应认真贯彻实施，未经审批不得修改。凡涉及增加临建面积，提高建筑标准、扩大施工用地、修改重大施工方案、降低质量目标等主要原则的重大变更，须履行原审批手续。

2）施工组织设计是施工现场各级技术交底的主要内容之一。通过交底讲解应使相关的管理人员和全体施工人员了解并掌握相关部分的内容和要求，保证施工组织设计得以有效的贯彻、实施。

3）各级领导和业务部门应切实保证施工组织设计的贯彻实施。

4）各级生产及技术负责人都要督促、检查施工组织设计的贯彻执行，及时解决执行中的问题，并组织有关人员在施工过程中做好记录，积累资料，工程结束后及时作好总结。

四、施工图纸会检管理

施工图纸是施工和验收的主要依据之一。为使施工人员充分领会设计意图、熟悉设计内容、正确施工，确保施工质量，必须在开工前进行图纸会检。对于施工图中的差错和不合理部分，应尽快解决，以保证工程顺利进行。

1. 施工图纸会检步骤

会检应由公司各级技术负责人组织，一般按由班组到项目部、由专业到综合的顺序逐步进行，也可视工程规模和承包方式调整会检步骤。会检分三个步骤：

（1）由班组专职工程师（专职技术员）主持专业会检。班（组）施工人员参加，并可邀请设计代表参加，对本班（组）施工项目或单位工程的施工图纸进行熟悉，并进行检查和记录。会检中提出的问题由主持人负责整理后报工地专责工程师。

（2）由工地专责工程师主持系统会检。工地全体技术人员及班组长参加，并可邀请设计、建设、监理等单位相关人员和项目部技术、质量管理部门参加。对本工地施工范围内的主要系统施工图纸和相关专业间结合部的有关问题进行会检。

（3）由项目部总工程师主持综合会检。项目部的各级技术负责人和技术管理部门人员参加。邀请建设、设计、监理、运行等单位相关人员参加。对本项目工程的主要系统施工图纸、施工各专业间结合部的有关问题进行会检。

一个工程分别由多个施工单位承包施工，则由建设（监理）单位负责组织对各承包范围之间结合部的相关问题进行会检。

2. 图纸会检的重点

1）施工图纸与设备、原材料的技术要求是否一致。

2）施工的主要技术方案与设计是否相适应。

3）图纸表达深度能否满足施工需要。

4）构件划分和加工要求是否符合施工能力。

5）扩建工程的新老线路及新老系统之间的衔接是否吻合，施工过渡是否可能，除按图面检查外，还应按现场实际情况校核。

6）各专业之间设计是否协调。如设备外形尺寸与基础设计尺寸、土建和机务对建（构）筑物预留孔洞及埋件的设计是否吻合，设备与系统连接部位、管线之间、电气相关设计等是否吻合。

7）设计采用的四新在施工技术、机具和物资供应上有无困难。

8）施工图之间和总分图之间、总分尺寸之间有无矛盾。

9）能否满足生产运行对安全、经济的要求和检修作业的合理需要。

10）设备布置及构件尺寸能否满足其运输及吊装要求。

11）设计能否满足设备和系统的启动调试要求。

12）材料表中给出的数量和村质以及尺寸与图面表示是否相符。

3. 图纸会检注意事项

1）图纸会检前主持单位应事先通知参加人员熟悉图纸，准备意见，并进行必要的核对工作。

2）图纸会检应由主持单位做好详细记录，并整理汇总，及时将会议纪要发送相关单位，发生设计变更按相关规定办理。

3）委托外单位加工用的图纸由委托单位负责审核。出现设计问题，由委托单位提交原设计单位解决。

4）图纸会检应在单位工程开工前完成。当施工图由于客观原因不能满足工程进度时，可分阶段组织会检。

五、施工技术交底

1. 技术交底的目的和要求

（1）施工技术交底的目的。施工技术交底的目的是使管理人员了解项目工程的概况、技术方针、质量目标、计划安排和采取的各种重大措施；使施工人员了解其施工项目的工程概况、内容和特点、施工目的，明确施工过程、施工办法、质量标准、安全措施、环保措施、节约措施和工期要求等，做到心中有数。

（2）施工技术交底的要求。

1）施工技术交底是施工工序中的首要环节，应认真执行，未经技术交底不得施工。

2）技术交底必须有的放矢，内容应充实、具有针对性和指导性，要根据施工项目的特点、环境条件、季节变化等情况确定具体办法和方式，交底应注重实效。

3）工期较长的施工项目除开工前交底外，至少每月再交底一次，重大危险项目（如吊车拆卸、高塔组立、带电跨越等），在施工期内，宜逐日交底。

4）技术交底必须有交底记录。交底人和被交底人要履行全员签字手续。

2. 施工交底责任

（1）形式：技术交底工作由各级生产负责人组织，各级技术负责人交底。重大和关键施工项目必要时可请上级技术负责人参加，或由上一级技术负责人交底，各级技术负责人和技术管理部门应督促检查技术交底工作进行情况。

（2）落实。施工人员应按交底要求施工，不得擅自变更施工方法和质量标准。施工技术人员、技术和质量管理部门发现施工人员不按交底要求施工可能造成不良后果时，应立即劝止，劝止无效则有权停止其施工，必要时报上级处理，必须更改时应先经交底人同意并签字后方可实施。

（3）责任。施工中发生质量、设备或人身安全事故时，事故原因如属于交底错误由交底人负责、属于违反交底要求者由施工负责人和施工人员负责、属于是违反施工人员"应知应会"要求者由施工人员本人负责、属于无证上岗或越岗参与施工者除本人应负责任外，班组长和班组专职工程师（专职技术员）亦应负责。

3. 施工交底内容

（1）工程总体交底——公司级技术交底：在施工合同签订后，公司总工程师宜组织有关技术管理部门依据施工组织设计大纲、工程设计文件、设备说明书、施工合同和本公司的经营目标及有关决策等资料拟定技术交底提纲，对项目部各级领导和技术负责人员及相关质量、技术管理部门人员进行交底。其内容主要是公司的战略决策、对本项目工程的总体设想和要求、技术管理的总体规划和对本项目工程的特殊要求一般包括：

1）企业的经营方针，本项目工程的质量目标、主要技术经济指标和具体实施以及有关决策。

2）本工程设计规模和各施工承包范围划分及相关的安排和要求。

3）施工组织设计大纲主要内容。

4）工程承包合同主要内容和要求。

5）对本项目工程的安排和要求。

6）技术供应、技术检验、推广四新、技术总结等安排和要求。

7）降低成本目标和原则措施。

8）其他施工注意事项。

（2）项目工程总体交底——项目部级技术交底：在项目工程开工前，项目部总工程师应组织有关技术管理部门依据施工组织总设计、工程设计文件、施工合同和设备说明书等资料制定技术交底提纲，对项目职能部门、工地技术负责人和主要施工负责人及分包单位有关人员进行交底，其主要内容是项目工程的整体战略性安排，一般包括：

1）本项目工程规模和承包范围及其主要内容。

2）本项目工程内部施工范围划分。

3）项目工程特点和设计意图。

4）总平面布置。

5）主要施工程序、交叉配合和主要施工方案。

6）综合进度和各专业配合要求。

7）质量目标和保证措施。

8）安全文明施工、职业健康和环境保护的主要目标和保证措施。

9）技术和物资供应要求。

10）技术检验安排。

11）采用四新计划。

12）降低成本目标和主要措施。

13）施工技术总结内容安排。

14）其他施工注意事项。

（3）专业交底——工地级技术交底。在本工地施工项目开工前，工地专责工程师应根据施工组织专业设计、工程设计文件、设备说明书和上级交底内容等资料拟定技术交底大纲，对本专业范围的生产负责人、技术管理人员、施工班组长及施工骨干人员进行技术交底。交底内容是本专业范围内施工和技术管理的整体性安排，一般包括：

1）本工地施工范围及其主要内容。

2）各班组施工范围划分。

3）本项目工程和本工地的施工项目特点，以及设计意图。

4）施工进度要求和相关施工项目的配合计划。

5）本项目工程、专业的施工质量目标和保证措施。

6）安全文明施工、环境保护规定和保证措施。

7）重大施工方案（如特殊爆破工程、特殊和大体积混凝土浇灌、重型和大件设备、构件和运输吊装、汽轮机和大盖、锅炉水压试验、化学清洗、锅炉及管道吹洗、大型电气设备干燥、新型设备安装、特高塔组立、大跨越架线、不停电跨线、四新推广、新老厂系统的连接、隔离等。

8）质量验收依据、评级标准和办法。

9）本项目工程和专业施工项目降低成本目标和措施。

10）技术和物资供应计划。

11）技术检验安排。

12）应做好的技术记录内容及要求。

13）施工阶段性质量监督检查项目及其要求。

14）施工技术总结内容安排。

15）音像资料内容安排和其质量要求。

16）其他施工注意事项。

（4）分专业交底——班组级技术交底。施工项目作业前，由专职技术人员根据施工图纸、设备说明书、已批准的施工组织专业设计和作业指导书及上级交底相关内容等资料拟定技术交底提纲，并对班组施工人员进行交底。交底内容主要是施工项目的内容和质量标准及保证质量的措施，一般包括以下内容：

1）施工项目的内容和工程量。

2）施工图纸解释（包括设计变更和设备材料代用情况及要求）。

3）质量标准和特殊要求，保证质量的措施，检验、试验和质量检查验收评级依据。

4）施工步骤、操作方法和采用新技术的操作要领。

5）安全文明施工保证措施，职业健康和环境保护的保证措施。

6）技术和物资供应情况。

7）施工工期的要求和实现工期的措施。

8）施工记录的内容和要求。

9）降低成本措施。

10）其他施工注意事项。

（5）要求设计单位交底的内容：

1）设计意图和设计特点以及应注意的问题。

2）设计变更的情况以及相关要求。

3）新设备、新标准、新技术的采用和对施工技术的特殊要求。

4）对施工条件和施工中存在问题的意见。

5）其他施工注意事项。

（6）交底注意事项：

1）进行各级技术交底时都应请建设、设计、制造、监理和生产等单位相关人员参加，并认真讨论、消化交底内容，必要时对内容作补充修改。涉及已经批准的方案、措施的变动，应按有关程序审批。

2）启动调试的技术交底，按输变电工程启动验收相关规定办理。

六、技术检验管理

1. 技术检验目的和依据

（1）技术检验目的：技术检验是用科学的方法对工程中的设备和使用的原材料、成品、半成品、混凝土以及热工、电工测量元（部）件并包括施工用各类测量工具等进行检查、试验和监督，防止错用、乱用和降低标准，以保证工程质量的重要环节。

（2）技术检验的依据：检验的内容、方法和标准应按国家和行业颁发的有关技术规程、规定和标准；按制造厂技术条件及说明书的要求执行。进口的设备和材料按供货合同中的规定或标准执行。

2. 技术检验的组织和责任

（1）技术检验的组织。除检验数量较小或无能力承担检验的内容可委托具有相应资质的试验单位进行检验外，公司或施工现场应按项目工程需要建立和健全土建、金属、电工测量、热工标准等专业试验室，承担技术检验工作。

1）公司应设置管理机构或指定一个部门主管并正常开展计量管理工作。

2）公司或施工现场各类试验室的资质应符合国家或行业的规定和标准，并取得有关主管部门的认证。

3）试验室应及时、准确、科学、公正地对检测对象的规定技术条件进行检验，出具试验报告或检定证书，为施工提供科学的依据。发现问题应立即向质量管理部门或委托单位报告，及时研究处理。

（2）技术检验责任。

1）计量管理机构的主要职责是贯彻国家和行业有关计量管理工作的法令、法规和标准，制定公司计量管理制度和其他相关规定，并负责公司计量管理系统的管理。

2）项目部和公司下属的生产单位都应设专职计量员。计量员应持证上岗，在业务上接受公司计量部门的领导。

3）公司和项目部的质量管理部门是检查、监督技术检验制度贯彻执行情况的部门，及时处理检验中发现的问题，重大问题报请总工程师处理。

3. 技术检验相关要求

（1）有合格证件。工程所用的原材料（如金属、建筑、电气、保温、化工及油料等）、半成品、成品和设备，其生产厂具有相应资质并应随货提供出厂合格证件和出厂检验报告（盖章的复印件），由供应部门接收、保管。出厂证件和试验报告都应经质量管理部门审核。

（2）需检验者。原材料、半成品、成品和设备遇有下列情况之一者使用前均应经检验合格后使用：

1）出厂证件遗失。

2）证件中个别试验数据不全、影响准确判定其质量时。

3）原证件规定的质量保证期限已经超过时限。

4）对原证件内容或可靠性有怀疑。

5）为防止差错而进行必要的复查或抽查。

6）国家规程、规范规定需要检验者。

7）施工合同中有检验规定要求者。

（3）开箱检验。设备开箱检验由施工或建设（监理）单位供应部门主持，建设、监理、施工、制造厂等单位代表参加，共同进行。检验内容是：核对设备的型号、规格、数量和专用工具、备品、备件数量等是否与供货清单一致，图纸资料和产品质量证明资料是否齐全，外观有无损坏等。检验后作出记录。引进设备的商品检验按订货合同和国家有关规定办理。

（4）委托加工检验。对外委托加工的成品的检查验收由委托单位负责。

（5）施工中检验。施工中的各项检验，由工地委托试验室进行。试验室及时将检验报告传递给工地保管。试验不合格者，应暂停施工或停用该产品，并报质量和技术管理部门；重大问题应报告项目部总工程师。

（6）启动试验。输变电工程的启动试验应按原电力部颁发的启动调试和竣工验收规定进行。

（7）检验的工器具。施工用检测、试验和计量工器具的管理应按国家或行业法规、规程和标准以及上级的规定执行。使用部门应制订操作规程和保养维修制度，指定专人使用保管。

（8）施工机械检验。施工机械应按出厂说明书和机械管理制度进行正常维护和定期检查试验，确保机械健康水平。

（9）检验资料归档。施工检验的试验报告、证明文件由试验室提交委托单位整理后交项目部技术管理部门汇集整理，列入工程移交资料或归档文件。

七、设计变更管理

经批准的设计文件是施工的主要依据。施工单位应按图施工，建设（监理）单位按图验收，确保施工质量。如发现设计有问题或由于施工方面的原因要求变更设计，应提出设计变更申请，办理签证后方可更改。

1. 设计变更分类

（1）小型设计变更：不涉及变更设计原则，不影响质量和安全、经济运行，不影响整洁美观，且不增减概（预）算费用的变更事项。例如图纸尺寸差错更正、原材料等强换算代用、图纸细部增补详图、图纸间矛盾问题处理等。

（2）一般设计变更：工程内容有变化，但还不属于重大设计变更的项目。

（3）重大设计变更：变更设计原则，变更系统方案，变更主要结构、布置、修改主要尺寸和主要材料以及设备的代用等设计变更项目。

2. 设计变更审批

（1）小型设计变更：由工地提出设计变更申请单或工程洽商（联系）单，经项目部技术管理部门审核，由现场设计、建设（监理）单位代表签字同意后生效。

（2）一般设计变更：由工地提出设计变更申请单，经项目部技术管理部门审签后，送交建设（监理）单位审核。经设计单位同意后，由设计单位签发设计变更通知书并经建设（监理）单位会签后生效。

（3）重大设计变更。由项目部总工程师组织研究、论证后，提交建设单位组织设计、施工监理单位进一步论证、审核，决定后由设计单位修改设计图纸并出具设计变更通知书，还应附有工程预算变更单，经建设、监理、施工单位会签后生效。

超出建设单位和设计单位审批权限的设计变更，应先由建设单位报有关上级单位批准。

（4）设计变更通知单处理：

1）设计变更通知单应发送各施工图使用单位，工程预算变更单应分送有成本核算及管理单位，其具体份数按合同规定或由相关单位商定。

2）设计变更后涉及其他施工项目也需作相应修改时，在决定变更之前应同时加以研究、确定处理方法，统一提出变更申请，也可以由提出变更的单位提交建设（监理）单位审核后交设计单位处理，组织协调行动。

3）设计变更文应完整、清楚、格式统一；其发放范围与设计文件发放范围一致。设计变更文件应列为竣工资料移交。

八、施工技术档案管理

施工技术档案是随电力建设工程实体的逐步完成而同时产生的重要成果。它是工程建设过程、工程实体状况、工程建设质量的最真实、最全面、最原始的记录。它对工程投产后的运行、维护、改造、扩建等方面工作都是所必须的可靠依据。它对不断地总结和积累诸如设计、制造、施工、调试和生产运行的经验，不断地提高其水平都起着无可替代的作用。因此，做好和规范施工技术档案管理工作，对保障电力设备长期安全、稳定、经济运行和国民经济的发展都具有重大的技术和经济意义。

1. 技术档案管理机构

（1）根据公司的实际情况，技术档案管理部门可独立设置或挂靠相关管理部门。

（2）公司和项目部应建立对技术档案管理的行政领导责任制度。各级技术负责人均应按各自职责检查技术资料的收集、整理、保管和移交工作。

（3）施工技术档案管理工作应认真贯彻国家档案法。严格按照国家电网公司系统各级档案管理部门和工程所在省、市地方档案管理部门的规定和要求，规范本公司和项目工程的技术档案管理工作，切实保证技术档案的质量水平。

2. 施工技术档案内容

其主要内容包括：

1）施工组织设计纲要、总设计（施工组织设计或施工组织措施计划）和专业设计。

2）施工招、投标文件，施工承包合同。

3）质量管理体系文件，施工技术管理制度。

4）施工技术措施和施工方案。

5）推广四新试验、采用和改进记录。

6）技术会议文件、重要技术决定文件。

7）施工技术和技术管理总结。

8）施工图纸、设计文件、关于工程的管理性文件和技术记录。

9）施工技术记录、施工大事记和施工日志。

10）质量监督检查结果报告，整改问题处理结果清单。

11）施工质量验收评定签证。

12）建（构）筑物地基审底和地基处理（包括试桩、打桩）记录。

13）永久水准点和控制桩的测量记录、主要建（构）筑物定位放线测量记录、沉降观测记录及变形记录。

14）施工图纸会检纪要。

15）施工原材料、构件和设备出厂证件（必须有正式印签）。

16）设计变更、原材料代用记录。

17）隐蔽工程与中间验收签证。

18）委托外加工的半成品、成品、设备的检验报告。

19）各类技术检验记录和试验报告。

20）重要设备缺陷及处理结果记录。

21）分部试运和整套启动试运方案、措施、调试运行记录、调试报告。

22）有关工程建设和为生产运行需要的协议文件及会议纪要。

23）工程技术总结和工程声像资料。

24）工程移交签证书。

25）为积累经验所需的其他文件、资料。

3. 施工技术档案管理

（1）公司及项目部均应采取措施，确保技术档案质量，达到预期效果。

（2）公司技术档案管理部门应配备适当数量的专职人员，项目部的技术档案应设专职人员管理；建立严格的管理制度和合理的运作程序；搞好自身建设，引入现代管理手段，适应施工技术管理工作的需要。

（3）施工技术档案工作是系统工程，应列入各相关部门的职责范围、岗位责任制和工作标准中，并切实落实保证档案的即时性、真实性和完整性。

（4）建立施工技术档案，应在施工准备开始便对各类技术文件、资料进行搜集和整理，并贯彻于整个施工过程。

（5）施工技术档案资料由各相关部门负责汇集、整理，审定后递交技术管理部门或档案室。所有文件资料力求齐全、完整、真实、可靠，如实反映情况，不能擅自修改、伪造和事后补做。

（6）输变电工程投产后，项目部技术管理部门应会同质量管理部门对施工技术档案资料进行审核、整理、出版后，按规定上交公司档案管理部门保管；并根据《基本建设项目档案资料管理暂行规定》（国档发〔1988〕4号）按承包合同规定内容，向建设单位移交竣工资料并办理审核交接手续。当设备的出厂证件和材料合格证件份数不足时，应优先满足工程移交资料的需要。

九、技术培训管理

1. 一般要求

（1）公司要在市场竞争中立于不败之地，就必须加强对员工素质的教育。技术的培训是对员工的知识和技术进行补充、更新、提高和拓展，是素质教育的重要方面和有效手段，为此公司宜建立完整的技术培训管理体系。

（2）技术培训的基本任务是提高员工的基本技能、质量意识、市场意识、管理意识、创新意识、创新能力和基础理论水平，推动员工综合素质的提高和公司的技术进步，确保施工质量，实现科学管理，培育竞争优势，以赢得市场竞争。

（3）技术培训和素质教育要坚持理论联系实际的原则；坚持按需施教、学用结合、定向培训、讲求实效的原则。

（4）员工要努力学习法律知识，提高政治思想觉悟和职业道德水平；学习国家和行业的技术法规、规程和标准，学习公司相关的制度、规定和岗位职责，达到岗位的要求；学习国内、外先进的科学技术和企业管理知识，增强和提高技术业务管理能力和水平。

（5）要认真贯彻执行工人等级鉴定制度、特殊工种和操作人员的资格考核制度。各类施工技术人员均取得相应的资格证书，持证上岗。建立员工技术等级和资格的激励机制，鞭策员工学习业务、技术知识。

2. 组织领导

（1）公司领导应有一人主管培训工作；培训主管部门负责培训的管理工作；职工培训机构负责培训的教学工作。项目部和公司职能部门以及下属单位均应有一名领导负责培训工作，并由一名工作人员（专职或兼职）负责具体工作。班组的培训工作由班组长负责。

（2）公司培训主管部门的职责：

1）制定公司培训工作规划，编制培训计划，总结培训工作。

2）制定公司培训管理制度，检查和考核下属各单位培训工作。

3）组织进行工人技术等级鉴定和岗位资质取证工作。

4）组织员工进行上岗前的培训和考核。

5）定期召开培训工作会议，交流经验，布置工作，提高培训工作水平。

3. 各级机构培训职责

（1）公司培训机构职责：

1）负责按公司年度培训计划组织完成培训任务。

2）负责公司主办的培训班的筹备和举办。

3）组织编制教学大纲和培训教材。

4）负责专、兼职教师的聘用和管理。

5）组织培训考核和办理证书颁发工作。

（2）公司各职能部门职责：

1）提出由本部门负责的培训计划和应急培训申请。

2）负责确定本部门办班培训规模、范围和学员，推荐任课教师和教材。

3）督促本部门办班培训计划的落实；组织并管理培训班，培训结果报主管部门，并申请发证。

（3）项目部职责：

1）贯彻执行公司职工培训管理制度。

2）根据需要制定项目工程的培训计划，并组织实施。

3）执行公司年度培训计划，落实学员并做好工作安排。

4）负责实施员工上岗前的培训。

5）负责对包工队施工人员的培训和考核，不合格者不得参与施工。

（4）工地及班长职责：

1）开展技术业务学习活动。

2）组织实施工地或班组培训计划，制定班组和个人的学习计划和学习内容。

3）组织签订新员工培训合同，检查合同执行情况，主持新员工独立操作之前的技术水平鉴定。

4．培训管理

（1）培训管理宜按质量管理体系中"人力资源控制程序"进行。即按提出要求、制定计划、组织实施、检查考核、培训记录和效果考评等程序进行。在履行程序过程中，应有相应的管理制度作为依据和保证。

（2）制定培训计划要以施工队伍的实际水平为出发点，以电力建设市场的需求和发展为落脚点。其一般内容包括：

1）员工上岗前培训。

2）学校毕业生实习培训。

3）特殊工种的专业培训。

4）技术管理岗位取证培训。

5）员工岗位练兵，短期学习班，定期轮训班。

6）技能鉴定培训。

7）派出学习培训。

（3）宜在年末提出下一年度的公司培训计划，由经理、总工程师审批后下发执行。计划内容宜包括目的、要求、时间、地点、对象、人数、师资、教材、经典、物资供应、主办和协办单位及负责人等。

（4）技术业务培训除采用一般的讲课、考试或操作练习等方法外，还可采取生动活泼的形式，以提高学员的兴趣和学习效果。

（5）员工宜定期进行技术业务考核，考试合格后才准上岗操作。员工培训和考核成绩记入本人教育档案，作为晋级和工作安排的依据。

十、技术信息管理

（1）对国内、外工程技术信息的搜集、整理、储存和应用是推动公司技术进步、不断地提高施工技术和技术管理水平的重要手段。为此，公司应建立技术信息管理体系。

（2）公司宜通过计算机进行信息管理，并可通过互联网搜集外部有关技术信息。项目部的计算机信息网络可与建设单位、监理单位以及其他相关单位的信息网络联网。未建立计算机信息网络的公司可对照《电力建设工程施工技术管理导则》国电电源〔2002〕786号的办法制定技术信息管理制度并运作。

（3）公司要建立技术信息快速储存和传递机制。通过计算机信息网络或书面形式及时储存、传递和报导，避免信息过时失效。

（4）施工技术信息管理工作应由公司总工程师领导，各级技术负责人都应参与这项工作，技术管理职能部门要有专人负责，各级技术人员均为当然的信息员。各级职责如下：

1）公司总工程师职责：①领导组建技术信息管理工作体系，确定工作目标和计划；②组织制定技术信息管理制度；③督促技术信息管理工作的正常开展：督促信息的及时搜集和有效利用；④领导计算机信息网络的规划、建设和安全运行等方面的工作；⑤组织技术和经验交流；⑥制定技术信息管理工作奖励制度。

2）公司下属单位技术负责人职责：①执行公司信息管理制度和计划，督促、检查所属部门和工地的工作情况，督促其利用管理信息系统（Management Information Systems 简称 MIS）开展技术信息的管理工作；②组织制度本单位的实施计划，并经公司总工程师审批后组织实施；③组织本单位的技术交流；④组织学习并引进新经验、新技术；⑤定期对本单位技术信息工作进行检查、指导；⑥审批对成绩突出人员的奖励，成绩特别突出人同的奖励报公司总工程师审批。

3）技术人员职责：①执行本单位技术信息管理工作的实施计划；②搜集现场施工技术信息和国内、外的技术信息及时输入信息库或书面传递给技术信息管理部门。

4）公司施工技术信息管理部门和公司下属单位信息管理部门职责：①负责组建公司或本单位技术信息管理工作网；②负责制定、技术信息管理制度和年度施工技术信息工作（或实施）计划，报总工程师审批后贯彻执行；③监督检查公司或本单位所属部门（工地）的技术信息工作情况，组织经验交流和技术交流；④负责公司或本系统计算机信息网络的规划、建设、运行、维护和网络安全及信息安全工作，并设专人管理；⑤负责对信息库内的技术信息进行管理或对收到的书面技术信息进行整理、收存和定期报导；对有实用性、时效性的技术信息要及时报导并推荐采纳；⑥经批准。组织有关人员外出调研，搜集资料，并整理、推广。

5）由于各公司所处条件不同、承担的任务内容不同，对技术信息的需求也有所不同。因此，搜集和储存技术信息的内容由各公司自报导；对有实用性、时效性的技术信息要及时报导并推荐采纳。

6）经批准，组织有关人员外出调研、搜集资料，并整理、推广。

（5）由于各公司所处条件不同、承担的任务内容不同，对技术信息的需求也有所不同。因此，搜集和储存技术信息的内容由各公司自行确定。一般可围绕以下范围进行：

1）国际信息：①国外电力建设施工技术发展动态；②可借鉴的施工新技术、新工艺、新材料和新机具；③可借鉴的施厂技术管理方法；④为参与国际市场竞争所需的信息。

2）国内信息：①国家在电力建设方面的方针、政策和规划；②工程招投标方面的信息；③先进的施工技术经验，施工管理和施工技术发展动态；④当前，电力建设工程采用四新的成果，特别是与公司在建工程项目相似工程的采用情况；⑤当前主要在建工程的进展情况；⑥电力行业各种技术交流信息。

3）公司内部信息：①按档案管理要求归档的文件和资料；②四新的推广计划和成果；③综合统计的各种技术数据；④施工技术总结和论文；⑤工程重大的施工方案和技术措施。

（6）技术信息收集和管理工作可与奖惩挂钩；可与工作考评和技术职称评定挂钩，鼓励技术信息工作成绩显著的人员。

第二节　输电线路安装工程施工质量验收

建设工程施工质量验收应按 GB 50300—2001《建筑工程施工质量验收统一标准》进行，《电力建设工程施工技术管理导则》国电电源［2002］786 号中"施工质量管理"也对施工质量验收提出了具体要求，工程施工质量的验收可参照这两个文件执行。

一、建筑工程施工质量验收统一标准、规范体系

工程施工质量验收是工程建设质量控制的一个重要环节。它包括工程施工质量的中间验收和工程的竣工验收两个方面。

建筑工程施工质量验收统一标准、规范体系由 GB 50300—2001《建筑工程施工质量验收统一标准》和专业验收规范共同组成，在使用过程中它们必须配套使用。线路施工中专业验收规范具体包括：GBJ 233—1990《110~500kV 架空电力线路施工及验收规范》、GB 50173—1992《电气装置安装工程 35kV 及以下架空电力线路施工及验收规范》、DL/T 602—1996《架空绝缘配电线路施工及验收规程》、GB 50168—1992《电气装置安装工程-电缆线路施工及验收规范》、GB 50169—1992《电气装置安装工程-接地装置施工及验收规范》、DL/T 782—2001《110kV 及以上送变电工程启动及竣工验收规程》等。

在建筑工程施工质量验收标准、规范体系的编制过程中，坚持了"验评分离、强化验收、完善手段、过程控制"的指导思想。

二、工程施工质量验收的划分

通过验收批和中间验收层次及最终验收单位的确定，实施对工程施工质量的过程控制和终端把关，确保工程质量达到工程项目决策阶段所确定的质量目标和水平。

（1）单位工程：可按具备独立施工条件并能形成独立使用功能的工程为一个单位工程。

（2）子单位工程：鉴于一个工程可能并不一次建成，再加之对规模特别大的工程一次验收也不方便等等，可将此类工程划分为若干个子单位工程进行验收。规模较大的单位工程可将其能形成独立使用功能的部分划分为一个子单位工程。子单位工程一般可根据工程的设计分区、使用功能的显著差异、耐张段的设置等实际情况，在施工前由建设、监理、施工单位自行商定，并据此收集整理施工技术资料和验收。

（3）分部工程：分部工程的划分应按专业性质、工程部位确定。如一段线路施工的单位（子单位）工程可分为基础、杆塔、架线、接地等分部工程。

（4）子分部工程：当分部正程较大或较复杂时，可按施工程序、专业系统及类别等划分为若干个子分部工程。

（5）分项工程：每个子分部工程中包括若干个分项工程。分项工程应按主要工种、材料、施工工艺、设备类别等进行划分。

（6）检验批分项工程：可由一个或若干个检验批组成，线路工程的检验批可根据施工及质量控制和专业验收需要按施工段、耐张段等进行划分。

建筑工程分部（子分部）工程、分项工程的具体划分，可参考 GB 50300—2001《建筑工程施工质量验收统一标准》。

三、工程施工质量验收

1. 检验批的质量验收

（1）检验批合格质量规定。

1）主控项目的质量经抽样检验合格。

2）具有完整的施工操作依据、质量检查记录。

（2）检验批按规定验收。

1）资料检查：质量控制资料反映了从原材料到验收的各施工工序的施工操作依据，检查验收情况和保证质量所必需的管理制度等。对其完整性的检查，实际是对过程控制的确认，这是检验批合格的前提。所要检查的资料主要包括：①图纸会审、设计变更、洽商记录；②工程材料、成品、半成品、构配件、器具和设备的质量证明书及进场检（试）验报告；③工程测量、放线记录；④按专业质量验收规范规定的抽样检验报告；⑤隐蔽工程检查记录；⑥施工过程检查记录；⑦新材料、新工艺的施工记录；⑧质量管理资料和施工单位操作依据等。

2）主控项目和一般项目的检验：为确保工程质量，使检验批的质量符合安全和使用功能的基本要求，各专业质量验收规范对各检验批的主控项目和一般项目的子项合格质量都给予明确规定。

检验批的合格质量主要取决于对主控项目和一般项目的检验结果。主控项目是对检验批的基本质量起决定性影响的检验项目，因此必须全部符合有关专业工程验收规范的规定。这意味着主控项目不允许有不符合要求的检验结果，即这种项目的检查具有否决权。鉴于主控项目对基本质量的决定性影响，从严要求是必须的。如混凝土结构工程中混凝土分项工程的配合比设计的主控项目要求：混凝土应按国家现行标准 JGJ 55d《普通混凝土配合比设计规程》有关规定，根据混凝土强度等级、耐久性和工作性等要求进行配合比设计。对有特殊要求的混凝土，其配合比设计尚应符合国家现行有关标准的专门规定。其检验方法是检查配合比设计资料。而其一般项目则可按专业规范的要求处理。如：首次使用的混凝土配合比应进行开盘鉴定，其工作性质应满足设计配合比的要求。开始生产时应至少留置一些标准养护试件，作为验证配合比的依据。并通过检查开盘鉴定资料和试件强度试验报告进行检验。混凝土拌制前，应测定砂、石含水率并根据测试结果调整材料用量，提出施工配合比，并通过含水率测试结果和施工配合比通知单进行检查，每工作班检查一次。

3）检验批的抽样方案：合理的抽样方案的制定对检验批的质量验收有十分重要的影响。在制定检验批的抽样方案时，应考虑合理分配生产方风险（或错判率 α）和使用方风险（或漏判概率 β）：主控项目，对应于合格质量水平的 α 和 β 均不宜超过 5%；对一般项目，对应于合格质量水平的 α 不宜超过 5%，β 不宜超过 10%。检验批的质量检验，应根据检验项目的特点在下列抽样方案中进行选择：①计量、计数或计量—计数等抽样方案；②一次、二次或多次抽样方案；③根据生产连续性和生产控制稳定性等情况，尚可采用调整型抽样方案；④对重要的检验项目当可采用简易快速的检验方法时，可选用全数检验方案；⑤经实践检验有效的抽样方案，如砂石料、构配件的分层抽样。

（3）检验批的验收程序与组织。检验批和分项工程均由监理工程师或建设单位项目技术负责人组织施工单位项目专业质量（技术）负责人验收。验收前，施工单位先填好"检验批质量验收记录"（有关监理记录和结论不填），并由项目专业质量检验员和项目专业技术负责人分别在检验批质量验收记录相关栏目中签字，然后由监理工程师组织，严格按规定程序进行验收。

2. 分项工程质量验收

（1）分项工程质量验收合格的规定。

1）分项工程所含的检验批均应符合合格质量规定。

2）分项工程所含的检验批的质量验收记录应完整。

（2）分项工程的验收程序与组织。分项工程的验收在检验批的基础上进行。其验收程序与组织和检验批相同，但所用表格为"分项工程质量验收记录"。

3. 分部（子分部）工程质量验收

（1）分部（子分部）工程质量验收合格的规定。

1）分部（子分部）工程所含分项工程的质量均应验收合格。

2）质量控制资料应完整。

3）基础、主体结构和设备安装等分部工程有关安全及使用功能的检验和抽样检测结果应符合有关规定。

4）观感质量验收应符合要求。观感质量验收的评价不能用"合格"、"不合格"表示，而是用"好"、"不好"和"差"作结论，对于"差"的检查点应通过返修处理等进行补救。

（2）分部工程的验收程序与组织。分部（子分部）工程质量应由总监理工程师（建设单位项目技术负责人）组织施工项目负责人和技术质量负责人等进行验收；由于基础、主体结构要求严格，技术性强，关系到整个工程的安全，因此规定与基础、主体结构分部工程相关的勘察、设计单位工程项目负责人和施工单位技术、质量部门负责人也应参加相关分部工程验收。

4. 单位（子单位）工程质量验收

（1）建设工程竣工验收应当具备的条件。

1）完成建设工程设计和施工管理资料。

2）有完整的技术档案和施工管理资料。

3）有工程使用的主要材料、构配件和设备的进场试验报告。

4）有勘察、设计、施工、工程监理等单位分别签署的质量合格文件。

5）有施工单位签署的工程保修书。

（2）单位（子单位）工程质量验收合格条件。

1）单位（子单位）工程所含分部（子分部）工程的质量应验收合格。

2）质量控制资料应完整。

3）单位（子单位）工程所含分部工程有关安全和功能的检验资料应完整。

4）要求主要功能项目抽查结果应符合相关专业质量验收的规定。

5）观感质量验收应符合要求。

单位工程质量验收也称质量竣工验收，是工程投入使用前的最后一次验收，也是最重要的一次验收。除构成单位工程的各分部工程应该合格并且有关的资料文件应完整以外，还应进行以下三方面的检查。

涉及安全和使用功能的分部工程应进行检验资料的复查，不仅要全面检查其完整性（不得有漏缺项），而且对分部工程验收时补充进行的见证抽样检验报告也要复核。这种强化验收的手段体现了对安全和主要使用功能的重视。

此外，对主要使用功能还须进行抽查。使用功能的检查是对建筑工程和设备安装工程最终质量的综合检查，也是用户最为关心的内容。因此，在分项、分部工程验收合格的基础上，竣工验收时再作全面检查。抽查项目是在检查质量文件的基础上由参加验收的各方人员商定，并用计量、计数的抽样方法确定检查部位。检查要求按有关专业工程施工质量验收标准的要求进行。

最后，还须由参加验收的各方人员共同进行观感质量检查。检查的方法、内容、结论等应在分部工程的相应部分中阐述，最后共同确定是否通过验收。

（3）预验收程序与组织。当单位工程达到竣工验收条件后，填写工程竣工报验单，并将全部竣工资料报送项目监理机构，申请竣工验收。

总监理工程师应组织各专业监理工程师对竣工资料及各专业工程的质量情况进行全面检查，对查出的问题，应督促施工单位及时整改。对需要进行功能试验的项目，监理工程师应督促施工单位及时进行试验，并对重要项目进行监督、检查，必要时请建设单位和设计单位参加；监理工程师应认真审查试验报告单并督促施工单位搞好成品保护和现场清理。

经项目监理机构对竣工资料及实物全面检查、验收合格后，由总监理工程师签署工程竣工报验单，并向建设单位提出质量评估报告。

（4）正式验收。建设单位收到工程验收报告后，应由建设单位（项目）负责人组织施工（含分包单位）、设计、监理等单位（项目）负责人进行单位（子单位）工程验收。单位工程由分包单位施工时，分包单位对所承包的工程项目应按规定的程序检查评定，总包单位应派人参加。分部工程完成后，应将工程有关资料交总包单位。建设工程经验收合格的，方可交付使用。

四、工程施工质量不符合要求时的处理

一般情况下，不合格现象在检验批的验收时就应发现并及时处理，所有质量隐患必须尽快消灭在萌芽状态，否则将影响后续检验批和相关的分项工程、分部工程的验收。但非正常情况可按下述规定进行处理：

（1）经返工重做或更换器具、设备的检验批，应重新进行验收。

（2）经有资质的检测单位鉴定达到设计要求的检验批，应予以验收。

（3）经有资质的检测单位鉴定达不到设计要求，但经原设计单位核算认可能满足结构安全和使用功能的检验批，可予以验收。

（4）经返修或加固的分项、分部工程，虽然改变外形尺寸但仍能满足安全使用要求，可按技术处理方案和协商文件进行验收。

（5）经返修或加固仍不能满足安全使用要求的分部工程、单位（子单位）工程，严禁验收。

五、单位工程竣工验收备案

单位工程质量验收合格后，建设单位应在规定时间内将工程竣工验收报告和有关文件，报建设行政管理部门备案。

（1）凡在中华人民共和国境内新建、扩建、改建各类房屋建筑工程和市政基础设施工程的竣工验收，均应按有关规定进行备案。

（2）国务院建设行政主管部门和有关专业部门负责全国工程竣工验收的监督管理工作。

县级以上地方人民政府建设现在主管部门负责本行政区域内工程的竣工以上备案管理工作。

第三节　安装工程质量问题和质量事故的处理

根据国际标准化组织（ISO）和我国有关质量、质量管理和质量保证标准的定义，凡工程产品质量没有满足某个规定的要求，就称之为质量不合格。

根据 1989 年建设部颁布的第 3 号令（工程建设重大事故报告和调查程序规定）和 1990 年建设部建建工字第 55 号文件关于第 3 号部令有关问题的说明：凡是工程质量不合格，必须进行返修、加固或报废处理。由此造成直接经济损失低于 5000 元的称为质量问题；直接经济损失在 5000 元（含 5000 元）以上的称为工程质量事故。

一、工程质量问题及处理

（1）工程质量问题的成因：违背建设程序；违反法规；地质勘察失真；设计差错；施工与管理不到位；使用不合格的原材料、制品及设备；自然环境因素；使用不当……。

（2）分析工程质量问题成因的基本步骤：进行细致的现场调查研究；收集调查与质量问题有关的全部设计和施工资料；找出可能产生质量问题的所有因素；分析、比较和判断，找出最可能造成质量问题的原因；进行必要的计算分析或模拟试验予以论证确认。

（3）分析工程质量问题成因的分析要领：分析的要领是逻辑推理法。其基本原理是：首先确定质量问题的初始点，即所谓原点，其反映出质量问题的直接原因，在分析过程中具有关键性作用；接下来是围绕原点对现场各种现象和特征进行分析，逐步揭示质量问题萌生、发展和最终形成的过程；最后综合考虑原因复杂性，确定诱发质量问题的起源点即真正原因。

二、工程质量问题的处理

1. 处理方式

（1）当施工而引起的质量问题在萌芽状态，应及时制止，并要求施工单位立即更换不合格材料、设备或不称职人员，或要求施工单位立即改变不正确的施工方法和操作工艺。

（2）当因施工而引起的质量问题已出现时，应立即向施工单位发出《监理通知》；要求其对质量问题进行补救处理，并采取足以保证施工质量的有效措施后，填报《监理通知回复单》报监理单位。

（3）当某道工序或分项工程完工以后，出现不合格项，监理工程师应填写《不合格项处置记录》，要求施工单位及时采取措施予以整改。监理工程师应对其补救方案进行确认，跟踪处理过程，对处理结果进行验收，否则不允许进行下道工序或分项的施工。

（4）在交工使用后的保修期内发现的施工质量问题，监理工程师应及时签发《监理通知》，指令施工单位进行修补、加固或返工处理。

2. 工程质量问题处理程序（如图 8-1 所示）

当发现工程质量问题，监理工程师应按以下程序进行处理。

（1）可弥补的质量问题处理：当发生工程质量问题时，监理工程师首先应判断其严重程度。对可以通过返修或返工弥补的质量问题可签发《监理通知》，责成施工单位写出质量问题调查报告。提出处理方案，填写《监理通知回复单》报监理工程师审核后。批复承包单位处理，必要时应经建设单位和设计单位认可，处理结果应重新进行验收。

```
        必要时        发生质量问题

                      发出《监理通知》

                      组织调查取证 ←

                      进行原因分析
   发出《工程暂停令》
                      要求有关单位提出处理方案

                      要求有关单位提交
                      质量问题调查报告
      暂停施工
                      审查《质量问题调查报告》

        不处理                          原因不清
                      核签处理方案

                      监督实施处理方案

                      施工单位自检后报验

   发出工程复工令 ←   检查、鉴定、验收

                      要求责任单位
      继续施工        提交质量问题处理报告

                      组织技术资料归档
```

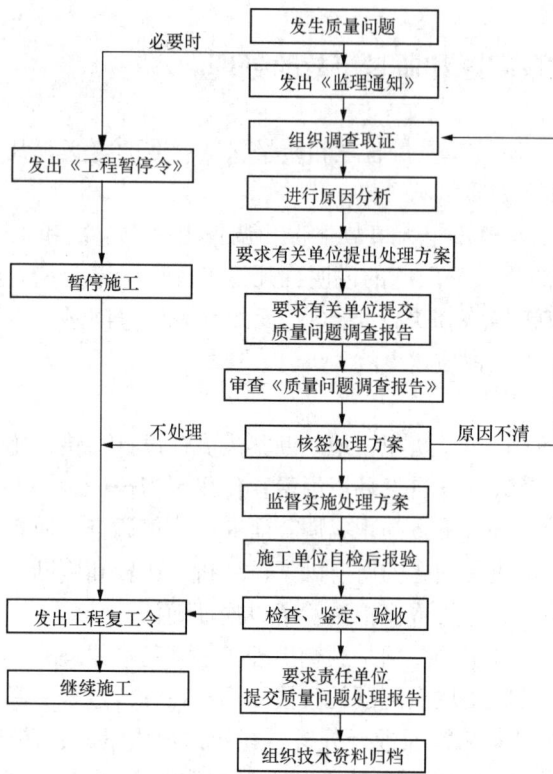

图 8-1 工程质量问题处理程序

（2）需加固补强的质量问题处理：对需要加固补强的质量问题，或质量问题的存在影响下道工序和分项工程的质量时，应签发《工程暂停令》，指令施工单位停止有质量问题部位和与其有关联部位及下道工序的施工。必要时，应要求施工单位采取防护措施，责成施工单位写出质量问题调查报告，由设计单位提出处理方案，并征得建设单位同意，批复承包单位处理。处理结果应重新进行验收。

（3）调查报告：质量事故发生后，施工单位有责任就所发生的质量事故进行周密的调查、研究掌握情况，并在此基础上写出调查报告，提交监理工程师和业主。在调查报告中首先就与质量事故有关的实际情况做详尽的说明。其内容应包括：

1）与质量问题相关的工程情况。

2）质量问题发生的时间、地点、部位、性质、现状及发展变化等详细情况。

3）调查中的有关数据和资料。

4）原因分析与判断。

5）是否需要采取临时防护措施。

6）质量问题处理补救的建议方案。

7）涉及的有关人员和责任及预防该质量问题重复出现的措施。

（4）监理工程师审核、分析质量问题调查报告，判断和确认质量问题产生的原因。必要时，监理工程师应组织设计、施工、供货和建设单位各方共同参加分析。

（5）在原因分析的基础上，认真审核签认质量问题处理方案。

（6）指令施工单位按既定的处理方案实施处理并进行跟踪检查。

发生的质量问题不论是否由于施工单位原因造成，通常都是先由施工单位负责实施处理。对因设计单位原因等非施工单位责任引起的质量问题，应通过建设单位要求设计单位或责任单位提出处理方案，处理质量问题所需的费用或延误的工期，由责任单位承担，若质量问题属施工单位责任，施工单位应承担各项费用损失和合同约定的处罚，工期不予顺延。

（7）质量问题处理完毕，监理工程师应组织有关人员对处理的结果进行严格的检查、鉴定和验收，写出质量问题处理报告，报建设单位和监理单位存档。其主要内容包括：

1）基本处理过程描述。

2）调查与核查情况，包括调查的有关数据、资料。

3）原因分析结果。

4）处理的依据。

5）审核认可的质量问题处理方案。

6）实施处理中的有关原始数据、验收记录、资料。

7）对处理结果的检查、鉴定和验收结论。

8）质量问题处理结论。

三、工程质量事故的范围及分类

国电电源［2002］786 号《电力建设工程施工技术管理导则》，"施工质量管理"一节中明确了"质量事故处理和质量报告"处理方式。

1. 质量事故的范围

（1）凡在施工（调整试运前）过程中，由于现场储存、装御运输、施工操作、完工保管等原因造成施工质量与设计规定不符或其偏差超出标准允许范围，需要返工且造成一定的经济损失者；或由于上述原因造成永久性缺陷者。

（2）在调整试运过程中，由于（非设备制造、调整试验、运行操作）施工原因造成设备、原材料损坏，且损失达到规定条件者。

2. 质量事故的分类

（1）重大质量事故：

1）建（构）筑物的主要结构倒塌。

2）超过规范规定的基础不均匀下沉、建（构）筑物倾斜、结构开裂或主体结构强度严重不足。

3）影响结构安全和建（构）筑物使用年限或造成不可挽回的永久性缺陷。

4）严重影响设备及其相应系统的使用功能。

5）一次返工直接经济损失在 10 万元以上（质量事故直接经济损失金额＝人工费＋机械台班费＋材料费＋管理费－可以回收利用的器材残值）。

（2）普通质量事故：未达到重大事故条件，其一次返工直接经济损失在 1～10 万元者（含 10 万元）。

（3）记录质量事故：未达到重大及普通质量事故条件的质量事故。

四、质量事故的调查处理

（1）事故报告。

1）记录事故发生后，施工人员应及时向班组长报告。班组长应在当日报告工地，并进行事故分析。工地质检员要对事故作出记录，定期书面报工程项目部质量管理部门。

2）普通事故发生后，班组长应立即向工地报告；工地应于当日报项目部质量管理部门，立即组织调查分析，并于 5 日内写出质量事故报告送项目部质量管理部门。经项目部审定后向公司质量管理部门报告。

3）重大事故发生后，工地应立即向项目部经理、总工程师和质量管理部门报告。项目部应随即问公司经理、总工程师和质量管理部门报告。性质特别严重的事故，公司及其项目部应在 24 小时内同时报告主管部门、建设单位和监理单位，重大事故发生后，各级领导应采取措施维护补救，防止事故扩大并立即组织调查、分析。分析后 5 日内由项目部质量管理部门写出质量事故报告，经项目部经理和总工程师审批后报公司质量管理质量管理部门、建设单位、监理单位、主管部门和电力建设工程质量监督机构。

4) 分包工程项目发生事故后，分包单位亦应按上述相应程序，及时报告总包单位或发包工程项目部质量管理部门。

（2）事故调查处理。

1) 调查分析工作应做到"三不放过"，即事故原因不清不放过；事故责任者和职工没有受到教育不放过；没有总结经验教训和没有采取防范措施不放过。

2) 对违反规程不听劝阻、不遵守劳动纪律、不负责任而造成质量事故者，对隐瞒事故不报者，均应严肃处理。

3) 各级质量管理部门均要建立质量事故台账，并予保存。

4) 重大质量事故处理方案及实施结果记录应由工程项目部技术和质量管理部门分别保存，以备存档和竣工移交。

（3）质量缺陷处理方案审批和实施。

1) 普通及重大质量事故由事故责任单位提出处理方案，报项目部施工技术部门和质量管理部门。

2) 普通质量事故处理方案由项目部施工技术管理部门会同质量管理部门审核后，报项目部总工程师审批后，由事故责任单位实施。

3) 重大质量事故处理方案由公司总工程师主持，施工技术部门和质量管理部门会同设计单位、监理单位、建设单位和电力建设工程质量监督站共同审定，经公司总工程师批准后由事故责任单位实施。

4) 需设计单位验算或变更设计的施工项目，由项目部施工技术部门提请建设单位交设计单位协助进行。

（4）质量总结和质量报表。

1) 质量总结按单位工程、年（季）度（火电、变电工程）和工序（送电工程）报送。其内容一般包括施工质量总体情况、主要设备或主要单位工程关键性质量指标的实现数据、质量通病分析、质量事故情况分析和本年（季）度成本、年度质量评级情况、提高质量的主要措施及今后的工作安排。

2) 各级质量管理部门或质量管理人员每月（送电工程按工序）对所分管施工项目的工程质量情况提出质量趋势报告，供各级技术负责人作为决策依据。

3) "工程质量情况报表"由项目部质量管理部门按单位工程（送电工程按工序）统计，按季报送，并附质量总结报送公司、建设单位和监理单位。

4) 质量总结和质量报表一般采用分级编写、逐级审核上报的方式。

（5）质量回访。

1) 阶段性质量回访。根据项目工程进展情况，组织中间回访。回访对象主要是建设单位和监理单位。

2) 工程移交后回访。一般在工程正式投入生产后半年至一年期间内进行。回访对象主要是建设单位和生产单位。

回访后对收集的意见进行分类整理，认真整改、填表造册、建档保存。对移交后无法处理的问题，应在今后工作中改进。

五、通常工程监理对"工程质量事故处理"的要求（见图 8 - 2）

1. 工程质量事故处理的依据

（1）施工单位的质量事故调查报告。调查报告内容和"工程质量问题的处理"时相同。监理单位调查研究所获得的第一手资料其内容大致与施工单位调查报告中有关内容相似，可用来与施工单位所提供的情况对照。

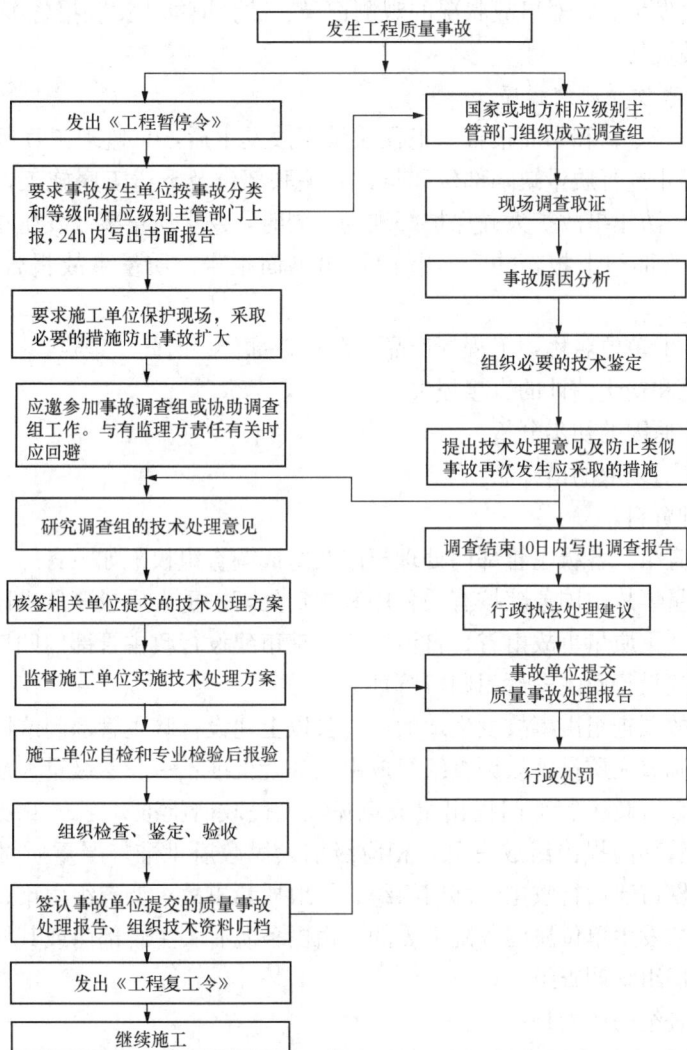

图 8 - 2　工程质量事故处理程序框图

（2）合同及合同文件。涉及的合同文件可以是：工程承包合同、设计委托合同；设备与器材购销合同；监理合同等。在处理质量事故中的作用是：确定在施工过程中有关各方是否按照合同有关条款实施其活动，借以探寻产生事故的可能原因。例如，施工单位是否在规定时间内通知监理单位进行隐蔽工程验收，监理单位是否按规定时间实施了检查验收；施工单位在材料进场时，是否按规定或约定进行了检验等。此外，有关合同文件还是界定质量责任的重要依据。

（3）技术文件和档案。一类是有关的设计文件，另一类是与施工有关的技术文件、档案

和资料。属于这类文件、档案有:

1)施工组织设计或施工方案、施工计划。

2)施工记录、施工日志等。

3)有关建筑材料的质量证明资料。

4)现场制备材料的质量证明资料。

5)质量事故发生后,对事故状况的观测记录、试验记录或试验报告等。

6)其他有关资料。

2. 工程质量事故处理的程序

(1)《工程暂停令》和书面报告。工程质量事故发生后,总监理工程师应签发《工程暂停令》,并要求停止进行质量缺陷部位和与其有关联部位及下道工序施工,应要求施工单位采取必要的措施,防止事故扩大并保护好现场。同时,要求质量事故发生单位迅速按类别和等级向相应的主管部门上报,并于24h内写出书面报告。质量事故报告应包括以下主要内容:

1)事故发生的单位名称,工程(产品)名称、部位、时间、地点。

2)事故概况和初步估计的直接损失。

3)事故发生原因的初步分析。

4)事故发生后采取的措施。

5)相关各种资料。

(2)组成调查组。各级主管部门处理权限及组成调查组权限如下:

特别重大质量事故由国务院按有关程序和规定处理;重大质量事故由国家建设行政主管部门归口管理;严重质量事故由省、自治区、直辖市建设行政主管部门归口管理;一般质量事故由市、县级建设行政主管部门归口管理。

工程质量事故调查组由事故发生地的市、县以上建设行政主管部门或国务院有关主管部门组织成立。特别重大质量事故调查组组成由国务院批准:一、二级重大质量事故由省、自治区、直辖市建设行政主管部门提出组成意见,人民政府批准;三、四级重大质量事故由市、县级行政主管部门提出组成意见,相应级别人民政府批准;严重质量事故,调查组由省、自治区、直辖市建设行政主管部门组织;一般质量事故,调查组由市、县级建设行政主管部门组织;事故发生单位属国务院部委的,由国务院有关主管部门或其授权部门会同当地建设行政主管部门组织调查组。

质量事故调查组的职责是:

1)查明事故发生的原因、过程、事故的严重程度和经济损失情况。

2)查明事故的性质、责任单位和主要责任人。

3)组织技术鉴定。

4)明确事故主要责任单位和次要责任单位,承担经济损失的划分原则。

5)提出技术处理意见及防止类似事故再次发生应采取的措施。

6)提出对事故责任单位利责任人的处理建议。

7)写出事故调查报告。

(3)工程质量事故处理方案。当监理工程师接到质量事故调查组提出的技术处理意见后,可组织相关单位研究,并责成相关单位完成技术处理方案,并予以审核签认。质量事故技术处理方案，一般应委托原设计单位提出，由其他单位提供的技术处理方案，应经原设计单位同意签认。技术处理方案的制订，应征求建设单位意见。

（4）制定详细的施工方案设计并报验、验收。技术处理方案核签后，监理工程师应要求施工单位制定详细的施工方案设计，必要时应编制监理实施细则，对工程质量事故技术处理施工质量进行监理，技术处理过程中的关键部位和关键工序应进行旁站，并会同设计、建设等有关单位共同检查认可。对施工单位完工自检后报验结果，组织有关各方进行检查验收，必要时应进行处理结果鉴定。

（5）编写质量事故处理报告。要求事故单位整理编写质量事故处理报告，并审核签认，组织将有关技术资料归档。

工程质量事故处理报告主要内容：

1）工程质量事故情况、调查情况、原因分析（选自质量事故调查报告）。

2）质量事故处理的依据。

3）质量事故技术处理方案。

4）实施技术处理施工中有关问题和资料。

5）对处理结果的检查鉴定和验收。

6）质量事故处理结论。

（6）签发《工程复工令》，恢复正常施工。

第四节　质量管理体系标准

一、概述

随着市场经济的不断发展，产品质量已成为市场竞争的焦点。为了更好地推动企业建立更加完善的质量管理体系，实施充分的质量保证，建立国际贸易所需要的关于质量的共同语言和规则，1987 年，ISO/TC176 发布了举世瞩目的 ISO 9000 系列标准。为了更好地发挥 ISO 9000 族标准的作用，使其具有更好的适用性和可操作性，2000 年 12 月 15 日 ISO 正式发布新的 ISO 9000、ISO 9001 和 ISO 9004 国际标准。2000 年 12 月 28 日国家质量技术监督局正式发布 GB/T 19000—2000（idtISO 9000：2000），GB/T 19001—2000（idtISO 9001：2000），GB/T 19004—2000（idISO 9004：2000）三个国家标准。

1. 标准的基本概念

标准的基本含义就是"规定"，就是在特定的地域和年限里对其对象做出"一致性"的规定。在人类生活和社会实践中，除了标准这样的规定，还有其他各种各样的规定。但标准的规定与其他规定有所不同，标准的制定和贯彻以科学技术和实践经验的综合成果为基础，标准是"协商一致"的结果，标准的颁布具有特定的过程和形式。标准的特性表现为科学性与时效性，其本质是"统一"。标准的这一本质赋予标准具有强制性、约束性和法规。

2. GB/T 19000—2000 族标准的构成和特点

（1）组成。由下列四部分组成：

1）GB/T 19000—2000 表述质量管理体系并规定质量管理体系术语。

2）GB/T 19001—2000 规定质量管理体系要求，用于组织证实其具有提供满足顾客要求和适用的法规要求的产品的能力。

3）GB/T 19004—2000 提供质量管理体系指南，包括持续改进的过程，有助于组织的顾客和其他相关方满意。

4）ISO 19011 提供管理与实施环境和质量审核的指南。

（2）ISO 9000：2000 族标准的主要特点。

1）标准的结构与内容更好地适应于所有产品类别，不同规模和各种类型的组织。

2）采用"过程方法"的结构，并重视有效性的改进与效率的提高。任何得到输入并将其转化为输出的活动均可视为过程。为使组织有效运行，必须识别和管理许多内部相互联系的过程。通常，一个过程的输出将直接形成下一个过程的输入。系统识别和管理组织内使用的过程，特别是这些过程之间的相互作用，称为过程方法。

3）提出了质量管理八项原则并在标准中得到了充分体现。

4）对标准要求的适应性进行了更加科学与明确的规定，在满足标准要求的途径与方法方面，提倡组织在确保有效性的前提下，可以根据自身经营管理的特点做出不同的选择，给予组织更多的灵活度。

5）更加强调管理者的作用，最高管理者通过确定质量目标，制定质量方针，进行质量评审以及确保资源的获得和加强内部沟通等活动，对其建立、实施质量管理体系并持续改进其有效性的承诺提供证据，并确保顾客的要求得到满足，旨在增强顾客满意。

6）突出了"持续改进"是提高质量管理体系有效性和效率的重要手段。

7）强调质量管理体系的有效性和效率，引导组织以顾客为中心并关注相关方的利益，关注产品与过程而不仅仅是程序文件与记录。

8）对文件化的要求更加灵活，强调文件应能够为过程带来增值，记录只是证据的一种形式。

9）将顾客和其他相关方满意或不满意的信息作为评价质量管理体系运行状况的一种重要手段。

10）概念明确，语言通俗，易于理解、翻译和使用，术语用概念图形式表达术语间的逻辑关系。

11）强调了 ISO 9001 作为要求性的标准，ISO 9004 作为指南性的标准的协调一致性，有利于组织的业绩的持续改进。

12）增强了与环境管理体系标准等其他管理体系标准的相容性，从而为建立一体化的管理体系创造了有利条件。

二、质量管理体系的基础和术语

在 2000 版 GB/T 19000 族标准中，GB/T 19000 质量管理体系——基础和术语标准起着奠定理论基础、统一术语概念和明确指导思想的作用，具有很重要的地位。标准共有三部分组成：第一部分介绍了标准适用范围；第二部分是质量管理体系基本原理；第三部分是术语和定义，共 80 条。

1.GB/T 19000—2000 族标准的八项质量管理原则

（1）以顾客为关注焦点。实施本原则时一般要采取的主要措施包括：全面了解顾客的需求和期望，确保顾客的需求和期望在整个组织中得到沟通，确保组织的各项目标；有计划地、系统地测量顾客满意程度并针对测量结果采取改进措施；在重点关注顾客的前提下，确保兼顾其他相关方的利益，使组织得到全面、持续的发展。

(2) 领导作用。全面考虑所有相关方的需求，做好发展规划，为组织勾画一个清晰的远景，设定富有挑战性的目标，并实施为达到目标所需的发展战略；在一定范围内给与员工自主权，激发、鼓励并承认员工的贡献，提倡公开和诚恳的交流和沟通，建立宽松、和谐的工作环境，创造并坚持一种共同的价值观，形成企业的精神和企业文化。

(3) 全员参与。对员工进行职业道德的教育，教育员工要识别影响他们工作的制约条件；在本职工作中，让员工有一定的自主权，并承担解决问题的责任。把组织的总目标分解到职能部门和层次，激励员工为实现目标而努力，并评价员工的业绩；启发员工积极提高自身素质；在组织内部提倡自由地分享知识和经验，使先进的知识和经验成为共同的财富。

(4) 过程方法。识别质量管理体系所需要的过程；确定每个过程的关键活动，并明确其职责和义务；确定对过程的运行实施有效控制的准则和方法，实施对过程的监视和测量，并对其结果进行数据分析，发现改进的机会并采取措施。

(5) 管理的系统方法。建立一个以过程方法为主体的质量管理体系；明确质量管理过程的顺序和相互作用，使这些过程相互协调；控制并协调质量管理体系的各过程的运行，并规定其运行的方法和程序；通过对质量管理体系的测量和评审，采取措施以持续改进体系，提高组织的业绩。

(6) 持续改进。使持续改进成为一种制度；对员工提供关于持续改进的方法和工具的培训，使产品、过程和体系的持续改进成为组织内每个员工的目标；为跟踪持续改进规定指导和测量的目标，承认改进的结果。

(7) 基于事实的决策方法。收集与目标有关的数据和信息，并规定收集信息的种类、渠道和职责；通过鉴别，确保数据和信息的准确性和可靠性；采取各种有效方法，对数据和信息进行分析，确保数据和信息能为使用者得到和利用；根据对事实的分析、过去的经验和直觉判断做出决策并采取行动。

(8) 与供方互利的关系。识别并选择重要供方，考虑眼前和长远的利益；创造一个通畅和公开的沟通渠道，及时解决问题，联合改进活动；与重要供方共享专门技术、信息和资源，激发、鼓励和承认供方的改进及其成果。

2. 质量管理体系的基础

GB/T 19000—2000 标准的第 2 章 "质量管理体系基础" 中列出了十二条，包括两大部分内容。一部分是八项质量管理原则具体应用于质量管理体系的说明，另一部分是对其他问题的说明。因此这十二条基础既体现了八项原则，又对质量管理体系的某些方面作了指导性说明，起着 "承上启下" 的作用。

(1) 质量管理体系的理论说明。质量管理体系不仅为组织持续改进其整体业绩提供一个框架，使持续改进在体系内正常进行，以增加顾客和其他相关方满意的机会，而且质量体系还能提供内、外部质量保证，向组织（内部）和顾客以及其他相关方（外部）提供信任，使相关方相信组织有能力提供持续满足要求的产品。

(2) 质量管理体系要求与产品要求。GB/T 19000—2000 族标准，主要根据质量体系和产品两种要求的不同性质把质量体系要求与产品要求加以区分。对每一个组织来说，产品要求与质量管理体系要求缺一不可，不能互相取代，只能相辅相成。

(3) 建立质量方针和质量目标的目的和意义。质量方针为建立和评审质量目标提供了框架。质量目标需要与质量方针和持续改进的承诺相一致，并且它们的实现需要是可测量的。

质量目标的实现对产品质量、作业有效性和财务业绩都有积极性的影响，因此对相关方的满意和信任也产生积极影响。

（4）建立和实施质量管理体系方法。

1）确定顾客和相关方的需求和期望。

2）建立组织的质量方针和质量目标。

3）确定达到质量目标必须的过程和职责。

4）确定和提供实现质量目标必需的资源。

5）规定测量每个过程的有效性和效率。

6）应用这些方法确定每个过程的有效性和效率。

7）确定防止不合格并消除产生原因的措施。

8）建立和应用持续改进质量管理体系的过程。

（5）最高管理者在质量管理体系中的作用。其作用是：

1）建立组织的质量方针和质量目标。

2）确保整个组织关注顾客要求。

3）确保实施适宜的过程以满足顾客要求并实现质量目标。

4）确保建立、实施和保持一个有效的质量管理体系以实现这些目标。

5）确保获得必要资源。

6）将达到的结果与规定的质量目标进行比较。

7）决定有关质量方针和质量目标的措施。

8）决定改进的措施。

（6）过程方法。通常，一个过程的输出将直接形成下一过程的输入。系统识别和管理组织内所使用的过程，特别是这些过程之间的相互作用，称之为"过程方法"。GB/T 19000—2000 族标准鼓励采用过程方法管理组织。

（7）文件。质量管理体系中使用的文件类型主要有质量手册、质量计划、规范、指南、程序、记录等。文件的数量多少、详略程度、使用什么媒体视具体情况而定，一般取决于组织的类型和规模、过程的复杂性和相互作用、产品的复杂性、顾客要求、使用的法规要求、经证实的人员能力、满足体系要求所需证实的程度等。

（8）质量管理体系评价。

1）质量管理体系过程的评价。

2）质量管理体系审核，这种评审可包括考虑修改质量方针和目标的需求以响，应相关方需求和期望的变化。

3）质量管理体系评审，这种评审可包括考虑修改质量方针和目标的需求以响应相关方需求和期望的变化；在各种信息源中，审核报告用于质量管理体系的评审。

（9）持续改进。必要时对结果进行评审，以确定进一步改进的机会。审核、顾客反馈和质量管理体系评审也可用于识别这些机会，改进是一种持续的活动。

（10）统计技术的作用。统计技术可帮助测量、表述，分析、说明这类变化并将其形成模型，甚至在数据相对有限的情况下也可实现。这种数据的统计分析能对更好地理解变化的性质、程度和原因提供帮助。从而有助于解决，甚至防止由变化引起的问题，并促进持续改进。ISO/TR10017 给出了统计技术应用的细节。

（11）质量管理体系和其他管理体系所关注的目标。质量管理体系是组织的管理体系的一部分，它致力于使与质量目标有关的输出（结果）适当地满足相关方的需求、期望和要求。质量目标与基本目标相互补充，共同构成组织的目标，管理体系也可以对照国际标准如ISO 9001和ISO 14001的要求进行审核。这些管理体系审核可以分开进行，也可以联合进行。

（12）质量管理体系与优秀模式之间的关系。ISO 9000族标准的质量管理体系方法和组织优秀模式之间的共同之处在于两者所依据的原则相同，而不同之处主要是它们的应用范围不同，如ISO 9000族标准提出了对质量管理体系的要求（ISO 9001）和业绩改进指南（ISO 9004），通过体系评价可确定这些要求是否得到满足，而优秀模式则适用于组织的全部活动和所有相关方。

3．主要术语（略）

三、质量管理体系 GB/T 19001 与 GB/T 19004 的结构模式

GB/T 19001—2000"质量管理体系——要求"的结构模式按照建立和实施质量管理体系的基本工作程序（即 P→D→C→A 循环），GB/T 19001 从结构模式和内容上可以分为四个组成部分。

1．质量管理体系的总体要求

（1）质量管理体系的总要求。该组织应：

1）识别质量管理体系所需的过程。

2）确定这些过程的顺序和它们之间的相互作用。

3）确定所需的准则和方法，以确保这些过程有效运作和控制。

4）确保可获得必要的信息以支持这些过程的运作和监控。

5）测量、监控和分析这些过程并采取必要的措施以达到预期的结果和持续改进。除此之外，组织还应按本标准要求管理这些过程。

（2）文件的总要求。质量管理体系文件应该包括：

1）本标准所要求的程序文件。

2）组织为确保其过程有效运行和得到控制所要求的文件。

质量管理体系文件化的范围和详略程度应视下列情况而定：

1）组织的规模和形式。

2）过程的复杂性与它们之间的相互作用。

3）人员的能力。

2．与管理职能相关的要求

（1）管理职责。管理职责是指管理和设计、实施质量管理体系的全部职责，这是供方建立并实施质量管理体系的关键性要求。它包括如下一些内容：

1）管理承诺。

2）以顾客为中心。

3）质量方针。

4）质量目标和质量策划。

5）对质量管理体系的管理：①管理者代表；②做好内部沟通；③质量手册；④文件控制；⑤管理评审。

（2）资源管理。资源管理包括资源的提供、人力资源的管理、设施和工作环境的识别与管理。

3. 与过程方法相关的要求

（1）与顾客有关的过程。该过程包括顾客要求的识别、产品要求的评审、以及顾客沟通三方面的内容。

（2）生产和服务的运作。该过程包括运作控制、标识和可追溯性，顾客财产、产品防护和过程确认等内容。

4. 与检测分析和改进相关的要求

本部分包括本标准的第 8 章，主要内容是为了进行测量分析和改进所进行的策划、测量和监控的实施及应进行的内容，不合格控制，数据分析和改进等。

四、质量管理体系的建立、实施与认证

1. 质量管理体系的建立与实施

按照 GB/T 19000—2000 族标准建立或更新完善质量管理体系的程序，通常包括组织策划与总体设计、质量管理体系的文件编制、质量管理体系的实施运行三个阶段。

（1）质量管理体系的策划与总体设计。最高管理者应确保对质量管理体系进行策划，以满足组织确定的质量目标的要求及质量管理体系的总体要求，在对质量管理体系的变更进行策划和实施时，应保持管理体系的完整性。通过对质量管理体系的策划，确定建立质量管理体系要采用的过程方法模式，从组织的实际出发进行体系的策划和实施，明确是否有剪裁的需求并确保其合理性。ISO 9001 标准引言中指出"一个组织质量管理体系的设计和实施受各种需求、具体目标、所提供产品、所采用的过程以及该组织的规模和结构的影响，统一质量管理体系的结构或文件不是本标准的目的"。

（2）质量管理体系文件的编制。质量管理体系文件的编制应在满足标准要求、确保控制质量、提高组织全面管理水平的情况下，建立一套高效、简单、实用的质量管理体系文件。质量管理体系文件包括质量手册、质量管理体系程序文件、质量记录等部分。

2. 质量手册

（1）质量手册的性质和作用。质量手册是组织质量工作的"基本法"，是组织最重要的质量法规性文件，它具有强制性质。质量手册应阐述组织的质量方针，概述质量管理体系的文件结构并能反映组织质量管理体系的总貌，起到总体规划和加强各职能部门间协调作用。对组织内部，质量手册起着确立各项质量活动及其指导方针和原则的重要作用，一切质量活动都应遵循质量手册；对组织外部，它既能证实符合标准要求的质量管理体系的存在，又能向顾客或认证机构描述清楚质量管理体系的状况。同时质量手册是使员工明确各类人员职责的良好管理工具和培训教材。质量手册便于克服由于员工流动对工作连续性的影响。质量手册对外提供了质量保证能力的说明，是销售广告有益的补充，也是许多招标项目所要求的投标必备文件。

（2）质量手册的编制要求。质量手册的编制应遵循 ISO—100013《质量手册编制指南》的要求进行，质量手册应说明质量管理体系覆盖哪些过程和要素，每个过程和要素应开展哪些控制活动，对每个活动需要控制到什么程度，能提供什么样的质量保证等，都应做出明确的交待。质量手册提出的各项要素的控制要求，应在质量管理体系程序和作业文件中做出可操作实施的安排。质量手册对外不属于保密文件，为此编写时要注意适度，既要让外部看清楚质量管理体系的全貌，又不宜涉及控制的细节。

（3）质量手册的构成。2000 版 ISO 9001（GB/T 19001）的标准结构以过程方法的模式进行编排，思路清晰并能通用于四大类产品的组织，具有很大的优越性。

3. 质量管理体系程序文件

（1）概述。质量管理体系程序文件是质量管理体系的重要组成部分，是质量手册具体展开和有力支撑。质量管理体系程序可以是质量管理手册的一部分，也可以是质量手册的具体展开。

对于较小的企业有一本包括质量管理体系程序的质量手册足矣，而对于大中型企业在安排质量管理体系程序时，应注意各个层次文件之间的相互衔接关系，下一层的文件应有力地支撑上一层次文件。质量管理体系程序文件的范围和详略程度取决于组织的规模、产品类型、过程的复杂程度、方法和相互作用以及人员素质等因素。程序文件不同于一般的业务工作规范或工作标准所列的具体工作程序，而是对质量管理体系的过程方法所需开展的质量活动的描述。对每个质量管理程序来说，都应视需要明确何时、何地、何人、做什么、为什么、怎么做（即 5W1H），应保留什么记录。

（2）质量管理体系程序的内容。按 ISO 9001：2000 标准的规定，质量管理程序应至少包括下列 6 个程序：

1）文件控制程序。

2）质量记录控制程序。

3）内部质量审核程序。

4）不合格控制程序。

5）纠正措施程序。

6）预防措施程序。

（3）质量计划。质量计划是对特定的项目、产品、过程或合同，规定由谁及何时应使用哪些程序相关资源的文件。质量手册和质量管理体系程序所规定的是各种产品都适用的通用要求和方法。但各种特定产品都有其特殊性，质量计划是一种工具，它将某产品、项目或合同的特定要求与现行的通用的质量管理体系程序相连接。质量计划在顾客特定要求和原有质量管理体系之间架起一座"桥梁"，从而大大提高了质量管理体系适应各种环境的能力。

质量计划在企业内部作为一种管理方法，使产品的特殊质量要求能通过有效的措施得以满足。在合同情况下，组织使用质量计划向顾客证明其如何满足特定合同的特殊质量要求，并作为顾客实施质量监督的依据。合同情况下如果顾客明确提出编制质量计划的要求，则组织编制的质量计划需要取得顾客的认可，一旦得到认可，组织必须严格按计划实施，顾客将用质量计划来评定组织是否能履行合同规定的质量要求。实施过程中组织对质量计划的较大修改都需征得顾客的同意。通常，组织对外的质量计划应与质量手册、质量管理体系程序一起使用，系统描述针对具体产品是如何满足 GB/T 19001—ISO 9001 的要求，质量计划可以引用手册或程序文件中的适用条款。产品（或项目）的质量计划是针对具体产品（或项目）的特殊要求，以及应重点控制的环节所编制的对设计、采购、制造、检验、包装、运输等的质量控制方案。

第二篇 配 电 线 路

第九章 架空、电缆配电线路施工

第一节 配电线路的组成和要求

一、配电线路的一般情况

（一）配电线路电压等级

传统上配电线路是指电压在 10kV 及 10kV 以下的由变电所直接供给用户用电的电力线路。但 1990 年开始执行能源部颁发的 GBJ—233—1990《110~500kV 架空电力线路施工及验收规范》，1998 年开始执行建设部颁发的 GB 50061—1997《66kV 及以下架空电力线路设计规范》，可见现行的国家标准的电压等级划分线是 66kV。从设计、施工、运行的对象看，这样的划分是合理的。无论从国外和国内经济发达地区来看，城市配电已由 110kV 电缆线路输入的城中变电所经变电输出为 10kV 或 20kV，再用 10kV 电缆线路送到各配电用户或箱式变电所，变压成 400V 电压后用电缆线路敷设到用电点。35kV 的电压等级正在淡化。城市配电线路广泛使用架空绝缘线路，1996 年开始实施 DL/T601—1996《架空绝缘配电线路设计技术规程》。

现在执行的配电线路方面验收规范有：

GB 50173—1992 《电气装置安装工程 35kV 及以下架空线路施工及验收规范》；

GB 50168—1992 《电气装置安装工程 电缆线路施工及验收规范》；

DL/T 602—1996 《架空绝缘配电线路施工及验收规程》。

（二）配电网络的基本结构

配电网络规划应从技术保证使城区配电系统供电系统可靠率应达到 99.8％，即每户年平均停电不超过 17h；市郊地区的可靠率应达到 99.6％，即每户年平均停电不超过 35h。正常运行时，用户受电端的电压变动幅度为：10kV 供电的用户和 380V 供电的电力用户，是额定电压的±7％；220V 照明用户是额定电压的+5％、−10％；动力和照明混合的低压用户为额定电压的+5％、−7％。

城市 10kV 配电线路以环形网为主，开环运行，辐射形线路逐步改为辐射互联形式。高压配电线路应逐步淘汰短路容量小的柱上油断路器和分路熔断器，选用容量大、体积小的新设备，如柱上 SF$_6$ 断路器、柱上真空断路器及各种新型熔断器等。10kV 配电线路干线上应设分段断路器。一条环形线路上至少装设两台分段断路器，每个线段上可以双向来电，重要地段的线路可以三个方向来电，一般不采用四个方向来电的接线。分段断路器的线路间隔不大于 1.5~2km。10kV 配电线路供电半径，市区为 1.5~3km，郊区控制在 4~6km。10kV 配电线路，除有特殊要求的重要用户外，一般不设专用线。一个变电所应配备 2~3 回联络线。变电所之间联络线可以分段运行，也可以带一定数量的负荷，但应留有裕度，以保证联络线的互供容量。

低压网络以开式运行为主。同一高压线路上邻近配电变压器低压干线之间可加装联络断路器。配电变压器的供电半径为 160~250m。负荷小，以照明为主的低压线路，其供电半径可适当延长，但不得超过 400m。

现在国内正逐步引进、合资生产德国 F&G 公司和法国阿尔斯通的配电线路用空气绝缘或 SF_6 负荷断路器，配备在供电点的箱式变电所中，如图 9-1 所示。箱式变电所由高低压电缆供电，三个环网断路器装置在结构紧凑的三块配电板，SF_6 环网断路器单元如图 9-2 所示。断路器各相有横向隔板截成三个部分，各相各占一个部分，电路和铸型树脂绝缘套管连接在一起。

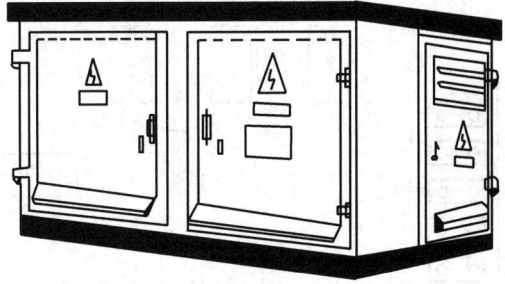

图 9-1 箱式变电所外形图

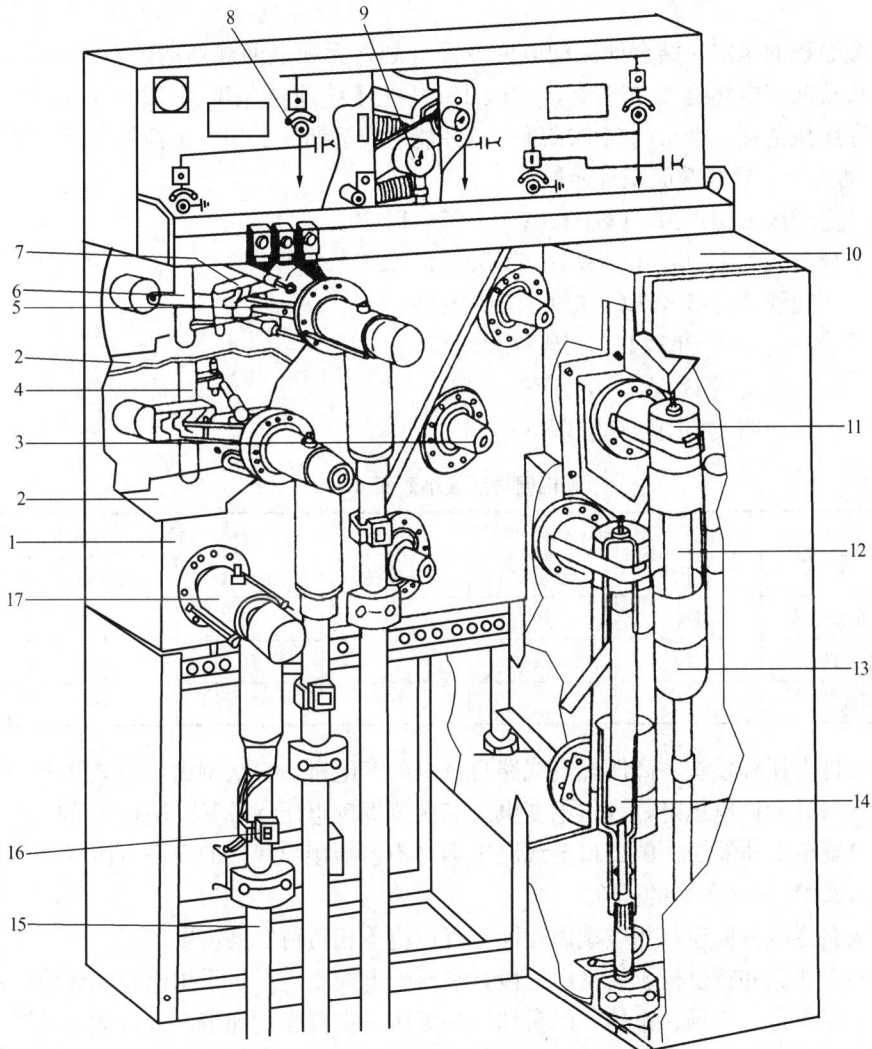

图 9-2 SF_6 环网断路器单元图

1—密封气箱；2—钢隔板；3—套管；4—传动轴；5—传动片；6—母线；7—灭弧室；
8—位置指示器；9—气压表；10—HRC 熔断器间隔；11—熔断器上插座；
12—透明管；13—熔断器下插座；14—熔断器下触点；15—交联聚
乙烯电缆；16—短路指示器；17—交联聚乙烯电缆 T 接插头

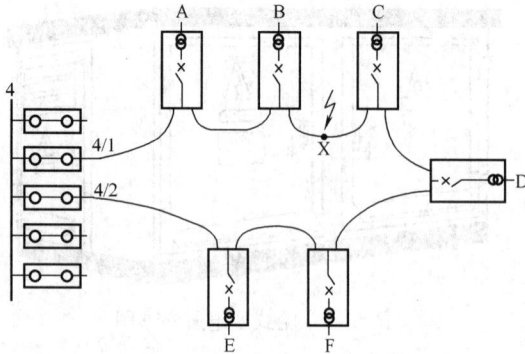

图 9-3　环网供电示意图

熔断器起短路保护作用，36kV 以下的交联聚乙烯电缆可以方便接成 T 形插头，甚至 24kV 以下油纸绝缘电缆也有非屏蔽弯头电缆连接器，可以方便地把环网断路器和电缆连接起来。许多供电点的环网断路器连接成环形供电电网，变电所两路出线形成的环网供电示意图如图 9-3 所示。

二、配电线路结构特点和要求

1. 导线

导线截面积的确定应结合地区配电网发展规划，无配电网规划地区不宜小于表 9-1 所列数值，从目前家电迅猛发展来看，城区 10kV 主干线应选用 LGJ-120～LGJ-240 较适宜。低压网络导线规范在一个市内应力求统一，并能适应远期发展用电负荷的要求，网架一般以20 年不变动为准，导线截面积规定如下。

裸线：主干线 LGJ-150，LGJ-120；TJ-95～TJ-50。

　　　　分支线 LGJ-95，LGJ-70；TJ-50～TJ-25。

　　　　照明线 LGJ-50，LGJ-35；不小于 TJ-25。

绝缘导线：主干线 BLV-185，BV-120。

　　　　　分支线 BLV-120，BV-70。

　　　　　照明线 BLV-50，BV-35。

表 9-1　　　　　　　　　　　　配电网导线最小截面（mm²）

导 线 种 类	高压配电线			低压配电线		
	主干线	分干线	分支线	主干线	分干线	分支线
铝绞线及铝合金线	120	70	35	70	50	35
钢芯铝绞线	120	70	35	70	50	35
铜绞线	—	—	16	50	35	16

采用允许电压降校核。高压配电线路自供电的变电所，二次侧出口主线路末端受电变电所一次侧入口处允许电压降，为供电变电所二次侧额定电压（6kV、10kV）的 5％。低压配电线路，自配电变压器二次侧出口至线路末端（不包括接户线）的允许电压降，为额定低压配电电压（220V、380V）的 4％。

低压线路零线截面应与相线截面相同，以适应单相负荷发展需要。

市区架空线路和行道树矛盾突出地段，高压配电线路应尽量采用电缆和绝缘电线。市中心区内的主要街道、广场、车站、码头和公共场所、主要绿化地带，人口稠密区等处低压配电线路应采用低压电缆或绝缘导线，以保证人身和设备安全。

来自不同电源或不同配变的低压线路同杆架设时，应全部线路或其中一个电源线路采用绝缘导线或电缆。沿楼层敷设的低压线路应采用绝缘电线或低压电缆，其供电半径不应超过160～250m，其截面应能满足最大负荷电流的要求。

绝缘导线的架设方式：规格为 BV-35、BLV-70 及以下导线，采用吊持式；BV-50、

BLV-95 及以上导线，可采用吊持式或架空方式。

不同金属、不同规格，不同绞向的导线严禁在档距内连接；在一个档距内每根导线不应超过一个接头；接头距导线的固定点，应不小于 0.5m。钢芯铝绞线、铝绞线在档距内的接头，宜采用钳压或爆压；铜绞线在档距内接头，宜采用缠接或钳压；铜绞线与铝绞线的接头，宜采用铜铝过渡线夹、铜铝过渡线或采用铜线搪锡插接。铝绞线、铜绞线的跳线连接宜采用钳压、线夹连接或搭接。导线接头的电阻不应大于等长导线的电阻。档距内接头的机械强度不应小于导线计算拉断力的 90%。

导线弧垂根据计算确定。导线架设后塑性伸长对弧垂的影响，宜采用减小弧垂法补偿，铝绞线可减小弧垂 20%、钢芯铝绞线可减小弧垂 12%、铜绞线减小弧垂 7%～8%。

配电线路铝绞线、铜芯铝绞线或铝合金线，在与绝缘子或金具接触处，应缠绕铝包带。

2. 导线排列

高压配电线路导线应采用三角形排列或水平排列。双回路线路同杆架设时宜采用三角形排列或采用垂直排列。低压配电线路导线宜采用水平排列。城镇高、低压配电线路宜同杆架设，且应是同一电源。

同一地区导线，相序排列应统一。低压零线应靠近电杆或靠建筑物。同一回线路的零线不应高于相线。低压线路灯线在电杆上的位置应不高于其他相线和零线。

沿建筑物架设的低压配电线路应采用绝缘线，导线支持点之间距离不宜大于 15m。

配电线路档距市区为 40～50m，郊区为 60～80m，最长不超过 100m。低压配电线路档距一般不超过 40～50m，并禁止在高压线路档距内插低压线路电杆。10kV 及以下架空电力线路耐张段长度不超过 1km，35kV 架空电力线路耐张段长度不宜大于 3～5km。

配电线路导线的线间距离，应结合运行经验确定。如无可靠资料，导线的线间距离不宜小于表 9-2 所列数值，由变电所（站）引出长度在 1km 的高压配电线路主干线，导线在杆塔上的布置，宜采用三角形排列或适当增大线间的距离。

表 9-2　　　　　　　　　　配电线路导线最小线间距离（m）

线路电压（kV）	档　　距						
	40 及以下	50	60	70	80	90	100
高压（10kV）	0.6	0.65	0.7	0.75	0.85	0.9	1.0
低压（1kV 以下）	0.3	0.4	0.45	—	—	—	—

同杆架设的双回线路或高低压同杆架设的线路、横担间垂直距离不应小于表 9-3 所列数值。

表 9-3　　　　　　　同杆架设线路横担之间的最小垂直距离（m）

电 压 类 型	杆　　型	
	直 线 杆	分支或转角杆
高压与高压	0.8	0.45/0.60
高压与低压	1.20	1.00
低压与低压	0.60	0.30

注　转角或分支线如为单回线路，则分支线横担距主干线横担为 0.6m；如为双回线路，则分支线横担距上排主干线横担为 0.45m，距下排主干线横担为 0.6m。

高压配电线路和35kV线路同杆架设时，两线路导线间垂直距离不宜小于2.0m。

高压配电线路架设在同一横担上的导线，其截面差不宜大于三个级差。

1～10kV线路每相过引线（跳线）、引下线与邻相过引线、引下线或导线之间的净空距离，不应小于0.3m，低压配电线路不应小于0.15m。

1～10kV线路的导线与拉线、电杆或构架间净空距离，高压不应小于0.2m、低压不应小于0.1m。高压引下线与低压线路间距离，不宜小于0.2m。

3. 绝缘子、金具

绝缘子在安装前应进行外观检查，其要求和输电线路相似，严禁使用硫磺浇灌固定铁脚的绝缘子。35kV架空输电线路直线杆塔不宜采用针式绝缘子。耐张绝缘子串的绝缘子片数应比悬垂绝缘子串多一片。市区高压配电线路直线杆及5°以下转角杆采用加强型瓷横担或针式绝缘子，直线跨越杆采用双重针式绝缘子。耐张杆宜采用一个悬式绝缘子和一个E-10（b）型蝴蝶绝缘子或二个悬式绝缘子组成的绝缘子串。低压配电线路直线杆一般宜用低压针式绝缘子或低压瓷横担。耐张杆应采用低压蝴蝶式绝缘子或一片低压悬式绝缘子，绝缘子组装应防止瓷裙积水。海拔超过1000m的地区，线路电压等级应根据海拔程度，相应增强线路绝缘。

线路金具应符合国家有关技术标准，且应采用热镀锌金具。35kV线路，应考虑导线和避雷线的防雷措施。金具上各种连接螺栓应有防松装置，采用的防松装置应镀锌良好、弹力合适、厚度符合规定。

4. 电杆、基础和拉线

高低压配电线路一般采用10m及以上重型拔梢水泥电杆，梢径为ϕ190mm、锥度1/75；市中心区推广窄基小铁塔，逐步取代带拉线的转角耐张杆。在市区线树矛盾较突出的地段，采用18m拔梢水泥电杆。

配电线路钢筋棍凝土杆，应尽量采用定型产品，需要接地的普通钢筋混凝土电杆，应设置接地螺母，接地螺母和主筋应有可靠的电气连接。配电线路采用预应力混凝土电杆时，其主筋不应兼作接地引下线。现在正在逐步推广使用部分预应力钢筋混凝土电杆。

配电线路金属横担及金属附件应热镀锌。高压配电线铁横担最小规格是∠63×5，低压配电线铁横担最小规格是∠50×5。转角杆横担，应根据受力情况确定。一般情况下：15°以下转角杆，宜采用单横担；15°～45°转角杆，宜采用双横担；45°以上转角杆，宜采用十字横担。多雾或空气污秽地区，当采用木横担时，在绝缘子固定处应装分流绑线。

电杆基础应根据当地运行经验、材料来源、地质情况等条件进行设计。现在全国多数地方用开挖小口径的圆形坑不用底盘、卡盘，这有利于使用机械，也可充分利用原状土。实践证明，大多数地方能满足配电线路需要。也仍有不少地方采用大开挖，基坑成二阶或三阶梯形，以便安装卡盘。如图9-4所示。

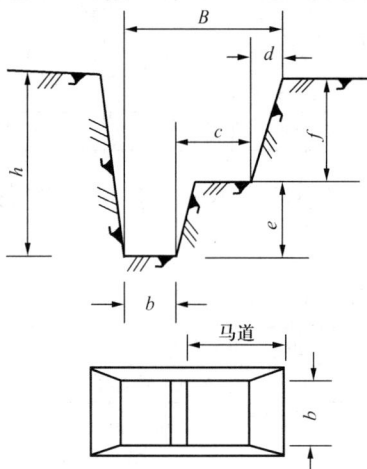

图9-4　二阶梯坑

$B=1.2h$；$b\approx$电杆底径＋（0.2～0.4m）；
$c=0.35h$；$d=0.2h$；$e=0.3h$；$f=0.7h$

钢筋混凝土基础强度设计安全系数不应小于1.7，预制混凝土标号不宜低于 200 号。有条件地方宜采用结构完整、质地坚硬的岩石底盘、卡盘和拉线盘，并进行强度试验，其强度设计安全系数岩石底盘为 3、岩石卡盘为 4、岩石拉线盘为 6。

电杆埋设深度应进行倾覆稳定验算。电杆基础的上拔及倾覆稳定安全系数，直线杆不小于 1.5、耐张杆不小于 1.8、转角、终端杆不小于 2.0。单回配电线路的埋设深度，可按杆长 1/6 估算，也可采用表 9-4 数值。

表 9-4　　　　　　　　　　　　　**电杆埋设深度 (m)**

杆高	8.0	9.0	10	11	12	13	15	18
埋深	1.5	1.6	1.7	1.8	1.9	2.0	2.30	2.60~3.0

具有杆上变压器台的电杆在设计未作规定时，其埋设深度不宜小于 2.0m。电杆基础采用卡盘时：卡盘上端距地面不应小于 0.5m；直线杆的卡盘应与线路平行，并应在电杆左、右侧交替埋设；承力杆卡盘埋设在承力侧；深度允许偏差为 ±50mm。

电杆组立后回填土应将土块打碎，每 500mm（10kV 每 300mm）夯实一次，回填后电杆应有防沉土台，其培土高度超出地面 300mm。沥青路面或砌有水泥花砖的路面不留防沉土台，如基坑有马道的，也必须回填夯实，留防沉上层，培土高度应超出地面 300mm。

拉线一般采用镀锌钢绞线，强度安全系数应大于 2，其最小规格为 25mm²；拉线如采用镀锌铁线，强度安全系数应大于 2.5，最小直径为 $3 \times \phi 4.0$mm。

拉线应根据电杆受力情况装设。拉线与地面夹角宜采用 45°，最小不应小于 30°。跨道路水平拉线对路面中心的垂直距离，不应小于 6m；跨越电车行车线时，不应小于 9m。拉线柱的倾斜角宜采用 10°~20°。

钢筋混凝土电杆拉线不宜设拉线绝缘子。如拉线从导线之间穿过，应装设拉线绝缘子。在断拉线的情况下，拉线绝缘子距地面不应小于 2.5m。

拉线棒的直径应根据计算确定，且不应小于 16mm。拉线棒应热镀锌。严重腐蚀地区，拉线棒直径应适当加大 2~4mm 或采取其他有效的防腐措施。

5. 防雷和接地

无避雷线的高压配电线路，在居民区的钢筋混凝土电杆宜接地，铁杆应接地，接地电阻均不宜超过 30Ω。

中性点直接接地的低压电力网和高、低压同杆架设的电力网，其钢筋混凝土电杆的铁横担或铁杆，应与零线连接。钢筋混凝土电杆的钢筋宜与零线连接。中性点非直接接地的低压电力网，其钢筋混凝土电杆宜接地，铁杆应接地，接地电阻不宜超过 50Ω。沥清路面上的或有运行经验的钢筋混凝土电杆和铁杆，可不另设人工接地装置，钢筋混凝土电杆的钢筋、铁横担和铁杆也可以不与零线连接。

有避雷线的配电线路，其接地装置在雷雨季节干燥时间的工频接地电阻要求和输电线路相同。柱上油断路器的防雷装置应采用阀型避雷器。经常开路运行而又带电的柱上油断路器或隔离开关的两侧，均应设置防雷装置，其接地线与柱上油断路器等金属外壳应连接。

为防止雷电波沿低压配电线路侵入建筑物，接户线上绝缘子铁脚宜接地，其接地电阻不宜大于 30Ω。公共场所（如剧院和教室等）的接户线以及由木杆或木横担引下的接户线，绝缘子铁脚应接地。年平均雷暴日不超过 30 的地区和低压线被建筑物屏蔽的地区以及接户线与低压干线地点的距离不超过 50m 的地方，绝缘子均可不接地。

如低压配电线路的钢筋混凝土电杆自然接地电阻不大于30Ω，可不另设接地装置。

中性点直接接地的低压电力网的零线，应在电源点接地。低压配电线路，在干线和分干线终端处每隔1km长度线路杆塔应重复接地。电缆和低压配电线路引入车间或大型建筑物进户处将零线重复接地。

总容量为100kVA以上的变压器，其接地电阻应不大于4Ω，每个重复接地装置的接地电阻不应大于10Ω；总容量为100kVA及以下的变压器，其接地装置的接地电阻不应大于10Ω，每个重复接地装置的接地电阻不应大于30Ω，且重复接地不应少于3处。柱上油断路器或隔离开关的防雷装置，其接地装置的接地电阻，不应大于10Ω。

通过耕地的线路，接地体应埋设在耕作深度以下，且不宜小于0.6m。接地体宜采用垂直敷设的角钢、圆钢、钢管或水平敷设的圆钢、扁钢等，可在挖好的电杆坑底打入接地体深埋处理，接地体和接地线的规格不应小于表9-5所列数值。

表 9 - 5 　　　　　　　　　　　**接地体和接地线的最小规格**

名　称		地　上	地　下
圆钢直径（mm）		6	8
扁钢	截面（mm²）	48	48
	厚（mm）	4	4
角钢厚（mm）		—	4
钢管壁厚（mm）		—	3.5
镀锌钢绞线或铜线截面		25	—

6. 接户线

凡从架空配电线路到用户电源进户点前第一支持点之间的导线，无论是沿墙敷设或直接自电杆引下的，均称接户线。高压接户线和低压接户线如图9-5所示。

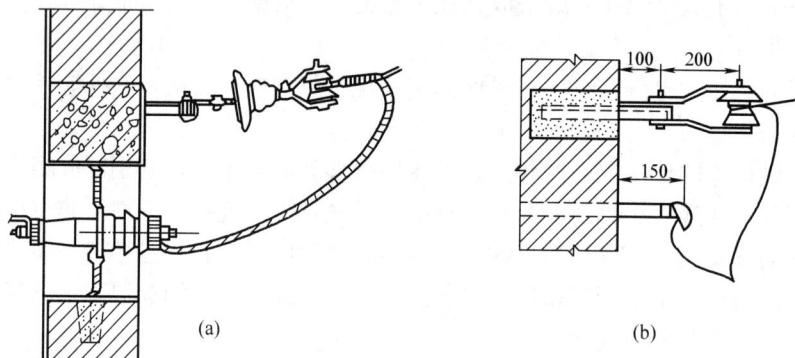

图 9 - 5　接户线形式
（a）高压接户线；（b）低压接户线

高压接户线的档距不宜大于40m。档距超过40m时，应按高压配电线路设计。高压接户线导线截面，铜绞线不大于16mm²，铝绞线不小于25mm²。高压接户线采用绝缘线时，线间距离不应小于0.45m。接户线受电端的对地面距离，高压接户线不应小于4m。高压接户线与一级弱电线路交叉角应不小于45°，与二级弱电线路交叉角应不小于30°。

低压接户线的档距不宜大于 25m。如档距超过 25m，宜设接户杆。低压接户线的档距不应超过 40m。低压接户线应采用绝缘导线，导线截面应根据允许载流量选择，但不应小于表 9-6 数值。

表 9-6　　　　　　　　　　　低压接户线的最小截面

架　设　方　法	档　　距（m）	最　小　截　面（mm^2）	
		绝缘铜线	绝缘铝线
自电杆上引下	10 以下	2.5	4.0
	10～25	4.0	6.0
沿墙敷设	6 及以下	2.5	4.0

低压接户线的最小线间距离，不应小于表 9-7 所列数值。

表 9-7　　　　　　　　　低压接户线的最小线间距离（m）

架　设　方　式	档　　距	线　间　距　离
自电杆上引下	25 及以下	0.15
	25 以上	0.20
沿墙敷设	6 及以下	0.10
	6 以上	0.15

低压接户线的零线和相线交叉处，应保持一定的距离或采取绝缘措施。接户线受电端对地面距离不应小于 2.5m。低压接户线跨越街道至路面中心的垂直距离，通车街道不应小于 6m，通车困难的街道、人行道不应小于 3.5m，胡同（里、弄、巷）不应小于 3m。接户线不宜跨越建筑物，如必须跨越时在最大弧垂情况下，对建筑物垂直距离不应小于 2.5m。

低压接户线与建筑物有关部分的距离不应小于下列数值：

与接户线下方窗户的垂直距离不应小于 0.3m；与接户线上方阳台或窗户的垂直距离不应小于 0.8m；与窗户或阳台的水平距离不应小于 0.75m；与墙壁、构架的距离不应小于 0.05m；与下方阳台垂直距离不应小于 0.25m。

低压接户线与弱电线路的交叉距离，低压接户线在弱电线路的上方不应小于 0.6m，低压接户线在弱电线路的下方不应小于 0.3m。如不能满足上述要求，应采取隔离措施。

低压接户线不应从高压引下线间穿过，严禁跨越铁路。

自电杆引下的导线截面为 16mm^2 及以上的低压接户线，应使用低压蝶式绝缘子。

两个电源引入的接户线不宜同杆架设。

不同金属、不同规格的接户线，不应在档距内连接。跨越通车街道的接户线，不应有接头。接户线与导线如为铜铝连接，应有可靠的过渡措施。

10kV 及以下接户线固定端当采用绑扎固定时的绑扎长度：导线截面 10mm^2 及以下时，不小于 50mm；16mm^2 及以下时，不小于 80mm；25～50mm^2 时，不小于 120mm；70～120mm^2 时，不小于 200mm。

7. 对地距离及交叉跨越

导线与地面或水面距离，在最大计算弧垂情况下，不应小于表 9-8 中所列数值。

表 9 - 8 导线与地面或水面的最小距离 (m)

线路经过地区	线路电压（kV）		
	35	3～10	3 以下
居民区	7.0	6.5	6
非居民区（包括未建房和房屋稀少地区）	6.0	5.5	5
不能通航及不能浮运的河、湖的冬季冰面	6.0	5.0	3
不能通航及不能浮运的河、湖的最高水位	3.0	3.0	3
交通困难地区	5.0	4.5	4

注 1. 交通困难地区是指车辆、农业机械不能到达的地区。

2. 最高水位，对 35kV 是指百年一遇高水位；对 10kV 以下线路是指 50 年一遇高水位。

导线与山坡、峭壁、岩石之间最小净距，在最大计算风偏情况下，不应小于表 9 - 9 所列数值。

表 9 - 9 导线与山坡、峭壁、岩石的最小净距 (m)

线路经过地区	线路电压（kV）		
	35	3～10	3 以下
步行可以到达的山坡	5.0	4.5	3.0
步行不能到达的山坡，峭壁及岩石	3.0	1.5	1.0

高压配电线路不应跨越屋顶为燃烧材料做成的建筑物。对耐火屋顶的建筑物，应尽量不跨越，如需跨越应与有关单位协商或取得当地政府的同意。导线与建筑物的垂直距离在最大弧垂情况下，对 35kV 线路不应小于 4m，对 1～10kV 线路不应小于 3m。低压配电线路跨越建筑物，导线与建筑物的垂直距离在最大计算弧垂情况下，不应小于 2.5m。

线路边线与永久建筑物之间距离在最大风偏时，35kV 电压时为 3.0m、1～10kV 时为 1.5m、1kV 以下为 1m。导线与城市多层建筑物或规划建筑线间距离是指水平距离。导线与不在规划范围内的城市建筑物间的距离是指净空距离。

高压配电线路通过林区应砍伐出通道。通道净宽为线路两侧向外伸延 5m。但如果树木自然生长高度不超过 2m 或导线与已考虑自然生长高度的树木之间垂直距离，不小于 3m。配电线路通过公园、绿化区和防护林带，导线与树木的净空距离在最大风偏情况下，对 35kV 线路不应小于 3.5m，对 10kV 以下线路不应小于 3m。配电线路通过果林、经济作物以及城市灌木林时，不应砍伐出通道。导线与果林、经济作物及城市灌木林之间的最小垂直距离在最大弧垂情况下，对 35kV 线路不应小于 3.0m，对 10kV 以下线路不应小于 1.5m。

架空电力线路的导线与街道行道树间距离，不应小于表 9 - 10 所列数值。

表 9 - 10 导线与街道行道树之间的最小距离 (m)

线路电压（kV）	35	3～10	3 以下
最大弧垂情况下垂直距离	3.0	1.5	1.0
最大风偏情况下的水平距离	3.5	2.0	1.0

校验导线与树木间垂直距离，应考虑树木在修剪周期内生长的高度。

配电线路与特殊管道交叉，应避开管道的检查井或检查孔，同时，交叉处管道上所有部件应接地。配电线路与甲类火灾危险性的生产厂房、甲类物品库房和易燃、易爆料堆场以及可燃或易燃、易爆液（气）体贮罐的防火间距，不应小于杆塔高度的1.5倍。

架空电力线路跨越架空弱电线路时，其交叉角要求和接户线跨越要求相同且配电线路一般架设在弱电线路上方，配电线路的电杆应尽量接近交叉点，但不宜小于7m（城区的线路不受7m的限制，可按1~10kV2m、1kV以下1m考虑）。

35kV架空电力线路通过居民区时宜采用固定横担和固定线夹。

配电线路与铁路、道路、通航河流、管道、索道、人行天桥及各种架空线路交叉或接近，应符合表9-11的要求。

表9-11　　配电线路与铁路、道路、通航河流、管道、索道、人行天桥及各种架空线路交叉或接近基本要求

项　目	铁路 标准轨距	铁路 窄轨	铁路 电气化线路	公路 一、二级公路	公路 三、四级公路	电车道 有轨及无轨	通航河流 主要	通航河流 次要	弱电线路 一、二级	弱电线路 三级
导线最小截面			—	铝铰线及铝合金线						
导线在跨越档内的接头	不应接头	—	—	不应接头	—	不应接头	不应接头	—	不应接头	—
导线支持方式	双固定		—	双固定	单固定	双固定	双固定	单固定	双固定	单固定
最小垂直距离(m) 线路电压 高压	7.5（至轨顶）	6.0	平原地区配电线路入地（接触线或承力索）	7.0（至路面）		3.0/9.0（至承力索或接触线／至路面）	6.0/1.5（至5年一遇洪水位／至最高航行水位的最高船桅顶）		2.0（至被跨越线）	
最小垂直距离(m) 线路电压 低压	7.5	6.0	平原地区配电线路入地	6.0		3.0/9.0	6.0/1.0		1.0	
最小水平距离(m) 线路电压 高压	交叉：5.0 平行：杆高加3.0（电杆外缘至轨道中心）		平行 杆高加3.0	0.5（电杆中心至路面边缘）		0.5/3.0（电杆中心至路面边缘／电杆外缘至轨道中心）	最高电杆高度（与拉纤小路平行的线路，边导线至斜坡上缘）		2.0（在路径受限制地区，两线路边导线间）	
最小水平距离(m) 线路电压 低压	交叉：5.0 平行：杆高加3.0		杆高加3.0	0.5		0.5/3.0	最高电杆高度		1.0	

续表

项 目	铁 路			公 路		电车道	通航河流		弱电线路	
	标准轨距	窄轨	电气化线路	一、二级公路	三、四级公路	有轨及无轨	主要	次要	一、二级	三级
备 注			山区入地困难时，应协商，并签订协议				开阔地区的最小水平距离不得小于电杆高度		两平行线路在开阔地区的水平距离不应小于电杆高度	

项 目	电 力 线 路 （kV）					特殊管道	索 道		人行天桥	
	1以下	6~10	35~110	154~220	330					
导线最小截面	35mm²，其他导线为16mm²								—	
导线在跨越档内的接头	交叉不应接头	交叉不应接头	—	—	—	不应接头			—	
导线支持方式	单固定	双固定	—	—	—	双 固 定				
最小垂直距离(m) 项目／线路电压	至 导 线					电力线在上面			—	
						电力线在下面	电力线在下面至电力线上的保护设施			
高 压	2	2	3	4	5	3.0	2.0 / 2.0		城镇内宜入地	
低 压	1	2	3	4	5	1.5 / 1.5			城镇内宜入地	
最小水平距离(m) 项目／线路电压	在路径受限制地区，两线路边导线间					在路径受限制地区，至管、索道任何部分			导线边线至人行天桥边缘	
高 压	2.5	2.5	5.0	7.0	9.0	2.0			4.0	
低 压						1.5			2.0	
备 注	两平行线路在开阔地区的水平距离不应小于电杆高度					1）在开阔地区，与管、索道的水平距离，不应小于电杆高度 2）特殊管道指架设在地面上的输送易燃、易爆物的管道				

注 1. 低压配线电路与二、三级弱电线路，低压配电线路与公路交叉时，导线支持方式不限制。

   2. 配电线路与弱电线路交叉时，交叉档弱电线路的木质电杆应有防雷措施。

   3. 高压电力接户线与工业企业内自用的同电压等级的架空线路交叉时，接户线宜架设在上方。

三、配电线路电杆结构基本型式

配电线路电杆和输电线路一样，按受力情况不同可分为直线杆、耐张杆、转角杆、终端杆、分歧（T 接）杆和跨越杆等 6 种类型。

（一）直线杆

直线杆又称中间杆，即两个耐张杆之间的电杆，约占线路电杆 80% 左右。

高压配电线路，导线三角形排列，可以采用桥顶形铁横杆，焊在横担中部桥形顶架上，装中相绝缘子，也可以装设中相绝缘子的顶帽，和横担分开，这样边相导线和中相导线间距离可适当调节，横担长度也可适当减小，如图 9-6 所示。

横担和圆锥形电杆之间，可以用横担抱铁垫平，也可用撑脚固定横担。现在固定横担的骑马箍（圆铁抱箍）一般都用两端套丝，中间打扁的圆钢弯成。

中间杆承受横向风压能力较差，在郊区档距较大线段，可两侧打人字拉线，也可在基础中使用卡盘，卡盘一般顺线路方向，有顺序地在线路左、右侧交替地埋设。卡盘应装设在自地面起到电杆埋深 1/3 处。

采用陶瓷横担线路，陶瓷横担安装在长度较短铁横担的两侧，安装时在陶瓷横担上下各加一毛毡垫或橡皮垫，如图 9-7 所示。

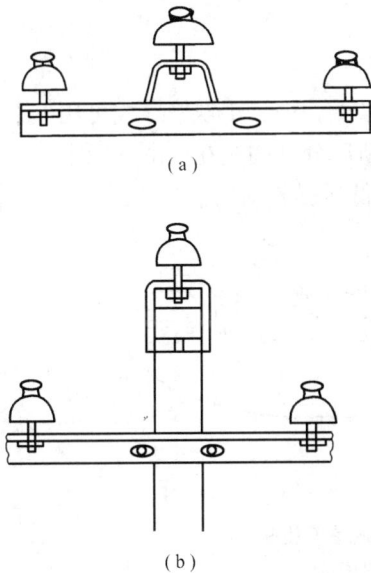

图 9-6　直线杆导线三角形排列
(a) 桥顶铁板；(b) 中相用顶帽

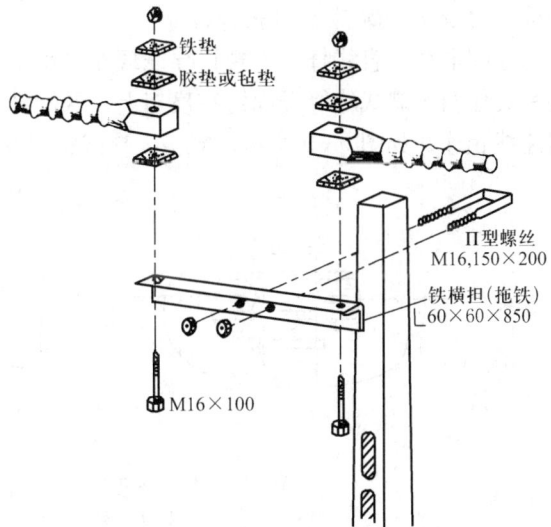

图 9-7　瓷横担的装配

低压配电线路直线杆，横担上安装蝶式低压绝缘子。

（二）直线耐张杆

在较长直线段中装设耐张杆，可起到线路分段、便于施工和控制事故范围的作用。

1. 高压配电线路直线耐张杆

耐张杆的横担可以是将置于电杆两侧的两根横担焊接成平面衍架；也可以用上下两块横担分别以 L 形和 ¬ 形对夹，两只骑马箍固定在电杆上，如图 9-8 所示。

导线在横担两侧开断，两侧各用两片悬式绝缘子悬挂在横担的连接板上。边相导线引流线自然下垂连接两侧导线。中相悬式绝缘子挂在套于电杆的抱箍两侧连接板上。引流线向上经过杆顶或横担上针式绝缘子相连接。

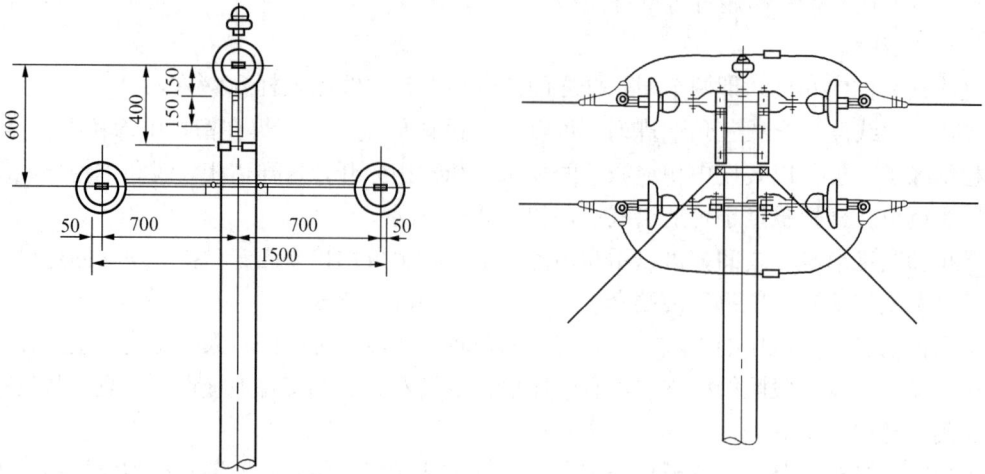

图 9-8　高压配电线路直线耐张杆横担装配

一般直线耐张杆两侧用人字板线加固。

2. 低压配电线路直线耐张杆

低压配电线路直线杆，大规格导线现在也用悬式绝缘子。中、小规格导线可用上下两片连接片夹住两个蝶式绝缘子固定在横担上，两侧导线开断后分别固接在两个绝缘子上，然后用引流线相连，如图 9-9 所示。规格大导线也可用两块低压横担对夹。

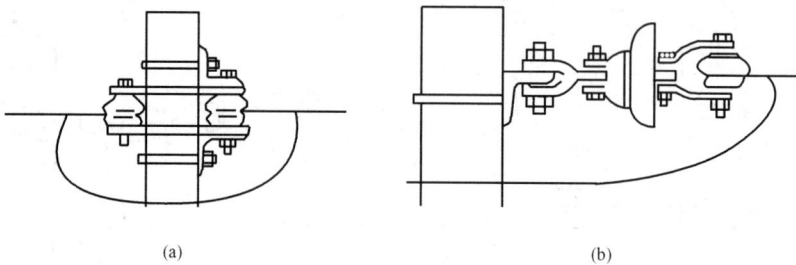

图 9-9　低压配电线路直线耐张杆绝缘子装配
（a）蝶式绝缘子；（b）悬式绝缘子

（三）转角杆

转角杆装设在线路方向改变的地方。小转角的转角杆可以是直线型的，导线结扎在针式绝缘子上风侧，在导线合力的反方向装设拉线平衡。角度不大的，需要装设顺线路方向拉线。小角度地形不允许安装拉线地方可反侧预偏并在基础杆根和地面适当部位加固来加强电杆反倾覆，如图 9-10 所示。

一般 30°以上转角杆线路两侧分别做成终端形式，在顺线路方向装设平衡拉线，在电杆两侧分别装设横担采用耐张绝缘子悬挂，用引流线转向，为保持线间和线对电杆、铁件距离必要时加装针式绝缘子固定引流线。

（四）终端杆

终端杆装设在线路的起始和终端处。承受线路一侧全部导线拉力，在拉力反侧装设拉线。终端杆基础如需装夹盘，夹盘应垂直线路方向装设，并装设在线路侧（即承力侧）。

高、低压配电线路上终端杆横担、绝缘子布置和耐张杆时相同，如图9-11所示。

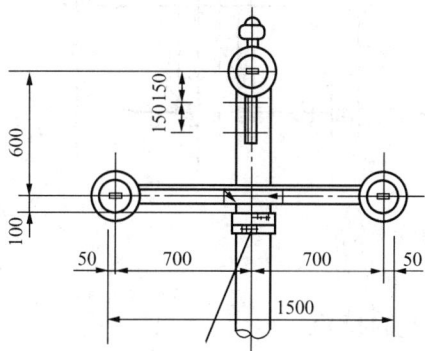

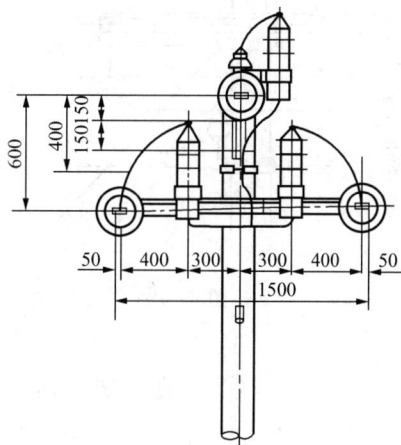

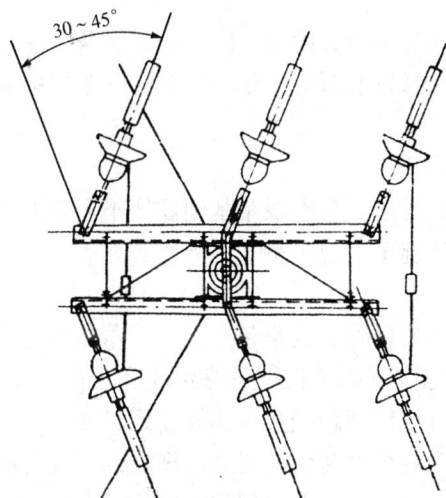

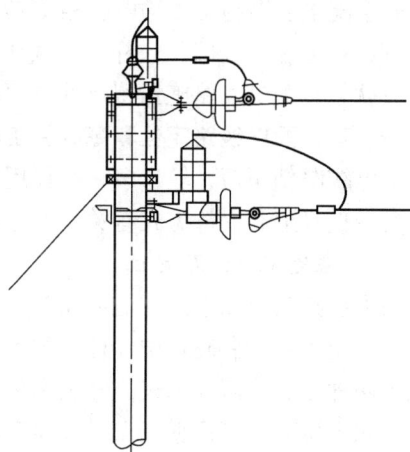

图9-10　高压架空线路转角杆绝缘子装配　　图9-11　高压配电线路终端杆横担、绝缘子装配

（五）分歧杆

分歧杆即配电线路 T 接杆，设在分支线路与干线连接处。这种电杆在顺线路上兼有直线与耐张两种形式。在分支线上为耐张杆，能承受分支线路导线全部拉力，其绝缘子装配如图9-12所示。

（六）跨越杆

跨越杆用于跨越公路、铁路、通航河流、电力线路、通信线路等处。它一般是直线跨越杆，采用双重横担，这样万一导线悬挂点断线时导线不致落到被跨设施上，跨越杆一般较高，最好加人字拉线平衡线路侧向风压作用。

从上述6种杆型看，只有直线杆不承受导线拉力，其余5种均为承力电杆。

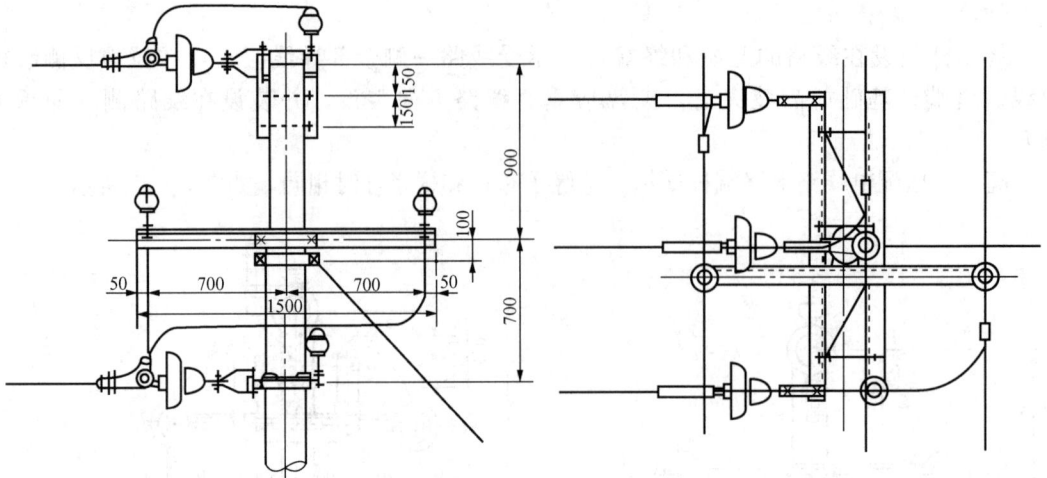

图 9-12 高压配电线路分歧杆绝缘子装配

第二节 架空配电线路施工的特点

架空配电线路施工比输电线路更具有灵活性，往往更因地、因时、因人、因设备、因习惯制宜。在定位、基础、立杆、架线中有许多和输电线路相似的工艺，本节不再作详细叙述，只就较有配电线路施工特点的方面进行介绍。

一、架空配电线路定位和基础施工特点

配电线路档距短、转弯多，往往用目测法就能满足要求。配电线路基础往往不需要大开挖，要否挖马道和立杆方式有关，在土质、荷载允许情况下，应尽量采用圆形坑。

（一）架空配电线路定位

根据线路起止勘察沿线地形物等对架设线路有无妨碍再确定线路起止点、转角点和终端点的电杆位置，最后确定中间杆的位置。如厂区道路已定，则可根据道路距离和走向定位。测位有两种方法，即经纬仪测量法和目测法，一般配电线路档距较小，比较适用目测法。

目测定位时，可根据三点一线原理，直线段距离小的可在转角处树立标杆，以视线目测两标杆，在需插入中间杆的位置上用标杆定出杆位，每测定一根，随即在地上打入主辅标桩，并在标桩上编号。直线段距离长的可先用两标杆定出直线段方向，在视线向两标杆延长线方向上定出直线杆杆位。

顺线板线拉线盘的坑位在直线段的延长线上，如果拉线有拉线柱则转角杆位、拉线柱坑位和拉线盘坑位应三点成一直线。小角度转角杆的拉线盘坑位应在分角线上。

（二）架空配电线路基础施工特点

配电线路杆坑可分为圆形坑和阶梯形坑。对于不带卡盘和底盘的电杆通常挖成圆形坑。圆形坑可充分利用原状土强度并大大减少土方量。如果用吊车或固定人字抱杆立杆，则圆形坑不必挖马道。如果倒杆立杆法则应在顺电杆起立方向挖马道，如图 9-13 所示。

挖圆形坑的工具一般用铁钎和短柄尖头锹、长柄尖头铁锹、长柄窄面铁铲、挖勺各一把，如图 9-14 所示。挖坑时在地面划出圆形范围，用铁钎和长锹挖坑的浅层土，一般浅层土中石块、砖头、杂碎物品较多，要用铁钎撬松，短锹取土比较方便。掘到纯土时用长柄铁铲分层取土比较方便，可先凿开一角，然后切开临近这角的土层后借用长柄的杠杆作用撬出土块，并取出坑外。挖坑时坑位直径比杆根适当加大，可加水润滑，铁铲凿土时应同时运用腰部和手臂肌肉力量，并借用铁铲力量，这样开挖的每层土的高度大、效率高。江南地区往往地下水位高，挖到深处土块不易取出，可将土块铲入挖勺，然后取土出坑。

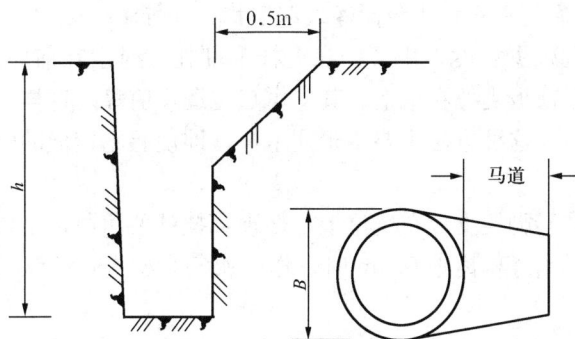

图 9 - 13　圆形坑

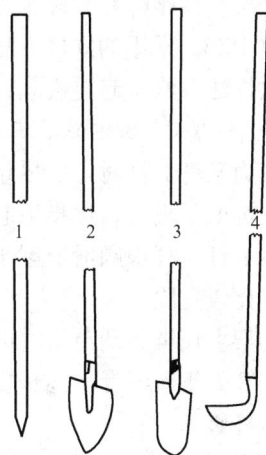

图 9 - 14　挖坑工具
1—铁钎；2—长锹；3—短锹；4—挖勺

　　对于杆身、杆高较重及带有卡盘的电杆可挖成阶梯形坑如图 9 - 15 所示。马道是为装卡盘和立杆时杆身易于进坑而设，值得指出的是我国多数地区在输电线路上也已几十年不采用卡盘。

　　拉线坑的形状应和拉线盘形状相适应，并应有马道，拉线棒与拉线盘连接应使用双螺母。如果采用圆木做拉线木，放置圆木的坑最后要挖成里大外小的元宝形，以利用原状土的强度。若为矩形混凝土预制块拉线盘，则拉线盘应垂直拉线方向放置。拉线盘外形及受力如图 9 - 16 所示。和输电线路拉盘放置一样；如图 2 - 46 那样斜嵌入坑内近电杆一侧，则能更充分利用原状土剪切强度。

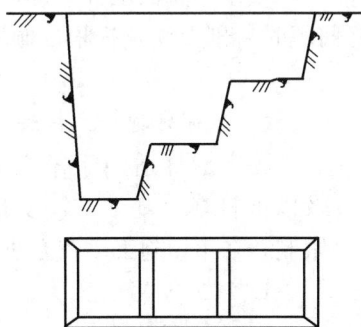

图 9 - 15　电杆的梯形坑

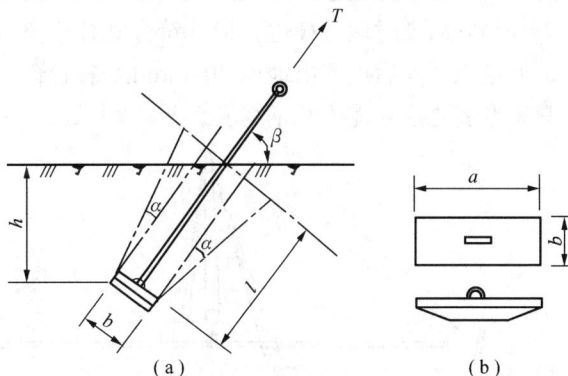

图 9 - 16　拉线盘
(a) 拉线盘受力示意图；(b) 拉线盘外形尺寸示意图

　　杆坑挖完之后，坑底应铲平夯实。直线杆杆坑中心顺线路方向位移不应超过设计档距的3%（35kV 为 1%）；垂直线路方向位移不应超过 50mm；转角杆、分支杆的横线路，顺线路方向位移均不应超过 50mm。如装设底盘，应及时放入，和地面保持水平并找正中心。双杆两底盘中心根开误差不应超过 30mm；电杆基础坑深度允许偏差为 +100mm、−50mm。同基基础坑在允许偏差范围内按最深一坑操平。

二、架空配电线路立杆施工方法

配电架空线路电杆大多采用拔梢钢管塔式拔梢钢筋混凝土电杆，质量不超过 1.5t、高度不超过 15m。常用的立杆方法有人力叉杆组立法、三脚架上用链条葫芦吊立法、倒落式人字抱杆立杆法、汽车起重机立杆法和固定人字抱杆立杆法。

（一）人力叉杆立杆法、三脚架上链条葫芦立杆法和倒落式人字抱杆立杆法

用人力叉杆立杆时，要尽量开长马道减少坡度，用叉杆在电杆下部托、绳索在前面拉、杆根靠在坑壁滑板上，逐步抬起的电杆用顶板支撑在地上。其支撑点也逐步前移。这样，下托、前拉电杆，杆根顺滑板逐步滑入坑内。这种方法主要用于立木杆，即使起立较低的轻型水泥杆也比较危险。

三脚架上用链条葫芦吊立电杆时，其三脚架支放在坑位上，架顶悬挂链条葫芦，吊钩钩住杆身 1/2 处钢丝绳套。逐步提升电杆，当杆梢离地 0.5m 时，作一次安全检查，确认无问题后将电杆竖起。

倒落式人字抱杆立杆时，坑壁用滑板，杆根用控制绳控制杆根顺滑板滑入坑底，人字抱杆的布置、绞盘、牵引滑车组和后拉线的布置和输电线路相似，在落下抱杆的过程中立起电杆。

用这三种方法起立混凝土电杆，电杆必须运输到位，前两种方法已基本淘汰，倒落式立杆法的施工工艺和输电线路相似，城区施工场地狭小也不多用。

（二）汽车起重机立杆法

这种方法是城市干道旁电杆的常用立杆方法，既安全、效率又高，应尽可能采用。大吨位的钢管塔又高又重基本上都用汽车起重机立塔。

立杆前，电杆应运到坑边，电杆重心不能距坑中心太远。立杆时，汽车开到距坑口适当位置；一般起吊时吊臂和垂线夹角成 30°且吊臂不伸长时才能达到额定吊重，否则允许吊重将减少；放下液压支撑腿，不使车胎受力；然后将吊点置于重心偏上处吊立电杆；运输不到位的电杆不能硬拖，当杆顶离地 0.5m 时，检查各部分受力和安情况，确认无问题后继续起吊。

电杆竖立后及时调整杆位，使其符合立杆质量要求，然后回填土，每回填 300mm 夯实一次。回填土夯实后应高出地面 300mm 以备沉降。承力杆回填时特别要注意杆根反倾覆能力，只有夯实之后才能松开钢绳套。

（三）固定抱杆立杆法

固定抱杆适用于吊立 15m 及以下杆塔，基本上不受地形限制，在市镇施工比较方便。

1. 施工布置

固定独抱杆比固定人字抱杆更具有灵活性，但其抱杆的临时拉线增加，起立窄基铁塔时可采用双抱杆起立法，它们起吊布置示意图如图 9-17～图

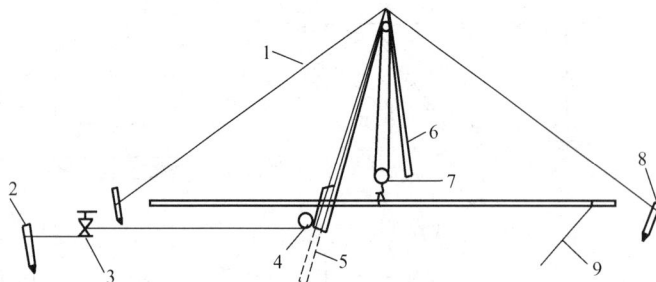

图 9-17 固定人字抱杆起吊布置示意图
1—临时拉线×2；2—绞磨桩；3—绞磨；4—导向滑轮；5—铁钎；
6—人字抱杆；7—1-1 滑轮组；8—拉线桩；9—调整绳

9-19 所示。

抱杆长度一般可取杆塔重心高度加 1.5~2m，临时拉线桩到杆坑中心距离，可取杆塔高度 1.2~1.5 倍。在起吊 15m 以下钢筋混凝土电杆时，在亚黏土区及市区可用圆钢打入地下做地锚桩比较方便。一般把牵引抱杆起立的大棕绳作上风侧加强抱杆的临时拉线。固定抱杆起吊电杆均为一点起吊，起吊 15m 以上钢筋混凝土电杆时需在吊点处绑好加强木，用 8 号铁丝与电杆捆绑数道。滑轮组应根据被吊电杆质量决定，1000~1500kg 之间可选用 1~2 滑轮组。在抱杆根部应垫木，防止受压后下沉。

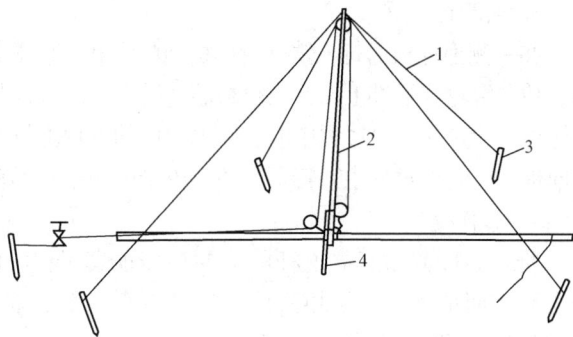

图 9-18　固定独抱杆起吊布置示意图
1—临时拉线×4；2—独抱杆；3—拉线桩×4；4—铁钎

在城区提倡在转角处使用窄基铁塔，用固定人字抱杆起吊困难时，可用固定双抱杆起立铁塔，其布置示意图如图 9-19 所示。六根临时拉线，固定双抱杆，在两抱杆顶部用钢丝绳连紧，将双独立抱杆连成Ⅱ型，铁塔用两台绞磨同时起立，铁塔吊点处受力较大，吊点应尽量设置在塔内有十字横膈材处，否则应加顶撑加固。固

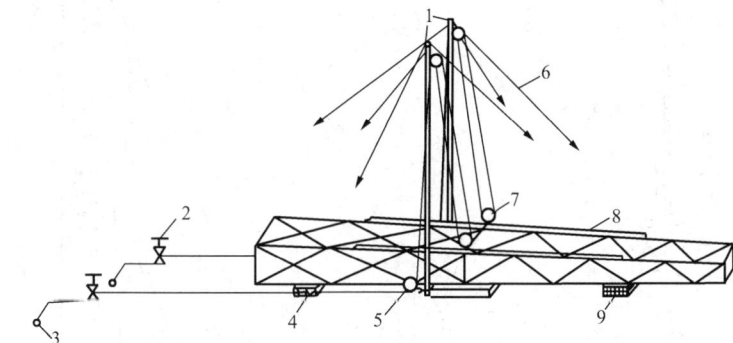

图 9-19　固定双抱杆起立铁塔布置示意图
1—抱杆；2—绞磨×2；3—绞磨地描×2；4、9—垫木；5—导向滑轮×2；6—临时拉线×6；7—起吊滑轮组×2；8—加强木×2

定钢丝绳套要四面兜底将塔身捆缚。塔身主材上须绑加强木，加强木长度以塔高 1/3~1/2 为宜。

2. 抱杆的起立

木抱杆较重，但一般均人工起立，故也有它的一套起立方法，现以人字抱杆为例说明抱杆起立过程。两根抱杆交叉搁放在杆身上，两抱杆根位于坑口两侧，梢部朝向后横绳，先用棕绳将抱杆梢部缚住后再套长钢丝绳套，用大卸扣扣紧，起重滑轮组静滑轮固定在卸扣上，动滑轮放到电杆坑口。张开抱杆双腿，夹角成 30°左右，两腿和杆坑中心三点成一直线，与前后横绳在坑中心处成十字交叉。打好前后临时拉线和绞磨的桩锚，如有横向受力，也应事先在上风处打好桩锚。指挥人员检查好现场布置后指挥起立抱杆，抱杆两腿根部由两名技工用铁钎抵住，以使抱杆能以此为支点转动起立。一名技工带领数名辅助工拉住套在抱杆梢部粗白棕绳，向前横绳方向边走边拉。抱杆刚起立时主要靠辅助工均匀抬起两抱杆，起立到对地夹角为 30°以上时，一名技工带好后临时拉线，随抱杆起立，逐步松出后横绳。这时辅助工主要去帮助牵引白棕绳，抱杆起立到 70°以上应动作放慢，另一名技工带好前临时拉线。听从指挥人员指令，调节好前后横绳，并移动抱杆根到适当位置。起立抱杆用的大棕绳作抱

杆上风侧临时拉线固定。

3. 电杆的起吊

在一侧抱杆根部打入铁钎，用棕绳将它和抱杆缚紧在此腿根部放置转向滑车。滑轮组牵引钢绳经转向滑轮，下进上出套入绞磨芯，有人专门拉住从磨芯引出的牵引绳尾绳。起吊中引抱杆的大棕绳一般带在起吊过程中的上风侧，但如发现抱杆有横向受力可能，则将大棕绳带在受力反侧方向桩上。起立过程中，特别应注意由于电杆重心不在坑中心而拖动电杆时上风横绳受力。

4. 电杆校直

所有立杆方法起立电杆前均要在杆顶套三根临时牵线，电杆入坑后应校直电杆，并立即分层夯实回填土。杆坑填实后应复验校直，最后取下校直用的牵绳。电杆校直方法和牵绳的安装如图 9-20 和图 9-21 所示。

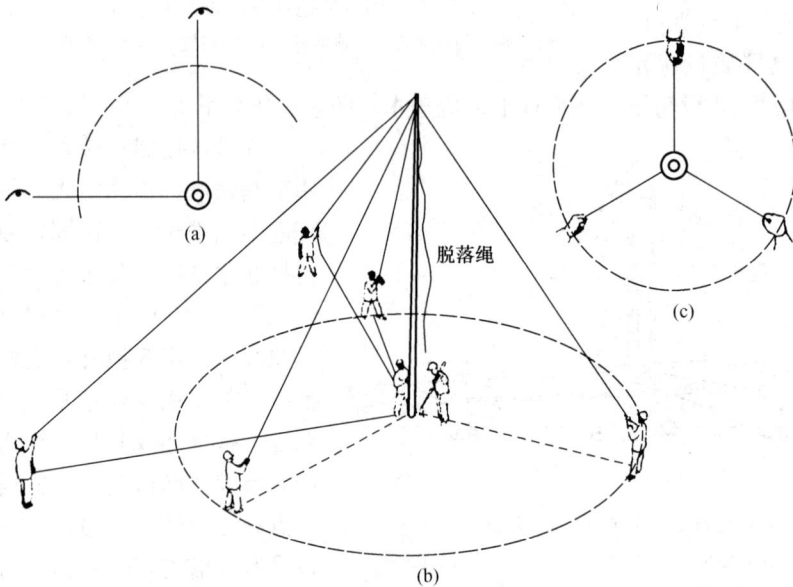

图 9-20　电杆校直方法

（a）指挥者位置；（b）校直者操作方法示意图；（c）校直者位置

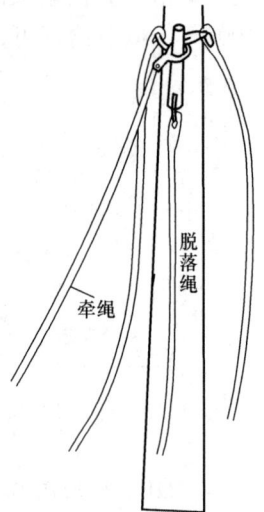

图 9-21　牵绳的安装

（四）配电线路杆塔质量标准

电杆组立应符合下列规定：

（1）直线杆和转角杆横向位移不应大于 50mm；电杆倾斜 10kV 及以下架空线路不应使杆梢位移大于半个杆梢，35kV 架空线路不应大于杆长 3‰。

（2）转角杆应外角预偏；紧线后不应向拉线反方向倾斜，杆梢位移不得大于杆梢直径。

（3）终端杆应向拉线侧预偏，紧线后杆梢位移不应大于杆梢直径，不应向拉线反方向倾斜。

（4）双杆起立后应正直，直线、转角双杆中心与中心桩之间横向位移均在 50mm 之内、迈步在 30mm 以内、根开在 30mm 以内。

（五）电杆上横担、螺栓安装规定

（1）线路直线杆横担应安装在受电测；90°转角杆及终端杆采用单横担时应装于拉线侧。

（2）横担安装应平整；横担端部上下歪斜不超过 20mm、左右扭斜不超过 20mm；双杆的横担，横担与电杆连接处高差不应大于连接距离 5/1000、左右扭斜不应大于横担总长度

1/100。

（3）导线水平排列时，上层横担距杆顶距离不宜小于 200mm。

（4）以螺栓连接的构件，螺杆与构件面垂直，螺头平面与构件间不应有空隙，螺栓拧紧后，单螺母露出丝扣不应小于 2 扣，双螺母可平扣。

（5）螺栓穿入方向：立体结构的，水平方向者应由内向外，垂直方向者由下向上；平面结构的，顺线路方向，双面构件由内向外，单面构件由送电侧向受电侧或按统一方向，垂直方向者由下向上。

（6）瓷横担垂直安装时，顶端顺线路方向歪斜不应大于 10mm；水平安装时，顶端应向上翘起 5°～15°，顺线路方向歪斜不大于 20mm，全瓷式瓷横担的固定应加软垫圈。

三、架空配电线路拉线施工

配电线路拉线比输电线路短，以前较多采用多股镀锌铁丝，现在逐步已由钢绞线代替。由于配电线路在城区、工厂中人口稠密、交通不能妨碍，所以拉线种类比输电线路的多，还有的拉线中要串拉紧绝缘子。

（一）拉线种类

架空线路中，根据拉线用途和作用不同，一般可分为以下几种。

（1）普通拉线：又称落地拉线，用在线路终端杆、转角杆、分歧杆及耐张杆等处，主要作用是平衡固定性不平衡负载。其形状如图 9-22 所示。拉线与电杆夹角宜采用 45°，如受地形限制，可适当减少，但不应小于 30°。

（2）人字拉线：它一般装设在档距较大空旷地区直线杆上，两道拉线和线路垂直，用来加强防侧向风压能力。一般隔数基电杆作一道人字拉线。其形状如图 9-23 所示。

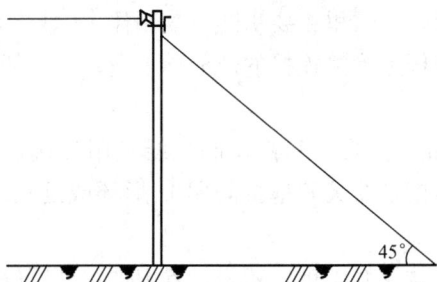

图 9-22　普通拉线　　　　　　　　　图 9-23　人字拉线

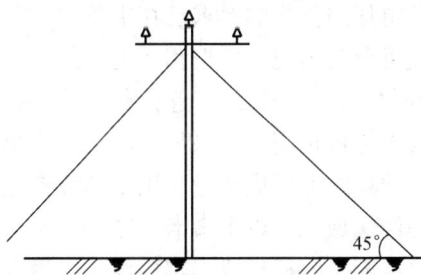

（3）十字拉线：十字拉线一般在耐张杆处装设。为了加强耐张杆的稳定，一般拉线在顺线路两侧和横线路两侧成十字形。

（4）水平拉线：跨越道路的拉线必须对路面有一定垂直距离（通车路面为 5m），城市中落地拉线妨碍人行交通，且小孩摇晃拉线会引起导线舞动，故在电杆和拉线坑之间树一根较高的拉线柱抬高拉线接近水平，其结构如图 9-24 所示。拉线柱应向张力反方向倾斜 10°～20°，坠线与拉线柱夹角不应小于 30°。有坠线的拉线柱埋深为柱长 1/6，坠线上端固定点距柱顶距离应为 250mm。

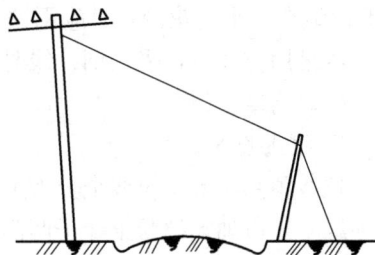

图 9-24　水平拉线

（5）平衡拉线：在同一根电杆横担两侧导线截面不相等或导线数量不相等而引起两侧张力不平衡，在张力小的一侧引一根平衡拉线，其下把一般固定在临近电杆的第一根电杆偏下处，如图 9-25 所示。

（6）V 形拉线：配电线路终端杆上往往有多重横担，为保持电杆刚直，一般在张力较大处，上下两处安装拉线成 V 字形，其结构如图 9-26 所示。

（7）弓形拉线：受地形或自然条件限制，不能安装普通拉线和水平拉线时可安装弓形拉线。它的下拉线几乎和电杆平行，较少妨碍交通，但承受力受到限制，弓形拉线布置如图 9-27 所示。

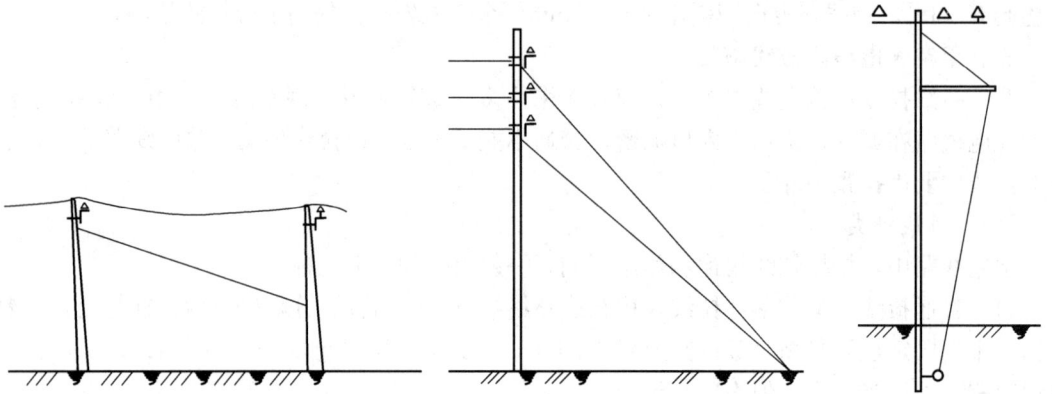

图 9-25　平衡拉线　　　　　图 9-26　V 形拉线　　　　图 9-27　弓形拉线

（二）拉线结构

对配电线路拉线的要求已在本章第一节中叙述，这里主要讲述拉线制作。

拉线可分为上把、中把和下把三部分。与电杆上抱箍连接的部分称上把；与拉线绝缘子连接部分称中把；与拉线棒连接部分称下把。

拉线上把可选用图 9-28 所示三种形式，如用合股镀锌铁丝制拉线可用自缠法或另缠法。钢绞线拉线上把应尽量采用楔形线夹连接，楔形线夹和抱箍间用 U 形环或延长环连接，也可用另缠法或三个以上索卡夹紧。

钢筋混凝土电杆拉线不宜装设拉线绝缘子，就没有中把。如果设置中把，其安装要求和上把相同，拉线绝缘子位置符合本章第一节所述要求。低压配电线路所用拉线绝缘子多数为 J-4.5 型，若拉力更大时可选用 J-9 型，其结构如图 9-29 所示。

下把应选用图 9-30 所示的三种形式。用绑扎法应加心形环；钢绞线作拉线优先采用 UT 形线夹，采用花篮扎时应用铁丝绑扎定位，以免被人误动而松弛拉线。拉线埋入地下部分，尽量用拉线棒，采用钢绞线时，其截而应较地上部分大 30%。

（三）拉线制作

1. 拉线长度制作

拉线预割量等于拉线全长加上上把和下把附加长度，减去拉线棒出土长度。如果加装拉紧绝缘子还应加上拉紧绝缘子两侧附加长度。如果下把是 UT 形线夹和花篮螺丝，则预割量中要减去它们的长度。

2. 拉线缠绕绑扎

合股镀锌铁丝拉线和钢绞线拉线均可采用缠绕绑扎。缠绕绑扎有自缠法和另缠法两种。

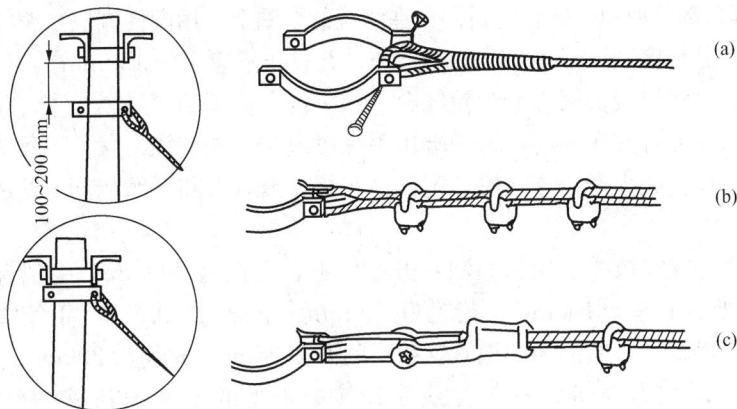

图 9-28　拉线上把的结构形式

（a）绑扎上把；（b）索卡上把；（c）线夹上把

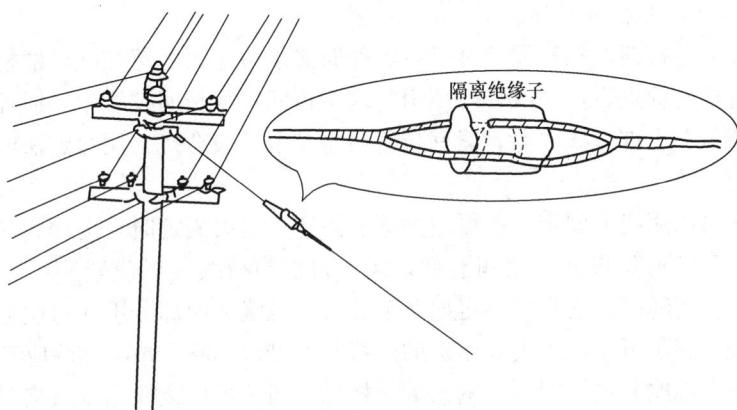

图 9-29　拉线中把结构

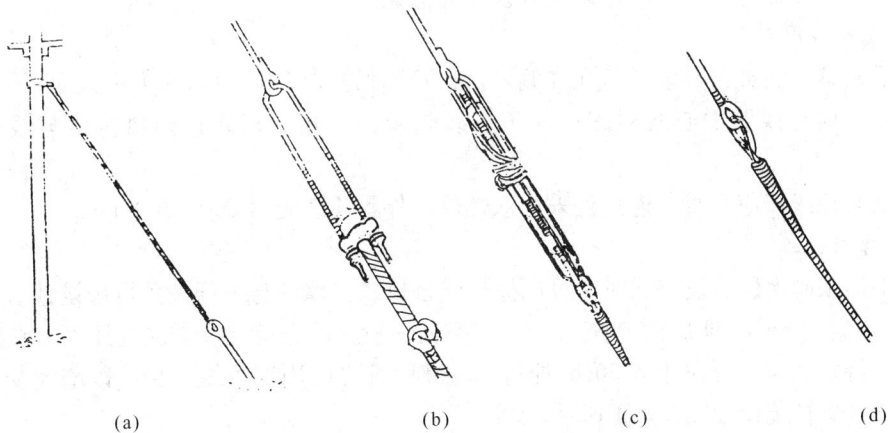

图 9-30　拉线下把结构

（a）下把与地锚柄连接；（b）T形扎下把；（c）花篮扎下把；（d）绑扎下把

　　（1）自缠法。将拉线折回部分与拉线合并在一起（使各股散开紧贴在拉线上），由折回部分抽出一股用手虎钳在合并部分用力缠绕 10 回后，再抽出第二股将第一股余长压在下面留出约 15mm，将其余部分剪掉，并将它折回压在缠绕的线圈上。用同样方法，缠绕完其余线股。

自缠法缠绕总长度三股线不应小于 80mm，五股线不应小于 150mm。

（2）另缠法。将拉线折回部分和拉线合并在一起，另用直径不大于 3.2mm 镀锌铁线一根，一端和折回部分合并在一起，另一端用手虎钳缠绕，先密绕一段长度称为下缠；然后将绑线两端相互扭绞转成小辫，这一段长度称为花缠，最后再和下缠相同方法密缠，这段长度称为上缠。

合股组成镀锌铁线拉线采用另缠法：五股以下者上把为 200mm；中把有绝缘子的两侧为 200mm；下把的上缠为 100mm、花缠为 250mm、下缠为 150mm。钢绞线拉线采用另缠法，其缠绕长度规定为：上把和中把有绝缘子的两侧 25mm^2 时均为 200mm，35mm^2 时均为 250mm，50mm^2 时均为 300mm；与拉线棒连接处下把的上缠和花缠均分别为 80mm 和 250mm；与拉线棒连接处下把的下缠 25mm^2 时为 150mm，35mm^2 时为 200mm，50mm^2 时为 250mm。

3. 合股镀锌铁丝的拉线制作

合股镀锌铁丝的拉线，没有调节金具，制作时必须考虑紧线器撤除后的松动。可以在紧拉线时，将拉线铁丝穿过下把拉线环，用力将端头折回，将折回拉线中一股抽出绞入紧线器作尾绳，紧线器卡住上部拉线收紧，紧好拉线后将其余几股合拢，用自缠法或另缠法绑扎。

4. 线夹拉线制作

钢绞线拉线可以用线夹固定，也可用另缠法固定。线夹固定时，上部为楔形线夹，下部为 UT 形线夹。安装前丝扣上应涂润滑剂，线夹舌板与拉线接触应紧密，受力后无滑动现象，线夹凸肚应在尾绳侧。安装时不得损及钢绞线，拉线弯曲部分不应有明显松股，拉线断头处与拉线主线应固定可靠，线夹处露出的尾线长度 300～500mm，尾端应有细铁丝缠绕以防止钢绞线松散，尾线和主线间用一钢索卡子相轧。同一组拉线使用双线夹时，其尾端的方向应作统一规定。UT 形线夹可以适当调节拉线松紧（1/2 螺杆丝扣长度），可选用防盗螺帽或双螺母并紧，花篮螺栓应封固以防他人误动和偷盗。

5. 拉线安装规定

安装后对地平面夹角与设计值允许偏差，10kV 时为 3°以内、35kV 为 1°以内。

承力拉线应与线路中心线对正；分角拉线与线路分角线对正；防风拉线与线路方向垂直。

拉线盘与拉线棒应垂直，连接处采用双螺母，外露长度应为 500～700mm。

（四）撑杆施工

由于地形限制无法装设拉线时，可用撑杆代替拉线。撑杆与主杆夹角可按设计（一般应为 30°）允许偏差±5°，埋深不宜小于 0.5m。撑杆一般应设底盘，以增大受压面。在松软地面、受力又特别大时，可在地下 50cm 处将撑杆和电杆之间用纲绞线连接，以增大受力。钢筋混凝土电杆撑杆装设如图 9-31 所示。

四、配电线路导线架设

配电线路主干线导线现逐渐采用大截面钢芯铝绞线，这样金具和架线施工方法和输电线路有许多相似之处。但配电线路大量支线截面较小，较多采用铜绞线，甚至采用绝缘铜导线，故高低压配电线路架线施工中，导线常采用缠绕连接。线路针式和蝶式绝缘子的绑扎、导线的张力松弛架设、市区和市郊处交叉跨越处理等方面，与输电线路架线施工相比较有其特点。

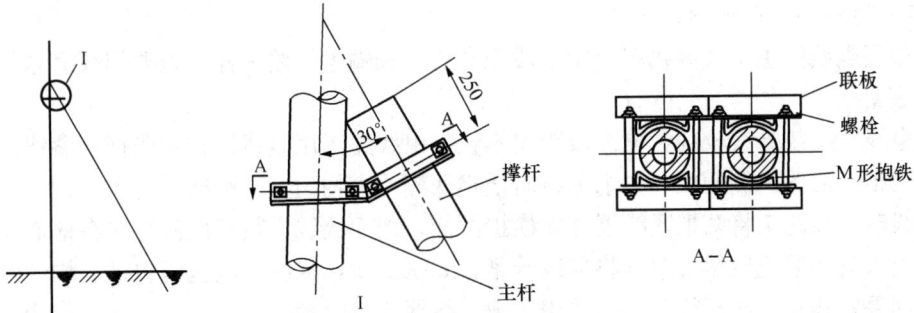

图9-31　钢筋混凝土电杆撑杆装设

（一）放线

导线如在线轴上，则和输电线路一样安装好线轴，如导线较少无线轴则可套入立式放线架上进行放线，如图9-32所示。如果没有放线盘可将导线圈立于地上，一侧放5圈，转过线圈180°，再放5圈，这样正反向相间，抵消绞劲，不产生金钩。

市区一般人力放线，一边放出导线，一边逐档吊线上杆。市区内树枝、接户线、电信线繁多，一般导线导引绳用细棕绳比较方便。放线时注意保护导线不拖地擦伤。

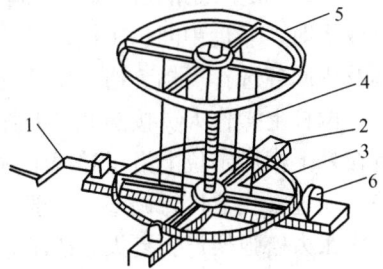

图9-32　立式放线架
1—制作手柄；2—底座；3—底盘；
4—撑芯；5—上压盘；6—支撑轮

导线损伤有下列情况之一者应锯断重接：①钢芯铝绞线的钢芯断一股；②导线出灯笼，直径超过1.5倍导线直径而又无法修复；③金钩破股已形成无法修复的永久变形；④导线强度或损伤截面积超过补修管补修规定。

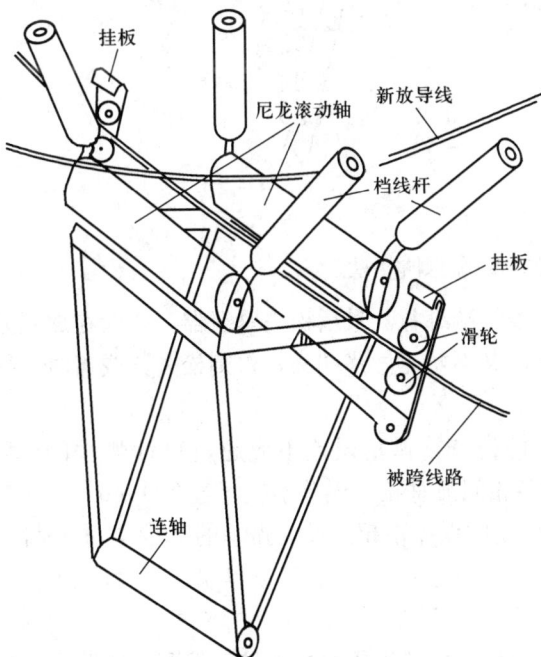

图9-33　越线车

导线不作补修或采用补修的规定和第五章第一节相同。

用作避雷线的钢绞线损伤处理标准也和输电线路相同。

10kV以下架空线路在同一档距内，同一根导线上的接头，不应超过一个，接头位置与导线固定处的距离应大于0.7m，当有防震装置时，应在防震装置以外。35kV架空线路和输电线路要求相同。

市区、郊区跨越电力线路、通信线路较多很难搭设越线架，苏州供电局、苏州电力技校联合制造的越线车，可在放线时，放在被跨线路上导线上拖到跨越处托住施工导线。其结构如图9-33所示。

（二）紧线和弧垂观测

假如配电线路主干线导线粗，紧线段距离长，和输电线路一样，也要用绞磨紧线，用二次紧线法紧线。

配电线路支线导线较细，紧线段距离不长，由线路工用紧线器在耐张杆上紧线。一般先紧外侧两根，后紧内侧两根，力求紧线时横担两侧受力均匀，否则横担将歪斜。

紧线时，线路工将两把紧线器挂在横担两侧，地面放线人员将两侧导线在地面用人力收紧，杆上人员用紧线器尽量向外将导线卡紧。如是铝线，卡线处应包铝包带。均匀收紧两侧导线，如果紧线器一次不能收足，要用两把紧线器轮流收紧。

10kV 架空线路在耐张段中间 1～2 个档距内进行弧垂观测。35kV 架空线路紧线档 5 档及以下时，靠近中间选 1 档；6～12 档靠近两端各选择 1 档；紧线段在 12 档以上时，靠近两端及中间各选择 1 档。通常用两支同规格弧垂尺测量弧垂，测量时把横尺定位在规定弧垂值上，两杆上操作人员按图 9-34 所示把测量尺靠近绝缘子勾在同一根导线上，相对观察各自所在杆上横尺定位上沿至导线下垂最低点，再至对方杆上横尺上沿应在一条直线上，若有偏差，通过紧线器进行调整。一般只观测一根，其余导线与它持平则可。城区内档距小，要求导线张力松弛架设。夏天紧线不宜过紧，冬天紧线不宜过松，否则季节温度变化时，导线可能过紧断线或过松导线容易舞动。

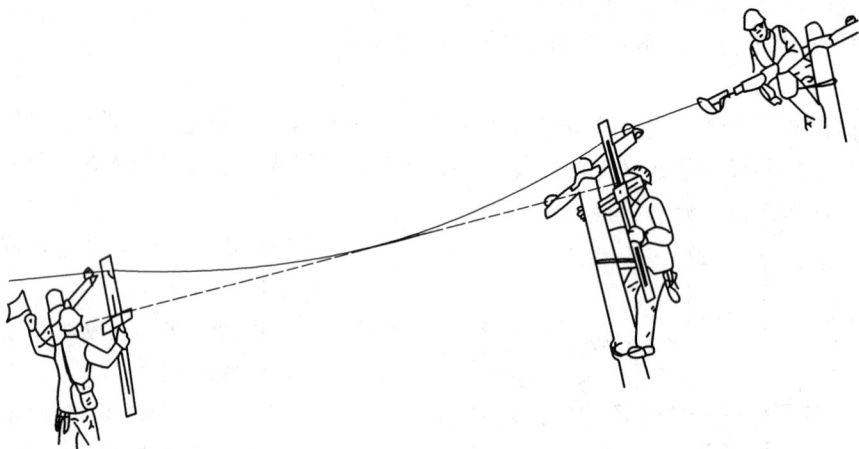

图 9-34　导线弧垂的测量方法

紧线后一般在电杆上装耐张线夹或做导线终端绑扎。最后松去紧线器，一般在放置紧线器时，应尽量使紧线器尾绳和导线成一直线，又不妨碍做终端头，否则松去紧线器时，导线将发生较大松弛，影响紧线质量。

35kV 架空线路紧线弧垂应在挂线后随即检查，弧垂误差不应超过设计弧垂的 +5%、-2.5%，且正误差最大值不超过 500mm，各相间弧垂相对误差不应超过 200mm。

10kV 及以下架空线路的导线紧好后，弧垂的误差不超过设计弧垂的 ±5%，水平排列的导线弧垂相差不应大于 50mm。

（三）导线连接

大截面钢芯铝绞线采用圆形连接管以六角形压模的液压对接连接，但配电线路钢芯铝线一般均可用椭圆形压接管以长圆形钢模钳压搭接连接，压接工艺可参见第四章有关内容。

单股铜导线直径不大于 2.6mm 的可采用捻接法。用砂布把导线端部擦光 100mm 左右，用两根导线合在一起，在中央部分捻 2~3 个劲，再把两端各缠 5~6 圈（见图 9 - 35），有可能的话，进行锡焊，将其余部分剪掉。

单股铜导线直径 6mm 以下的可采用搭接缠接法。用砂布把导线端部擦光，将两根导线合在一起，其长度是接头长度加上 60~80mm，在两线中间凹进去槽中加一根同样材料辅助线，这根辅助线长度大约是接头长度的一倍，然后用一根直径 2mm 同样材质的导线作绑线进行缠绕，硬铜线作绑线要经过退火处理，缠绕到规定长度后把主线多余部分弯起来，再把绑线和辅助线一起缠绕 5~6 圈则拧小辫收尾，如图 9 - 36 所示，接头缠接长度和绑线直径可参考表 9 - 12。

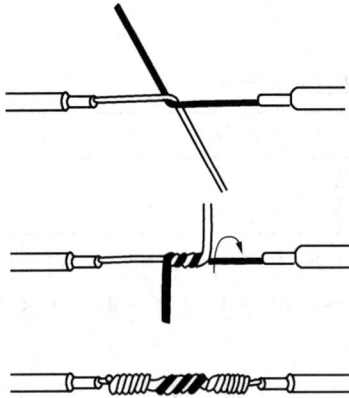

图 9 - 35　单股铜导线捻接法

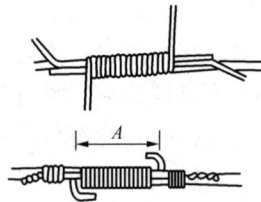

图 9 - 36　单股线的缠卷

表 9 - 12　　　　　　　　　　　导 线 缠 接 长 度 (mm)

导线直径	3.2	4.0	5.0	6.0
长　度	60	80	100	120
绑线直径	2.0	2.0	2.3	2.3
备　注	加焊	加焊	加焊	加焊

多股较小截面铜导线可采用叉接缠绕法。在连接时量出接头的长度，把接头长度的一半顺序折开，并作成伞股形状，其余一半长度是被缠绕的部分。将拆散的每根线股拉直擦光后，再与同样的另一根导线每隔一股相交叉插到底，然后合拢起来，用电工钳夹紧。中间一段用绑线绕到规定长度，然后再用本身单股线依次一一缠绕。其每股缠绕的圈数，视导线股数多少来决定，每段线圈数向两边逐渐减少，每缠完一段将剩余线头压在下面，最后拧成小辫收尾，如图 9 - 37 所示。

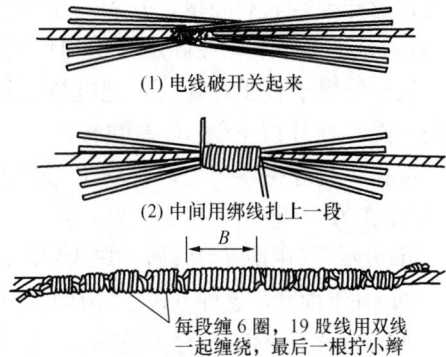

(1) 电线破开关起来

(2) 中间用绑线扎上一段

每段缠 6 圈，19 股线用双线一起缠绕，最后一根拧小辫

图 9 - 37　缠绕法

其接头长度和绑线直径可参考表 9 - 13。

表 9 - 13 缠 接 法 长 度 表 (mm)

导线截面（mm²）	16	25	50	70	95
中间缠绕长度	50	60	80	90	100
全部接头长度	200	300	400	500	600
绑线直径	1.6	2.11	2.49	2.49	2.49

过引线只导通电流，而不承受拉力，要求接触良好，还要求自然、美观并保证绝缘间隙。过引线连接：对铝质导线，可用不少于 2 个并沟线夹；对铜导线，可用绑线缠绕，其缠绕长度如表 9 - 14 所示。

表 9 - 14 铜导线用于过引线连接处长度表

导线截面（mm²）	绑扎长度（mm）	导线截面（mm²）	绑扎长度（mm）
LJ-35 及以下	150	LJ-70	250
LJ-50	200		

绑扎连接时应接触紧密、均匀、无硬弯。过引线应呈均匀弧度，不同截面导线连接时，绑扎长度以小截面导线为准，绑扎用绑线应用同金属的单股线其直径应不小于 2.0mm。不同金属采用绑扎连接时，应有可靠的过渡措施。

1~10kV 线路每相过引线、引下线与邻相过引线、引下线或导线之间，安装后的净空距离不应小于 300mm；1kV 以下电力线路，不应小于 150mm。

线路的导线与拉线、电杆或构架之间安装后的净空距离不应小于 600mm；1~10kV 时不应小于 200mm；1kV 以下为 100mm。

（四）导线在绝缘子上固定方法

配电架空线路的导线在针式及蝶式绝缘子上的固定普遍采用绑线缠绕法。绑线材料与导线材料相同，但铝合金导线应使用铝绑线。铝绑线直径应为 2.6~3mm；钢绑线直径应为 2.0~2.6mm 并经过退火处理。裸铝绞线在绑扎或线夹上固定时要包缠两层铝包带，包缠方法如图 9 - 38 所示。包缠长度以两端各伸出绑扎处 30mm 为准，如绝缘子绑扎总长为 120mm，则铝包带总长为 180mm。直线角度杆导线应固定在针式绝缘子转角外侧的颈槽内；直线跨越杆导线应双固定，并固定在外侧绝缘子上，中相导线固定在右侧绝缘子上（面向电源侧），导线本体不应在固定处出现角度。

低压绝缘子直线绑扎时，把电线紧贴在绝缘子嵌线槽内，把扎线一端留出足够在嵌线槽内绕一圈和在导线上绕 10 圈的长度，并使扎线和导线成 X 状相交，按图 9 - 39 顺序绑扎，当一端扎线紧缠在导线上，缠满 10 圈剪除余端后，再把预留的另一端扎线也按同样方法紧缠 10 圈在另一侧。

低压绝缘子用绝缘导线做接户线时，直接连接，可以在蝶式绝缘子槽内，双套结连接，上面一个套压住下面套，这种方式不需绑线，还可一边收紧接户线，一边将导线固定在绝缘子上。

低压绝缘子耐张、终端支持点绑扎时，把导线末端先在绝缘子嵌线槽内围绕一圈，然后按图 9 - 40 顺序用扎线长端贴近绝缘子处，按顺时针方向把两导线和扎线短端一起绑扎，导线截面 70mm² 以下时紧缠 150mm，导线截面 70mm² 时紧缠 200mm 以上，然后与扎线短端用钢丝钳紧绞 6 圈然后剪去余端，并使它紧贴在两导线夹缝中。

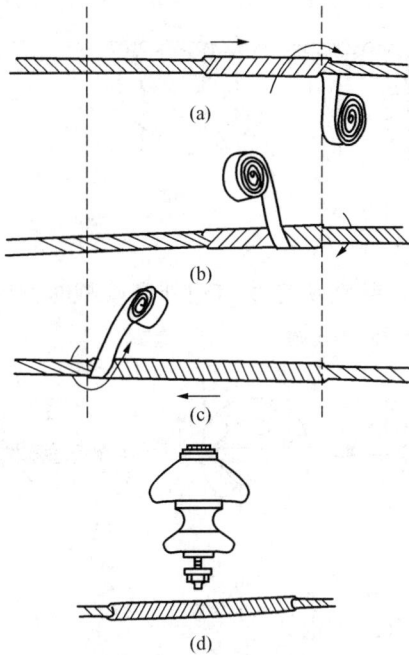

图 9 - 38　裸铝导线绑扎保护层

（a）中间起端包缠；（b）折向左端包缠；

（c）折向右端包缠；（d）包到中间收尾

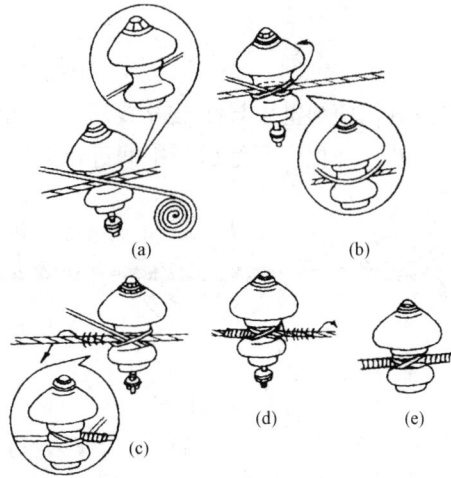

图 9 - 39　低压绝缘子的直线支持点绑扎方法

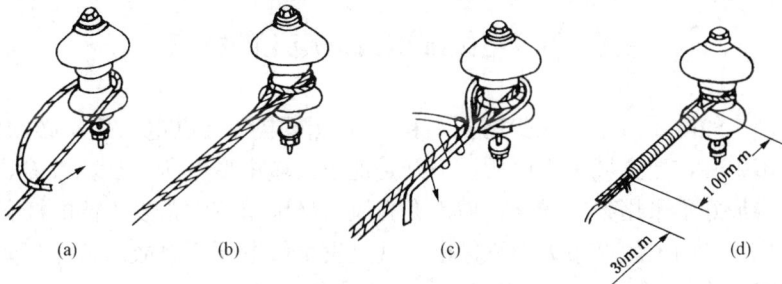

图 9 - 40　低压绝缘子的始终端支持点绑扎方法

　　针式绝缘子的颈部绑扎时，要扎线盘成一个圆盘，留出一个短端，其长度为 250mm 左右，用短端先在贴近绝缘子处的导线左侧缠绕三圈，然后按图 9 - 41 顺序使扎线把导线和绝缘子嵌线槽交绑成 X 形，再把扎线长端绑扎围绕到导线右侧的上方，紧缠导线三圈后，向绝缘子无导线侧绕去，与扎线短端紧绞 6 圈后剪去余端。

　　针式绝缘子的顶部绑扎时，把导线嵌入绝缘子顶嵌线槽内，并在绝缘子一侧的导线上加上扎线。扎线也盘成圈状，留出 250mm，在导线上绕三圈；然后扎线顺时针转到绝缘子另一侧导线上缠绕三圈；扎线再顺时针转到原先那侧在原三圈外侧再缠绕三圈，最后又转到另一侧在原三圈外侧缠绕三圈。这样扎线在绝缘子颈上围绕了两周如图 9 - 42（e）所示。扎线在导线上缠绕方向均为从导线下部进入，从导线下部穿出，转向另一侧。此后扎线顺时针围绕到导线右边外侧，并斜压住顶槽中导线，继续扎到左边内侧；接着从左边内侧逆时针绕到

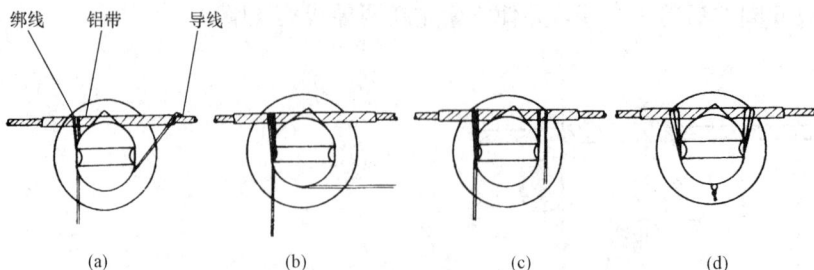

图9-41 针式绝缘子的绑扎(颈扎法)

导线右边内侧,使顶槽中导线被扎线压成X状;最后扎线从导线右边外侧按顺时方向围绕到扎线短端处,并相交于绝缘子中间进行互绞6圈后剪去余端。

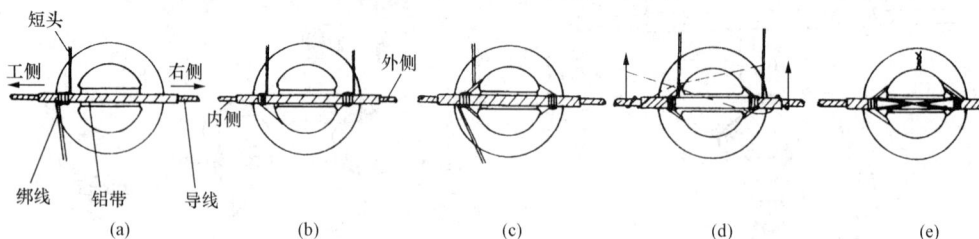

图9-42 针式绝缘子的绑扎(顶扎法)

瓷横担上导线的固定也分颈扎和顶扎两种方法,均和针式绝缘子的绑扎方法一样。线路始、终端上瓷拉棒的绑扎方法类似低压绝缘子始、终端绑扎。

各种绑扎方法要求是:绑扎必须平服、整齐和牢固,要防止钢丝钳伤及导线和扎线。

第三节 电缆配电线路施工的特点

为了提高用户的电压质量,减少电压损耗,缩短配电线路供电长度,必须将110kV以上电压引入城市中心,建立城中变电所,最好是地下式城中变电所;从城市美观、整洁、绿化和安全用电看最好不采用架空线路;城市在狂风、暴雨季节常常发生倒电杆、吹断的树枝压断电线和接户线,而发生城市大面积停电,甚至发生触电死亡事故。这些都要求用电缆线路代替架空线路。

仅上海人民广场就有220kV城中变电所和110kV地铁中心供电变电所各一座。所有进出线几乎都是电缆。佛山率先在新开发区的马路不架设架空线路,城区供电取消35kV电压等级,建造外观像宾馆似的110kV无人值班变电所,可采用SF_6组合电器,10kV出线接成环网供电,电缆出线送到供电负荷中心。配电变压器可以建在宾馆或工厂配电间内,也可采用箱式变电所。低压电缆出线送到每栋建筑物,建筑物之间可用吊持式绝缘架空线沿墙布置。

一、电力电缆种类

地中敷设用电力电缆可分为:油浸纸绝缘铅包电力电缆;油浸纸绝缘铝包电力电缆;交联聚乙烯绝缘聚氯乙烯护套电力电缆;聚氯乙烯绝缘聚氯乙烯护套电力电缆和橡皮绝缘聚氯乙烯护套电力电缆。前面三种主要用于高压,后面两种主要用于低压。

电缆型号字母及数字代表意义如表9-15所列,代表铜芯的字母从略。电缆外护层结构以数字编号代表，没有外护层则不写数字。

表 9 - 15　　　　　　　　　　　　电缆型号字母及数字的意义

用　途	导体材料	绝　缘	内　护　层	特　性	外　护　层
K—控制电缆 Y—移动电缆	L—铝芯 铜芯省略	Z—纸绝缘 X—橡皮绝缘 V—聚氯乙烯绝缘 YJ—交联聚乙烯绝缘	H—橡套 Q—铅包 L—铝包 V—聚氯乙烯套	P—贫油 D—不滴流 F—分相 C—重型	1—麻皮 2—钢带铠装 20—裸钢带铠装 3—细钢丝铠装 30—裸细钢丝铠装 5—单层粗钢丝铠装

（1）铅包油浸纸绝缘电缆。它是传统上配电网用得最多的电缆，10kV 以下三根包有油纸绝缘的线芯统包在铅皮之内称统包电缆。35kV 以上每相油纸绝缘的线芯用铅皮包裹，然后三相线芯外面再用铅皮包裹称为分相铅包电缆。

（2）铝包油浸纸绝缘电缆。这种电缆符合以铝代铅的方针，而且试验证明无铠装塑料护套铝包电缆的机械性能相当于铅包铠装电缆，能承受电缆在敷设时和运行时可能遭受的机械力作用，而且防腐性能良好，敷设也方便，一般情况下可以采用 ZLL_{11}（ZL_{11}）型电缆直埋敷设，以代替 ZLL_{12}（ZL_{12}）型铠装电缆。

（3）聚氯乙烯绝缘聚氯乙烯护套电缆，简称全塑电缆。它绝缘性能、抗腐蚀性好，又有一定机械强度，制造简单。这种电缆目前生产 0.5、1、3、6kV 四级，线芯长期允许工作温度应不超过 $+65℃$，并应在环境温度不低于 $-40℃$ 的条件下使用。

（4）交联聚乙烯绝缘聚氯乙烯护套电力电缆。它是用交联聚乙烯作电缆绝缘层，用聚氯乙烯作为保护层（护套）。交联聚乙烯是由聚乙烯经辐射或化学方法进行交联而成的一种新型塑料。其机械、电气耐热性能均比聚乙烯好。其线芯允许工作温度可以提高到 $80℃$，因而电缆允许工作电流随之增加。该型电缆敷设方便，敷设高差不受限制，配合使用施工方便、制作简单快速的热缩头，使用寿命在 20 年以上，这些特点使交联聚乙烯电缆（简称交联电缆）在电力系统中越来越得到广泛地应用。在配电电缆线路中有取代其他型号电缆的趋向。我国已能生产 110kV 及以下各种护套型的交联电缆，国内已安装国外生产的 220kV 交联电缆。

交联电缆的护套型式及保护层与一般塑料电缆相似，$YJLVF_2$ 型交联聚乙烯电缆截面如图 9 - 43 所示，YJ 代表交联聚乙烯绝缘，L 代表铝芯，V 代表塑料护套，F 代表三相分相屏蔽，2 是钢带铠装保护层。三相交联电缆一般分相屏蔽，每相电缆线从外到里分别是薄铜（铝）带的屏蔽层、半导体层、交联聚乙烯主绝缘、半导体层和芯线。由渗有碳黑塑料带制成的半导体层的作用是使导体和绝缘体之间不产生火花放电。三根电缆线之间统包层只起填充和保护作用，无绝缘能力。

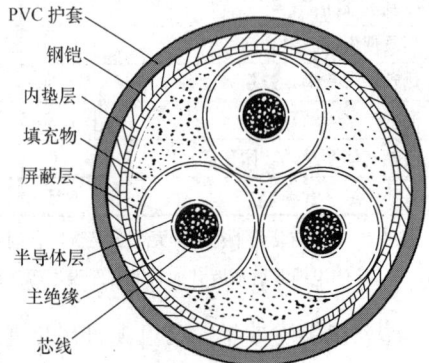

图 9 - 43　$YJLVF_2$ 型交联聚乙烯电缆
截面示意图

二、电缆线路敷设特点

(一) 电缆敷设形式

地下电缆敷设通常有直接埋地、排管、电缆沟和隧道敷设等四种。后面两种均适用在电缆长度不大、而根数很多的厂区内敷设，作为供电环网用电缆，根数少、长度长，应尽量采用直埋形式，如图 9-44 所示。直接埋地电缆散热好、投资省；但是易受机械损伤、化学腐蚀和电蚀，检修也不方便。一般其埋设根数不超过 6 根。电缆埋深不小于 0.7m（农田为 1m），地基垫砂或软土，土壤中若含有酸碱物质，应选用防腐蚀电缆。

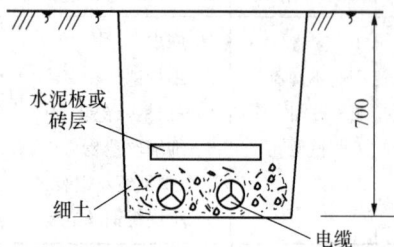

图 9-44 电缆直接埋地示意图

(二) 直埋电缆敷设要点

电缆通过地形变化地区时应防止受过大拉力，电缆要比较松驰，一般比电缆沟长 1.2%～2%并作波状敷设。电缆引出、入建筑物：过楼板、主要墙壁处，电缆引出到电杆或墙外表距地面 2m 高和埋入地下 0.25m 深的一段，以及电缆与道路、铁路交叉时，应穿管保护。保护管管口要光滑、无毛刺、固定牢靠、防腐良好，弯曲处无弯扁现象，其弯曲半径不小于电缆最小允许弯曲半径，出入地沟、隧道和建筑物的保护管口封闭严密，明设部分横平竖直、成排敷设、排列整齐。

电缆与热力管道交叉时，应有隔热层或穿石棉水泥管。电缆禁止平行敷设在管道或另一条电缆上面或下面。电压为 1kV 以下的电缆，在可能受机械损伤的地方和 1kV 以上的电缆，需盖砖或混凝土板。厂区内电力电缆与管道、道路、建筑物之间平行和交叉敷设时，最小距离如表 9-16 所示。

表 9-16　电缆之间、电缆与管道、道路、建筑物之间
平行和交叉时的最小净距 (m)

项　　　目		最小净距		项　　　目		最小净距	
		平行	交叉			平行	交叉
电力电缆间及其与控制电缆间	10kV 及以下	0.10	0.50	铁路路轨		3.00	1.00
	10kV 以上	0.25	0.50	电气化铁路路轨	交流	3.00	1.00
控制电缆间		—	0.50		直流	10.00	1.00
不同使用部门电缆间		0.50	0.50	公路		1.50	1.00
热管道（管沟）及热力设备		2.00	0.50	城市街道路面		1.00	0.70
油管道（管沟）		1.00	0.50	杆基础（边线）		1.00	—
可燃气体及易燃液体管道（沟）		1.00	0.50	建筑物基础（边线）		0.60	—
其他管道（管沟）		0.50	0.50	排水沟		1.00	0.50

注 1. 电缆与公路平行的净距，当情况特殊时可酌减。

2. 当电缆穿管或者其他管道有保温层等防护设施时，表中净距应从管壁或防护设施外壁算起。

塑料电缆弯曲半径与电缆外径之比及电缆穿管时钢管的弯曲半径与钢管内径之比均为 10。直埋电缆自室外引入室内时，其进墙部分做法可参照图 9-45 的两种做法。

电缆比较密集的一段或全线采用排混凝土预制管敷设的示意图如图 9-46 所示。当地面上均匀荷重超过 10t/m² 时，管壁可浇注混凝土层进行加固。管顶离地面深不应小于 0.7m。

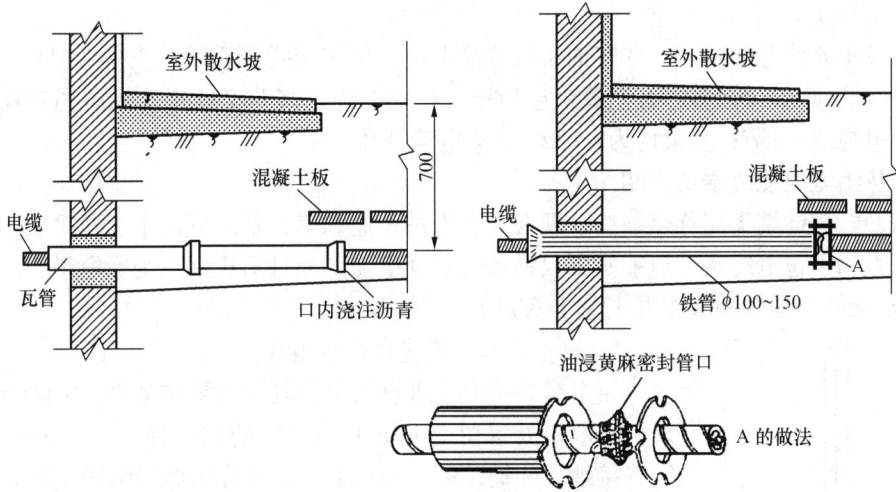

图 9-45 直埋电缆进墙时做法

在转角、分支或变更敷设方式时，应设电缆人井。在线路直线段，为便于电缆拉引，也应设置一定数量的人井。

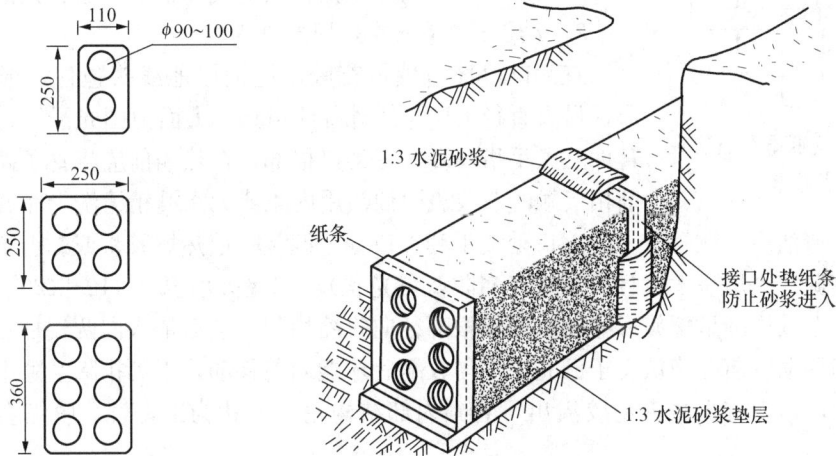

图 9-46 电缆排混凝土预制管敷设示意图

（三）电缆敷设规定

电缆严禁有绞拧、铠装压扁、护层断裂和表面严重划伤等缺陷。电缆支、托架应位置正确、连接可靠、固定牢靠、油漆完整，在转弯处能托住电缆平滑均匀地通过，托架加盖部分盖板安全。

电缆敷设坐标和标高正确，排列整齐，标志桩、标志牌设置正确；有防燃、隔热和防腐蚀要求的电缆保护措施完整。

电缆在支架上敷设时，控制电缆在普通支架上不宜超过 1 层，桥架上不宜超过 3 层；交流三芯电力电缆在普通支架上不宜超过 1 层，桥架上不宜超过 2 层；交流单芯电力电缆，应布置在同侧支架上。当电缆按紧贴的正三角形排列时，应每隔 1m 用绑带扎牢。

在支架上敷设时固定可靠，同一侧支架上电缆排列顺序正确，控制电缆应放在电力电缆下面，1kV 及其以下的电力电缆应放在 1kV 以上的电力电缆的下面，明设成排支架高低差应在 10mm 以下。

电缆最小允许弯曲半径：单芯油浸纸绝缘电缆、单芯交联聚乙烯电缆和铅护套钢带铠装橡皮绝缘电缆应 $\geqslant 20d$；多芯有铠装铅包油浸纸绝缘电缆、多芯交联聚乙烯电缆和裸铅护套橡皮绝缘电缆应 $\geqslant 15d$；其余均为 $\geqslant 10d$（d 为电缆外径）。

三、热缩型电缆终端头介绍

热缩型电缆终端头简称热缩头，现在大型引进企业和南方新兴城市中已几乎看不到环氧树脂、沥青和干包电缆头。热缩头不仅最适合交联电缆，而且适用油纸绝缘电缆。

10kV 交联电缆热缩头主要工艺步骤如下。

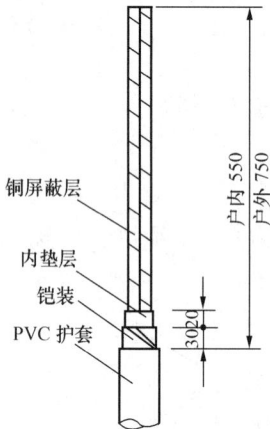

图 9-47　交联电缆热缩头
工艺步骤 1

1. 剥外护层、铠装和焊接地线

用电缆夹将电缆垂直固定，其尺寸要求如图 9-47 所示。在外护套断口处保留 30mm 的铠装要清除干净，用 $\phi 2$mm 左右铜线将接地线和铠装绑 5～10 匝，接地线用镀锡编织铜线，其截面积，当电缆截面积在 120mm² 及以下时为 16mm²，当电缆截面积在 150mm² 及以上时为 25mm²。离三叉口 30mm 左右把接地线分成三股，分别用 $\phi 0.5$mm 左右铜线，把接地线和三个芯线的铜屏蔽层绑五匝。用电烙铁将接地线和铜屏蔽层、钢铠锡焊。

2. 热缩三叉手指套，固定三叉口

三叉口根部包填填充胶，把铜接地线头包住，形状成橄榄形，最大直径大于电缆外径 15mm，表面力图光滑。将热缩材料管件三叉手指套套入三叉口根部；在热缩前应将管子两端与黏合剂相接触的芯线表面油污用丙酮或无水酒精清洗干净并打磨（或砂布砂毛）清洁后，在管子末端缩口处或手套叉口处，缠绕一层热熔胶带或黏合剂；用丙烷喷枪或喷灯调节火焰呈发黄且柔和状（谨防蓝色光状），掌握火焰温度 110～120℃缓慢接近根部材料，在其周围呈螺旋形移动，确保根部径向收缩均匀，然后依次向两端加热；加热过程中，火焰移动以前应确认管子已完全均匀收缩后才能向前移动，以利排除空隙中气体，收缩固定程度以口上有少量密封胶溢出可看到内部结构轮廓形状为准，过分收缩会引起管材裂开。

3. 剥每相铜屏蔽层、外半导体层和热缩应力管

按图 9-48 所示尺寸剥每相铜屏蔽层和外半导体层，用三氯乙烯或丙酮清洁其余芯线绝缘，热缩按图中位置套入应力管，收缩后在应力管两头包些填充胶，使边上成 45°坡度。

4. 压接端子和热缩绝缘管

按端子孔深加 5mm 剥去芯线绝缘，端部聚乙烯削成铅笔头状，压好端子、在空绝缘的地方和在压接凹入坑上填充胶。套入绝缘管到三叉根部，管要超出线端子包填充胶 10mm 处，热缩固定。

5. 固定相色密封管和防雨裙

在端子和绝缘管外套相色密封管，热缩固定。对于颜色一致的密封管，固定密封管后包 5mm 左右黄、绿、红色带作标志。这样户内终端头工艺就结束了。

户外交联电缆终端头按图 9-49 套入三孔防雨裙，加热固定颈部，每相再固定两上单孔防雨裙，至此，户外终端头安装完毕。

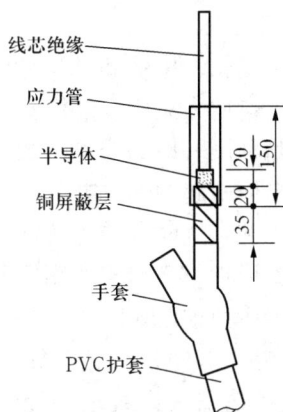

图 9-48　交联电缆热缩头
工艺步骤 3

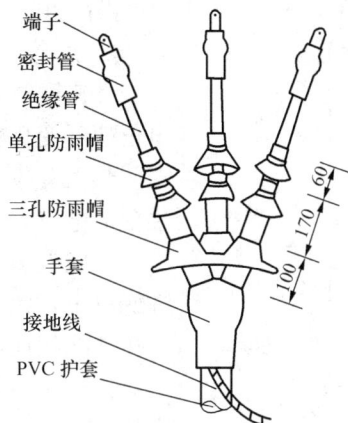

图 9-49　户外 10kV 交联电缆终端头

四、电缆接头施工关键工艺分析

电缆接头种类很多，除了热缩头之外常用的还有环氧树脂电缆头、干包电缩头。配电线路常用电缆除了交联电缆外，还有油浸纸绝缘电缆和全塑电缆。不同型号的电缆上做不同型式的电缆头，情况复杂，限于篇幅，这里只能对电缆头施工关键工艺作一些分析。

1. 电缆头接地十分重要

各种型式的电缆头都必须妥善可靠地做好接地。

上面讲述的交联电缆热缩头接地线把三相相绝缘外铜屏蔽和钢铠均可靠连接在一起，接地线引出三叉口手套热缩管处，除管内涂有密封胶外，编织状接地软线还应锡焊成整体状，以防编织带的毛细管作用把水分吸入三叉口手套内，影响绝缘。

油浸纸绝缘电缆钢铠上一般要打二道接地卡子，压住接地线。接地卡子、铅包、钢铠甲和接地线用锡焊牢。

2. 注意复合绝缘的最优组合

电缆本身绝缘就是复合型的，绝缘材料内气泡、灰尘、脏物更使电缆接头绝缘情况复杂。如果由二层材料组成复合绝缘，在交流电压作用下，各层绝缘承受的电压大小与各层的介电系数成反比，因此复合绝缘的最优组合应力求把电压分配在抗电强度最强的那层介质上，这样电缆绝缘强度也就能达到最强。但实际情况往往和理想相反。

如果浇注的沥青、环氧树脂中混有细小气泡，受潮电缆运行中水分蒸发成蒸汽，形成局部汽泡，热缩头工艺中套管中气体如果未排尽，由于汽泡中气体介电常数近似为 1，外加电压的大部分都集中在空气上，使空气先行游离、发热、膨胀，甚至引起爆炸。

包聚四氟乙烯时涂硅油，从复合绝缘优化组合讲是合理的。但是敷涂硅油时往往沾染介电系数复杂的灰尘脏物，使绝缘组合起了变化，同时脏物的电导率很高，这样引起绝缘降低更加严重。所以有人提出聚四氟乙烯带干缠要比加硅油更好。

故在电缆制作过程中，操作人员的手、材料、工具、线芯应保持清洁，在户外作热缩头之前应尽可能搭防风棚以消除环境对施工质量的影响，对制作油浸纸绝缘电缆热缩头时更应注意保持清洁。在电缆剥切和压接线芯处应使用汽油清擦。特别注意施工中不准用接触过半导体屏蔽层的纸去清洗线芯表面，同时接线端子及中间接续管内腔应清洗干净。电缆头制作时要做充分准备，一旦开工要不间断地制作直到完成，以免环境影响质量。

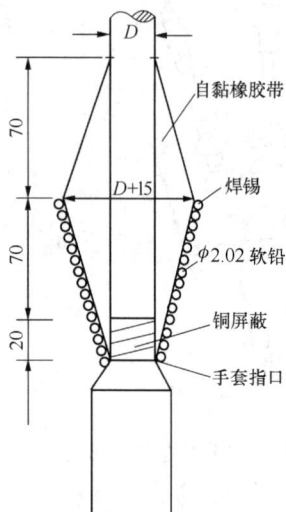

图 9-50 交联电缆干包的
应力锥工艺

3. 注意均匀电场、防止应力集中

在交联电缆热缩头工艺中每相铜屏蔽和外半导体层剥除处电位梯度变化较大，容易产生电应力集中，热缩头中在这部位安放热缩套应力管。应力管是利用一层高介电常数材料来疏解集中的电应力，防止应力集中而引起尖端放电。

交联电缆也可用干包头工艺，这时在应力管部位，用自黏性橡胶带，包裹成锥形，在锥形近三叉口半边用铜丝密绕，并和接地线相连，这种工艺称为应力锥，如图 9-50 所示。

另一个电场容易严重畸变的部件是每相芯线的端头处易产生应力集中。故在交联电缆热缩头出线端头处绝缘应削成铅笔头状，也称反应力锥。在油浸纸绝缘电缆压完端头、包缠完锡箔纸后，应再包一层碳纸或包缠一层半导体带，然后再包缠聚四氟乙烯带，能起到应力分散的作用。

还要注意每相端头到三叉口的绝缘管要保持足够长度（10kV 时最小距离为 125mm，35kV 时为 250mm），这也是电位梯度均匀过渡所必须的。在高电压的电缆绝缘引线，外面还要涂不同电导性的半导体绝缘漆到不同高度，以更均匀这里的电场。但是芯线绝缘外的半导体层必须基本剥到近铜屏蔽层（留 20mm 左右），这往往是容易疏忽的。

4.10kV 铅包油浸纸绝缘电缆关键在三叉口处注意统包绝缘和防止漏油

10kV 铅包油纸电缆是三相统包的，两电缆芯线间是线电压，比分相电缆来得高，要注意加强绝缘和均匀电场。同时三叉口处容易漏油，关键工艺在于堵油。

做油纸电缆热缩头时，先用聚四氟乙烯带从三叉口根部顺线芯绝缘包绕方向半叠包包绕一层。表面涂硅脂套入热缩材料的隔油管到三叉根部，由根部起加热固定，其他工艺与交联电缆相同。

做油纸电缆环氧树脂终端头时，线芯及出线口要有堵油涂包层，在出线端头处也需有堵油涂包层。铅包口要打毛并扩胀成喇叭形，这样有利于环氧树脂和铅之间黏结。

铅包口扩胀成喇叭形，也是均匀此处电场的重要措施，中间接头、终端头制作时统包屏蔽不能露出喇叭口。

5. 环氧树脂宜采用常温浇注工艺

以前采用电缆绝缘胶（主要成分是沥青）或环氧树脂热浇注，加热浇注中均容易产生气泡，工艺要求高，且伴随有有毒气体逸出，现在已较少采用。

环氧树脂采用常温固化浇注时，环氧树脂和固化剂放在同一塑料袋两侧，中间用夹子隔开，使用时放开夹子，让两者充分搅拌，然后剪开袋口浇注到环氧树脂预制的外壳或模具内，即可固化成型。为了降低成本及减少体积收缩率，还必须加填充剂，如石英粉等。

第十章

配电变压器台、开关台的施工

一般将 Yy12 接线、二次侧为 400V/230V 的变压器称为配电变压器。从限制附加铁损耗出发，这种接线变压器最大容量不超过 1600kVA。公用配电变压器广泛采用变压器台的安装方式，即把配电变压器安装在杆上或落地平台上，现在正在推广箱式变电所。

从方便检修、限制故障范围、缩小停电地段出发，对主干线较长的配电线路或分支线较长的线路，均装设各种型式的分段开关。线路负荷较大、操作频繁的分段开关和环形供电的高压配电线路均选用断路器，断路器一般安装在高压配电线路的开关台上。

目前一些地区在配电线路或变压器台上，分散安装了一定数量并联电容器。

第一节　配电变压器台的组成和要求

一、变压器台的形式和组成

（一）变压器台的装设地点和形式

配电变压器台应装设在负荷中心或重要负荷附近便于更换和检修设备的地方。

为了方便运行、检修，变压器台要尽量避开行人较多的公共场所。布线复杂特殊杆型的电杆处，亦不应设置变压器台，故下列电杆不宜装设变压器台：转角、分支电杆；设有高压接户线或高压电缆的电杆；设有线路开关设备的电杆；交叉路口的电杆及低压接户线较多的电杆。

变压器台分为单柱式、双柱式和落地式（地台）三种。单柱式结构简单、施工方便、节约材料，但变压器容量一般不超过30kVA，但上海郊区已将容量扩大到 100kVA。

考虑变压器台强度稳定性及二次侧电气设备的选配，双柱式变压器台上变压器容量不宜超过400kVA。更大变压器在市区内宜采用室内装置或箱式变电所，郊区宜采用落地式变压器台。

（二）变压器台的结构

变压器台的结构型式，各地供电部门均有适合本地区的规定，但消耗材料相差很大，可通过比较后采用。一种高压线不穿越低压线的双柱变压器台如图 10-1 所

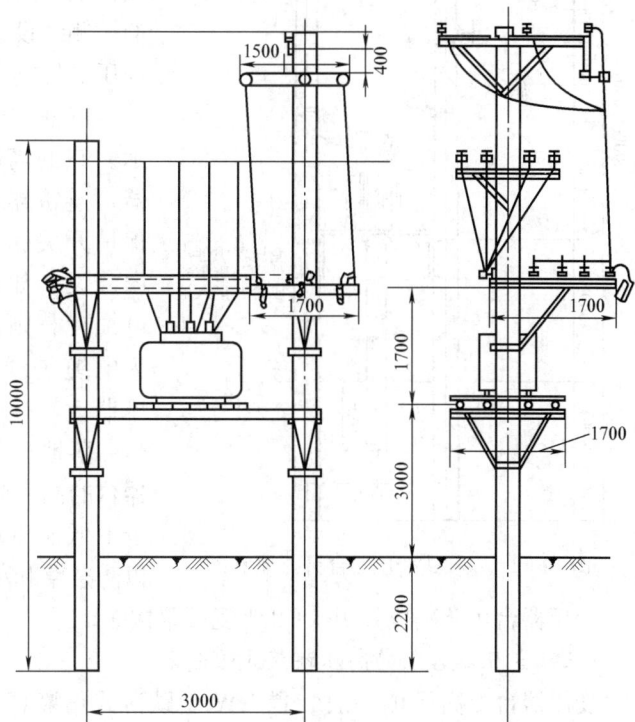

图 10-1　双柱变压器台

示。其设备材料表如表 10-1 所列。

表 10-1　　　　　　　　50～180kVA 双柱变压器台安装设备材料表

序 号	名　　　称	单 位	数 量	序 号	名　　　称	单 位	数 量
1	变压器	台	1	12	户外高压跌落式熔断器横担	根	1
2	户外高压跌落式熔断器	个	3	13	避雷器横担	根	1
3	高压避雷器	个	3	14	低压引出线横担	根	1
4	低压熔断器	个	3	15	单面斜支撑	根	4
5	钢筋混凝土圆电杆	根	1	16	变压器台架	根	2
6	高压引下线	m	30	17	变压器台架支持抱箍	付	2
7	铝芯橡皮绝缘线	m	12	18	变压器固定压板	付	4
8	高压针式绝缘子	个	12	19	螺栓	个	22
9	低压针式绝缘子	个	4	20	接地引下线	m	10
10	高压引下线支架	根	2	21	钢管	根	2
11	高压引下线横担	根	1				

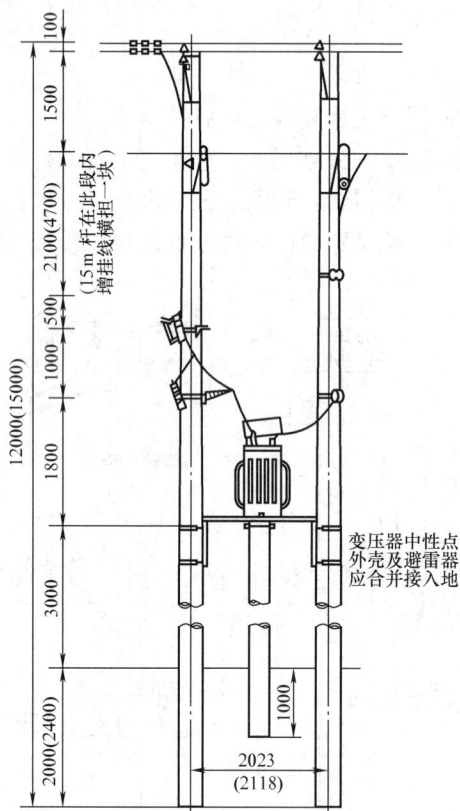

图 10-2　双柱式变压器台另一种型式

变压器顺线路装设，双柱间距离一般为 2.5～3m，在距地面 2.5～3m 高处装设角铁横担，用四根方木或角钢搭设在两侧铁横担上，搭成台架，台架上安置变压器。在台架上部 1.8m 处装设母线架，并拉一短母线，高压引下线通过 T 字形横担上立式绝缘子接到跌落式熔断器的接线柱上，熔断器下接线柱和短母线相连，短母线的一侧装设避雷器。变压器高、低压引线分别和高压短母线、低压架空线相连。

双柱式变压器台另一种型式如图 10-2 所示。它的高压引下线穿过低压架空线，经熔断器、避雷器后和变压器相连；低压引下线可经保护开关和低压架空线相连，变压器横线路方向装设。如果高压引下线用一段短交联聚乙烯电缆代替则更为安全可靠，但这时变压器应改为电缆进线型式，须选用电缆进线的配电变压器。

落地式变压器台可参照图 10-3 形式。变压器台的高度应根据当地水位情况决定，一般情况下不低于 300mm。高压接线柱上要套玻璃罩，以防杂草和小动物造成短路事故。

变压器台用砖砌成并用 1：2 水泥砂浆抹面。

（三）变压器台上的高压跌落式熔断器

变压器台上高压侧一般装置 RW 型跌落式熔断器，跌落式熔断器和熔体的结构如图 10-4 所示。正常工作情况下，熔断器合上时，熔丝依靠其机械拉力使熔管和动触头连成一

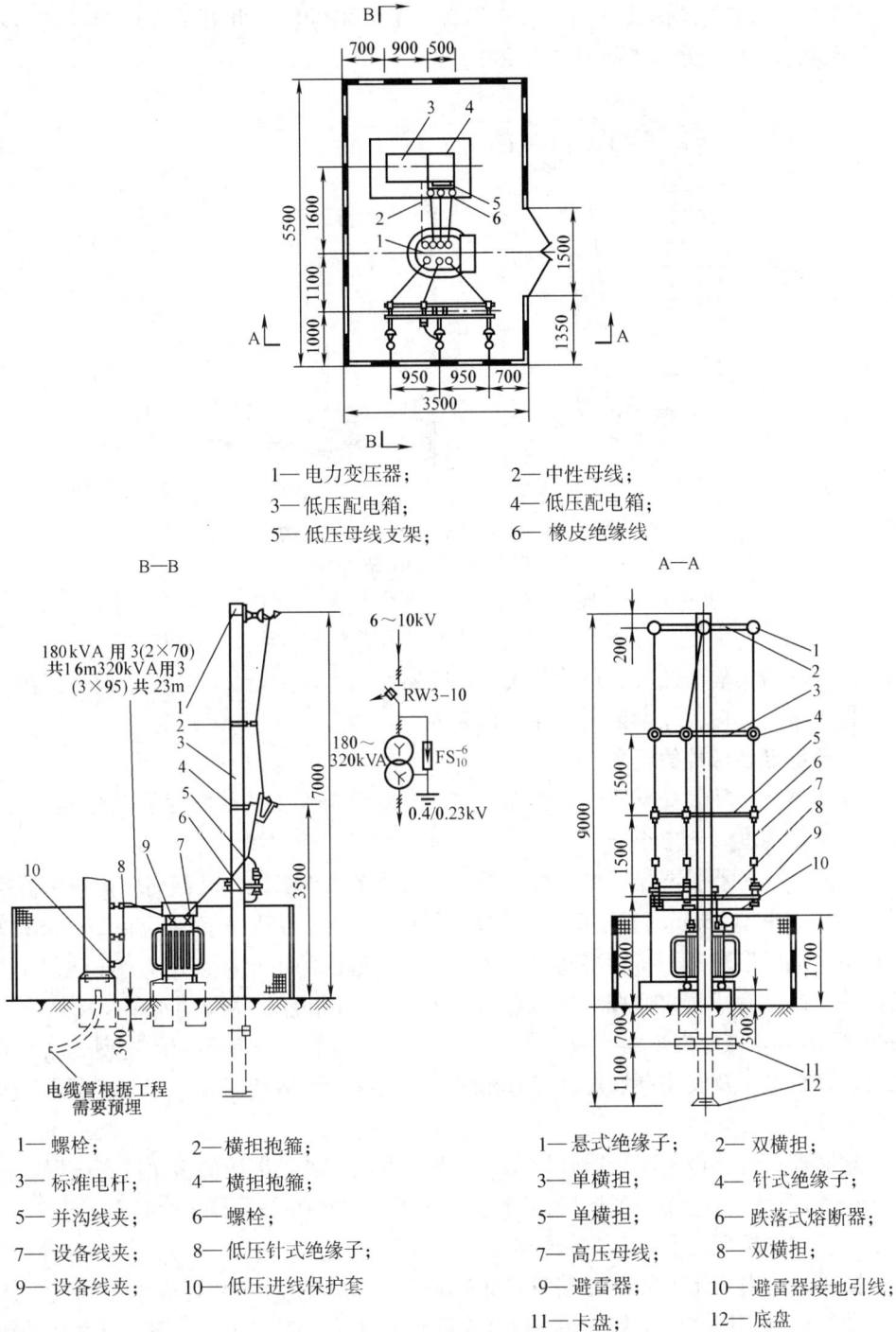

1— 电力变压器；　　　　　　2— 中性母线；

3— 低压配电箱；　　　　　　4— 低压配电箱；

5— 低压母线支架；　　　　　6— 橡皮绝缘线

1— 螺栓；　　　　　　　　　2— 横担抱箍；

3— 标准电杆；　　　　　　　4— 横担抱箍；

5— 并沟线夹；　　　　　　　6— 螺栓；

7— 设备线夹；　　　　　　　8— 低压针式绝缘子；

9— 设备线夹；　　　　　　　10— 低压进线保护套

1— 悬式绝缘子；　　　　　　2— 双横担；

3— 单横担；　　　　　　　　4— 针式绝缘子；

5— 单横担；　　　　　　　　6— 跌落式熔断器；

7— 高压母线；　　　　　　　8— 双横担；

9— 避雷器；　　　　　　　　10— 避雷器接地引线；

11— 卡盘；　　　　　　　　　12— 底盘

图 10-3 落地式变压器台

体卡紧在鸭嘴（上静触头）的弹簧钢片上，故熔管掉不下来。当严重过载或短路时，熔丝熔断，动触头失去拉力而从鸭嘴中滑脱，并靠熔管重力迅速断开电路。熔管内衬钢纸管在电弧作用下产生大量气体，从开口喷出，纵吹电弧，使电弧迅速熄灭。如需分闸，只要用绝缘棒向上捅一下鸭嘴，熔管就会自行跌落，绝不能硬拉操作环。

RW-10 型是新型的跌落式开关，有灭弧栅而无鸭嘴结构，此开关即使熔断器熔断，熔丝管也不能自行跌落，断合都要用绝缘拉杆操作。

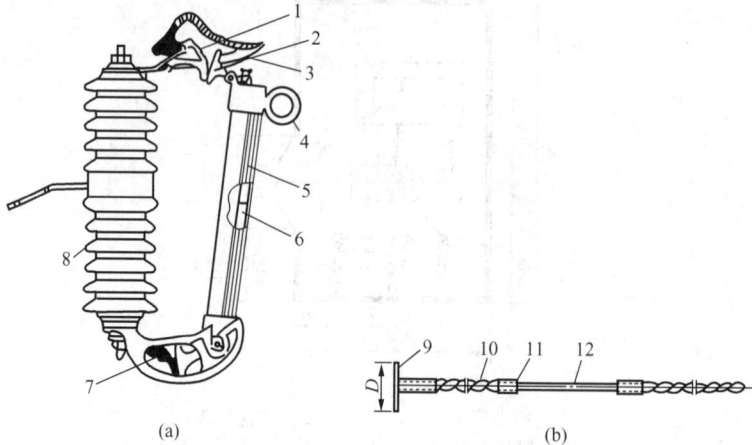

图 10-4 跌落式熔断器与熔体结构

（a）跌落式熔断器；（b）熔体结构

1—静触头；2—动触头；3—钢片；4—操作环；5—熔体管；6—熔体；
7—静触头；8—瓷绝缘体；9—钮扣；10—钢铰线；11—套管；12—熔体

跌落式熔断器集隔离开关、负荷开关、熔断器作用于一身，是配电变压器最经济、简单的操作和保护设备，运行经验证明工作是可靠的。

二、变压器台各部件的要求

（1）变压器台。柱上变压器台应牢固可靠，安装后变压器平台坡度不应大于 1%。柱上变压器台距地面高度，不应小于 2.5m。

（2）引线。变压器引下线、引上线和母线宜采用多股绝缘线，其截面应按变压器额定电流选择，但不应小于 16mm²。高压引下线穿越低压架空线，其最小间距应在 200mm 以上。

（3）高、低压熔断器。高压熔断器的装设高度对地面的垂直距离不宜小于 4.5m，低压熔断器的装设高度对地面的垂直距离不宜小于 3.5m。各相熔断器间的水平距离：高压熔断器不应小于 0.5m，低压熔断器不应小于 0.3m。高压熔断器应选用国家的定型产品，并应与负荷电流、运行电压及安装点的短路容量相配合。选择低压熔断器时，其额定电流应大于电路的工作电流。

（4）熔断器熔丝选择。变压器容量在 100kVA 及以下者，高压侧熔丝按变压器容量额定电流的 2~3 倍选择；容量在 100kVA 以上者，高压侧熔丝按变压器容量额定电流 1.5~2 倍选择。低压侧熔丝按额定电流 1.2 倍选择。

（5）防雷。配电变压器的防雷装置应采用阀型避雷器。防雷装置应尽量靠近变压器安装，其接地线应与变压器低压侧中性点以及金属外壳连接。多雷区，为防止反变换波或低压侧雷电波击穿配电变压器高压侧绝缘，宜在低压侧装设避雷器或击穿保险器。如低压侧中性点不接地，应在低压侧中性点装设击穿保险器。

（6）接地体、接地线。接地体宜采用垂直敷设的角钢、圆钢、钢管，接地线可用钢绞线，接地体可在未立电杆前坑底打人。接地体和接地线的最小规格为：圆钢直径地上 6mm、地下 8mm；角钢厚 4mm；钢管壁厚 3.5mm；镀锌钢绞线或铜线地上部分为 25mm²。

（7）接地电阻。总容量为 100kVA 以上的变压器，其接地装置的接地电阻不应大于 4Ω，每个重复接地装置的接地电阻不应大于 10Ω；总容量为 100kVA 以下的变压器，其接地装置的接地电阻不应大于 10Ω，每个重复接地装置的接地电阻不应大于 30Ω，且重复接地不应少于 3 处。

三、配电网的箱式变电所和开闭所

所内设有高压进出线的配电装置、高压配电线路和电缆传接、联络分支的场所统称为开闭所，常用 KB 表示；户内设有高压进出线的配电装置、配电变压器和低压配电装置的场所统称为配电所，常用 BD 表示。

城市开闭所和配电所内配电装置应逐步推广采用小型化的新设备，如研制、引进采用 SF_6 断路器、真空断路器、箱式变电装置。市区配电所配电变压器容量一般不大于 2×1000kVA。

城市主干道采用电缆配线时，应采用配电所进行配电，沿街每隔 300~500m 需设配电所或开闭所，选址困难地区，可采用箱式变电所，以缩小占地面积。

箱式变电所包括配电变压器间、高压配电间、低压配电间三个间隔。为保证安全，变压器间居中，高、低压配电间各在一侧。国内生产的高压配电设备一般选用高压负荷开关加熔断器，并非专为环网断路器制造。现在 ABB、F&G、阿尔斯通等公司已在我国合资生产，以真空断路器、六氟化硫断路器为主体的环网断路器，体积小、容量大、额定断流能力强，且配以施工方便的电缆接头。箱式变电所的门启闭方便、防雨水渗漏能力强，必然是今后发展的方向。

第二节　配电变压器台的安装

一、配电变压器安装前的检查

配电变压器出厂前应取得产品出厂试验合格证，在安装到变压器台前还应进行安装试验，这种试验也称交接验收试验。一般 10kV 配电变压器的试验项目如下：

（1）测量线圈连同套管一起的直流电阻。

（2）检查所有分接头的变压比。

（3）测量线圈连同套管一起的绝缘电阻和吸收比。

（4）线圈连同套管一起的交流耐压试验。

（5）油箱中绝缘油试验。

只要变压比合格一般不再做三相变压器接线组别试验。

配电变压器取得试验合格报告之后，在安装时还应对变压器各部进行外观检查。高、低压套管表面应光洁、无裂纹和放电痕迹，大盖和套管各部螺丝应紧固；油位正常、油标和新吸湿器内密封无堵塞、破裂和松动现象；变压器外壳应清洁、无漏油和渗油现象；分接开头调整应灵活、接触良好、无卡阻现象。

二、变压器吊装方法

变压器台上变压器的吊装应尽量采用吊车安装，这样节省人力，安装速度快又安全。

没有吊车情况下，一般在双杆变压器台的两根电杆上绑扎粗道木，道木中间设滑轮组吊装。起吊时，因变压器较重，又不能倾斜，所以要适当临时拆除平台上横梁，让变压器吊过平台高度后再装齐平台，缓缓放下变压器。吊装过程中，在变压器器身上设一根控制绳，在侧向控制变压器不碰撞平台。控制绳不得系在散热管上，并起吊前应看准高低压侧套管位置，不能起吊后再调整。

三、配电变压器台安装质量规范

（一）配电变压器台

（1）变压器。安装牢固，一、二次引线应排列整齐、绑扎牢固；变压器安装后，套管表面应光洁，不应有裂纹、破损等现象；套管压线螺栓等部件应齐全，且安装牢固；油枕油位正常，外壳干净；变压器外壳应可靠接地；接地电阻值应符合规定。

（2）跌落式熔断器。各部分零件完整、安装牢固；转轴光滑灵活，铸件不应有裂纹、砂眼；瓷件良好；熔丝管不应有吸潮膨胀或弯曲现象；熔断器排列整齐、高低一致，熔管轴线与地面垂线的夹角为 $15°\sim30°$；动作灵活可靠、接触紧密，合熔丝管时触头上应有一定的压缩行程；上下引线应压紧、与线路导线的连接应紧密可靠。

（3）低压开关或低压熔丝片。变压器高压侧熔断器用来保护变压器内部故障，低压侧熔断器则是作为过负荷保护和低压线路短路保护。低压开关内装置刀闸和熔断器，一般安装在低压侧电杆上，对地距离 3.5m。在未装低压开关的柱上变压器低压侧可只装熔断丝（片）。二次侧有断路设备者，应安装于断路设备与低压针式绝缘子之间；二次侧无断路设备者，应安装于低压针式绝缘子外侧；要安装牢固、接触紧密，不应有弯折、压偏、伤痕等现象。不能以线材代替熔断丝（片）。

（4）避雷器。瓷件良好、瓷套与固定抱箍之间应加垫层；安装牢固、排列整齐、高低一致，相间距离 $1\sim10kV$ 时不小于 350mm、1kV 以下时不小于 150mm。引线应短而直、连接紧密。采用绝缘线时，引上线铜线不小于 $16mm^2$，引下线不应小于 $25mm^2$；与电气部分连接，不应使避雷器产生外加应力；引下线应可靠接地，接地电阻符合规定。

（5）配电变压器低压侧一相出线装设低压阀型避雷器。三点合一接地后，雷电活动强烈地区低压侧线路侵入雷电波，将在三相低压绕组中流过冲击电流，感应到高压，由于高压线圈线路端与线路波阻抗连接而保持零电位，因此感应电动势将引起绕组中性点电压升高。此外高压侧避雷器动作时，流过的冲击电流将在接地电阻上产生电压降，在这电压降作用下，也将在低压三相绕组中流过部分冲击电流（如低压中性线进行重复接地，则可显著减少此电流），同样将在高压绕组中性点上感应出较高电压。为了防止此种危险并加强低压绕组的保护，建议在低压侧加装 FS-0.22 型阀型避雷器或 FY-0.22 氧化锌避雷器。

（6）配变两侧低压电杆重复接地。三点接地合一，可以防止雷电流流过接地电阻时所产生的电压降与避雷器的残压叠加作用在变压器绝缘上，并防止变压器铁壳对低压侧发生逆闪络。这样接法缺点是高压侧雷击时，雷电压可能传到低压侧用户去。为此，可以在变压器两侧相邻杆塔上将低压中性线重复接地。

（7）加装并联静电电容器。在线路无功负荷比较集中的地方，在双柱式变压器台上安装并联静电电容器组，用跌落式熔断器或高压柱上断路器作保护和操作设备，阀型避雷器作防雷保护。如果电源10.5kV，电容器额定电压为10.5kV，可把电容器接成三角形；电容器额定电压如为6.3kV，则将电容器接成星形。静电电容器的绝缘套管和接线端子机械强度比较脆弱，不能过紧或松动。

（二）低压开关

以往变压器台低压侧常常不用保护设备，运行经验证明配电变压器低压侧过负荷高压侧熔断器无法保护，故现在一般装设在铁壳内的保护开关，保护开关包括低压熔断器和低压负荷开关，可装设在变压器低压侧出线电杆上。

第三节 开关台的组成、要求和安装

架空配电线路为了分段分界、联络和投、切设备的需要，在高压配电线直线杆上或需投、切的设备前电杆上装设高压隔离开关或高压柱上断路器，这些电杆通常称为开关台。

一、高压隔离开关

高压隔离开关主要装在高压配电线路联络点、分段处、分支线处，不同单位维护的线路的分界点以及 10kV 高压用户变电所的入口处，作无负荷断、合线路用。这样既能方便检修，缩小停电范围，又能给工作人员一个可以明显看见的断开点，保证停电检修工作人员的人身安全。高压隔离开关绝对不允许切断负荷电流或短路电流。

线路上高压隔离开关一般用单极隔离开关，GW9-10G 型 10kV 户外隔离开关如图 10-5 所示，合闸后即行自锁，不会因为自身重力或电动力作用而自动分闸。

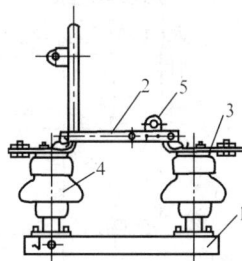

图 10-5 GW9-10G 型单极隔离开关
1—底座；2—闸刀；3—静触头；
4—支持绝缘子；5—保险钩

GW9 代表 9 型户外高压隔离开关；10G 代表 10kV 改进型；额定电流有 200、400、600A 三种。

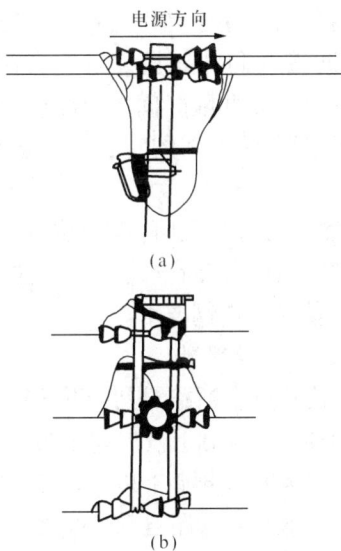

图 10-6 直线耐张分段跌落
式熔断器安装图
(a) 侧视图；(b) 俯视图

直线耐张分段隔离开关有时也可用 RW 型高压跌落熔断器代替，其安装图如图 10-6 所示。高压跌落熔断器价格和隔离开关相近，且有一定灭弧能力，故实用中受欢迎。

有些地区用三相联动的隔离开关，装设于电杆顶部，刀片动作时向上张开。其手动操作机构由连杆引到电杆下部、操作手柄平时锁住。这种方式三相联动，运行人员站在地上操作，不必用绝缘操作杆，比较方便。无论何种高压隔离开关必须采用户外式，有多个防雨裙边的户外式绝缘子。

二、高压柱上断路器

高压柱上断路器主要有多油式、真空式、产气式和六氟化硫式等四种。

（一）多油式高压柱上断路器

多油式高压柱上断路器包括高压多油式柱上断路器（DW 型）和多油式负荷开关（FW 型）两类，负荷开关只能切合负荷电流，短路保护要靠串接的熔断器。

图 10-7 所示的 DW7-10 型和图 10-8 所示的 FW2-10G 型都采用对接式触头，相间有绝

缘隔板引出线穿过瓷套管固定在箱盖顶部两侧。DW7-10 型两边相装有一对脱扣器和延时装置。

在断、合闸操作时，用操作绳或绝缘操作杆对操作把手加力，通过机械传动机构将动触头断开或合上。

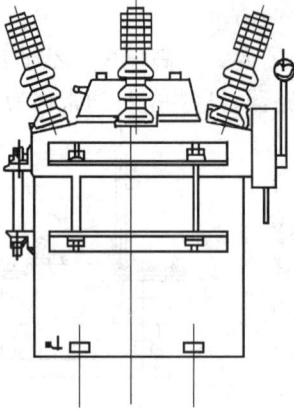

图 10-7 DW7-10 型柱上多油断路器

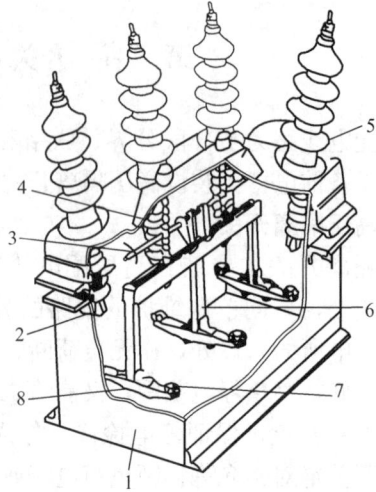

图 10-8 FW2-10G 型多油负荷开关

1—外壳；2—静触头；3—连杆；4—弹簧；
5—套管；6—动触头架；7—动触头；8—触头桥架

DW5-10G 柱上多油断路器示意图如图 10-9 所示，手动分闸时可钩住分闸器圆环，向下一拉即可分闸。断路器合闸可以用手向下拉链条进行。自动重合闸则是借助重锤和钟摆机构进行合闸。自动重合闸时无电流的休止间隔时间为 4s 或 10s，该时间的调整可借助于调整钟摆的臂长和质量来保证。

选用柱上断路器或负荷开关时，不但要注意额定电压、额定电流、最大开断电流，还应注意使极限通过电流峰值能满足电网要求。

（二）真空式高压柱上断路器

ZW-10 型真空式高压柱上断路器是最近几年在 ZFN 型真空户内负荷开关的基础上发展起来的新产品，额定电流 400A，最大开断电流 3.15kA，最大关合电流峰值 31.5kA，用来作为线路自动分断器开闭元件。

（三）产气式高压柱上负荷开关

FW5-10 型高压柱上负荷开关是三相联动式，

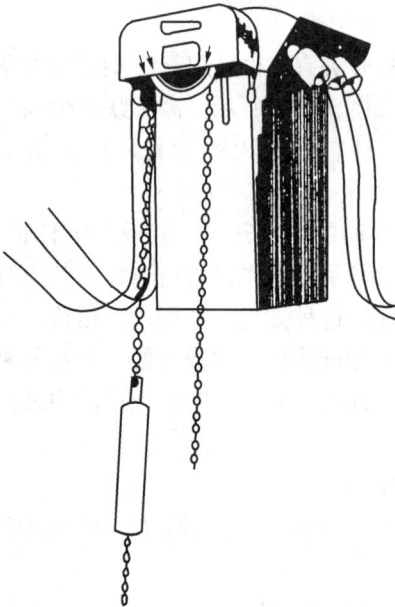

图 10-9 DW5-10G 柱上多油断路器

采用特种塑料产气灭弧，不用绝缘油。分闸状态有明显断口，可起隔离开关作用。安装时应注意三相同期，否则容易损坏。一般用操作绳或绝缘操作杆手动操作，目前只有 200A 一种，最大开断电流 1800A，极限通过电流峰值 10kA。

三、柱上自动分段器简介

ZW-10 型柱上自动分段器是新试制产品、由 ZW-10 型真空柱上断路器、10kV 电源降压变压器、自动控制设备三个元件组成。电源降压变压器和真空柱上断路器装在一个容器内，开关断口间装有氧化锌避雷器。自动控制设备装在另一较小容器内，放在装真空柱上断路器的容器下面。

柱上自动分段器正常操作和闭锁装置动作都受自动控制箱的控制。控制回路利用电压和时间配合关系来达到切除故障段目的。跳闸延时时限定为 2s，合闸延时时限定为 7s，闭封保持时限定为 5s。

当图 10-10 的 A 处发生故障时，二次变电所的线路出口断路器跳闸。假设线路出口断路器的重合时间定为 3s，比分段器跳闸延时时限 2s 为长，在出口断路器重合

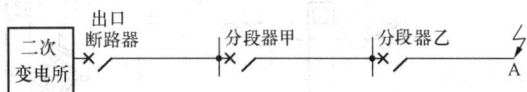

图 10-10　柱上自动分段器动作配合示意图

以前，分段器甲和分段器乙都已跳闸。3s 后出口断路器重合，重合后 7s 甲分段器合闸。甲分段器合闸后 7s，也就是出口断路器重合后 14s，乙分段器合闸。如果 A 处瞬时性故障，重合成功，恢复运行。如果 A 处是永久性故障，出口断路器再次跳闸，分段器甲恢复电压时间已超过 5s，不闭锁，分段器乙恢复电压时间不足 5s，闭锁。3s 后出口断路器再次重合，再次重合后 7s 甲分段器合闸，乙分段器不再合闸，将故障段切除。

四、开关台组成

开关台和变压器台一样，受传统习惯影响，各地差别很大，但其组成应符合下列要求：

（1）开关的引线应采用绝缘导线，高压架空线如是钢芯铝线，应注意铜铝过渡连接。

（2）柱上开关设备的防雷装置应采用阀型避雷器或保护间隙。经常开路运行而又带电的柱上各种开关，应在两侧都装设防雷装置，其接地线应与柱上油断路器的金属外壳连接共同接地，接地电阻应不大于 10Ω。

（3）柱上油断路器作分段器用时，应在电源侧装设高压隔离开关；如作联络用，两侧均有电源，则两侧均应装设高压隔离开关。

（4）柱上油断路器操动机构面应在道路外侧，便于操作。

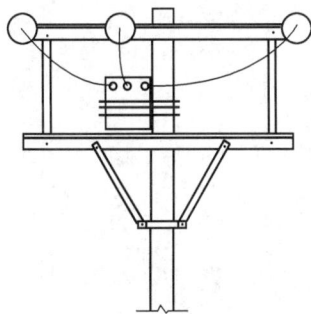

图 10-11　单杆架式开关台

五、开关台安装

单杆架式开关台结构如图 10-11 所示，在电杆导线横担下面装设双横担上下两层铁横担的铁拉板安装在铁横担外侧，将油断路器装在双横担上，并用螺丝固定。为了防止油断路器因震动等原因脱落下来，用 φ4.0 铁丝将断路器与电杆绑缠在一起。

双杆架式开关台，其结构如图 10-12 所示。高压隔离开关装设在电源侧。油断路器吊装方法和变压器吊装方法相似。

六、开关台安装质量规范

杆上隔离开关安装后瓷件应完整，安装应牢固；操动机构动作灵活；隔离开关合闸时动静触头接触紧密，分闸时有足够的空气间隙（10kV 时 200mm）；与引线的连接应紧密可靠；分闸时应是静触头带电。三相连动隔离开关的三相刀

刃应分、合同期。

柱上油断路器应安装牢固可靠,水平倾斜不大于托架长度 1%,引线绑扎连接处应留有防水弯,绑扎应紧密,绑扎长度不应小于 150mm;瓷件良好、外壳干净、无渗漏油现象;动作正确可靠、灵活,分、合闸指示正确可靠;外壳要接地良好。

柱上避雷器安装要求和变压器台的相同。

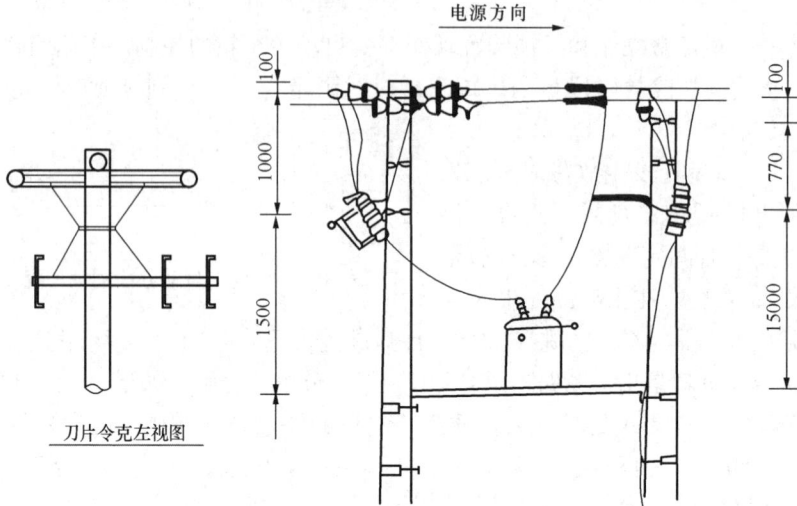

图 10 - 12 双杆架式开关台

随着施工规模的不断扩大，国家安全监察部门对施工临时用电提出了较高要求。建设部最近批准了 JGJ 46—2005《施工现场临时用电安全技术规范》。这是施工单位必须达到的用电标准，也是监理单位和地方安监部门对施工单位检查的主要依据之一。一般情况下，施工临时用电都是室内外的低压配电线路。

电业安全工作规程规定，低压设备系指设备任何带电部分对地电压在 250V 以上者，故我国规定配电变压器低压侧绕组接成Y。形，这样可以得到相间 380V 的三相动力低压电和相对中性线的 220V 照明低压电。室内的低压动力和照明线路统称室内低压配电线路。

室内低压配电线路一般采用单股或多股无钢芯的绝缘导线；导线的截面一般较小；线路一般采用在墙壁上明敷或在墙内穿管暗敷；支持点之间距离较近；安装时除了考虑安全、可靠外，还应较多注意美观和维修方便；故其安装方法和输电线路、配电线路有较大的不同。

第十一章　室内低压配电线路概述

室内低压配电线路主要指工厂、宾馆、学校、机关文化设施和住宅内的照明、插座、动力等低压配电线路。

低压配电线路设计中应主要符合 GBJ 54—1983《低压配电装置及线路设计规范》、JGJ/T 16—1992《民用建筑电气设计规范》、GB 50057—1999《建筑物防雷设计规范和一些专业的设计标准》。

施工中可参考 96SD469《等电位联结安装》、86D563《接地装置安装》、96SX181《线槽配线安装》、96SD469《常用灯具安装》等标准图集。

监理主要依据 GB 50303—2002《建筑电气工程施工质量验收规范》验收。

第一节　室内低压配电线路的组成和要求

低压配电装置及线路必须认真执行节约有色金属，以铝代铜的技术政策；必须按规程规定设置必要的保护，必须按新的国家标准低压配电电气图施工。

一、电器和导体的选择

（一）电器的选择

选择低压电器应符合下列要求：

（1）符合工作电压、电流、频率、准确度和使用环境的要求。

（2）配电电器应尽量满足短路条件下的动稳定和热稳定。

（3）断开短路电流用的电器，应尽量满足在短路条件下的通断能力。

验算电器在短路时的通断能力，应采用短路电流周期分量有效值，并应考虑电动机反馈影响。确定短路电流时应采用可能发生最大短路电流的正常接线方式。同时可只计及高压系统阻抗、变压器阻抗和低压线路阻抗，且考虑短路时低压侧短路电流不衰减。

（二）导体截面的选择

1. 选择导体截面

（1）导体的允许载流量不应小于线路的负荷计算电流。

（2）变压器低压侧母线至用电设备受电端的线路电压损耗，一般不超过用电设备额定电压的 5%。

（3）绝缘导线线芯的最小截面，应符合表 11-1 要求。

表 11-1　　　　　　　　　　　　　　　　绝缘导线线芯的最小截面

序　号	用　　　途	线芯的最小截面（mm²）		
		铜芯软线	铜线	铝线
一、	照明用灯头引下线			
1	民用建筑，屋内	0.4	0.5	1.5
2	工业建筑，屋内	0.5	0.8	2.5
3	屋外	1.0	1.0	2.5
二、	移动式用电设备			
1	生活用	0.2		
2	生产用	1.0		
三、	架设在绝缘支持件上的绝缘导线，其支持点间距为：			
1	1m 以下，屋内		1.0	1.5
	屋外		1.5	2.5
	2m 及以下，屋内		1.0	2.5
	屋外		1.5	2.5
	6m 及以下		2.5	4.0
	12m 及以下		2.5	6.0
四、	穿管敷设的绝缘导线	1.0	1.0	2.5

注　工业和民用建筑的屋内照明灯具，如采用吊链或吊管悬挂，其灯头引下线为铜芯软线时，可适当减小截面。

（4）三相四线制中零线的允许载流量不应小于线路中最大的不平衡电流。用于接零保护的零线，其电导不应小于该线路中相线电导的 50%。

2. 允许载流量的校正

（1）导体允许载流量：应根据敷设处环境温度进行校正。温度校正系数的计算式为

$$K = \sqrt{\frac{t_1 - t_0}{t_1 - t_2}} \tag{11-1}$$

式中　K——温度校正系数；

　　　t_1——导体最高工作温度，℃；

　　　t_0——敷设处实际环境温度，℃；

　　　t_2——载流量数据中采用的环境温度，℃。

此外还应根据导体并列敷设根数进行校正。

（2）导体敷设处环境温度：直接敷设在土壤中的电缆，采用敷设处历年最热月的平均温度；敷设在空气中的裸导体，屋外采用敷设地区最热月的平均最高温度，屋内采用敷设地点最热月的平均最高温度（均取 10 年以上的总平均值）。

3. 路径不同冷却条件时的处理

沿不同冷却条件的路径敷设绝绝导线电缆时，如冷却条件最坏段的长度超过 5m（穿过道路时可为 10m），则应按该段条件选择绝缘导线和电缆的截面。但也只对该段采用大截面的绝缘导线和电缆。

二、配电线路的保护

（一）配电线路短路保护

配电线路应装设短路保护，各级保护之间宜选择性地配合。当不能符合这要求时，应尽量使低压侧第一级保护有选择性动作，熔断器的熔体额定电流或低压断路器（自动空气开关）过电流脱扣器的整定电流应尽量接近但又不小于被保护线路的负荷计算电流；同时应保证在出现正常的短时负荷时（如线路中电动机的启动或自启动等），保护装置不致将被保护线路断开。

1. 熔断器作短路保护

选择熔体或导体截面应符合下列规定：①熔体额定电流不应大于电缆或穿管绝缘导线允许载流量的 2.5 倍或明敷绝缘导线允许载流量的 1.5 倍。②在被保护线路末端发生短路（中性点直接接地网络中单相接地短路；中性点不接地网络中两相短路）时，其短路电流值不应小于熔断器熔体额定电流的 4 倍。

2. 低压断路器作短路保护

整定电流应符合下列要求：①当采用只带瞬时或短延时过电流脱扣器的低压断路器时，脱扣器的整定电流，应躲过短时过负荷电流，整定电流与导体载流量比例，由被保护电器工作性质确定。②当采用带长延时过电流脱扣器或短延时过电流脱扣器低压断路器时，其整定电流应根据返回电流值的要求，一般不大于绝缘导线或电缆允许载流量的 1.1 倍，其动作时间应躲过短时过负荷电流的持续时间。③在被保护线路末端发生短路（中性点直接接地网络中单相接地短路，中性点不接地网络中两相短路）时，其短路电流不应小于低压断路器瞬时或短时过电流脱扣器整定电流的 1.5 倍。

如末端单相短路电流达不到这要求时，可采用零序保护或采用带有长延时过电流脱扣器的低压断路器，其动作时间不应大于 15s。

（二）配电线路过负荷保护

1. 装设过负荷保护线路范围

装设过负荷保护线路范围：在居住建筑、重要仓库以及公共建筑中的照明线路；有可能长时间过负荷的电力线路（不包括裸导体）；在燃烧体或难燃烧体的建筑物结构上，采用有阻燃性外层的绝缘导线明敷线路除要装设短路保护外还要装设过负荷保护。

2. 过负荷保护整定电流

装设过负荷保护的配电线路，其绝缘导体、电缆的允许载流量，小应小于熔断器熔体额定电流的 1.25 倍或低压断路器长延时过流脱扣器整定电流的 1.25 倍。

（三）室内低压配电线路保护电器装设规定

1. 装设保护电器处及装设规定

配电线路的导体截面减小处、配电线路分支处或保护须有选择性的地方均应装设保护电器。

保护电器应装设在被保护线路与电源线路的连接处。有困难时可装设在距离连接点 3m

以内便于操作和维护的地方。

当从干线向下引接分支线路时，可将保护电器装设在距离分支点 30m 以内便于操作和维护的地方。但应保证在该段分支线末端发生单相（或两相）短路时，离短路点最近的保护电器能够动作，且该段分支线应有不延燃外层或穿管敷设。

用熔断器保护配电线路时熔断器应装设在不接地的各相或各极上；用低压断路器保护配电线路时，其过电流脱扣器应装设在不接地的各相或各极上。

中性点不接地网络的配电线路中，可在三相三线制的两相上装设过电流脱扣器。在直流两线制中，可在一极上装设过电流脱扣器。此时由同一电源供电的配电线路中，过电流脱扣器应装设在相同的相或极上。

2. 不装设保护电器的线路

在下列情况下导体截面减小处或配电线路分支处可不装设保护电器：

（1）上一段线路的保护电器已能保护截面减小的那一段线路或分支线。

（2）配电装置内部从母线上接到保护电器的分支线。

（3）室外架空配电线路。

（4）三相四线制的中性线上不准装设熔断器，否则熔断器熔体熔断时，三相不平衡的照明、家电等负载将造成电源零点漂移，以致三相相电压不平衡。

（5）兼用于接零或专用于接零的中性线也不能装设熔断器，否则熔断器熔体熔断后将使接零保护失效。

三、室内低压配电电气图

室内敷线是按照设计的低压配电电气图进行安装。要装线路首先必须能读懂电气图纸。1990 年 1 月 1 日起所有电气技术文件和图纸一律使用新的国家标准。现将按新的国家标准的低配电电气图介绍如下。

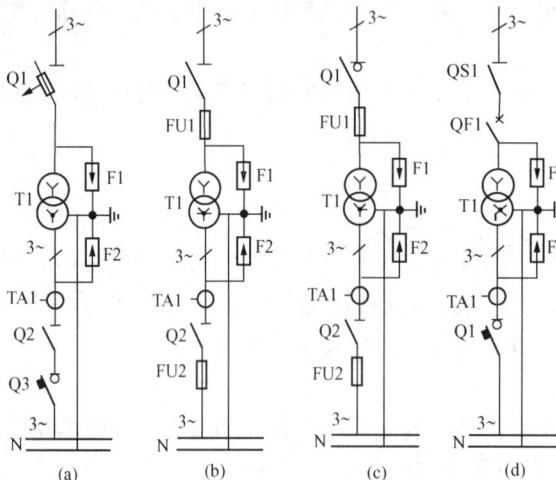

图 11-1 配电变压器系统图

(a) 户外跌落式熔断器控制方法；(b) 户内隔离开关—熔断器控制方式；(c) 负荷开关控制方式；(d) 断路器控制方式

（一）配电变压器系统图

采用 6～10kV/0.4kV 配电变压器供电是广大城镇乡村、工厂车间用电的普遍形式。这些电气系统主要由高压进线、配电变压器、低压母线、低压出线及高压开关设备、防雷设备等组成。根据不同的情况，配电变压器高压侧可采用不同的控制方式，如图 11-1 所示。图 11-1（a）中 F1、F2 分别是高、低压侧避雷器；TA 是电流互感器；Q1 是户外跌落式熔断器，Q2 是隔离刀闸；Q3 是具有自动释放的负荷开关。图 11-1（b）中 FU1、FU2 分别是高、低压熔断器（供电端由粗线表示）。图 11-1（c）中 Q1 是负荷开关。图 11-1（d）中 QS1 是高压隔离开关；QF1 是断路器。

（二）动力及照明配电电气图

一般建筑物中为了避免动力和照明相互影响，并分别管理，动力和照明配电通常是分开的，因此，按图纸表达的对象可分为电气照明工程图和电气动力工程图。

按图纸表达的内容又可分为电路图、平面图和剖面图。

1. 电路图

电路图表示各种配电方式的原理接线，如图 11 - 2 所示。

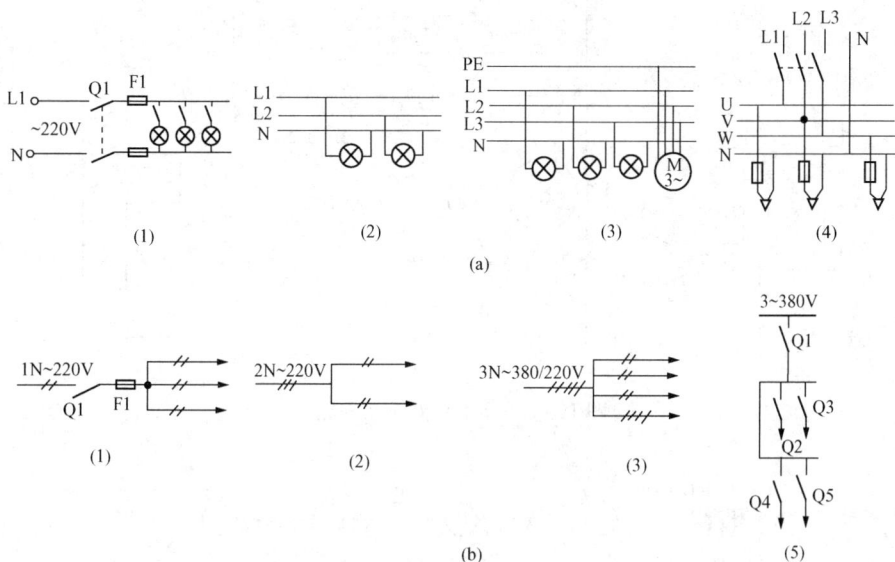

图 11 - 2　动力及照明配电电路图

（a）多线图；（b）单线图

（1）单相供电；（2）两相三线供电；（3）三相五线供电；

（4）照明配电箱多线图；（5）动力配电箱单线图

2. 平面图

将系统图以一定比例表示建筑物外部或内部的电源布置情况的图纸称为平面图。平面图又可分为外电总平面图和动力及照明平面图两类。

（1）外电总平面图是表示某一建筑物外接供电电源布置情况的图纸，主要表明变电所与线路的平面布置情况。它能反映高压架空线路或电力电缆线路进线方向；变压器台数、容量及变电所型式；低压配电线路的走向及负荷，各建筑物平面面积及其负荷大小；架空线路的电杆型式、编号和电缆沟规格；导线的型号、截面积及每回线路的根数。图 11 - 3 表示某一建筑工程的外电系统图。

（2）动力及照明平面图。它是表示建筑物内动力、照明设备和线路平面布置的图纸。这些图纸是按建筑物不同标高的楼层分别画出的，并且动力与照明分开。它反映动力及照明线路敷设位置、敷设方式、导线穿线管种类、线管管径、导线截面及导线根数，同时还反映各种电气设备及用电设备的安装数量、型号及相对位置。在动力及照明平面图上导线及设备通常采用图形符号表示，导线与设备间垂直距离和空间位置一般不另用立面图表示，而是标注安装标高，以及附加必要的施工说明。为了更明确地表示出设备安装位置和安装方法，动力及照明平面图一般都是在简化了的土建平面图上绘出的，电气部分用中粗线表示，土建部分用细实线表示，照明平面局部图如图 11 - 4 所示。

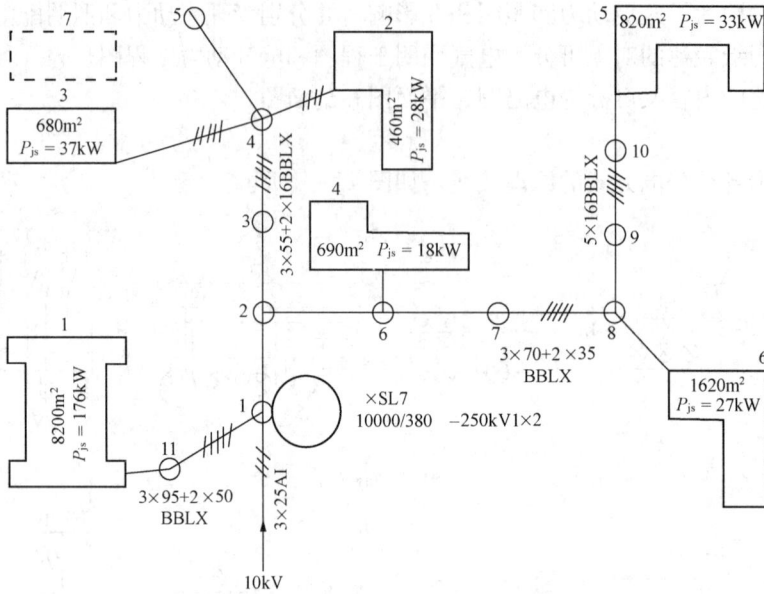

图 11 - 3　某工程外电系统图

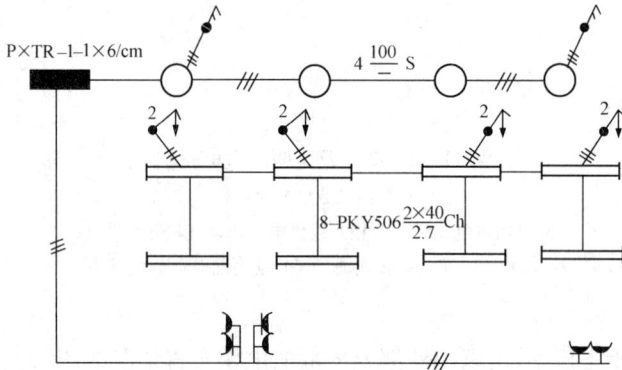

图 11 - 4　照明平面局部图

在照明平面图上需要表达的内容主要有：电源进线位置，导线根数及敷设方式，灯具位置、型号及安装方式，各种用电设备的位置等。

照明平面图中，文字标注主要表达的是照明器具的种类、安装数量、灯泡的功率、安装方式、安装高度等，具体可表达为

$$a-b\dfrac{c\times d}{e}f$$

式中　a——某场所同类型照明器具的套数；

　　　b——灯具类型的代号；

　　　c——照明器内安装灯泡或灯管数量，通常一个或一根可不标；

　　　d——每个灯泡或灯管的功率瓦数，W；

　　　e——照明器底部距地面的安装高度；

　　　f——安装方式代号、灯具安装方式，主要有表 11 - 2 所列几种形式。

表 11 - 2 灯具安装方式的标注文字新旧符号对照表

序 号	名 称	旧 代 号	新 代 号
1	线吊式	X	CP
2	自在器线吊式	X	CP
3	固定线吊式	X1	CP1
4	防水线吊式	X2	CP2
5	吊线器式	X3	CP3
6	链吊式	L	Ch
7	管吊式	G	P
8	壁装式	B	W
9	吸顶式或直附式	D	S
10	嵌入式（嵌入不可进人的顶棚）	R	R
11	顶棚内安装（嵌入可进人的顶棚）	DR	CR
12	墙壁内安装	BR	WR
13	台上安装	T	T
14	支架上安装	J	SP
15	柱上安装	Z	CL
16	座装	ZH	HM

1）各灯具的开关必须接在相线（俗称火线）上。无论是几联开关，只送入开关一根相线。从开关出来的电线称为控制线（或称回火），n 联开关就有 n 条控制线，所以 n 联开关共有（$n+1$）根导线。

2）按照新的规范，照明支路和插座支路应分开，因为在插座支路上要安装漏电保护器，在照明支路上则可以不装。插座支路导线根数由 n 联中极数最多的插座决定，如二三孔双联插座是三根线。若是四联三极插座也是三根线。

3）现在供电系统都采用 TN-S 方式供电。其中有三根相线称 L1、L2、L3，一根工作零线 N，一根专用保护线 PE。单相三孔插座中间孔接保护线 PE，下面两孔是左接零线 N，右接相线 L。单相两孔插座左零右火则没有保护线。

四、照明系统图

系统图上需要表达的内容主要有以下几项。

（1）电缆进线（或架空线路进线）回路数、电缆型号规格、导线或电缆的敷设方式及穿管管径。常用导线敷设方式的标注符号见表 11 - 3。导线敷设的部位见表 11 - 4。

表 11 - 3 导线敷设方式的标注新旧符号对照表

序 号	名 称	旧 代 号	新 代 号
1	导线或电缆穿焊接钢管敷设	G	SC
2	穿电线管敷设	DG	TC
3	穿硬聚氯乙烯管敷设	VG	PC
4	穿阻燃半硬聚氯乙烯管敷设	ZVG	FPC
5	用绝缘子（瓷柱）敷设	CP	K
6	用塑料线槽敷设	XC	PR
7	用钢线槽敷设	CC	SR
8	用电缆桥架敷设	—	CT
9	用瓷夹板敷设	CJ	PL

续表

序　号	名　　称	旧代号	新代号
10	用塑料夹敷设	VJ	PCL
11	穿蛇皮管敷设	SPG	CP
12	穿阻燃塑料管敷设	—	PVC

表 11 - 4　　　　　　　　　　导线敷设部位的标注新旧符号对照表

序　号	名　　称	旧代号	新代号
1	沿钢索敷设	S	SR
2	沿屋架或跨屋架敷设	LM	BE
3	沿柱或跨柱敷设	ZM	CLE
4	沿墙面敷设	QM	WE
5	沿天棚面或顶板面敷设	PM	CE
6	在能进人的吊顶内敷设	PNM	ACE
7	暗敷设在梁内	LA	BC
8	暗敷设在柱内	ZA	CLC
9	暗敷设在墙内	QA	WC
10	暗敷设在地面或地板内	DA	FC
11	暗敷设在屋面或顶板内	PA	CC
12	暗敷设在不能进人的吊顶内	PNA	ACC

【例 11 - 1】　某照明系统图中标注有 BV（3×50＋2×25）SC50-FC。请解释其含义。

解　它表示该线路是采用铜芯塑料绝缘线，三根 50mm²，两根 25mm²，穿钢管敷设，管径 50mm，沿地面暗设。本例中导线型号 BV 中加一个 L，成 BLV，则表示铝芯塑料绝缘电线。BX 是铜芯橡胶绝缘电线，BLX 是铝芯橡胶绝缘电线。电缆及导线的型号繁多，可以参见电气施工图册或产品样本。

【例 11 - 2】　有一栋楼，电源进户线标注是 VLV₂₃（3×50＋1×25）SC50-BC。请解释其含义。

解　它表示该线路是采用铝芯塑料绝缘、塑料护套钢带铠装四芯电力电缆，其中三芯是 50mm²，一芯是 25mm²，穿钢管敷设，管径 50mm，暗敷设在梁内。

（2）总开关及熔断器的规格型号，出线回路数量、用途、用电负载功率数及各条照明支路分相情况。C45N-2/1P30A 表示是 C 系列小型低压断路器（自动空气开关），2 表示保护线路用，单极，容量为 30A（安培）。

（3）用电参数：配电系统图上，还应表示出该工程总的设备容量、需要系数、计算容量、计算电流、配电方式等，也可以采用绘制一个小表格的方式标出用电参数。

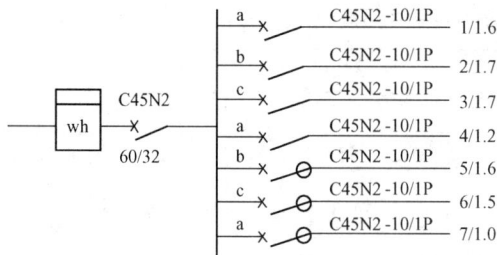

图 11 - 5　照明配电系统图

（4）配电回路参数：电气系统图中各条配电回路上，应标出该回路编号和照明设备的总容量，其中也包括电风扇、插座和其他用电器具等的容量。照明配电系统图一般都是用单线条表示，如图 11 - 5 所示。

五、动力施工平面图举例

图 11 - 6、图 11 - 7 是某锅炉房动力配电电气图的两张主要图纸，供电系统采用了图与表格相结合方法表示，主要表现电动机供电方式、供电线路及控制方式。它按电源进线及母线、配电线路、起动控制设备和受电设备等四个主要部分对线路标了导线规格、敷设方式

及穿线管的规格；对开关、熔断器等控制保护设备标注了设备的型号规格、开关和热元件的整定电流、熔断器中熔体的额定电流；对受电设备标注了设备的型号、功率、名称及编号。除此之外，在系统图上还标了整个系统的计算容量等，必要时还可标注线路的电压损失。

电源进线	刀开关	熔断器	配电线路			启动控制设备	受电设备		
			编号	型号规格	计算电流 (A)		型号功率 (W)	名称	房间号 设备号
		RL-15/15	1	BLX-3×2.5	5.2	CJ10-10A	JO2/3	风机电动机	$\frac{1}{1}$
		15/5	2	SC15 BLX-3×2.5	1.5	CJ10-10A	JO2/0.75	风机电动机	$\frac{1}{2}$
		50/30	3	SC15 BLX-3×4	5.6	QC8-3/6	Y/7.5	出渣机电动机	$\frac{1}{3}$
VLV20-500V3×25	HDR-400/31	15/15	4	SC-20 BLX-3×2.5	4.5	CJ10-10A	JO2/3	出渣机电动机	$\frac{1}{4}$
TC80-DA		15/10	5	GD-15 BLX-3×2.5	15	CJ10-10A	JO2/2.2	风机电动机	$\frac{2}{5}$
		50/30	6	SC-15 VLV20-500-3×4 电缆沟	15	QC8-3/6	Y/7.5	水泵电动机	$\frac{2}{6}$
$\bar{P}_S = 34.45kW$		50/30	7	VLV20-500-3×4 电缆沟	15	QC8-3/6	Y/7.5	水泵电动机	$\frac{2}{7}$
$P_{30} = 31kW$ $I_{30} = 65.4A$			8	BLV-3×2.5	15	HK-153		三相插座	$\frac{1}{1}$

图 11-6 某锅炉房动力供电系统图

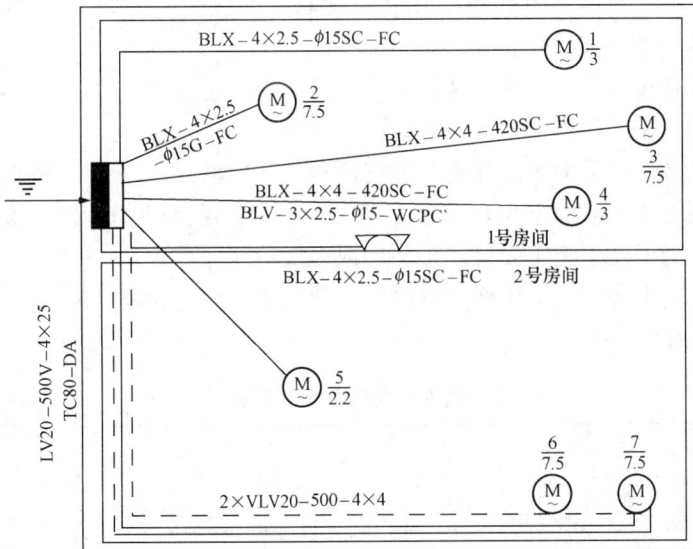

图 11-7 某锅炉房动力供电平面图

动力供电平面图主要表现电动机安装位置、动力线路敷设方式。由于动力设备比照明灯具数量少，且布置于地坪或楼层地面上，供电线路多用三相供电，配线方式多采用穿管配线，因而动力平面图比照明配电平面图简单，但实际的工程量不能完全看图面的符号和线条的多少。此外，动力设备的控制比照明设备的控制要复杂得多，但动力控制线路不属于配线图纸范围。

该建筑物有两个房间，共安装三相异步电动机 7 台，其中三台 Y 系列异步电动机是按 IEC 标准制造的节能型推广产品。电源进线用塑料护套铝芯电缆，其额定电压为 500V、截面积为 $3 \times 25mm^2$、穿入直径为 80mm 的电线钢管内、在地下暗敷，然后引接主动力配电箱。各电动机配线采用二种方式：一种是橡皮绝缘电线采用钢管沿地暗敷，如 3 号电动机用三根 $4mm^2$ 的铝芯橡皮绝缘线穿入直径为 20mm 的水煤气钢管沿地暗敷；另一种是塑料护套电缆沿电缆沟敷设，如 6、7 号电动机用两根 3 芯 $4mm^2$ 的铝芯塑料护套电缆沿电缆沟敷设。三相插座用三根截面积 $2.5mm^2$ 的铝芯塑料绝缘线穿入直径 15mm 的硬塑料管沿墙暗敷。

第二节　室内线路的导线和熔断器的型号及选择

室内布线所用的导线，均应采用绝缘导线，绝缘导线是在线心的外面加包了棉纱、玻璃纤维、橡胶、聚氯乙烯等绝缘材料制成。

一、导线型号的选择

室内配线包括照明、动力线路两大部分。照明线路又根据使用场所和敷线方法不同，它们选择导线的型号各不相同。

1. 照明部分

在公共场所（如机关、办公室、医院、学校、俱乐部、公共宿舍等），职工、村民住宅，可以选用 BX、BV、BLX、BLV 等导线，采用槽板、瓷夹、瓷珠及绝缘子配线。选购时尽量不用小截面铝芯导线，也可用 BVV、BLVV 塑料护套线明敷，如采用暗敷时，管中穿线一般用 BV 或 BX，不宜用铝导线。

导线的型号及种类很多，其应用范围都有一定限度，由于导线型号选择得不妥当，往往会引起各种不良的后果，例如造成火灾等。

导线从截面股数上可分为单股线和多股线两种，一般截面较小的导线多制成单股线；但经常移动电器所用导线，截面不大，也采用多股线，这样的导线易弯曲、柔韧而不易折断。截面较大的导线，为了便于施工安装，多数制成多股绞线。

导线从绝缘材料上分，可分为橡皮绝缘线和塑料绝缘线两大类。常用绝缘电线名称和主要用途如表 11 - 5 所列。

表 11 - 5　　　　　　　　　　　常用绝缘电线名称和主要用途

序号	型　　号		名　　称	主　要　用　途
	铝　芯	铜　芯		
1	BLX	BX	500V 橡皮绝缘线	室内架空或穿管敷设交流 500V 及直流 1000V 以下
2	BLXF	BXF	500V 氯丁橡皮线	室内外架空或穿管敷设。交流 500V 及直流 1000V 以下，尤其适用于室外架空
3		BXR	铜芯橡皮绝橡软线	室内安装，要求较柔软时

序号	型　号		名　称	主　要　用　途
	铝　芯	铜　芯		
4	BLV	BV	聚氯乙烯绝缘电线	用于交流 500V 及以下或直流 1000V 及以下的电气设备及电气线路，可明敷、暗敷，护套线可以直接埋地。软电线可用于安装要求柔软时使用
5	BLV105	BV105	耐热 105℃聚氯乙烯绝缘电线	
6	BLVV（圆形）BLVVB（平形）	BVV（圆形）BVVB（平形）	聚氯乙烯绝缘聚氯乙烯护套电线	
7		BVR	聚氯乙烯绝缘软电线	
8		RV	铜芯聚氯乙烯绝缘软线	供交流 250V 及以下或直流 500V 及以下各种电器、仪表、电信设备自动化装置接线用。RVB，RVS，RVV 型可用于交流 250V 及以下的照明，家用电器的电源接线 阻燃型软线用于上述有阻燃要求的场合。耐热软线用于高温 105℃使用场合
9		ZR-RV	阻燃型铜芯聚氯乙烯绝缘软线	
10		RVB	铜芯聚氯乙烯绝缘平形软线	
11		ZR-RVB	阻燃型铜芯聚氯乙烯绝缘平形软线	
12		RVS	铜芯聚氯乙烯绝缘绞型软线	
13		ZR-RVS	阻燃型铜芯聚氯乙烯绝缘绞型软线	
14		RVV（圆形）RVVB（平形）	铜芯聚氯乙烯绝缘聚氯乙烯护套软线	
15		ZR-RVV	阻燃型铜芯聚氯乙烯绝缘聚氯乙烯护套软线	
16		RV-105	耐热 105℃铜芯聚氯乙烯绝缘软线	
17		ZR-RV-105	阻燃耐热 105℃铜芯聚氯乙烯绝缘软线	

铜芯橡皮线的规格质量如表 11-6 所列。

表 11-6　　　　　　　　铜芯橡皮线规格质量表

线芯标称截面（mm²）	导电线芯		铜质量（kg/km）	电线外径（mm）		电线质量（kg/km）		允许电流（A）	屋外＋25℃
	铜线根数	单线直径（mm）		250V	500V	250V	500V		
4	1	2.24	35.0	5.4	5.8	49	58.3	43	
6	1	2.73	52.0	—	6.3	—	78.7	56	
10	7	1.33	87.5	—	8.3	—	140	80	
16	7	1.68	137.9	—	9.8	—	210	105	
25	7	2.11	217.6	—	11.6	—	316	140	
35	7	2.49	302.0	—	13.0	—	417	170	
50	19	1.81	435.0	—	15.1	—	586	210	
70	19	2.14	607.3	—	16.9	—	782	270	
95	19	2.49	823.5	—	18.3	—	1045	330	
120	37	2.01	1043.5	—	20.0	—	1314	410	
150	37	2.24	1318	—	22.0	—		470	
185	37	2.49	1629	—	24.2	—		550	
240	61	2.21	2120		27.2			670	

在潮湿的畜舍、浴地、地下室、蔬菜、水果仓库等场所，可采用 BX、BV、BLX、BLV、BVV、BLVV 等导线敷设在瓷珠、绝缘子甚至高柱绝缘子上，以加强绝缘。

在较干燥的生产车间、小型厂房可选用 BX、BV、或 BLX、BLV 型导线敷设在槽板、瓷夹、瓷珠或绝缘子上。

在容易失火而引起火灾场所（如磨房、脱粒场合、粮米加工厂、粮仓等），可选用 BV-105、BLV-105 穿管橡皮线，作管内穿线，明敷或暗敷。

在有爆炸危险的场所（如油库、石油制品库、油漆库、易燃化学药品库等），照明线路应采用 ZR-RV 型导线，敷设在钢管中，灯具、开关均采用防爆型；也可采用屋墙外照明方法，经窗户透入光线。

2. 动力部分

室内动力线宜采用 BX、BLX、BVV、BLVV 或 BV-105、BLV-105 型导线，敷设在钢管中；但线路较长时，导线可仅在引入电动机处一段采用管内布线。

二、导线允许载流量和温度校正系数

第一节中已讲述低压配电线路导线截面按允许载流量经温度校正后选择，并由允许电压损失、机械强度校验。

表 11-7 和表 11-8 为温度 25℃时导线连续允许电流，通过这电流值时导线温度为 65～85℃。如果导线所处环境温度高于或低于 25℃时，校正系数可按式（11-1）进行计算，也可查表 11-9 得到。

表 11-7　　　　　橡胶绝缘电线在空气中敷设长期负载下的载流量

（电线型号为 BLXF、BLX、BX、BXR、BBLX、BBX，线芯允许温度为 +65℃）

标称截面 （mm²）	铝芯载流量 （A）	铜芯载流量 （A）	标称截面 （mm²）	铝芯载流量 （A）	铜芯载流量 （A）
1	—	19	50	165	210
1.5	—	24	70	210	270
2.5	24	32	95	258	330
4	32	43	120	310	410
6	40	56	150	360	470
10	58	80	185	420	550
16	80	105	240	510	670
25	105	140	300	600	770
35	130	170	400	730	940

表 11-8　　　　　塑料绝缘电线在空气中敷设长期负载下的载流量

（电线型号为 BLV、BV、BVR、RVB、RVS、RFB、RFS，线芯允许温度为 +65℃）

标称截面 （mm²）	铝芯载流量 （A）	铜芯载流量 （A）	标称截面 （mm²）	铝芯载流量 （A）	铜芯载流量 （A）
1	—	20	50	175	230
1.5		25	70	225	290
2.5	26	34	95	270	350
4	34	45	120	330	430
6	44	57	150	380	500
10	62	85	185	450	580

续表

标称截面 （mm²）	铝芯载流量 （A）	铜芯载流量 （A）	标称截面 （mm²）	铝芯载流量 （A）	铜芯载流量 （A）
16	85	110	240	540	710
25	110	150	300	630	820
35	140	180	400	770	1000

表 11 - 9 　　　　　　　　　　各种导线的长期允许电流温度校正系数

导体额定温度 （℃）	实际环境温度时的载流量校正系数											
	−5	0	5	10	15	20	25	30	35	40	45	50
80	1.24	1.20	1.17	1.13	1.09	1.04	1.00	0.95	0.90	0.85	0.80	0.74
70	1.29	1.24	1.20	1.15	1.11	1.05	1.00	0.94	0.88	0.81	0.74	0.67
65	1.32	1.27	1.22	1.17	1.12	1.06	1.00	0.94	0.87	0.79	0.71	0.61
60	1.36	1.31	1.25	1.20	1.13	1.07	1.00	0.93	0.85	0.76	0.66	0.54
55	1.41	1.35	1.29	1.23	1.15	1.08	1.00	0.91	0.82	0.71	0.58	0.41
50	1.48	1.41	1.34	1.26	1.18	1.09	1.00	0.89	0.87	0.63	0.45	0.41

三、熔断器及熔体额定电流选择

（一）照明电路熔断器及熔体额定电流选择

1. 照明电路熔断器的选择

照明电路熔断器可选用 RC1A 型或 RL1 型螺旋式熔断器。

RC1A 型熔断器如图 11-8 所示，它结构简单、价格便宜、更换熔体方便，故广泛用于 500V 以下低压电路中，用来保护线路、照明设备和小容量电动机，它额定电流为 10～200A。这种熔断器熔体主要用铅锡合金熔体，其规格如表 11-10 所示。

表 11 - 10 　　　　　　　　　　常用低压熔丝的规格

种　类	直径（mm）	近似英规线号	额定电流 （A）	种　类	直径（mm）	近似英规线号	额定电流 （A）
铅锡合金 （铅占95%， 锡占5%）	0.559	24	2.3	青铅合金 （铅占98% 以上、锑占 0.3%至1.5%）	0.54	24	2.25
	0.61	23	2.6		0.60	23	2.5
	0.71	22	3.3		0.71	22	3
	0.813	21	4.1		0.98	20	5
	0.915	20	4.8		1.02	19	6
	1.22	13	7		1.25	18	7.5
	1.63	16	11		1.51	17	10
	1.83	15	13		1.67	16	11
	2.03	14	15		1.75	15	12
	2.34	13	18		1.98	14	15
	2.65	12	22		2.40	13	20
	2.95	11	26		2.78	12	25
	3.26	10	30		2.95	11	27.5
					3.14	10	30
					3.18	9	40
					4.12	8	45
					4.44	7	50
					4.91	6	60
					5.24	4	70

RL1 型螺旋式熔断器体积小、质量轻安装面积小、更换熔体方便。熔体置于瓷质熔管中，管内充填石英砂，熔体熔断时，熔管上红点弹出。其外形如图 11-9 所示，额定电流在 60A 以下。

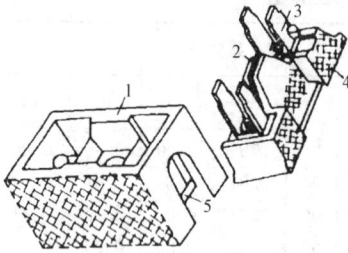

图 11-8　RC1A 型熔断器

1—瓷底座；2—熔体；3—动触头；

4—瓷插件；5—静触头

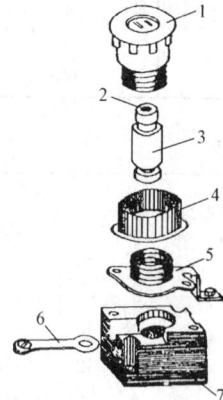

图 11-9　RL1 型熔断器

1—瓷帽；2—红点；3—熔断管；4—瓷套；

5—上接线端；6—下接线端；7—底座

2. 照明电路熔体额定电流的选择

（1）照明配电支路。熔体的额定电流应大于等于该支路实际最大负载电流，但应小于该支路中最细导线的安全电流。导线最细截面和熔件容量配合如表 11-11 所列。

表 11-11　　　　　　　　　绝缘铜线、铝线及软线的截面与熔件容量配合

熔断器额定电流（A）		铜芯线截面（mm²）	铝芯线截面（mm²）
住宅、公共房间办公室及仓库	生产车间（小型工厂等）		
		0.5	—
		0.75	—
10	15	1	—
15	20	1.5	—
20	25	2.5	4
25	35	4	6
35	35	6	10
60	60	10	16
80	100	16	25
100	125	25	35
125	160	35	50
160	200	50	70
200	225	70	95
225	300	95	150
260	350	120	185
300	350	150	240
350	430	185	300

（2）照明电路总熔体额定电流它可按电能表额定电流的0.9～1.0倍选择。

（二）电动机电路中熔断器和熔体额定电流选择

1. 电动机电路 RM 型熔断器

电动机电路一般优先选用 RM 型管式熔断器（见图11-10），它的熔体是用锌材料做成的变截面熔片，锌熔体具有氧化缓慢的优点，能保证熔体的工作特性。这种熔体在全长上截面并不相同，而是分成2～3级，熔体最先在小截面部分熔化，而后击穿，发生电弧，如此分级进行，直到沿全长发生电弧。因此，所产生的过电压值比用等截面熔体熔断器小得多。另外它熔管用纤维材料做成，在电弧高温度作用下，分解出大量气体，使管内压力迅速增大，促使电弧很快熄灭。当几处狭窄部分同时熔断后，宽阔部分下坠所造成的较大弧隙，对灭弧更为有利。故变截面熔体结构，可以提高熔断器的断流能力，同时这种熔断器具有快速灭弧和限流作用。

电动机回路也可选用 RT0 熔断器，但这种熔断器熔体不能更换，价格也较贵，但保护特性很好。

2. 自复熔断器

近代低压电器容量逐渐增大，低压配电线路的短路电流也越来越大，要求用于系统保护开关元件的分断能力也不断提高，为此出现了一些新型限流元件，如自复熔断器等。图11-11所示是自复熔断器构造简图。应用时和外电路的低压断路器配合工作，效果很好。

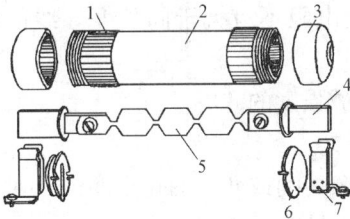

图11-10　RM10型无填料熔断器

1—黄铜圈；2—绝缘纸管；3—黄铜帽；

4—插刀；5—熔体；6—特种垫圈；

7—刀座

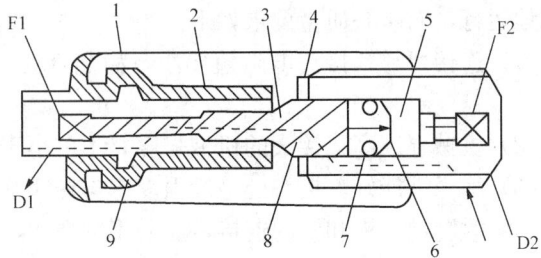

图11-11　自复熔断器

D1、D2—端子；F1、F2—阀门；

1—金属外壳；2—陶瓷圆筒（BeO）；3—钠；4—垫圈；5—高压气体 Ar；

6—活塞；7—环；8—电流通路；9—特殊陶瓷

图中 D1、D2 是互相绝缘的两个端子，其间用钠联通。在正常工作时，钠电路是固相。用热导率和铝相同的陶瓷圆筒（BeO）包围在钠电路的四周，把钠电路中正常工作电流通过时产生的热量有效地传到端子，以降低钠电路的热态电阻。工作电流正常时，钠是低阻值（R_0）。

在发生短路故障时，短路电流的热效应使钠电路变为气相，钠的气化是从狭小的截面开始的。为了实现快速自复，用高压氩气（Ar）借助于活塞对钠电路施加外压。当短路电流通过时，钠快速气化形成高温等离子体，这一限流元件的电阻剧增，从而把故障电流限制在较低数值。这时钠电路的活塞向外移动，防止钠气压上升过高。此时串联在外电路上的低压断路器自动脱扣切断电路。随后，因为高压气体氩气使活塞恢复原位，钠电路亦快速恢复原状，电阻也恢复到 R_0，用时约为5ms。

3. 电动机回路熔体额定电流的选择

电动机回路熔体额定电流选择时主要要躲开电动机启动电流。熔体额定电流可根据下列三种不同情况分别选择使用：①当电路中只有一台电动机时，熔体额定电流应大于或等于电动机的额定电流 1.5～2.5 倍。②当一条电路中有几台电动机时，总熔体的额定电流应大于或等于容量最大一台电动机的额定电流 1.5～2.5 倍，再加上其余几台电动机额定电流。③负载平稳没有冲击电流，有的启动设备在电动机启动时，使熔断器不通过启动电流，启动后才将熔断器投入线路，或通过降压设备启动时，就不必考虑启动电流。熔体额定电流，可以等于电动机额定电流。

1.5～2.5 倍系数的选择应考虑启动频繁程度、启动时负载大小、启动时间长短、电动机启动设备而定。

第三节　绝缘导线的连接方法

低压配电线路广泛采用绝缘导线，截面积较输、配电线路导线直径小，它们的连接方法也不同。

一、导线连接的基本要求

导线接头质量容易被忽视，往往是故障的起因，导线接头松脱或接触不良，就会发生火花或高电阻发热严重，烧毁接头上绝缘胶布；此外由于胶布缠绕不良日久脱落，这样使线芯长期裸露，也容易发生短路、触电甚至电气火灾。故敷线时应尽量避免接头，为了保证安全可靠地运行，对接头质量要求如下。

（1）连接可靠。接头电阻值要小，稳定性要高，接头处电阻不应大于同长度导线的电阻值。

（2）机械强度高。接头的机械强度，不可小于原导线机械强度的 80%。

（3）绝缘性能好。接头处绝缘强度应与导线绝缘强度一样。

（4）耐腐蚀。铝和铝的连接，如采用熔焊法，要防止残余熔剂或残渣的化学腐蚀；对铝和铜的连接，在连接前后，采取措施避免在结合面处有电化腐蚀。

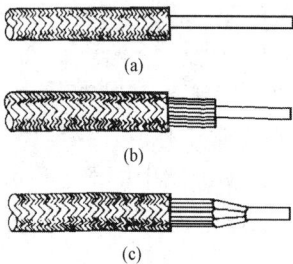

图 11-12　导线绝缘剥切方法
（a）单层剥法；（b）分段剥法；
（c）斜削法

二、绝缘层的剥切

导线连接前，须将导线端部绝缘层剥去，芯线露出之长度，依接法的不同，其长度一般为 50～100mm。常用的剥切方法有单层剥法、分段剥法和斜削法三种（见图 11-12）单层剥法适用于单层绝缘材料的塑料线，如有多层绝缘材料，这样剥切是不正确的，这种方法既容易伤线芯，而且也不易缠绕绝缘带。分段剥法适用于绝缘层数较多导线，每一层材料应有一个级段；斜削法和分段剥法适用情况相同，仅内层绝缘材料成削铅笔一样。各种剥切，均须注意不可割伤芯线，否则接头机械强度将大为降低。

三、铜导线连接

（一）单股铜导线连接

单股铜导线的连接有平接头（缠绕或绑接）、丁字接头、十字接头、终端接头等（见图 11-13）。

平接头缠绕又称绞接，适用于直径 2.6mm 以下导线，两线相绞 3 圈后端头各在另一线上紧密地缠绕 5 圈，余线割弃，使端部紧靠导线。平接头绑接时，先将两线端用钳子稍作弯曲，相互并合，然后用一根直径约 1.6mm 裸铜绑线紧密地缠卷在两根导线并合部位，缠卷长度约为导线直径的 10 倍左右，最后绑线在两弯曲的线端外侧密缠卷 5 圈。

丁字接头缠绕（绞接）时，可先将分支线在干线上粗绞 1~2 圈，再用钢丝钳紧密地缠绕 5 圈，余线割弃。丁字接头同样可以用绑线绑接。十字接头做法相似。

终端接头：较细导线可两线端用钢丝钳密绞 5 圈，端头弯回头，以免损伤绝缘胶布。较粗导线也可用绑线缠卷紧密，端头弯回头。

（二）多股导线连接

多股导线的接头一般都采用缠接法。平接多股导线时，将多股导线线芯顺次解开，再将各张开的线端相互插嵌到每股线中心接触，如图 11-14 所示。然后把张开的各线端合拢，取任意两股同时缠绕 5 圈后，另二股也缠绕 5 圈，把原来两股压在里档或把它割弃，最后三股也以同样方法缠绕 5 圈，余线割弃，余留部分用钳子敲平，使其紧贴导线，再用同样方法做另一端。丁字连接时，将分支线端解开，拉直擦净后分为两半，各曲折

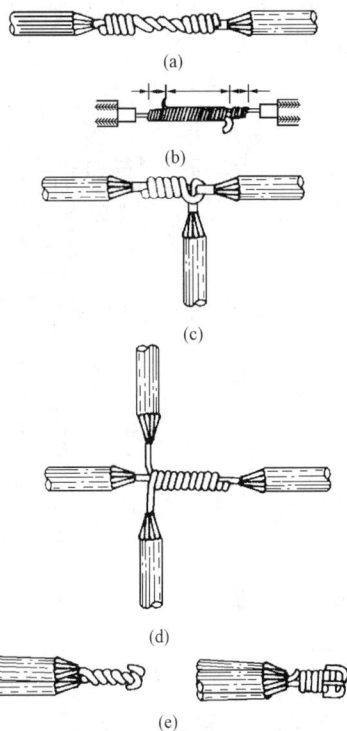

图 11-13　单股铜导线的连接
(a) 平接头（缠绕）；(b) 平接头（绑接）；(c) 丁字接头；(d) 十字接头；(e) 终端接头

90°，附在干线上，然后一侧用另备的短线作临时绑扎，另一侧在导线中先取出一根，用钳子在干线上紧密缠绕 5 圈，余线压在里档或割弃，再换一根，用同样方法缠绕 3 圈，依次类推，缠到距绝缘层 15mm 为止。再用同样方法缠另一端，如图 11-15 所示。

（三）软线连接方法

软线在连接时，先把芯线拧成单股导线样子，然后再按

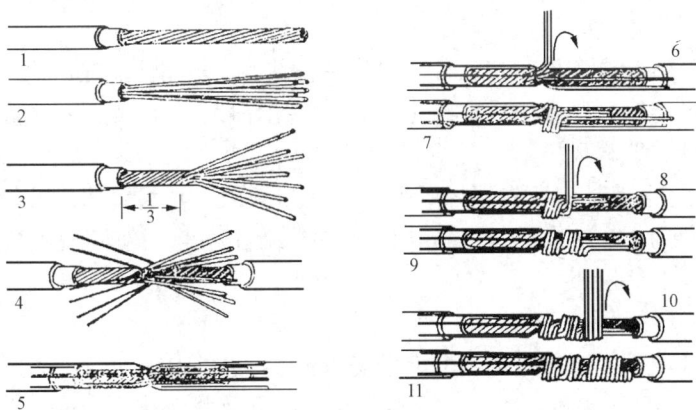

图 11-14　平接多股导线缠接法

单股导线的连接方法连接。

（四）铜导线的压接

铜导线的压接，即采用相同直径的铜接管或铜接头，套在被连接的线芯上，用专用压接钳和模具进行冷态压接。这种方法工艺简便、不耗费有色金属，适用现场施工，一般每端压一个坑就能满足接触电阻和机械强度的要求，但对拉力强度要求高的场合，可每端压两个

坑。铜接管压接工艺要求和尺寸如图 11 - 16 和表 11 - 12 所示。压坑深度，控制到上、下模接触为止。

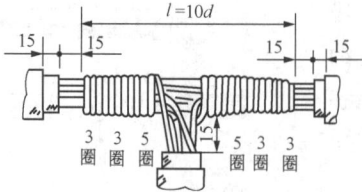

图 11 - 15 多股导线分支连接

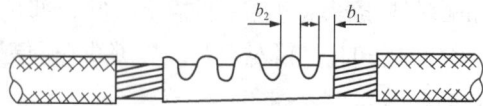

图 11 - 16 铜接管压接的工艺

表 11 - 12 铜接管压接工艺尺寸

规　格	压坑间距（mm）		规　格	压坑间距（mm）	
	b_1	b_2		b_1	b_2
QT-16	3	4	QT-120	4	5
QT-25	3	4	QT-150	4	6
QT-35	3	4	QT-185	4	6
QT-50	3	4	QT-240	4	6
QT-70	3	5	QT-300	5	7
QT-95	3	5	QT-400	5	7

（五）铜导线的接头焊锡（或焊接）和包缠绝缘带

导线平接和分接后，必须用焊锡焊牢，以增加结合处的机械强度和导电性能，并防止铜线氧化。

焊接之前，需焊的线芯用细砂纸磨光并除去污垢，涂上焊药行进焊接。较细导线接头，可用烙铁、喷灯或其他火焰加热后进行焊锡。如果导线截面较大，焊锡有困难时，可采用浇焊方法。

接头焊接妥当后，必须用绝缘带包扎，以恢复其绝缘。

一般使用的绝缘带有橡胶带、黄腊布和黑胶带三种。橡胶带有黏性、防潮性能强，适用于橡胶绝缘导线；黄腊布是棉布浸绝缘树脂漆制成，绝缘性能高、无黏性、表面光滑；黑胶布用棉布浸黑色橡胶制成，有黏性、能耐风雨。

在橡胶绝缘导线接头上缠绕绝缘带时，应先用橡胶带或黄腊布缠两层，然后用黑胶带缠绕两层。缠绕时采用斜选法，要用力拉紧，包得密切结实，黏结在一起，使潮气不能进入。

（六）铜导线端头的装接

绝缘导线端头，在装接到电气设备上之前，必须把绝缘皮切割干净。

导线截面在 $10mm^2$ 以下的单股线，截面 $4mm^2$ 以下多股导线，以及截面在 $2.5mm^2$ 以下软线，可以直接接到电气设备接线柱上。

多股导线或软线的端头，必须先将芯线拧紧后挂锡，然后接到电气设备接线柱上。线头和电气设备接线柱连接时，线头弯曲方向要和接线柱螺帽旋转方向一致，否则线头有可能散开，而造成接触不良的后果，如图 11 - 17 所示。导线截面在 $10mm^2$ 以上的单股线，截面在 $4mm^2$ 以上的多股线，以及截面在 $2.5mm^2$ 以上的软线，由于导线较粗，不易弯曲成线头圈，同时由于线头接触面较少接触电阻较大，在传导大电流时会产生高热，因此，应采用焊装铜端头或铜连接片来装接（见图 11 - 18）。

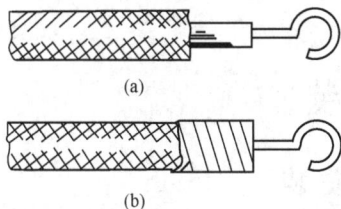

图 11 - 17　导线端头作法
（a）未缠绝缘带前；（b）已绕好绝缘层

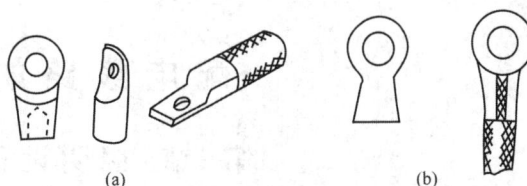

图 11 - 18　导线铜端头
（a）未缠绝缘带前；（b）已绕好绝缘层

　　铜端头、铜接片与导线的连接，可采用焊接或压接法。焊接法是先将导线绝缘层剥除，切削长度和接线柱相配合，然后挂锡。铜端头清污后涂上焊药进行挂锡，最后将导线焊于端头或导线连接片上即可。压接法是将铜导线线芯插入铜端子，压接方法和前述相同。

第十二章

配 电 线 路 的 安 装

第一节 照 明 设 备 的 安 装

照明所需光源，以电光源最为普遍。电光源所需的电气装置，统称照明装置。

一、电光源分类和照明形式选用

（一）电光源分类

产生光源的方法很多，目前最常用的有白炽体发光和紫外线激励荧光物质发光两种。具体品种的分类，通常以概括其发光原理来命名。常用的电光源的品种分类、特点和应用概况如表12-1所列。

表 12-1　　　　　常用电光源种类和应用概况

类　别	特　点	应 用 场 所
白炽灯	1. 构造简单，使用可靠，价格低廉，装修方便，光色柔和 2. 发光效率较低，使用寿命较短（一般仅1000h）	广泛应用于各种场所
碘钨灯 （卤素灯）	1. 发光效率比白炽灯高30％左右，构造简单，使用可靠，光色好，体积小，装修方便 2. 灯管必须水平安装（倾斜度不可大于4°），灯管温度高（管壁可达500~700℃）	广场、体育场、游泳池，工矿企业的车间、工地、仓库、堆场和门灯，以及建筑工地和田间作业等场所
荧光灯 （日光灯）	1. 发光效率比白炽灯高4倍左右，寿命长，比白炽灯长2~3倍，光色较好 2. 功率因数低（仅0.5左右），附件多，故障率较白炽灯高	广泛应用于办公室、会议室和商店等场所
高压汞灯 （高压水银荧光灯）	1. 发光效率高，约是白炽灯的3倍，耐震耐热性能好，寿命约是白炽灯的2.5~5倍 2. 起辉时间长，适应电压波动性能差（电压下降5％可能会引起自熄）	广场、大型车间、车站、码头、街道、露天工场、门灯和仓库等场所
钠　灯	1. 发光效率高，耐震性能好，寿命长（超过白炽灯10倍），光线穿透性强 2. 辨色性能差	街道、堆场、车站和码头等尤其适用于多露多尘埃的场所，作为一般照明使用
镝　灯 钠铊铟 （金属卤化物灯）	1. 光效高，辨色性能较好 2. 属强光灯，若安装不妥易发生眩光和较高的紫外线辐射	适用于大面积高照度的场所，如体育场、游泳池、广场、建筑工地等
高压钠灯	1. 也是强弧光放电灯，体积小，发光效率更高 2. 发金白色光，透雾性好	宜作广场，大型公共建筑照明

日光色镝灯具有太阳光的色温与显色指数，使用寿命长，节能效果好，在1996年1月被全国节约用电办公室列为首批向全国推广的节能产品，它是金属卤化物灯中的佼佼者，发光效率是汞灯的1.52倍、碘钨灯的4.5倍、白炽灯的7.4倍。全国节约用电办公室要求1~2年内在工矿企业车间、体育场馆、车站码头广场及道路全部采用金属卤化物灯照明；2~3年内在宾馆、饭店、招待所、商场等处所，全部采用节能灯照明，取消白炽灯和电感式镇流器。

（二）照明分类

根据人们日常活动实际需要，照明分有生活照明、工作照明和事故照明三种。按光源的安排形式，又可分为一般照明、局部照明和混合照明三种。生活照明一般要求均匀地照亮周围环境，但对照度要求不高；工作照明要求有足够照度，但照度过高或光源过近要伤害视力，尤其局部照明，不应采用过大光通量的光源；事故照明对照度要求不高，但要求装置可靠。

（三）照度选用

各种电光源不同电功率时有不同的光通量，光通量单位是 lm（流明）。被照面的照度，与电光源光通量成正比，和两者之间距离的平方成反比，和光线的入射角余弦值成正比。

照度的选择一般应以人们从事活动和所处的环境为依据。各种环境的一般照度要求可参考表 12 - 2 所列数值。

表 12 - 2　　　　　　　　　　　各种环境的一般照度标准

工作名称和工作场所	照度 (lx)	工作名称和工作场所	照度 (lx)
细小精致的工作	100	更衣室	25
使用有危险性小的带刃切削工具的工作	100	走廊	10
在工作台上作细小精确工作、书写工作	75	楼梯	8
阅读、观看各种仪器所示度数	50	庭院、通路	2

二、电气照明灯的基本电路

在电气设备安装之前，应熟悉各种电气照明基本线路的用途及所用的开关型式。

（一）一只单联开关控制一盏灯

一只单联开关控制一盏灯的线路，应用最为普遍，如图 12 - 1 所示。开关应设在相线上。开关的型式应与线路的型式相配合，开关的额定电流应大于灯的电流。

（二）一只单联开关控制一盏灯并设有插座

这种情况的线路有图 12 - 2 所示的两种接法，开关和灯串接

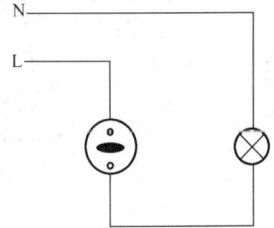

图 12 - 1　一只单联开关
控制一盏灯

后与插座并联。其中图 12 - 2（a）是直接接线法，用线较少，但由于线路上有接头，日久易松动，接头工艺也较复杂；图 12 - 2（b）是共头接线法，接头在电器接线桩上，比较安全，但使用导线较多。

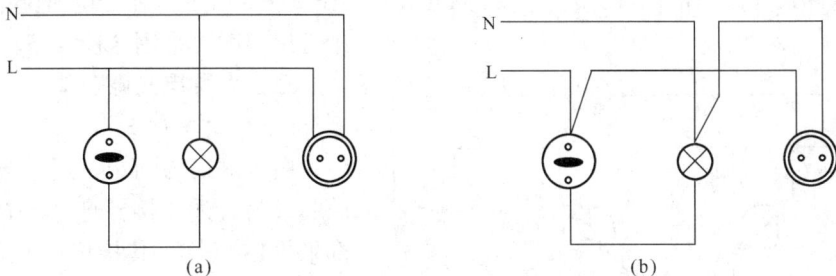

图 12 - 2　一只单联开关一盏灯，并设有插座
（a）直接接线法；（b）共头接线法

（三）一只单联开关控制多盏灯

一只单联开关控制多盏灯的接线如图 12-3 所示，开关接在相线始端，多盏电灯并联。这种情况下应注意开关容量。

（四）两只单联开关控制两只灯

这种情况接线如图 12-4 所示，每条并联支路上开关和灯串联，开关装设在相线侧。

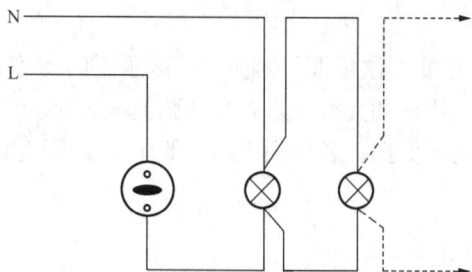

图 12-3　一只单联开关控制多盏灯

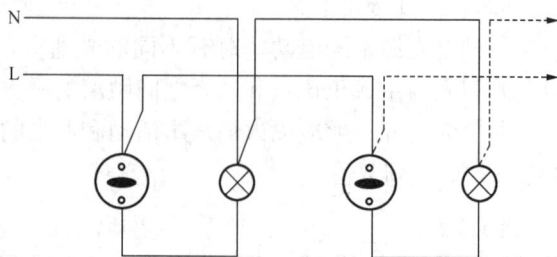

图 12-4　二只单联开关控制两盏灯

（五）两只双联开关在两个地方控制一盏灯

这种情况应用于楼梯灯及走廊灯，可有图 12-5 所示的两种接法。图 12-5（a）所示线路特点是：省导线，只要是同回路的线路，可分别就近接取相线和中性线（如楼上一只开关接取相线，楼下一只开关接取中性线）；缺点是开关内容易发生短路事故。图 12-5（b）所示线路特点是：比较安全，一只开关内只有相线或中性线；但安装时所需线较多。

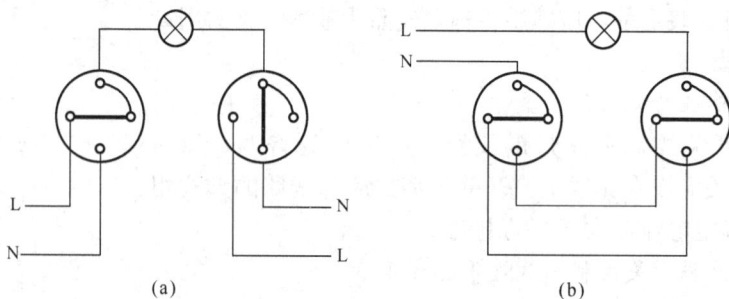

(a)

(b)

图 12-5　两只双联开关在两个地方控制一盏灯

（a）电源双线进开关；（b）电源单线进开关

（六）三处控制一盏灯

这种线路需要两只双联开关，一只三联开关，如图 12-6 所示，在变电所配电间，有多个进出口时可采用这种线路。

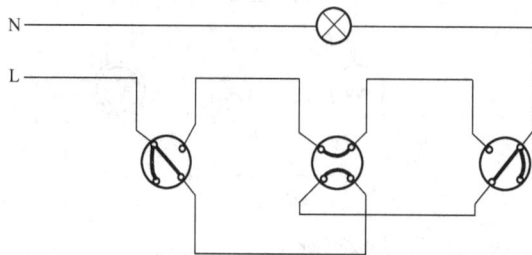

图 12-6　三处控制一盏灯

三、各种电光源安装

（一）白炽灯安装

白炽灯最为简单，用于频繁操作处照明最为合适。楼梯灯、走廊灯基本上都采用白炽灯，其接线已在前面叙述。白炽灯安装除了装开关外就是安装灯座。

1. 结构和发光原理

靠电能将灯丝（钨丝）加热到白炽而发光，钨丝熔点高、蒸发率小，灯丝工作温度愈高，其辐射可见光在辐射总能量中比例较高，从而提高发光效率。40W 以下白炽灯泡是真空泡，灯丝温度不能过高，故发光效率不高，40W 以上灯泡内充隋性气体，这样可提高灯丝工作温度，以提高发光效率。

2. 灯座的分类和安装

（1）灯座分类。灯座俗称灯头，按灯泡接口可分为插座式和螺口式；按安装形式可分为吊灯座和平灯座，吊灯座和棚顶上的挂线盒配套使用。按安装条件可分为防水灯座、安全灯座和一般灯座；按灯座材料又可分为胶木、铜壳和瓷质三类。防水灯座引线密封比较好；安全灯座螺口边胶木完全把螺口遮去不会被人触及。

（2）灯座安装。灯座上两接线桩，一个和电源中性线连接，另一个与来自开关的连接线连接。

插口灯座两个接线桩可任意连接上述两个线头；螺口灯座为了使用安全，必须将来自中性线的线头连接在连通螺纹圈的接线桩上，来自开关的连接线线头连接在连通中心簧片的接线桩上，如图 12 - 7 所示。

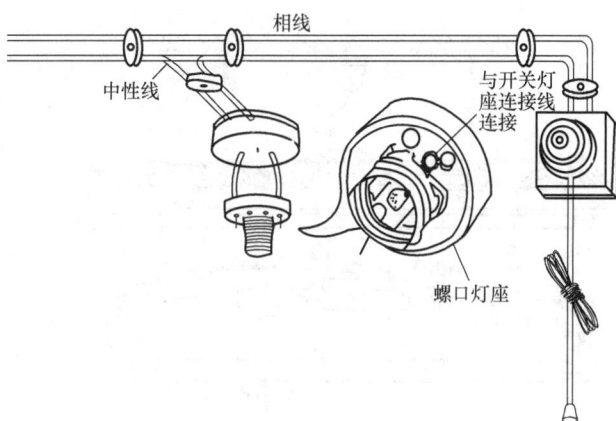

图 12 - 7　螺口灯座安装

吊线灯座必须用塑料软线（或花线）穿入灯座罩盖打结后与接线桩相连，线的另一端穿入挂线盒罩打结后与固定在木台上的挂线盒座上的接线桩相连，如图 12 - 8 所示以不使导线芯线承受吊灯质量。如果采用花线，其中一根带花纹的导线应接在开关连线上。

平灯座也要装在木台上，不可直接安装在建筑物平面上。

3. 灯座、开关和插座安装要求

（1）灯座安装要求。吊灯必须装有挂线盒，每只挂线盒一般只允许接装一根挂线。一般户内场所电灯离地距离不得低于 2m；湿度经常在 85% 以上的或环境温度在 40℃ 以上的，或有导电尘埃的，或导电地面场所，统称潮湿危险场所，这类场所及户外的电灯，其离

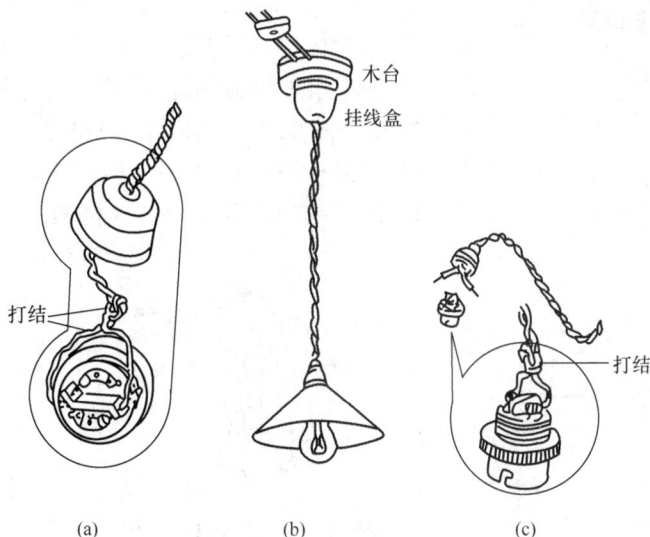

图 12 - 8　避免芯线承受吊灯质量的方法

(a) 挂线盒安装；(b) 装成的吊灯；(c) 灯座安装

地距离不得低于 2.5m；在户内一般环境中如需把电灯放低时，则最低不能低于离地 1m，并在放低 1m 的电源引线上套绝缘管保护，且必须采用安全灯座；灯座离地不足 1m 所使用的电灯，必须采用 36V 低压安全灯。

（2）开关安装要求。普通电灯开关离地距离不应低于 1.3m；单联开关应接在相线上；拉线开关拉线口必须与拉向保持一致，否则容易磨断拉线，安装平开关时，操作柄向下时接通电路，扳上时分断电路，与闸刀开关恰巧相反。

（3）插座安装要求。普通插座离地距离，不应低于 1.3m；特殊需要时，插座离地不得低于 150mm，并采用安全插座；插座应安装在木台上双孔水平排列，三孔插座必须将接地孔眼（大孔）装在上方；规定接地桩必须与接地线相连接，不可借用中性线头作接地线。

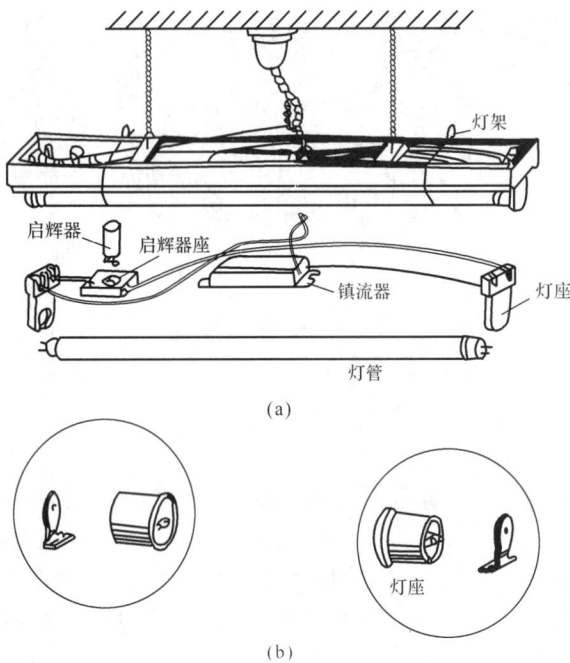

图 12-9　荧光灯

(a) 组件构成和布线；(b) 弹簧式灯座

动、静触片间间隙大。

（二）荧光灯安装

1. 荧光灯组成与工作原理

（1）荧光灯组成。荧光灯由灯管、启辉器、镇流器、灯架和灯座五部分组成，如图 12-9 所示。如果需装设电容补偿的还应有电容器。

1）灯管。内壁涂有荧光材料的玻璃管抽成真空后充入少量汞和隋性气体，其两端灯丝上涂有电子发射物质。其构造如图 12-10 所示。

灯管分细管和粗管，常用规格有 4、6、8、12、15、20、30、40W 等，一般功率大的灯管长。

2）启辉器。由氖泡、小电容、出线脚和铝外壳构成。氖泡内装有 U 形双金属的动触片和静触片。构造和符号如图 12-11 所示。规格分 4～8W，15～20W 和 30～40W，也有通用型 4～40W 多种。一般瓦数大的

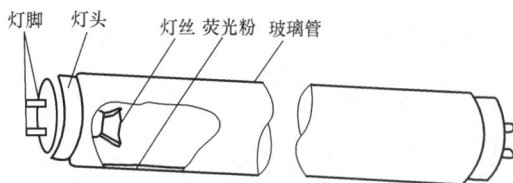

图 12-10　荧光灯管

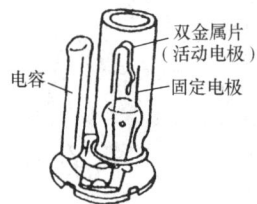

图 12-11　双金属片启辉器

3）镇流器。由带气隙的铁芯和线圈组成，如图 12-12 所示。漆包线截面和灯管功率相配合。铁芯截面和线圈匝数相配合：15W 以下镇流器铁芯截面 2.5cm²，匝数 2600 匝左右，

铁芯损失 4W 左右；20W 以上镇流器铁芯截面 $4.5cm^2$，匝数 2200 匝左右，铁芯损失 7W 左右。功率大小主要是铁芯气隙不同，功率大的气隙大。

（2）荧光灯工作原理。荧光灯工作全过程分起辉和工作两种状态，工作状态时灯管内部电离而形成直通回路，启辉器不起作用。工作原理可分三个阶段：

1）预热阶段。通电后从相线→镇流器→灯管一侧→启辉器→灯管另一侧→中性线形成回路，启辉器两端几乎是全部电压，氖泡内动、静触头间辉光放电，接通灯管两端灯丝，预热 1～3s 后，升温到 900℃ 左右，灯丝发射电子。这阶段中镇流器起限流作用。

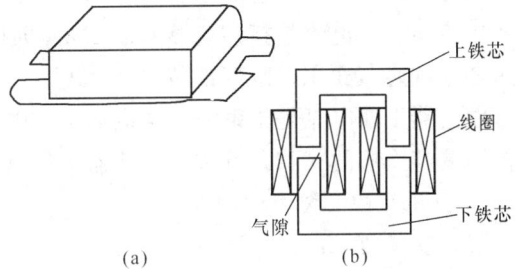

图 12 - 12　荧光灯镇流器

2）启辉阶段。启辉器辉光放电时双金属片发热向外伸展，当接触静触片后，辉光放电停止，U 形双金属片因温度下降而复位，动、静触头分开瞬间，镇流器铁芯中磁通突变而产生一个自感电动势，叠加在电源上，加于已有大量电子的灯管两端，迫使灯管内惰性气体电离而引起弧光放电。这时，启辉器上电压下降，已不足以引启辉光放电，启辉器已不起作用电源电压加在镇流器和灯管上。

3）灯管工作阶段。灯管启辉后，随着灯管内温度升高，液态汞汽化游离，撞击惰性气体分子，引起汞蒸汽弧光放电，辐射出波长 2537Å（埃）的紫外线，激发内壁上荧光材料发出可见光，光色近似"日光色"。这时，镇流器起稳定电流作用。

（3）荧光灯接线讨论：

1）启辉器内并联在氖泡上的小电容有两个作用：其一，与镇流器线圈形成 LC 振荡电路，能延长灯丝预热时间和维持脉冲电动势；其二，能吸收干扰收音机、电视机之类电子装置的杂波。电容击穿损坏后灯管两头亮而不启辉，灯丝长期通电而被损坏，如剪除已损坏的电容，氖泡仍可使用。

2）启辉器可用按钮代替。按下按钮，灯丝预热；放开按钮，镇流器产生脉冲电动势，迫使灯管弧光放电。

3）短型灯管一端灯丝断裂时，用导线短接该端，两引出脚后可继续使用，长灯管则因预热往往达不到要求而较难奏效。

4）电子镇流器。市场上早期电子镇流器是利用倍压整流，提高灯管两端电压，迫使灯管弧光放电，灯管工作时，工作电流是直流电。这种电子镇流器有种种弊病，不宜推广。

新型电子镇流器实际上是将工频交流电变成高频交流电，加到灯管上使灯管工作，性能较好，但价格昂贵。

5）阻容式镇流器。对小功率灯管也可采用充电电容和稳流电阻（也可用小功率灯泡）串联，并在充电电容旁串联一电阻大的泄放电阻组成。

6）四线头镇流器。它除主线圈外还绕有副线圈，副线圈串接在启辉器线路上，其接线图如图 12 - 13 所

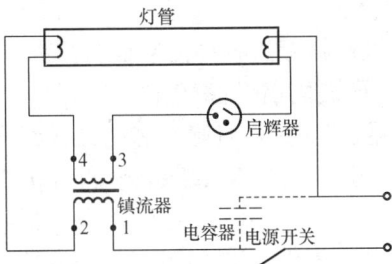

图 12 - 13　四线头镇流器接线图

示。接线时要注意副线圈极性,接反时启辉困难。

2. 荧光灯附件的选配

荧光灯附件要与灯管功率、电压和频率相适应。常用附件选配,参见表12-3所列。

镇流器启辉电流是指镇流器两端215V时电流,这时铁芯已饱和电流较大,调整启动电流可调整铁芯截面积以改变铁芯饱和程度。

镇流器工作电流是指镇流器两端加工作电压时电流,灯管功率不同,镇流器工作电压也不同,调整铁芯间气隙,可调整镇流器工作电流。

3. 荧光灯的安装方法和要求

(1)安装要求:

1)采用开启式灯座时,须用细绳将灯管绑扎两道,以防松动时灯管坠下。

表12-3　　　　　　　　　　荧光灯附件的选配

灯 管				镇 流 器				启 辉 器		电 容 器	
标称功率 (W)	工作电压 (V)	工作电流 (A)	启辉电流 (A)	规格 (W)	工作电压 (V)	工作电流 (A)	启辉电流 (A)	额定电压 (V)	规 格 (W)	额定电压 (V)	容 量 (μF)
6	50	0.135	0.18	6	202	0.14	0.18	220	4~8 (或 4~40 通用型)	250	—
8	60	0.145	0.20	8	200	0.16	0.20				—
15	50	0.32	0.44	15	202	0.33	0.44		15~20 (或 4~40 通用型)		2.5
20	60	0.35	0.50	20	196	0.35	0.50				
30	89	0.36	0.56	30	180	0.36	0.56		30~40 (或 4~40 通用型)		3.75
40	108	0.41	0.65	40	165	0.41	0.65				4.75

2)灯架不可直接贴装在可燃性材料上,否则镇流器长期通电时铁损耗发热热量将引燃可燃性材料。在启辉器小电容击穿时灯管不亮而镇流器长期通电,最容易出现这种情况。

3)灯架离地1m高时,电源线要套上绝缘套管,灯架背部加装防护盖,镇流器部位盖罩上要钻孔通风、散热。

4)吊式灯架,电源引线必须从接线盒中引出,一般一灯接一接线盒。

(2)安装方法:

1)荧光灯管是长形细管,光通量在中间最高。安装时,应将灯管中部置于被照面正上方,并使灯管与被照面横向保持平行,力求得到较高的照度。

2)接线时,把相线接入控制开关,开关出线必须与镇流器相连,再按接线图接线。这样,启辉速变快,也不会有开关在断开位置,而灯管两端仍发微光情况产生。

3)四线镇流器线头标记模糊不清时,可用万用表电阻档测量,电阻小者为二次线圈。二次线圈极性一时难以判别,可先任意试接,如启辉不理想,再将二次线圈线头互换方向,比较试接。

4)工厂企业中,往往把两盏或多盏荧光灯装在一个大型灯架上,仍用一个开关控制。在其中一个灯回路中加接分相元件,如图12-14所示,使两个灯电压相位不一样,可以减轻荧光灯因频闪效应而引起的发光闪烁。如果采用三灯式回路，分别接在三相电源上，则消除频闪效应效果更好。

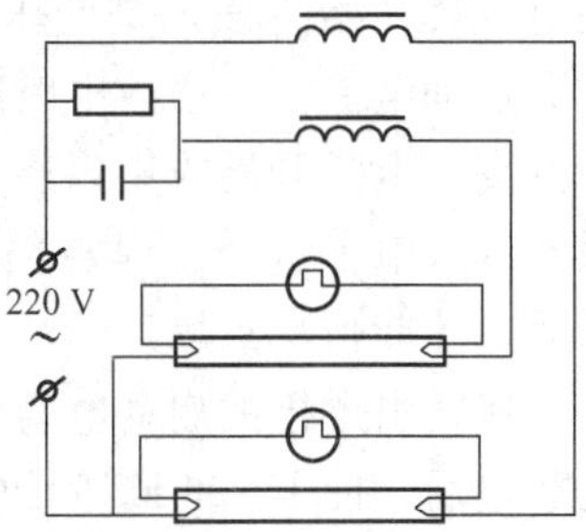

（三）碘钨灯安装

1. 碘钨灯结构和工作原理

碘钨灯是一种充碘的白炽灯，其结构如图 12-15 所示。这种灯在点燃过程中，从灯丝发出来的钨在泡壁区域内与碘化合成碘化钨，这是一种挥发性卤钨化合物，它一旦扩散到热灯丝附近又可分解为碘和钨，释放出来的钨沉积到灯丝上，碘则重新扩散到泡壁附近再与钨化合，这一过程称为钨的再生循环。碘钨灯由于应用了钨再生循环原理，大大减少了钨的蒸发，灯丝温度可提高到 3000～3200K，故发光效率可达 20～30lm/W。

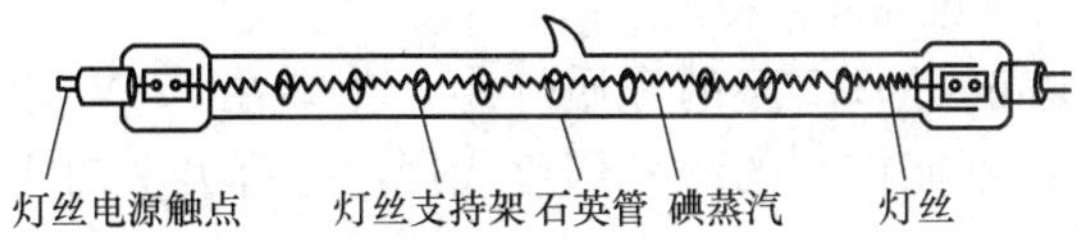

图 12-14 二灯式回路

灯丝电源触点　灯丝支持架 石英管 碘蒸汽　灯丝

图 12-15 碘钨灯结构示意图

2. 碘钨灯安装注意事项

1）碘钨灯安装方法和白炽灯相同，但功率很大，灯管发热大，所以要用和灯管功率配套的铝灯架，以利散热。周围不能放置可燃性物品。选择开关和导线接头时均应注意额定电流大于灯管电流。

2）使用管状碘钨灯时要严格水平放置，倾斜度不得超过 4°，否则会因对流使钨的再生循环不均匀，以致灯丝很快烧断。

（四）高压汞灯安装

1. 高压汞灯结构接线和发光原理

（1）高压汞灯结构。高压汞灯是一种高气压 0.2～0.3MPa 的水银放电灯，其结构如图 12-16 所示。它的外形是一个螺丝灯头式的灯泡，在硬质玻璃泡壳内还有一根石英玻璃放电管，固定在镀镍的铁丝支架和不锈钢环上。放电管两端都有一个主电极，其中一端还有一个引燃极，在管内抽去空气后充以适量的水银和少量氩气。在泡壳与放电管之间抽真空或充氮气作保护气体，以隔离外界温度对放电管内水银蒸汽压的影响。

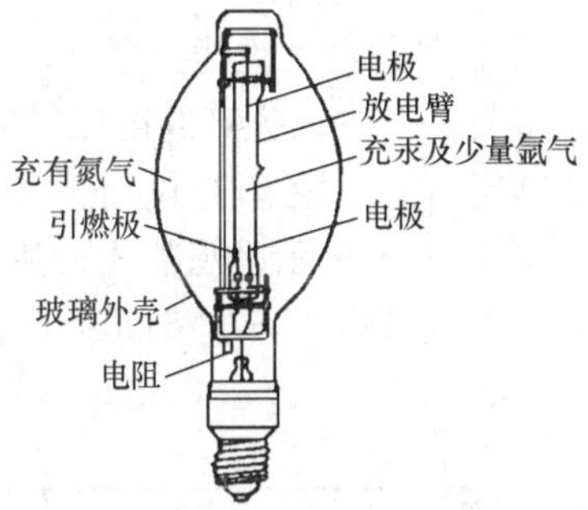

电极
放电臂
充汞及少量氩气
充有氮气
引燃极
电极
玻璃外壳
电阻

图 12-16 高压汞灯的结构

高压汞灯点燃后由于放电管内气压增高，气体内带电粒子间碰撞的机会多，所以两电极间会形成强弧光放电的光束。

（2）高压汞（水银）灯接线图和发光原理。图 12-17 是高压汞（水银）灯接线图。当电源接通时，由于两个主电极 E1 和 E2 距离较远，所以不能立即放电，而引燃极 E3 和主电极 E1 很近（2～3mm），E2 和 E3 通过启动电阻相连，电源直接加在 E1 和 E3 之间，由于电场强度很高，其附近气体击穿，开始辉光放电而发出紫红色的光。由辉光放电产生的电子和离子在主电极电场作用下，很快产生繁流过程，过渡到两主电极之间弧光放电。

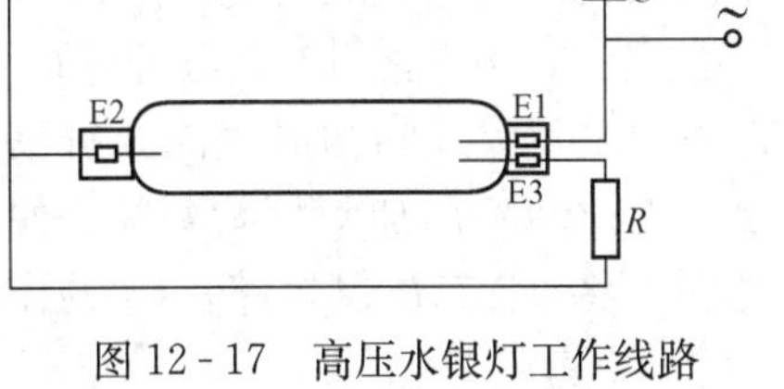

图 12-17 高压水银灯工作线路

在灯点燃初始阶段，是低压汞蒸气和氩气放电，管的压降很低而放电电流很大（5~6A），称为启动电流。低压放电时的热量，使管壁温度升高，汞逐步气化、汞蒸气压和灯管电压逐渐升高，电弧开始收束，逐步向高压放电过渡，汞全部蒸发后，管压稳定，进入稳定的高压汞蒸气放电。这个过要要 4~10min，故汞灯熄灭后；不能立即启动，要经 5~10min，汞凝结后，才能再次点燃。

接在引燃极的启动电阻作用是限制电流，保护引燃极不因电流太大损坏，同时当主电极间放电后，使 E1 和 E3 间放电很快停止。

高压汞灯有较高发光效率（35~65lm/W）、发光体小、亮度高，但光色偏蓝、绿，缺少红色，但可通过改进荧光粉来改善光色。

2. 高压汞灯安装

（1）高压汞灯必须控制开关后串接镇流器，镇流器功率要和灯管配套，宜安装在灯具附近，并在人体触及不到的位置。镇流器要注意散热和防雨措施。

（2）所用灯座功率在 125W 及以下者，应配用 E27 型的瓷质灯座；功率在 175W 以上者，应配用 E40 瓷质灯座。因其工作温度高，不能以别的型号灯座代用，选择开关时也应注意开关额定电流大于灯的视在电流。

（3）自镇流式高压汞灯利用钨丝代替镇流器，将它和高压汞灯放电管一起封入外壳，工作时汞灯和钨丝同时发光，光色得改善，但发光效率和寿命均较低。

（4）高压汞灯对电压要求较高，当电压过低或镇流器选配不当而电流过小都将不能启辉。电压波动也将引起忽亮忽熄，因灯管特性，灯管熄灭后，要等汞凝结后，才能再次点燃。

（五）氙灯安装

1. 氙灯结构和发光原理

氙灯是一种内充高纯度氙气的弧光放电灯。实验指出，高压氙气的弧光放电所发出的光非常接近日光，故有"小太阳"之称。目前氙灯可分为：长弧氙灯、短弧氙灯和脉冲氙灯三类。图 12-18 所示是水冷式长弧氙灯结构，它由一根透明的石英玻璃管做放电管，两端各封接一个钍钨电极，电极间距大于 100mm，管内充入氙气。

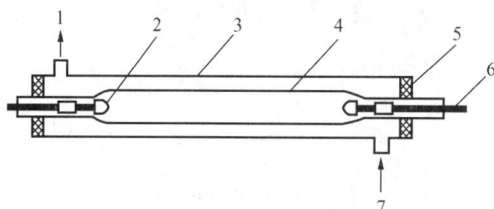

图 12-18　长弧氙灯的结构
1—出水口；2—钍钨电极；3—硬质玻璃套；4—石英
玻璃；5—耐热橡皮；6—电极引线；7—进水口

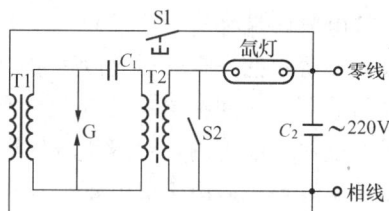

图 12-19　氙灯启动装置线路

长弧氙灯靠高频高压脉冲击穿来启动，其启动装置线路如图 12-19 所示。图中 T1 是升压变压器，T2 为脉冲变压器，C_2 为旁路电容器。当电路接通后，电源经 T1 升压后向 C_1 充电，当 C_1 达到某定值时，经火花间隙 G 放电。此时 C_1 和 T2 一次线圈构成衰减式振荡回路，频率为 100kHz 左右，这一高频电压再经 T2 升高到 20~30kV 后加到灯管两端，使灯管击穿发生弧光放电。图中开关 S2 的作用是灯正常工作时，将 T2 二次侧短路；C_2 的作用是防止高频脉冲串到电网中去。

高氙灯发光效率高约 24~37lm，水冷式长弧氙灯可达 60lm/W；功率可达一万到几十万瓦，寿命可达 3000h；启动只要几秒钟；不需镇流器，功率因数为 1。

2. 氙灯安装特点

（1）氙灯多应用于户外，安装高度高。

（2）氙灯必须采用与灯管配套的专用灯架，灯管表面应用纱布蘸无水酒精或四氯化碳，擦净灯管表面，以免影响灯管透光效果。户外应有防雨装置。

（3）触发器应装在灯管附近，引线长度在 2~3m 之间，不能超过 3m。

（4）因短路时瞬时电流大，不能用按钮直接控制，应经交流接触器作控制开关。

（5）灯管功率高，电流大，温度又高，导线连接点必须十分牢固。

第二节　室内线路的安装

室内线路安装的原则是：可靠、安全、便利、经济和美观。要做到这些，必须按安装环境选择适当的线路敷设方法；必须熟悉电气安装图，做好备料、预埋工作；还必须熟悉设计要求和验收规范，掌握好各种线路敷设的关键工艺。

一、室内线路分类和要求

室内低压配电线路敷设有下述四类。

（一）绝缘导线布线

绝缘导线布线主要有下列几种：

（1）塑料护套线直敷。直敷一般适用于正常环境的屋内场所，不得在室外、露天场所明配、敷设，也不得直接埋入抹灰层内暗配。导线截面不大于 10mm²。

（2）瓷夹、瓷柱、绝缘子布线。瓷（塑料）夹布线一般适用于正常环境的屋内场所和挑檐下的屋外场所。鼓形绝缘子、针式绝缘子布线，一般适合于屋内、外场所。

（3）管线布线。用钢管或硬塑管布线称管子线路，简称管线。金属管线适用于屋内、外场所和建筑物的顶棚内布线。在有酸碱腐蚀性介质的场所不宜使用金属管，而应采用硬塑管布线。但硬塑管布线不宜用于易受机械损伤的场所。

（4）线槽板布线。塑料、金属线槽适合于干燥房屋内明敷。

（5）钢索布线。一般适用于屋内、外场所，在对钢索有腐蚀的场所，应采取防腐蚀措施。

上述布线中敷设塑料绝缘导线和塑料槽板时的环境温度，不应低于 −15℃。

从室外引入到室内的导线，在进入墙内一般应用绝缘导线，穿墙保护管的外侧应有防水措施。

（二）裸导体布线

裸导线布线一般适用于工业企业厂房内。常见裸导体布线有电镀、电热和盐浴炉等大用电设备的硬母线布线等。

无遮护的裸导体至地面的距离，不应小于 3.5m，采用网孔遮栏时，不应小于 2.5m；遮栏与裸导体的间距，用网眼大于 20mm×20mm 的遮栏遮护时，不应小于 100mm；用板状遮栏遮护时，不应小于 50mm。

裸导体与需经常维护的管道同时敷设时，裸导体应敷设在管道的上面。裸导体与需经常维护的管道（不包括可燃体气体及易燃、可燃液体管道）净距不应小于 1m，与生产设备净距不应小于 1.5m。如不能符合要求，应加遮栏。

裸导体线间及裸导体至建筑物表面净距（不包括固定点）：当固定点间距在 2m 及以下时，最小净距为 50mm；2～4m 时，最小净距为 100mm；4～6m 时，最小净距为 150mm；6m 以上时，最小净距为 200mm。硬导体固定点的间距，应符合在通过最大短路电流时的动稳定要求。

起重机上方的裸导体至起重机铺板的净距不应小于 2.2m。否则起重机上或裸导体下方应装设遮栏。除滑触线本身辅助导线外，裸导体不宜与起重机滑触线敷设在同一支架上。

（三）封闭式母线槽

1. 封闭式母线布线的基本要求

根据 JGJ/T 16—1992《民用建筑电气设计规范》的要求，封闭式母线布线应遵循以下规定：

（1）封闭式母线布线适用于干燥和无腐蚀性气体的室内场所。

（2）封闭式母线水平敷设时，至地面的距离不应小于 2.20m。垂直敷设时，距地面 1.80m 以下部分应采取防止机械损伤措施。但敷设在电气专用房间内（如配电室、电机室、电气竖井、技术层等）时除外。

（3）封闭式母线水平敷设的支持点间距不宜大于 2m。垂直敷设时，应在通过楼板处采用专用附件支承。

垂直敷设的封闭式母线，当进线盒及末端悬空时，应采用支架固定。

（4）封闭式母线终端无引出、引入线时，端头应封闭。

（5）当封闭式母线直线敷设长度超过制造厂给定的数值时，宜设置伸缩节。在封闭式母线水平跨越建筑物的伸缩缝或沉降缝处，也宜采取适当措施。

（6）封闭式母线的插接分支点应设在安全及安装维护方便的地方。

（7）封闭式母线的连接不应在穿过楼板或墙壁处进行。

（8）封闭式母线在穿过防火墙及防火楼板时，应采取防火隔离措施。

2. 封闭式母线的布线方式

（1）插接式母线槽在高层建筑中的布线方式见图 12 - 20。

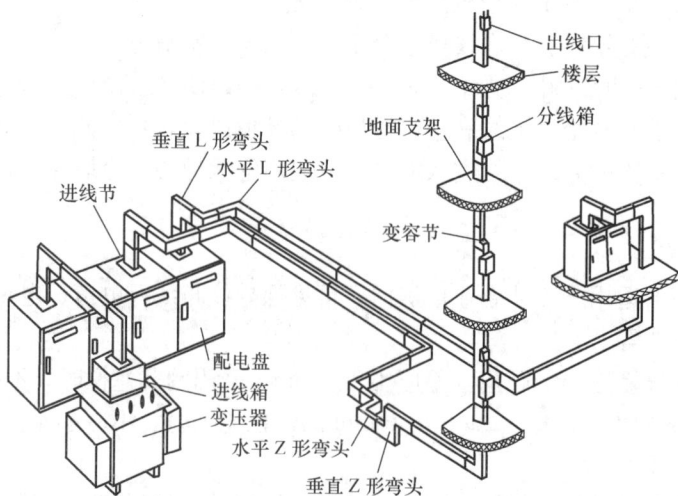

图 12 - 20　插接式母线槽的高层建筑配线方式

（2）插接式母线槽在工业厂房布线方式见图 12-21。

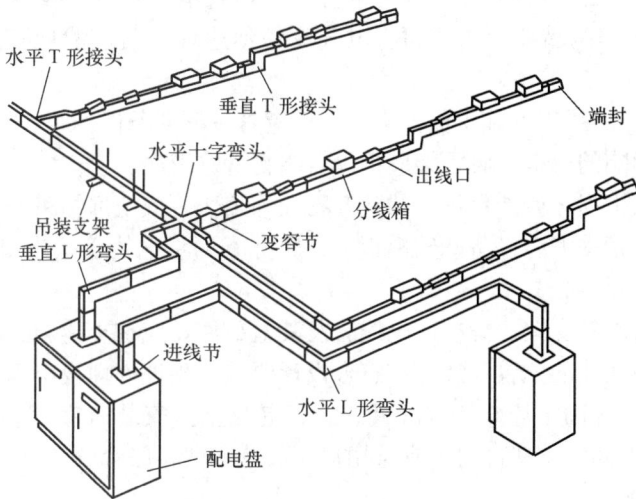

图 12-21　插接式母线槽的工业厂房配线方式

（四）电缆敷线

电缆在屋内敷设时，应尽量明敷。电缆穿墙或穿楼板时应穿管或采取其他保护措施。电缆在室内埋地敷设时应穿管，管内径不应小于电缆外径的 1.5 倍。

无铠装电缆在室内明敷时：水平敷设至地面的距离不应小于 2.5m，垂直敷设不应小于 1.8m；否则应有防止机械损伤的措施。但明敷在电气专用房间（如配电室、电机室等）内时除外。

电缆支架间或固定点间间距：水平敷设时，钢丝铠装电缆为 3m，其余护套电力电缆为 1m，控制电缆为 0.8m；垂直敷设时，铠装电缆为 6m，其余护套电力电缆为 1.5m，控制电缆为 1m。

电缆水平悬挂在钢索上：电力电缆固定点间最大间距为 0.75m；控制电缆固定点间的最大间距应为 0.6m。

相同电压的电缆并列明敷时：电缆间的净距不应小于 35mm，但在桥架内敷设时除外。1000V 以下电力及控制电缆与 1000V 及以上电力电缆一般分开敷设。当并列明敷时，其净距不应小于 150mm。

架空明敷电缆与热力管道净距不应小于 1m，否则应采取隔热措施。电缆与非热力管道净距不应小于 0.5m，否则，应在与管道接近的电缆段上以及由该段两端向外延伸 0.5m 处采取防止机械损伤措施。

电缆在电缆沟、隧道内和直埋敷设时的要求见第九章电缆配电线路施工部分。

二、室内线路敷设前准备工作

（1）技术准备。熟悉电气设计图和 GBJ232 中配线工程篇的要求；注意图纸中提出的施工要求。考虑主体工程和其他工程的配合，确定施工方法。工程施工不应破坏建筑物强度和美观；施工前，尽量考虑好与给排水管道、热力管道、风管道以及通信线路布线工程的关系，不要在施工时发生位置的冲突，要满足有关规定距离的要求。

（2）器材准备。对设计图纸中选用的电气设备和主要材料等进行统计，并作好备料工作；对采用的代用设备和材料，要考虑供电安全和技术经济等条件。电气器材运输、保管应符合国家有关规定；配线工程用金属附件（如管卡、线卡、支架、吊钩、拉环各种盒等），均应用热镀锌制品或刷漆防腐。电气设备到达现场后应验收产品技术文件并作好外观检查。

（3）现场准备。配线工程施工前，土建工程应具备下列条件。

1）对施工有影响的模板、脚手架应拆除，杂物清除干净。

2）会使线路发生损坏或严重污染的建筑物装饰工作，应全部结束。

3）在埋有电线管的大型设备基础模板上，应标有测量电线管引出口坐标和标高用基准点或基准线。

4）埋入建筑物内的支架、螺栓、电线管及其他部件，应在土建施工时做好预埋工作。

5）预埋件、预埋孔的位置和尺寸应符合设计要求，预埋件埋设牢固。

配线工程的支持件固定应牢固，在砖、石、混凝土上安装时宜用黏接法或膨胀螺栓固定；用木螺钉或铁钉固定支持件时，宜选用尼龙胀管或塑料胀管。

三、护套线布线

护套线分有塑料护套线、橡套线和铅包线三种。铅包线价格较贵，目前普遍采用塑料护套线直接布线。

（一）护套线线路安装的有关规定

（1）最小截面。塑料护套线使用时，铜芯线截面不得小于 $1.0mm^2$，铝芯线不得小于 $1.5mm^2$。

（2）连接。塑料护套线敷设在线路上，不可采用线与线的直接连接，应采用接线盒或借用其他电气设备接线桩来连接，这时，护套层应引入盒内或器具内。接线盒由瓷接线桥（瓷接头）和保护盖等组成，如图 12-22 所示。保护盖可用方木台，在多尘和潮湿的场所内应用密闭式接线盒。

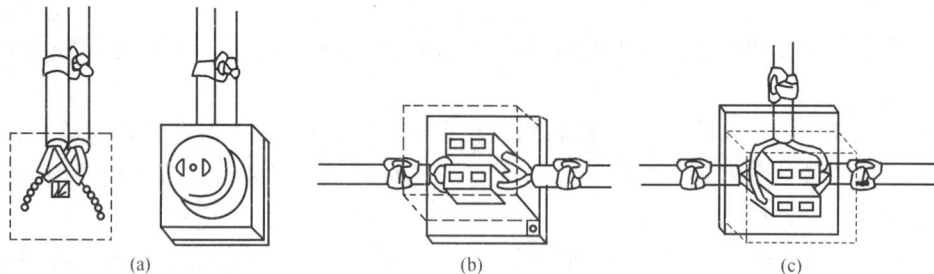

图 12-22　护套线接头的连接方法
(a) 在电气装置上进行中间或分支接头；(b) 在接线盒上进行中间接头；(c) 在接线盒上进行分支接头

（3）固定。护套线必须采用专用铝皮轧片支持，其规格有 0～4 号多种，号码越大，长度越长。金属轧片分有用小铁钉固定和用胶水黏贴的两种。在墙粉刷层上用鞋钉较好，黏接法的黏接件应黏接在无抹灰层建筑物表面上，建筑物表面和黏接件的黏接面，均应拉毛和清洗干净，黏结剂配比应正确，黏接要牢固，可用专用的皮轧，腹部面积大，便于黏结剂贴合牢固，也可用专用的圆形或马鞍形的塑料线夹。

（4）支持点定位。直线部位，线卡的固定距离为 200mm；塑料护套线在终端、转弯管和进入电气器具、接线盒处，均应装设线卡固定，线卡与终端、转弯中点、电气器具或接线盒边缘的距离为 50~100mm，如图 12-23 所示；弯曲半径不应小于护套线宽度的 3 倍。

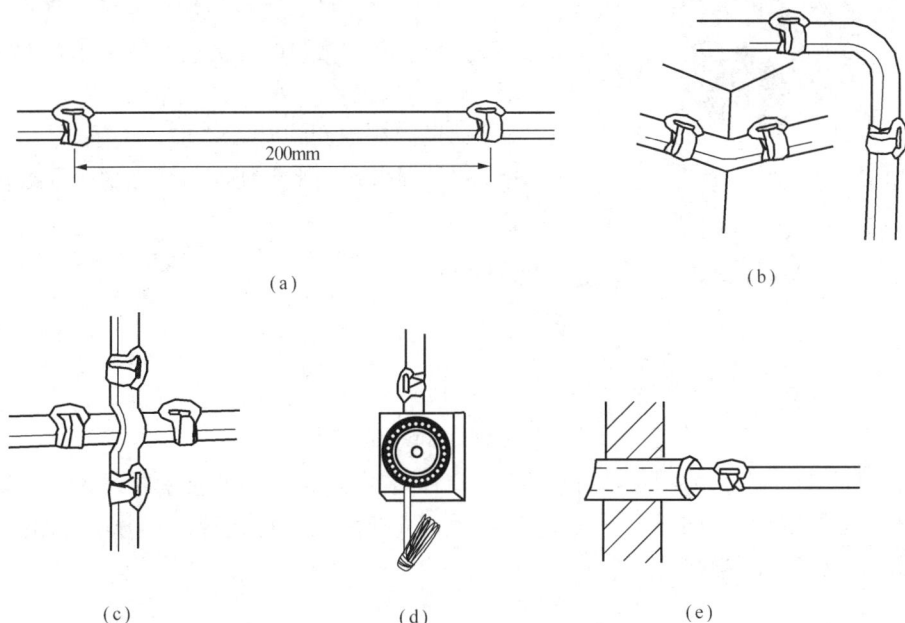

图 12-23　护套线支持点定位
(a) 直线部分；(b) 转角部分；(c) 十字交叉；(d) 进入木台；(e) 进入管子

(5) 穿管。塑料护套线与接地导体及不发热管道紧贴交叉时，应加绝缘管保护；敷设在易受机械损伤场所，例如敷设在离地 0.15m 以下部分护套线和穿越楼板部分，应加钢管保护；暗配在空心楼板孔内的护套线，穿线前要清除积水、杂物，穿入时不得损伤导线护套层，在板孔内不得有接头，分支接头应在接线盒内连接。

(6) 允许偏差。塑料护套线配线固定点间距允许有偏差为 5mm，平直度或垂直度均为 5mm。

（二）护套线施工步骤

(1) 用粉线袋将纱线沾粉后在墙上弹出线路走向，同时标出所有线路装置和用电器具的安装位置，以及导线每个支持点。

(2) 錾打整个线路上的所有木榫安装孔和导线穿越孔，安装好所有木榫，也可在关键部分打木榫，其余部位用鞋钉直接将铝皮轧片钉在墙粉刷层上。

(3) 安装所有铝皮轧片。

(4) 敷设导线。

(5) 安装各种木台。

(6) 安装各种用电装置和线路装置。

(7) 检验线路安装质量。

（三）护套线施工关键工艺

(1) 放线。塑料护套线不能搞乱，不可使线产生小半径的扭曲。在冬天放塑料护套线时

尤应注意。为了防止平面扭曲，需两人合作，一人将整圈线按图 12-24 所示方法套入双手

中；另一人将线头向前拉出。放出的线不可在地上拖拉，以免擦破或弄脏护套层。

（2）敷线。护套线必须敷得横平、竖直和平服；口条护套线平行敷设时要紧密，线间不留明显空隙。敷线中要采取勒直、收紧、拍平的方法。

勒直：在护套线敷设之前，按图 12-25 办法，用纱团裹捏来回勒平，使稍有弯曲部分导线挺直。

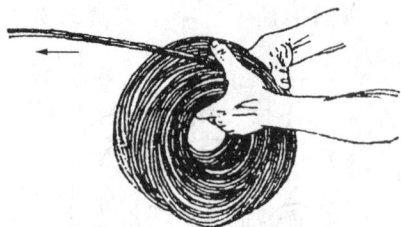

图 12-24　护套线放线方法

临时瓷夹

图 12-25　护套线的勒直方法

收紧：直线距离较长的部分，可在直线两端各装一副瓷夹，把收紧导线先夹入瓷夹中，然后逐一夹紧铝皮轧片，如图 12-26（a）所示。直线距离较短或转角部分，可用戴上纱手套的手指顺向按捺，使导线挺直平服。

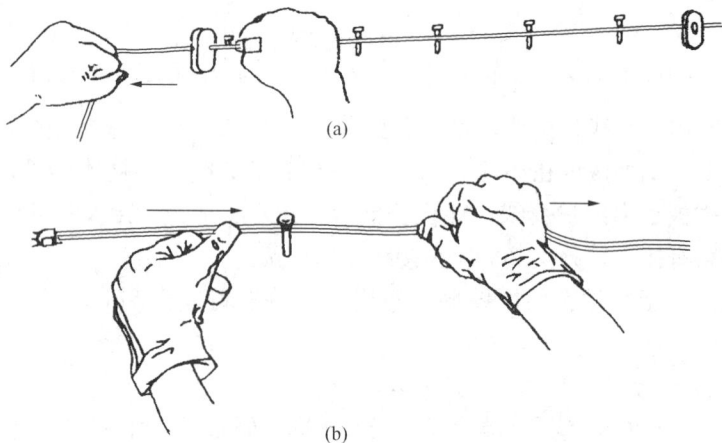

(a)

(b)

图 12-26　护套线的收紧方法
（a）直线距离长时；（b）直线距离短时

拍平：在整段护套线装好之后，可用平直木条，在导线上拍打数次，使导线更紧贴墙壁。

（3）铝皮轧片夹持。护套线中心置于轧片的钉位上，然后按图 12-27 所示步骤操作。每当夹持 4~5 个支持点后，应进行一次检查，如有偏斜，可用小锤轻敲轧片纠正。

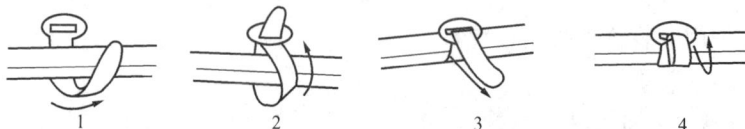

1　　　　　　2　　　　　　3　　　　　　4

图 12-27　铝皮轧片夹持操作

四、瓷夹板、瓷柱、绝缘子布线

瓷夹线路结构简单、造价低，但导线暴露在空间不甚美观，照明电路中已由护套线逐步取代，但容量较大导线仍在使用，瓷夹的结构如图 12-28 所示。绝缘子线路实际上是无电杆的架空线，导线较粗，多用于动力线路中。瓷柱线路用于户内，用于户外的瓷柱较多用针式绝缘子，导线较细，较多用于尖顶建筑物顶棚内敷线，绝缘子和瓷柱线路安装形式如图 12-29 所示。这三种布线只适用于室内外明配线。

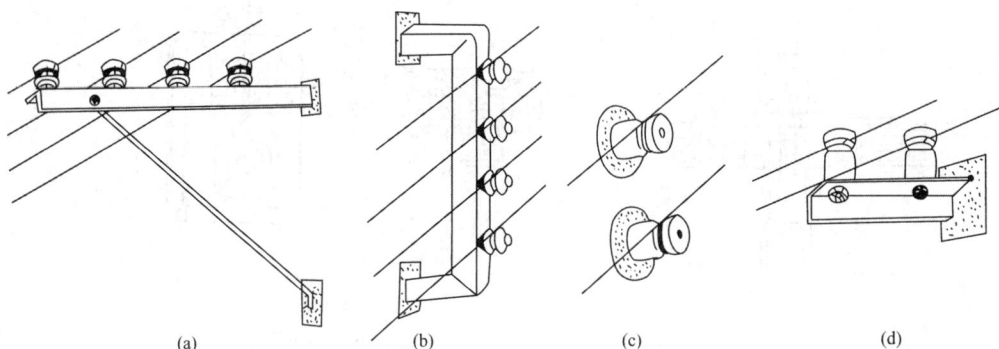

图 12-28　绝缘子和瓷柱线路的安装形式

（a）绝缘子水平布线；（b）绝缘子垂直布线；（c）瓷柱贴墙敷设；（d）瓷柱水平布线

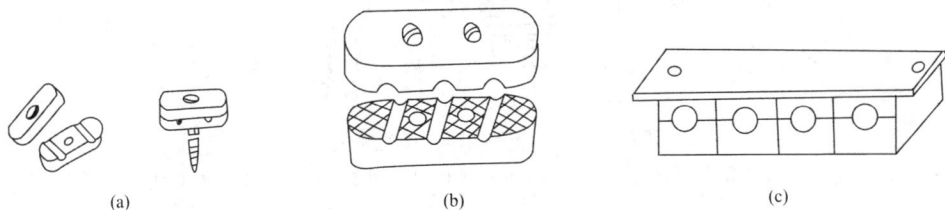

图 12-29　瓷夹

（a）双线瓷夹；（b）三线瓷夹；（c）大型瓷夹

（一）瓷夹板、瓷柱和绝缘子配线的安装规定

（1）最小直径：敷设在绝缘支持件上的绝缘导线其支持点之间间距在 2m 及以下者，铜导线最小截面室内为 1.0mm²、室外为 1.5mm²，铝芯导线最小截面无论室内、室外均为 2.5mm²。支持点之间间距在 6m 及以下者，铜导线最小截面为 2.5mm²，铝线最小截面为 4mm²。支持点间距在 12m 及以下者，铜芯线最小截面为 2.5mm²，铝芯线为 6mm²。

（2）导线敷设要求：敷设的导线应平直，无松弛现象；导线转弯处不应有急弯和损伤。两条线路交叉时应将其中靠近建筑物的那条线路的每根导线穿入绝缘管中。绝缘导线的绑扎线应有保护层，绑扎时不得损伤导线的绝缘层。导线在转弯、分支和进入电气器具处，均应装设支持件固定，支持件与转弯中点、分支点和电气器具边缘的距离，瓷夹板布线为 40～60mm，瓷柱配线为 60～100mm。瓷夹线路支持点的定位如图 12-30 所示。

（3）支持件固定点间距离：绝缘导线沿室内墙壁、顶棚敷设时，其支持件固定距离应符合表 12-4 规定；跨越柱子、桁架敷设时，应符合上述（1）项中支持点间距与最小截面关系的要求。

（4）室内绝缘导线与建筑物表面的最小距离：瓷夹板配线不应小于 5mm；瓷柱和绝缘子配线不应小于 10mm。

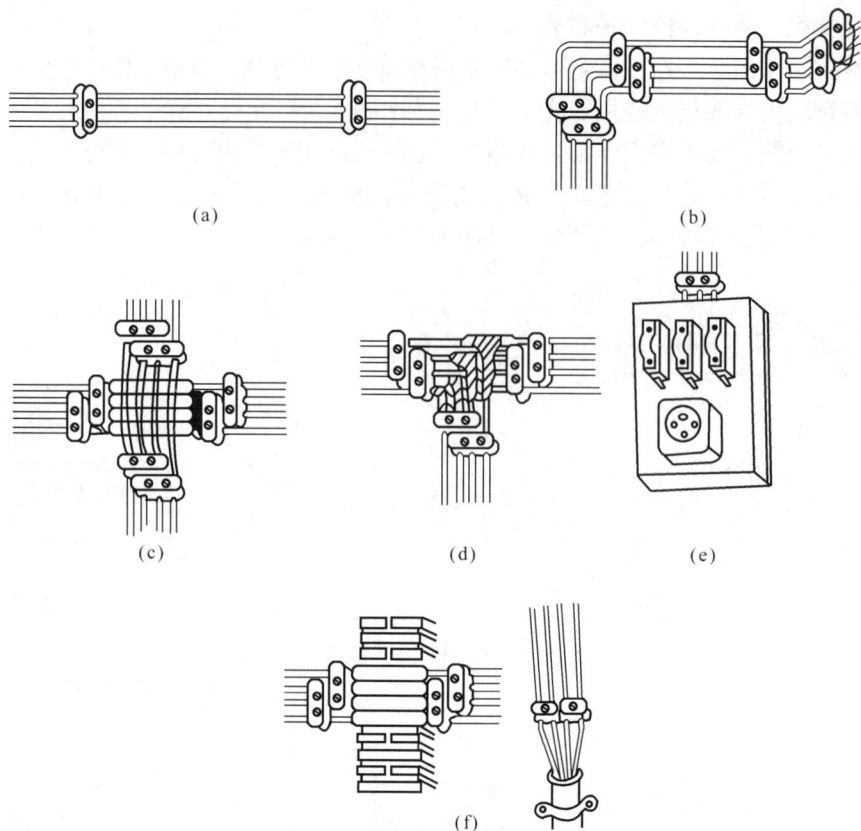

图 12-30　瓷夹线路支持点的定位

(a) 直线部分；(b) 转角部分；(c) 十字交错；(d) 丁字分支；(e) 进入木台；(f) 进入管子

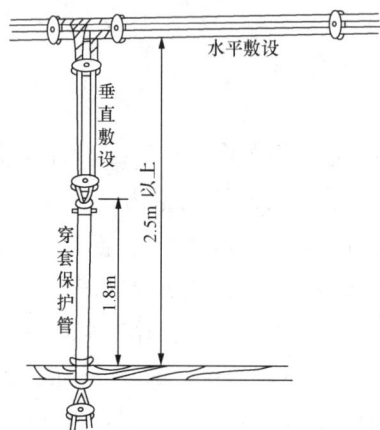

图 12-31　瓷夹线路的对地距离

（5）绝缘导线至地面最小距离：导线水平敷设时，屋内最小距离为 2.5m，屋外为 2.7m；导线垂直敷设时，屋内最小距离为 1.8m，屋外为 2.7m。瓷夹室内线路的对地距离如图 12-31 所示。

表 12-4　室内沿墙壁、顶棚支持件固定距离

允许最大距离（mm）　　配线方式	导线　线芯截面（mm²）				
	1～4	6～10	16～25	35～70	95～120
瓷夹板配线	700	800			
瓷柱配线	1500	2000	3000		
绝缘子配线	2000	2500	3000	6000	6000

绝缘导线穿过楼板时必须用钢管保护，保护管高低不应低于 1.8m，如在装开关的地方，可到开关位置。

（6）室外配线。雨雪能落到导线上的地方不可敷设瓷夹配线；雪能落到导线上的地方不可敷设瓷柱配线；绝缘子配线的绝缘子不应倒装。

室外配线跨越人行道时，导线距地面高不应低于 3.5m；跨越通车道路时，不应低下 6m。

室外绝缘导线至建筑物的最小距离与第七章第一节中低压接户线与建筑物距离要求相同。

在室外，瓷柱及绝缘子在墙面上直接固定时，其固定点间距离不应超过 2m；在支架上固定时，固定点间距离和最小截面关系，应满足上述（1）项中的要求。

（7）绝缘子或瓷柱配线的绝缘导线最小线间距离，如表 12-5 所列。

表 12-5　　　　　　　　　　室内、外布线的绝缘导线线间最小距离

固定点间距	导线间最小距离（mm）	
	室 内 布 线	室 外 布 线
1.5m 及以下	35	100
1.5～3m	50	100
3～6m	70	100
6m 以上	100	150

（8）绝缘导线明敷在高温辐射或对绝缘导线有腐蚀的场所时，其线间和导线至建筑物表面最小距离与本节裸导体布线时要求相同。

（9）允许偏差。瓷夹配线允许偏差，无论在水平线路还是垂直线路，均为 5mm。瓷柱或绝缘子配线允许偏差，水平线路中为 100mm、垂直线路中为 5mm。

（二）瓷夹、瓷柱、绝缘子布线施工步骤

1. 瓷夹、瓷柱布线施工步骤

施工步骤和护套线线路施工时基本相同，只是将第 3 步"安装所有铝皮轧片"，改为安装瓷夹板或瓷柱。

2. 绝缘子布线施工步骤

（1）划线定线路走向和电气装置位置，以及每个支架的埋设点。

（2）錾打支架预埋孔，埋设线路支架。

（3）装好线路绝缘子。

（4）敷设导线。

（5）架线。

（6）以下和其他线路施工相同。

（三）瓷夹、瓷柱、绝缘子布线关键工艺

（1）瓷夹敷线。用大瓷夹支持的导线，截面较大，通常用紧线器紧直导线；用小瓷夹支持的小截面导线，较长的一段线，可将一端固定于瓷夹的几根导线理齐后，朝墙上拍打几下来使导线挺直；也可用护套线勒直的办法，但瓷夹布线一般使用橡胶绝缘线，纱团勒直不方便；局部不直的导线，可利用螺丝刀金属梗来勒直。

直线部分敷设，可先用首末端瓷夹夹住已经拉直的导线，然后自右至左以每 3～4 个瓷夹为一组（一般夹完 3～4 个瓷夹需移梯子）分组固紧瓷夹。固紧瓷夹次序如图 12-32 所示。左手收紧导线，右手手握螺丝刀固紧瓷夹上木螺丝，导线有局部弯曲的用螺丝刀勒直收紧，然后固定最左边一付瓷夹，再依次自右至左固定中间几付。

（2）瓷夹线路进木台。木台进线的一个边沿，按每根导线所需面积开出进线缺口，要一根导线开一个缺口，以便导线保持平行嵌入木台。

（3）瓷柱线路贴墙敷设和绑扎。其方法与瓷夹线路相同，但导线在与瓷柱固定前，在整段直线部分必须一次收紧，然后逐一绑扎在瓷柱上。截面在 10mm² 以上导线采用双绑法；

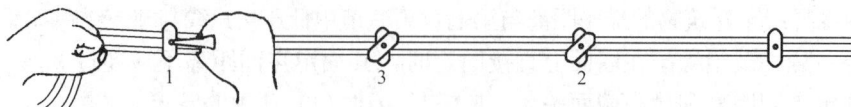

图 12 - 32　瓷夹分组固紧顺序和方法

截面在 $6mm^2$ 以下导线采用单绑法。瓷柱双绑法和单绑法做法如图 12 - 33 所示。

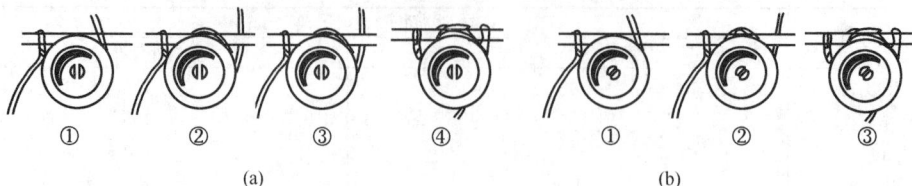

(a)　　　　　　　　　　　　　　　　(b)

图 12 - 33　瓷柱绑扎法

(a) 双绑法；(b) 单绑法

平行二条导线应在两个瓷柱同一方向绑线，或者在两个瓷柱外侧，但不允许设在两瓷柱内侧，如图 12 - 34 所示。

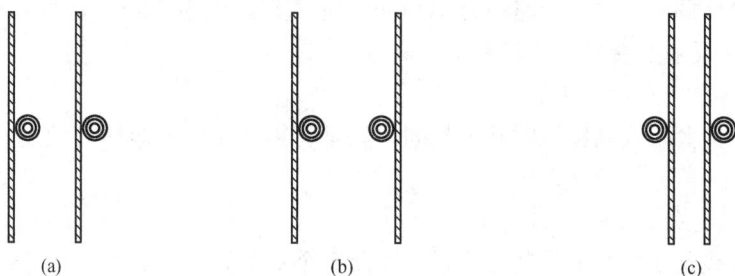

(a)　　　　　　　　　　(b)　　　　　　　　　　(c)

图 12 - 34　电线在瓷柱绑扎位置

(a) 正确；(b) 正确；(c) 不正确

在电线分支时，必须在分支点处设置瓷柱；电线在同一平面内有曲折时，瓷柱必须设在曲折角的内侧，如图 12 - 35 所示。电线在不同平面上曲折时，在凸角的两面或凹角上的两面应设两个瓷柱来支持电线。十字交叉处固定时，在贴墙的导线上穿瓷管保护，这两种做法和瓷夹是相似的。在建筑物侧面、斜面配线时，必须将电线绑在瓷柱上边。

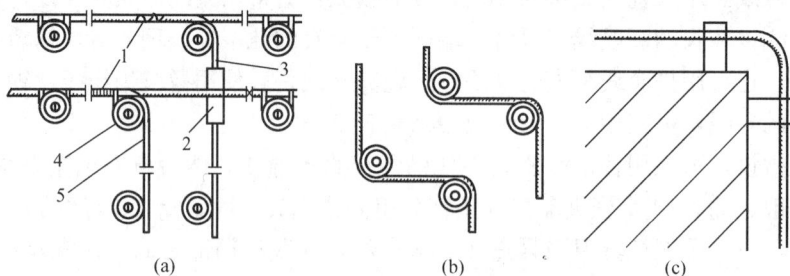

(a)　　　　　　　　　　(b)　　　　　　　　　　(c)

图 12 - 35　分支和转弯作法

(a) 分支；(b) 同一平面上转弯；(c) 不同平面上转弯

1—接头处包胶布；2—绝缘管；3—绑线；4—绝缘子；5—导线

(4) 绝缘子线路支架安装。绝缘子一般安装在支架上，支架结构形式除了图 12 - 28

（a）、（b）所示两种外，还有图 12-36 所示各种结构形式。支架用角钢制成，角钢要求和进户线角钢规格相同。

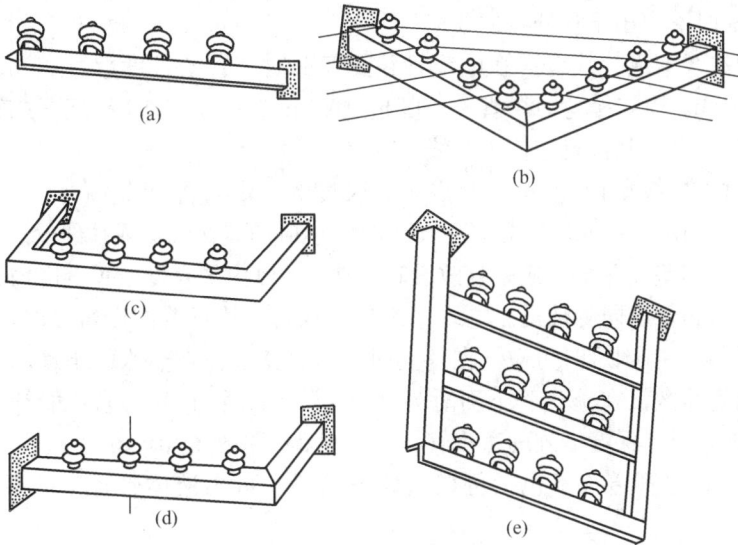

图 12-36　支架结构形式
(a) 无支撑式；(b) 内转角式；(c) 加强终端式；(d) 墙角终端式；(e) 悬式（分层式）

户内用支架，导线截面在 35mm² 及以下的，可用无支撑式；超过 35mm² 的，则应采用支撑式。户外的支架、户内外的外向转角，均应用支撑式。在户内不能沿墙安装时，可采用安装在楼板上的悬式。如同时需架设多条线路时，可采用分层式。

支架埋入深度在 100～150mm 之间，支架尾端可开口张开 60～80mm。或端部焊小块钢板，支架埋入预留孔后，填紧砖块，然后用水泥砂浆填封孔穴。只有水泥砂浆完全凝固后，方可架线。

（5）绝缘子线路放线。截面 16mm² 以下的小导线可从第一档支架起，边放线边上支架，依次逐档将导线绑扎在绝缘子上，直至终端，导线需中间连接，应先连接好，然后再上支架。截面在 25mm² 及以上的导线，应先在地面上按线路长度展开，如有中间连接，先在地面上连接好，然后用绳索把导线吊上支架。

（6）绝缘子线路紧线。先在第一档支架上把导线与绝缘子固定好，在转角（或终端）一档的支架上用紧线器收紧导线，然后依次把导线固定在绝缘子上，最后拆除紧线器。

五、管线线路安装

用电线管、钢管或塑料管来支持导线的一种线路，叫管子线路或简称管线。有明敷和暗敷两种安装形式。

（一）管线线路安装有关规定

管线线路安装分配管和配线两部分。配管又分为配钢管、硬塑管、半硬塑管三种。

1. 配管有关规定

（1）一般规定：

1）管线走线。敷设于多尘和潮湿场所的电线管路，管口、管子连接处均应作密封处理。进入落地式配电箱的电线管路应排列整齐，管口高出基础面应不小于 50mm。埋于地下电线管路不宜穿过设备基础，在穿过建筑物基础时，应加保护管保护。

2）管路弯曲处。管路弯曲处不应有折皱、凹穴和裂缝等现象，弯扁程度不应大于管外径的10%。弯曲半径：明配时，一般不小于管外径的6倍，如只有一个弯时可不小于管外径的4倍；暗配时不应小于管外径的6倍。

3）装中间接线盒或拉线盒。在电线管路无弯曲时，管子长度超过45m、有一个弯时，管子长度超过30m、有二个弯时，管子长度超过20m、有三个弯时，管子长度超过12m，应加装接线盒或拉线盒。其位置应便于穿线。

垂直敷设时，导线截面50mm^{2}及以下、长度为30m，导线截面70~95mm^2、长度为20m，导线截面在120~180mm^{2}长度为18m时，也应加装接线盒或拉线盒。

4）明敷允许偏差。在水平或垂直敷设时，在2m以内平直度或垂直度均为3mm。

5）电线管路和管道同侧敷设。电线管路与热水管、蒸汽管同侧敷设时，应敷设在热水管、蒸汽管的下面，有困难时可敷设在其上面，当管路敷设在热水管下面时为0.2m，上面时为0.3m；当管路敷设在蒸汽管下面时为0.5m，上面时为1m。当不能符合上述要求时，应采取隔热措施。对有保温措施的蒸汽管，上下净距可减少至0.2m。

电线管路与其他管道（不包括可燃汽体及易燃、可燃液体管道）的平行净距不应小于0.1m。

当与水管同侧敷设时，宜敷设在水管的上面。

（2）钢管敷设规定。

1）钢管要求和防腐。钢管应达到应有的壁厚，不应有折扁和裂缝，管内无铁屑及毛刺，切断口应用圆锉锉去毛刺，暗配管保护层应大于15mm。埋地敷设的金属管布线应采用水、煤气钢管。明敷或暗敷于干燥场所的金属管布线、车间地坪内金属管布线，可采用电线钢管。钢管内、外均应刷防腐漆，埋入混凝土内管外壁除外；埋入土层内的钢管，应刷两度沥青或使用镀锌钢管；埋入有腐蚀性土层内的钢管，应按设计规定进行防腐处理。

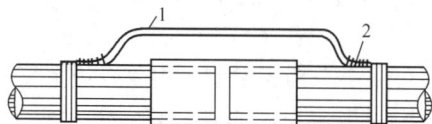

图12-37　管子连接处跨接接地线
1—跨接地线；2—焊接

2）钢管连接。丝扣连接的钢管，管端套丝长度不应小于管接头长度的1/2；在管接头两端应焊跨接接地线，如图12-37所示。套管连接的钢管，宜用于暗配管，套管长度为连接管外径的1.5~3倍；连接管的对口处应在套管的中心，焊口应焊接牢固，严密。薄壁钢管的连接必须用丝扣连接，决不允许钢管对口熔焊。

3）钢管明敷。明敷钢管应排列整齐，固定点的距离应均匀；管卡与终端、转弯中点、电气器具或接线盒边缘的距离为150~500mm；中间的管卡最大距离应符合表12-6规定，管卡定位方式如图12-38所示。

4）钢管进箱和盒。钢管进入灯头盒、开关盒、拉线盒、接线盒及配电箱时，暗配管可用焊接固定，管口露出盒（箱）应小于5mm；明配管应用锁紧螺母或护圈帽固定，露出锁紧螺母的丝扣为2~4扣。

5）钢管与设备连接。应将钢管敷设到设备内。如不能直接进入时应符合下列要求：①在干燥房屋内，可在钢管出口处用接线盒过渡，将保护软管引入设备，管口应包扎严密；②在室外或潮湿房屋内，可在管口处设防水弯头，由防水弯头引出的导线应套绝缘保护软

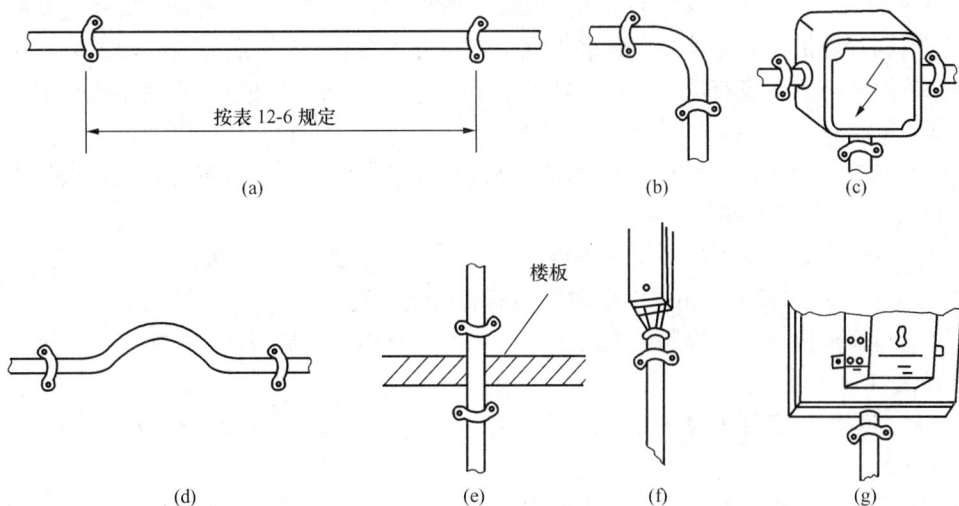

图 12 - 38　管卡定位

(a) 直线部分；(b) 转弯部分；(c) 进入接线盒；(d) 跨越部分；

(e) 穿越楼板（或墙）；(f) 与其他线路衔接；(g) 进入木台

管，经弯成防水弧度后再引入设备；③管口距地面高度一般不宜低于 200mm。

表 12 - 6　　　　　　　　　　**钢管中间管卡最大距离（m）**

钢管	管壁厚（mm）	钢管标称直径（mm）			
		$12\sim20$ $\left(\frac{1}{2}''\sim\frac{3}{4}''\right)$	$25\sim32$ $\left(1''\sim1\frac{1}{4}''\right)$	$40\sim50$ $\left(1\frac{1}{2}''\sim2''\right)$	$70\sim80$ $\left(2\frac{1}{2}''\sim3''\right)$
	2.5 及以上	1.5	2.0	2.5	3.5
	2.5 以下	1.0	1.5	2.0	—
硬塑管	敷设方向	硬塑管标称直径（mm）			
		20 及以下 $\left(\frac{3}{4}''\text{及以下}\right)$	$25\sim40$ $\left(1''\sim1\frac{1}{2}''\right)$	50 及以上（2″及以上）	
	垂直	1.0	1.5	2.0	
	水平	0.8	1.2	1.5	

金属软管引入设备时，软管与钢管或设备连接，应用软管接头连接；软管应用管卡固定，其固定点间距不应大于 1m；不得利用金属软管作接地导体。

（3）硬塑管敷设规定：

1）硬塑管连接。连接处应用胶合剂黏接，接口必须牢固、密封，并当用插入法连接时，插入深度为管内径的 1.1～1.8 倍；当用套接法连接时，套管长度为连接管内径的 1.5～3 倍，连接管的对口处应在套管的中心。

2）明敷硬塑管：①硬塑管沿建筑物表面敷设时，在直线段上每隔 30m 应装设补偿装置（在支架上架空敷设除外）。②明配硬塑管应排列整齐，固定点距离应均匀，管卡定位可参见

图 12-38 和表 12-6 中薄钢管项的要求。③硬塑管的保护措施：明配硬塑管穿过楼板易机械损伤处应用钢管保护，其保护高度距楼板面不应低于 0.5m；埋于地面内的硬塑管，露出地面易受机械损伤一段，应有保护措施；埋于地下受力较大处的硬塑管，宜使用比一般硬塑料管管壁厚的重型管。

（4）半硬塑料管敷设。半硬塑料管使用黏接法连接，套管的长度不应小于连接管外径的 2 倍，接口处应用胶合剂黏结牢固。

半硬塑料管弯曲半径不应小于管外径的 6 倍。敷设半硬塑料管宜减少弯曲，当线路直线段的长度超过 15m 或直角弯超过 3 个时，均应装设接线盒。

半硬塑料管敷设于现场捣制的混凝土结构中，应有预防机械损伤的措施。

2. 配线有关规定

（1）最小截面。穿管敷设的绝缘导线，铜芯软线为 1.0mm^2、铜芯线为 1.0mm^2、铝芯线为 1.5mm^2。

（2）导线穿管。敷设的导线应便于检查、更换；穿在管内绝缘导线的额定电压不应低于 500V。管内穿线宜在建筑物的抹灰及地面工程结束后进行，在穿入导线之前，应将管中的积水及杂物清除干净。

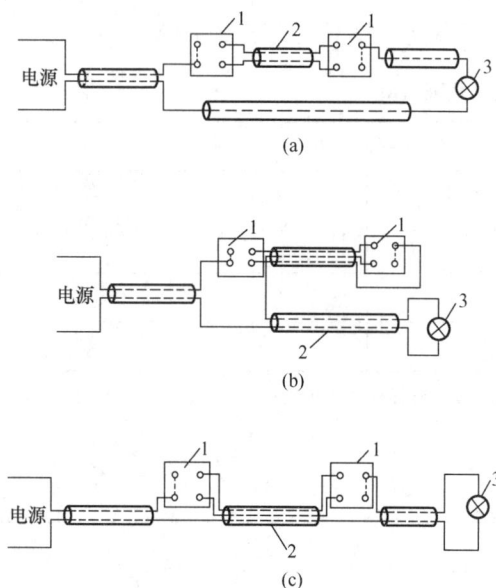

图 12-39　交流回路往复线穿在同一管内
（a）错误接法；（b）正确接法；（c）正确接法
1—三路开关；2—电线管；3—电灯

（3）同一管内导线。不同回路、不同电压和交、直流导线、不得穿入同一根管子内。但以下情况除外，即电压为 65V 及以下的回路、同一台设备的电机回路无抗干扰要求的控制回路、照明花灯所有回路、同类照明的几个回路但管内导线总数应少于 8 根。

同一交流回路的导线必须穿于同一钢管内，以免在钢管内形成闭合磁路引起铁损耗发热。

如三路开关的配线可参考图 12-39。图 12-39（a）两个开关的中间的二条电线全是装在一个管内，按电线数是二条，但从电气回路来看是一条线的，故在这根管壁上，交变磁通产生铁损耗发热；而在图 12-39（b）、（c）中同一交流回路穿于同一钢管，因而是正确的。

（4）管内导线。导线在管内不得有接头和扭结，其接头应在接线盒内连接。管内导线的总面积（包括外护层）不应超过管子截面积的 40%。

（5）垂直电线的固定。电线垂直布设时，一定要产生很大的重力，为了减轻电线本身的重量，在按垂直敷设长度要求加的接线盒或电线支持箱内加以固定，固定的方法如图 12-40 所示。

（6）管口保护。导线穿入钢管后，在导线出口处，应装护线套保护导线；在不进入盒

（箱）内的垂直管口，穿入导线后，应将管口
作密封处理。

（二）管线安装的施工步骤

（1）准备。根据设计图和设计书，统计
和搜集所需材料和设备并运到工地。

（2）配管。布设电线管；安装接线盒；
安装分电盘铁箱；进行配管工程检查。暗敷
配管和装接线盒应配合建筑施工进行。

（3）配线。做管内扫除；穿引线；穿分
支回路的电线；穿干线的电线。

（4）安装施工。安装接地线、施工地线；
分电盘内部安装和电线的连接；电气室配电的
安装和电线的连接；照明器具、开关、插座的
安装和电线的连接；安装分电盘铁箱盖；修理
因施工破损的建筑物和修理其他不良等处所。

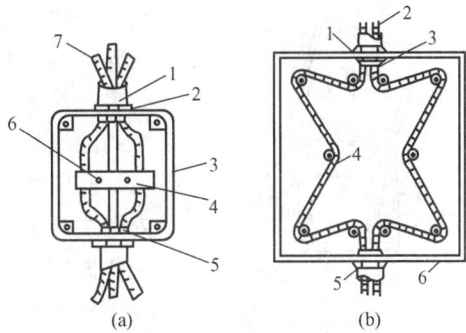

图 12-40　垂直管线固定
（a）固定方法之一
1—电线管；2—根母；3—接线盒；4—本制线夹；
5—护口；6—M_6 机螺栓；7—电线
（b）固定方法之二
1—紧扣环；2—电线；3—护线箍；4—绝缘子；
5—电线管；6—电线支持箱

（5）试验及整理。做管线外表检查、管线导通试验、绝缘电阻试验、接地电阻试验、点
灯试验、电动机等机器的试运转；做竣工图纸、资料整理。

（三）管线安装关键工艺

图 12-41　用弯管器
弯管的情况

（1）线管弯曲。金属线管的弯曲：在 50mm 以下的钢管可用弯管
器弯曲，弯曲时应注意不可能支在一点弯成需要角度，而应沿弯曲部
位多点弯曲，如图 12-41 所示，否则将造成折扁和裂缝；数量较多金
属线管弯曲可自制滑轮弯管器弯曲，见图 12-42 所示；也可用电动或
液压弯管器弯管；大直径钢管，可用钢管灌干燥黄沙，在地炉上均匀
加热后弯管。

硬塑料管的加热或扩口，可将
硬塑管需弯曲部位均匀加热到
130℃数分钟后，弯成所需角度或扩大成所需直径，然后
湿布冷却成型。大口径塑管也可灌砂加热后再弯，以防
弯曲后粗细不匀或有压扁现象。

（2）金属线管截断和套丝扣。钢管截断用钢锯截断
比较方便，钢管锯断时，要沿圆周分多次起锯，尤其薄
钢管更不应一次锯断，否则锯条齿容易崩裂或折断锯条，

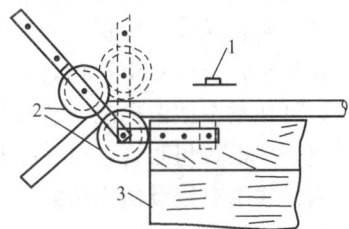

图 12-42　滑轮弯管器
1—靠铁；2—铁滑轮；3—作业台上部

厚钢管可用管子割刀，管子截断后，必须用圆锉将断口内四周锉平，否则穿线时一定会伤导
线绝缘。薄钢管管口套丝，其操作方法和水管套丝方法相同，但管螺纹板牙绞手和板牙是不
同的，比较轻巧，而厚钢管应用镀锌水管同样的板牙绞手和板牙。

（3）电线管与接线盒连接。由线管和接线盒连接时，先要将盒上孔盘片打掉，每个管口
必须在接口内、外各用一个护口、根母给予固紧。图 12-43 是这种连接的一般做法。

（4）管内穿线。穿管时需用引线，引线最好采用细钢丝，也可用 $\phi 1.2mm$ 的铁丝。穿
线前先将引线穿进管中，在引线端头绕一个小圆圈，以防在管内卡住。管线长且弯曲较多

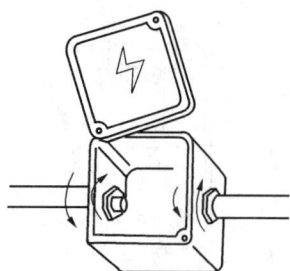

图 12-43　电线管和接线盒连接

时，一般配管时就将引线穿在管内，以免穿引线困难。穿引线时在接线盒口放一铅管，引线经铅管后进入管内较容易。如果一端穿引线困难时，可在两端引线做勾头后同时穿入，大约两端相交后，转动两端引线，使之绞合在一起。

穿引线完成后把电线绑在引线勾环上，然后一个人往管内送线，另一个人在对端向外拉，动作要协调。穿管导线两端要做好记号；多根导线穿管，引线头处缠绑要错开，使引线头从小到大；引线头要光滑，适当部位包胶布，导线与穿引钢丝的连接如图 12-44 所示。

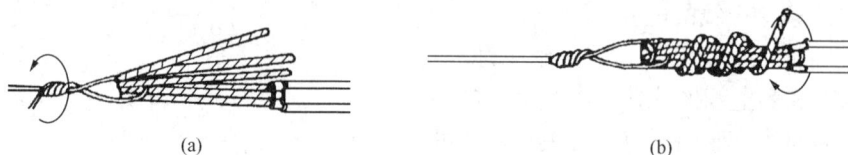

(a)　　　　　　　　　　　　(b)

图 12-44　导线与穿引钢丝的连接方法
(a) 钢丝的绞缠；(b) 导线的绞缠

配管很长，折曲又多，穿配线困难时，可在管内喷入滑石粉，予以润滑；导线穿毕后，应用压缩空气向管一端喷吹，以清除管内滑石粉，防止滑石粉受潮结成硬块。穿管时切不可用油或石墨粉做润滑。

（5）混凝土内暗配。配管施工不能影响混凝土强度；在可能范围内，电线管和主钢筋并行；多根配管合在一起，必须相互有间距，可浇灌入混凝土，配管绝对避免和梁并行；预埋钢管时，要用铁钉将接线盒固定在模板上，接线盒中用纸填满，钢管用钉托起，离模板一定距离。

混凝土现浇楼板中配管，可在浇灌混凝土前放木桩，以留出接线盒位置；预制楼板中配管，接线盒要定位凿孔，但不能搞断板筋；在伸缩缝、沉降缝处配管，不能直接通过，配管在缝两侧中断，进入接缝处设专用接线盒，在接线盒内将管子两侧焊接跨接地线。

（6）明管敷设。明管进入接线盒或遇到弯曲处，管子不能直接斜穿，管端应作鸭脖形弯曲；拐角时，要用专用拐角盒；多根明管并列敷设，拐角处应设中继盒；沿屋面梁底或侧面敷设，可在梁中预留孔洞，装支架固定；沿墙面施工，可在墙中钻孔设胀管，用管卡和木螺钉固定；多根较粗明管，可在楼板下吊装支架敷设。

六、线槽布线及槽板布线

1. 线槽布线的基本规定

（1）线槽应平整、无扭曲变形，内壁应光滑，无毛刺。

（2）金属线槽应经防腐处理。

（3）塑料线槽必须经阻燃处理，外壁应有间距不大于 1m 的连续阻燃标记和制造厂标。

（4）线槽的敷设应符合下列要求。

1）线槽应敷设在干燥和不易受机械损伤的场所。

2）线槽的连接应连续无间断；每节线槽的固定点不应少于两个；在转角、分支处和端部均应有固定点，并应紧贴墙面固定。

3）线槽接口应平直、严密，槽盖应齐全、平整、无翘角。

4）固定或连接线槽的螺钉或其他紧固件，紧固后其端部应与线槽内表面光滑相接。

5）线槽的出线口应位置正确、光滑、无毛刺。

6）线槽敷设应平直整齐：水平或垂直允许偏差为其长度的 2‰，且全长允许偏差为 20mm；并列安装时，槽盖应便于开启。

（5）线槽内导线的敷设应符合下列规定。

1）导线的规格和数量应符合设计规定；当设计无规定时，包括绝缘层在内的导线总截面积不应大于线槽截面积的 60%。

2）在可拆卸盖板的线槽内，包括绝缘层在内的导线接头处所有导线截面积之和，不应大于线槽截面积的 75%；在不易拆卸盖板的线槽内，导线的接头应置于线槽的接线盒内。

（6）金属线槽应可靠接地或接零，但不应作为设备的接地导体。

2. 金属线槽布线

（1）金属线槽布线一般适用于正常环境的室内场所明敷，但对金属线槽有严重腐蚀的场所不应采用。具有槽盖的封闭式金属线槽，可在建筑顶棚内敷设。

（2）同一回路的所有相线和中性线（如果有中性线时），应敷设在同一金属线槽内。

（3）同一路径无防干扰要求的线路，可敷设于同一金属线槽内。线槽内电线或电缆的总截面（包括外护层）不应超过线槽内截面的 20%，载流导线不宜超过 30 根。

控制、信号或与其相类似的线路、电线或电缆的总截面不应超过线槽内截面的 50%，电线或电缆根数不限。

注：①控制、信号等线路可视为非载流导线。②三根以上载流导线或电缆在线槽内敷设，当乘以载流量校正系数时，导线或电缆根数不限。但其在线槽内的总截面仍不应超过线槽内截面的 20%。

（4）电线或电缆在金属线槽内不宜有接头。但在易于检查的场所，可允许在线槽内有分支接头，电线、电缆和分支接头的总截面（包括外护层）不应超过该点线槽内截面的 75%。

（5）金属线槽布线，在线路连接、转角、分支及终端处应采用相应的附件。

（6）金属线槽垂直或倾斜敷设时，应采取措施防止电线或电缆在线槽内移动。

（7）金属线槽敷设时，吊点及支持点的距离，应根据工程具体条件确定，一般应在下列部位设置吊架或支架。

1）直线段不大于 3m 或线槽接头处。

2）线槽首端、终端及进出接线盒 0.50m 处。

3）线槽转角处。

（8）金属线槽布线，不得在穿过楼板或墙壁等处进行连接。

（9）由金属线槽引出的线路，可采用金属管、硬质塑料管、半硬塑料管、金属软管或电缆等布线方式。电线或电缆在引出部分不得遭受损伤。

3. 塑料线槽布线

（1）塑料线槽布线一般适用于正常环境的室内场所，在高温和易受机械损伤的场所不宜采用。

弱电线路可采用难燃型带盖塑料线槽在建筑顶棚内敷设。

（2）强、弱电线路不应同敷于一根线槽内。线槽内电线或电缆的总截面同金属线槽布线第（3）条规定。

（3）电线、电缆在线槽内不得有接头，分支接头应在接线盒内进行。

（4）塑料线槽敷设时，槽底固定点间距应根据线槽规格而定。

七、钢索布线特点

钢索布线就是在钢索上吊瓷柱配线、吊钢管配线或吊护套线配线，同时灯具也吊装在钢索上。钢索两端用穿墙螺栓固定，并用双螺母紧牢，能承受钢索全部负载下的拉力。

（1）钢索。钢索宜使用镀锌钢索，不得使用含油芯的钢索；敷设在潮湿或有腐蚀性的场所应使用塑料护套钢索；钢索的单根钢丝直径应小于 0.5mm，并不应有扭曲和断股现象；选用圆钢作钢索时，安装前应调直、预伸和刷防腐漆。

（2）钢索固定。钢索长度在 50m 及以下时，可在一端装花篮螺栓；超过 50m 时，两端均应装设花篮螺栓；每超过 50m 加装一个中间花篮螺栓。钢索的终端头处，钢索卡不应少于二个。钢索的终端头应用金属线扎紧。

钢索中间固定点的间距不应大于 12m；中间吊钩宜使用圆钢，其直径不应小于 8mm；吊钩的深度不应小于 20mm。

钢索配线敷设后的弧垂不应大于 100mm，如不能达到时应增加中间吊钩。

（3）钢索件、零件间和线间距离。钢索上配线的支持件间、支持件与灯头盒间及瓷柱配线间距离，可参见表 12-7 规定。

表 12-7　　　　　　　钢索件、零件间和线间距离

配线类别	支持件最大间距 （mm）	支持件与灯头盒间最大距离 （mm）	线间最小距离 （mm）
钢管	1500	200	1
硬塑料管	1000	150	1
塑料护套线	200	100	1
瓷柱配线	1500	100	35

（4）钢索布线要求。屋内钢索布线，用绝缘导线明敷时，应采用瓷（塑料）夹或鼓形绝缘子、针式绝缘子固定；用护套绝缘导线、电缆、金属管或硬质塑料管布线时，可直接固定于钢索上。

屋外的钢索布线，用绝缘导线明敷时和屋内相同，但不能采用瓷（塑料）夹板和护套绝缘导线。

（5）钢索上配线支持点间距的允许偏差：钢管配线为 30mm；硬塑管配线为 20mm；塑料护套线配线为 5mm；瓷柱配线为 30mm。

（6）钢索吊钢管配线举例。钢索吊钢管配线如图 12-45 所示。

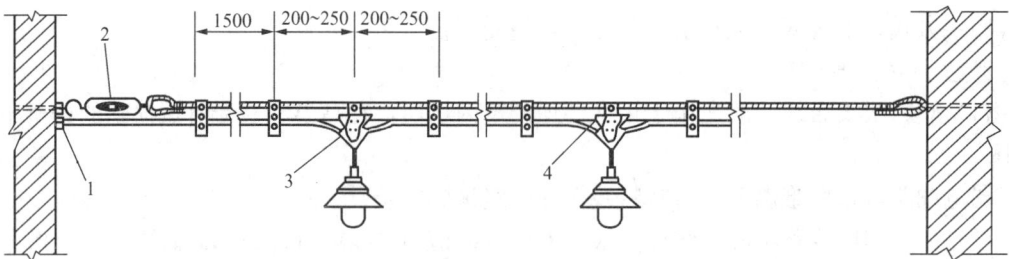

图 12-45　钢索吊钢管配线
1—接线盒；2—花篮紧线器；3—吊盒钢板；4—焊接地线

第三节　动力配线及安装

动力配电线路，从电源到电动机之间还要加装控制开关和启动设备。多个动力用电点或车间有动力控制箱（板）。

动力线引入室内，经配电箱（板）后，一般采用沿房梁、墙壁、屋柱等处用绝缘子、瓷夹或插接式母线明装。每台用电设备从干线上支接引下，经控制开关和启动设备后，从墙壁到电动机一段加保护套管，或加保护套管埋入地下的装设方法。

动力配电线路中瓷夹、绝缘子、穿管明敷、暗管埋地等安装要求和照明配电线路安装中所述相同。

本节主要介绍最常用的动力设备——异步电动机及电动机的启动设备的选择安装，还介绍动力配电线路中重要组成部分——动力配电箱（板）的安装。

一、异步电动机的选择

1. 异步电动机的铭牌

每台异步电动机机座上都装有一块铭牌，标明电机的型号、额定值和有关技术数据。

（1）异步电动机型号。电动机产品型号的组成形式为：

$$\boxed{产品代号}-\boxed{规格代号}-\boxed{特殊环境代号}$$

异步电动机产品代号由类型代号、特点代号和设计序号等三小节表示，表 12-8 为部分产品代号。新系列异步电动机用"Y"取代"J"的类型代号，目前生产的老产品及其派生系列仍用"J"表示。

表 12-8　　　　　　　　　　　异步电动机产品代号

电　机　名　称	产品代号	电　机　名　称	产品代号
异步电动机	Y	大型高速（快速）异步电动机	YK
绕线转子异步电动机	YR	多速异步电动机	YD
高启动转距异步电动机	YQ	电磁调速异步电动机	YCT
高转差率异步电动机	YH	立式深井泵用异步电动机	YLB

规格代号用中心高或铁芯外径或机座号或凸缘代号、铁芯长度、功率、转速或磁极表示。中小型电机机座长度可用国际通用符号来表示，如 S 表示短机座、M 表示中机座、L 表示长机座。

特殊环境代号按表 12-9 规定，如果同时具备一个以上的特殊环境条件，则按表中顺序排列。

表 12-9　　　　　　　　　　　特 殊 环 境 代 号

环境	代号	环境	代号
高原用	G	热带用	T
船（海）用	H	湿热用	TH
户外用	W	干热带用	TA
化工防腐用	F		

电机产品型号举例：

Y 355M2-4

　　　　规格代号：中心高 355mm，中机座，2 号铁芯长度，4 极
　　　　产品代号：表示异步电动机

（2）异步电动机的额定值

1）额定功率 P_N：是指电动机轴上输出的机械功率，单位为 W 或 kW。

2）额定电压 U_N：指电动机在额定运行时的线电压，单位为 V 或 kV。

3）额定电流 I_N：指电动机在额定运行时线电流，单位为 A。

4）额定频率 f_N：指电动机在额定运行时的频率，单位 Hz。

5）额定转速 n_N：指电动机在额定运行时的转速，单位 r/min。

6）接法：指电动机在额定电压时定子三相绕组采用的连接方法。一种标为 380/220V、接法为 Y－△的电动机，表明其绕组只能承受 220V 线电压的三相交流电。故在我国 380V 线电压的低压网中，电动机只能接成星形，不能误接为三角形，否则每相绕组电压超过额定值 $\sqrt{3}$ 倍，铁芯高度饱和致使电流过大烧毁。另一种标为 660V/380V、接法为 Y－△的电动机，表明在我国 380V 线电压的低压网中，电动机只能接成三角形，不能误接成星形，否则电动机每相绕组上电压，只有额定值 $1/\sqrt{3}$，致使转矩不够，电动机只能在空、轻载下运行。

7）温升：温升是电动机运动时温度高出环境温度的数值。容许温升和绝缘材料的耐热性能有关。电动机容许温升与绝缘等级关系列如表 12 - 10。

表 12 - 10　　　　　　　　　　电动机容许温升与绝缘等级的关系

绝　缘　等　级	A	E	B	F	H	C
绝缘材料的允许温度（℃）	105	120	130	155	180	180 以上
电机的允许温升（℃）	60	75	80	100	125	125

8）定额：指电动机允许连续使用时间，通常分为三种。①连续定额：指额定运行可长时间持续使用。②短时定额：只允许在规定时间内按额定运行使用，标准的持续时间限值分为 10、30、60、90min 四种。③断续定额：间歇运行，但可按一定周期重复运行，每周期包括一个额定负载时间和一个停止时间。额定负载时间与一个周期之比称为负载持续率，用百分数表示。标准的负载持续率为 15％、25％、40％、60％，每个周期为 10min。短时定额的电机，由于有一段时间电机不发热，所以比同容量连续运行的电机，体积可以小一些。故连续定额的电机用作短时定额或断续定额运行时，所带负载可以超过额定值，但短时定额和断续定额运行的电机不能按容量作连续定额运行，否则电机将过热，甚至烧毁。

9）转子绕组开始电压和额定电流：这是线绕式异步电机特有的，可用作配用启动、调速电阻的依据。

2. 电动机的选择

选择电动机时，首先要使选择的电动机各种性能满足生产机械的需要，其次根据电源情况选择电动机电流种类及电压的大小；根据生产机械所需要的转速、传动设备情况，选取它

的额定转速；根据电动机和生产机械的安装位置，决定电动机的结构型式；根据电动机的安装场所，决定它的防护型式；并由生产机械所需要的功率，决定电动机的额定功率等。

（1）电动机功率的选择。电动机功率选择得太小，电动机电流过大，绝缘会过热损坏；电动机功率选择得太大，则会造成大马拉小车现象，不仅增加投资费用、增加电动机空载损耗，而且电动机功率因数和效率均降低。一般感应电动机的效率和功率因数随负载率的变化情况，如表 12 - 11 所列。可以看出电动机轻载运行时，其效率和功率因数均会降低。

表 12 - 11　　　　　　　　　　感应电动机负载率和功率因数、效率的关系

电 动 机 负 载 率	空载	0.25	0.5	0.75	1
功率因数	0.20	0.50	0.77	0.85	0.89
效率	0	0.78	0.85	0.88	0.875

连续运行恒定负载情况下，电动机功率选择只要知道被拖动的生产机械的功率 P_1，就可以决定电动机的功率 P，即

$$P = P_1/(\eta_1\eta_2) \tag{12-1}$$

式中　η_1——生产机械本身的效率；

　　　η_2——电动机和生产机械之间的传动效率。

计算所得的 P，不一定和产品规格相符，故所选电动机的额定功率 P_N 应等于或稍大于计算所得的功率 P。

（2）电动机型式的选择。电动机按安装位置的不同，分为卧式和立式两种。卧式电动机它的轴是水平安装的，普遍用的都是这种，只有极少数采用轴垂直于地面的立式电动机。

电动机按工作环境的不同，有不同的防护型式。常用的电动机有下列几种防护形式。

1）开启式：这种电动机带电部分和旋转部分没任何遮盖，散热条件好，但已很少使用。

2）防护式：这种电动机外壳有通风孔，两侧通风孔上有遮盖，也已很少采用。

3）封闭式：这种电动机，定转子绕组都装在一个封闭的机壳内，机壳上有散热的片状凸起；其轴的一端上装风叶，用罩子从一端罩住，电动机旋转时带动风叶，风吹拂散热片冷却电机。它的封闭并不十分严密，不能杜绝气体进入电动机内部，在尘埃较多、水土飞溅及潮湿环境下选用。

4）防爆式：电动机全封闭，接线盒也封闭在一个盒子里，适用于有易爆气体的地方。

5）密封式：电动机整个机体严格密封起来，即使浸入水中，潮气也不能侵入，适用于电动机潜水作业场合，如潜水泵用电动机就是这种。

（3）电动机电源选择。电动机按电流种类不同可分为直流电动机、交流电动机两大类。直流电动机调速性能好，但结构复杂、维护工作量大、价格高，又需要专门的直流电源，故除了矿井卷扬机和调速要求高的纺织工业用电机外，一般优先选择交流感应式异步电动机。

交流电动机还有同步电动机，这种电动机转子须外接直流励磁电源，转速恒定不能调节，但功率因数高，过励磁运行还可向系统输出感性无功功率，故在化工等行业中大型电动机中也有采用。

交流感应式异步电机中 Y 系列是鼠笼式感应电机。它结构简单、维护方便、价格便宜，是优先选用的电动机品种。如果要求较大启动转矩、较小启动电流，或运行中需经常调速，则可选用 YR 系列线绕式异步电动机或 YQ 系列高启动转矩异步电动机。

电动机额定电压应按使用地点电源电压来确定，低压电网中线电压 380V，所以一般采用低压电动机。如电动机功率较大，且距电源较远，可选用 6kV 高压异步电动机。

（4）电动机转速的选择。电动机同步转速和极对数有关，有 3000r/min（$p=1$）、1500r/min（$p=2$）、1000r/min（$p=3$）和 750r/min（$p=4$），一般都不低于 500r/min。转速越低，磁极对数越多，体积越大，价格越高，并且低转速电动机的效率和功率因数也比高转速的低。故低转速的传动机械，可选择适当传动方式配合电动机来得到低转速异步电动机额定运行时转差为 0.02～0.06，故转速比同步转速略低。

生产中选用最多的是同步转速为 1500r/min 的电动机。它适应性广，功率因数和效率较高，并且在供应上也最普遍，故一般情况下，可优先选用这种电动机。至于 3000r/min 的电动机，用在要求转速高、启动转矩不大、启动不频繁的生产机械上采用，如小型水泵、鼓风机等场所。低转速电动机由于单位功率造价高，只在传动技术上有特殊要求的情况下才能采用，例如电动机功率大，启动频繁场所。

市场上也供应单绕组双速电动机和双绕组双速电动机。前者用一套绕组改变接法来得到差 1 倍的两种额定转速，后者转速可不成倍相差，但造价更贵。

（5）电动机传动装置的选择。把电动机的动力传到另一台机械，使这台机械转动的装置称传动装置。

传动装置有直接传动、齿轮传动、皮带传动和链传动等多种。如拖动机械和电动机转速相等，一般采用联轴器直接传动，具有传动效率高、成本低、运行可靠和安全性高等优点，应尽可能采用这种传动方式。齿轮传动和链传动比较复杂，在施工机械中也有应用，施工单位一般不选用。

电动机转速与拖动机械转速不同时常常选择皮带传动的方式。平皮带传动用于传动比不大于 5 的场合；三角皮带传动比较大，最高可达到 10，且两皮带轮的中心距较近，运转时振动小、效率高，但三角皮带寿命短、成本高，一般用于传动比较大而中心距又较小的场合。

二、电动机的安装

1. 电动机安装地点的选择

电动机安装地点是否妥当，不仅影响电动机能否正常工作，而且关系到安全运行的问题。所以在安装前要选择好地点，选择电动机安装地点时，必须注意以下几个问题：

（1）干燥。电动机绝缘的主要危害是潮湿，安装地点必须干燥。如果是流动使用的电动机，应采取防潮措施，更不可受日晒雨淋。

（2）通风。电动机工作时，铁损耗、铜损耗、摩擦损耗等均以热量形式散发，为保证电动机绝缘的寿命，必须限制温升，只有通风好，降温才良好。室外工作，顶上可做遮盖，但不能将电动机罩在箱子里，以免影响散热。

（3）干净。电动机应装在不受灰尘、泥沙和腐蚀性气体侵害的地方。

（4）宽畅。电动机应装在宽畅的地方，以便日常运行操作、维护检修。

2. 电动机的基础

电动机在运行中，不但受牵引力而且还产生震动，如果位置不平、基础不牢固，电动机会发生倾斜或滑动现象，故电动机应装设在基础的固定底座上。

一般中小型电动机根据工作的需要，有的装设在埋于墙壁的三角构架上，有的装设在地坪上的平面构架上，有的装设在混凝土的基础上。前二种是将电动机用螺栓固定在构架上，后一种是电动机固定在埋入基础的底脚螺栓上。

3. 电动机的接地或接零装置

（1）电动机的接地装置。公用变压器系统中，为了保证人身安全，用电设备外壳必须接地，所以在电动机安装中也包括将电动机外壳、铁壳式开关设备及金属保护管作良好接地。否则，如果电动机等设备的绝缘损坏，造成机壳或电气设备上带电，当人与带电设备接触时，就会发生触电事故。

接地装置包括接地极和接地引下线两部分。接地极可采用钢管、角铁及带钢等制成，但不能用螺纹钢代替。接地引下线最好用铜绞线，其上端用螺栓与电机或电气设备外壳相连接，其下端应用焊接的方法，接于接地装置上。

接地极采用钢管时，其管壁厚不得小于 3.5mm，管径为 35～50mm；采用角铁时，不得小于 5 号角钢（∟ 50mm×50mm×5mm），长度在 1.5～2m；采用钢带时，其厚度不可小于 4mm，截面不得小于 48mm^2，长度在 2.5～3m 左右。

接地引下线如用裸钢线，其截面不得小于 4mm^2。按规定 1000V 以下电动机保护接地电阻不应大于 4Ω。

在砂土、夹砂土及干燥地区，由于土壤电阻率较大，接地电阻值不能满足要求时，可采取适当措施，降低接地电阻。其方法为增加接地极个数或在接地极坑内加入降阻剂。接地极埋设深度，一般为距地面下 0.5～0.8m。

（2）电动机接零措施。每台电动机和电气设备均要埋设接地装置，显然价格昂贵且工作量大，而且设备单相接地时，其短路电流要经过设备接地装置和变压器中性点接地装置构成回路，增大了回路电阻，可能相线上熔断器不动作，降低了保护的灵敏和可靠性。

为此，在单位专用变压器的供电网中的电动机和电气设备可统一采用保护接零方法。这种情况下设备绝缘击穿，单相短路电流经接零线构成回路，电阻比接地时大为减少，短路电流增加，以保证相线上熔断器熔体熔断。

但在同一配电变压器低压网中，不能有的设备采用保护接地，有的设备采用保护接零。

三、异步电动机启动设备的选择和安装

异步电动机的主要缺点是启动电流大而启动转矩不大。启动时电动机转速 $n=0$、$s=1$，定子旋转磁场以同步转速切割短接的转子绕组，转子绕组中电流可达到额定值 5～8 倍，相应定子绕组电流可达到额定值的 4～7 倍。由于启动时转子绕组中电流频率和电源频率相同，这时电动机感抗十分大，所以转子绕组功率因数十分低，故电动机启动时转矩不大。如果为了减小启动电流而采用降压启动时，启动转矩则更小，这是选择异步电动机启动设备时必须考虑的。

异步电动机启动电流大，但随着转速的上升启动电流将迅速减小，但是如果电动机重载启动，启动时间很长，较大的启动电流将造成电动机过热，甚至有可能烧毁。同时，这样大的电流在流经变压器和线路时必将有较大压降，从而导致这台变压器上其他电动机和照明设备的工作受到影响，同样也使这台电动机的启动更加困难。

异步电动机应优先选择全压启动，允许全压启动的异步电动机容量取决于电源容量。由发电机直接供电的线路上，允许直接启动的电动机容量，按发电机容量 1/10 计算。由变压器供电时，不经常启动的电动机容量，不应大于变压器容量的 30%；而经常启动的电动机

容量，不应大于变压器容量的 20%。

选择异步电动机的启动设备，要根据电网容量的大小、线路的长短、启动的频繁程度、同一母线上设备允许干扰程度及电动机的型式等决定。

1. 直接启动

直接启动的设备与被启动的异步电动机容量大小有关，小容量的异步电动机可以用瓷底胶盖闸刀开关或铁壳开关，较大容量的可采用磁力启动器或低压断路器（自动空气开关），高压异步电动机需采用真空断路器、少油式断路器或六氟化硫断路器。

(1) 闸刀开关。最简单的直接启动设备，是三相瓷底胶盖闸刀开关。它的下胶盖内熔件位置要用裸铜丝直连，在闸刀开关下方装设熔断器作电动机的保护。

选择闸刀开关时，要注意闸刀开关的额定电流不应小于电动机额定电流的三倍。闸刀额定电压根据用电设备的额定电压选择。

闸刀开关应装在配电板上，配电板则装在墙壁或支架上，其高度一般至地面为 1.3～1.5m，以便操作。闸刀开关应立装，不能平装和倒装。正确安装才能保证电弧使空气受热向上，有助于拉长电弧而使它更快熄灭，否则不但会影响灭弧，可能烧伤刀片与夹座，甚至造成相间短路。倒装时手柄在重力作用下，会自然下落合闸，造成人身或设备事故。

(2) 倒顺开关正反转全压启动。倒顺开关有六块形状不同的动触头，分成两组，Ⅰ1、Ⅰ2、Ⅰ3、和Ⅱ1、Ⅱ2、Ⅱ3。

手柄处于"顺转"位置时，手柄带动转轴，使Ⅰ组的三块动触头分别与三对静触头接触，三相电源流入电动机，电动机正转。手柄处在"停止"位置时，开关的两组动触头都不与静触头接触，电动机不转。当手柄处在"倒转"位置时，手柄带动转轴使第Ⅱ组动触头与静触头相接触，输入电动机的电流相序改变，电动机反转。

电动机从一种转动状态换到另一种转动状态时，必须先把手柄扳在"停止"位置，否则因电源突然反接，会产生很大的反接电流，易使电动机的定子绕组损坏。

安装倒顺开关，其电源侧必须加装闸刀开关，两开关之间应装有熔断器。施工现场临时用电设备一般禁用倒顺开关，要求用磁力启动器控制。

(3) 磁力启动器。前述两种方法用熔断器保护，由于启动电流大，熔丝不能按额定电流选择，所以不能保护电动机过载。

磁力启动器由热继电器和交流接触器组成。热继电器可以作电动机过载保护，交流接触器控制回路接在电源上，失压时接触器自动返回，故磁力启动器具有失压保护作用。磁力启动器电源侧应装设闸刀开关，用来隔离电源，两者之间安装熔断器，熔断器起短路保护作用。

磁力启动器的额定电流是根据电动机的额定电流来选择，不必考虑电动机的启动电流，启动器在设计时允许接通和分断 7 倍的额定电流。

磁力启动器铭牌上标有启动器的额定电压即主触头上的额定电压，可根据电动机额定电压来选择。铭牌上还标有交流接触器线圈上的额定电压，一般根据电源电压情况多选用 220V 和 380V 两种。应注意安装时接线有所不同。

由于启动器在分断时产生的电弧会飞出灭弧室，故灭弧室与其他导电或接地部分有一定距离。控制功率在 30kW 以下者，可取 50mm 的距离；所控制功率在 65～250kW 时，其距离取 75～150mm。控制容量越大，则这一距离越大。

这种启动器必须安装按钮开关，一般情况下，按钮开关都是安装在电动机附近的墙上或其他操作方便的地方，安装的高度大约离地面 1.5m 左右，按钮的软线都采用橡胶或塑料绝缘线，其截面不得小于 1.5mm^2。

（4）低压断路器（自动空气开关）。低压断路器是一种能自动切断线路故障的保护电器。可用在 100kW 以下电动机的直接启动，并起到短路、过载和欠压等保护作用，作为电动机控制与保护是比较完善的。它的缺点是构造比较复杂、维修比较麻烦、价格比较高，这样在使用上受到限制，一般较少采用。但有带漏电开关的低压断路器，在施工现场临时用电中较为常用。

低压断路器主要分 DZ 系列（装置式）和 DW 系列（框架式）两类。DZ 系列的低压断路器具有封闭的塑料外壳；DW 系列低压断路器为敞式结构，其保护方案和操作方式较多，因此又称万能式的低压断路器。

选择低压断路器要注意电流类别、额定电压、额定电流、脱扣器种类等。过流脱扣器额定电流要有一定调节范围，它瞬时动作电流可调节到脱扣器额定电流的 10 倍，可以保证电动机正常地直接启动。低压断路器没有明显断开点，故回路中必须串接隔离开关。

安装低压断路器，其底面必须垂直于地面，灭弧室在上部切不可倒置；不宜装在易受振动的地方，因为它内部结构比较复杂，振动可能引起开关内部各零件松动，如果传动杠杆中的搭钩一松开，就会造成开头误动作。

2. 降压启动

电动机直接启动时，启动电流大，为了减少启动电流，普通感应式异步电动机只能采用降压启动。降压启动可以减少启动电流，但同时也减少了启动转矩，而且成平方倍地减少，因此，降压启动适用于空载、轻载启动。如果重载启动，电源容量又不大，则必须选用线绕式异步电动机，或深槽、双鼠笼电动机。线绕式异步电动机，启动时转子绕组串联适当的电阻，不但其启动电流减小，而且启动转矩增加，甚至启动转矩可能等于最大转矩。

第十三章

施工现场临时用电

施工现场临时用电是否规范关系到人身安全，是工程监理和安监部门十分重视的内容，而工地临时用电恰是历来被忽视的项目。现在施工现场临时用电必须符合 JGJ46—2005《施工现场临时用电安全技术规范》的要求。同时，该规范还规定：施工现场临时用电设备在 5 台及以上或设备总容量在 50kW 及以上者，应编制用电组织设计。

第一节 施工现场临时用电的基本方式

临时用电规范中要求：在施工现场专用变压器供电的 TN—S 接零保护系统（或称 TN—S 制，其他系统同）中，电气设备的金属外壳必须与保护零线连接。保护零线应由工作接地线、配电室（总配电箱）电源侧零线或总漏电保护器电源侧零线处引出。其实现在新建建筑物的电气设计基本上也采用 TN—S 制。TN—S 制没有专用的保护线 PE，所以俗称"三相五线制"。国际电工委员会（IEC）对低压配电系统作了统一规定，称为 TT 系统、TN 系统、IT 系统。其中 TN 系统又分为 TN—C、TN—S、TN—C—S 系统。

一、TT 方式供电系统

TT 方式供电系统是指将电气设备外壳直接接地的保护系统，如图 13-1 所示。电气设备外壳带电时，由于有接地保护，可以大大减少触电的危险性。但此时低压断路器不一定能跳闸，造成漏电设备外壳对地电压高于安全电压，属于危险电压。当漏电电流较小时，即使有熔断器也不一定能熔断，还是漏电保护器作保护，因此 TT 系统难以推广，一般只在公用变压器供电范围内有使用，即一般所谓三相四线制的保护接地系统。

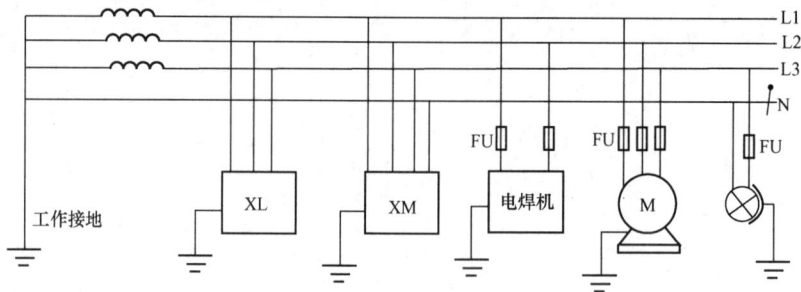

图 13-1 TT 方式供电系统

二、TN 方式供电系统

这种供电系统是将电气设备的金属外壳与工作零线相接的保护系统，即所谓保护接零系统。

一旦设备出现外壳带电，接零系统能将漏电流上升为短路电流，这个短路电流很大，足以使熔断器的熔丝熔断，低压断路的脱扣器会立即动作而跳闸，使故障设备断电，比较安全。TN 供电系统中，根据其保护零线是否与工作零线分开而划分为 TN—C、TN—S 和 TN—C—S 三种方式。

1. TN—C 方式供电系统

TN—C 方式供电系统，如图 13-2 所示。它是工作零线兼作接零保护线，称为保护性中性线，可用 NPE 表示。由于三相负载不平衡，工作零线上有不平衡电流，对地有电压，所以与保护线所连接的电气设备金属外壳有一定电压；如果工作零线断线，则保护接零的漏电设备外壳带电；如果电源的相线碰地，则设备外壳电位升高，使中性线上的危险电位蔓延；TN—C 方式供电系统干线上使用漏电保护器时，工作零线后面的所有重复接地必须拆除，否则漏电开关合不上，实用中工作零线只能让漏电保护器前侧有重复接地，故只能适用于三相负载基本平衡情况。

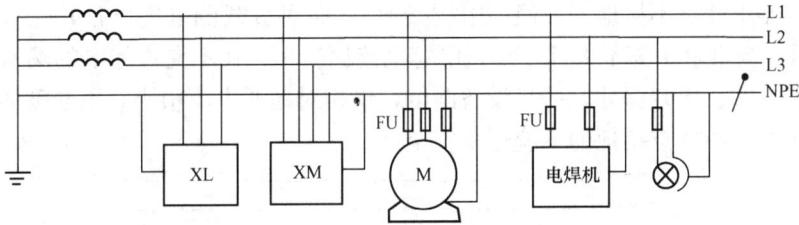

图 13-2 TN—C 方式供电系统

2. TN—S 方式供电系统

TN—S 制是把 N 线和 PE 线严格分开的供电系统如图 13-3 所示。这样三相不平衡时工作零线有不平衡电流，PE 线对地没有电压，电气设备的金属外壳是接在专用的保护线 PE 上，安全可靠；但保护线 PE 不准断线，也不准进漏电开关；干线上使用漏电保护器时，工作零线不得有重复接地，而 PE 有重复接地。所以 TN—S 制广泛应用于工业和民用建筑，施工临时用电中也尽可能采用。

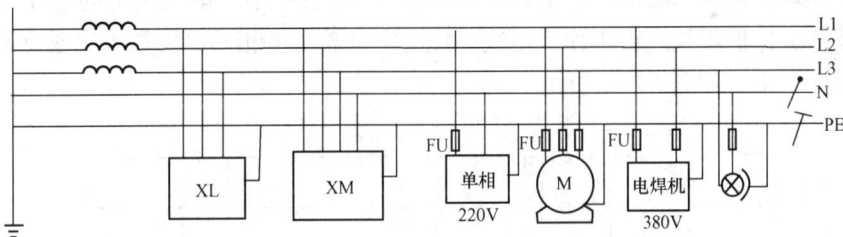

图 13-3 TN—S 方式供电系统

3. TN—C—S 方式供电系统

TN—C—S 制是局部线路中，如施工现场或建筑物的总配电箱中分出 PE 线，如图 13-4 所示。在采用三相五线的那一段上中性线不平衡电流比较大时，这段单独的 PE 线上没有电流，即该段导线上没有电压降，因而可以降低电动机外壳对地的电压而又不能消除这个电压，这个电压大小正比于 ND 段线路的长度和负载不平衡状况。所以要求 ND 段线路短，不平衡电流小，而且在 PE 线上应作重复接地；PE 线任何情况下都不得进入漏电保护器；除了在总配电箱中 N 线和 PE 线相接外，其他各分配电箱均不得将两线连接。

通过以上分析可知：TN—C—S 供电系统是在 TN—C 系统上的临时变通作法，当三相负载比较平衡时还是可取的。但在三相负载不平衡、建筑工地有专用的电力变压器时，必须采用 TN—S 方式供电系统。

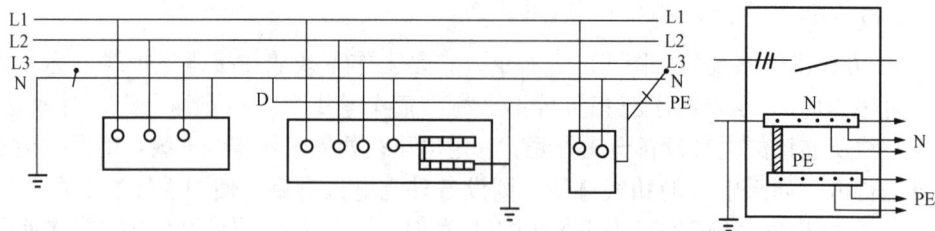

图 13-4　TN—C—S 方式供电系统

三、IT 方式供电系统

这是变压器中性点不接地（或经高阻抗接地），而对负载侧电气设备外壳接地保护，如图 13-5 所示。当供电距离不太远，线路电容电流比较小，在不允许停电的场所，如电力炼钢、大医院手术室、矿井深处，一旦设备漏电，单相对地漏电流很小，不会破坏电源电压的平衡，所以比电源中性点接地的系统还要安全。

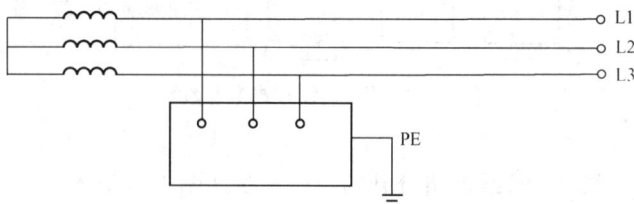

图 13-5　IT 方式供电系统

四、临时用电对供电方式的要求

1. 专用变压器供电时

在施工现场专用变压器的供电的 TN—S 接零保护系统中，电气设备的金属外壳必须与保护零线连接。保护零线应由工作接地线、配电室（总配电箱）电源侧零线或总漏电保护器电源侧零线处引出，如图 13-6 所示。

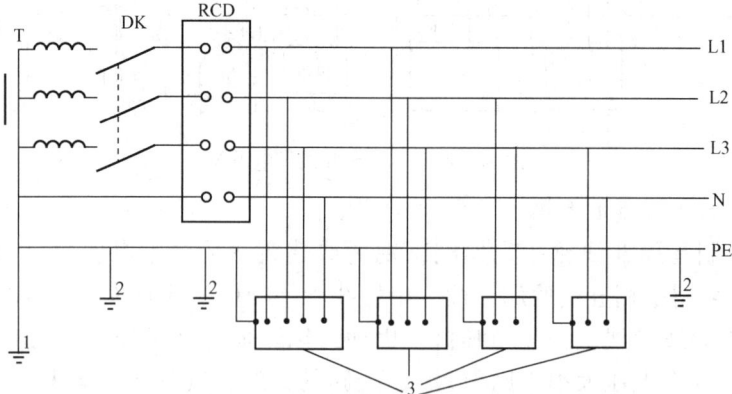

图 13-6　专用变压器供电时 TN—S 接零保护系统示意

工地禁止采用 TN—C 系统，中性点是指三相电源作星形连接时的公共连接端。中性线是指由中性点引出的导线。工作零线是指中性点接地时，由中性点引出，并作为电源线的导线，工作时提供电流通路。保护零线是指中性点接地时，由中性点或中性线引出，不作为电源线，仅作连接电气设备外露可导电部分的导线，工作时仅提供漏电电流通路。

2. 当施工现场与外电线路共用同一供电系统时

这时电气设备的接地、接零应与原系统保持一致。不得一部分设备做保护接零，另一部分设备做保护接地。否则当保护接地部分有设备漏电，漏电流经外壳入设备接地极，经地到变压器中性线接地极，再经中性线和故障设备构成通道。这样，接地电流在变压器中性点接地电阻上的压降，使中性点电位抬高，从而使所有接零设备外壳带危险电压。

采用 TN 系统做保护接零时，工作零线（N 线）必须通过总漏电保护器，保护零线（PE 线）必须由电源进线的零线重复接地处或总漏电保护器电源零线处，形成局部 TN—S 接零保护，即 TN—C—S 方式供电，如图 13 - 7 所示。

在 TN 接零保护系统中，通过总漏电保护器的工作零线与保护零线不得再作电气连接；PE 零线应单独敷设，重复接地线必须与 PE 线相连接，严禁与 N 线相连接。

施工现场的临时用电严禁利用大

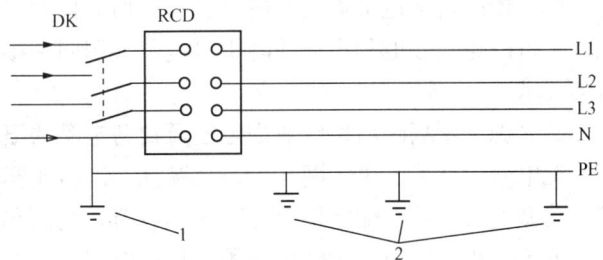

图 13 - 7　三相四线供电时局部 TN—S 接零保护系统
保护零线引出示意
1—NPE 线重复接地；2—PE 线重复接地；
L1、L2、L3—相线；N—工作零线；PE—保护零线；
DK—总电源隔离开关；RCD—总漏电保护器（兼有
短路、过载、漏电保护功能的漏电断路器）

地做相线或零线。PE 保护线上严禁装设开关或熔断器，严禁通过工作电流，且严禁断线。配电装置与电动机械的 PE 支线必须采用绝缘导线，截面应不小于 2.5mm² 的多股铜线（手持电动工具可为 1.5mm²）。PE 线的颜色标记必须为绿/黄双色，N 线颜色为淡蓝色。

第二节　施工现场临时用电对配电系统的要求

建筑施工现场临时用电工程专用的电源中性点直接接地的 220/380V 三相四线制低压电力系统，必须符合下列规定：采用三极配电系统；采用 TN—S 接零保护系统；采用二级漏电保护系统。它们是建筑施工现场用电工程的主要安全技术依据；也是保障安全用电，防止触电和电气火灾事故的主要技术措施。临时用电对配电系统的接地与防雷、配电室和配电线路有一些要求应予注意。

一、施工现场临时用电对接地与防雷的要求

1. 对接地的要求

（1）单台容量不超过 100kVA 的变压器或发电机的工作接地电阻值不得大于 10Ω。

（2）TN 系统中的保护零线除必须在配电室或总配电箱处做重复接地外，还必须在配电系统的中间处和末端处做重复接地，TN 系统中保护零线的每一处重复接地电阻不应大于 10Ω，并严禁将工作零线再做重复接地。

（3）移动式发电机供电的用电设备，其金属外壳应与发电机电源的接地装置有可靠的电

气连接。

（4）每一处接地装置的接地线应采用 2 根及以上导体在不同点与接地体做电气连接；垂直接地体宜用角钢、钢管或光面圆钢，但不得采用螺纹钢。

2. 对防雷的要求

（1）施工现场的起重机，起吊架等机械设备及铁塔等金属结构（地区年平均雷暴日在 90 天以上）时：高于 12m，雷暴日在大于 40 小于 90 之间；高于 20m，雷暴日在大于 15 小于 40 之间；高于 32m，雷暴日小于 15；高于 50m 时，应设防雷装置。防雷装置的冲击接地电阻值不得大于 30Ω。

（2）做防雷接地机械上的电气设备，所连接的 PE 线必须同时做重复接地，同一台机械电气设备的重复接地和机械的防雷接地可共用同一接地体，但接地电阻应符合重复接地电阻值的要求。

二、施工现场临时用电对配电室及自备电源的要求

配电室应自然通风、潮气少、无腐蚀，道路通畅。成列配电柜两端应与重复接地线及保护零线做电气连接。配电柜前应有操作通道，侧面和后面应留有维护通道。配电室耐火等级应不低于 3 级，室内配置砂箱和用于扑灭电气火灾的灭火器。

配电室的门向外开关配锁。配电室的照明分别设置正常照明和事故照明。配电柜应装设电源隔离开关及短路、过载、漏电保护电器。

配电柜或配电线路停电维修时，应挂接地线，并悬挂"禁止合闸、有人工作"停电标志牌。停送电必须由专人负责。

发电机组电源必须和外电线路电源连锁，严禁并列运行。发电机组应采用电源中性点直接接地的三相四线制供电系统和独立设置 TN—S 接零保护系统。

三、施工现场临时用电对配电线路的要求

1. 对架空线路的要求

架空线必须采用绝缘导线，档距不大于 35m、线间距离不得小于 0.3m，靠近电杆的两导线的间距不得小于 0.5m，架空线最大弧垂与地面距离，在施工现场不小于 4m，对机动车道不小于 6m。

2. 对电缆线路的要求

需要三相四线制配电的电缆线路必须采用五芯电缆。电缆线路应采用埋地或架空敷设，埋地电缆路径应设方位标志。直接埋地电缆深度不应小于 0.7m 并上、下、左、右敷设 50mm 细砂。

架空电缆应沿电杆、支架或墙壁敷设，并采用绝缘子固定，绑扎线必须采用绝缘线。埋地电缆穿越建筑物、道路易受机械损伤、介质腐蚀场所及引出地面从 2.0m 高到地下 0.2m 处必须加设防护套管。

3. 对室内配线的要求

室内配线必须采用绝缘导线或电缆。室内配线可采用瓷瓶、瓷（塑料）夹、嵌绝缘槽、穿管或钢索敷设。潮湿场所或埋地非电缆配线必须穿管敷设，管口和管接头应密封；当采用金属管敷设时，金属管必须做等电位连接，且必须与 PE 线相连接。

室内非埋地明敷主干线距地面高度不得小于 2.5m。架空进户线的室外端应有绝缘子固定，过墙处应穿管保护，距地面高度 2.5m 以上，并采取防雨措施。

第三节 施工现场临时用电对配电（开关）箱和手持式电动工具的要求

一、对配电箱及开关箱的要求

三级配电系统是指工地应有总配电箱（配电室）、分配电箱和开关箱三级配电。

"一机、一箱、一闸和一漏电开关"供用电设备用电。严禁同一开关箱直接控制 2 台及 2 台以上用电设备（含插座）。

开关箱与分配电箱的距离不得超过 30m，而距与其控制的用电设备的水平距离不宜超过 3m。

配电箱、开关箱周围应有足够 2 人同时工作的空间和通道。

配电箱、开关箱应分别用厚度不小于 1.5mm、1.2mm 钢板制作，表面作防腐处理。箱内的电器应先安装在金属板上，然后整体紧固在箱体内，金属板与箱体应做电气连接。

配电箱内的安装板上必须分设 N 线和 PE 线端子板。N 线端子板必须和金属安装板绝缘，而 PE 线端子板必须与金属板做电气连接。

配电箱、开关箱的金属箱体、金属安装板以及电器正常不带电的金属底座、外壳等必须通过 PE 线端子板与 PE 线做电气连接，金属箱门与金属箱体必须用编织软铜线做电气连接。箱门应配锁，专人负责，现场停止作业一小时以上，应将动力开关箱断电上锁。

配电箱、开关箱的进、出口应配置固定线卡，进出线应加绝缘护套并成束卡固在箱体上，不得与箱体直接接触。移动式配电箱、开关箱的进、出线应用橡皮护套绝缘电缆，不得有接头。

二、对选择电气设备的要求

总配电箱的电气设备应具备电源隔离、正常接通与分断电路，以及短路、过载、漏电保护功能。

分配电箱应装设总隔离开关、分路隔离开关以及总断路器、分路断路器或总熔断器、分路熔断器。

开关箱必须装设隔离开关、断路器或熔断器，以及漏电保护器。当漏电保护器同时具有短路、过载、漏电保护功能的漏电保护器时，可不装设断路器或熔断器。隔离开关应采用分断时有明显分断点，能同时断开电源所有极的隔离开关，并应设置于电源进线端。

开关箱中漏电保护器的额定漏电动作电流应不大于 30mA，额定漏电动作时间不应大于 0.1s。使用于潮湿或有腐蚀介质场所，漏电保护器应选用防溅型产品，漏电动作电流不应大于 15mA，动作时间不大于 0.1s。

总配电箱中漏电保护器的额定动作电流不应大于 30mA，额定动作时间不应大于 0.1s，但额定漏电动作电流与额定动作时间的乘积不应大于 30mA·s。

漏电保护器的正确使用方法应按图 13-8 选用。

三、临时用电对机械和手持式电动工具的要求

运行时产生振动的设备的金属基座、外壳与 PE 线的连接点不少于 2 处。塔式起重机等设置避雷装置的机械，除应连接 PE 线外，还应作重复接地。设备的金属结构构件之间应保证电气连接。

手持式电动工具和电动机械应选用无接头的橡皮护套铜芯软电缆，其芯数应考虑其中一

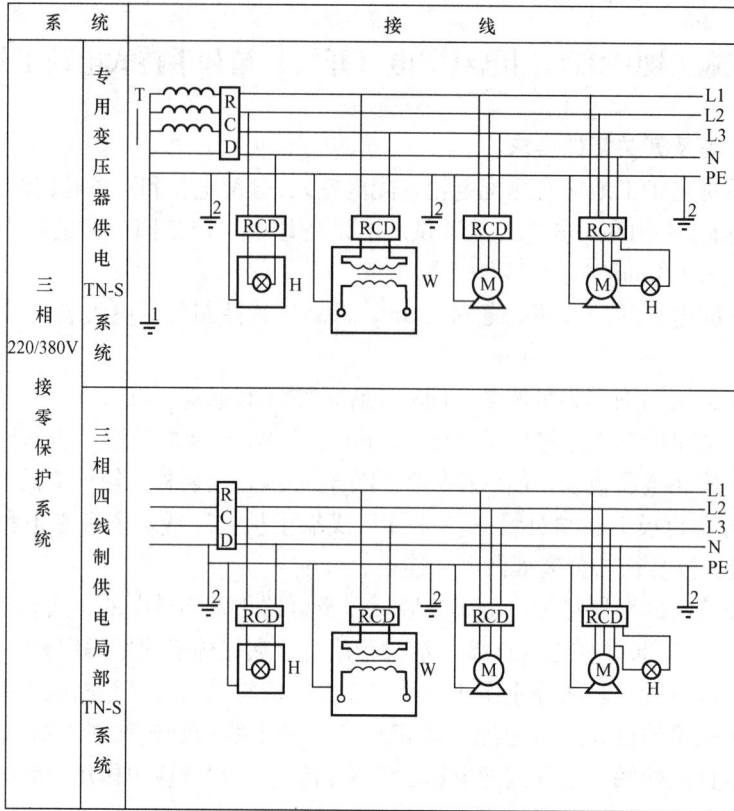

图 13 - 8 漏电保护器使用接线方法示意

根做 PE 线。有正、反转运转控制装置的控制电器不得用手动双向转换开关。

潜水式电机负载线应采用防水橡皮护套铜芯软电缆，长度不应小于 1.5m，且不得承受外力，其漏电保护器必须符合潮湿场所使用的要求。

交流弧焊机应放置在防雨、干燥和通风良好的地方，焊接地点不得有易燃、易爆物品。交流弧焊机一次侧电源线长度不应大于 5m，其电源进线必须设置防护罩。二次侧应采用防水橡皮护套铜芯软电缆，长度不应大于 30m。

空气湿度小于 75% 的一般场所可选用 Ⅰ 类或 Ⅱ 类手持式电动工具，其金属外壳与 PE 线连接点不得少于 2 处，额定漏电动作电流不应大于 15mA，动作时间不应大于 0.1s，其负荷线插头应具备专用的保护触头。

在潮湿场所或金属构架上使用手持式电动工具，应选用 Ⅱ 类或由安全隔离变压器供电的 Ⅲ 类手持式电动工具，严禁使用 Ⅰ 类手持式电动工具。使用手持式电动工具时必须穿戴绝缘防护用品。

四、临时用电对照明供电的要求

一般场所宜选用额定电压为 220V 的照明器。隧道、高温、比较潮湿、灯具离地面高度低于 2.5m 等场所的照明，电源电压应不大于 36V。潮湿和易触及带电体的照明，电源电压不得大于 24V。特别潮湿场所、导电良好的地面、锅炉或金属容器内的照相，电源电压不得大于 12V。

使用行灯电源电压不大于 36V；手柄应坚固、绝缘良好并耐潮湿；灯头无开关，灯泡外有金属保护网；金属网、反光罩、悬吊挂钩固定在灯具绝缘部位上。

照明变压器必须使用双绕组型安全隔离变压器，严禁使用自耦变压器。照明线路零线要保证逐相切断时能通过零线电流值。灯具金属外壳必须与PE线相连接，照明开关箱内必须装设隔离开关、短路与过载保护的断路器和漏电保护器、照明装置装设要求应和普通照明时要求相同。

参 考 文 献

1. 杜玉清等．送电工人施工手册．北京：水利电力出版社，1987

2. 周振山．高压架空送电线路机械计算．北京：水利电力出版社，1984

3. 浙西电力技工学校．输电线路设计基础．北京：水利电力出版社，1985

4. 李柏．送电线路施工测量．北京：水利电力出版社，1983

5. 潘雪荣．高压送电线路基础施工．北京：水利电力出版社，1986

6. 高治祥，杜玉清．架空输电线路检修．北京：水利电力出版社，1990

7. 王运祥．高压架空输电线路架线施工．北京：水利电力出版社，1990

8. 蔡生泉．高压架空输电线路架线施工．北京：水利电力出版社，1991

9. 杜玉清．架空输电线路运行和检修基础知识．北京：水利电力出版社，1990

10. 阮通．10～110kV 线路施工．北京：水利电力出版社，1983

11. 莫鲁主编．混凝土结构工程施工及验收手册．北京：地震出版社，1994

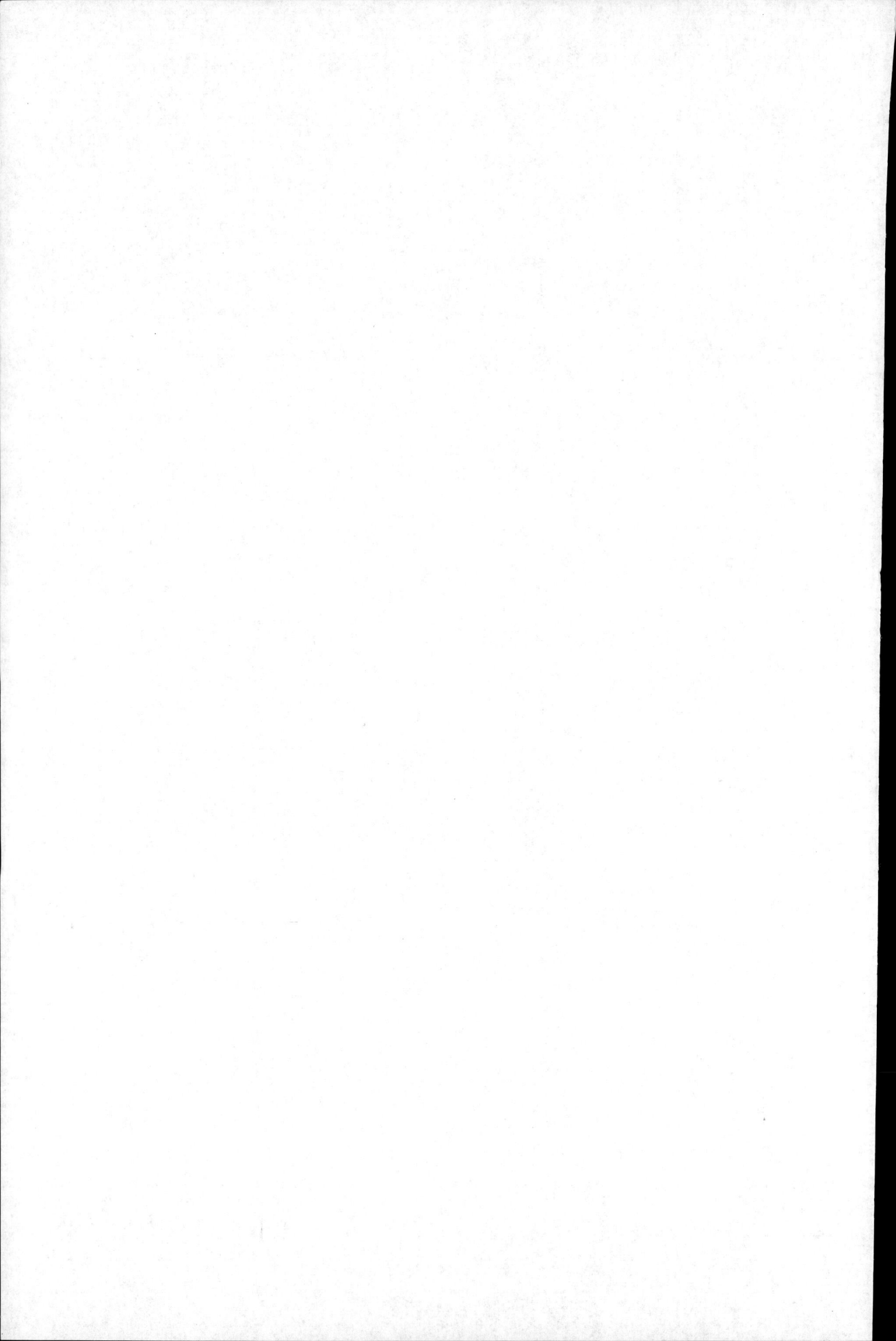